民间借贷

案件审判要点

主编 王海萍 副主编 时小云 蒋 敏 唐清利

Key Points In The Trial Of Private Lending Cases

法律出版社 | LAW PRESS

时小云

四川省高级人民法院党组成员、政治部主任、审判委员会委员，法律硕士，高级法官。曾任泸州市人民检察院检察长，泸州市中级人民法院院长，自贡市中级人民法院院长，四川省高级人民法院党组成员、执行局长。曾主持“人民法院人力资源配置实证研究”、“信息化财产查控机制实证调研”、“关于完善大调解机制的调研”等多项最高人民法院重大课题，在《人民司法》、《执行工作指导》等发表“加强管理提质效，制度创新促发展——近五年执行工作情况分析”、“加强和创新社会管理视野下法院执行工作之调整”等论文数十篇。撰写的“论和谐社会视野下司法公信力的构建”获 2012 年四川省法检公司第六届执法理论研讨会论文三等奖，“以执行为视角看委托执行制度的重构——对适用委托执行的调查与思考”获 2013 年第三届中国执行论坛一等奖，“反思与重构 ：大调解视野下执行和解制度的完善——以 S 省执行和解制度适用为样本”获 2012 年全国法院第 23 届学术论文讨论会优秀奖，“加大民调力度，提高调解工作水平”获司法部“全国人民调解”优秀征文奖。

蒋　敏

四川省成都市中级人民法院副院长，曾任四川省高级人民法院研究室主任、审判委员会委员，法律硕士，高级法官。先后在四川省高级人民法院刑一庭、行政庭、研究室、审判管理办公室工作。曾参与最高人民法院“多攻攻重大课题，主笔并统稿完成数十万字的调研报告；先后在《中国法学》等刊发表论文数十篇；荣获最高人民一等奖、二等奖多项。

唐清利

四川省有突出贡献优秀专家，西南财经大学教授、博士生导师、法学博士，芝加哥大学访问学者，民间金融及法律规范研究所所长，中国金融法学研究中心常务副主任、金融安全协同创新中心专职研究员，中组部与团中央博士服务团四川省秘书长，中央政法委与教育部双千计划人才，兼任四川省人民政府行政复议委员会非常任委员、四川省法学会金融法研究会秘书长、多所国内外知名大学客座教授、挂四川省司法厅政治部副主任，司改办主任，曾挂任四川省高级人民法院研究室副主任。独立主持国家社会科学基金项目等 2 项，主持国家及教育部重大项目子项目各 1 项，其他各类项目 40 余项。在法律出版社、人民出版社等发表著作 10 余部，在《中国法学》、《管理世界》等权威期刊及法律出版社、人民出版社等发表各类成果和主持各类课题近 100 项。其中三十余项获国家领导人批示或中央部委、省部级及法学会奖励。指导的法律硕士学位论文被评为国内首届全国优秀论文一等奖。是国内最早系统研究公私权模糊领域合作治理理论、“专车”共享经济治理理论的学者，也是较早从事民间金融和互联网金融研究的学者之一。

序言

自货币产生以来,民间借贷就存在于经济生活领域,在缓解资金压力、促进资金融通、保障社会生产生活等方面发挥着重要作用。但是,在经济新常态下,经济的转型升级带来了民间投资领域的急剧变化,造成了大量不当投资和经营亏损,与之密切相连的民间借贷随之倒下,大量靠"江湖信用"建立的民间借贷关系成为了法律风险的高发、多发地带,社会矛盾急剧增加,甚至对个别地方社会稳定造成了一定影响。据统计,自2012年以来,全国法院受理的涉民间借贷案件数量增长了近3倍,立案、送达、审理、执行各个环节都出现了"管涌"。如何通过提炼和总结民间借贷案件发生、处理和审判的规律,为社会公众、法律工作者、司法机关和决策部门提供更为直接的认识和更为有效的处置办法,已成为各界的呼声。对于法院而言,全面推进依法治国,不仅仅是坐堂问案,止步于纠纷解决,更为重要的是,通过一个个具体案件的司法解决,具体诠释与宣扬法律规则与精神,让个案的纠纷解决上升为普遍的规则效应,增强民众对相关法律问题的司法预期,让人民群众在每一个司法案件中感受到公平正义从而实现全民知法与守法的效果。因此,关口前移,这也许是法院人应对民间借贷"井喷"、参与社会治理的理想路径。

最高人民法院于1991年8月13日发布《关于人民法院审理借贷案件的若干意见》,随着社会经济情势的变化,民间借贷呈现出从生活性借贷转向生产经营性借贷、从自然人借贷转向法人、其他组织之间的借贷等新趋势与新倾向。为此,最高人民法院于2015年8月6日发布了《关于审理民间借贷案件适用法律若干问题的规定》。但是,对于普罗大众而言，规则终究太过生涩，也太过枯燥。民不知法奈何以法治之？民间借贷纠纷的高发、多发，终究不是规则缺失问题，而是规则认知问题。法院审理民间借贷纠纷案件的难点，通常不是法律适用问题，更多是事实认定问题。究其原因，终究还是民间借贷的“民间性”特征衍生的口头约定、借贷协议不规范、举证能力较弱等借贷主体方面的问题。因此，对于社会而言，“大道之行也，天下为公，选贤与能，讲信修睦”，其中的诚信自古至今均是理想社会的重要因子。民间借贷多数情况下发生在关系密切的主体之间，诚信是其重要纽带。一旦成讼，民间借贷就成为起于信而最终背于信的典型，对人际关系、社会诚信的伤害不言而喻。对于广大社会公众而言，空洞的法规宣传，不啻为一种说教，难以引起公众的共鸣，难以深入人心。欲实现“办事依法、遇事找法、解决问题用法、化解矛盾靠法”的法治目标，使社会公众逐渐由“知法、懂法、用法”向“守法、敬法、护法”转变，选择一种更为贴近人心、体恤人性的方式至关重要。而案例恰恰以其故事性、易读性等成为沟通规则与公众的重要桥梁。

上述现实与认知构成了本书的写作动因。因此，本书在写作上既兼顾了社会各界对民间借贷案件审理各环节要点掌握的需要，也兼顾了学术研究和普法旨趣。一是在内容安排上，本书涵盖了民间借贷的主体、借贷事实、证据收集、立案、审理等内容，以帮助广大社会公众认知民间借贷、防范民间借贷风险。二是在写作方式上，以问题作为标题，一方面凸显民间借贷实践中存在的公众较为关心的问题，另一方面则方便检索查找感兴趣或对身边事有帮助的问题。三是在写作体例上，理论与案例交相辉映，既从理论上展现了问题的认知与争议，又从实务上回应了问题的共识与解决。同时，因大多数案例来源于互联网且形成于最高人民法院发布的《关于审理民间借贷案件适用法律若干问题的规定》之前，因此，对于新规定，本书也作出了阐释与说明。

本书由四川省高级人民法院党组书记、院长王海萍担任主编，党组成员、政治部主任时小云，研究室主任蒋敏和西南财经大学教授唐清利（期间挂职四川省高级人民法院研究室副主任）担任副主编，负责全书框架设计，主题确定和修订工作，四川省高级人民法院研究室及审判管理办公室的工作人员具体参与，相关的研究与写作具体分工如下：第一章：曾蕾，第二章：鲁虎，第三章：李海昕，第四、六章：杨春洪，第五章：李航，第七、十五章：蒋军，第八章：金晶，第九、十章：豆晓红，第十一、十二章：余静，第十三章：唐嘉君，第十四章：张碧芳。李海昕、蒋军同志还分别承担了第一至八章、第九至十五章的统稿任务，蒋敏和唐清利同志承担了全书的统稿工作。尽管参与写作人员付出了十分努力，多次修改，但错漏仍在所难免，在此敬请广大读者批评指正。

编写组

2015 年 12 月

目　录

CONTENTS

第一章　立案与管辖

第二章　民间借贷主体

第四章 民间借贷合同权利义务

第五章 民间借贷的担保

第六章 民间借贷的中介

第七章 民间借贷案件证据收集与举证

第十章　民间借贷诉讼时效

第十一章　民间借贷虚假诉讼

第十五章 民间借贷相关刑事犯罪

第一章

立案与管辖

民间借贷法律关系是民事法律关系，属于合同法律关系，民间借贷纠纷是典型的金钱债权债务纠纷。民事纠纷的解决方式主要有诉讼、调解、支付令、仲裁、公证、执行六种方式。(1)诉讼是民间借贷纠纷解决最主要的方法。当事人可以将纠纷起诉至人民法院，由人民法院根据原告的诉讼请求，综合证据与事实，依照法律规定对纠纷进行裁判。(2)调解是处理民间借贷纠纷的常用方式，分为诉讼调解、仲裁调解、人民调解。(3)督促程序是一种简单便捷的非诉程序，如果民间借贷的法律关系、事实关系清晰，没有分歧，债权人可以通过督促程序向法院申请支付令。(4)仲裁一裁终局，避免了繁琐的诉讼程序，当事人可以自由选择仲裁机构，具有较强的私密性，比较适合以商业交易为背景而进行的民间借贷。(5)经公证的债权文书具有强制执行的效力，因此，公证也可视为一种纠纷解决方式。(6)执行是最终实现当事人权利的程序。无论诉讼、调解、督促、仲裁或公证，在债务人不主动履行义务的情况下，债权人可以依据生效法律文书向法院申请强制执行，从而实现债权。在实践中，当事人可以根据自身实际情况灵活选择一种或几种纠纷解决方法，妥善解决纠纷。本章将依据法律、司法解释的规定，结合相关案例，对民间借贷纠纷解决方式进行介绍，着重介绍通过诉讼途径解决纠纷时人民法院立案的基本条件、人民法院管辖权的确定等内容。

第一节

立案基本要件

一、立案必须具备的条件?

基本理论

1. 立案审查制与立案登记制

党的十八届四中全会作出的《中共中央关于全面推进依法治国若干重大问题的决定》明确要求:改革法院案件受理制度,变立案审查制为立案登记制,对人民法院依法应该受理的案件,做到有案必立,有诉必理,保障当事人诉权。立案审查制度是指人民法院对原告的起诉进行审查后,认为符合法律规定的起诉条件,决定立案受理,从而引起诉讼程序开始的行为。立案登记制度是指当事人向法院提起诉讼,提交了符合要求的起诉状,法院无需进行审查,应当予以立案。法院不得拒收当事人的起诉状。变立案审查制为立案登记制,有利于保障当事人诉权,切实解决好人民群众反映的"立案难"问题。

立案登记制的特点如下:一是以当场立案为原则,以法定期限内立案为补充。《最高人民法院关于人民法院登记立案若干问题的规定》第2条规定:"对起诉、自诉,人民法院应当一律接收诉状,出具书面凭证并注明收到日期。对符合法律规定的起诉、自诉,人民法院应当当场予以登记立案。对不符合法律规定的起诉、自诉,人民法院应当予以释明。"二是人民法院只进行形式审查。立案登记制并不意味着人民法院对起诉不进行审查,只是审查不涉及案件实体问题,主要涉及以下三方面的内容:(1)起诉条件的审查。《关于人民法院推行立案登记制改革的意见》第二点规定了应当登记立案的五种情形,其中第(一)项与民间借贷纠纷诉讼立案相关。民间借贷纠纷诉讼立案,应审查起诉是否符合《中华人民共和国民事诉讼法》第 119 条规定的起诉条件，即与本案有直接利害关系的公民、法人和其他组织提起的民事诉讼，有明确的被告、具体的诉讼请求和事实依据，属于人民法院主管和受诉人民法院管辖。(2)起诉的形式审查。对当事人递交的起诉状和副本是否具备应当记明的事项进行审查。起诉、自诉和申请材料不符合形式要件的，应当及时释明，以书面形式一次性全面告知应当补正的材料和期限。在指定期限内经补正符合法律规定条件的，人民法院应当登记立案。(3)对特殊情形的审查。人民法院对符合《民事诉讼法》第 124 条规定的不属于受理民事诉讼的范围和受诉人民法院管辖的情形进行审查。第一，对不予受理或不予立案必须出具书面裁定书。《最高人民法院关于人民法院登记立案若干问题的规定》第 9 条规定："人民法院对起诉、自诉不予受理或者不予立案的，应当出具书面裁定或者决定，并载明理由。"当事人不服的，可以提起上诉或者申请复议。禁止不收材料、不予答复、不出具法律文书。第二，对立案后发现不符合起诉条件的处理。立案后发现不符合起诉条件或者属于《民事诉讼法》第 124 条规定情况的，裁定驳回起诉。

2. 立案必须具备的条件

起诉是当事人的诉讼行为，受理是人民法院的审判行为，只有这两个行为的结合，才能导致诉讼程序的开始。虽然是登记立案，并非不对起诉进行审查，人民法院仍应当对当事人提交的民事起诉状或由人民法院记入笔录的口头起诉是否符合起诉条件进行审查，符合起诉条件的，人民法院应当在 7 日内立案受理。《民事诉讼法》第 119 条规定："起诉必须符合下列条件：(一)原告是与本案有直接利害关系的公民、法人和其他组织；(二)有明确的被告；(三)有具体的诉讼请求和事实、理由；(四)属于人民法院受理民事诉讼的范围和受诉人民法院管辖。"具体而言，人民法院审查当事人提交的民事起诉状的内容如下：

(1)原告的身份信息。具体包括：姓名、性别、年龄、民族、职业、工作单位、住所、联系方式，法人或者其他组织的名称、住所和法定代表人或者主要负责人的姓名、职务、联系方式。

(2)被告的身份信息。具体包括：姓名、性别、工作单位、住所等信息，法人或者其他组织的名称、住所等信息。

(3)诉讼请求和所根据的事实与理由，证据和证据来源，证人姓名和住所。诉讼请求，是指原告要求法院予以确认或者保护的民事权益的内容和范围。民间借贷纠纷案件中，出借人提出的诉讼请求是其提起诉讼所要达到的具体目的，因此，必须具体明确，不能含糊不清，如明确要求借款人偿还多少数额的借款本金，支付多少数额的利息。原告立案时所需要提供的证据无需证明原告的诉讼请求成立，只需证明民事法律关系存在并产生纠纷，需要提起诉讼予以解决。

(4)属于人民法院受理民事诉讼的范围和受诉人民法院管辖。《民事诉讼法》第124条规定，对不符合起诉条件的，应当分别情形，予以处理：

①依照行政诉讼法的规定，属于行政诉讼受案范围的，告知原告提起行政诉讼。

②依照法律规定，双方当事人达成书面仲裁协议申请仲裁、不向人民法院起诉的，告知原告向仲裁机构申请仲裁。

③依照法律规定，应当由其他机关处理的争议，告知原告向有关机关申请解决。

④对不属于本院管辖的案件，告知原告向有管辖权的人民法院起诉；原告坚持起诉的，裁定不予受理；立案后发现本院没有管辖权的，应当将案件移送有管辖权的人民法院。

⑤对判决、裁定、调解书已经发生法律效力的案件，当事人又起诉的，告知原告申请再审，但人民法院准许撤诉的裁定除外；

⑥依照法律规定，在一定期限内不得起诉的案件，在不得起诉的期限内起诉的，不予受理；

⑦判决不准离婚和调解和好的离婚案件，判决、调解维持收养关系的案件，没有新情况、新理由，原告在六个月内又起诉的，不予受理。

《最高人民法院关于人民法院登记立案若干问题的规定》第10条规定，人民法院对下列起诉、自诉不予登记立案：

①违法起诉或者不符合法律规定的；

②涉及危害国家主权和领土完整的；

③危害国家安全的；

④破坏国家统一和民族团结的；

⑤破坏国家宗教政策的；

⑥所诉事项不属于人民法院主管的。

典型案例

原告起诉的事实的真实性及理由并非法院立案审查的范围

——李某诉顾某某、尤某某民间借贷案①

1. 基本案情

原告：李某。

被告：顾某某、尤某某。

原告李某系张家港新东旭纺织印染有限公司（以下简称新东旭公司）员工，负责外发加工业务，并代表新东旭公司与被告顾某某、尤某某夫妇开办的无锡市新金鑫制衣厂（以下简称新金鑫厂）进行服装加工业务往来。李某称，2011 年 7 月尤某某以需发放工人工资否则无法如期出货为由通过电话向其借款 10 万元，约定月底归还并提供了顾某某的卡号。2011 年 7 月 9 日，李某向顾某某农行卡中转账 10 万元。2012 年 5 月，李某以尤某某拖欠其借款 10 万元未还，且该笔借款发生在顾某某与尤某某夫妻关系存续期间为由诉至法院，要求判令两被告共同归还其借款 10 万元并承担逾期还款利息。为支持其诉讼请求，李某提供了转账交易回单及两被告的结婚登记申请书，证明汇款 10 万元及两被告系夫妻关系的事实。两被告对收到 10 万元及系夫妻关系的事实认可，但否认与李某之间存在借贷关系，亦否认该笔款项系借款。尤某某称李某系代表新东旭公司与新金鑫厂发生业务往来，其确曾电话联系李某但系要求其带款提货，而该款即为李某代新东旭公司支付货款。为支持抗辩主张，两被告提供了准予个体工商户登记通知书、采购计划单、委加工合同、送货单，证明李某代表新东旭公司与新金鑫厂发生加工业务往来的事实。

2. 法院裁判及观点

法院认为，当事人对自己提出的诉讼请求所依据的事实有责任提供证据

① 参见江苏省无锡市锡山区人民法院（2012）锡法湖民初字 201 号民事判决。

予以证明。借贷案件中，原告应提供书面借据，无书面借据，仅提供交付凭证就以民间借贷为由向法院起诉的，应提供必要的事实根据。本案中，原告仅提供转账10万元的交易回单的交付凭证，从而主张该笔款项系借款要求被告予以偿还，审理中被告提出双方不存在借贷关系的抗辩，则原告应当就双方存在借贷合意进一步提供证据。然而原告既未提供书面借据，对于借款过程等具体情况均系其口述，且未得到被告的认可，故无法提供必要的事实根据；而根据被告所举证据及双方当事人的陈述，李某系新东旭公司负责外发加工业务的员工，其代表新东旭公司与尤某某开办的新金鑫厂只在转账10万元的时间段内发生加工业务关系，新东旭公司负有向新金鑫厂支付加工费的义务。而根据法院调查，李某转账的该10万元来源于其所在单位新东旭公司，与其庭审中陈述称银行卡中固有资金相矛盾，并且新东旭公司在汇款时明确注明"借款新金鑫带款提货"，即该款系李某代新东旭公司支付的加工费，故对顾某某、尤某某的抗辩主张，法院予以采纳；李某主张双方存在借贷关系，要求两被告偿还借款并支付逾期利息的主张，缺乏事实依据，证据不足，法院不予支持。2012年7月10日，法院判决驳回李某诉讼请求。

3. 案例评析

《民事诉讼法》第119条规定，原告起诉时需要有具体的诉讼请求和事实、理由。原告向人民法院申请立案时所需要提供的事实、理由无需能够证明原告的诉讼请求成立，只要能够表明民事法律关系存在并产生纠纷，需要提起诉讼予以解决，人民法院就应当予以立案，人民法院无需审查事实的真实性及理由是否可以支持原告的诉讼请求。本案中原告提供了转账10万元的交易回单及两被告的结婚登记申请书，说明汇款10万元及两被告系夫妻关系的事实，从而主张该笔款项系借款要求被告予以偿还。据此，原告与被告之间存在债权债务纠纷及两被告身份适格，人民法院予以立案。

在案件审理过程中，基于"谁主张、谁举证"的原则，原告应提供能够证明民间借贷法律关系成立的证据，如民间借贷合同或借据、收据、欠条等债权凭证。原告仅提供交付凭证就以民间借贷纠纷为由向法院起诉。两被告提出该款项为原告代新东旭公司支付货款，双方不存在借贷关系的抗辩，并提供了准予个体工商户登记通知书、采购计划单、委加工合同、送货单，证明原告代表新东旭公司与新金鑫厂发生加工业务往来的事实。原告应进一步举证证明原被告之间具有民间借贷法律关系的事实证据。原告未能向法院提交能够证明其诉讼请求成立的证据及反驳对方提出的抗辩理由的证据。庭审中,根据法院的调查,原告转账的10万元系其所在单位新东旭公司所有,与其庭审中陈述称银行卡中固有资金相矛盾,并且新东旭公司在汇款时明确注明"借款新金鑫带款提货",即该款系原告代新东旭公司支付的加工费。据此法院认为,原告主张双方存在借贷关系,要求两被告偿还借款并支付逾期利息的主张,缺乏事实依据,证据不足,遂判决驳回原告诉讼请求。

有关法律规定

《中华人民共和国民事诉讼法》(2012年)

第一百一十九条　起诉必须符合下列条件:

(一)原告是与本案有直接利害关系的公民、法人和其他组织;

(二)有明确的被告;

(三)有具体的诉讼请求和事实、理由;

(四)属于人民法院受理民事诉讼的范围和受诉人民法院管辖。

第一百二十四条　人民法院对下列起诉,分别情形,予以处理:

(一)依照行政诉讼法的规定,属于行政诉讼受案范围的,告知原告提起行政诉讼。

(二)依照法律规定,双方当事人达成书面仲裁协议申请仲裁、不得向人民法院起诉的,告知原告向仲裁机构申请仲裁。

(三)依照法律规定,应当由其他机关处理的争议,告知原告向有关机关申请解决。

(四)对不属于本院管辖的案件,告知原告向有管辖权的人民法院起诉;

(五)对判决、裁定、调解书已经发生法律效力的案件,当事人又起诉的,告知原告申请再审,但人民法院准许撤诉的裁定除外;

(六)依照法律规定,在一定期限内不得起诉的案件,在不得起诉的期限内起诉的,不予受理;

(七)判决不准离婚和调解和好的离婚案件,判决、调解维持收养关系的案件,没有新情况、新理由,原告在六个月内又起诉的,不予受理。

《最高人民法院关于适用〈中华人民共和国民事诉讼法〉的解释》(法释〔2015〕5号)

第二百零八条　人民法院接到当事人提交的民事起诉状时,对符合民事诉讼法

第一百一十九条的规定,且不属于第一百二十四条规定情形的,应当登记立案;对当场不能判定是否符合起诉条件的,应当接收起诉材料,并出具注明收到日期的书面凭证。

需要补充必要相关材料的,人民法院应当及时告知当事人。在补齐相关材料后,应当在七日内决定是否立案。

立案后发现不符合起诉条件或者属于民事诉讼法第一百二十四条规定情形的,裁定驳回起诉。

《最高人民法院关于审理民间借贷案件适用法律若干问题的规定》(法释〔2015〕18号)

第二条　出借人向人民法院起诉时,应当提供借据、收据、欠条等债权凭证以及其他能够证明借贷法律关系存在的证据。当事人持有的借据、收据、欠条等债权凭证没有载明债权人,持有债权凭证的当事人提起民间借贷诉讼的,人民法院应予受理。被告对原告的债权人资格提出有事实依据的抗辩,人民法院经审理认为原告不具有债权人资格的,裁定驳回起诉。

《最高人民法院关于人民法院登记立案若干问题的规定》(法释〔2015〕8号)

第一条　人民法院对依法应该受理的一审民事起诉、行政起诉和刑事自诉,实行立案登记制。

第二条　对起诉、自诉,人民法院应当一律接收诉状,出具书面凭证并注明收到日期。

对符合法律规定的起诉、自诉,人民法院应当当场予以登记立案。

对不符合法律规定的起诉、自诉,人民法院应当予以释明。

第九条　人民法院对起诉、自诉不予受理或者不予立案的,应当出具书面裁定或者决定,并载明理由。

第十条　人民法院对下列起诉、自诉不予登记立案:

(一)违法起诉或者不符合法律规定的;

(二)涉及危害国家主权和领土完整的;

(三)危害国家安全的;

(四)破坏国家统一和民族团结的;

(五)破坏国家宗教政策的;

(六)所诉事项不属于人民法院主管的。

最高人民法院关于印发《关于人民法院推行立案登记制改革的意见》的通知(法发〔2015〕6号)

二、登记立案范围有下列情形之一的,应当登记立案:

(一)与本案有直接利害关系的公民、法人和其他组织提起的民事诉讼,有明确的被告、具体的诉讼请求和事实依据,属于人民法院主管和受诉人民法院管辖的;

(二)行政行为的相对人以及其他与行政行为有利害关系的公民、法人或者其他组织提起的行政诉讼,有明确的被告、具体的诉讼请求和事实根据,属于人民法院受案范围和受诉人民法院管辖的;

(三)属于告诉才处理的案件,被害人有证据证明的轻微刑事案件,以及被害人有证据证明应当追究被告人刑事责任而公安机关、人民检察院不予追究的案件,被害人告诉,且有明确的被告人、具体的诉讼请求和证明被告人犯罪事实的证据,属于受诉人民法院管辖的;

(四)生效法律文书有给付内容且执行标的和被执行人明确,权利人或其继承人、权利承受人在法定期限内提出申请,属于受申请人民法院管辖的;

(五)赔偿请求人向作为赔偿义务机关的人民法院提出申请,对人民法院、人民检察院、公安机关等作出的赔偿、复议决定或者对逾期不作为不服,提出赔偿申请的。

有下列情形之一的,不予登记立案:

(一)违法起诉或者不符合法定起诉条件的;

(二)诉讼已经终结的;

(三)涉及危害国家主权和领土完整、危害国家安全、破坏国家统一和民族团结、破坏国家宗教政策的;

(四)其他不属于人民法院主管的所诉事项。

三、登记立案程序

(一)实行当场登记立案。对符合法律规定的起诉、自诉和申请,一律接收诉状,当场登记立案。对当场不能判定是否符合法律规定的,应当在法律规定的期限内决定是否立案。

(二)实行一次性全面告知和补正。起诉、自诉和申请材料不符合形式要件的,应当及时释明,以书面形式一次性全面告知应当补正的材料和期限。在指定期限内经补正符合法律规定条件的,人民法院应当登记立案。

(三)不符合法律规定的起诉、自诉和申请的处理。对不符合法律规定的起诉、自诉和申请,应当依法裁决不予受理或者不予立案,并载明理由。当事人不服的,可以提起上诉或者申请复议。禁止不收材料、不予答复、不出具法律文书。

(四)严格执行立案标准。禁止在法律规定之外设定受理条件,全面清理和废止不符合法律规定的立案"土政策"。

二、民间借贷案件如何确定当事人地位?

基本理论

1. 当事人

民事诉讼的当事人,是指因民事权利义务关系发生纠纷,或者民事主体的权利受到损害,以自己的名义进行诉讼,并受法院裁判约束的利害关系人。民事诉讼当事人主要有三个特点:一是因民事权利和利益发生纠纷诉诸法院;二是以自己的名义进行诉讼;三是受法院裁判拘束。

2. 原告

《民事诉讼法》第 119 条对起诉必须符合的四个条件进行规定,其中第 1 项规定原告是与本案有直接利害关系的公民、法人和其他组织。是否与案件具有"直接利害关系"是判断原告是否具有诉讼主体资格的条件,也是人民法院受理案件的要件之一。一般来讲,所谓原告与案件争讼事实有直接利害关系主要是指:"其一,自己依法所享有的合法权益受到不法侵害;其二,自己与别人发生了民事权利义务的争执;其三,与争议事实中所指向的诉讼标的有法律上的直接利害关系。"①

《最高人民法院关于审理民间借贷案件适用法律若干问题的规定》第 2 条规定,民间借贷案件中原告一般是借款合同列明的出借方、借据、收据、欠条等债权凭证上载明的出借人。借据、收据、欠条等债权凭证没有载明债权人,持有债权凭证的当事人提起民间借贷诉讼的,人民法院应予受理。司法解释明确了民间借贷案件原告身份举证责任的分配,即适用"谁主张,谁举证"的原则。原告在申请立案时需提交借据、收据、欠条等债权凭证以及其他

① 最高人民法院民事审判第一庭著:《民事诉讼证据司法解释的理解与适用》,中国法制出版社 2012 年版,第 12 页。

能够证明借贷法律关系存在的证据。法律推定持有债权凭证的当事人为原告。被告对原告的债权人资格有异议需提供证据予以证明。当债权凭证上未载明出借人身份,立法采用推定的方式确定债权凭证持有人具有原告资格。一般而言,推定是借助一个特定的既存事实,推出另一相关事实存在的一定假设。在司法程序上对于推定的运用反映了不同事实之间的关系状态。这一关系状态受到因果关系法则的支配和影响。这种因果关系是包括时间先后次序在内的由一种现象必然引起另一种现象的本质联系。因此,据此原理适用推定,从所取得结果的概率上来说,绝大多数情况下都被证实是真实的,符合客观事物的发展规律,这是由事物发展的必然性和偶然性所决定的。[①] 据此,推定事实不是必然事实,被告对原告的债权人资格提出有事实依据的抗辩,人民法院经审理认为原告不具有债权人资格的,裁定驳回起诉。

3. 被告

《民事诉讼法》第 119 条对起诉必须符合的四个条件进行规定,其中第(二)项规定有明确的被告。所谓"有明确的被告"是指原告起诉时必须明确具体是谁与其发生了债权债务争议。最高人民法院《关于适用〈中华人民共和国民事诉讼法〉的解释》第 209 条规定:"原告提供被告的姓名或者名称、住所等信息具体明确,足以使被告与他人相区别的,可以认定为有明确的被告。起诉状列写被告信息不足以认定明确的被告的,人民法院可以告知原告补正。原告补正后仍不能确定明确的被告的,人民法院裁定不予受理。"需要注意的是"明确的被告"是指能够具体指出被告,而不需原告的起诉与被告具有法律关系,即适格的被告。人民法院在立案阶段审查被告是否明确主要是从被告的身份、住所地两个方面去审查,至于被告适格与否必须经过实体审查,人民法院不能在立案阶段就以被告不适格为由,裁定对案件不予受理。即便原告起诉的被告不适格,也不妨碍诉讼的成立,人民法院应当裁定驳回起诉。

民间借贷诉讼中,被告一般是民间借贷及其担保合同中原告的对方当事人,即借贷合同中的借款人、民间借贷担保合同中的担保人。有些人虽未参与订立借贷合同,但当其与借贷合同的权利义务发生关系时,也可为民间借贷诉讼的被告,如出借人依法提起代位权诉讼,又如,借款债务发生转移,借

---

① 毕玉谦:《民事证明责任研究》,法律出版社 2007 年版,第 408 页。

贷合同以外的第三人承受民间借贷债务的，出借人也可以以其为被告提起诉讼。

《最高人民法院关于审理民间借贷案件适用法律若干问题的规定》第4条对设置保证担保的民间借贷合同，原告如何选择性地起诉主债务人或者担保人进行规定。该条规定以负有不同责任方式的担保人为区分，也就是保证人承担连带保证责任还是一般保证责任，对原告在起诉时如何确定被告进行指导和引领作用。保证人为借款人提供连带责任保证的情况，出借人仅起诉借款人的，人民法院可以不追加保证人为共同被告；出借人仅起诉保证人的，人民法院可以追加借款人为共同被告。保证人为借款人提供一般保证的情况，出借人仅起诉保证人的，人民法院应当追加借款人为共同被告；出借人仅起诉借款人的，人民法院可以不追加保证人为共同被告。

典型案例

持有债权凭证的当事人提起民间借贷诉讼的，人民法院应予受理

——陈某诉孙某民间借贷再审案[1]

1. 基本案情

再审申请人：孙某（原审被告）。

再审被申请人：陈某（原审原告）。

2009年4月19日孙某因做买卖急用钱，向陈某借款1万元，并向陈某出具欠条，没有约定利息及还款期限，未标明出借人姓名。此后，陈某急需用钱向孙某索要，孙某一直未偿还，故诉至法院，要求孙某立即偿还欠款。原审孙某辩称，其承认欠款事实，但钱不是向陈某借的，而是向陈某前夫，也是孙某的外甥李某所借，所以不同意还款。

2. 法院裁判及观点

原审法院经审理认为：孙某向陈某借款1万元，有其本人出具的欠条为证，事实清楚，证据充分。虽然双方未约定还款期限，但陈某随时可以主张权

① 参见黑龙江省七台河市中级人民法院(2012)七民提字第5号民事判决。

利。对于孙某提出的此款并不是在陈某处借的，而是在陈某前夫李某处借的，并且已偿还完毕这一事实，虽然孙某向法院提供了李某的还款收据，但李某本人未出庭，并且李某与孙某系亲属关系，依据《最高人民法院关于民事诉讼证据的若干规定》的相关规定，与一方当事人有利害关系的证人出具的证言不能单独作为认定案件事实的依据。本案中李某是孙某妻子的外甥，与孙某属利害关系人，因此李某的证言不能单独作为认定案件事实的依据，孙某也未提供其他证据佐证，故对其主张的事实不支持。陈某的诉讼请求，于法有据，予以确认。一审法院依据《中华人民共和国民法通则》第 84 条、第 108 条的规定，作出如下判决：孙某于本判决生效后 10 日内偿还陈某欠款人民币 1 万元。

判决生效后孙某持原审意见申请再审。

再审法院经再审认为：借条作为债权凭证，具有借款合同的特征。若无证据证明持有借条的人为非债权人，可推定其为债权人。本案中被申请人陈某向法院提供的借条，未标明债权人姓名，该借条是申请再审人孙某亲笔书写且借条内容是其真实意思表示，故应认定陈某与孙某之间成立债权债务关系。虽然孙某提出此款并不是在陈某处借的，而是向李某借的并已偿还，但因为证人李某是孙某妻子的外甥，与孙某有亲戚关系。依据《最高人民法院关于民事诉讼证据的若干规定》第 69 条第 2 项的规定，在陈某不认可李某证言，孙某又未提供其他证据佐证的情况下，不能单独以李某的证言认定孙某与李某存在债权债务关系。另外，在原审法院向孙某送达民事起诉状时，孙某表示对欠款事实无异议，只是辩称已还 3000 元，并未提出是向李某处借款的辩解理由，在原审庭审时孙某却提了李某出具的还款收条；而李某作为证人称自己当时没有钱，是从银行贷款借给孙某，在正常情况下将贷款借与他人一般都约定还款时间和利息，考虑到亲属关系不付利息也应要求尽快还款，但该借款未约定还款时间和利息，故孙某关于此款是李某处借的并已偿还的陈述和李某的证言有悖常理，不予采信。综上，孙某的再审理由，证据不足，依法不予支持。原审判决认定事实清楚，适用法律正确，程序合法，应予维持。再审法院依据《中华人民共和国民事诉讼法》第 186 条、第 153 条第 1 项之规定，作出如下判决：维持原审法院（2012）勃民商初字第 14 号民事判决。

3. 案例评析

本案是出借人与借款人未订立民间借贷合同，只由借款人向出借人出具未载明出借人姓名的债权凭证，民间借贷纠纷发生时，出借人仅凭债权凭证向人民法院起诉，人民法院是否应当受理的典型案例。本案中，孙某因做买卖急用钱，向陈某借款1万元，并向陈某出具欠条，未约定利息及还款期限，未标明出借人姓名。本案立案时，《最高人民法院关于审理民间借贷案件适用法律若干问题的规定》尚未颁布施行。原审法院并未因欠条上未载明出借人的姓名而认为欠条持有人与本案没有直接利害关系，进而否认欠条持有人陈某的原告主体身份，而是依据原告陈某持有欠条这一事实与理由，推定其是民间借贷的出借方，对该案予以立案。当时法院的裁判与《最高人民法院关于审理民间借贷案件适用法律若干问题的规定》第2条的规定相符合。

人民法院在立案中对陈某的原告主体资格是推定的结果，原告是否适格还有待审查查明。在案件审理过程中，被告对原告的债权人资格提出有事实依据的抗辩，人民法院经审理认为原告不具有债权人资格的，应当裁定驳回起诉。本案中，孙某提出借款并不是向陈某借的，而是向李某借的并已偿还的抗辩，但因为证人李某是孙某妻子的外甥，与孙某有亲戚关系。依据《最高人民法院关于民事诉讼证据的若干规定》第69条第2项的规定，在陈某不认可李某的证言，孙某又未提供其他证据佐证的情况下，不能单独以李某的证言认定孙某与李某存在债权债务关系。除此之外，孙某无法提出其他可以支持其抗辩理由的证据。据此，结合经审理查明的本案其他相关事实，再审法院认为孙某的再审理由，证据不足，依法不予支持。原审判决认定事实清楚，适用法律正确，程序合法，应予维持。

典型案例

原告起诉时无法举证证明被告的身份信息属于被告不明确的情形

——合肥某电气技术有限公司诉张某民间借贷合同纠纷案①

1. 基本案情

原告：合肥某电气技术有限公司。

---

① 参见安徽省合肥市蜀山区人民法院（2014）蜀民一初字第03020号民事判决。

被告：张某。

原告合肥徽力电气技术有限公司与被告张某民间借贷合同纠纷一案，原告起诉时未举证证明被告的身份信息，经人民法院告知原告应当在规定的限期内提供以上信息后，原告仍未能提供。

2. 法院裁判及观点

法院认为，原告未举证证明被告的身份信息，且根据原告提供的信息仍不能确定被告的送达地址，故本案属于被告不明确的情形。据此，依据《民事诉讼法》第119条、第154条第1款第3项、《最高人民法院关于适用简易程序审理民事案件的若干规定》第8条第2项之规定，裁定驳回原告合肥某电气技术有限公司的起诉。

3. 案例评析

《民事诉讼法》第119条规定，起诉必须有明确的被告。所谓“明确的被告”是指原告起诉时必须明确被告的身份信息，也就是明确具体是谁与其发生了债权债务争议。根据《最高人民法院关于适用〈中华人民共和国民事诉讼法〉的解释》第209条之规定，原告提供被告的姓名或者名称、住所等信息具体明确，足以使被告与他人相区别的，可以认定为有明确的被告。本案原告起诉时未提供被告的身份信息，在法院告知的规定的限期内仍未能提供，且根据原告起诉时提供的信息不能确定被告的送达地址，故本案属于被告不明确的情形。根据《最高人民法院关于适用简易程序审理民事案件的若干规定》第8条规定，原告不能提供被告准确的送达地址，人民法院经查证后仍不能确定被告送达地址的，可以被告不明确为由裁定驳回原告起诉。

有关法律规定

《中华人民共和国民事诉讼法》(2012年)

第一百一十九条　起诉必须符合下列条件：

（一）原告是与本案有直接利害关系的公民、法人和其他组织；

（二）有明确的被告；

（三）有具体的诉讼请求和事实、理由；

（四）属于人民法院受理民事诉讼的范围和受诉人民法院管辖。

第一百二十四条 人民法院对下列起诉，分别情形，予以处理：

（一）依照行政诉讼法的规定，属于行政诉讼受案范围的，告知原告提起行政诉讼；

（二）依照法律规定，双方当事人达成书面仲裁协议申请仲裁、不得向人民法院起诉的，告知原告向仲裁机构申请仲裁；

（三）依照法律规定，应当由其他机关处理的争议，告知原告向有关机关申请解决。

（四）对不属于本院管辖的案件，告知原告向有管辖权的人民法院起诉；

（五）对判决、裁定、调解书已经发生法律效力的案件，当事人又起诉的，告知原告申请再审，但人民法院准许撤诉的裁定除外；

（六）依照法律规定，在一定期限内不得起诉的案件，在不得起诉的期限内起诉的，不予受理；

（七）判决不准离婚和调解和好的离婚案件，判决、调解维持收养关系的案件，没有新情况、新理由，原告在六个月内又起诉的，不予受理。

《最高人民法院关于适用〈中华人民共和国民事诉讼法〉的解释》（法释〔2015〕5号）

第二百零九条 原告提供被告的姓名或者名称、住所等信息具体明确，足以使被告与他人相区别的，可以认定为有明确的被告。

起诉状列写被告信息不足以认定明确的被告的，人民法院可以告知原告补正。原告补正后仍不能确定明确的被告的，人民法院裁定不予受理。

《最高人民法院关于审理民间借贷案件适用法律若干问题的规定》（法释〔2015〕18号）

第二条 出借人向人民法院起诉时，应当提供借据、收据、欠条等债权凭证以及其他能够证明借贷法律关系存在的证据。

当事人持有的借据、收据、欠条等债权凭证没有载明债权人，持有债权凭证的当事人提起民间借贷诉讼的，人民法院应予受理。被告对原告的债权人资格提出有事实依据的抗辩，人民法院经审理认为原告不具有债权人资格的，裁定驳回起诉。

第四条 保证人为借款人提供连带责任保证，出借人仅起诉借款人的，人民法院可以不追加保证人为共同被告；出借人仅起诉保证人的，人民法院可以追加借款人为共同被告。

保证人为借款人提供一般保证，出借人仅起诉保证人的，人民法院应当追加借款人为共同被告;出借人仅起诉借款人的,人民法院可以不追加保证人为共同被告。

《最高人民法院关于适用简易程序审理民事案件的若干规定》(法释〔2003〕15号)

第八条　人民法院按照原告提供的被告的送达地址或者其他联系方式无法通知被告应诉的,应当按以下情况分别处理:(一)原告提供了被告准确的送达地址,但人民法院无法向被告直接送达或者留置送达应诉通知书的,应当将案件转入普通程序审理;(二)原告不能提供被告准确的送达地址,人民法院经查证后仍不能确定被告送达地址的,可以被告不明确为由裁定驳回原告起诉。

三、民间借贷中债务人下落不明的如何起诉?

基本理论

1. 送达及其分类

民事诉讼中的送达,是指人民法院按照法定的程序和方式,将诉讼文书送交给当事人及其他诉讼参与人的行为。送达是人民法院的职权行为,法院送交诉讼文书的人为送达人,接受送达诉讼文书的当事人及其他诉讼参与人为受送达人。送达自受送达人签收后,发生法律效力,但法律另有规定的除外。送达是受诉法院对当事人及其他诉讼参与人的诉讼行为,这是主体与行为的特定性。当事人及其他诉讼参与人之间,法院与法院之间,相互送交或递交文书的行为,不是诉讼上的送达行为,不具有送达的效力。送达是按照法定的程序和方式进行的,不同情况下的送达有其不同的程序和方式,这是送达程序的特定性。不按法定的程序或不区别情况采用不同的方式,不发生送达的效力。送达是送交在诉讼上有意义的诉讼文书和其他有法律意义的文书,这是送达客体的特定性。送交的文书不具有诉讼上的意义,不属于送达的客体,也不发生送达的效力。

根据我国《民事诉讼法》的规定,人民法院送达法律文书的方式主要有以下七类:

(1)直接送达,是指人民法院派专人将诉讼文书直接交付给受送达人签收的送达方式。直接送达是最基本的送达方式,凡是能够直接送达的诉讼文书,就应当直接送达。受送达人是公民的,如其本人不在,可交他同住的成年家属签收;受送达人是法人或其他组织的,应由法人的法定代表人、其他组织的主要负责人或者该法人、组织负责收件的人签收;受送达人有诉讼代理人的,可以送交其代理人签收;受送达人已向人民法院指定代收人的,送交代收人签收。法律文书中的调解书一经签收,即发生法律效力,当事人如果不签收,视为调解不成立。因此,在民间借贷纠纷诉讼中制作的调解书应当直接送达本人签收,不得由他人代收。

(2)留置送达是指受送达人无正当理由拒绝签收诉讼文书时,送达人依法将诉讼文书放置在受送达人住所并产生送达的法律效力的送达方式。采用留置必须有一定的前提并履行特定的程序。当事人或者与其同住的成年亲属拒绝签收诉讼文书的,送达人可以邀请有关基层组织或者所在单位的代表在场,说明情况,在送达回证上记明拒收事由和日期,由送达人、见证人签名或者盖章,把诉讼文书留在受送达人的住所;也可以把诉讼文书留在受送达人的住所,并采用拍照、录像等方式记录送达过程,视为送达。

(3)委托送达是指负责审理案件的人民法院直接送达诉讼文书有困难时,依法委托其他人民法院代为送达。进行委托送达,受诉法院应当出具委托函并注明委托事项和要求,受委托的法院应予协助,完成送达工作。

(4)邮寄送达是指人民法院将所送达的文书通过邮局并用挂号信寄给受送达人的方式。邮寄送达以挂号回执注明的收件日期为送达日期。该日期与送达回证上收件不一致的,以送达回证上的收件日期为送达日期。

(5)转交送达是指人民法院将诉讼文书送交受送达人所在单位代收,然后转交给受送达人的送达方式。以受送达人签收的日期为送达日期。转交送达有两种情况:一是受送达人是军人的,通过其所在部队团以上单位的政治机关转交;二是受送达人被采取强制性教育措施的、被监禁的,通过其所在强制性教育机构、监所转交。

(6)电子送达是指经受送达人同意,人民法院可以采用传真、电子邮件等能够确认其收悉的方式送达诉讼文书,但判决书、裁定书、调解书除外。采用前款方式送达的,以传真、电子邮件等到达受送达人特定系统的日期为送达日期。

(7)公告送达是指法院以张贴公告、登报等方法将诉讼文书公诸于众,经过一定的时间,法律上即视为送达的送达方式。公告送达可以在法院的公告栏和受送达人住所地张贴公告,也可以在报纸、信息网络等媒体上刊登公告,发出公告日期以最后张贴或者刊登的日期为准。对公告送达方式有特殊要求的,应当按要求的方式进行。公告送达的期限为60日,自公告之日起,满60日即视为送达。人民法院在受送达人住所地张贴公告的,应当采取拍照、录像等方式记录张贴过程。

2. 被告人"明确"与被告人下落不明

《民事诉讼法》第119条规定的起诉必须符合下列条件之一为有明确的被告。所谓"有明确的被告"是指原告起诉时必须明确具体是谁与其发生了债权债务争议。被告人下落不明是指人民法院依照原告提供的被告的身份信息、联系方式,既无法与被告取得联系,也无法确定被告的住所,且经过依法核查,仍无法确定被告的住所。需要注意的是,人民法院在立案阶段审查被告是否明确主要是从被告的身份、住所地两个方面去审查。如果原告在起诉时,能够提交证明被告身份的相关材料,如被告的住所、联系方式、身份证或组织机构代码证,不论原告提供的被告住所是否准确,是否可以通过其提供的联系方式联系上被告,都应当视为"被告明确"。人民法院不能因为通过原告提供的联系方式无法联系上被告,就因被告人下落不明而认定被告不明确,不予受理原告的起诉。若原告因客观因素限制无法准确提供被告的身份、住所信息的,人民法院可以依职权进行核查。对于受送达人下落不明,或者用其他方式无法送达的,人民法院应当依据《民事诉讼法》第92条的规定对其公告送达并在案卷中记明原因和经过。自发出公告之日起,经过60日,即视为送达。

典型案例

民间借贷中债务人下落不明,不属于债务人不明确的情形,人民法院应当采用公告送达方式对其送达法律文书

——王某某诉黄某民间借贷纠纷案[①]

1. 基本案情

原告王某某。

① 参见上海市徐汇区人民法院(2014)徐民一(民)初字第6912号民事判决。

被告黄某。

原告王某某在被告黄某开立的家具厂里工作，原告是被告的员工。2011年被告承接了几笔业务，因缺启动资金，陆续向原告借款21万元，均向原告出具借条。原告持有借款人为被告的四张借条载明：借款日期分别为2011年7月11日、9月5日、9月19日、10月9日，金额分别为3万元、2万元、4万元和2万元，均未写明还款日期。之后，被告仅归还原告10万元，余款至今未还。原告向被告催讨时，被告先答应还款，后来电话无法打通，无法联系被告。原告遂诉至法院请求判令被告归还原告借款11万元。被告黄某未作答辩。

2. 法院裁判及观点

法院立案受理后，因无法用法律规定的送达方式向被告黄某送达民事诉状副本、应诉通知书、举证通知书和开庭传票等诉讼文书，用公告送达的方式向被告黄某送达上述诉讼文书，并依法组成合议庭，公开开庭进行了审理。被告黄某经法院合法传唤未到庭，作缺席审理。

法院认为，借条是借贷法律关系成立的直接证据。原告持有被告出具的借条，可证明双方借贷法律关系成立。现原告要求被告归还借款的诉讼请求，符合法律规定，法院予以准许。被告经法院合法传唤无正当理由拒不到庭，由法院依法缺席判决被告黄某于本判决生效之日起十日内返还原告王某某借款11万元。

3. 案例评析

本案是原告起诉时被告下落不明，人民法院向被告公告送达法律文书后，被告未出庭应诉，人民法院缺席审判的典型案例。对民间借贷纠纷中债务人下落不明的，原告应当如何起诉具有指引作用。根据《民事诉讼法》之规定，原告起诉应当有明确的被告。本案中，原告起诉时提供了被告的身份信息，但根据原告提供的联系方式无法联系上被告，人民法院依据《最高人民法院关于依据原告起诉时提供的被告住址无法送达应如何处理问题的批复》的规定，认为原告提供被告的姓名或者名称、住所等信息具体明确，足以使被告与他人相区别的，可以认定为有明确的被告。只要原告能够提供可以识别的被告信息，即使其不能提供被告的住所，或者提供的被告住所不准确，人民法院也应当受理。本案裁判虽然在《最高人民法院关于适用〈中华人民共和国民事诉讼法〉的解释》(2012年)之前,但裁判精神与该解释第209条规定相符合,人民法院依法对被告进行公告送达。被告经传唤未到庭,人民法院依法缺席判决。

有关法律规定

《中华人民共和国民事诉讼法》(2012年修订)

第一百一十九条　起诉必须符合下列条件:

(一)原告是与本案有直接利害关系的公民、法人和其他组织;

(二)有明确的被告;

(三)有具体的诉讼请求和事实、理由;

(四)属于人民法院受理民事诉讼的范围和受诉人民法院管辖。

第九十二条　受送达人下落不明,或者用本节规定的其他方式无法送达的,公告送达。自发出公告之日起,经过六十日,即视为送达。公告送达,应当在案卷中记明原因和经过。

《最高人民法院关于适用〈中华人民共和国民事诉讼法〉的解释》(法释〔2015〕5号)

第一百三十八条　公告送达可以在法院的公告栏和受送达人住所地张贴公告,也可以在报纸、信息网络等媒体上刊登公告,发出公告日期以最后张贴或者刊登的日期为准。对公告送达方式有特殊要求的,应当按要求的方式进行。公告期满,即视为送达。人民法院在受送达人住所地张贴公告的,应当采取拍照、录像等方式记录张贴过程。

第二百零九条　原告提供被告的姓名或者名称、住所等信息具体明确,足以使被告与他人相区别的,可以认定为有明确的被告。

起诉状列写被告信息不足以认定明确的被告的,人民法院可以告知原告补正。原告补正后仍不能确定明确的被告的,人民法院裁定不予受理。

《最高人民法院关于依据原告起诉时提供的被告住址无法送达应如何处理问题的批复》(法释〔2004〕17号)

近来,一些高级人民法院就人民法院依据民事案件的原告起诉时提供的被告住址无法送达应如何处理问题请示我院。为了正确适用法律,保障当事人行使诉讼权利,根据《中华人民共和国民事诉讼法》的有关规定,批复如下:

人民法院依据原告起诉时所提供的被告住址无法直接送达或者留置送达,应当要求原告补充材料。原告因客观原因不能补充或者依据原告补充的材料仍不能确定被告住址的,人民法院应当依法向被告公告送达诉讼文书。人民法院不得仅以原告不能提供真实、准确的被告住址为由裁定驳回起诉或者裁定终结诉讼。

因有关部门不准许当事人自行查询其他当事人的住址信息,原告向人民法院申请查询的,人民法院应当依原告的申请予以查询。

四、民间借贷起诉需要准备哪些材料?

基本理论

1. 起诉必须准备的材料

根据《最高人民法院关于人民法院登记立案若干问题的规定》,当事人提起民间借贷纠纷诉讼时,需要携带以下材料:

(1)起诉书。当事人应提交由本人签名或盖章的起诉书正本一份,并提交与被告或者被告人及其他当事人人数相符的副本。书写起诉书确有困难的,可以口头起诉,由人民法院记入笔录,向原告宣读;原告确认无误后,应当签名或者盖章。

(2)原告主体资格证明。当原告为公民(自然人)时,需提交原告身份证复印件。法定(指定)代理人代为起诉,应提交本人身份证复印件及与原告关系的证明材料复印件。没有身份证的提供其他身份证明材料。当原告为法人或其他组织时,需提交原告营业执照副本复印件、组织机构代码证副本复印件;其他组织如没有营业执照,应提交证明其有效成立的法律文件复印件以及法定代表人或主要负责人职务证明书以及身份证复印件。

(3)如委托他人诉讼,另须提交授权委托书、代理人身份证复印件。如委托律师诉讼,另须提交授权明确的授权委托书、律师事务所函、律师证复印件。

(4)具体明确的足以使被告或者被告人与他人相区别的姓名或者名称、住所等信息。

(5)与诉请相关的证据或者证明材料。根据我国《民事诉讼法》的相关规定,原告起诉时应当提供的证据材料包括以下内容:作为原告的公民的身份证明,原告的诉讼权利能力和诉讼行为能力的证据材料;被告的身份证明,被告的诉讼权利能力和诉讼行为能力的证据材料;原告的诉讼请求,以及作为诉讼请求基础的事实、理由的证据材料;证据和证据来源,可能提出的证人姓名和住所;法院有主管和管辖权的证据材料。

2. 起诉提交的诉状和材料不符合要求

根据《最高人民法院关于人民法院登记立案若干问题的规定》第 7 条第 8 条之规定,当事人提交的诉状和材料不符合要求的,人民法院应当一次性书面告知在指定期限内补正。当事人在指定期限内补正的,人民法院决定是否立案的期间,自收到补正材料之日起计算。当事人在指定期限内没有补正的,退回诉状并记录在册;坚持起诉、自诉的,裁定或者决定不予受理、不予立案。经补正仍不符合要求的,裁定或者决定不予受理、不予立案。对当事人提出的起诉、自诉,人民法院当场不能判定是否符合法律规定的,应当在收到起诉状之日起 7 日内决定是否立案,人民法院对起诉不予受理或者不予立案的,应当出具书面裁定或者决定,并载明理由。

3. 起诉状的内容

根据《最高人民法院关于人民法院登记立案若干问题的规定》第 4 条的规定,民事起诉状应当记明以下事项:

(1)原告的姓名、性别、年龄、民族、职业、工作单位、住所、联系方式,法人或者其他组织的名称、住所和法定代表人或者主要负责人的姓名、职务、联系方式;

(2)被告的姓名、性别、工作单位、住所等信息,法人或者其他组织的名称、住所等信息;

(3)诉讼请求和所根据的事实与理由;

(4)证据和证据来源;

(5)有证人的,载明证人姓名和住所。

民事起诉书样本

民事起诉书

原告:×××(自然人写明年龄,性别,出生日期,民族,职业,住址,联

系方式;法人或非法人单位写明住所地,法定代表人或负责人,职务,联系方式)

被告:×××(自然人写明年龄,性别,出生日期,民族,职业,住址,联系方式;法人或非法人单位写明住所地,法定代表人或负责人,职务,联系方式)

诉讼请求:

1. 判令被告×××归还欠款×××元。

2. 判令被告×××支付利息×××元。

3. 判令被告×××承担诉讼费用×××元。

(分项写明诉讼请求)

事实与理由:原告×××于××××年××月××日借款×××元给被告×××,双方约定被告应于××××年××月××日还款并支付利息,但被告逾期未还款。原告依据《合同法》×××条,《民事诉讼法》×××条提起诉讼,请求法院判如所请。(写明诉讼请求所依据的事实和法律)

此致

×××人民法院

原告×××(签名或盖章)

××××年××月××日

附:

1. 起诉书副本×××份;(按照被告人数附加起诉书副本)

2. 证据×××。(证据逐一编号,并制作证据清单)

有关法律规定

最高人民法院《关于适用〈中华人民共和国民事诉讼法〉的解释》(法释〔2015〕5号)

第二百零八条　人民法院接到当事人提交的民事起诉状时,对符合民事诉讼法第一百一十九条的规定,且不属于第一百二十四条规定情形的,应当登记立案;对当场不能判定是否符合起诉条件的,应当接收起诉材料,并出具注明收到日期的书面凭证。

需要补充必要相关材料的，人民法院应当及时告知当事人。在补齐相关材料后，应当在七日内决定是否立案。

立案后发现不符合起诉条件或者属于民事诉讼法第一百二十四条规定情形的，裁定驳回起诉。

第二百零九条　原告提供被告的姓名或者名称、住所等信息具体明确，足以使被告与他人相区别的，可以认定为有明确的被告。

起诉状列写被告信息不足以认定明确的被告的，人民法院可以告知原告补正。原告补正后仍不能确定明确的被告的，人民法院裁定不予受理。

《最高人民法院关于人民法院登记立案若干问题的规定》(法释〔2015〕8号)

第六条　当事人提出起诉、自诉的，应当提交以下材料：

(一)起诉人、自诉人是自然人的，提交身份证明复印件；起诉人、自诉人是法人或者其他组织的，提交营业执照或者组织机构代码证复印件、法定代表人或者主要负责人身份证明书；法人或者其他组织不能提供组织机构代码的，应当提供组织机构被注销的情况说明；

(二)委托起诉或者代为告诉的，应当提交授权委托书、代理人身份证明、代为告诉人身份证明等相关材料；

(三)具体明确的足以使被告或者被告人与他人相区别的姓名或者名称、住所等信息；

(四)起诉状原本和与被告或者被告人及其他当事人人数相符的副本；

(五)与诉请相关的证据或者证明材料。

第七条　当事人提交的诉状和材料不符合要求的，人民法院应当一次性书面告知在指定期限内补正。

当事人在指定期限内补正的，人民法院决定是否立案的期间，自收到补正材料之日起计算。

当事人在指定期限内没有补正的，退回诉状并记录在册；坚持起诉、自诉的，裁定或者决定不予受理、不予立案。

经补正仍不符合要求的，裁定或者决定不予受理、不予立案。

第八条　对当事人提出的起诉、自诉，人民法院当场不能判定是否符合法律规定的，应当作出以下处理：

(一)对民事、行政起诉，应当在收到起诉状之日起七日内决定是否立案；

(二)对刑事自诉，应当在收到自诉状次日起十五日内决定是否立案；

（三）对第三人撤销之诉，应当在收到起诉状之日起三十日内决定是否立案；

（四）对执行异议之诉，应当在收到起诉状之日起十五日内决定是否立案。

人民法院在法定期间内不能判定起诉、自诉是否符合法律规定的，应当先行立案。

第九条　人民法院对起诉、自诉不予受理或者不予立案的，应当出具书面裁定或者决定，并载明理由。

第十条　人民法院对下列起诉、自诉不予登记立案：

（一）违法起诉或者不符合法律规定的；

（二）涉及危害国家主权和领土完整的；

（三）危害国家安全的；

（四）破坏国家统一和民族团结的；

（五）破坏国家宗教政策的；

（六）所诉事项不属于人民法院主管的。

五、民间借贷纠纷如何申请支付令？

基本理论

1. 督促程序

督促程序是债权人请求人民法院发布附有条件的命令、督促债务人在一定期间内履行一定的给付义务的特别程序。人民法院基于债权人的请求，对债务人发布支付令，督促债务人在15日内履行给付义务，或者向人民法院提出书面异议，否则支付令将发生和生效裁判同等的法律效力。

督促程序的特点如下：一是督促程序是非讼程序。诉讼程序是有双方当事人参加的，解决他们之间争议的程序制度。督促程序虽然解决的也是当事人之间的债权、债务问题，但是，当事人之间对该债权债务关系并没有争议。二是督促程序适用范围的有限性。诉讼程序对于民事案件而言，具有普遍的适用性。三是审理程序的简便性。对于债权人的申请，人民法院仅就其提供的债权债务关系的事实和证据进行审查，不传唤债务人，也无须开庭审理。对符合法定条件的，人民法院直接发布支付令。对于不符合条件的，人民法院驳回债权人的申请。四是支付令的附条件、附期限性。人民法院发布的支付令是要求债务人在一定期限内为一定行为的命令。

2. 支付令

督促程序依债权人的申请而开始，人民法院不能主动适用。申请支付令应符合以下几个条件：一是申请支付令的债权仅限于请求债务人给付金钱和有价证券；二是债权人和债务人之间没有对待给付义务的；三是支付令能送达债务人的；四是申请支付令的案件，由有管辖权的基层人民法院管辖。最高人民法院《关于适用〈中华人民共和国民事诉讼法〉的解释》第429条规定："债权人申请支付令，符合下列条件的，基层人民法院应当受理，并在收到支付令申请书后五日内通知债权人：（一）请求给付金钱或者汇票、本票、支票、股票、债券、国库券、可转让的存款单等有价证券；（二）请求给付的金钱或者有价证券已到期且数额确定，并写明了请求所根据的事实、证据；（三）债权人没有对待给付义务；（四）债务人在我国境内且未下落不明；（五）支付令能够送达债务人；（六）收到申请书的人民法院有管辖权；（七）债权人未向人民法院申请诉前保全。"

债权人申请支付令，应当提交申请书，并附有债权文书。申请书中应载明下列事项：债权人、债务人姓名或名称等基本情况，包括债务人的住所以及法人或其他组织法定代表人或主要负责人的姓名以及职务等情况。请求债务人给付的金钱、有价证券的种类和数量。要求发布支付令的请求以及所依据的事实和证据。债权人提出申请后，人民法院应对债权人的申请进行审查，主要是形式上和程序上的审查。

人民法院经过对债权人提供的事实和证据的审查，认为债权债务关系明确、合法，并且债权期限届满的，同时符合其他条件的，应当自受理之日起15日内，直接向债务人发布支付令。如果认为债权人的申请不成立的，应当在15日内裁定驳回申请，该裁定不得上诉。

民间借贷纠纷是金钱给付的纠纷，借款人借款后，贷款人不依约按期还款，若借款人选择提起诉讼或者申请仲裁，由于诉讼、仲裁都要受到严格的程序限制，相对而言周期较长。因此，对于借款关系简单、事实清晰明了的借款纠纷，借款人可以选择周期短、手续简单的督促程序向法院申请支付令来要求借款人还款，大大缩短借款人追回借款的时间。

典型案例

民间借贷纠纷中借款人死亡，不属于申请支付令的范围，债权人可以依法向人民法院提起诉讼

——孙某甲与孙某乙等民间借贷纠纷上诉案①

1.基本案情

上诉人：原审原告、原审被告孙某甲、魏某乙、李某某。

原审被告：孙某乙、魏某明。

2007年3月19日，魏某某因生意急需用钱向孙某甲借钱10万元，并向孙某甲出具收条，内容为"今收到孙某甲现金壹拾万元整。月息壹分。当期一次付息。借款人魏某某2007.3.19"。2009年7月魏某某去世，该笔借款未还。孙某乙系魏某某之妻。

2009年9月17日申请人孙某甲向法院申请支付令，要求孙某乙给付申请人孙某甲借款10万元、利息3万元，并承担诉讼费。该院于2009年9月30日作出(2009)龙民督字第2号支付令：被申请人孙某乙应当自收到支付令之日起十五日内，给付申请人孙某甲借款10万元、利息3万元，并承担诉讼费3475元。支付令生效后，孙某甲向该院申请执行，该院执行后将执行款项交付孙某甲。2010年3月16日该院作出(2010)龙民监字第1号民事裁定书，以该支付令涉及的债务系被申请人孙某乙之夫魏某某署名借款，鉴于魏某某于申请支付令前已死亡，不应适用督促程序，裁定：一、撤销该院(2009)龙民督字第2号支付令；二、驳回申请人孙某甲的申请。该支付令被撤销后，该院将执行款项执行回转。孙某甲遂诉至法院。

魏某某于2009年7月8日因病去世。孙某乙系魏某某之妻，魏某明系魏某某与孙某乙之女；魏某乙、李某某系魏某某的父母。魏某某部分遗产继承纠纷，已另案处理完毕。

---

① 河南省开封市中级人民法院(2013)汴民终字第1171号民事判决书。

2. 法院裁判及理由

一审法院认为，孙某乙之夫魏某某在婚姻存续期间向孙某甲借钱10万元，应属共同债务，魏某某去世后，应由继承人在继承遗产范围内予以清偿债务，结合该案遗产数量及外欠债的情况，该院对孙某甲的债权由各继承人依法按比例承担。借款所约定的利率月息壹分不违反国家有关限制借款利率的规定，对此应予以支持。对魏某乙、李某某委托代理人所述双方没有借贷关系的辩解，该院认为虽然从书证形式上显示是“收条”，但实质内容为借条，因魏某某以借款人身份在上面签名，故应认定双方借贷关系成立，故对魏某乙、李某某委托代理人的该辩解意见不予采纳。综上，依照《中华人民共和国合同法》第210条、第211条，《中华人民共和国民事诉讼法》第64条第1款，《关于人民法院审理借贷案件的若干意见》第1条、第6条，《中华人民共和国继承法》第33条第1款的规定判决孙某乙于判决书生效后三日内应偿还孙某甲借款本金62,500元并支付相应的利息；魏某明、魏某乙、李某某于判决书生效后三日内应分别偿还孙某甲借款本金12,500元及相应的利息；以上一、二项的利息自2007年3月19日按月息一分计算至判决确定之日止。上述一、二项的本金及利息可从未分割的遗产中扣除。

二审法院认为，一审法院将该笔借款认定为魏某某与孙某乙的夫妻共同债务，并在魏某某去世后，将该笔债务在魏某某的继承人中按各继承人依法应当继承的份额按比例分担相应的本金及利息，并无不当。魏某乙、李某某关于孙某甲与魏某某之间不存在借贷关系的上诉理由，证据不足，本院不予支持。魏某某名下的存款，虽然龙亭区人民法院根据孙某甲申请，依据(2009)龙民督字第2号支付令将执行款项交付孙某甲，但因后来该院作出(2010)龙民监字第1号民事裁定书撤销该支付令，并将执行款项执行回转，该存款仍属于魏某某的遗产范围，魏某乙、李某某作为魏某某的继承人，仍应当承担魏某某相应的债务，即支付孙某甲相应的借款本金及利息。关于其他损失930元，因该损失是孙某甲申请支付令而产生的，对该损失，应当由孙某甲自行承担。综上，一审判决认定基本事实清楚，适用法律正确，判决驳回孙某甲、魏某乙、李某某的上诉，维持原判。

3. 案例评析

根据《民事诉讼法》的规定，债权人请求债务人给付金钱、有价证券，符合下列条件的，可以向有管辖权的基层人民法院申请支付令：

(1)债权人与债务人没有其他债务纠纷的；

(2)支付令能够送达债务人的。

法律虽未规定债务人死亡时，债权人是否有权向人民法院申请支付令。根据督促程序设立的立法目的及法律相关规定，债务人死亡的情形，不属于人民法院督促程序案件受理范围，理由如下：一是从督促程序设立的立法目的看，督促程序是为了迅速、快捷地解决当事人之间的纠纷，尽快实现债权人的权利而设置的。督促程序和支付令针对的是法律关系简单、事实明了的金钱债权债务纠纷。因此，相较于诉讼程序和仲裁程序，法院处理督促程序的期限要短。但也正是由于督促程序的要求不如诉讼程序、仲裁程序那样严格，债务人在规定期限内对借贷关系提出书面异议，经法院审查异议成立的，支付令就会失去效力。在债务人死亡的情况下，法律关系比较复杂，既涉及民间借贷的债权债务法律关系，又涉及被继承人与继承人之间的法律关系及继承人之间债务承担比例。因此，债务人死亡时，不宜适用督促程序。二是根据《民事诉讼法》及其司法解释的规定，申请支付令的条件之一是支付令可以送达债务人，债务人在我国境内且未下落不明。在债务人死亡的情况下，其债务应由其继承人承担，而督促程序的被申请人为债务人，法律并未规定债务人的继承人有权作为被申请人参与诉讼。支付令无法送达债务人，而其继承人无权代为提出书面异议，若使用督促程序会导致侵害债务人及其继承人的合法权益的情况。

本案中，债务人死亡，债权人以债务人的妻子为被告申请支付令，人民法院向其作出支付令。此后，该院以该支付令涉及的债务系被申请人之夫署名借款，鉴于署名人于申请支付令前已死亡，不应适用督促程序，裁定撤销支付令，对已执行的款项执行回转。此后，债权人以死亡债务人的继承人为被告向人民法院提起诉讼，人民法院认定该笔债务系夫妻共同债务，并依法判决将死亡债务人应承担的债务在死亡债务人的继承人中按各继承人依法应当继承的份额按比例分担相应的本金及利息。

有关法律规定

《中华人民共和国民事诉讼法》(2012年)

第二百一十四条　债权人请求债务人给付金钱、有价证券,符合下列条件的,可以向有管辖权的基层人民法院申请支付令:

(一)债权人与债务人没有其他债务纠纷的;

(二)支付令能够送达债务人的。

申请书应当写明请求给付金钱或者有价证券的数量和所根据的事实、证据。

第二百一十五条　债权人提出申请后,人民法院应当在五日内通知债权人是否受理。

第二百一十六条　人民法院受理申请后,经审查债权人提供的事实、证据,对债权债务关系明确、合法的,应当在受理之日起十五日内向债务人发出支付令;申请不成立的,裁定予以驳回。

债务人应当自收到支付令之日起十五日内清偿债务,或者向人民法院提出书面异议。

债务人在前款规定的期间不提出异议又不履行支付令的,债权人可以向人民法院申请执行。

第二百一十七条　人民法院收到债务人提出的书面异议后,经审查,异议成立的,应当裁定终结督促程序,支付令自行失效。

支付令失效的,转入诉讼程序,但申请支付令的一方当事人不同意提起诉讼的除外。

《最高人民法院关于适用〈中华人民共和国民事诉讼法〉的解释》(法释〔2015〕5号)

第四百二十九条　债权人申请支付令,符合下列条件的,基层人民法院应当受理,并在收到支付令申请书后五日内通知债权人:

(一)请求给付金钱或者汇票、本票、支票、股票、债券、国库券、可转让的存款单等有价证券;

(二)请求给付的金钱或者有价证券已到期且数额确定,并写明了请求所根据的事实、证据;

(三)债权人没有对待给付义务;

(四)债务人在我国境内且未下落不明;

（五）支付令能够送达债务人；

（六）收到申请书的人民法院有管辖权；

（七）债权人未向人民法院申请诉前保全。

不符合前款规定的，人民法院应当在收到支付令申请书后五日内通知债权人不予受理。

基层人民法院受理申请支付令案件，不受债权金额的限制。

六、民间借贷纠纷能通过人民调解解决吗

基本理论

我国《人民调解法》规定，人民调解是由人民调解委员会通过说服、疏导等方法，促使当事人在平等协商基础上自愿达成调解协议，解决民间纠纷的活动。人民调解委员会是依法设立的调解民间纠纷的群众性组织。人民调解员由人民调解委员会聘任公道正派、热心人民调解工作，并具有一定文化水平、政策水平和法律知识的成年公民担任。当事人出现纠纷，可以向所在地的人民调解委员会申请调解，人民调解委员会自行发现纠纷的，也可以主动调解。当事人向法院起诉时，对于适宜调解的案件，法院也可以告知当事人选择人民调解解决，由当事人决定是否选择人民调解。人民调解委员会调解民间纠纷，应当遵循下列原则：

（1）在当事人自愿、平等的基础上进行调解；

（2）不违背法律、法规和国家政策；

（3）尊重当事人的权利，不得因调解而阻止当事人依法通过仲裁、行政、司法等途径维护自己的权利。人民调解委员会调解民间纠纷，不收取任何费用。人民调解员调解纠纷，调解不成的，应当终止调解，并依据有关法律、法规的规定，告知当事人可以依法通过仲裁、行政、司法等途径维护自己的权利。

经人民调解委员会调解达成调解协议的，可以制作调解协议书。当事人认为无须制作调解协议书的，可以采取口头协议方式，人民调解员应当记录协议内容。口头调解协议自各方当事人达成协议之日起生效。经人民调解

委员会调解达成的调解协议，具有法律约束力，当事人应当按照约定履行。人民调解委员会应当对调解协议的履行情况进行监督，督促当事人履行约定的义务。

经人民调解委员会调解达成调解协议后，当事人之间就调解协议的履行或者调解协议的内容发生争议的，一方当事人可以向人民法院提起诉讼。经人民调解委员会调解达成调解协议后，双方当事人认为有必要的，可以自调解协议生效之日起 30 日内共同向人民法院申请司法确认，人民法院应当及时对调解协议进行审查，依法确认调解协议的效力。人民法院依法确认调解协议有效，一方当事人拒绝履行或者未全部履行的，对方当事人可以向人民法院申请强制执行。人民法院依法确认调解协议无效的，当事人可以通过人民调解方式变更原调解协议或者达成新的调解协议，也可以向人民法院提起诉讼。

典型案例

当事人就调解协议的履行或者调解协议的内容发生争议的，属于民事诉讼受案范围

——闫某某诉黄某某民间借贷纠纷案①

1. 基本案情

原告：闫某某。

被告：黄某某。

原告闫某某与被告黄某某系朋友关系。2008 年，被告以经营茶叶生意为由向原告借款人民币 70,000 元，在被告出具借条后，原告出借了 70,000 元现金，两人未约定还款期限，也未约定利息。此后，原告多次催告还款，但被告一直未履行还款义务，双方由此产生纠纷。2010 年 5 月 20 日，经人民调解委员会调解，双方就借款的返还达成了协议，并由调解组织出具了长县星所调字(2010)第 129 号人民调解协议书，该协议约定：被告所欠原告的 70,000

① 参见湖南省长沙县人民法院(2012)长县民初字第 2241 号民事判决。

元借款，由被告在当日归还40,000元，剩余的30,000元在2011年5月31日之前归还完毕。协议签订后，被告在当日偿还了40,000元，但一直未履行剩余的30,000元的还款义务。闫某某遂向法院起诉。

2. 法院裁判及观点

法院认为：(1)借款应当归还，在原告向被告主张权利后，被告应当在合理期限内向原告履行还款义务，同时，经人民调解委员会调解达成的调解协议，具有法律约束力，当事人应当按照约定履行。被告因经营茶叶向原告借款，原告亦出借了相应的款项。后经人民调解委员会调解，两人在自愿平等的基础上对借款的归还达成了协议，该协议意思表示真实，也未违反法律、行政法规的强制性规定，当事人应按照约定履行义务。被告在履行部分义务后未按约在2011年5月31日之前归还30,000元借款本金，应当承担继续履行、赔偿损失的违约责任。(2)被告需承担逾期利息。原、被告间的借款为无息借贷，依据《最高人民法院关于人民法院审理借贷案件的若干意见》第9条的规定，公民之间的无息借贷经催告不还，出借人要求偿付催告后利息的，可参照银行同类贷款的利率计息。被告逾期还款，经原告多次催告后，仍未履行还款义务。故原告要求其按银行同期贷款利率承担自逾期之日起至实际清偿之日止的利息的请求，法院予以支持。综上，判决被告黄某某在本判决生效后10日内向原告闫某某偿付借款本金30,000元，并按银行同期贷款利率支付自2011年6月1日起至实际清偿之日止的利息。

3. 案例评析

《人民调解法》第32条规定："经人民调解委员会调解达成调解协议后，当事人之间就调解协议的履行或者调解协议的内容发生争议的，一方当事人可以向人民法院提起诉讼。"本案中，原被告之间的民间借贷纠纷经人民调解委员会调解，双方就借款的返还达成了协议。协议签订后，被告在当日偿还了40,000元，但一直未履行剩余的30,000元的还款义务。双方当事人对调解协议的履行存在争议，原告有权向人民法院提起诉讼。经人民调解委员会调解，原被告双方在自愿平等的基础上对借款的归还达成了协议，该协议意思表示真实，也未违反法律、行政法规的强制性规定，当事人应按照约定履行义务。对于原告主张被告支付逾期利息的诉讼请求，根据《合同法》第207条和《最高人民法院关于人民法院审理借贷案件的若干意见》第9条的规定，自然人之间的借款合同对支付利息没有约定或者约定不明确的，视为不支付利息。借款人未按照约定的期限返还借款的，应当按照约定或者国家有关规定支付逾期利息。因此，法院支持了原告要求被告返还借款和承担逾期利息的诉讼请求。

有关法律规定

《中华人民共和国合同法》(1999年)

第二百零七条 【逾期利息】借款人未按照约定的期限返还借款的，应当按照约定或者国家有关规定支付逾期利息。

第二百一十一条 【自然人间借款合同的利率】自然人之间的借款合同对支付利息没有约定或者约定不明确的，视为不支付利息。自然人之间的借款合同约定支付利息的，借款的利率不得违反国家有关限制借款利率的规定。

最高人民法院印发《关于〈人民法院审理借贷案件的若干意见〉的通知》(法(民)〔1991〕21号)(已废止)

9.公民之间的定期无息借贷，出借人要求借款人偿付逾期利息，或者不定期无息贷款经催告不还；出借人要求偿付催告后利息的，可参照银行同类贷款的利率计息。

《最高人民法院关于审理民间借贷案件适用法律若干问题的规定》(法释〔2015〕18号)

第二十五条 借贷双方没有约定利息，出借人主张支付借期内利息的，人民法院不予支持。

自然人之间借贷对利息约定不明，出借人主张支付利息的，人民法院不予支持。除自然人之间借贷的外，借贷双方对借贷利息约定不明，出借人主张利息的，人民法院应当结合民间借贷合同的内容，并根据当地或者当事人的交易方式、交易习惯、市场利率等因素确定利息。

《中华人民共和国人民调解法》(2011年)

第三十二条 经人民调解委员会调解达成调解协议后，当事人之间就调解协议的履行或者调解协议的内容发生争议的，一方当事人可以向人民法院提起诉讼。

七、民间借贷纠纷能申请仲裁吗

基本理论

1. 仲裁的特点

仲裁是指平等主体的公民、法人和其他组织之间可以订立仲裁协议或者仲裁条款，自愿将其之间发生的合同纠纷和其他财产权益纠纷提交给仲裁机构进行调解、裁决。仲裁与诉讼相比具有以下特点：一是当事人达成仲裁协议或在合同中约定仲裁条款选择仲裁方式解决纠纷。《仲裁法》第4条规定：“当事人采用仲裁方式解决纠纷，应当双方自愿，达成仲裁协议。没有仲裁协议，一方申请仲裁的，仲裁委员会不予受理。”第5条规定：“当事人达成仲裁协议，一方向人民法院起诉的，人民法院不予受理，但仲裁协议无效的除外。”二是仲裁不实行级别管辖和地域管辖。当事人可以选择自己适合的仲裁委员会进行仲裁。三是仲裁一裁终局。仲裁作出后，裁决书就发生效力。当事人不能提起上诉，也不能就同一纠纷再申请仲裁或者向法院起诉。

2. 仲裁与诉讼的关系

当事人达成仲裁协议，应当将案件提交仲裁，一方向人民法院起诉的，人民法院不予受理，但仲裁协议无效的除外。

仲裁实行一裁终局的制度。裁决作出后，当事人就同一纠纷再申请仲裁或者向人民法院起诉的，仲裁委员会或者人民法院不予受理。只有在裁决被人民法院依法裁定撤销或者不予执行的才可以向人民法院起诉。

3. 民间借贷纠纷如何申请仲裁

平等主体的公民、法人和其他组织之间发生的合同纠纷和其他财产权益纠纷，可以仲裁。民间借贷纠纷属于合同纠纷，可以申请仲裁。当事人双方可以在民间借贷合同中达成仲裁协议、订立的仲裁条款或者以其他书面方式在纠纷发生前或者纠纷发生后达成的请求仲裁的协议。仲裁协议包括合同中的仲裁条款应当具有下列内容：

(1)请求仲裁的意思表示；

(2)仲裁事项;

(3)选定的仲裁委员会。除仲裁协议无效外,当事人达成仲裁协议,一方向人民法院起诉的,人民法院不予受理。

典型案例

当事人在仲裁庭首次开庭前没有对仲裁协议的效力提出异议,而后向人民法院申请确认仲裁协议无效的,人民法院不予受理

——赵某与李某林申请确认仲裁协议效力申请案①

1. 基本案情

申请人:赵某。

被申请人:李某林。

2011年10月22日,申请人赵某与被申请人李某林签订《个人借款合同》,合同约定本合同履行过程中如发生纠纷或争议,双方可协商解决,协商不成的,双方一致同意以下列第(1)种方式解决,即诉讼。由贷款人住所地有管辖权的人民法院管辖。李某林在没有与赵某协商的情况下,擅自将合同上双方约定的第(1)种诉讼解决方式手写涂改为第(2)种仲裁解决方式,提交滨州仲裁委员会仲裁中的"滨州"二字也是李某林后期自己手写添加的。依据有关法律规定,一方擅自更改合同,更改部分无效,赵某与李某林之间的纠纷应按当事人双方约定的诉讼方式解决,滨州仲裁委员会无管辖权,请求法院依法确认仲裁协议无效。被申请人李某林辩称,其与赵某在签订《个人借款合同》时经双方协商一致对发生争议的解决方式进行了修改,将第一种解决争议方式修改为第二种解决争议方式,双方是直接在打印的合同上进行的修改,没有再重新打印合同。

2. 法院裁判及观点

法院审查查明,滨州仲裁委员会于2013年10月29日受理李某林与赵某民间借贷纠纷一案,于2013年12月13日首次开庭对该案进行审理,申请

① 参见山东省滨州市中级人民法院(2014)滨中商复议字第1号裁定。

人赵某在仲裁庭首次开庭前没有对仲裁协议的效力提出异议。法院认为,依照最高人民法院《关于适用〈中华人民共和国仲裁法〉若干问题的解释》第20条第2款的规定,当事人在仲裁庭首次开庭前没有对仲裁协议的效力提出异议,而后向人民法院申请确认仲裁协议无效的,人民法院不予受理,受理的应当驳回申请。据此,依据《仲裁法》第20条第2款、最高人民法院《关于适用〈中华人民共和国仲裁法〉若干问题的解释》第13条第2款之规定,裁定驳回申请人赵某的申请。

3. 案例评析

仲裁是处理民间借贷纠纷的特殊方法。仲裁一裁终局,避免了冗长的诉讼程序,私密性比较强,可以迅速对当事人的争议作一个了断。仲裁以双方当事人签订仲裁协议为前提,仲裁协议包括合同中订立的仲裁条款和以其他书面方式在纠纷发生前或者纠纷发生后达成的请求仲裁的协议。仲裁协议应当具有下列内容:(1)请求仲裁的意思表示;(2)仲裁事项;(3)选定的仲裁委员会。《仲裁法》第20条规定,当事人对仲裁协议的效力有异议的,可以请求仲裁委员会作出决定或者请求人民法院作出裁定。一方请求仲裁委员会作出决定,另一方请求人民法院作出裁定的,由人民法院裁定。当事人对仲裁协议的效力有异议,应当在仲裁庭首次开庭前提出。本案中,滨州仲裁委员会在仲裁李某林与赵某民间借贷纠纷时,赵某在仲裁庭首次开庭前没有对仲裁协议的效力提出异议,因此,人民法院应当不予受理,受理的应当驳回申请。

《仲裁法》第58条第2款规定"仲裁委员会无权仲裁的"是当事人可以向仲裁委员会所在地的中级人民法院申请撤销裁决的法定事由之一。因此本案原告若能够提出证据证明本案被告擅自更改合同管辖条款,可以在仲裁庭作出仲裁裁决后,向仲裁委员会所在地的中级人民法院申请撤销裁决。当事人申请撤销裁决的,应当自收到裁决书之日起6个月内提出。

有关法律规定

《中华人民共和国仲裁法》(2009年)

第四条　当事人采用仲裁方式解决纠纷,应当双方自愿,达成仲裁协议。没有仲裁协议,一方申请仲裁的,仲裁委员会不予受理。

第五条　当事人达成仲裁协议，一方向人民法院起诉的，人民法院不予受理，但仲裁协议无效的除外。

第九条　仲裁实行一裁终局的制度。裁决作出后，当事人就同一纠纷再申请仲裁或者向人民法院起诉的，仲裁委员会或者人民法院不予受理。裁决被人民法院依法裁定撤销或者不予执行的，当事人就该纠纷可以根据双方重新达成的仲裁协议申请仲裁，也可以向人民法院起诉。

第十六条　仲裁协议包括合同中订立的仲裁条款和以其他书面方式在纠纷发生前或者纠纷发生后达成的请求仲裁的协议。仲裁协议应当具有下列内容：(一)请求仲裁的意思表示；(二)仲裁事项；(三)选定的仲裁委员会。

第四十九条　当事人申请仲裁后，可以自行和解。达成和解协议的，可以请求仲裁庭根据和解协议作出裁决书，也可以撤回仲裁申请。

第五十条　当事人达成和解协议，撤回仲裁申请后反悔的，可以根据仲裁协议申请仲裁。

第五十一条　仲裁庭在作出裁决前，可以先行调解。当事人自愿调解的，仲裁庭应当调解。调解不成的，应当及时作出裁决。

调解达成协议的，仲裁庭应当制作调解书或者根据协议的结果制作裁决书。调解书与裁决书具有同等法律效力。

第五十二条　调解书应当写明仲裁请求和当事人协议的结果。调解书由仲裁员签名，加盖仲裁委员会印章，送达双方当事人。

调解书经双方当事人签收后，即发生法律效力。在调解书签收前当事人反悔的，仲裁庭应当及时作出裁决。

第五十八条　当事人提出证据证明裁决有下列情形之一的，可以向仲裁委员会所在地的中级人民法院申请撤销裁决：

(一)没有仲裁协议的；

(二)裁决的事项不属于仲裁协议的范围或者仲裁委员会无权仲裁的；

(三)仲裁庭的组成或者仲裁的程序违反法定程序的；

(四)裁决所根据的证据是伪造的；

(五)对方当事人隐瞒了足以影响公正裁决的证据的；

(六)仲裁员在仲裁该案时有索贿受贿，徇私舞弊，枉法裁决行为的。

人民法院经组成合议庭审查核实裁决有前款规定情形之一的，应当裁定撤销。

人民法院认定该裁决违背社会公共利益的，应当裁定撤销。

第二节
管　辖

一、民间借贷诉讼如何确定地域管辖

基本理论

1. 地域管辖的定义

地域管辖是以法院管辖的地区与人、事、物的关系所确定的管辖。所谓法院管辖的地区,是指一定的法院在一定的地区行使司法管辖权。所谓与人、事、物的关系,是指法院与当事人、民事法律关系的事实和所争执的财物具有司法管辖的关系。确定地域管辖的依据,一是以司法区与行政区相一致,一定行政区域内发生的民事案件由一定司法区的法院管辖;二是以当事人行使诉权与法院行使审判权相一致,当事人向当地法院提起诉讼,当地法院对诉讼行使审判权。地域管辖分为一般地域管辖与特殊地域管辖。根据当事人所在地与法院辖区的关系所确定的管辖,称为一般地域管辖。凡对公民、法人和其他组织提起的诉讼,均由其住所地、居住地、所在地的人民法院管辖。

2. 合同纠纷的特殊地域管辖

民间借贷纠纷是合同纠纷,在当事人没有约定管辖的情况下,适用民事诉讼合同纠纷的特殊地域管辖。《民事诉讼法》第23条规定:“因合同纠纷提起的诉讼,由被告住所地或者合同履行地人民法院管辖。”民间借贷合同纠纷由借款人住所地或者民间借贷合同履行地人民法院管辖。《民事诉讼法》第35条规定:“两个以上人民法院都有管辖权的诉讼,原告可以向其中一个人民法院起诉;原告向两个以上有管辖权的人民法院起诉的,由最先立案的人民法院管辖。”原告既可以选择向被告住所地法院,也可以选择向合同履行地法院起诉,被告住所地、合同履行地法院都有管辖权。若原告向两个以上有管辖权的法院起诉,由最先立案的人民法院管辖。被告住所地、合同履行地是确定民间借贷纠纷的地域管辖的重要依据,因此在司法实践中如何准确认定被告住所地、合同履行地具有重要意义。

(1)被告住所地

《最高人民法院关于审理民间借贷案件适用法律若干问题的规定》第1条规定:"本规定所称的民间借贷,是指自然人、法人、其他组织之间及其相互之间进行资金融通的行为。"民间借贷纠纷的被告是民间借贷的债务人,可以是自然人、法人、其他组织。

①自然人的住所地。《民法通则》第15条规定:"公民以他的户籍所在地的居住地为住所,经常居住地与住所不一致的,经常居住地视为住所。"根据《最高人民法院关于适用〈中华人民共和国民事诉讼法〉的解释》第3条、第4条、第6条、第7条、第8条的规定,公民的住所地是指公民的户籍所在地,公民的经常居住地是指公民离开住所地至起诉时已连续居住一年以上的地方,但公民住院就医的地方除外。被告被注销户籍的,由原告住所地管辖。原告住所地与经常居住地不一致的,由原告经常居住地人民法院管辖;原告、被告均被注销户籍的,由被告居住地人民法院管辖。当事人的户籍迁出后尚未落户,有经常居住地的,由该地人民法院管辖;没有经常居住地的,由其原户籍所在地人民法院管辖。双方当事人都被监禁或者被采取强制性教育措施的,由被告原住所地人民法院管辖。被告被监禁或者被采取强制性教育措施一年以上的,由被告被监禁地或者被采取强制性教育措施地人民法院管辖。

②法人的住所地。《民法通则》第39条规定:"法人以它的主要办事机构所在地为住所。"《民事诉讼法》第21条规定,法人的住所地是指法人或者其他组织的主要办事机构所在地。法人或者其他组织的主要办事机构所在地不能确定的,法人或者其他组织的注册地或者登记地为住所地。当法人只设一个办事机构时,该办事机构所在地为住所,当法人同时设有多个办事机构时,则应以其主要办事机构所在地为住所。主要办事机构是指在数个办事机构中处于中枢地位的办事机构,是统率法人业务的机构。[①]

---

① 奚晓明、杜万华主编:《最高人民法院民事诉讼法司法解释适用解答》,人民法院出版社2015年版,第7页。

③其他组织的住所地。“其他组织”是指依法成立,有一定的组织机构和财产,但又不具有法人资格的组织。包括:

第一,依法登记领取营业执照的私营独资企业、合伙组织;

第二,依法登记领取营业执照的合伙型联营企业;

第三,依法登记领取我国营业执照的中外合作经营企业、外资企业;

第四,经民政部门核准登记领取社会团体登记证的社会团体;

第五,法人依法设立并领取营业执照的分支机构;

第六,中国人民银行、各专业银行设在各地的分支机构;

第七,中国人民保险公司设在各地的分支机构;

第八,经核准登记领取营业执照的乡镇、街道、村办企业;

第九 ,符合本条规定条件的其他组织。

《民事诉讼法》第21条规定,其他组织的主要办事机构所在地为其住所地,其他组织的主要办事机构所在地不能确定的,其他组织的注册地或者登记地为住所地。

(2)合同履行地

《最高人民法院关于适用〈中华人民共和国民事诉讼法〉的解释》第18条规定:“合同约定履行地点的,以约定的履行地点为合同履行地。合同对履行地点没有约定或者约定不明确,争议标的为给付货币的,接收货币一方所在地为合同履行地;交付不动产的,不动产所在地为合同履行地;其他标的,履行义务一方所在地为合同履行地。即时结清的合同,交易行为地为合同履行地。合同没有实际履行,当事人双方住所地都不在合同约定的履行地的,由被告住所地人民法院管辖。”据此规定,合同履行地应注意以下几个方面:一是合同履行地以双方当事人书面约定的地点为准。协议管辖应当采用书面形式,因此,当事人双方应当书面约定合同履行地。二是约定履行地与实际履行地发生冲突,应当以约定履行地为合同履行地。三是合同对履行地点没有约定或者约定不明确,争议标的为给付货币的,接收货币一方所在地为合同履行地;交付不动产的,不动产所在地为合同履行地;其他标的,履行义务一方所在地为合同履行地。即时结清的合同,交易行为地为合同履行地。四是合同没有实际履行,当事人双方住所地都不在合同约定的履行地的,由被告住所地人民法院管辖。

《最高人民法院关于适用〈中华人民共和国合同法〉若干问题的解释(二)》第4条规定:“采用书面形式订立合同,合同约定的签订地与实际签字或者盖章地点不符的,人民法院应当认定约定的签订地为合同签订地;合同没有约定签订地,双方当事人签字或者盖章不在同一地点的,人民法院应当认定最后签字或者盖章的地点为合同签订地。”《最高人民法院关于审理民间借贷案件适用法律若干问题的规定》第3条规定:“借贷双方就合同履行地未约定或者约定不明确,事后未达成补充协议,按照合同有关条款或者交易习惯仍不能确定的,以接受货币一方所在地为合同履行地。”确定民间借贷纠纷合同履行地有四个递进的层次:第一层次,借贷双方对合同履行地有明确约定的,按照约定确定;第二层次,未约定或者约定不明确,事后达成补充协议,按照补充协议确定;第三层次,未达成补充协议的,按照合同有关条款或者交易习惯确定;第四层次,按照合同有关条款或者交易习惯仍不能确定的,以接受货币一方所在地为合同履行地。

典型案例

民间借贷纠纷由被告住所地或者合同履行地人民法院管辖

——王某某与丁某某民间借贷管辖权异议纠纷上诉案①

1. 基本案情

上诉人(原审被告)王某某。

被上诉人(原审原告)丁某某。

王某某户籍地在江苏省南京市鼓楼区建宁路,属于一审法院辖区。王某某与被告丁某某借贷纠纷,依法由被告住所地或者合同履行地人民法院管辖。被告住所地与经常居住地不一致的,由经常居住地人民法院管辖。公民的住所地是指公民的户籍所在地,经常居住地是指公民离开住所地至起诉时已连续居住一年以上的地方,故一审法院作为被告住所地法院对本案有管辖权。一审法院作出(2013)鼓民辖初字第32号民事裁定,驳回王某某对本案

① 江苏省南京市中级人民法院(2013)宁民辖终字第337号裁定。

管辖权提出的异议。王某某不服,向二审法院提出上诉,请求撤销原裁定,将案件移送至有管辖权的××法院管辖。

2. 法院裁判及观点

二审法院认为,王某某提出现住所地和合同履行地均在某区,虽然上诉人承租的房屋(经常居住地)非本人签订租借合同,但上诉人确实居住在该处,物业费等也是由上诉人支付。因此,本案应由某某法院审理。王某某在法院审理期间未能举证证明,其经常居住地在南京市某区,故原审法院作为被告住所地法院对本案有管辖权,对上诉人王某某上诉请求,本院不予支持。依照《民事诉讼法》第23条、第169条、第170条第1款第1项、第171条之规定,裁定驳回上诉,维持原裁定。

3. 案例评析

民间借贷合同纠纷依法由被告住所地或者合同履行地人民法院管辖。被告经常居住地指其离开住所地至起诉时已连续居住一年以上的地方。被告若主张其住所地与经常居住地不一致应当举证证明,否则其户籍所在地为其住所地。本案中,王某某提出其现住所地和合同履行地均在某区,虽然上诉人承租的房屋(经常居住地)非本人签订租借合同,但上诉人确实居住在该处,物业费等也是由上诉人支付。因此,本案应由南京市某区人民法院审理。王某某在法院审理期间未能举证证明,其经常居住地在南京市建邺区,故原审法院作为被告住所地法院对本案有管辖权,对上诉人王某某的上诉请求,法院不予支持。

有关法律规定

《中华人民共和国民事诉讼法》(2012年)

第二十一条　对公民提起的民事诉讼,由被告住所地人民法院管辖;被告住所地与经常居住地不一致的,由经常居住地人民法院管辖。

对法人或者其他组织提起的民事诉讼,由被告住所地人民法院管辖。

同一诉讼的几个被告住所地、经常居住地在两个以上人民法院辖区的,各该人民法院都有管辖权。

第二十三条　因合同纠纷提起的诉讼,由被告住所地或者合同履行地人民法院管辖。

第三十五条　两个以上人民法院都有管辖权的诉讼，原告可以向其中一个人民法院起诉；原告向两个以上有管辖权的人民法院起诉的，由最先立案的人民法院管辖。

《最高人民法院关于审理民间借贷案件适用法律若干问题的规定》（法释〔2015〕18号）

第一条　本规定所称的民间借贷，是指自然人、法人、其他组织之间及其相互之间进行资金融通的行为。

《最高人民法院关于适用〈中华人民共和国民事诉讼法〉的解释》（法释〔2015〕5号）

第三条　公民的住所地是指公民的户籍所在地，法人或者其他组织的住所地是指法人或者其他组织的主要办事机构所在地。法人或者其他组织的主要办事机构所在地不能确定的，法人或者其他组织的注册地或者登记地为住所地。

二、民间借贷设置保证担保应如何确定地域管辖

基本理论

1. 主合同与从合同

根据合同相互间的主从关系，可以将合同分为主合同与从合同。主合同是指不以其他合同的存在为前提而能够独立存在的合同。从合同是指不能独立存在而以其他合同的存在为存在前提的合同。例如，甲与乙订立借款合同，丙为担保乙偿还借款而与甲签订保证合同，则甲乙之间的借款合同为主合同，甲丙之间的保证合同为从合同。区分主合同和从合同的主要意义在于，主合同和从合同之间存在着特殊的联系，即从合同具有附属性，它不能独立存在，必须以主合同的存在并生效为前提。主合同不能成立，从合同就不能有效成立；主合同转让，从合同也不能单独存在；主合同被宣告无效或被撤销，从合同也将失效；主合同终止，从合同亦随之终止。

2. 主合同和从合同发生纠纷时管辖权的确定

主合同与从合同同时发生纠纷时管辖权的确定主要涉及以下方面的问题：一是如何确定合同类案件的管辖权，二是应当根据民间借贷合同还是根据保证合同确定管辖权。对于第一个问题，《民事诉讼法》已明确规定，因合

同纠纷提起的诉讼，由被告住所地或者合同履行地人民法院管辖。对于第二个问题，基于主合同与从合同之间的主从关系，从合同以主合同存在为前提，若主合同与从合同同时发生纠纷，应当依照主合同确定管辖。具体到民间借贷合同设置保证担保的情形，民间借贷合同与保证合同是主合同与从合同的关系。保证担保分为一般保证与连带保证，民间借贷合同和保证合同发生纠纷提起诉讼的，应当根据主合同即民间借贷合同确定案件管辖。具体分析如下：

（1）出借人同时起诉借款人和出借人，按照民间借贷合同确定地域管辖

《最高人民法院关于适用〈中华人民共和国担保法〉若干问题的解释》第129条规定，主合同和担保合同发生纠纷提起诉讼的，应当根据主合同确定案件管辖。主合同和担保合同选择管辖的法院不一致的，应当根据主合同确定案件管辖。民间借贷纠纷中，民间借贷合同是主合同，保证合同是从合同。因此，出借人同时起诉借款人、保证人，借款人、保证人不在同一辖区，应当按照主合同即民间借贷合同确定管辖，借款人住所地或者民间借贷合同履行地人民法院均有管辖权。

（2）出借人仅起诉保证人，按照保证合同确定地域管辖

《最高人民法院关于适用〈中华人民共和国担保法〉若干问题的解释》第129条规定："担保人承担连带责任的担保合同发生纠纷，债权人向担保人主张权利的，应当由担保人住所地的法院管辖。"因此，民间借贷纠纷中，出借人仅起诉连带保证人，由保证人住所地法院管辖。

典型案例

民间借贷纠纷中，债权人仅起诉连带责任担保人，应当由担保人住所地人民法院管辖

——陈某某与王某某民间借贷管辖权异议纠纷二审案[①]

1. 基本案情

上诉人（原审被告）陈某某。

① 参见浙江省湖州市人民法院（2013）浙湖辖终字第130号民事裁定。

被上诉人（原审原告）王某某。

本案系民间借贷保证合同纠纷，出借人王某某单独起诉连带责任保证人陈某某要求其偿还为借款人陈某某所担保的向王某某借款本息的诉讼。原告王某某提供的人口信息材料显示被告陈某某的户籍所在地为湖州市吴兴区。陈某某称，其自2011年5月开始就一直居住于湖州市南浔区，从事个体经营。当时因南浔和吴兴两区为湖州市管辖，因此，没有办理在南浔区的暂住证，但这不等于客观事实不存在。为此，请求二审法院撤销原裁定，将本案移送××法院审理。

2. 法院裁判及观点

一审法院根据《民事诉讼法》第23条的规定，因合同纠纷提起的诉讼，由被告住所地或者合同履行地人民法院管辖，认定该院对本案有管辖权。陈某某提出异议称其经常居住地在湖州市南浔区，但未能举证证明，故其请求将本案移送其经常居住地人民法院管辖的主张不能成立。依照《民事诉讼法》第127条的规定，裁定驳回陈某某对本案管辖权提出的异议。

陈某某不服一审法院（2013）湖吴织商初字第391号民事裁定，向二审法院提起上诉。

二审法院认为，根据民事案由司法解释的有关规定，该诉讼应为保证合同纠纷。对于保证合同纠纷的管辖，依据最高人民法院《关于适用〈中华人民共和国担保法〉若干问题的解释》第129条第1款规定，如果债权人向公民个人连带责任担保人主张权利的，应当由担保人住所地人民法院管辖。本案出借人王某某作为债权人向连带责任保证人陈某某主张借款本息而发生的本案纠纷，对其管辖应当由担保人陈某某住所地人民法院管辖。在案证据材料除能证明陈某某的住所地在湖州市吴兴区外，并无其他有关其经常居住地在湖州市南浔区的证据，因此，原审法院管辖本案并无不当。综上，原裁定正确，应予维持，裁定驳回上诉，维持原裁定。

3. 案例评析

本案是民间借贷合同纠纷中出借人单独起诉连带责任保证人要求其承担担保责任，偿还为借款人所担保的借款本息的诉讼。依据最高人民法院《关于适用〈中华人民共和国担保法〉若干问题的解释》第129条第1款的规定,如果债权人向公民个人连带责任担保人主张权利的,应当由担保人住所地人民法院管辖。根据《民事诉讼法》第20条第1款之规定,若有证据证明被告住所地与经常居住地不一致的,由经常居住地人民法院管辖。原告王某某提供的人口信息材料显示被告陈某某的户籍所在地在湖州市吴兴区,被告陈某某提出异议称其经常居住地在湖州市南浔区,但未能提供证明材料,因此,本案应当由保证人住所地人民法院即一审法院管辖。

有关法律规定

《中华人民共和国民事诉讼法》(2012年)

第二十一条 【一般地域管辖】对公民提起的民事诉讼,由被告住所地人民法院管辖;被告住所地与经常居住地不一致的,由经常居住地人民法院管辖。

对法人或者其他组织提起的民事诉讼,由被告住所地人民法院管辖。

同一诉讼的几个被告住所地、经常居住地在两个以上人民法院辖区的,各该人民法院都有管辖权。

第二十三条 因合同纠纷提起的诉讼,由被告住所地或者合同履行地人民法院管辖。

最高人民法院《关于适用〈中华人民共和国担保法〉若干问题的解释》(法释〔2000〕44号)

第一百二十九条 主合同和担保合同发生纠纷提起诉讼的,应当根据主合同确定案件管辖。担保人承担连带责任的担保合同发生纠纷,债权人向担保人主张权利的,应当由担保人住所地的法院管辖。

主合同和担保合同选择管辖的法院不一致的,应当根据主合同确定案件管辖。

三、民间借贷纠纷胜诉后申请强制执行如何确定管辖

基本理论

1. 申请执行生效法律文书应当具备的条件

生效法律文书的执行力是指债务人不履行义务的情况下,债权人依法申

请人民法院强制执行,促使债务人履行的效力。最高人民法院《关于适用〈中华人民共和国民事诉讼法〉的解释》第463条规定:“当事人申请人民法院执行的生效法律文书应当具备下列条件:(一)权利义务主体明确;(二)给付内容明确。法律文书确定继续履行合同的,应当明确继续履行的具体内容。”据此,人民法院受理执行生效法律文书的案件应具备以下几个条件:一是法律文书已经生效;二是申请执行人是生效法律文书确定的继承人、权利承受人;三是申请执行人在法定期限内提出申请;四是申请执行的法律文书有给付内容,且执行标的和被执行人明确;五是义务人在生效法律文书确定的期限内未履行义务;六是属于受申请执行的人民法院管辖。根据法律规定,能够申请人民法院执行的法律文书主要有以下几类:一是人民法院的判决、裁定、调解书、支付令;二是仲裁机构的裁决、调解书;三是公证机关的具有强制执行力的公证债权文书;四是法律规定由人民法院执行的行政决定书、行政强制措施决定书等。

2. 合同继续履行类法律文书

合同继续履行是合同法规定的法定违约责任方式之一,合同继续履行类法律文书是指除合同不能或者不适合继续履行以外,人民法院作出的违约方继续实际履行合同的裁判文书。根据最高人民法院《关于适用〈中华人民共和国民事诉讼法〉的解释》第463条之规定,合同继续履行类文书继续履行的具体内容明确的,债务人不履行合同,可以申请人民法院强制执行。若具有明确具体内容的生效法律文书不能申请法院强制执行,会造成大量的生效法律文书无法得到实现,合同法明确规定的继续履行合同的违约责任无法得到落实。因此,为了避免在执行程序中行使审判权,做到审执分离,应当规定合同继续履行类法律文书的明确性要求。

3. 生效裁判文书管辖。

《民事诉讼法》第224条规定:“发生法律效力的民事判决、裁定,以及刑事判决、裁定中的财产部分,由第一审人民法院或者与第一审人民法院同级的被执行的财产所在地人民法院执行。法律规定由人民法院执行的其他法律文书,由被执行人住所地或者被执行的财产所在地人民法院执行。”生效裁判文书执行管辖要注意两个方面:一是生效裁判文书由第一审人民法院执行;二是与第一审人民法院同级的被执行的财产所在地人民法院执行。

发生法律效力的民事调解书，由被执行人住所地或者被执行的财产所在地人民法院执行

——陈某某与吴某某民间借贷纠纷执行案①

1. 基本案情

申请执行人：陈某某。

被执行人：吴某某。

申请执行人陈某某与被执行人吴某某民间借贷纠纷一案，被执行人住所地法院于2013年5月2日作出的（2013）漳民初字第690号民事调解书已经发生法律效力。因被执行人未自动履行生效法律文书所确定的义务，申请执行人于2013年7月23日向被执行人住所地法院申请强制执行。因被执行人名下暂无财产可供执行，该院于2013年11月7日裁定终结本次执行程序。申请执行人于2014年12月30日向该院申请恢复执行。

该院在执行过程中，扣划了被执行人吴某某在银行的存款人民币6500元，向各商业银行、车辆管理所、房地产交易服务中心查询被执行人财产状况，未发现被执行人有其他可供执行的财产。且申请执行人陈某某同意终结该案的本次执行程序。

2. 法院裁判及观点

法院认为，本案已扣划了被执行人吴某某在银行的存款人民币6500元，被执行人吴某某暂无其他财产可供执行，且申请执行人陈某某同意终结本次执行程序。依照《民事诉讼法》第256条第一款第五项，最高人民法院《关于适用〈中华人民共和国民事诉讼法〉的解释》第519条、福建省高级人民法院《关于规范终结本次执行程序结案标准暂行规定》第2条第（一）款之规定，裁定如下：一、终结法院（2013）漳民初字第690号民事调解书的本次执行程序；二、在本次执行程序终结期间，如申请执行人发

① 参见福建省漳平市人民法院（2015）漳执恢字第10号裁定。

现被执行人有其他可供执行的财产,可向本院申请恢复执行。

3. 案例评析

最高人民法院《关于适用〈中华人民共和国民事诉讼法〉的解释》第463条规定:"当事人申请人民法院执行的生效法律文书应当具备下列条件:(一)权利义务主体明确;(二)给付内容明确。法律文书确定继续履行合同的,应当明确继续履行的具体内容。"因此,人民法院制作的调解书属于可以申请强制执行的法律文书范围。《民事诉讼法》第224条规定,法律规定由人民法院执行的其他法律文书,由被执行人住所地或者被执行的财产所在地人民法院执行。本案中,申请执行人申请执行的法院于2013年5月2日作出的(2013)漳民初字第690号民事调解书,已经发生法律效力,因被执行人未自动履行生效法律文书所确定的义务,申请执行人应当向被申请人住所地或者被执行的财产所在地人民法院申请强制执行。本案由被申请人住所地法院执行,符合执行管辖的规定。

有关法律规定

《中华人民共和国民事诉讼法》(2012年修订)

第二百二十四条　发生法律效力的民事判决、裁定,以及刑事判决、裁定中的财产部分,由第一审人民法院或者与第一审人民法院同级的被执行的财产所在地人民法院执行。

法律规定由人民法院执行的其他法律文书,由被执行人住所地或者被执行的财产所在地人民法院执行。

《最高人民法院关于适用〈中华人民共和国民事诉讼法〉的解释》(法释〔2015〕5号)

第四百六十三条　当事人申请人民法院执行的生效法律文书应当具备下列条件:(一)权利义务主体明确;(二)给付内容明确。法律文书确定继续履行合同的,应当明确继续履行的具体内容。

四、强制执行公证债权文书管辖的确定

基本理论

1. 法律文书的执行力

申请执行法律文书应具备的条件：一是法律文书必须生效，具有强制执行力；二是申请执行人应当具备法定资格。除生效法律文书载明的当事人外，因继承、转让等方式获得生效法律文书载明权利的当事人，申请执行时要提供相应证据；三是给付的内容应当明确，一般为交付一定数额的金钱或者作出一定的行为。就公证债权文书而言，要求其在公证时就应当提出明确的请求，使最终的公证文书的执行内容明确，否则人民法院可能不予立案执行；四是被执行人不主动履行生效法律文书确定的义务；五是属于受申请执行的人民法院管辖。根据法律规定，能够申请人民法院执行的法律文书主要有以下几类：一是人民法院的判决、裁定、调解书、支付令；二是仲裁机构的裁决、调解书；三是公证机关的具有强制执行力的公证债权文书；四是法律规定由人民法院执行的行政决定书，行政强制措施决定书等。

2. 强制执行公证债权文书的管辖法院

《民事诉讼法》第224条规定："发生法律效力的民事判决、裁定，以及刑事判决、裁定中的财产部分，由第一审人民法院或者与第一审人民法院同级的被执行的财产所在地人民法院执行。法律规定由人民法院执行的其他法律文书，由被执行人住所地或者被执行的财产所在地人民法院执行。"第238条规定："对公证机关依法赋予强制执行效力的债权文书，一方当事人不履行的，对方当事人可以向有管辖权的人民法院申请执行，受申请的人民法院应当执行。公证债权文书确有错误的，人民法院裁定不予执行，并将裁定书送达双方当事人和公证机关。"据此，强制执行公证债权文书由被执行人住所地或者被执行的财产所在地人民法院执行。据以上的法律可知，强制执行公证债权文书由被执行人住所地或被执行的财产所在地人民法院执行；级别管辖，参照各地法院受理诉讼案件的级别管辖的规定确定。

强制执行公证债权文书由被执行人住所地或者被执行的财产所在地人民法院执行

——张某与马某武申请执行公证债权文书纠纷复议案①

1.基本案情

申请复议人:张某红。

申请执行人:张某。

被执行人:马某武。

2007年6月28日,马某武以个人名义向张某借款16万元,借款合同约定还款期限为6个月,月利率1.5%。双方于当日签订抵押合同,以马某武所有的苏CU9166奥德赛牌汽车一辆作为履行还款义务的抵押担保。同日,邳州市公证处为该借款事实出具了(2007)邳证经内字第704号具有强制执行效力的债务文书公证书。

因马某武未按期履行还款义务,应张某的申请,邳州市公证处出具了(2008)徐邳证执字第47号执行证书。2008年8月11日,张某依据(2007)邳证经内字第704号具有强制执行效力的债务文书公证书和(2008)徐邳证执字第47号执行证书向执行法院申请执行。

执行法院于2008年9月23日作出(2008)邳执字第1319号民事裁定:冻结、划拨马某武银行存款。并于2008年9月23日查封、扣押了马某武与其妻张某红共有的抵押物奥德赛牌苏CU9166号车。经评估,该车以7.7万元抵偿给张某。2009年1月5日,该院作出(2009)邳监执字第12号民事裁定:追加张某红为本案被执行人,并查封、冻结了张某红的工资及马某武、张某红共同所有的位于邳州市运河镇金贸小区1号楼1单元202室房屋一套。

张某红遂向执行法院提出执行异议称:马某武系邳州明珠棉油有限公司

① 参见江苏省邳州市人民法院(2010)徐执复字第026号民事裁定。

的法定代表人，其实施的借款行为是职务行为，形成的债务系公司债务。因此，不应追加其为被执行人。

2. 法院裁判及观点

执行法院经审查认为：马某武因生产经营之需以个人名义向张某借款时，张某红与马某武合意以其共有财产轿车一辆予以担保之行为，说明夫妻双方对此举债行为具有合意。且张某红并未提供证据证明马某武借款所得收益未用于家庭共同生活，应认定张某红分享了马某武借款行为所带来的收益，因此，夫妻应共同承担该行为所产生的民事责任。执行法院裁定：驳回张某红的异议请求。张某红不服上述裁定，向复议法院申请复议称，请求撤销执行法院（2009）邳执异字第64号民事裁定。

复议法院认为：一、关于马某武借款行为如何认定的问题。2007年6月28日马某武向张某借款16万元，借据上有马某武的亲笔签名。其后，马某武夫妻又签订了以奥德赛轿车为标的的抵押担保声明书。上述事实表明，该笔借款是马某武以个人名义所借。申请复议人提出，该笔款项在出借当日即汇入邳州市明珠棉油有限公司账户，并提供记账凭证、收据为证，并以此主张涉案借款为单位借款。上述证据只能说明该笔款项的去向或用途，并不能证明债务性质。本案借款应当认定为马某武个人债务。申请复议人的主张没有事实和法律依据，法院不予采纳。

二、关于应否追加张某红为本案被执行人的问题。最高人民法院《关于适用〈中华人民共和国婚姻法〉若干问题的解释（二）》第24条规定：债权人就婚姻关系存续期间夫妻一方以个人名义所负债务主张权利的，应当按夫妻共同债务处理。但夫妻一方能够证明债权人与债务人明确约定为个人债务，或者能够证明属于《婚姻法》第19条第3款规定情形的除外。本案的借款行为发生在马某武与张某红夫妻关系存续期间，无论是用于公司经营还是用于家庭生活，均不属于上述法律条文所述的除外情形，因此，该笔债务应按夫妻共同债务处理。执行法院追加张某红为本案的被执行人并查封、冻结其工资、房产有事实及法律依据。

综上所述，复议法院认为，执行法院（2009）邳执异字第64号民事裁定认定事实清楚，适用法律并无不当，应当予以维持，裁定如下：一、驳回张某红的复议申请；二、维持执行法院（2009）邳执异字第64号民事裁定。

3. 案例评析

《民事诉讼法》第238条规定，对公证机关依法赋予强制执行效力的债权文书，一方当事人不履行的，对方当事人可以向有管辖权的人民法院申请执行，受申请的人民法院应当执行。因此，公证机关依法赋予强制执行效力的债权文书属于可以申请人民法院强制执行的法律文书范围。结合《民事诉讼法》第224条以及《最高人民法院关于人民法院执行工作若干问题的规定（试行）》第10条之规定，法律规定由人民法院执行的其他法律文书，由被执行人住所地或者被执行的财产所在地人民法院执行。本案被执行人马某武、张某红住所地和财产所在地均位于江苏省邳州市，因此本案应由被执行人住所地、被执行财产所在地法院执行。

当事人、利害关系人认为执行行为违反法律规定的，可以依照《民事诉讼法》第202条之规定，向负责执行的人民法院提出书面异议，人民法院应当自收到书面异议之日起15日内审查，理由成立的，裁定撤销或者改正；理由不成立的，裁定驳回。本案中，张某红以马某武系邳州明珠棉油有限公司的法定代表人，其实施的借款行为是职务行为，形成的债务系公司债务为由向复议法院提出执行异议。该院依据借款合同的内容及双方提供的证据，认定借款应当认定为马某武个人债务；根据《最高人民法院关于适用〈中华人民共和国婚姻法〉若干问题的解释（二）》第24条的规定，认定借款行为发生在马某武与张某红夫妻关系存续期间，无论借款是用于公司经营还是用于家庭生活，应当认定为夫妻共同债务处理，张某红是本案适格的被执行人。据此，裁定驳回复议申请；维持原裁定。

有关法律规定

《中华人民共和国民事诉讼法》（2012年修订）

第二百二十四条　发生法律效力的民事判决、裁定，以及刑事判决、裁定中的财产部分，由第一审人民法院或者与第一审人民法院同级的被执行的财产所在地人民法院执行。法律规定由人民法院执行的其他法律文书，由被执行人住所地或者被执行的财产所在地人民法院执行。

第二百三十八条　对公证机关依法赋予强制执行效力的债权文书，一方当事人不履行的，对方当事人可以向有管辖权的人民法院申请执行，受申请的人民法院应当执行。公证债权文书确有错误的，人民法院裁定不予执行，并将裁定书送达双方当事人和公证机关。

《最高人民法院关于适用〈中华人民共和国民事诉讼法〉的解释》（法释〔2015〕5号）

第四百六十三条　当事人申请人民法院执行的生效法律文书应当具备下列条件：（一）权利义务主体明确；（二）给付内容明确。法律文书确定继续履行合同的，应当明确继续履行的具体内容。

《最高人民法院关于人民法院执行工作若干问题的规定（试行）》（法释〔1998〕15号）

第10条　仲裁机构作出的国内仲裁裁决、公证机关依法赋予强制执行效力的公证债权文书，由被执行人住所地或被执行的财产所在地人民法院执行。前款案件的级别管辖，参照各地法院受理诉讼案件的级别管辖的规定确定。

《最高人民法院关于适用〈中华人民共和国婚姻法〉若干问题的解释（二）》（法释〔2003〕19号）

第二十四条　债权人就婚姻关系存续期间夫妻一方以个人名义所负债务主张权利的，应当按夫妻共同债务处理。但夫妻一方能够证明债权人与债务人明确约定为个人债务，或者能够证明属于婚姻法第十九条第三款规定情形的除外。

五、民间借贷合同能约定管辖吗

基本理论

1. 协议管辖

协议管辖又称合意管辖、约定管辖、选择管辖。《民事诉讼法》第34条规定："合同或者其他财产权益纠纷的当事人可以书面协议选择被告住所地、合同履行地、合同签订地、原告住所地、标的物所在地等与争议有实际联系的地点的人民法院管辖，但不得违反本法对级别管辖和专属管辖的规定。"协议管辖具有以下特点：一是协议管辖的案件范围为合同或者其他财产权益纠纷；二是协议管辖只适用于一审案件确定管辖；三是当事人必须通过书面协议选择管辖法院，包括书面合同中的协议管辖条款或者诉讼前以书面形式达成的管辖协议；四是当事人可以选择合同履行地、合同签订地、原告住所地、标的物所在地等与争议有实际联系的地点的人民法院管辖，若当事人选择了与争议无实际联系的地点的人民法院管辖，该管辖协议无效；五是不得违反本法对级别管辖和专属管辖的规定，违反强制性法律规定的协议管辖无效。

2. 约定管辖法院不明确的处理

选择管辖的法院必须是确定的、唯一的，合同的双方当事人选择管辖的协议不明确或者选择《民事诉讼法》两个以上人民法院管辖的，选择管辖的协议无效。现行《民事诉讼法》充分尊重当事人的真实意思表示，并未要求当事人达成协议管辖必须选择一个确定的法院。在实践中应当注意以下几点：第一，当事人协议管辖法院不明确，不能当然认定协议管辖无效，只要根据管辖协议可以明确具体的管辖法院，管辖协议有效。第二，管辖协议约定两个以上与争议有实际联系地点的人民法院管辖，原告可以向其中一个人民法院起诉。第三，对不得违反《民事诉讼法》级别管辖和专属管辖的规定不能做机械理解。例如，当事人已约定某一具体基层法院，纠纷发生后超出该院级别管辖标准，不能一律以违反级别管辖而认定无效。当事人对管辖法院进行明确约定表明其愿意在该法院所在地诉讼，地域管辖是明确的。处于尊重当事人的自由意志，应当认定双方选择的地域管辖是有效的，可以结合级别管辖标准确定具体的管辖法院。①

3. 当事人避免协议管辖无效风险的方法

为了避免协议管辖被认定为无效，导致当事人自由意志落空，当事人在制定管辖协议或管辖协议条款的过程中应当注意：一是协议管辖的案件范围只能是合同或者其他财产权益纠纷；二是当事人必须通过书面协议选择管辖法院，可以是书面合同中的协议管辖条款，也可以是诉讼前以书面形式达成的管辖协议；三是当事人可以选择的必须是与争议有实际联系的地点的人民法院管辖，如合同履行地、合同签订地、原告住所地、标的物所在地人民法院；四是所选择的人民法院不得违反《民事诉讼法》对级别管辖和专属管辖的规定。

---

① 参见最高人民法院修改后民事诉讼法贯彻实施工作领导小组编著、沈德咏主编：《最高人民法院民事诉讼法司法解释理解与适用》（上），人民法院出版社 2015 年版，第 184 页。

典型案例

当事人协议管辖所选择的法院违背级别管辖的规定，管辖协议无效

——魏某某诉蔡某甲等民间借贷纠纷管辖权异议再审案①

1. 基本案情

申请再审人（一审原告、二审被上诉人）：魏某某。

被申请人（一审被告、二审上诉人）：蔡某甲。

一审被告：李某某。

一审被告：厦门伟栊服饰有限公司。

法定代表人：蔡某乙，总经理。

原告魏某某因与被告蔡某甲、李某某、厦门伟栊服饰有限公司间民间借贷纠纷，诉至一审法院，请求判令被告支付借款本金777万元及利息（其中600万元借款利息自2013年1月10日起计算、177万元借款的利息自2013年3月1日起计算，暂计至2013年4月9日利息为40万元），为实现债权而支付的律师费12万元，合计829万元。被告蔡某甲在答辩期间提出管辖权异议，认为本案双方当事人明确约定，若发生纠纷，由某法院管辖，故一审法院没有管辖权，要求将本案移送某法院管辖。

2. 法院裁判及观点

一审法院经审查认为，本案被告蔡某甲、李某某系台湾地区居民，本案属本市中级人民法院指定由一审法院集中管辖的涉台案件，一审法院对本案具有管辖权，被告蔡某甲提出的管辖权异议申请应予驳回。一审法院于2013年8月1日作出（2013）海民初字第1460－1号民事裁定：驳回被告蔡某甲对本案管辖权提出的异议。蔡某甲不服，向二审法院提出上诉，请求撤销原裁定，将案件移送至有管辖权的某法院管辖。

二审法院经审查认为，本案系因合同纠纷提起的诉讼，上诉人蔡某甲与被上诉人魏某某签订的《借款协议》、《借款确认书》约定因履行协议发生纠纷，由出借方即本案的原告住所地人民法院管辖，该约定符合《民事诉讼法》

① 参见厦门市中级人民法院（2014）厦民再终字第10号裁定。

第34条关于协议管辖的规定。根据当事人的约定,某法院对本案有管辖权。因本案当事人通过书面协议约定管辖法院,本案不再属于本市中级人民法院指定由一审法院集中管辖的涉台案件,故一审法院对本案没有管辖权。上诉人蔡某甲的上诉理由成立,予以支持。原审裁定错误,应予撤销。据此依照《民事诉讼法》第171条之规定,作出(2013)厦民终字第3276号民事裁定:一、撤销一审法院(2013)海民初字第1460-1号民事裁定;二、本案由某法院管辖。

魏某某不服二审裁定,向再审法院申请再审。再审法院经审查,认为魏某某的再审申请符合法律规定,裁定对本案进行再审。

再审法院经再审认为,根据本市中级人民法院《关于涉台刑事、民商事、行政案件集中管辖的实施办法》之规定,本案应由一审法院管辖。原二审裁定适用法律错误,应予纠正。根据《民事诉讼法》第207条、《最高人民法院关于执行级别管辖规定几个问题的批复》第1条之规定,裁定如下:一、撤销本院(2013)厦民终字第3276号民事裁定;二、维持一审法院(2013)海民初字第1460-1号民事裁定,即驳回被告蔡某甲对本案管辖权提出的异议。

3. 案例评析

本案属于当事人协议管辖所选择的法院违背级别管辖的规定导致协议管辖无效的典型案例。《民事诉讼法》第34条规定:"合同或者其他财产权益纠纷的当事人可以书面协议选择被告住所地、合同履行地、合同签订地、原告住所地、标的物所在地等与争议有实际联系的地点的人民法院管辖,但不得违反本法对级别管辖和专属管辖的规定。"双方当事人明确约定,若发生纠纷,由原告的住所地某法院管辖。但本案被告蔡某甲、李某某系台湾地区居民,根据该市中级人民法院《关于涉台刑事、民商事、行政案件集中管辖的实施办法》之规定,本案属该市中级人民法院指定由一审法院地集中管辖的涉台案件,一审人民法院对本案具有管辖权。当事人协议管辖违背了级别管辖的特别规定,应认定为无效,按照级别管辖的规定确定本案管辖权。

有关法律规定

《中华人民共和国民事诉讼法》(2012年修订)

第三十四条　合同或者其他财产权益纠纷的当事人可以书面协议选择被告住所

地、合同履行地、合同签订地、原告住所地、标的物所在地等与争议有实际联系的地点的人民法院管辖,但不得违反本法对级别管辖和专属管辖的规定。

《最高人民法院关于适用〈中华人民共和国民事诉讼法〉的解释》(法释〔2015〕5号)

第二十九条　民事诉讼法第三十四条规定的书面协议,包括书面合同中的协议管辖条款或者诉讼前以书面形式达成的选择管辖的协议。

第三十条　根据管辖协议,起诉时能够确定管辖法院的,从其约定;不能确定的,依照民事诉讼法的相关规定确定管辖。

管辖协议约定两个以上与争议有实际联系的地点的人民法院管辖,原告可以向其中一个人民法院起诉。

第三十二条　管辖协议约定由一方当事人住所地人民法院管辖,协议签订后当事人住所地变更的,由签订管辖协议时的住所地人民法院管辖,但当事人另有约定的除外。

六、民间借贷纠纷当事人对受案人民法院管辖权有异议应该怎么做

基本理论

1. 管辖权异议与管辖恒定

管辖异议,是指当事人对案件的受诉法院对该案无管辖权的异议。根据《民事诉讼法》的规定,原告起诉经法院受理后,被告可在答辩期间内提出答辩,如果被告认为法院对该案无管辖权,即要在此期间内提出异议,不对原告起诉状的内容作实质性的答辩。受诉法院对管辖异议进行审查,异议成立的,将案件移送有管辖权的法院;异议不成立的,作出裁定予以驳回。如对驳回管辖异议的裁定不服,异议提出者可于10日的法定期间内,向受诉法院的上一级法院提起上诉,由其上一级法院作出最终裁定。

管辖恒定,是指案件的管辖以起诉时为准,其后事实的变化不影响受诉法院的管辖。管辖异议与管辖恒定是适用管辖制度的两个方面,一方面是法律赋予当事人对受诉法院所受理的案件无管辖权提出异议的权利,另一方面是依法确定了案件的管辖不容随意变动。案件的管辖是规范的,不同的法院

管辖不同的案件，不容随意变动。原告依法起诉和法院依法受理后，案件始终归受诉法院管辖，此后既不因当事人司法隶属关系的变化而变化，也不因诉讼请求的变更而变更，因此当事人不得在诉讼过程中提出管辖异议，法院也不得在审理过程中转移管辖权。

2. 提出管辖权异议的法定期限

《民事诉讼法》规定，人民法院受理案件后，当事人对管辖权有异议的，应当在提交答辩状期间提出。人民法院应当在立案之日起 5 日内将起诉状副本发送被告，被告应当在收到之日起 15 日内提出答辩状。因此，当事人提出管辖权异议的法定期限为收到起诉状副本之日起 15 日内。人民法院对当事人提出的异议，应当审查。异议成立的，裁定将案件移送有管辖权的人民法院；异议不成立的，裁定驳回。当事人未提出管辖权异议，并应诉答辩的，视为受诉人民法院有管辖权，但违反级别管辖和专属管辖规定的除外。当事人逾期提出管辖权异议，人民法院是否应当对法院是否有管辖权依职权进行审查？根据《最高人民法院关于适用〈中华人民共和国民事诉讼法〉的解释》第 35 条“当事人在答辩期间届满后未应诉答辩，人民法院在一审开庭前，发现案件不属于本院管辖的，应当裁定移送有管辖权的人民法院”的规定，举重以明轻，当事人未提出管辖异议，人民法院都应当依职权审查，在当事人逾期提出管辖权异议的情况下，人民法院仍应当依职权对本院是否对案件具有管辖权进行审查。若本院没有管辖权，依法将案件移送有管辖权的法院。

典型案例

当事人可以依法协议选择民间借贷纠纷的管辖法院

——杨某与曹某民间借贷管辖权异议纠纷二审案①

1. 基本案情

上诉人（原审被告）杨某。

---

① 参见江苏省南京市中级人民法院（2013）宁民辖终字第 347 号裁定。

被上诉人(原审原告)曹某。

曹某与杨某签订《借款合同》,约定杨某向曹某借款180万元,并协议选择由原告住所地的人民法院即一审法院作为解决争议的管辖法院。被告应诉答辩称应以被告住所地××法院作为解决争议的管辖法院。

2. 法院裁判及观点

一审法院认为,合同的当事人可以书面协议选择与争议有实际联系的地点的人民法院管辖,而原、被告签订《借款合同》时已经选择由原告住所地的人民法院即一审法院作为解决争议的管辖法院,该选择符合法律规定。被告现要求以被告住所地法院作为解决争议的管辖法院,违背了双方当初的约定,故本院不予支持。据此裁定驳回杨某对管辖权提出的异议。

上诉人杨某不服一审法院(2013)鼓民初字第3949号民事裁定,向二审法院提出上诉。上诉人杨某的上诉意见认为,原审裁定错误,本案应当由被告住所地法院管辖更合理,更有利于案件查明事实,请求二审法院撤销原审裁定,将本案移送××法院审理。

二审法院经审查认为,根据《民事诉讼法》第34条的规定,合同或者其他财产权益纠纷的当事人可以书面协议选择被告住所地、合同履行地、合同签订地、原告住所地、标的物所在地等与争议有实际联系地点的人民法院管辖,但不得违反级别管辖和专属管辖的规定。本案中,上诉人杨某与被上诉人曹某在《借款合同》中约定向乙方所在地的人民法院起诉,该约定不违反法律禁止性规定,应认定为合法有效。因乙方即被上诉人曹某的住所地属于一审法院辖区,故一审法院作为双方约定的纠纷管辖法院对本案有管辖权。综上,对上诉人杨某的上诉请求,法院不予支持。依照《民事诉讼法》第34条、第169条、第170条第1款第(一)项的规定,裁定如下:驳回上诉,维持原裁定。

3. 案例评析

根据《民事诉讼法》的规定,人民法院受理案件后,当事人对管辖权有异议的,应当在提交答辩状期间提出。人民法院对当事人提出的异议,应当审查。异议成立的,裁定将案件移送有管辖权的人民法院;异议不成立的,裁定驳回。当事人对管辖权异议的裁定有权提起上诉。《民事诉讼法》第34条规定:"合同或者其他财产权益纠纷的当事人可以书面协议选择被告住所地、合同履行地、合同签订地、原告住所地、标的物所在地等与争议有实际联系的地点的人民法院管辖，但不得违反本法对级别管辖和专属管辖的规定。”本案当事人协议民间借贷合同发生纠纷时由原告住所地人民法院管辖，符合法律规定。被告提出的本案应当由被告住所地法院管辖更合理，更有利于案件查明事实的意见不成立，法院裁定驳回被告对管辖权提出的异议。被告对管辖权异议的裁定提起上诉，二审法院裁定驳回上诉，维持原裁定。

有关法律规定

《最高人民法院关于适用〈中华人民共和国民事诉讼法〉的解释》（法释〔2015〕5号）

第三十五条　当事人在答辩期间届满后未应诉答辩，人民法院在一审开庭前，发现案件不属于本院管辖的，应当裁定移送有管辖权的人民法院。

第三十九条　人民法院对管辖异议审查后确定有管辖权的，不因当事人提起反诉、增加或者变更诉讼请求等改变管辖，但违反级别管辖、专属管辖规定的除外。

人民法院发回重审或者按第一审程序再审的案件，当事人提出管辖异议的，人民法院不予审查。

《中华人民共和国民事诉讼法》(2012年修订)

第一百二十五条　人民法院应当在立案之日起五日内将起诉状副本发送被告，被告应当在收到之日起十五日内提出答辩状。答辩状应当记明被告的姓名、性别、年龄、民族、职业、工作单位、住所、联系方式；法人或者其他组织的名称、住所和法定代表人或者主要负责人的姓名、职务、联系方式。人民法院应当在收到答辩状之日起五日内将答辩状副本发送原告。

被告不提出答辩状的，不影响人民法院审理。

第一百二十七条　人民法院受理案件后，当事人对管辖权有异议的，应当在提交答辩状期间提出。人民法院对当事人提出的异议，应当审查。异议成立的，裁定将案件移送有管辖权的人民法院；异议不成立的，裁定驳回。

当事人未提出管辖异议，并应诉答辩的，视为受诉人民法院有管辖权，但违反级别管辖和专属管辖规定的除外。

第二章

民间借贷主体

随着社会经济的发展,银行信贷收紧,市场资金严重短缺,需求不断转向民间借贷。经济持续发展,成为民间借贷资金供求两旺的基础。与向银行贷款相比,民间借贷简便快捷,迎合了借款人的需求。高息收入吸引了大量民间资金参与,尤其是互联网金融催生了大量的资金池,这无疑促进了民间借贷的飞速发展。民间借贷作为一种资源丰富、操作简捷灵便的融资手段,在一定程度上缓解了银行信贷资金不足的矛盾,促进了经济的发展。在民间借贷法律关系中,出借人和债务人成为民间借贷法律关系不可或缺的主体,成为民间借贷法律关系中权利、义务的主要承担者。随着社会的发展,合法的民间借贷主体范围有所扩张。根据《最高人民法院关于人民法院审理借贷案件的若干意见》[法(民)〔1991〕21号]第1条之规定,民间借贷纠纷包括公民之间的借贷纠纷、公民与法人之间的借贷纠纷以及公民与其他组织之间的借贷纠纷。法人、其他组织与其他法人、其他组织间的借贷在很长一段时间内都视为非法。这种状况一直持续到2015年。根据2015年施行的《最高人民法院关于审理民间借贷案件适用法律若干问题的规定》第1条之规定,民间借贷包括自然人、法人、其他组织之间及其相互之间进行资金融通，同时将经金融监管部门批准设立的从事贷款业务的金融机构及其分支机构因发放贷款等相关金融业务引发的纠纷排除在民间借贷纠纷的范围之外。由此可见，《最高人民法院关于审理民间借贷案件适用法律若干问题的规定》认可了法人、其他组织之间及其相互之间借款的合法性，并明确排除了经金融监管部门批准设立的从事贷款业务的金融机构及其分支机构。

因此，从主体的种类来说，民间借贷法律关系的主体包括自然人、法人、其他组织，几乎包括了所有的民事主体。从民间借贷权利义务的承担来看，民间借贷法律关系的主体包括出借人（债权人）、借款人（债务人）、担保人等等。

第一节
出借人

一份完备的民间借贷书面合同包括但不限于出借人、借款人、担保人、借款金额、利息的计算方式、借款期限、还款方式、违约责任等。借款合同生效后，出借人将约定的金额以现金、转账等方式交付给借款人，并获得借款人向其出具的借条。在民间借贷法律关系中，出借人成为借款人的债权人，其在借款到期后享有向借款人请求还款的权利。因此，一般来说民间借贷的出借人已清晰地载明于借款合同(借条)，该借款合同一般由出借人完成出借的行为后持有该借款合同(借条)。但是，现实生活中也时常遇见借条上未载明出借人、出借人与借条持有人非同一人、实际出借人与名义出借人非同一人的现象。

一、借条上没有记载出借人姓名，借条持有人能够主张自己为出借人吗

基本理论

在民间借贷如此频繁发生的当下，空白的借条深为当事人接受和欢迎。当借款发生时，当事人只需要根据格式要求填写空白处的借款人、出借人、借款金额、利息计算方式等就可以完成书面借款合同的订立，大大降低了民间借贷法律关系中各方主体订立契约的成本，既节约了双方书写借条的时间，也避免了因相关知识的匮乏导致所书写的借条存在法律上的瑕疵或者缺漏重要内容。即便如此，在填写空白的借条时，也时常发生借条未填写出借人，即未记载出借人的具体姓名。此时如何认定出借人成为难题。一般来说，借条为出借人持有和保管。实际出借人基于债权让与理论将该借条交由债权

的受让人持有,借条持有人基于债权让与理论,进而依法对借条所载明的借款人享有债权。但借条丢失后被第三人持有,出借人自愿将借条交由第三人代为保管,第三人基于盗窃、抢劫、抢夺等非法方式持有该借条也时常见诸司法实践中。

"借条"或者"借据",是一种法律文书,就是一个被简化了的合同书,它明确和记载的是出借人和借款人之间存在债权债务关系,它的使命和目的是"立字为凭,有据为证"。因此,借条上必不可少的要素应当有出借人、借款人、借款数额和还款时间等,上述要素少了其中一个,就起不到借条的目的了。在借条上没有写明出借人的情况下,司法实践中一般认为借条的持有人就是出借人,因为实际情况也基本是这样的。一般来说,借条持有人与出借人是同一人。因此,在债务人无相反证据证明的情况下,法院基于社会一般常识和现有证据规则,可以推定借条持有人即为借款的出借人。如果借条所载明的借款人对该借条的真实性无异议,对持有人主张其就是出借人无任何异议时,法院可以认定借条持有人即为债权人,这点并无争议。但是,如果债务人提出异议,主张双方之间无实际上的资金来往。债务人须证明该借条载明的借贷关系的债权人另有其他人,而非借条持有人,如第三人基于此借条向其转款的银行转账记录或者引发该借款关系的基础法律关系的存在。

典型案例

借条未载明出借人,法院推定借条持有人为实际出借人

——金某某与俞某某、张某民间借贷纠纷案①

1. 案情简介

原告金某某。

被告俞某某。

被告张某。

原告金某某诉称,2012 年 1 月 6 日,二被告因资金周转从原告处借到现

① 参见江苏省苏州市吴江区人民法院(2014)吴江开民初字第 1244 号民事判决。

金 100,000 元,但直至起诉之日,二被告均没有归还,原告故起诉,请求法院判决二被告共同归还原告借款 100,000 元;诉讼费由被告承担。

被告俞某某、张某均未作答辩。

经审理查明,2012 年 1 月 6 日,俞某某、张某出具借条一份载明:今借到现金人民币壹拾万元整(100,000)。借款人:俞某某、张某。

上述事实有原告提供的借条、当事人的当庭陈述等证据予以证实。

2. 法院裁判及观点

法院审理认为,合法的借贷关系受法律保护。被告俞某某、张某经本院合法传唤未到庭参加诉讼,对原告提交的证据自愿放弃质证的权利,故本院对二被告签名的借条依法予以确认。该借条未载明出借人,本院推定借条持有人金某某系实际出借人。根据原告提供的借条可以证实原告金某某与被告俞某某、张某之间存在借贷关系。双方虽未在借条中约定还款日期,但原告金某某作为出借人可以催告被告在合理期限内返还,二被告拖欠不还,显属违约,故原告要求被告归还借款 100,000 元的诉讼请求,本院予以支持。据此,依照《合同法》第 206 条、《民事诉讼法》第 64 条、第 144 条的规定,判决被告俞某某、张某于本判决生效之日起 10 日内归还原告金某某借款 100,000 元。

3. 案例评析

本案是借条上没有记载出借人姓名的典型案例。在本案中,俞某某、张某出具借条一份载明:今借到现金人民币壹拾万元整(100,000)。借款人:俞某某、张某。从借条记载的信息来看,缺少出借人的具体信息,法院推定借条持有人金某某系实际出借人。因此,从法院的裁判思路可见,借条持有人持未记载出借人信息的借条向借条载明的借款人主张到期权利,而借条载明的借款人未作反驳,则法院推定借条持有人即为借款的出借人。

持有未载明出借人借条的原告推定为适格的债权人

——余某某诉方某某民间借贷纠纷案[①]

1. 案情简介

原告余某某。

---

① 参见浙江省温岭市人民法院(2015)台温商初字第 1283 号民事判决。

被告方某某。

2014 年 2 月 18 日，被告方某某因需向原告余某某借款 50, 000 元，并出具借条一份，双方约定借款利息为月利率 1.5%。后该款经原告多次催讨未果。故原告余某某诉请法院判令：一、被告方某某偿还原告借款 50, 000 元，并支付自 2014 年 2 月 18 日起按月利率 1.5% 的标准计算至实际履行之日止的利息；二、本案诉讼费用由被告承担。

原告余某某为支持其主张的事实，向法院提交了以下证据材料：

一、原告余某某的身份证复印件、被告方某某的协助查询户籍函（回执）各一份，拟证明原、被告主体适格的事实。

二、借条一份，拟证明被告方某某于 2014 年 2 月 18 日向原告余某某借款 50, 000 元，且双方对各自的权利义务作了明确约定的事实。

被告方某某未作答辩，亦未提交相关证据材料。

2. 法院裁判及观点

法院经审理认为，虽本案借条未载明出借人，但原告系借条的持有人，应推定为适格的债权人。故原告余某某与被告方某某之间形成的民间借贷关系，系双方自愿、内容合法，依法应认定有效。双方对借款期限未作约定，原告可以要求被告在合理期限内偿还借款本息。原告的诉讼请求合法有据，本院予以支持。依照《合同法》第 205 条、第 206 条和《民事诉讼法》第 144 条之规定，判决被告方某某在本判决生效之日起 10 日内偿还原告余某某借款本金 50, 000 元，并支付自 2014 年 2 月 18 日起按月利率 1.5% 的标准计算至实际履行之日止的利息。

3. 案例评析

本案是借条上没有记载出借人姓名的典型案例。在本案中，被告方某某因需向原告余某某借款 50, 000 元，并出具借条一份，但是借条没有载明出借人的信息，当原告余某某持有该借条向被告方某某主张权利，被告未答辩，法院推定持有该借条的原告余某某就是民间借贷法律关系的出借人（债权人）。本案明确了借条持有人持有未注明出借人信息的借条主张权利，而借条载明的借款人未作答辩或者反驳时，认定借条持有人为债权人。

未记载出借人的借条持有人证明其向借款人支付了款项可以认定为出借人

——付某某与李某某民间借贷纠纷二审案①

1. 案情简介

上诉人(原审被告):李某某。

被上诉人(原审原告):付某某。

付某某向一审法院起诉称,2011 年 6 月至 9 月,被告先后分四次向原告借款共计 20 万元。2012 年 1 月 21 日,被告给原告出具借条,确认借款总额共计 20 万元,口头约定半年内还清。时至今日,被告未能偿还原告借款,侵犯了原告的合法权益。原告诉请判令被告偿还借款本金 20 万元,被告负担诉讼费、保全费以及实现债权的全部费用。

李某某答辩称,借款 20 万元属实,但被告是向朱某某借的款,借条也是写给朱某某的,所借的 20 万元已还给了朱某某,被告不同意再偿还原告 20 万元。朱某某系原告的表弟,被告是通过朱某某与原告认识的。综上,请求驳回原告的诉讼请求。

一审法院查明,2011 年 6 月 17 日、2011 年 9 月 9 日以及 2011 年 9 月 24 日,原告以银行转账的形式分三次转入被告的银行账户 7 万元、7 万元和 5 万元,共计 19 万元。原告主张另外的 1 万元以现金形式交付给被告,被告陈述没有收到该 1 万元。2012 年 1 月 21 日,被告出具金额为 20 万元的借条,未明确载明借款的出借人。2012 年 7 月 5 日、2012 年 7 月 30 日,被告通过其担任法定代表人的甲公司分别转入房某某账户 15 万元、原告账户 2 万元,被告主张该 17 万元系偿还原告的借款。原告对转入房某某账户的 15 万元不认可,认为该款与原告无关。原告对转入其账户的 2 万元没有异议,但认为该款不是被告偿还原告的借款,而是原告为甲公司买煤而支付的货款。2012 年 12 月 27 日、2013 年 4 月 9 日,被告通过银行转账到原告的账户共 2 万元,原告对该 2 万元还款无异议。

另查明,被告系甲公司的法定代表人。

① 山东省东营市中级人民法院(2013)东民四终字第 185 号民事判决。

原审法院认为,关于付某某是否系适格原告,被告虽否认其不是向原告借款,借条也不是写给原告的,但被告出具借条时未载明出借人,从原告提供的银行转账凭证能够认定系付某某通过银行转账支付给被告的款项,且被告对付某某持有的其书写的借条无异议,上述证据能够相互印证,付某某依据该证据以原告身份起诉向被告主张权利,不违反法律规定,原审法院予以准许。一审法院因此判决被告李某某于判决生效之日起10日内偿还原告付某某借款。

上诉人李某某不服一审判决,向二审法院提起上诉称:(1)一审法院未认定上诉人与朱某某之间存在借贷关系属认定事实错误,一审法院对朱某某、范某某夫妇所作的调查笔录可以证实,上诉人是直接向朱某某借的钱,借钱时上诉人并不认识被上诉人,朱某某借给上诉人本金19万元,上诉人出具了20万元的借条。上诉人已按朱某某的要求向房某某账户汇款15万元,向被上诉人账户汇款4万元,在本金已还完的情况下,朱某某没有将借条还给上诉人,未征得上诉人同意就将借条交给了被上诉人。(2)即使上诉人未向朱某某还款,朱某某在未征得上诉人同意也没有通知上诉人的情况下就将借条转让给被上诉人,上诉人对被上诉人也没有还款义务。综上,请求撤销一审判决,依法改判上诉人不承担还款义务,一、二审诉讼费由被上诉人承担。

被上诉人付某某答辩称,原审判决认定事实清楚,证据确实充分,请求二审法院依法驳回上诉人的上诉,维持原判。

二审期间,上诉人李某某提交朱某某出具的书面证明一份,证明上诉人向朱某某借款19万元并向朱某某出具了20万元的借条,上诉人已经将借款归还至朱某某指定的账户,但朱某某并未将借条还给上诉人,在未征得上诉人同意也没有通知上诉人的情况下,将借条交给了被上诉人。

被上诉人付某某质证认为,根据证据规则,证人应当出庭作证,朱某某虽然在取保候审期间,但并没有在某地住院,故对该证据的真实性有异议。朱某某与本案借款并无关联,仅是介绍人,并不存在该证据所显示的情况。

2. 法院裁判及观点

二审法院认为,原审法院在原审中已对朱某某作了调查笔录,朱某某就涉案借款已作了相关陈述,对上诉人提交的该份证明的证据效力本院不予采信。该院认为,争议焦点为之一为上诉人与被上诉人之间是否存在真实有效的借贷关系。涉案借条未载明出借人,被上诉人付某某作为借据的持有人向上诉人李某某主张权利,并已通过银行账户实际向上诉人支付借款,能够认定上诉人与被上诉人之间存在20万元的民间借贷关系。虽上诉人李某某主张其是向朱某某借款,但朱某某陈述称其是涉案借款的介绍人,借条已交给付某某,上诉人的该项主张不能成立,本院不予支持。因此,二审法院判决驳回上诉,维持原判。

3. 案例评析

在本案中,付某某持有李某某为借款人但未记载出借人的借条向李某某主张权利。法院认为,涉案借条未载明出借人,被上诉人付某某作为借据的持有人向上诉人李某某主张权利,并已通过银行账户实际向上诉人支付借款,能够认定上诉人与被上诉人之间存在20万元的民间借贷关系。虽上诉人李某某主张其是向朱某某借款,但朱某某陈述称其是涉案借款的介绍人,借条已交给付某某。此案例体现了当借条未明确载明出借人时,法院根据具体案情依法推定借条持有人为出借人。本案中的借条持有人提供了向借款人银行转账的证据,这大大加强了合议庭成员内心确认借条持有人为该民间借贷法律关系的出借人。如果借条所载明的借款人以该借条是其与第三人所发生的民间借贷关系,即借条所载明的借款人与持有人之间无实际上的债权债务关系,则需要借条所载明的借款人为其主张提供具有合法性、客观性和关联性的证据加以佐证,否则其主张不被法院所采纳。

有关法律规定

《最高人民法院关于审理民间借贷案件适用法律若干问题的规定》(法释〔2015〕18号)

第一条　本规定所称的民间借贷,是指自然人、法人、其他组织之间及其相互之间进行资金融通的行为。

经金融监管部门批准设立的从事贷款业务的金融机构及其分支机构,因发放贷款等相关金融业务引发的纠纷,不适用本规定。

第二条　出借人向人民法院起诉时,应当提供借据、收据、欠条等债权凭证以及其他能够证明借贷法律关系存在的证据。

当事人持有的借据、收据、欠条等债权凭证没有载明债权人，持有债权凭证的当事人提起民间借贷诉讼的，人民法院应予受理。被告对原告的债权人资格提出有事实依据的抗辩，人民法院经审理认为原告不具有债权人资格的，裁定驳回起诉。

《中华人民共和国民事诉讼法》（2012年修正）

第六十四条　当事人对自己提出的主张，有责任提供证据。

当事人及其诉讼代理人因客观原因不能自行收集的证据，或者人民法院认为审理案件需要的证据，人民法院应当调查收集。

人民法院应当按照法定程序，全面地、客观地审查核实证据。

二、借条上记载的出借人姓名和实际持有人姓名不一致的，如何认定谁是出借人

基本理论

借条所载明的借款人和出借人成为确定民间借贷法律关系中债权人和债务人的关键之所在。出借人的认定在很大程度上依赖于借条上所记载的出借人姓名等信息来确定。当借条上没有记载出借人姓名，如前文所述，法院在司法实践中依据个案的具体情况可以推定借条的持有人即为该借条所载明的民间借贷法律关系的出借人。但是，当借条上记载的出借人姓名与实际持有人姓名不一致时，如何确定谁是出借人成为司法实践的难题之一。

出借人的认定牵涉到债权人的认定，牵涉到借条所产生的债权债务法律关系的债权人的切身利益，这不仅仅是一个事实问题，更是一个法律适用问题。法院在审判实践中，无法精确做到查明的事实就是现实的事实，只能依据现行法律、法规、司法解释等规定，结合既有证据来认定法律事实，并依据法律事实来认定出借人。当借条所记载的出借人姓名与借条持有人姓名不一致时，我们不能简单地否认借条持有人不是本借贷关系的出借人，而是应当看借条所记载的出借人姓名所指向的民事主体是持有人还是另有他人。如果借条所记载的出借人姓名是持有人的曾用名、乳名、笔名、网名、艺名、外号等，则可以认定借条所记载的出借人就是借条持有人。如果借条所记载的出借人姓名与借条持有人姓名中的汉字同音不同字、外观很相似的其他字、

地方方言中同一个意思、通用等情形时，结合出借人和借款人之间的资金往来、第三人的证言证词等证据来认定。当借条载明的借款人以该民间借贷的法律关系的出借人是借条载明的出借人而非借条持有人时，需提出相应的证据证明其与借条载明的出借人之间存在借条载明的借贷法律关系。

典型案例

借条持有人姓名与借条载明出借人姓名同音不同字，无其他证据反证的，一般可认定为出借人

——蔡某某与完某某民间借贷纠纷二审案①

1. 案情简介

上诉人（原审被告）：蔡某某。

被上诉人（原审原告）：完某某。

完某某一审诉称：2011 年 5 月，蔡某某向其借款 10 万元。2011 年 7 月，蔡某某向其借款 30 万元。自 2012 年 2 月至今，完某某多次催要，蔡某某未能归还借款，请求判令蔡某某归还借款 40 万元。

蔡某某原审未陈述答辩意见。

一审法院经审理查明：2011 年 5 月 29 日，蔡某某向完某某借款 10 万元，出具借条一张，约定借款期限自 2011 年 5 月 29 日至同年 11 月 29 日。2011 年 7 月 22 日，蔡某某向完某某出具借据一张，借款金额 30 万元，未约定还款期限。两张借据均注明“借据自借款人签章时，借款人确认已全部收到上述款项”。

2. 法院裁判及观点

一审法院审理后认为：2011 年 5 月 29 日借据中出借人“皖某某”与本案原告“完某某”的名字中“皖”与“完”虽字有出入，但读音一致，结合完某某持有借据原件的事实，可以确定借据中记载的出借人为本案原告，且蔡某某未举证证明完某某非本案原告，而是另有他人，2011 年 7 月 22 日借据中出借人姓名虽未填写，但完某某持有借据原件，蔡某某在举证期限内也未进行抗辩。

① 参见安徽省合肥市中级人民法院（2014）合民一终字第 00131 号民事判决。

(其他略)法院因此作出判决。

上诉人蔡某某上诉称:原审判决认定完某某系2011年5月29日10万元借据的合法持有人、出借人错误,蔡某某不应向完某某归还该借款。完某某没有举证证明“皖某某”与其本人系同一人,“皖”与“完”字的书写完全不同,读音相似,但并不一致,在姓氏中也是代表两个完全不一样的姓氏,并不相近。完某某虽持有该借据原件,由于出借人并非其本人,其没有证明其持有该借据的来源合法性。蔡某某无需证明该借据中“皖某某”非完某某,系另有他人,法律上没有此规定,蔡某某对此予以否定即可。因此,原审判决认定2011年5月29日借据的出借人系完某某,明显与事实不符(其他略)。

被上诉人完某某二审庭审中辩称:2011年5月29日的借据,因蔡某某笔误,将“完”写成“皖”,“完”与“皖”相近,蔡某某也未举证证明“皖某某”确有其人,根据优势证据规则,原审判决认定完某某为该借据的出借人,符合法律规定(其他略)。

二审法院认为:2011年5月29日的借据出借人虽书写为“皖某某”,但完某某系该借据的持有人,且“皖”与“完”读音相近,因蔡某某未能举证证明其未向“皖某某”借款,故完某某的举证业已达到高度盖然性的证明标准,可以认定完某某即为该笔借款的出借人,蔡某某的该节上诉理由,明显不能成立(其他略)。二审法院遂判决驳回上诉,维持原判。

3. 案例评析

本案是借条上记载的出借人姓名和实际持有人姓名不一致的典型案例。2011年5月29日,蔡某某向完某某借款10万元,出具借条一张,约定借款期限自2011年5月29日至同年11月29日。一审法院审理后认为:2011年5月29日借据中出借人“皖某某”与本案原告“完某某”的名字中“皖”与“完”虽字有出入,但读音一致,结合完某某持有借据原件的事实,可以确定借据中记载的出借人为本案原告,且蔡某某未举证证明“完某某”非本案原告,而是另有他人。二审法院认为:2011年5月29日的借据出借人虽书写为“皖某某”,但完某某系该借据的持有人,且“皖”与“完”读音相近,因蔡某某未能举证证明其未向“皖某某”借款,故完某某的举证业已达到高度盖然性的证明标准,可以认定完某某即为该笔借款的出借人。由法院的裁判思路可见,虽然借条载明的出借人姓名与实际持有人姓名不一致,但是,两者在字形上差别不大，读音相近，且借款人无法证明其未向借条持有人借款，因此法院认定借条持有人姓名与借条上记载的出借人姓名均指向同一个民事主体即借条持有人，认定借条持有人就是出借人，承担出借人享有的权利和义务。

借条持有人姓名与借条载明出借人姓名在当地方言中同音不同字，无其他证据反证的，一般可认定为出借人

——韦育某诉唐某某、黄某民间借贷纠纷案①

1. 案情简介

原告韦育某。

被告唐某某。

被告黄某。

原告韦育某诉称，2008 年 5 月 10 日，被告唐某某、黄某共同向原告韦育某借款人民币 6000 元，约定借款期限至 2008 年 7 月 10 日止，到期若不还清，另加 15% 给原告。借款期限届满后，原告多次催两被告还款，两被告却无动于衷，至今分文未还。故请求判令：(1)两被告共同偿还原告人民币 6000 元；(2)两被告承担连带清偿责任；(3)本案诉讼费由两被告承担。

原告对上述主张提供的证据有《借条》原件一张，用以证明被告唐某某于 2008 年 5 月 10 日向原告韦育某借款人民币 6000 元，被告黄某作为保证人的事实。

两被告未作出答辩，也未提供证据，其拒不到庭参加诉讼，视为其已放弃质证、答辩等诉讼权利。因此，法院对原告韦育某的陈述及其提供的证据《借条》的证明予以确认。

一审法院经审理查明，被告黄某与原告韦育某系邻居，被告唐某某系被告黄某的堂妹夫。2008 年 5 月 10 日，经被告黄某的介绍和承诺“负责”，被告唐某某向原告韦育某借款人民币 6000 元，并写了借条。借条载明：被告唐某某收到韦旭某现金 6000 元，限于 2008 年 7 月 10 日前还清。落款注明：借款人唐某某，负责人黄某。借款期限届满后，两被告均未还款，原告遂诉至本院请求判令两被告还款。另查明，韦育某的“育”与韦旭某的“旭”在本地话中的读音一样。

① 参见广西壮族自治区大化瑶族自治县人民法院(2010)大民初字第 144 号民事判决。

2. 法院裁判及观点

法院认为,债务应当清偿。原告韦育某因为其邻居被告黄某的介绍和承诺"负责",才将6000元人民币借给其事先不认识的被告唐某某,两被告出具了借据,双方形成借贷合同关系。借据中"韦旭某"的"旭"与原告韦育某的"育"虽不同字,但在本地这两个字同音,此借据的持有人为韦育某,故可认定借据中的"韦旭某"为原告韦育某。从黄某承诺对借款"负责"这一情形来看,其行为应视为对借款偿还的保证。因其对保证方式约定不明,依法应认定为连带责任保证。原告请求判令两被告偿还借款依法有据,法院予以支持。依照《民法通则》第84条、第85条、第87条、第89条第1款、第90条、第108条,《合同法》第206条、第210条,最高人民法院《关于人民法院审理借贷案件的若干意见》第13条、第16条第1款之规定,判决:被告唐某某于本判决生效之日起15日内偿还原告韦育某借款本金人民币6000元,被告黄某负连带清偿责任。案件受理费50元,由被告唐某某、黄某负担。

3. 案例评析

本案是借条载明的出借人姓名与借条持有姓名不一致的典型案例。原告韦育某持有的借条载明:被告唐某某收到韦旭某现金6000元,限于2008年7月10日前还清。落款注明:借款人唐某某,负责人黄某。原告韦育某持有该借条向被告唐某某、黄某主张权利,两被告未作答辩和反驳。法院认为,借据中"韦旭某"的"旭"与原告韦育某的"育"虽不同字,但在本地这两个字同音,此借据的持有人为韦育某,故可认定借据中的"韦旭某"为原告韦育某。从前述判决书的说理可知,当借条持有人所提交的借条上载明的出借人姓名与持有人姓名虽然不完全一致,但是,合议庭人员结合生活常识内心确信两者姓名之间的差别无法指向不同的民事主体,结合借款人无法证明其向借条载明的出借人借款的事实,法院推定借条载明的出借人就是借条持有人。

但是,当借条载明的出借人姓名与借条持有人姓名风马牛不相及,一般人不会认为其是同一人,而持有人也无法证明借条载明的出借人就是其本人的姓名,甚至无法证明两者之间有金钱的往来关系和发生借款的基础法律关系的发生,无法清晰描述其获得借条的经过。在这种情形下,借条持有人仅凭一张借条就向法院起诉请求借条载明的借款人还款的,法院须谨慎识别借条持有人与借条上所载明的出借人是否为同一人。如果被告对原告的主体资格提出异议,并提供证据足以证明债权凭证的持有人并非债权人或者债权受让人的,可以裁定驳回起诉。

有关法律规定

《最高人民法院关于民事诉讼证据的若干规定》(法释〔2001〕33号)

第六十四条　审判人员应当依照法定程序,全面、客观地审核证据,依据法律的规定,遵循法官职业道德,运用逻辑推理和日常生活经验,对证据有无证明力和证明力大小独立进行判断,并公开判断的理由和结果。

第七十三条　双方当事人对同一事实分别举出相反的证据,但都没有足够的依据否定对方证据的,人民法院应当结合案件情况,判断一方提供证据的证明力是否明显大于另一方提供证据的证明力,并对证明力较大的证据予以确认。

因证据的证明力无法判断导致争议事实难以认定的,人民法院应当依据举证责任分配的规则作出裁判。

三、实际出资人以他人名义出借资金的,实际出资人能否直接向借款人主张权利

基本理论

在现实生活中,当借款人向出借人借款时,如果出借人一时因为资金短缺或者其他原因,由第三人作为实际出资人提供借贷的资金。实际出资人既可以将款项直接交付借款人,也可以通过名义出借人转交借款人。有时候实际出资人不愿意在借条上显示自身的实际出资人地位,而借用他人的名义作为借条所载明的名义出借人,这就导致实际出资人与借条上载明的名义出借人不一致。在这种情况下,当行使要求借款人还款的请求权条件成就时,实际出资人能否直接向借款人主张权利,成为司法的一个难题。

本文认为,如果当初实际出资人将资金先交付给名义出借人,再由名义出借人将资金交付借款人时,实际出资人持有以他人名义出借资金的借条不可以民间借贷法律关系直接向借款人主张权利。因为在这种情况下,实际出

资人有可能并不为借款人所知，从形式上来看，实际出资人与借款人之间并无书面的借款合同表明两者之间发生过借贷关系；从实质上来看，实际出资人与借款人之间并无资金的交付直接事实。此时，实际出资人持有的表明民间借贷法律关系的借条等书面凭证上载明的出借人非其本人，也没有直接的资金往来的证明。从合同的相对性来看，民间借贷法律关系的主体为借条载明的名义出借人和实际出资人，这与二者之间的资金往来相互印证，因此，在这种情况下，实际出资人不可以直接向借款人主张权利。但是，如果借条载明的名义出借人明确表示同意由实际出资人向借款人主张权利，法院不可以直接否认实际出资人向借款人主张权利。因为在名义出借人同意由实际出资人行使债权人的权利，可以视为借条上载明的名义出借人将其债权转让给实际出资人。

如果实际出资人将借款资金直接交付给借款人，并没有经过名义出借人中转，此时实际出资人与借款人之间有直接的资金往来，本文认为实际出资人持有以他人名义出借资金的借条可以直接向借款人主张权利。虽然其持有的借条载明的名义出借人与实际出资人不一致，但是，实际出资人将借贷资金直接交付给借款人表明借款人知晓与其发生民间借贷法律关系的是实际出资人，而不是借条上载明的名义出借人。实际出资人将借款资金直接交付给借款人而并没有经过名义出借人中转，在这种情况下，虽然借条载明了名义出借人，但名义出借人也许根本就不知晓实际出资人与借款人之间发生借贷的事实。此时，如果否认实际出资人直接向借款人主张权利，将导致实际出资人无法实现其债权。

典型案例

当借条载明的出借人与实际出资人不一致时，实际出资人在借条载明的出借人不反对的情况下可以直接向借款人主张权利

——王某某与李某某、赵某某等民间借贷纠纷二审案①

1. 案情简介

上诉人（原审被告）：李某某。

① 参见山东省高级人民法院（2014）鲁民一终字第406号民事判决。

上诉人(原审被告):赵某某。

被上诉人(原审原告):王某某。

原审被告:葛某某。

原审被告:秦某甲。

原审被告:秦某乙。

2011 年 7 月 13 日、7 月 19 日,原告王某某分两次汇款给案外人王某甲 150 万元,后王某甲将上述款项汇至被告秦某甲名下,被告葛某某同日向王某甲出具借条两张,载明共计借款 150 万元。2011 年 7 月 19 日,原告王某某作为甲方,乙公司作为乙方,被告秦某甲作为丙方,三方签订借款协议,协议主要约定:"乙方因业务急需向甲方借壹佰伍拾万元。(7 月 13 日 50 万元;7 月 19 日 100 万元)三方订立协议如下:一、借款期限:自 2011 年 7 月 19 日至 2012 年 7 月 18 日,期限 1 年。二、借款利息:乙方在借款期间,按月利率 3% 付给甲方利息,每月结算一次。三、担保及抵押:乙方以其公司全部资产作为抵押,丙方以其全部资产或个人资产作为担保并承担连带责任。"甲方由王某某签字,乙方由葛某某签字并加盖乙公司印章,丙方由秦某甲签字。

2012 年 5 月 18 日,被告葛某某向原告王某某借款 50 万元,并出具(借条)收到条一张,(借条)收到条加盖乙公司的印章。该笔借款扣除 9 万元利息,实际经由被告葛某某之妻魏某某账户转至李某某账户 41 万元。同日,原告王某某作为甲方,乙公司作为乙方,被告赵某某作为丙方,三方签订借款协议,协议主要约定:"乙方因业务急需向甲方借款贰佰万元,此款由两次借款延续形成。丙方作为担保人,三方订立协议如下:一、借款期限:自 2012 年 5 月 18 日至 2012 年 11 月 17 日。期限半年。二、借款利息:乙方在借款期间,按月利率 3% 付给甲方利息,每月结算一次。三、担保及抵押:乙方以其公司全部资产作为抵押,丙方以其全部资产或个人资产作为担保并承担连带责任。"甲方由王某某签字,乙方由葛某某签字并加盖乙公司印章,丙方由赵某某签字。

对上述借款的用途,被告葛某某与秦某甲均认可系用于乙公司基础建设,被告李某某与赵某某虽认可上述借款投入乙公司,但主张上述借款系被告葛某某个人借款并作为投资款投入乙公司,应由被告葛某某一人负责偿还。被告李某某提交其与葛某某于 2012 年 5 月 27 日签订的协议书一份,用来证明乙公司是葛某某与李某某以现金方式共同出资。被告赵某某提交证据一,2012 年 4 月 15 日由葛某某、秦某甲、李某某签字确认的个人出资表一份,用来证明葛某某所借 100 万元和 50 万元是作为个人出资投入到设立中的公司,而不是作为四个人的共同债务;证据二,由葛某某在另案中提交的加油站总投资明细一份,该明细是由魏某某记录的,用来证明 5 月 18 日借款 41 万元也是作为葛某某个人出资投入乙公司的;证据三,由五莲县公安局治安管理大队 2013 年 3 月 20 日出具的证明一份,用来证明乙公司未在该大队刻制行政公章及财务用章,也未在该大队进行公章备案。对被告李某某与赵某某提供的以上证据,原告王某某与被告秦某乙表示不知情,被告葛某某与秦某甲均不予认可,认为 200 万元借款投入乙公司的事实清楚,以上证据推翻不了该事实。

另查明,2011 年 4 月 2 日,被告葛某某、赵某某、秦某甲、秦某乙四人签订协议书,约定共同出资组建《五莲县天发油气有限公司》,其中被告葛某某以经认定后的项目所投和现经营的所有离子焊割气钢瓶作为投资,占原始股份 40%,赵某某与秦某甲出资现金 100 万元,各占原始股份 25%,秦某乙出资现金 100 万元,占原始股份 10%,分红按 4∶2.5∶2.5∶1 比例分配,第一次分红后按上述比例向公司缴足股金;所有出资现金方的资金利息,全部由公司承担,并定息为年息贰分,计息时间为资金到公司算起。2011 年 4 月 6 日,五莲县工商行政管理局核准乙公司企业名称预先核准通知书,该通知书载明公司投资人为被告葛某某、秦某甲、李某某(系赵某某之妻)、秦某乙四人出资共 100 万元,出资比例分别为 40%、25%、25%、10%,预先核准的企业名称保留期至 2012 年 4 月 5 日,延长有效期至 2012 年 10 月 5 日。2012 年 5 月 3 日,被告秦某甲与秦某乙分别与被告葛某某、李某某签订股权转让协议书,约定将被告秦某甲与秦某乙持有的股份全部转让给被告葛某某与李某某,并约定该股权转让经工商行政部门变更登记后产生股权转移效力,签订股权转让协议后,各方均未到工商行政部门办理变更登记。后乙公司投资人变更为被告李某某,企业名称预先核准登记有效期至 2013 年 4 月 7 日,投资比例为 100%。但至今乙公司未核准登记。

再查明,2012 年 9 月 18 日,经李某某申请,法院以(2012)莲民保字第 252 号民事裁定书查封了乙公司的资产。2012 年 10 月 29 日,葛某某与李某某因公司设立纠纷一案,达成如下调解协议:乙公司投资的资产归葛某某所有，债务由葛某某负担；葛某某支付给李某某投资及补偿款 520 万元；葛某某在王某某处由赵某某提供担保的借款本金 200 万元，由葛某某在 2012 年 11 月 6 日前与王某某协商解除担保；本调解协议生效后，双方（包括家属）之前签订的与企业有关的所有协议全部废止，双方无其他争议；本调解协议生效后，李某某（包括家属）个人债务与葛某某无关。2012 年 10 月 29 日，（2012）莲商初字第 641 号民事调解书对上述调解协议予以确认。后葛某某以调解协议不是双方真实意思表示为由申请再审，该院作出（2013）莲民申字第 3 号民事裁定书，驳回葛某某的再审申请。因被告葛某某未履行调解协议，2013 年 12 月 23 日，法院以（2013）莲执字第 223 号执行裁定书，裁定将查封的乙公司的资产抵顶给李某某。

2014 年 1 月 21 日，经原告王某某申请，原审法院作出（2013）日民一初字第 32 号民事裁定书将上述乙公司的资产查封，2014 年 3 月 16 日，被告李某某对上述查封提出复议申请，主张其已于 2014 年 1 月 17 日与案外人张萍达成执行和解，上述资产已抵顶给张萍，但未举证证明。

王某某向一审法院提起诉讼称：五莲县天发油气有限公司（以下简称乙公司）因业务急需于 2011 年 7 月 13 日、2011 年 7 月 19 日、2012 年 5 月 18 日分三次向原告借款 200 万元，定于 2012 年 11 月 17 日前还清，由被告赵某某担保。借款到期后，经原告多次催要，被告拒不还款。乙公司至今仍未进行工商登记，因此，其权利、义务应由出资人承担，请求五被告及乙公司偿还原告借款 200 万元及利息。

葛某某一审答辩称：乙公司由葛某某发起，2011 年 10 月份左右，赵某某、秦某甲、秦某乙入股，2012 年 5 月 3 日，秦某甲与秦某乙退股，现在是李某某一人独资公司。葛某某从原告处借款 200 万元属实，该款系乙公司所借，并非葛某某一人所借，应变卖乙公司财产偿还。

秦某甲一审答辩称：秦某甲与葛某某等人于 2011 年 4 月 2 日签协议入股，于 2012 年 5 月 3 日签股权转让协议退股，亦不再担保先前的 150 万元。秦某甲对退股后又借的 50 万元不清楚，因已退股，不应再对该 200 万元借款承担还款责任。

秦某乙一审答辩称：秦某乙只是入股，没有借款，且已与秦某甲一起退股，对该借款不应承担偿还责任。

李某某一审答辩称：葛某某、秦某甲、李某某、秦某乙以现金入股的方式发起乙公司，为筹建公司，每个人均有借款，对该笔借款李某某并不知情，该借款系葛某某个人债务，谁借谁还，李某某不应承担还款责任。

赵某某一审答辩称：所谓乙公司根本不存在，只是葛某某曾经多次与不同的人欲组建该公司，葛某某还与其他人申请过公司名称预登记，既然公司不存在，就不可能存在公司向原告借款，因此赵某某为乙公司担保的合同系无效合同，该借款系葛某某个人债务，赵某某不应承担担保责任。

2. 法院裁判及观点

一审法院认为，2011 年 7 月 19 日，原告王某某出借给被告葛某某 150 万元并签订借款协议，协议加盖乙公司印章。2012 年 5 月 18 日，被告葛某某又向原告借款 50 万元，实际到账 41 万元。同日，原告王某某与被告葛某某对上述 200 万元借款签订借款协议，协议加盖乙公司印章，被告赵某某对上述 200 万元承担担保责任，以上事实清楚，予以认定。

合法的借贷关系受法律保护，债务应当清偿。原告王某某与被告葛某某以乙公司名义签订、被告赵某某担保的借款协议系各方真实意思表示，作为协议一方当事人的乙公司虽未成立，但不影响该借款协议的合法有效性，原审予以确认。被告赵某某关于借款协议无效的主张不能成立，原审不予支持（其他略）。原审判决：一、被告葛某某、秦某甲、秦某乙、李某某于本判决生效后 10 日内连带清偿原告王某某借款本金 191 万元；二、被告葛某某、秦某甲、秦某乙、李某某于本判决生效后 10 日内连带清偿原告王某某以上借款的利息损失（以 191 万元本金为基数，自 2012 年 7 月 19 日起按中国人民银行同期贷款基准利率的四倍计算利息至本案确定的还款之日）；三、被告赵某某对上述 191 万元借款及利息承担连带清偿责任；四、驳回原告王某某本案其他的诉讼请求。如果未按本判决指定的期间履行给付金钱义务，应当依照《民事诉讼法》第 253 条的规定，加倍支付迟延履行期间的债务利息。案件受理费 22, 800 元，由原告王某某负担 1710 元，由被告葛某某、秦某甲、秦某乙、李某某负担 21, 090 元；财产保全费 5000 元，由被告葛某某、秦某甲、秦某乙、李某某负担。

上诉人李某某、赵某某不服一审判决，向二审法院提起上诉称：（1）一审认定涉案借款系设立公司过程中的费用和债务，由全体发起人共同偿还，认识事实错误。2011 年 7 月 13 日及 2011 年 7 月 19 日借条，载明系葛某某个人借王某甲 50 万元及 100 万元，不是全体发起人的共同借款。葛某某及其他发起人投入到设立中公司的款项，是个人投资，将个人出资认定为共同债务没有任何依据。同时，两张借条记载权利人是王某甲，一审认定两笔借款的权利人是王某某，与事实不符。2012 年 5 月 18 日借款，葛某某只收到 41 万元，系王某某转到葛某某之妻魏某某账户，系葛某某个人出资款。(2)原审认定发起人个人对公司的投资是共同债务，认定事实错误。公司发起人葛某某、秦某甲、李某某、秦某乙在公司设立工程中，均需对公司出资，个人所借款项由个人支配，是否投入公司或挪作他用，其他发起人无法控制。2011 年 7 月 13 日 50 万元借款，无证据证明已投入公司，2011 年 7 月 19 日 100 万元借款，与葛某某个人出资表及投资明细可以相互印证，能够证实该款项系葛某某个人对公司的出资，2012 年 5 月 18 日的 41 万元借款，包括在葛某某的 1, 900, 241. 18 元投资款之中，不是共同借款，生效的(2012)莲商初字第 641 号民事调解书亦可印证。上述款项如果是共同借款，不需要为出资人重复出具收款单据，原审将个人出资认定为共同债务，势必造成发起人之间新的纠纷。(3)原审一方面认定乙公司未成立，不具有主体资格，一方面又认定不存在的公司与被上诉人及上诉人赵某某三方协议有效，赵某某承担担保责任，明显矛盾和错误。2012 年 5 月 18 日借款协议，上诉人赵某某担保的真实意思表示是为天发乙公司向王某某借款提供担保，既然公司不存在，不存在的主体不可能借款，赵某某没有向非公司借款提供担保，原审认定赵某某承担担保责任错误。综上，请求二审法院撤销原判、发回重审或依法公正改判驳回被上诉人对上诉人的诉讼请求。

被上诉人王某某答辩称，一审认定事实清楚，适用法律正确，请求二审驳回上诉，维持原判。

法院二审查明的事实与一审查明的事实一致。

二审法院认为，根据上诉人的上诉请求及被上诉人的答辩情况，本案争议焦点之一是被上诉人王某某是否涉案借款的债权人。

上诉人认为，2011 年 7 月 13 日及 2011 年 7 月 19 日的两张收条记载的出借人是王某甲，并非王某某，一审认定权利人是王某某错误。对此，本院认为，王某某在一审时提交了银行汇款证据，证实了 2011 年 7 月 13 日及 2011

年7月19日通过银行转账方式向王某甲账户分别汇入50万元及100万元。同日,王某甲将上述款项转入了公司发起人秦某甲的账户,一审时王某甲出庭作证并接受了当事人的质询,向法庭陈述了资金所有人及借贷关系当事人均为王某某的事实。2011年7月19日王某某与天发乙公司签订的借款协议亦对上述150万元款项的构成情况作了说明。上述证据足以证明,王某某作为借款协议当事人,已经履行出借义务,有权主张权利。一审认定王某某为债权人,认定事实正确,本院予以维持。因此,法院判决驳回上诉,维持原判。

3. 案例评析

本案是实际出资人以他人名义出借资金的典型案例。在本案中,2011年7月13日、7月19日,原告王某某分两次汇款给案外人王某甲150万元,后王某甲将上述款项汇至被告秦某甲名下,被告葛某某同日向王某甲出具借条两张,载明共计借款150万元。此两张借条载明的出借人是王某甲。一审法院认定债权人是王某某,上诉人对此不服提起上诉。二审法院认为王某某是实际出资人,王某甲一审出庭作证向法庭陈述了资金所有人及借贷关系当事人均为王某某的事实。且2011年7月19日王某某与天发乙公司签订的借款协议亦对上述150万元款项的构成情况作了说明。因此,二审法院认为上述证据足以证明,王某某作为借款协议当事人,已经履行出借义务,有权主张权利。一审认定王某某为债权人,认定事实正确。由此可见,在民间借贷法律关系中,当借条载明的出借人与实际出资人不一致时,实际出资人在借条载明的出借人不反对的情况下可以直接向借款人主张权利。

有关法律规定

《中华人民共和国合同法》(1999年)

第八条　依法成立的合同,对当事人具有法律约束力。当事人应当按照约定履行自己的义务,不得擅自变更或者解除合同。

依法成立的合同,受法律保护。

第八十条　债权人转让权利的,应当通知债务人。未经通知,该转让对债务人不发生效力。

债权人转让权利的通知不得撤销,但经受让人同意的除外。

第二节
债务人

一、企业管理人员立借据借款用于企业资金周转的，借款人应认定为企业还是企业管理人员

基本理论

企业管理人员是指在公司等企业中根据企业的授权或者法律授权从事管理工作并具有一定行政级别的领导，与一线职工相区别，一般指公司企业的法定代表人、董事长、执行董事、监事、经理、副经理、财务部门、安全生产、人力资源等部门的负责人。根据《公司法》(2013 年修正)第 216 条第 1 项的规定，公司高级管理人员，是指公司的经理、副经理、财务负责人，上市公司董事会秘书和公司章程规定的其他人员。在实践中，企业的管理人员以个人名义向他人借款用于企业的资金周转，并向出借人出具借条。从企业管理人员的行为外观来看，其实施的借款行为具有一定的职务性，结合其借款目的是为了企业资金周转而不是个人所用，为了维护交易安全和保护善意出借人的合法利益，可以认定实际借款人为企业。表示行为，是指行为人将内心意思以一定方式表现于外部，并足以为外界客观理解的行为要素。或者当事人将其希望发生一定法律效果的内心意思，通过某种方式表现于外部的行为。其构成要件如下：

(1)行为人需有预期表示的意思即效果意思，否则不产生法律效果；

(2)行为人需有一定的表示方式，口头、书面或其他形式均可。

因为从该企业管理人员的行为外观来看，其借款行为是代表企业，借款的目的是为了企业的资金周转，鉴于其是企业的管理人员，因此，出借人有理

由相信该企业管理人员的借款行为是职务行为，是代表公司向其借款，出借人产生的民间借贷意向的借款人是该企业，而不是该企业管理人员，因此，可以认定该企业是借款人。如果该企业借款人在向出借人借款时既没有标明其是某企业的企业管理人员的身份，也没有向出借人说明是代表公司进行借款，出借人一般不会认为该企业管理人员的借款行为是职务行为，也很难有理由相信其行为构成表见代理，因此，可以认定该借款是其个人借款而不是企业借款。

但是，在司法实践中也常遇见企业管理人员明确告知出借人自己是某企业的管理人员的身份以及借款的用途，但是，该企业管理人员在出借人向其交付款项后，将该笔资金用于私人事情，而非借款时所说的企业资金周转，导致当出借人向该企业和该企业管理人员请求还款时，企业以该资金用于该企业管理人员私人事情而非为了企业利益进行抗辩，使得出借人出借的资金无法顺利及时收回。为了规避此类法律风险再次发生，出借人在向企业管理人员借款时，可以要求企业管理人员提供企业授权其借款的证明材料，并在借条上清晰注明借款的目的，必要时可以要求该企业管理人员在借条上加盖企业的公章。出借人为了避免该企业管理人员得到款项后用于私人目的，企业为了避免所借资金被企业管理人员私用，可以要求将该款项直接支付给该企业，而不是交由该管理人员进行中转。

典型案例

公司企业不可以对盖有本公司印章的借条主张作为企业管理人员的经手人没有获得本公司授权委托等公司内部事项对抗作为善意第三人的出借人

——甲公司诉张某某、汪某间借贷纠纷二审案①

1. 案情简介

上诉人（原审被告）：甲公司。

① 参见安徽省宣城市中级人民法院(2015)宣中民一终字第00295号民事判决。

被上诉人(原审原告):张某某。

被上诉人(原审被告):汪某。

汪某某原系甲公司股东,并担任企业管理人员,2014 年 9 月 22 日被变更。2014 年 3 月 14 日,汪某某以甲公司资金周转为由向张某某借款 100,000.00 元,并出具借条一份,载明:“今借到张某某人民币(大写)壹拾万元整 ¥(小写)100,000.00 元,用于周转,于 2014 年 3 月 28 日前归还,利息为月利息率 2%。如该借款发生纠纷,违约方向守约方承担主张权利的费用……”甲公司在上述借条的具借人栏签章,汪某在担保人栏签名,并注明“本人自愿对上述债务承担担保责任,担保期限二年”。借款后,甲公司支付张某某借款利息至 2014 年 6 月,后未归还借款,也未支付利息。张某某于 2014 年 12 月 2 日诉至法院,请求判令甲公司立即偿还借款 100,000 元及利息(自 2013 年 10 月 8 日至结清之日止按月息 2% 计算),汪某对上述债务承担连带清偿责任;案件诉讼费用由被告负担。

2. 法院裁判及观点

一审法院认为:甲公司股东兼管理人员汪某某以公司资金周转需要向张某某借款,并出具加盖甲公司印章的借条,案涉借贷合同关系当事人应系张某某、甲公司,双方借贷关系成立,甲公司未依照约定及时清偿借款,应承担相应的违约责任。汪某自愿为案涉借款提供担保,且双方对保证方式未明确约定,依照相关法律规定,汪某作为担保人应对借款本息承担连带清偿责任。当事人双方约定按月利率 2% 支付利息,未超过法律规定的中国人民银行同期同类贷款利率的四倍标准,予以支持。依照《合同法》第 107 条、《担保法》第 19 条、《民事诉讼法》第 144 条的规定,判决:一、甲公司于判决生效之日起五日内清偿张某某借款人民币 100,000.00 元及利息(利息自 2014 年 7 月 15 日起按月利率 2% 计算至判决确定给付之日止),汪某对上述借款本金、利息承担连带清偿责任;二、驳回张某某其他诉讼请求。案件诉讼费 3140.00 元,减半收取 1570.00 元,保全费 1120.00 元,合计 2690.00 元,由甲公司、汪某连带负担。

甲公司不服上述判决,向二审法院上诉称:(1)关于上诉人股东及管理人员汪某某以公司资金周转需要向张某某借款事宜,原审法院仅依借条即认定案涉借款成立,并未审查经办人汪某某是否已取得上诉人准许其借款的授权委托,也未审查所借资金流向。事实上,上诉人从未向张某某借款,该借款也未用于公司。(2)原审法院认定上诉人支付案涉借款利息至2014年6月,事实上,上诉人从未向张某某支付过利息,张某某收到的利息应系汪某某个人支付。(3)原审法院认定汪某替上诉人为案涉借款担保及汪某认为汪某某是上诉人法定代表人的说法均与事实不符。可以证实,汪某对上诉人并不了解,上诉人也从未要求汪某为任何借款担保。事实上,汪某与汪某某系兄弟关系,其二人串通假冒上诉人名义向张某某借款,该行为严重损害了上诉人利益。综上,原审法院认定事实不清,请求二审法院依法改判,驳回张某某对上诉人的原审诉讼请求。

张某某的委托代理人辩称:汪某某是上诉人股东及管理人员,其一直以上诉人法定代表人的名义对外交往,其执公司印章至被上诉人处借款并加盖印章的行为,理应认定案涉借款系公司借款,该案并不存在虚假借款情况。综上,原审法院认定事实清楚,判决适当,请求驳回上诉,维持原判。

汪某辩称:本人为案涉借款提供担保是事实。同意张某某代理人的答辩意见,汪某某一直以公司法定代表人的名义在外扩展业务,公司对外的所有业务往来包括运货等都是汪某某来经营操作的。可以看出汪某某对外就是该公司的法人代表,该笔借款应当由公司承担责任。请求驳回上诉。

二审查明的事实与原审查明事实无异,对原审法院查明的事实,本院予以确认。

本案二审争议焦点是甲公司是否应当承担向张某某还款责任。

二审法院认为:2014年3月14日,时任甲公司的股东兼管理人员汪某某以公司资金周转需要为由向张某某出具一张100,000.00元借条,案涉借条上加盖有甲公司的印章,该加盖印章的行为应视为甲公司对案涉借款的确认,故案涉借贷主体应系张某某与甲公司。现甲公司上诉称该公司并未授权委托汪某某对外进行借款及所借款项并未用于公司的理由,因其属于该公司内部管理行为,不能对抗善意第三人,故对上诉人此上诉理由不予支持。遂判决驳回上诉,维持原判。

3. 案例评析

本案是企业管理人员为公司资金周转而向出借人借款引起民间借贷法律纠纷的典型案例。在借款此时,汪某某是甲公司股东,并担任企业管理人员,汪某某以甲公司资金周转为由向张某某借款100,000.00元,并出具借条一份,甲公司在上述借条的具借人栏签章。因此法院认为该民间借贷法律关系的借款人为甲公司,而不是作为企业管理人员的汪某某。甲公司在借条上加盖印章的行为应视为甲公司对案涉借款的确认,甲公司在二审中上诉称该公司并未授权委托汪某某对外进行借款及所借款项并未用于公司,因其属于该公司内部管理行为,不能对抗作为善意第三人的出借人,故对二审法院没有支持上诉人此节上诉理由。该案例反映了公司企业不可以对盖有本公司印章的借条主张作为企业管理人员的经手人没有获得本公司授权委托以及借款没有用于企业发展等公司内部事项对抗作为善意第三人的出借人,因此公司企业应该承担借款人的权利和义务。

有关法律规定

《中华人民共和国公司法》(2013 年修正)

第二百一十六条　本法下列用语的含义:

(一)高级管理人员,是指公司的经理、副经理、财务负责人,上市公司董事会秘书和公司章程规定的其他人员。

……

《中华人民共和国民法通则》(2009 年修正)

第六十三条　公民、法人可以通过代理人实施民事法律行为。代理人在代理权限内,以被代理人的名义实施民事法律行为,被代理人对代理人的代理行为,承担民事责任。依照法律规定或按照双方当事人约定,应当由本人实施的民事法律行为,不得代理。

《中华人民共和国合同法》(1999 年)

第四十九条　行为人没有代理权、超越代理权或者代理权终止后以被代理人名义订立合同,相对人有理由相信行为人有代理权的,该代理行为有效。

二、借条上署名的人与实际收款人的姓名不一致的,如何判定谁是借款人

基本理论

在民间借贷法律关系中,时常会发生借条上借款人的署名与实际收款

人姓名并不一致。当两者发生不一致时，法院须认真辨别借条上的署名与实际收款人的姓名是否均指向同一个民事主体，而不可以简单认为名义借款人与实际收款人不是同一人。如果借条上的署名与实际收款人姓名虽然不一致，但是借条上的署名是实际收款人的代号、曾用名等，借条上的署名就是实际收款人的其他称呼，则可以判定实际收款人就是借款人。如果借条上的署名与实际收款人的姓名指向不同的民事主体，即借条上署名的借款人（名义借款人）与实际收款人并不一致时，认定谁是借款人的关键在于借条上署名的借款人是否指示了出借人直接将款项交付实际收款人的合法意思表示。

如果借条上载明的借款人、出借人和实际收款人对该借款的事实知晓，由借条上载明的借款人指定由出借人直接将款项交付给实际收款人，则可以认定借条载明的借款人就是借款人。因为借条上署名的借款人作为一个具有完全民事行为能力的民事主体，在没有受到胁迫等情形下作出的自由意思表示，其应为自己的行为负担相应的法律责任。从名义借款人在借条上签名的行为来看，其签名行为表示其愿意作为借款人，并承担借款人的权利和义务，在此情况下可以认定借条上署名的人为民间借贷法律关系的借款人。

如果借条上署名的人与出借人达成借款协议，并在借条上签字，没有作出要求出借人将款项直接交付给实际收款人，但是出借人因操作失误，而错误地将款项交付给了实际收款人，导致借条上署名的借款人并没有收到该款项。事实上，出借人没有正确履行将款项交付借款人的义务。此时，可以认定借条上署名人为借款人，依然享有请求出借人履行向其交付款项的义务。出借人与实际收款人之间形成不当得利法律关系，实际收款人无法律上的原因获得出借人因操作失误而交付的款项，出借人可以以不当得利请求实际收款人返还。

如果出借人与实际收款人恶意串通，共同在借条上伪造署名人的签名，导致借条上署名的人成为借款人。在此情况下，借条上署名的人虽然在形式上成为该民间借贷法律关系的借款人，但却无合法的行为实质内容。因此，法院可以认定该民间借贷法律关系无效，借条上署名的人不是借款人。

典型案例

出借人根据借款人的指示将款项交付第三人，借款人不得以未收到款项、款项非用于自身进行抗辩

——甲公司诉李某某民间借贷纠纷申请再审案①

1. 案情简介

申请再审人（一审被告、二审上诉人）：甲公司。

被申请人（一审原告、二审被上诉人）：李某某。

一审被告：乙公司。

一审被告：罗某某。

甲公司申请再审称：（1）二审判决在关键证据的认定上存在重大错误，导致对本案事实的认定发生根本性错误。从借据内容、借款用途、借款支付、借款偿还和利息支付、法律适用以及判例精神来看，甲公司并非借款人，不应当承担还本付息责任。（2）利息计算方式错误。当月偿还的借款本金与超过同期贷款利率四倍的利息应从借款本金中一并扣除，再以扣除后的借款本金数额为基数，计算下个月的利息。据此，甲公司认为原审判决适用法律及认定事实严重错误，根据《民事诉讼法》第199条申请再审。

被申请人李某某提交书面意见称，原审关于其与甲公司存在借款关系的认定正确，利息的计算不存在错误，请求驳回甲公司的再审申请。

2. 法院裁判及观点

申诉法院经审查认为，关于原审认定甲公司为借款人是否正确的问题。原审根据涉案《借据》以及所载明的各项内容，包括借款人的法定代表人的签字等，认定甲公司为借款人，并不缺乏证据证明。原审认定李某某分三笔金额支付了案涉借款，虽然甲公司不是实际收款人，但汇款是按甲公司时任法定代表人罗某某指示办理的。甲公司没有提交证据证明出借人李某某知道或应当知道罗某某超越权限或两人恶意串通损害其合法权益，因此，甲公司

① 参见最高人民法院（2014）民申字第1659号民事裁定。

关于款项用途、未实际收取并使用上述款项等主张，不具有对抗李某某的效力。原审认定甲公司为借款人而不是其指定的收款人为借款人，也不缺乏证据证明。

原审关于利息的计算是否正确的问题。原审将双方约定的高额借款利息调低至同期同类贷款利率的四倍计算，将债务人已支付的超出法律保护范围部分的高额利息，先用于折抵案涉借款的利息，超出部分再充抵借款本金，符合最高人民法院《关于适用〈中华人民共和国合同法〉若干问题的解释（二）》第21条之规定，原审在具体折抵方式的计算上适用法律并无不当。

综上，甲公司提出的再审事由和理由不能成立，依照《中华人民共和国民事诉讼法》第二百零四条第一款之规定，裁定如下：驳回甲公司的再审申请。

3. 案例评析

本案是典型的借条上署名的人与实际收款人不一致的案例。本案中，法院根据涉案《借据》以及所载明的各项内容，包括借款人的法定代表人的签字等，认定甲公司为借款人。李某某分三笔金额支付了案涉借款，虽然甲公司不是实际收款人，但汇款是按甲公司时任法定代表人罗某某指示办理的。甲公司没有提交证据证明出借人李某某知道或应当知道罗某某超越权限或两人恶意串通损害其合法权益，因此，甲公司关于款项用途、未实际收取并使用上述款项等主张，不得对抗作为善意第三人的李某某。因此，申诉法院认为原审认定甲公司为借款人而不是其指定的收款人为借款人不缺乏证据证明。从本案来看出借人根据借款人的指示将款项交付第三人，借款人不得以未收到款项、款项非用于自身进行抗辩。

出借人根据借款人的指示交付款项，借条上署名的人不得以经办人以及资金流向和用途来否定自己的借款人身份

——陈某甲与祁某某、甲公司等民间借贷纠纷二审案[①]

1. 案情简介

上诉人（原审被告）：祁某某。

被上诉人（原审原告）：陈某甲。

---

① 参见浙江省高级人民法院（2009）浙商外终字第17号民事判决。

原审被告:甲公司。

原审被告:乙公司。

原审被告:张某某。

原审被告:陈某乙。

原审被告:焦某某。

陈某乙与陈某甲和祁某某均熟悉。2008 年 4 月 9 日,祁某某以公司要用钱为由托请陈某乙帮助向陈某甲借款。借款时在场人员为陈某甲方出纳人员、祁某某和陈某乙。祁某某具体经手,在借条“借款人”栏和“担保人”栏分别签署自己姓名,并在“借款人栏加盖了甲公司公章和该公司法定代表人印鉴,在“担保人”栏加盖了乙公司公章和该公司法定代表人印鉴及甲公司公章。陈某乙在“担保人”栏签署自己姓名。张某某之后亦在“担保人”栏补签了姓名。该借条载明,由借款人向陈某甲借款 1,000,000 元,期限为 2008 年 4 月 9 日至 2008 年 5 月 8 日止,逾期未还则赔偿违约金和损失费 200,000 元。担保人为借款提供连带责任保证担保,担保期限两年。2008 年 4 月 10 日,陈某甲通过案外人丙公司支付给甲公司 1,000,000 元。

祁某某与焦某某原系夫妻关系,双方婚姻存续期间为 2006 年 4 月 13 日至 2008 年 7 月 14 日及 2008 年 7 月 21 日至 2008 年 7 月 21 日(登记结婚同日又登记离婚)。

后因祁某某、甲公司逾期未归还借款,陈某甲诉至原审法院,请求判令:(1)祁某某、甲公司立即归还借款 1,000,000 元并支付违约金 200,000 元;(2)张某某、陈某乙、乙公司、焦某某对上述款项承担连带清偿责任。

2. 法院裁判及观点

针对本案中祁某某是本案的借款人还是担保人这一争议焦点,一审法院审理认为:祁某某为本案的借款人。首先,虽然甲公司庭审中认可祁某某是其公司具体经手向陈某甲借款的经办人,但祁某某在加盖甲公司公章的同时亦在借条上签署了本人的姓名,该行为可表明其本人愿意与甲公司作为共同的借款人。其次,虽然借款的收款人为甲公司,但只能一定程度上表明借款的用途和实际使用人,而借款的实际使用人在法律上并不必然等同于借款人。再次,祁某某虽然同时在担保人一栏签字,但该行为不足以抵消其作为借款人的法律义务。最后,本案借款是因祁某某托请陈某乙牵线搭桥而成,陈某乙在担保人栏上作为担保人签了字，庭审中陈某乙明确表示，在此过程中他无任何获利，完全是因为祁某某在借款人栏签了名，认为是祁某某借款他才同意担保。该院认为，认定祁某某身份为借款人也更公平合理。综上，祁某某应为借款人。法院遂作出判决（其他略）。

宣判后，祁某某不服，向二审法院提起上诉称：（1）原审法院错误认定祁某某为借款人。其虽在借条“借款人”栏签字，但只是甲公司的承办人，甲公司也当庭认可。（2）一审判决认定甲公司是实际收款人和使用人，以及祁某某在“担保人”栏签字，也可证明其并非借款人。（3）祁某某托请陈某乙借款是事实，但陈某乙明知是甲公司使用该笔借款，且与陈某甲有利害关系，其法庭陈述不应认定。请求二审法院撤销原判，依法改判。

陈某甲答辩称：（1）祁某某在上诉状主张的事实和实际情况不一致。从借条看，祁某某就是借款人。祁某某通过陈某乙介绍向陈某甲借款，对款项用途贷款人并不清楚。（2）祁某某称原审法院适用法律不正确没有道理，一审法院适用法律正确。（3）祁某某所谓本案是高利借款，这并不妥当。请求二审法院驳回上诉，维持原判。

陈某乙答辩称：其与祁某某系多年的朋友，而陈某甲也是其朋友。陈某乙介绍祁某某与陈某甲认识后，其本人作担保，祁某某向陈某甲借款100万元，一个月归还。陈某甲办理了放款手续后，应陈某乙要求祁某某在借条上签字，之后为减少风险又由张某某、乙公司作担保人。祁某某称甲公司出具了授权委托书，这不是事实。如果是甲公司借款，陈某乙本人不会作担保。另外，其本人在本案中没有得到任何好处，也不存在利害关系。

张某某、甲公司及乙公司一并答辩称：100万元的进账凭证表明，钱是甲公司所借，祁某某并非借款人。

二审期间，祁某某提交了一份授权委托书，出具时间为2007年5月20日，拟证明甲公司及张某某委托祁某某向银行融资转贷。

陈某甲质证认为：对该证据的真实性有异议，祁某某一审中未提交，这份证据不符合二审新证据的要求，与本案也没有关联性。另外，祁某某与甲公司及张某某存在重大的利害关系，即便该证据真实也不能采信。

陈某乙质证认为：祁某某在一审中没有提交该证据。如果借款时祁某某出示这份委托书，也不会借钱给祁某某。

焦某某质证认为:该证据与其无关,没有具体意见。

张某某、甲公司及乙公司质证均认可祁某某的主张。

二审法院审查认为:按照该授权委托书的记载,甲公司及张某某2007年5月20日出具该委托书,祁某某为受托人,因该证据在一审中既已存在且真实性与关联性均为陈某甲、陈某乙所否认,现祁某某主张为二审新证据,不能成立,本院不予采信。

另外,祁某某二审中曾提交证人出庭的申请,拟证明其在本案中不是借款人,但因祁某某在一审中未提出申请,故二审法院不予同意其申请并当庭予以说明。

二审法院经审理查明:各方当事人除对祁某某的法律地位有争议以外,对原审判决查明的其他事实无异议,本院予以确认。

根据双方当事人的上诉和答辩,本院确定本案二审的争议焦点为祁某某在本案中的法律地位。对于本院归纳的争议焦点,各方当事人均无异议。

针对争议焦点,二审法院分析认定如下:

本案中,陈某乙与陈某甲和祁某某均熟悉。2008年4月9日,祁某某以公司要用钱为由托请陈某乙帮助向陈某甲借款。祁某某在借条上的"借款人"栏和"担保人"栏分别签署自己姓名,并在"借款人"栏加盖了甲公司公章和该公司法定代表人印鉴。次日,陈某甲通过案外人丙公司支付给甲公司1,000,000元。上述事实各方无异议。

二审法院认为,虽然甲公司一、二审庭审中均认可祁某某是该司向陈某甲借款的经办人,但祁某某并未提供证据证明其与陈某甲签订借款合同的事前或当场披露了其经办人身份。相反,祁某某在借条上加盖甲公司公章的同时,亦在借条上签署了本人的姓名,这一行为可认定其本人与甲公司为共同借款人。同时,根据一、二审查明的事实看,陈某乙与陈伟伦和祁某某均熟悉,但祁某某此前与陈某甲并不熟稔。陈某甲和祁某某签订借款合同时,陈某乙在"担保人"栏当场签字。对此,陈某乙明确表示如祁某某不在"借款人"栏签名,陈某甲不会同意借款,其本人也不会在"担保人"栏签字。至于陈某甲通过第三人将1,000,000元借款汇入甲公司账户,这只是履行借款合同时资金流转的问题。在一定程度上表明借款的用途和实际使用人,但并不能否定祁某某的借款人身份。虽然祁某某同时在"担保人"栏签字,但该行为不足以抵消其作为借款人的法律义务,也不能否定其借款人的地位。综上,祁某某关于其在本案中并非借款人的上诉理由,依据不足,不能成立。

综上,本案系涉港民间借贷纠纷,各方当事人对本案的管辖权与准据法问题并无异议。陈某甲与祁某某、甲公司之间的民间借贷法律关系合法有效,各方均应恪守。祁某某、甲公司作为借款人未按期履行还款义务,依法应当归还借款并支付违约金。张某某、陈某乙、乙公司作为连带责任保证人,亦应对上述款项承担连带清偿责任。祁某某在本案中仅对其在借款合同中的法律地位提出上诉,主张不是借款人,但其上诉请求与理由不能成立,本院不予支持。原判认定事实清楚,适用法律正确。依照《民事诉讼法》第153条第1款第(1)项之规定,判决:驳回上诉,维持原判。二审案件受理费人民币15,600元,由上诉人祁某某负担。

3. 案例评析

本案是借条上署名的人与实际收款人的姓名不一致的典型案例。本案中祁某某在借条上加盖甲公司公章的同时,亦在借条上签署了本人的姓名,而实际收款人是甲公司,不是祁某某。虽然甲公司一、二审庭审中均认可祁某某是该司向陈某甲借款的经办人,但祁某某并未提供证据证明其与陈某甲签订借款合同事前或当场披露了其经办人身份,且在借条上签署了本人的姓名。此外,根据一、二审查明的事实看,祁某某此前与出借人陈某甲并不熟悉。至于陈某甲通过第三人将1,000,000元借款汇入甲公司账户,这只是履行借款合同时资金流转的问题。在一定程度上表明借款的用途和实际使用人,但并不能否定祁某某的借款人身份。因此,法院依然认定了祁某某与甲公司是共同的借款人,而不是认定祁某某是经办人。从法院的裁判思路来看,当借条上借款人署名与实际收款人姓名不一致时,借条上署名人不表明经办人的身份而直接在借条上借款人处签名,出借人根据借款人的指示交付款项,借条上署名的人不可以经办人以及资金流向和用途来否定自己的借款人身份。

有关法律规定

《中华人民共和国合同法》(1999年)

第八条　依法成立的合同,对当事人具有法律约束力。当事人应当按照约定履行自己的义务，不得擅自变更或者解除合同。依法成立的合同，受法律保护。

第六十四条 当事人约定由债务人向第三人履行债务的，债务人未向第三人履行或者履行债务不符合约定，应当向债权人承担违约责任。

三、项目经理对外签订借款合同的，谁是借款人

基本理论

项目经理(Project Manager)，从职业角度是指企业建立以项目经理责任制为核心，对项目实行质量、安全、进度、成本管理的责任保证体系和全面提高项目管理水平设立的重要管理岗位。项目经理是为项目的成功策划和执行负总责的人。项目经理是项目团队的领导者，项目经理首要职责是在预算范围内按时优质地领导项目小组完成全部项目工作内容，并使客户满意。为此项目经理必须在一系列的项目计划、组织和控制活动中做好领导工作，从而实现项目目标。项目经理经常出现于建设工程中，根据中华人民共和国建设部 1995 年 1 月出台的《建筑施工企业项目经理资质管理办法》第 2 条的规定："本办法所称建筑施工企业项目经理(以下简称项目经理)，是指受企业法定代表人委托对工程项目施工过程全面负责的项目管理者，是建筑施工企业法定代表人在工程项目上的代表人"，参照该规定，项目经理是在工程项目的生产经营活动上具有人、财、物等方面的管理权，并不当然具有代表建筑施工企业对外借款的权限。但是，从项目经理的权限来源来看，其权力来自于公司企业的授权，项目经理为了顺利实现项目目标实施职务行为，为使项目经理的行为代表公司企业的行为，企业法人在选任该人作为某项目经理时，给予其授权书、项目部公章和财物专用章。

项目经理对外签订借款合同，认定谁是借款人根据项目经理的借款行为是个人行为还是职务行为而定。当项目经理实施的借款行为是职务行为时，所出具的借条加盖了项目部的公章或者财务专用章，并指示出借人将款项支付于项目部的账户下或者所属公司企业法人的账户下，告知出借人借款目的是为了达到项目目标，可以认定借款人是该项目部所属的公司企业法人，而不是项目经理本人。因此，此时项目经理人借款的行为外观足以让出借人认

为该项目经理具有因项目而借款的权限，项目经理的借款行为是职务行为而非个人行为，为了维护交易安全和保护善意的出借人，项目经理的职务行为导致的法律后果应该由被代理人即项目部所属的公司企业法人承担责任，即可以认定项目部所属的公司企业法人是借款人，由项目部所属的公司企业法人承担该民间借贷法律关系中出借人的权利和义务。

但是当项目经理借款时既没有向出借人表明自己是某项目部经理，也没有向出借人表明其是代表项目部所属的公司企业法人向出借人借款，也没有说明借款的目的是用于项目，更没有指示将所借款项交付项目部或者公司企业法人，而是直接交付给其个人或者其指定的与项目无关的其他第三方，也没有加盖项目部的公章或者财务专用章，可以认定项目部经理人的借款行为是个人行为，该项目经理是借款人，由项目经理承担借款人的权利和义务。

出借人为了避免因借款给项目经理人带来的法律风险，可以要求项目经理人提供其所在的公司企业法人授权其可以借款的权限证明材料、借条注明借款的目的和用途，加盖项目部的公章或者财务专用章，并将款项直接支付于项目部的账户或者公司企业法人的账户，而不要直接交付给项目经理或者第三人。

典型案例

项目部经理以项目部的名义向他人借款用于项目的投入可以认定项目部所在的公司为借款人

——甲公司与王某甲等民间借贷纠纷二审案[①]

1. 案情简介

上诉人（原审被告）：甲公司。

被上诉人（原审原告）：王某甲（又名王某乙）。

被上诉人（原审被告）：王某丙。

一审法院审理查明，某县公安局某派出所 2013 年 3 月 12 日分别对某村

① 参见山东省菏泽市中级人民法院（2014）菏民一终字第 668 号民事判决。

村民王某甲、王某乙、王某丙、王某丁的询问笔录显示王某甲又名王某乙。

2005年10月3日,被告王某丙在担任某公司某项目部经理期间因工程资金紧张向名叫王某乙的人借款80,000元,用于某农业科技示范园等工程的建设投入,月息2分,借款期限自2005年10月3日至2005年10月23日止,共20天。原某公司2012年3月份更名为甲公司。

2011年1月25日、2012年2月14日、2012年9月18日、9月20日、9月25日及11月16日,原告王某甲委托其父亲王某某多次到县人民法院、市中级人民法院、全国人大常委会上访。

一审法院认为:王某甲作为本案原告行使诉权主体适格(原因详见判决书)。被告王某丙以被告某项目部经理名义向原告王某甲借款,且该借款用于被告某农业科技示范园建设项目投入,该借款依法应由被告甲公司承担偿还责任。原告王某甲的诉讼请求没有超过诉讼时效期间(原因详见判决书)。该案经一审法院审判委员会研究,根据《民法通则》第43条、第84条、第90条、第106条第1款、第108条,《民事诉讼法》第144条之规定,判决:一、被告甲公司于判决生效后10内返还原告王某甲借款80,000元并支付利息(利率按月息2分计算,自2005年10月3日起至判决书确定的履行期间届满之日止);二、被告王某丙不承担责任。案件受理费人民币1800元,由被告甲公司负担。如未按本判决确定的期间履行金钱给付义务,应当依照《民事诉讼法》第253条的规定,加倍支付迟延履行期间的债务利息。

上诉人甲公司不服原审判决上诉观点之一为被上诉人王某丙的委托代理事项根本不包括代表上诉人对外进行借款。被上诉人王某丙超越代理权限进行借款,王某丙应承担直接还款责任,上诉人没有还款的法律义务。请求依法改判。

被上诉人王某甲答辩称:原审判决认定事实清楚,适用法律正确,程序合法。请求依法驳回上诉,维持原判。

被上诉人王某丙未答辩。

2. 法院裁判及观点

二审法院认为,根据双方当事人的诉辩理由,本案的争议焦点问题之一是上诉人与被上诉人王某甲是否存在债权债务关系,上诉人是否应承担清偿责任。

从双方当事人提供的证据分析看，被上诉人王某丙以上诉人某项目部经理名义向被上诉人王某甲借款，构成表见代理行为。被上诉人王某甲有理由相信是上诉人借款。而被上诉人王某丙向被上诉人王某甲借款的行为是职务行为，上诉人与被上诉人王某甲存在债权债务关系。因此涉案借款应由上诉人承担清偿责任。上诉人认为涉案借款应由被上诉人王某丙承担直接还款责任，上诉人没有还款法律义务的上诉理由不能成立，本院不予支持。二审法院遂判决驳回上诉，维持原判。

3. 案例评析

本案是项目经理对外签订合同的典型案例。本案中，2005 年 10 月 3 日，被告王某丙在担任某项目部经理期间因工程资金紧张向名叫王某乙的人借款 80,000 元，用于某农业科技示范园等工程的建设投入，月息 2 分，借款期限自 2005 年 10 月 3 日至 2005 年 10 月 23 日止，共 20 天。一审法院认为，被告王某丙以被告某项目部经理名义向原告王某甲借款，且该借款用于被告甲公司某农业科技示范园建设项目投入，该借款依法应由被告甲公司承担偿还责任。二审法院认为，从双方当事人提供的证据分析看，被上诉人王某丙以上诉人某项目部经理名义向被上诉人王某甲借款，构成表见代理行为。被上诉人王某甲有理由相信是上诉人借款。而被上诉人王某丙向被上诉人王某甲借款的行为是职务行为，上诉人与被上诉人王某甲存在债权债务关系。因此涉案借款应由上诉人承担清偿责任。从法院的裁判思路可见，项目部经理以项目部的名义向他人借款用于项目的投入，是一种职务行为，构成表见代理，应认定由项目部所在的公司企业是借款人，项目部所在的公司企业承担借款人的权利和义务。

项目经理以个人名义借款应认定其个人是借款人

——陈某与甲公司等民间借贷纠纷上诉案[①]

1. 案情简介

上诉人（原审被告）陈某。

被上诉人（原审被告）甲公司。

---

① 参见湖南省长沙市中级人民法院（2014）长中民二终字第 06180 号民事判决。

被上诉人(原审原告)王某某。

陈某曾系甲公司承包的位于某广场A区豪宅室内精装修工程(一标段)项目现场经理,主持该项目全面管理工作,任期为2012年6月18日起至2013年12月30日止。2012年11月6日,陈某向王某某借款50,000元。王某某向陈某转账500,000元。2012年11月7日,陈某以其个人名义向王某某书写借款500,000元借条,并向王某某出具了陈某系某广场A区豪宅室内精装修工程(一标段)项目现场经理的身份证明,并承诺支付该借款的年利息为24%。2012年12月3日,陈某以自己名义向王某某借款500,000元,并承诺按年利率24%支付利息。2012年12月5日,王某某向陈某转账了500,000元。另查明:陈某陈述其将所借王某某的1,000,000元款项部分用于位于某广场A区豪宅室内精装修工程(一标段)项目上,总计为856,116元,并提供了银行流水予以证明,但甲公司未予承认。陈某已向王某某偿还了1,000,000元借款在2013年11月30日前的约定利息。王某某为索要借款,起诉至一审法院,要求法院判决:(1)陈某、甲公司立即偿还所欠王某某本金1,000,000元;(2)陈某、甲公司支付所欠王某某本金的利息共计140,000元(截止到2014年6月)。

2. 法院裁判及观点

一审法院认为:王某某与陈某之间的借款合同关系真实、合法、有效。王某某与甲公司、陈某争议的焦点为甲公司是否应承担该案的民事责任。甲公司认为陈某在该案中的借款系陈某的个人行为,甲公司不是合同相对人,不应当承担该案的民事责任。王某某认为由于陈某系甲公司承包的位于某广场A区豪宅室内精装修工程(一标段)项目现场经理的原因,王某某才向陈某借款,并且陈某将借款用于甲公司承包的项目,故甲公司应承担该案的民事责任。陈某认为其向王某某的借款用于甲公司承包的位于某广场A区豪宅室内精装修工程(一标段)项目上,故应由甲公司负责向王某某偿还借款。综合以上当事人的辩论意见,原审法院认为,陈某在2012年11月7日向王某某书写的借条,明确了陈某以个人名义向王某某借款,王某某也将借款转入了陈某个人银行账户,故王某某与陈某系该案借款合同当事人,甲公司不是该案借款合同当事人。该案中,尽管陈某是甲公司承包的位于某广场A区豪宅室内精装修工程(一标段)项目现场经理,但由于陈某向王某某借款时,并未以甲公司或者甲公司承包的位于某广场A区豪宅室内精装修工程(一标段)项目部名义向王某某借款,故此,即使陈某将其从王某某处所借部分款项用于某广场A区豪宅室内精装修工程(一标段)项目上,也不符合法定的表见代理或者无权代理构成要件。综上,王某某要求甲公司承担该案的民事责任缺乏法律依据,原审法院不予支持。王某某要求陈某应依约偿还借款本金1,000,000元,并按约定利率标准支付截止到2014年6月30日的利息140,000元(1,000,000元×24%×7÷12)符合法律规定和合同约定,原审法院予以支持。依照《合同法》第48条、第49条、第60条、第206条的规定,原审法院判决如下:(一)由陈某于该判决生效后五日内返还王某某借款本金1,000,000元,并支付其利息140,000元(截至2014年6月30日);(二)驳回王某某的其他诉讼请求。

上诉人陈某不服一审判决,向二审法院提起上诉称:(1)陈某系甲公司的项目部经理,全面负责某广场A区豪宅室内精装修工程的工作;(2)陈某与甲公司签订内部承包合同并不改变其作为公司工作人员的性质;(3)该项目部有严格的财务制度,接受甲公司的监管,甲公司对陈某的借款行为是明知的;(4)陈某借款后款项流入了项目部的共管账户,且用于项目部工程。综合陈某的借款动机、用途、流向等方面来看,陈某向王某某借款的行为不是个人行为,而是履行项目部经理工作职责的职务行为,因此应由甲公司承担返还借款本息的义务。据此,陈某请求法院判决:(1)撤销原审判决,改判由甲公司承担返还王某某借款本金1,000,000元及利息140,000元(截至2014年6月30日)或将本案发回重审;(2)由甲公司负担本案一、二审全部诉讼费用。

被上诉人甲公司答辩称:本案借条是陈某个人与王某某签订,甲公司对此并不知情,也未在借条上盖章,陈某向外借款的行为超出了其职务范围,因此其借款行为属于个人行为,应由陈某本人承担责任,甲公司不承担偿还责任。

被上诉人王某某答辩称,认可陈某的起诉请求和事实理由。

二审法院查明的事实与原审法院认定的事实一致。

二审法院认为,本案二审的争议焦点是陈某的借款行为是否是职务行为,甲公司是否应承担偿还借款本息的责任。

从上诉人陈某向被上诉人王某某出具的借条内容来看，借条的落款人为陈某个人，无被上诉人甲公司或项目部的盖章，借条内容也跟甲公司没有关系；从借款流向来看，王某某及其指定的案外人将款项直接转账到陈某个人的账上；还款时，也是陈某个人偿还了王某某借款本金的部分利息，因此可以认定本案的借贷关系发生在陈某和王某某之间，甲公司不是本案的借款人。

陈某主张，其甲公司项目部经理，其对外借款是履行项目经理职责的职务行为。本院认为，中华人民共和国建设部1995年1月出台的《建筑施工企业项目经理资质管理办法》第2条规定："本办法所称建筑施工企业项目经理（以下简称项目经理），是指受企业法定代表人委托对工程项目施工过程全面负责的项目管理者，是建筑施工企业法定代表人在工程项目上的代表人"，参照该规定，项目经理是在工程项目的生产经营活动上具有人、财、物等方面的管理权，并不当然具有代表建筑施工企业对外借款的权限；而双方签订的《内部承包合同》、《授权书》、《任职决定》并没有授权陈某代表甲公司对外借款，因此，陈某的借款没有获得甲公司的授权，不构成职务行为。对陈某的上述上诉主张，本院不予支持。

陈某又主张，本案借款最终流向了项目部的共管账户，并大部分用于项目工程。法院认为，借款的最终用途、流向是借贷事实发生后借款人陈某个人决定的事项，并不影响本案借贷关系当事人的认定。对陈某的上述主张，本院不予支持。

本案中，陈某既没有以甲公司的名义向王某某借款，在事实上也没有形成让王某某相信陈某有代理甲公司对外借款的表象，因此也不符合表见代理的情形，不应由甲公司承担偿还责任。

综上，原审判决认定事实清楚，适用法律正确，审判程序合法，上诉人陈某的上诉理由不能成立。据此，依照《民事诉讼法》第170条第1款第（1）项之规定，判决驳回上诉，维持原判。本案二审受理费14,160元，由上诉人陈某负担。

3. 案例评析

本案是项目经理对外借款的典型案例。在本案中，陈某曾任甲公司承包的位于某广场A区豪宅室内精装修工程（一标段）项目现场经理，主持该项目全面管理工作。任期内，陈某向王某某借款，陈某以其个人名义向王某某书写借款500,000元借条,并向王某某出具了陈某系某广场A区豪宅室内精装修工程(一标段)项目现场经理的身份证明。一审法院认为,陈某在2012年11月7日向王某某书写的借条,明确了陈某以个人名义向王某某借款,王某某也将借款转入了陈某个人银行账户,故王某某与陈某系该案借款合同当事人,甲公司不是该案借款合同当事人。该案中,尽管陈某是甲公司承包的位于某广场A区豪宅室内精装修工程(一标段)项目现场经理,但由于陈某向王某某借款时,并未以甲公司或者甲公司承包的位于某广场A区豪宅室内精装修工程(一标段)项目部名义向王某某借款,即使陈某将其从王某某处所借部分款项用于某广场A区豪宅室内精装修工程(一标段)项目上,也不符合法定的表见代理或者无权代理构成要件。二审法院认为,陈某既没有以甲公司的名义向王某某借款,在事实上也没有形成让王某某相信陈某有代理甲公司对外借款的表象,因此,也不符合表见代理的情形,不应由甲公司承担偿还责任。本案借款虽然最终流向了项目部的共管账户,并大部分用于项目工程。但法院认为,借款的最终用途、流向是借贷事实发生后借款人陈某个人决定的事项,并不影响本案借贷关系当事人的认定。从法院的裁判思路可见,项目经理对外签订借款合同,借款的认定取决于项目经理借款时有无向出借人表明身份,有无以项目部名义借款,有无形成让出借人相信其是代表公司企业进行借款的表象,以此来认定其是否构成表见代理。若构成表见代理,则可以认定公司企业是借款人;如果无法构成表见代理,则可以认定项目经理本人为借款人。

有关法律规定

《中华人民共和国民法通则》(2009年修正)

第六十三条　公民、法人可以通过代理人实施民事法律行为。代理人在代理权限内,以被代理人的名义实施民事法律行为,被代理人对代理人的代理行为,承担民事责任。按照法律规定或按照双方当事人约定,应当由本人实施的民事法律行为,不得代理。

《中华人民共和国合同法》(1999年)

第四十九条　行为人没有代理权、超越代理权或者代理权终止后以被代理人名义订立合同,相对人有理由相信行为人有代理权的,该代理行为有效。

四、公司法定代表人签订借款合同的,如何判定借款人

基本理论

法定代表人指依法律或法人章程规定代表法人行使职权的负责人。我国法律实行单一法定代表人制,一般认为法人的正职行政负责人为其惟一法定代表人。例如,公司为董事长或执行董事或经理,而证券交易所的法定代表人为总经理,全民所有制工业企业的法定代表人为厂长或经理。

《最高人民法院关于审理民间借贷案件适用法律若干问题的规定》(法释〔2015〕18 号)第 23 条规定:企业法定代表人或负责人以企业名义与出借人签订民间借贷合同,出借人、企业或者其股东能够证明所借款项用于企业法定代表人或负责人个人使用,出借人请求将企业法定代表人或负责人列为共同被告或者第三人的,人民法院应予准许。企业法定代表人或负责人以个人名义与出借人签订民间借贷合同,所借款项用于企业生产经营,出借人请求企业与个人共同承担责任的,人民法院应予支持。根据上述规定,公司法定代表人立借据借款用于企业资金周转的,借据上所载明的名义借款人是该公司法定代表人,但实际上的借款人是该企业。虽然借据上载明借款关系的借款人是公司法定代表人,但从该公司法定代表人借款的目的来看,其借款是用于企业资金周转,并非为其个人所用,因此,其行为可以认定为职务行为。虽然借据上没有企业的公章,但是公司法定代表人依法可以代表公司作出一定的行为,从公司法定代表人的行为外观和借款目的来看,出借人有理由相信该企业管理人员是代表公司向其借款。根据我国《民法通则》第 43 条的规定,企业法人对它的法定代表人和其他工作人员的经营活动承担民事责任。根据《最高人民法院关于审理民间借贷案件适用法律若干问题的规定》(法释〔2015〕18 号)第 23 条第 2 款的规定,可以请求将该企业和公司法定代表人列为共同被告,由该企业和公司法定代表人共同承担责任。因此,企业公司法定代表人立借据借款用于企业资金周转的,企业管理人员是名义借款

人，企业是实际借款人。

如果公司法定代表人向他人借款时，知道对方不知晓其是某公司的法定代表人而仍未表明该身份，也未告知其是以公司名义向出借人借款，也没有告知出借人借款的目的是用于企业，没有指示出借人将款项交付给公司而是直接交付给该法定代表人或者第三人。此时，出借人无理由相信该公司法定代表人的借款行为是职务行为，而且实际上该款项也未用于公司，此时，该民间借贷法律关系的借款人应该是该法定代表人个人而非公司，由该法定代表人承担贷款人的权利和义务，出借人不可以向公司主张权利。

典型案例

公司法定代表人在出具借条和收条时，均向出借人表明了法定代表人的身份，虽然没有加盖公司的公章，但出借人有理由相信其是职务行为，可认定公司是借款人

——甲公司诉田某民间借贷纠纷二审案①

1. 案情简介

上诉人（原审被告）甲公司。

被上诉人（原审原告）田某（曾用名储某某）。

2011 年下半年，原乙公司法定代表人牛某某在公司成立后，以公司项目建设资金周转困难为由，找到某县城区产业园副主任孟某某让其帮助借款（乙公司是某县城区产业园的引进项目）。孟某某为了项目的发展便同意帮助协调借款事项。当时向原告借款共 60 万元，其中 30 万元通过转账支付，另外 30 万元是以现金方式通过孟某某转交给牛某某，后该借款偿还了 25 万元，尚欠 35 万元未还。2012 年 4 月 6 日，经双方结算，乙公司法定代表人牛某某为原告出具了借条及收条，该借条记载“借款条今借到储某某现金款叁拾伍万元整，本现金款借来用到乙公司（公司位于某县新盛街以南、创业路以

① 参见山东省济南市中级人民法院（2015）济民五终字第 195 号民事判决。

东、商西路以西）项目建设上，借款时间自2012年4月6日起至2012年8月6日止，借款人以乙公司厂区内所建办公楼、厂房和土地证作为抵押物，到期不还款抵押物归储某某所有。以上条件借款人签字有效。借款人签字：牛某某乙公司借款人身份证：×××电话：××，2012年4月6号”。该收条记载“收条我于2012年4月6日向储某某借款35万元，用于乙公司工程项目的建设，此款已全额收到。收款人：乙公司牛某某”。该借条及收条均未加盖乙公司的公章，且公司账目上没有此笔借款记载。

乙公司系自然人独资有限责任公司，出资人为其法定代表人牛某某，公司成立于2011年6月24日，注册资本500万元。2012年1月4日，甲方出让方牛某某与乙方受让方袁某某签订股权转让协议一份。2012年1月5日，双方在工商行政管理局办理了乙公司的变更登记，将股东变更为袁某某。变更后，乙公司的法定代表人仍是牛某某，2012年9月26日，法定代表人变更为张××。2013年1月15日乙公司股东袁某某通过孟某某向原告田某还款15万元（农业银行转账）。2013年3月25日乙公司股东袁某某与甲公司签订了股权转让协议。某市工商行政管理局某分局出具的甲公司登记基本情况记载，2013年3月28日，乙公司股东袁某某以500万元价格将股权转让给了甲公司，而（2014）鲁商终字第274号民事判决书中认定乙公司以750万元价格将股权转让给了甲公司。2013年7月19日，乙公司名称变更为甲公司，法定代表人张文军变更为现在的法定代表人石玉国。

另查明，田某曾用名储某某，田某与储某某系同一人。

2. 法院裁判及观点

一审法院认为：该笔借款发生在牛某某担任乙公司法定代表人期间，因后期陆续还款，尚欠田某35万元，2012年4月6日经双方结算后，牛某某以公司名义为田某出具35万元的借条，并未加盖公司公章。虽然出具借条及收条时牛某某已将公司股权转让给他人，但此时其仍然担任公司的法定代表人；且借条记载该现金款借来用到乙公司项目建设上，借款人以乙公司厂区内所建办公楼、厂房和土地证作为抵押物，到期不还款抵押物归储某某所有，借款人签字：牛某某乙公司；收条也记载该借款35万元，用于乙公司工程项目的建设，收款人：乙公司牛某某。原告田某有足够的理由相信乙公司法定代表人牛某某的借款行为是职务行为。根据《民法通则》第43条“企业法人对它的法定代表人和其他工作人员的经济活动,承担民事责任”;最高人民法院《关于贯彻执行〈中华人民共和国民法通则〉若干问题的意见(试行)》第58条“企业法人的法定代表人和其他工作人员,以法人的名义从事经营活动,给他人造成经济损失的,企业法人应当承担民事责任”。本案中,原乙公司法定代表人牛某某的身份地位系法律所确认,对外产生一定公信力,善意相对方有理由相信其在民事活动中的民事法律行为对外应系法人行为,且证人孟某某证明该款确系牛某某为公司项目建设所借,至于被告辩称公司账目上没有该款项的记载,这属于被告变更前乙公司内部管理问题,因此,由该行为所产生的民事法律后果应当由该法人承担。故原告田某请求被告甲公司偿还该款,原审法院予以支持,并作出判决(其他略)。上诉人甲公司不服一审判决上诉,被二审法院判决驳回上诉。

3. 案例评析

本案是公司法定代表人签订借款合同的典型案例。在本案中,原乙公司(以下简称乙公司)法定代表人牛某某在成立公司后,因公司项目建设资金周转困难而借款,乙公司法定代表人牛某某为原告出具了借条及收条,该借条及收条均未加盖乙公司的公章,且公司账目上没有此笔借款记载。一审法院认为:该笔借款发生在牛某某担任乙公司法定代表人期间,2012年4月6日经双方结算后,牛某某以公司名义为田某出具35万元的借条,并未加盖公司公章。虽然出具借条及收条时牛某某已将公司股权转让给他人,但此时其仍然担任公司的法定代表人;且借条记载该现金款借来用到乙公司项目建设上,借款人以乙公司厂区内所建办公楼、厂房和土地证作为抵押物,到期不还款抵押物归储某某所有,借款人签字:牛某某乙公司;收条也记载该借款35万元,用于乙公司工程项目的建设,收款人:乙公司牛某某。原告田某有足够的理由相信乙公司法定代表人牛某某的借款行为是职务行为。企业法人的法定代表人,以法人的名义从事经营活动,给他人造成经济损失的,企业法人应当承担民事责任。本案中,原乙公司法定代表人牛某某的身份地位系法律所确认,对外产生一定公信力,善意相对方有理由相信其在民事活动中的民事法律行为对外应系法人行为,由该行为所产生的民事法律后果应当由该法人承担。二审法院认为,由于田某持有牛某某出具的借条和收条,借条和收条中的借款人和收款人签字均为“牛某某乙公司”。牛某某作为乙公司的法定代表人,对外有权代表公司签署合同,有无公司的印章不影响合同的效力,其对外签署合同的行为应视为公司的行为,其后果应当由公司承担。由法院的裁判思路可见,牛某某作为公司法定代表人,在出具借条和收条时均向出借人表明了法定代表人的身份,虽然没有加盖公司的公章,原告田某有足够的理由相信乙公司法定代表人牛某某的借款行为是职务行为,善意相对方有理由相信其在民事活动中的民事法律行为对外应系法人行为,因此认定此民间借贷法律关系的借款人为公司企业,而不是该法定代表人个人。

有关法律规定

《中华人民共和国民法通则》(2009 年修订)

第四十三条　企业法人对它的法定代表人和其他工作人员的经济活动,承担民事责任。

《最高人民法院关于贯彻执行〈中华人民共和国民法通则〉若干问题的意见(试行)》(法[办]发[1988]6 号)(2008 年修正)

第五十八条　企业法人的法定代表人和其他工作人员,以法人的名义从事经营活动,给他人造成经济损失的,企业法人应当承担民事责任。

五、村干部对外借款的,借款人应认定为个人还是集体经济组织

基本理论

2010 年 10 月 28 日第十一届全国人民代表大会常务委员会第十七次会议修订的《村民委员会组织法》第 2 条第 1 款规定,村民委员会是村民自我管理、自我教育、自我服务的基层群众性自治组织,实行民主选举、民主决策、民主管理、民主监督。村民委员会办理本村的公共事务和公益事业,调解民间纠纷,协助维护社会治安,向人民政府反映村民的意见、要求和提出建议。村民委员会向村民会议、村民代表会议负责并报告工作。第 6 条规定了村民委员会由主任、副主任和委员共 3 ~ 7 人组成。因此,村干部是区别于国家公务

员的特殊群体,村干部是游离于国家行政干部体制之外的、不在编、不脱产的边缘化干部。具体来讲,村干部主要是指通过村民自治机制选举产生的、在村党组织和村民委员会及其配套组织担任一定职务、行使公共权力、管理公共事务、提供公共服务,并享受一定政治经济待遇的工作人员,主要包括村党支部(党总支)委员、副书记、书记,村民委员会委员、副主任、主任,其中村党组织书记和村委主任是主要村干部。村干部有广义和狭义之分,广义的村干部包括党支部书记、村委会主任、治保主任、民兵连长、妇女主任、团支部书记和村会计;狭义的村干部就指党支部书记、村委会主任等村里的主要干部。

村干部向他人借款产生的民间借贷法律关系的借款人是该村干部还是其所在的集体经济组织认定的核心在于村干部的借款行为是个人行为还是职务行为。职务行为通常是指工作人员行使职务的行为,是履行职责的活动,与工作人员的个人行为相对应,职务行为是工作人员在权限范围内实施的履行职务行为,从其行使的职权、履职的时间、地域范围,并且以某特定的身份和名义实施行为,职务行为的目的在于保障职责的顺利实现,与其职权有密切联系。当村干部以集体经济的名义向他人借款,在借款时向出借人表明其身份,在出具的借条注明借款目的是用于村委会并在借条上加盖村委会的公章,并指示出借人将款项直接交付给村委会,而非交由其个人,则可以认定该村干部的借款行为就是职务行为或者村干部的行为足以让出借人相信其是代表村委会向出借人借款而不是村干部个人向其借款。如果村干部在向他人借款时既没有表明村干部的身份,也没有向出借人表明借款是用于村集体经济组织甚至直接表明是其个人借款,在借条上没有加盖村委会的公章,要求出借人将所借资金直接交付给该村干部或者与村集体经济组织之外的第三人时,可以认定村干部的借款是个人借款而非集体经济组织借款,因此,认定该村干部是借款人。

出借人为了规避因村干部以集体经济组织名义借款带来的法律风险,可以要求村干部提供证明其具有借款权限的证明材料、出具的借条载明借款的用途并加盖村委会的公章,并将该款项直接支付给村委会,而非该村干部个人。村委会为了规避村干部以其名义对外借款用于私人目的,可以对外公告每一位村干部的权限,并严格管理村委会的行政章、党章等公章,以免村干部滥用村委会的名义向他人借款而给村集体经济组织带来不必要的麻烦。

村干部作为经手人以村民委员会名义借款并用于村民委员会，村民委员会是借款人

——孙某某与张某某、甲村村民委员会民间借贷纠纷二审案①

1. 案情简介

上诉人(原审被告)张某某。

被上诉人(原审原告)孙某某。

原审被告甲村村民委员会。

1997 年 1 月 28 日，当时任甲村村民委员会党支部书记的张某、村委会主任张某某以村里需要钱款为由向原告借款 2000 元，双方约定利息 2.5 分，并向原告出具证明一份。证明内容为："村借孙某某款 2000 元，计贰仟元正(利息千分之二十五 25‰)经手人张某　张某某 97.1.28。"该证明条上的"张某"系被告张某某所签。原告多次向被告催要未果，双方产生纠纷。

一审法院认为：被告张某某以村需要钱款为由向原告借款 2000 元后拒不偿还，侵犯了原告的合法权益，原告要求其偿还借款本金及利息，依法应予以支持。因双方约定利息过高，原告主张利息，应按中国人民银行同期借款利率的四倍计付。原告无证据证明该款用于村内公共事项，被告甲村村民委员会不认可该笔借款，证明条也未加盖村委会印章，原告要求被告甲村村民委员会承担还款责任，不予支持。被告张某某经本院合法传唤无正当理由拒不到庭参加诉讼，应缺席判决。该院遂作出(2014)鱼民初字第 1597 号民事判决：一、被告张某某于本判决生效后 5 日内偿还原告孙某某借款 2000 元及利息(利息按中国人民银行同期借款利率的四倍计付，自 1997 年 1 月 29 日起至判决确定给付之日止)；二、驳回原告孙某某对被告甲村村民委员会的诉讼请求。

上诉人张某某不服上述一审判决，提起上诉请求撤销改判上诉人不承担

① 参见山东省济宁市中级人民法院(2015)济民终字第 832 号民事判决。

责任。主要理由是上诉人张某某于1997年1月任甲村村主任职务,期间与村支部书记张某春节期间向五保户买过节用品向被上诉人借款2000元,并约定利息是事实。但该笔借款是上诉人与张某履行的职务行为,已落入村里外欠账,应有甲村村民委员会清偿。该笔借款自上诉人于1997年4月份退职后,被上诉人始终没有向上诉人主张权利,应丧失诉权。被上诉人孙某某答辩称是上诉人出具的借条,上诉人拿的钱,应该由上诉人偿还,谁签的字我们就给谁要钱。原审被告甲村村民委员会未进行答辩。

2. 法院裁判及观点

二审法院认为:二审各方争议的焦点为涉案借款应由谁偿还。上诉人张某某向被上诉人出具的证明上明确注明其为经手人而非借款人,且注明系"村借孙某某款2000元",被上诉人在起诉时亦认可借款时张某某任村主任,说借2000元给村五保户买过节用品,即被上诉人认可借款时上诉人已经向其说明借款是村里用,二审期间上诉人提交甲村村民委员会出具的证明一份,该证明明确认可涉案借款是上诉人给村里借的,该乡经管站已有此账,因此应当认定涉案借款的借款人为甲村村民委员会,亦应由甲村村民委员会进行偿还,一审法院判令由上诉人进行偿还不当,应予纠正。依照《民事诉讼法》第169条第1款、第170条第1款第(2)项、第175条之规定,判决如下:一、变更一审法院(2014)鱼民初字第1597号民事判决第一项为:原审被告甲村村民委员会于本判决生效后15日内偿还被上诉人孙某某借款2000元及利息(按中国人民银行同期借款利率的四倍和月息2.5%中的低者计付,自1997年1月29日起至本判决确定的给付之日止);二、变更一审法院(2014)鱼民初字第1597号民事判决第二项为:驳回被上诉人孙某某的其他诉讼请求。

3. 案例评析

本案是村干部对外借款的典型案例。当时任甲村村民委员会党支部书记的张某、村委会主任张某某以村里需要钱款为由向原告借款,并向原告出具证明一份。证明内容为:"村借孙某某款2000元,计贰仟元正(利息千分之二十五25‰)经手人张某　张某某97.1.28。"该证明条上的"张某"系被告张某某所签。二审法院认为:二上诉人张某某向被上诉人出具的证明上明确注明其为经手人而非借款人,且注明系"村借孙某某款2000元",被上诉人在起诉时亦认可借款时张某某任村主任，认可借款时上诉人已经向其说明借款是村里用，并有证据证明涉案借款是上诉人给村里借的，该乡经管站已有此账，因此，应当认定涉案借款的借款人为甲村村民委员会，亦应由甲村村民委员会进行偿还。由法院裁判思路可见，村干部以村民委员会的名义向出借人借款并注明自己是借款经手人，借款用于村里，而不是私用，应认定村民委员会为借款人而不应认定该村干部是借款人。

有关法律规定

《中华人民共和国民法通则》(2009年修正)

第六十三条　公民、法人可以通过代理人实施民事法律行为。代理人在代理权限内，以被代理人的名义实施民事法律行为，被代理人对代理人的代理行为，承担民事责任。依照法律规定或者按照双方当事人约定，应当由本人实施的民事法律行为，不得代理。

《中华人民共和国合同法》(1999年)

第四十九条　行为人没有代理权、超越代理权或者代理权终止后以被代理人名义订立合同，相对人有理由相信行为人有代理权的，该代理行为有效。

《中华人民共和国村民委员会组织法》(2010年修订)

第二条　村民委员会是村民自我管理、自我教育、自我服务的基层群众性自治组织，实行民主选举、民主决策、民主管理、民主监督。

村民委员会办理本村的公共事务和公益事业，调解民间纠纷，协助维护社会治安，向人民政府反映村民的意见、要求和提出建议。

村民委员会向村民会议、村民代表会议负责并报告工作。

第六条　村民委员会由主任、副主任和委员共三至七人组成。

村民委员会成员中，应当有妇女成员，多民族村民居住的村应当有人数较少的民族的成员。

对村民委员会成员，根据工作情况，给予适当补贴。

第三节
家庭债务和继承问题

一、夫妻关系存续期间一方对外举债的，应当向谁主张权利

基本理论

在婚姻关系存续期间，夫妻一方向他人借款，应该认定为个人债务还是夫妻共同债务，牵涉到出借人可以在债务到期后向谁主张权利。根据《婚姻法》(2001 年修正)第 41 条的规定，离婚时，原为夫妻共同生活所负的债务，应当共同偿还。共同财产不足清偿的，或财产归各自所有的，由双方协议清偿；协议不成时，由人民法院判决。此外，法释〔2003〕19 号最高人民法院《关于适用〈中华人民共和国婚姻法〉若干问题的解释(二)》(以下简称《婚姻法司法解释二》)第 23 条规定债权人就一方婚前所负个人债务向债务人的配偶主张权利的，人民法院不予支持。但债权人能够证明所负债务用于婚后家庭共同生活的除外。《婚姻法司法解释二》第 24 条规定，债权人就婚姻关系存续期间夫妻一方以个人名义所负债务主张权利的，应当按夫妻共同债务处理。但夫妻一方能够证明债权人与债务人明确约定为个人债务，或者能够证明属于婚姻法第十九条第三款规定情形的除外。(《婚姻法》第 19 条第 3 款规定夫妻对婚姻关系存续期间所得的财产约定归各自所有的，夫或妻一方对外所负的债务，第三人知道该约定的，以夫或妻一方所有的财产清偿。《婚姻法司法解释二》第 25 条第 1 款规定，当事人的离婚协议或者人民法院的判决书、裁定书、调解书已经对夫妻财产分割问题作出处理的，债权人仍有权就夫妻共同债务向男女双方主张权利。一方就共同债务承担连带清偿责任后，基于离婚协议或者人民法院的法律文书向另一方主张追偿的，人民法院应当支

持。《婚姻法司法解释二》第26条规定,夫或妻一方死亡的,生存一方应当对婚姻关系存续期间的共同债务承担连带清偿责任。最高人民法院《关于人民法院审理离婚案件处理财产分割问题的若干具体意见》(法发〔1993〕32号)第17条规定,夫妻为共同生活或为履行抚养、赡养义务等所负债务,应认定为夫妻共同债务,离婚时应当以夫妻共同财产清偿。

根据我国现行法律法规、司法解释等规定,下列债务不能认定为夫妻共同债务,应由一方以个人财产清偿:

(1)夫妻双方约定由个人负担的债务,但以逃避债务为目的的除外;

(2)一方未经对方同意,擅自资助与其没有抚养义务的亲朋所负的债务;

(3)一方未经对方同意,独自筹资从事经营活动,其收入确未用于共同生活所负的债务;

(4)其他应由个人承担的债务。

根据我国现行法律法规、司法解释等规定,夫妻共同债务包括以下几种:

(1)夫妻为家庭共同生活所负的债务;

(2)夫妻共同从事生产、经营活动所负的债务,或者一方从事生产经营活动,经营收入用于家庭生活或配偶分享所负的债务;

(3)夫妻一方或者双方治病以及为负有法定义务的人治病所负的债务;

(4)因抚养子女所负的债务;

(5)因赡养负有赡养义务的老人所负的债务;

(6)为支付正当必要的社会交往费用所负的债务;

(7)夫妻协议约定为共同债务的债务;

(8)其他应当认定为夫妻共同债务的债务。

从我国现行规定来看,婚姻关系存续期间一方对外借款产生的债务是个人债务还是夫妻共同债务关键在于夫妻一方的借款行为能否代表夫妻双方对外借款。家事代理权,亦称夫妻代理权或者日常事务代理权,是指配偶一方本无代理权,在与第三人就实施日常事务为一定法律行为时,推定享有代理配偶行使权利的权力,也就是说一般情况下,家庭对外发生法律关系时,可以由一方做主,夫妻中任何一方可以不经另一方的同意,而以家庭的名义对外发生法律关系,另一方对此则需承担民事法律责任。比如在日常生活中,夫妻中任何一方都可以家庭的名义购买家用小电器、日常生活用品、出借钱财物品、签订房屋租赁协议;等等。对于家事代理权我国法律虽未作规定,但在审判实践中,我国是承认家事代理权的。但行使家事代理权是有范围限制的,根据最高院的司法解释规定,夫或妻非因日常生活需要对夫妻共同财产作出重要处理决定,夫妻双方应当平等协商,取得一致意见。由于传统家庭财产观念的限制,我国对家事代理权并没有作出明确的规定,更没有作详尽的说明。夫妻一方超越日常生活需要所为行为的效力不当然及于其配偶,除非他人有理由相信其为夫妻双方共同的意思表示。但在司法实践中,夫妻共同债务的除外情形存在着很大的举证困难。债务发生时,夫妻另一方可能根本就不知情,更不要说证明配偶与债权人之间约定为个人债务了,同时我国尚未建立夫妻共同财产债权债务登记制度,就算夫妻双方实行约定财产制并已告知债权人,却不易证明。这就需要在制度设计上为当事人权利救济提供切实可行的路径选择,使原有的立法目的得以实现。

因此,在婚姻关系存续期间,夫妻一方对外举债,可以从借款时借款人有无向出借人表示以家庭名义借款、借款目的是否用于家庭的开支以及借款的数额等来认定。2014 年 7 月 12 日,最高人民法院民一庭作出(2014)民一他字第 10 号答复,具体内容为:“在不涉及他人的离婚案件中,由以个人名义举债的配偶一方负责举证证明所借债务用于夫妻共同生活,如证据不足,则其配偶一方不承担偿还责任。在债权人以夫妻一方为被告起诉的债务纠纷中,对于案涉债务是否属于夫妻共同债务,应当按照最高人民法院《关于适用〈中华人民共和国婚姻法〉若干问题的解释(二)》第 24 条规定认定。如果举债人的配偶举证证明所借债务并非用于夫妻共同生活,则其不承担偿还责任。”

笔者认为,夫妻一方对外举债以夫妻共同债务为原则,以个人债务为例外。因此,在婚姻关系存续期间,夫妻一方对外举债,一般来说是夫妻共同债务,但是,当借款人明确表示只是其个人借款、向出借人表明借款目的不是用于家庭的生产、生活、教育等(如用于抚养私生子、扶养情人)、所借的金额巨大、出借人明知借款人夫妻实行夫妻分别财产制等,则可认定此借款是夫妻一方的个人债务。

当该借款是夫妻共同债务时,出借人可以在债权到期时向夫妻双方主张权利。当该借款是夫妻个人债务时,出借人只可以向该借款人主张权利,而不可以向其配偶主张债权,但是债权人能够证明所负债务用于婚后家庭共同生活的则可以向夫妻中的任何一方或者双方主张债权。

典型案例

债权人就婚姻关系存续期间夫妻一方以个人名义所负债务主张权利的,夫妻另一方无反证的情况下,应当按夫妻共同债务处理

——王某某诉叶某某、林某甲、林某乙民间借贷纠纷案①

1. 案情简介

原告王某某。

被告叶某某。

被告林某甲。

被告林某乙。

被告叶某某、林某甲系夫妻关系。2014 年 5 月 25 日,被告叶某某因需由被告林某乙提供担保,向原告借款 50,000 元,约定月利率为 1.5%,如被告逾期还款,则承担原告为实现债权而支出的所有费用(包括诉讼费、律师费、调查费等)。后该款经原告多次催讨无果。故请求:(1)判令被告叶某某、林某甲共同偿还原告借款 50,000 元,并支付自借款之日起按月利率 1.5% 的标准计算至实际履行之日止的利息及原告为实现债权而支出的律师代理费 1600 元;(2)被告林某乙对上述款项承担连带保证责任;(3)本案诉讼费用由被告承担。

被告叶某某、林某甲、林某乙未作答辩,亦未提供证据。

2. 法院裁判及观点

一审法院认为,虽本案借条未载明出借人,但原告系借条的持有人,应推定为适格债权人,故原告王某某与被告叶某某之间形成的民间借贷关系,系双方自愿、内容合法,依法应认定有效。双方对借款期限未作约定,原告可以要求被告在合理期限内返还借款本息,经原告催收后,被告仍未偿还的,应支付相应的逾期利息,并依约承担原告为实现债权而支出的代理费。被告叶某

① 参见浙江省温岭市人民法院(2014)台温商初字第 3206 号民事判决。

某、林某甲系夫妻关系，夫妻关系存续期间一方以个人名义所负债务，应按夫妻共同债务处理，被告林某甲应承担共同偿还责任。被告林某乙自愿为被告叶某某向原告的借款提供担保，双方未约定保证方式的，应按连带责任保证承担保证责任。原告的诉讼请求合法有据，本院予以支持。依照《中华人民共和国合同法》第205条、第206条，最高人民法院《关于适用〈中华人民共和国婚姻法〉若干问题的解释（二）》第24条，《担保法》第19条、第21条和《民事诉讼法》第144条之规定，判决如下：

一、被告叶某某、林某甲在本判决生效之日起10日内共同偿还给原告王某某借款50,000元，并支付自2014年5月25日起按月利率1.5%的标准计算至实际履行之日止的利息及原告为实现债权而支出的代理费1600元。

二、被告林某乙对上述款项承担连带保证责任。

3. 案例评析

本案是夫妻一方在婚姻关系存续期间对外举债的典型案例。在本案中，被告叶某某在婚姻关系存续期间因需由被告林某乙提供担保，向原告王某某借款50,000元。被告叶某某、林某甲未作答辩和反驳。法院经审理认为，被告叶某某、林某甲系夫妻关系，夫妻关系存续期间一方以个人名义所负债务，应按夫妻共同债务处理，被告林某甲应承担共同偿还责任。这与最高人民法院《关于适用〈中华人民共和国婚姻法〉若干问题的解释（二）》第24条的规定"债权人就婚姻关系存续期间夫妻一方以个人名义所负债务主张权利的，应当按夫妻共同债务处理。但夫妻一方能够证明债权人与债务人明确约定为个人债务，或者能够证明属于《婚姻法》第19条第3款规定的情形除外"相契合。

夫妻一方借款数额巨大且另一方无法从中获得利益的，应认定为夫妻个人借款

——陈某甲与祁某某、甲公司等民间借贷纠纷二审案[①]

1. 案情简介

上诉人（原审被告）：祁某某。

① 参见浙江省高级人民法院（2009）浙商外终字第17号民事判决。

被上诉人(原审原告):陈某甲。

原审被告:甲公司。

原审被告:乙公司。

原审被告:张某某。

原审被告:陈某乙。

原审被告:焦某某。

陈某乙与陈某甲和祁某某均熟悉。2008年4月9日,祁某某以公司要用钱为由托请陈某乙帮助向陈某甲借款。借款时在场人员为陈某甲方出纳人员、祁某某和陈某乙。祁某某具体经手,在借条“借款人”栏和“担保人”栏分别签署自己姓名,并在“借款人”栏加盖了甲公司公章和该公司法定代表人印鉴,在“担保人”栏加盖了乙公司公章和该公司法定代表人印鉴及甲公司公章。陈某乙在“担保人”栏签署自己姓名。张某某之后亦在“担保人”栏补签了姓名。该借条载明,由借款人向陈某甲借款1,000,000元,期限为2008年4月9日至2008年5月8日止,逾期未还则赔偿违约金和损失费200,000元。担保人为借款提供连带责任保证担保,担保期限两年。2008年4月10日,陈某甲通过案外人丙公司支付给甲公司1,000,000元。

祁某某与焦某某原系夫妻关系,双方婚姻存续期间为2006年4月13日至2008年7月14日及2008年7月21日至2008年7月21日(登记结婚同日又登记离婚)。

后因祁某某、甲公司逾期未归还借款,陈某甲诉至一审法院,请求判令:(1)祁某某、甲公司立即归还借款1,000,000元并支付违约金200,000元;(2)张某某、陈某乙、乙公司、焦某某对上述款项承担连带清偿责任。

2. 法院裁判及观点

一审法院审理认为:祁某某应为借款人,焦某某不应对本案借款承担法律责任。

首先,《婚姻法》第41条规定,为夫妻共同生活所负的债务,由夫妻双方共同负担。最高人民法院《关于人民法院审理离婚案件处理财产分割问题的若干具体意见》第17条规定,夫妻为共同生活或为履行抚养、赡养义务等所负债务,应认定为夫妻共同债务,离婚时应当以夫妻共同财产清偿。而最高人民法院《关于贯彻执行〈中华人民共和国民法通则〉若干问题的意见(试行)》第 43 条则规定,在夫妻关系存续期间,一方从事个体经营或者承包经营的,其收入为夫妻共有财产,债务亦应以夫妻共有财产清偿。可见夫妻共同债务的主旨为该债务系用于夫妻共同生活、家庭共同生活或为夫妻共同利益。虽然最高人民法院《关于适用〈中华人民共和国婚姻法〉若干问题的解释(二)》第 24 条规定:"债权人就婚姻关系存续期间夫妻一方以个人名义所负债务主张权利的,应当按夫妻共同债务处理。但夫妻一方能够证明债权人与债务人明确约定为个人债务,或者能够证明属于婚姻法第十九条第三款规定的情形除外",但是,适用该条应当以符合夫妻共同债务的性质为前提。也即债权人就婚姻关系存续期间夫妻一方"为夫妻共同利益"以个人名义所负债务主张权利的,在没有两种例外情形时,应当按夫妻共同债务处理。而本案祁某某请陈某乙帮助借款 1,000,000 元的理由为"甲公司流动资金紧张",祁某某、张某某、陈某乙、焦某某、甲公司及乙公司质证均无异议的陈某甲提供的银行进账单上也表明该款项收款人为甲公司。祁某某庭审中亦陈述该借款焦某某并不知情。也即本案债务既不能认定为祁某某与焦某某存在举债的合意,也不能认定该债务用于祁某某与焦某某夫妻共同生活或家庭共同生活,不能认定双方共同分享了该债务所带来的利益。其次,根据最高人民法院《关于适用〈中华人民共和国婚姻法〉若干问题的解释(一)》第 17 条的规定,因日常生活需要夫妻之间具有家事代理权,但"夫或妻非因日常生活需要对夫妻共同财产做重要处理决定,夫妻双方应当平等协商,取得一致意见。他人有理由相信其为夫妻双方共同意思表示的,另一方不得以不同意或不知道为由对抗善意第三人"。也即夫妻一方非因日常生活需要所作出的有关财产方面的重要决定,应当经另一方同意,否则对另一方不具有法律上的约束力。只有第三人"有理由相信其为夫妻双方共同意思表示的",另一方才不能对抗善意第三人。而本案中,祁某某借款数额巨大,显然超出了日常家事代理的范畴。陈某甲庭审中也认可借款时祁某某、己方会计人员在场,祁某某称公司要用钱。之后,陈某甲亦通过案外人将款项汇入了甲公司的账户。陈某甲无证据证明其有理由相信该借款为祁某某与焦某某的共同意思表示,该借款对焦某某不具有约束力。由此,本案债务不能构成祁某某与焦某某夫妻共同债务,焦某某对此不应承担连带清偿责任。

据上,原审法院作出判决。宣判后,祁某某不服,向二审法院提起上诉,但未对焦某某不承担连带清偿责任进行上诉。二审法院判决驳回上诉，维持原判。

3. 案例评析

本案是夫妻关系存续期间一方对外举债的典型案例。在本案中，祁某某在夫妻关系存续期间向陈某甲借款，借款原因是甲公司流动资金紧张，该款项收款人为甲公司。祁某某庭审中亦陈述该借款焦某某并不知情。也即本案债务既不能认定为祁某某与焦某某存在举债的合意，也不能认定该债务用于祁某某与焦某某夫妻共同生活或家庭共同生活，不能认定双方共同分享了该债务所带来的利益。本案中，祁某某借款数额巨大，显然超出了日常家事代理的范畴。因此，法院认定本案债务不能构成祁某某与焦某某夫妻共同债务，焦某某对此不应承担连带清偿责任。由此可见，法院须结合夫妻共同举债的合意、用于夫妻共同生活或家庭共同生活或者夫妻双方共同分享了该债务所带来的利益、不超出日常家事代理的范畴等因素综合认定夫妻共同债务。

有关法律规定

《中华人民共和国婚姻法》(2001 年修正)

第十九条　夫妻可以约定婚姻关系存续期间所得的财产以及婚前财产归各自所有、共同所有或部分各自所有、部分共同所有。约定应当采用书面形式。没有约定或约定不明确的，适用本法第十七条、第十八条的规定。

夫妻对婚姻关系存续期间所得的财产以及婚前财产的约定，对双方具有约束力。

夫妻对婚姻关系存续期间所得的财产约定归各自所有的，夫或妻一方对外所负的债务，第三人知道该约定的，以夫或妻一方所有的财产清偿。

第四十一条　离婚时，原为夫妻共同生活所负的债务，应当共同偿还。共同财产不足清偿的，或财产归各自所有的，由双方协议清偿；协议不成时，由人民法院判决。

《最高人民法院关于适用〈中华人民共和国婚姻法〉若干问题的解释(二)》(法释〔2003〕19 号)

第二十三条　债权人就一方婚前所负个人债务向债务人的配偶主张权利的，人民法院不予支持。但债权人能够证明所负债务用于婚后家庭共同生活的除外。

第二十四条　债权人就婚姻关系存续期间夫妻一方以个人名义所负债务主张权利的，应当按夫妻共同债务处理。但夫妻一方能够证明债权人与债务人明确约定为个人债务，或者能够证明属于婚姻法第十九条第三款规定情形的除外。

第二十六条　夫或妻一方死亡的，生存一方应当对婚姻关系存续期间的共同债务承担连带清偿责任。

《最高人民法院关于人民法院审理离婚案件处理财产分割问题的若干具体意见》（法发〔1993〕32号）

第十七条　夫妻为共同生活或为履行抚养、赡养义务等所负债务，应认定为夫妻共同债务，离婚时应当以夫妻共同财产清偿。

二、离婚诉讼期间，夫妻一方对外举债的，是夫妻共同债务吗

基本理论

夫妻共同债务是指夫妻双方在婚姻关系存续期间，夫妻一方或双方为维持共同生活的需要，或出于为共同生活目的从事经营活动所负的债务。婚姻关系存续期间夫妻双方合意或用于夫妻共同生活的举债应由夫妻共同偿还，这是民法上意思自治及权利义务相一致原则的体现。但当夫妻双方发生摩擦、产生矛盾甚至考虑结束婚姻关系时，当事人出于自身利益考虑，容易在财产问题上各执一词，互不相让，甚至虚构债务、否认共同债务。

在离婚诉讼期间，夫妻一方向他人借款导致的债务是个人债务还是夫妻共同债务不能一概而论，要根据夫妻有无共同举债的合意、另一方有无从该借款上获得收益等方面来认定。一般来说，在离婚诉讼期间，夫或妻一方对外举债，二人很难有共同借款的合意，所借款项也很少用于夫妻共同生活，另一方也很难从该借款获得任何益处。因此，在离婚诉讼期间，夫妻一方对外举债的，一般来说是夫妻中借款一方的个人债务，但是特殊情况下也可以为夫妻共同债务。

笔者认为，在离婚诉讼期间，夫妻一方对外举债导致夫妻共同债务的情况大致包括如下情形：

（1）夫妻二人离婚未成或者不久就复婚或者同居的，夫妻二人虽然没有

共同借款的合意，但是借款发生后，该款项依然用于二人此后的共同生活，夫妻另一方从该借款中获得利益，因此可认定该债务是夫妻共同债务。

(2)夫妻二人虽然离婚成功，该借款没有用于后期二人的共同生活，但是夫妻二人在借款时有共同的合意，比如用于二人共同投资的企业、抚养二人的子女，也可以认定该债务是此夫妻二人的共同债务。

(3)夫妻二人虽然离婚成功，该借款没有用于后期二人的共同生活，但是该借款用于归还夫妻二人在离婚前所形成的夫妻共同债务，因此可以认定该债务是此夫妻二人的共同债务。

(4)在离婚诉讼期间，夫妻一方对外举债导致夫妻共同债务的其他情况。

典型案例

夫妻一方在离婚诉讼期间向第三人借款，出借人既无法证明夫妻另一方对该借款有借款的合意，出借人也无法证明所借款项用于夫妻共同生活、家庭经营，也无法证明夫妻另一方从该借款中获得收益，不认定为夫妻共同债务

——赵某某诉叶某某等民间借贷纠纷案①

1. 案情简介

原告赵某某。

被告叶某某。

被告傅某某。

2009年6月25日，被告叶某某向原告借款10,000元，约定于同年7月25日返还；2009年10月5日，被告叶某某再次向原告借款10,000元，约定于同年11月5日返还。上述两笔借款均约定：逾期不还的，从借款之日起按日1‰计算利息。上述两笔借款到期后，被告叶某某均未归还。

两被告于2007年5月21日登记结婚。被告傅某某因与被告叶某某夫妻感情不和，于2008年9月起回娘家居住至今，且两被告已于2009年1月2

① 参见浙江省杭州市萧山区人民法院(2011)杭萧商初字第1373号民事判决。

日就双方财产进行了核对。

2. 法院裁判及观点

一审法院认为：原告与被告叶某某之间的民间借贷关系合法有效，被告叶某某借款后未按约归还借款，应当承担逾期返还借款的民事责任。原告要求被告傅某某与被告叶某某共同承担被告叶某某在两被告分居期间向其所借的借款，即要求将被告叶某某在本案中所涉的债务按两被告的夫妻共同债务处理，但未提交相应的证据证实被告叶某某所借款项用于被告傅某某的治病或两被告的夫妻共同生活、家庭经营所需，而被告傅某某也予以否认，故本院对原告的该项主张不予支持。原告主张的利息过高，本院予以酌情调整。被告叶某某经本院合法传唤，无正当理由未到庭参加诉讼，视为对原告的起诉事实及诉讼请求放弃抗辩权。据此，根据《合同法》第205条、第206条、第207条和《民事诉讼法》第64条第1款、第130条之规定，判决如下：

一、叶某某在本判决生效后10日内返还赵某某借款20,000元，并支付自借款之日起至本判决确定履行日止按中国人民银行同期同档次贷款基准利率的4倍计算的利息(其中借款10,000元自2009年6月25日起算，余款10,000元自2009年10月5日起算)；

二、驳回赵某某的其余诉讼请求。

如未按本判决指定的期限履行付款义务，应当依照《民事诉讼法》第229条之规定，加倍支付迟延履行期间的债务利息。

案件受理费538元，减半收取269元，由叶某某负担。

3. 案例评析

本案是夫妻一方在婚姻期间对外举债的典型案例。本案中，叶某某与傅某某是夫妻，叶某某向赵某某借款发生于叶某某与傅某某离婚诉讼期间，赵某某要求叶某某与傅某某承担连带责任。法院经审理认为，原告要求将被告叶某某在本案中所涉债务按两被告的夫妻共同债务处理，但未提交相应的证据证实被告叶某某所借款项用于被告傅某某的治病或两被告的夫妻共同生活、家庭经营所需，而被告傅某某也予以否认，故法院对原告的该项主张不予支持。由法院的裁判思路可见，当夫妻一方在离婚诉讼期间向第三人借款，出借人既无法证明夫妻另一方对该借款有借款的合意，出借人也无法证明所借款项用于夫妻共同生活、家庭经营，也无法证明夫妻另一方从该借款中获得收益，则法院不支持出借人要求夫妻另一方对此借款承担责任的主张。

有关法律规定

《中华人民共和国婚姻法》(2001 年修正)

第十九条　夫妻可以约定婚姻关系存续期间所得的财产以及婚前财产归各自所有、共同所有或部分各自所有、部分共同所有。约定应当采用书面形式。没有约定或约定不明确的，适用本法第十七条、第十八条的规定。

夫妻对婚姻关系存续期间所得的财产以及婚前财产的约定，对双方具有约束力。

夫妻对婚姻关系存续期间所得的财产约定归各自所有的，夫或妻一方对外所负的债务，第三人知道该约定的，以夫或妻一方所有的财产清偿。

《最高人民法院关于适用〈中华人民共和国婚姻法〉若干问题的解释(二)》(法释〔2003〕19 号)

第二十三条　债权人就一方婚前所负个人债务向债务人的配偶主张权利的，人民法院不予支持。但债权人能够证明所负债务用于婚后家庭共同生活的除外。

第二十四条　债权人就婚姻关系存续期间夫妻一方以个人名义所负债务主张权利的，应当按夫妻共同债务处理。但夫妻一方能够证明债权人与债务人明确约定为个人债务，或者能够证明属于婚姻法第十九条第三款规定情形的除外。

第二十六条　夫或妻一方死亡的，生存一方应当对婚姻关系存续期间的共同债务承担连带清偿责任。

《最高人民法院关于人民法院审理离婚案件处理财产分割问题的若干具体意见》(法发〔1993〕32 号)

第十七条　夫妻为共同生活或为履行抚养、赡养义务等所负债务，应认定为夫妻共同债务，离婚时应当以夫妻共同财产清偿。

三、离婚时夫妻对债务清偿作出约定的，能对抗债权人吗

基本理论

离婚协议，是夫妻双方在自愿、平等的基础上协商达成的协议，在婚姻登

记机关登记离婚后发生法律效力。离婚财产分割协议书是指夫妻双方对婚姻存续期间的财产经过协商进行分割,达成协议并签订的书面协议。离婚财产分割可以分割的是家庭共同财产、夫妻共同财产、夫妻个人特有的财产等等。离婚财产分割协议约定的内容直接关系到离婚后一方获得的财产。

离婚财产分割协议如其他协议一样包括以下内容:

(1)夫妻当事人双方的详细个人信息,姓名、出生年月、住址、身份证件号码等;

(2)财产分割理由;

(3)被分割财产的现状及分割方式;

(4)分割后财产的转移条件及方式;

(5)价格补偿及债务问题;

(6)违约责任等。

在写离婚财产分割协议书时,首先需要考虑夫妻财产有哪些,在起草离婚财产分割协议时切忌笼统的描述语言,例如,夫妻一方财产归各自所有、夫妻双方财产已分割完毕无异议等。最重要的是,在最后需要加上违约责任,及约定好的分割协议。在离婚财产分割协议生效后,一方不履行责任的,需要承当违约的责任,必要的惩罚措施可以保障协议的履行。

离婚协议中关于共同债务由谁偿还的约定,只能约束已签订协议的夫妻双方,不能对抗债权人。连带偿还共同债务对于夫妻来说,是义务而不是权利。义务人自己是无法单方面免除自己的义务,而必需征得权利人的同意。最高人民法院《关于适用〈中华人民共和国婚姻法〉若干问题的解释(二)》第25条规定:“当事人的离婚协议或者人民法院的判决书、裁定书、调解书已经对夫妻财产分割问题作出处理的,债权人仍有权就夫妻共同债务向男女双方主张权利。一方就共同债务承担连带清偿责任后,基于离婚协议或者人民法院的法律文书向另一方主张追偿的,人民法院应当支持。”因此,夫妻之间在婚姻关系存续期间可对债权债务作出约定及财产作出处分,且这种约定只要不违反法律的强制性规定,具有内部的法律效力,即对夫妻双方均具有法律约束力,双方均需严格遵守。但夫妻之间的债务承担约定只在夫妻之间有效,除非得到债权人的同意,否则该约定不具有对抗债权人的效力,夫妻二人仍对债权人负担连带清偿责任。

离婚时夫妻对债务清偿作出约定的，该约定未经债权人同意，不能对抗善意的债权人

——雍某某诉张某某、马某甲、马某乙民间借贷纠纷案①

1. 案情简介

原告雍某某。

被告张某某。

被告马某甲。

被告马某乙。

被告张某某、马某甲于2004年11月15日登记结婚，2013年6月27日协议离婚，离婚协议书约定，被告张某某、马某甲各自的债务双方由各自承担。被告马某乙系被告马某甲之兄。2013年1月4日，原告根据被告张某某的要求向被告马某乙的贷款账户转款400,000元，被告张某某给原告出具欠条一张，载明："今借到雍某某人民币肆拾万元整（400,000.00元），用于马某乙在李俊信用社还贷，利率15‰，因追偿所产生的费用由我方承担。欠款人：张某某、马某甲。"后原告向三被告主张上述款项未果，故诉至本院，请求判如所请。庭审中，原告陈述欠条中的利率15‰为月利率，被告张某某予以认可。被告张某某陈述欠条中马某甲的签字是其代签。

2. 法院裁判及观点

法院认为，原、被告之间的民间借贷关系依法成立，原告向被告张某某主张偿还借款和利息的诉讼请求，法院予以支持。（原因略，详见判决书）被告张某某、马某甲于2004年11月登记结婚，2013年6月27日协议离婚，借款时二被告处于婚姻关系存续期间，故该笔借款系二被告夫妻共同债务，被告马某甲应对被告张某某的上述债务承担共同还款责任。被告张某某、马某甲辩称，二被告协议离婚并约定双方各自的债务由各自承担，二被告均称涉案

① 参见宁夏回族自治区银川市兴庆区人民法院（2015）兴民初字第4725号民事判决。

欠款系对方债务，应由对方偿还，但二被告均未提交证据证实涉案借款系哪一方的债务，且二被告离婚协议的约定是二被告之间的约定，不能对抗作为债权人的原告，故对被告张某某、马某甲的上述辩称主张本院不予采信。对于原告要求被告马某乙偿还涉案借款的诉讼请求，因原告是按照被告张某某的指示将涉案借款转至被告马某乙名下，原告与被告马某乙之间并未形成借款合同关系，被告马某乙不是本案借款人，故对原告的这一诉讼请求本院不予支持。依照《合同法》第107条、第206条、第207条、第211条第2款、《最高人民法院关于人民法院审理借贷案件的若干意见》第六条之规定，判决如下：

一、被告张某某、马某甲于本判决生效之日起7日内向原告雍某某偿还借款400,000元，并按月利率15‰支付自2013年1月4日至本判决确定还款之日止的利息；

二、驳回原告雍某某的其他诉讼请求。

3. 案例评析

本案是离婚时夫妻对债务清偿作出约定的典型案例。在本案中，被告张某某、马某甲是夫妻，在离婚协议书约定，被告张某某、马某甲各自的债务由各自承担。婚姻关系存续期间原告根据被告张某某的要求向被告马某乙的贷款账户转款400,000元，被告张某某给原告出具欠条，原告向三被告主张还款。法院经审理认为，该借款无法证明是个人债务，应是马某甲、张某某夫妻二人的共同债务，且二被告离婚协议的约定是二被告之间的约定，不能对抗作为债权人的原告。因此，判决马某甲、张某某向原告承担还款的义务。由法院的裁判思路可见，离婚时夫妻对债务清偿作出约定的，该约定未经债权人同意，不能对抗善意的债权人。

离婚协议对债权债务的约定未经债权人同意的，不得对抗善意的债权人

——沈某诉戚某、姜某民间借贷纠纷案①

1. 案情简介

原告：沈某。

---

① 参见http://china.findlaw.cn/info/hy/hunyinfaanli/caichan/1079740.html，2015年9月25日访问。

被告：戚某。

被告：姜某。

戚某和姜某原系夫妻。2011年，被告姜某为家庭生活需要，分两次向原告沈某借款5万元。借款到期后，经沈某多次催要，被告姜某均未还款。2012年9月，两被告在达成离婚协议时明确约定被告姜某在外所欠的债务全部归姜某承担，被告戚某不承担债务责任。后因被告姜某未按约定归还借款，沈某于2013年4月10日将戚某和姜某告上法庭，要求两被告共同归还借款及利息。

2. 法院裁判及观点

法院经审理认为，被告戚某和姜某选择协议离婚，并就债务负担作出约定。该协议不能约束沈某。姜某为家庭生活需要向沈某借款，该款在性质上为夫妻共同债务，且沈某对协议一事并不知情，债务由姜某负担的内容更未征得沈某同意。因此，离婚协议约定的债务负担对沈某没有法律拘束力，被告戚某不能据此对抗原告沈某的债权请求权。

夫妻离婚协议约定债务合法有效。协议离婚的基本前提在于，婚姻双方能够就夫妻共同财产分割、共同债务负担等问题达成合意。戚某与姜某均系完全民事行为能力人，该协议的订立系循于双方真实意思，其间并无欺诈、胁迫等情节，且其内容不违反法律的强制性规定，故该协议合法有效，戚某与姜某应当遵守。

综上，法院判决被告戚某与姜某对沈某的借款及利息负连带偿还责任，同时指出"被告戚某若履行了本案中的给付义务，可依协议向被告姜某另行追偿"。

3. 案例评析

本案是离婚时夫妻对债务清偿作出约定的典型案例。在本案中，姜某在婚姻关系存续期间向沈某借款，到期未还。沈某起诉姜某和戚某夫妻二人共同还款。戚某以两被告在达成离婚协议时明确约定被告姜某在外所欠的债务全部归姜某承担，主张自己不该承担债务责任。法院审理认为该债务是夫妻二人共同债务，两被告之间的离婚协议合法有效对夫妻二人具有约束力，但不对原告产生法律效力，因此，法院判该夫妻二人共同偿还原告的借款，并且戚某履行了本案中的给付义务后，可依该离婚协议向被告姜某另行追偿。因此，离婚协议是夫妻二人就夫妻共同财产分割、共同债务负担等问题达成合意，未经债权人同意不可以此对抗善意的债权人。该离婚协议一旦发生效力就对夫妻二人产生法律效力，夫妻二人就得依约履行协议。

有关法律规定

《最高人民法院关于适用〈中华人民共和国婚姻法〉若干问题的解释（二）》（法释〔2003〕19号）

第二十五条　当事人的离婚协议或者人民法院的判决书、裁定书、调解书已经对夫妻财产分割问题作出处理的，债权人仍有权就夫妻共同债务向男女双方主张权利。

一方就共同债务承担连带清偿责任后，基于离婚协议或者人民法院的法律文书向另一方主张追偿的，人民法院应当支持。

四、夫妻个人对外的借贷债务，能否对夫妻共同财产进行执行

基本理论

民间借贷中，经常涉及夫妻一方在夫妻关系存续期间向他人举债，该债务是个人债务还是夫妻共同债务，不可一概而论。我国目前对夫妻债务问题的规定分散在《婚姻法》（2001年修正）以及《最高人民法院关于人民法院审理离婚案件处理财产分割问题的若干具体意见》（法发[1993]32号）、婚姻法司法解释之中，而对在婚姻关系存续期间夫妻一方以个人名义在外负债的认定最直接的规定是《婚姻法解释（二）》（法释[2003]19号）的第24条即“婚姻关系存续期间夫妻一方以个人名义所负债务，应当按夫妻共同债务处理，除非夫妻一方能够证明债权人与债务人将债务明确约定为个人债务，或者能够证明第三人知道夫妻对婚姻关系存续期间所得的财产约定归各自所有的”。

由此可以看出，我国法律对婚姻关系存续期间一方以个人名义所负债务，除另一方能够提出相关证据证明该笔债务系对方个人债务外，应直接推

定为夫妻共同债务。当债务是夫妻共同债务时,法院依照法定程序根据债权人的申请及生效法律文书可以直接执行夫妻共同共有财产,这里的财产当然包括存款、车辆、房产、股份等。但是,当该债务是个人债务时,由于夫妻共有财产往往具有不可分性,比如车辆、房产等均具系夫妻共同共有,法院可以强制执行此类夫妻共同共有财产。夫妻共同共有财产由夫妻二人共同共有。当夫妻个人对外的借贷债务是个人债务时,债务人对该全部共有财产不分份额地享有平等的所有权,法院当然可以执行该财产。但是夫妻另一方对该财产享有共同共有的权益,为了避免因执行该共同共有财产,法院对夫妻二人共同共有财产执行时,对此类财产依法委托具有相关资质的评估机构进行评估后,通过司法拍卖等途径直接执行属于被执行人的一半财产份额,剩余部分依然归夫妻另一方所有。夫妻共同共有财产虽然具有不可分性,但法院依照法定程序对此类财产进行了合法、客观、有效的评估,执行对象仅仅是分割后负债一方的个人财产,并未侵犯另一方的合法财产,只是通过改变此类财产的价值形态从而达到执行的目的。

2014 年 1 月 27 日浙江省高级人民法院审判委员会通过的《关于执行生效法律文书确定夫妻一方为债务人案件的相关法律问题解答》(浙高法[2014]38 号)的规定,执行机构根据相关证据经审查判断属于夫妻共同债务的,可以执行夫妻共同财产。夫妻共同财产经执行仍不足清偿的,可以执行夫妻另一方的个人财产。个人财产是指《婚姻法》及其司法解释明确规定属夫妻一方个人所有的财产。债务性质经判断为夫妻共同债务的,执行机构可直接作出裁定查封、扣押、冻结、变价夫妻共同财产或者非被执行人的夫妻另一方名下的财产,而无需裁定追加夫妻另一方为被执行人。执行裁定书主文部分应当写明执行的具体财产。经判断为夫妻个人债务的案件,应当执行属于被执行人所有或者其个人名下的财产。执行人所有或者其个人名下的财产不足清偿的,可执行夫妻共同财产中的一半份额。如登记在夫妻另一方名下的财产系共同财产的,也可执行。执行机构可直接对上述共同财产采取相应的执行措施。夫妻另一方对被执行人个人名下的财产主张权利,或者对登记在其名下的财产是否系共同财产或者财产份额提出异议的,按照《民事诉讼法》第 227 条的规定办理。夫妻另一方就财产份额提出异议,或者对被执行人个人名下的财产主张权利,案外人执行异议之诉审理期间不停止执行。

典型案例

夫妻个人对外的借贷债务,法院可以对夫妻共同存款进行执行

——胡某某与钱某某民间借贷纠纷执行案①

1. 案情简介

申请执行人:胡某某。

被执行人:钱某某。

法院依据已经发生法律效力的(2015)枞民一初字第01255号民事调解书,于2015年8月27日向被执行人发出执行通知书,责令被执行人自执行通知书送达之日起5日内履行上述生效法律文书确定的义务,但被执行人至今未履行。法院查明:被执行人钱某某之妻章会玲名下有存款,该存款属于钱某某与章会玲的夫妻共同财产,依法应当用于清偿钱某某所负债务。

2. 法院裁判及观点

法院依照《婚姻法》第17条、《民事诉讼法》第243条、最高人民法院《关于〈中华人民共和国婚姻法〉若干问题的解释(二)》第24条之规定,裁定如下:

划拨被执行人钱某某或章会玲的银行存款53,137元。

本裁定送达后立即发生法律效力。

3. 案例评析

本案是夫妻个人对外的借贷债务,法院对夫妻共同财产进行执行的典型案例。在本案中,钱月友向胡某某借款,胡某某根据生效的调解书向法院申请执行,法院查到被执行人钱某某之妻章会玲名下有存款,该存款属于钱某某与章会玲的夫妻共同财产,依法应当用于清偿钱某某所负债务,遂作出裁定将该存款予以划拨。从该法院的裁判思路可见,夫妻个人对外的借贷债

① 参见安徽省枞阳县人民法院(2015)枞执字第00673-2号执行裁定。

务，法院可以对夫妻共同财产进行执行。

夫妻个人债务可执行夫妻共同财产中属于债务人的一半份额

——姚某某与章某某民间借贷纠纷执行异议案①

1.案情简介

案外人：陆某某。

申请执行人：姚某某。

被执行人：章某某。

案外人陆某某称，法院在审理中查封了案外人所有的位于甲地的住宅一套，案外人依法提出异议，请求中止对该住宅的执行，并解除查封。其事实与理由：姚某某诉章某某民间借贷纠纷一案，法院已作出判决，该借贷纠纷案与案外人无关，案外人与章某某于2015年3月12日离婚，按照离婚协议，位于甲地的住宅一套属于案外人，系本人的私有财产。为此，特提出异议，请求中止对该住宅的执行，并解除查封。为证明以上事实，案外人向法院提交了离婚证、离婚协议书一份。

在审理原告姚某某与被告章某某、陆某某民间借贷纠纷一案中，根据原告的申请，法院于2015年3月27日查封了陆某某名下的位于甲地的8幢1203室住宅一套，于2015年4月2日查封了陆某某名下的位于乙地的2208室住宅一套。2015年5月11日，法院作出(2015)绍柯商初字第1062号民事判决书，判决确定：被告章某某应归还原告姚某某借款本金人民币400,000元。对原告要求被告陆某某共同偿还讼争借款的诉请，本院不予支持。判决书作出后，被告章某某未履行还款义务，权利人向法院申请执行，法院立案执行。在执行过程中，案外人据此向法院提出执行异议。

法院经审查查明，案外人陆某某与被执行人章某某曾为夫妻关系，二人于2002年3月12日办理结婚登记手续，于2015年3月16日办理离婚登记手续，离婚协议中对财产分割作了约定：位于乙地的2208室住宅一套，属夫妻共有财产，归男方所有；位于甲地的住宅一套属夫妻共有财产，归女方所有，自建住房二间三楼及附属房赠与女儿章某璐，产权归属章某璐所有。同

① 参见浙江省绍兴市柯桥区人民法院(2015)绍柯执异字第34号执行裁定。

时查明，位于乙地的2208室住宅为商业房产，建筑面积55.36平方米，该房产已于2013年12月13日抵押给其他债权人，担保限额为50万元。自建住房二间三楼及附属房登记在章某某名下，土地性质为集体土地。

2. 法院裁判及观点

法院经审查认为，一、章某某承担之债可认定其个人债务。法院(2015)绍柯商初字第1062号民事判决已明确，章某某向姚某某的借款为个人债务。二、查封的房产属夫妻共同财产。位于乙地的2208室住宅一套、位于甲地的8幢1203室住宅一套属被执行人与案外人共有财产。离婚协议对财产的分割，不得损害债权人的利益，本案中章某某与案外人陆某某对财产的分割，形式上平等，而实际上不平等，如将被执行人章某某在婚前个人财产赠与女儿，将抵押值也难以实现的房产分给被执行人，如此将严重损害债权人的利益。因此，该离婚协议对财产的分割不得对抗本案的申请执行人。三、可执行夫妻共同财产中属于债务人的一半份额。经执行中查明，暂未发现章某某名下有可供执行的财产。本院依法对案外人和章某某所有的共有房产进行查封，并采取相应的执行措施，符合法律规定。案外人请求停止对系争房产的执行，并解除查封无法律依据，对案外人上述请求本院不予支持。同时在执行中，对案外人合法权益应予保护，保留案外人共有财产的一半份额。根据《民事诉讼法》第227条和最高人民法院《关于适用〈中华人民共和国民事诉讼法〉执行程序若干问题的解释》第15条之规定，裁定驳回案外人陆某某的执行异议。

3. 案例评析

本案是夫妻个人对外的借贷形成的个人债务，法院对夫妻共同财产的一半进行执行的典型案例。在本案中，生效判决认定章某某向姚某某的借款为个人债务，权利人向法院申请执行。法院在审理中查封了案外人陆某某与被执行人章某某的夫妻共有财产，即位于甲地的住宅一套。考虑到借款是夫妻个人债务，法院认为可执行夫妻共同财产中属于债务人的一半份额。执行中，法院未发现章某某名下有可供执行的财产，遂依法对案外人和章某某所有的共有房产进行查封，并采取相应的执行措施。同时在执行中，对案外人合法权益应予保护，保留案外人共有财产的一半份额。由法院的裁判思路可见，针对夫妻个人债务，当该个人无财产可执行时，可以依法执行夫妻共同财产，为了保护夫妻另一方的合法利益，保留被执行的夫妻共同财产一半的份额给夫妻另一方。

有关法律规定

《中华人民共和国婚姻法》(2001 年修正)

第四十一条　离婚时，原为夫妻共同生活所负的债务，应当共同偿还。共同财产不足清偿的，或财产归各自所有的，由双方协议清偿；协议不成时，由人民法院判决。

《最高人民法院关于适用〈中华人民共和国婚姻法〉若干问题的解释(二)》(法释〔2003〕19 号)

第二十四条　债权人就婚姻关系存续期间夫妻一方以个人名义所负债务主张权利的，应当按夫妻共同债务处理。但夫妻一方能够证明债权人与债务人明确约定为个人债务，或者能够证明属于婚姻法第十九条第三款规定情形的除外。

第二十六条　夫或妻一方死亡的，生存一方应当对婚姻关系存续期间的共同债务承担连带清偿责任。

五、出借人死亡的，借款人需要履行还款义务吗

基本理论

在民间借贷中，出借人与借款人缔结了民间借款协议并依约交付了款项，出借人根据民间借贷取得合法债权后，民间借贷法律关系的出借人死亡，借款人是否需要履行还款义务，不能一概而论。

出借人在死亡之前通过赠与、买卖等方式将该债权转让给第三人，并依据《合同法》第 80 条的规定“债权人转让权利的，应当通知债务人。未经通知，该转让对债务人不发生效力。债权人转让权利的通知不得撤销，但经受让人同意的除外”。将该转让具体情形通过书面或者口头的方式通知了借款人，即债权转让发生效力。转让之后，作为受让人的第三人获得债权，出借人丧失该债权，借款人接到出借人的债权转让通知后负有向受让债权的第三人履行债务的义务。在这种情况下，虽然出借人事后去世，但出借人去世之前

享有的债权已经转让给了第三人，因此，作为债权受让人的第三人依然可以凭借据等证明材料在诉讼时效内向借款人主张到期债权，借款人依然须依据约定到期履行还款义务。

继承是指将死者生前的财产和其他合法权益转归有权取得该项财产的人所有的法律制度。我国《继承法》(1985 年)第 3 条规定了遗产的范围，遗产是公民死亡时遗留的个人合法财产，包括以下几项：

(1)公民的收入；

(2)公民的房屋、储蓄和生活用品；

(3)公民的林木、牲畜和家禽；

(4)公民的文物、图书资料；

(5)法律允许公民所有的生产资料；

(6)公民的著作权、专利权中的财产权利；

(7)公民的其他合法财产。

根据最高人民法院《关于贯彻执行〈中华人民共和国继承法〉若干问题的意见》(法(民)发〔1985〕22 号)的规定，公民可继承的其他合法财产包括有价证券和履行标的为财物的债权等。因此，出借人生前因民间借贷获得的合法债权可以为其继承人所继承。根据我国《继承法》(1985 年)的规定，第一顺序继承人包括配偶、子女、父母，第二顺序继承人包括兄弟姐妹、祖父母、外祖父母。无人继承又无人受遗赠的遗产，归国家所有；死者生前是集体所有制组织成员的，归所在集体所有制组织所有。出借人死亡后，出借人的配偶、父母、儿女等合法继承人在整理出借人的遗物时，找到借款人向已故出借人出具的借条。出借人的合法继承人在继承出借人权利后，继承人持该借条以及其他证据材料在诉讼时效内向借款人主张到期债权，借款人须如期偿还借款。

出借人死亡后，作为债务人的借款人需要向该债权的受让人、继承人等债权承继人履行还款义务，但该还款法定义务建立在债权承继人需在诉讼时效内主张权利的基础上。诉讼时效是指民事权利受到侵害的权利人在法定时效期间内不行使权利，当时效期间届满时，人民法院对权利人的权利不再进行保护的制度。在法律规定的诉讼时效期间内，权利人提出请求的，法院可以强制义务人履行义务，但如果诉讼时效届满后，债权人再提出诉讼请求，人民法院应当受理，若债务人以诉讼时效届满进行抗辩且无诉讼时效中止、中断和延长的法定事由时，法院可以判决驳回其诉讼请求。如果义务人没有提出诉讼时效届满进行抗辩的，法院视为其放弃了该权利，法院不会主动适用诉讼时效制度。诉讼时效届满的债权成为自然之债，义务人可以不偿还该借款，但是，一旦借款人向民间借贷的债权承继人履行了还款义务，则事后不得反悔。

典型案例

出借人死亡后，借款人向继承该债权的民事主体承担还款义务

——王某某、任某某诉倪某某民间借贷纠纷案①

1. 案情简介

原告：王某某。

原告：任某某。

被告：倪某某。

原告王某某、任某某共同起诉称：原告王某某的丈夫任某某与被告相识，被告倪某某自 2008 年 9 月至 2011 年 2 月分别向任某某借款 34,000 元、50,000 元、30,000 元、25,000 元、30,000 元，共计 169,000 元，并分别出具借条 5 份。2013 年 10 月 16 日，被告倪某某为之前一笔 30,000 元借款补写借条 1 份。6 次借款共计 199,000 元。现出借人任某某已病亡，两原告作为任某某的合法继承人多次向被告催讨上述借款，被告至今未还。故两原告诉请法院判令：被告即时归还借款 199,000 元；本案诉讼费由被告承担。原告为证明自己的主张，向法院提交了借条 6 份；户口本、居民死亡证明书以及村委会证明各 1 份。

被告倪某某未作答辩，亦未向法院提交证据。

被告倪某某经法院合法传唤，无正当理由拒不到庭参加诉讼，视为其自动放弃质证权利，不影响法院对证据的依法认定。两原告提供的证据经庭审

① 参见浙江省余姚市人民法院（2013）甬余低商初字第 270 号民事判决。

出示并经法院审核，符合证据的真实性、合法性、关联性，法院予以确认。根据原告的陈述及本院所采信的证据，法院对原告所诉称的事实予以认定。

2. 法院裁判及观点

法院经审理认为：任某某与被告倪某某之间的借贷关系合法有效。被告倪某某未按约向任某某归还借款已构成违约。任某某死亡后，作为合法继承人的原告王某某、任某某依法继承任某某上述债权。现两原告要求被告归还借款199,000元的诉讼请求符合法律规定，本院予以支持。被告倪某某不到庭参加诉讼，不影响本院依法审判。依照《合同法》第206条，《继承法》第3条、第10条，《民事诉讼法》第144条的规定，判决被告倪某某于本判决发生法律效力后10日内归还原告王某某、任某某借款199,000元。如果未按本判决指定的期间履行给付金钱义务，应当依照《民事诉讼法》第253条之规定，加倍支付迟延履行期间的债务利息。

3. 案例评析

本案是出借人死亡的民间借贷纠纷典型案例。在本案中，被告倪某某向任某某借款，之后出借人任某某已病亡，两原告作为任某某的合法继承人多次向被告催讨上述借款，并诉诸法院。法院审理认为，任某某死亡后，作为合法继承人的原告王某某、任某某依法继承任某某上述债权。因此法院判决借款人倪某某向出借人的合法继承人王某某、任某某依法履行还款义务。死者生前享有的债权属于遗产的一部分，当出借人去世后，其合法继承人依法继承该债权并可以在诉讼时效期间内向借款人主张权利，由借款人向继承该债权的民事主体承担还款义务。

有关法律规定

《中华人民共和国合同法》(1999年)

第八十条　债权人转让权利的，应当通知债务人。未经通知，该转让对债务人不发生效力。

债权人转让权利的通知不得撤销，但经受让人同意的除外。

《中华人民共和国继承法》(1985年)

第三条　遗产是公民死亡时遗留的个人合法财产，包括：

（一）公民的收入；

（二）公民的房屋、储蓄和生活用品；

（三）公民的林木、牲畜和家禽；

（四）公民的文物、图书资料；

（五）法律允许公民所有的生产资料；

（六）公民的著作权、专利权中的财产权利；

（七）公民的其他合法财产。

最高人民法院《关于贯彻执行〈中华人民共和国继承法〉若干问题的意见》（法（民）发〔1985〕22号）

第三条　公民可继承的其他合法财产包括有价证券和履行标的为财物的债权等。

六、借款人死亡的，能向借款人的继承人主张偿还吗

基本理论

在民间借贷法律关系中，借款人死亡并不会导致债权债务关系的消灭。我国《继承法》（1985年）第33条规定，继承遗产应当清偿被继承人依法应当缴纳的税款和债务，缴纳税款和清偿债务以他的遗产实际价值为限。超过遗产实际价值部分，继承人自愿偿还的不在此限。继承人放弃继承的，对被继承人依法应当缴纳的税款和债务可以不负偿还责任。最高人民法院《关于贯彻执行〈中华人民共和国继承法〉若干问题的意见》[法（民）发〔1985〕22号]第61条规定，继承人中有缺乏劳动能力又没有生活来源的人，即使遗产不足清偿债务，也应为其保留适当遗产，然后再按《继承法》第33条和《民事诉讼法》第180条的规定清偿债务。最高人民法院《关于贯彻执行〈中华人民共和国继承法〉若干问题的意见》[法（民）发〔1985〕22号]第62条规定，遗产已被分割而未清偿债务时，如有法定继承又有遗嘱继承和遗赠的，首先由法定继承人用其所得遗产清偿债务；不足清偿时，剩余的债务由遗嘱继承人和受遗赠人按比例用所得遗产偿还；如果只有遗嘱继承和遗赠的，由遗嘱继承人和受遗赠人按比例用所得遗产偿还。

因此，即便民间借贷法律关系中的借款人死亡，不会导致债权债务关系的灭失。在遗产分割之前，我国继承法律制度规定了死者遗留的财产用于偿还死者生前的债务，清偿债务以死者的遗产实际价值为限，不足部分由继承人自愿偿还，法律不作强制性规定，这保障了出借人债权的实现，维护社会秩序的稳定。在遗产分割之后，各位继承人、受遗赠人在其继承财产的范围之内依顺序按比例在其继承的财产范围之内负担偿还责任。需要注意的是，借款人死亡后，在划分其遗产时，须首先分割夫妻共同财产，将属于已故借款人配偶的财产归配偶个人所有，剩下的财产才属于已故借款人的遗产。

典型案例

借款人死亡后，继承人在所继承的财产价值范围内承担还款责任

——李某与周某、胡某甲等被继承人债务清偿纠纷案[①]

1. 案情简介

原告：李某。

被告：周某。

被告：胡某甲。

被告：胡某乙。

被告：胡某丙。

被告：杜某。

被告胡某甲系死者胡某丁与前妻胡某戊的婚生女，被告杜某系被告周某与前夫杜德芳的婚生女，被告周某与胡某丁于××××年××月××日登记结婚，被告杜某尚未成年随被告周某与胡某丁共同生活，系胡某丁的继子女。被告胡某乙、胡某丙系胡某丁的父母。胡某丁于2013年12月9日因故死亡。现登记在胡某丁名下的坐落于甲地三层楼房两间，该房屋所有权证号为××××××，房屋所占的国有土地使用权证号为××××，被告胡某甲自认由其占有并使用的登记在胡某丁名下车牌号为浙B×××××轿车一辆。

---

① 参见浙江省慈溪市人民法院(2015)甬慈浒民初字第731号民事判决。

2009年12月20日，胡某丁向原告借款100,000元，由胡某丁出具借条一份，约定借款月利率为0.6%，未约定还款期限，同时约定借款利息每三月支付一次；2011年5月4日，胡某丁向原告借款50,000元，由胡某丁出具借条一份，约定借款月利率为0.8%，未约定借款期限及利息支付的方式。胡某丁借款后，按照与原告的约定已支付了上述借款的利息至2013年9月20日。

2. 法院裁判及观点

法院认为，原告与胡某丁之间的民间借贷关系自原告交付胡某丁借款之时成立且合法有效，因由胡某丁出具的两份借条仅约定借款利率，未约定借款期限，故原告与胡某丁之间存在有息不定期民间借贷关系，作为借款人的胡某丁在借款后应经按约支付借款利息同时可随时返还借款，作为出借人的原告也可随时向胡某丁催讨借款。现胡某丁因故死亡，五被告作为胡某丁遗产的法定继承人，应依法在其继承遗产的实际价值范围内负责清偿胡某丁生前所负债务。作为法定继承人的五被告均未明确表示放弃继承，故对原告要求五被告在遗产继承范围内清偿债务的诉讼请求，本院应予支持。被告周某、杜某未到庭参加诉讼，本院依法缺席审理本案。据此判决被告周某、胡某甲、胡某乙、胡某丙、杜某应返还原告李某借款150,000元，同时应支付自2013年9月21日始至款项清偿日止、以150,000元为基数、按月利息1000元计算的借款利息，款于本判决生效后7日内在被告周某、胡某甲、胡某乙、胡某丙、杜某继承胡某丁的遗产实际价值范围内进行清偿。

3. 案例评析

本案是出借人向已去世的借款人的继承人主张偿还的典型案例。借款人胡某丁于2013年12月9日因故死亡。死者胡某丁与前妻胡某戊的婚生女胡某甲、胡某丁配偶周某、胡某丁的继子女杜某（尚未成年随被告周某与胡某丁共同生活）、胡某丁的父母胡某乙、胡某丙均是胡某丁遗产的法定继承人。法院经审理认为五被告作为胡某丁遗产的法定继承人，应依法在其继承遗产的实际价值范围内负责清偿胡某丁生前所负债务。作为法定继承人的五位被告均未明确表示放弃继承，故支持了原告要求五被告在遗产继承范围内清偿债务的诉讼请求。由法院的裁判思路可见，法定继承人在继承借款人遗产的同时，也在所继承的财产价值范围内继承了已故借款人的债务。

有关法律规定

《中华人民共和国继承法》(1985年)

第三十三条　继承遗产应当清偿被继承人依法应当缴纳的税款和债务，缴纳税款和清偿债务以他的遗产实际价值为限。超过遗产实际价值部分，继承人自愿偿还的不在此限。

继承人放弃继承的，对被继承人依法应当缴纳的税款和债务可以不负偿还责任。

最高人民法院《关于贯彻执行〈中华人民共和国继承法〉若干问题的意见》(法(民)发〔1985〕22号)

第六十一条　继承人中有缺乏劳动能力又没有生活来源的人，即使遗产不足清偿债务，也应为其保留适当遗产，然后再按继承法第三十三条和民事诉讼法第一百八十条的规定清偿债务。

第六十二条　遗产已被分割而未清偿债务时，如有法定继承又有遗嘱继承和遗赠的，首先由法定继承人用其所得遗产清偿债务；不足清偿时，剩余的债务由遗嘱继承人和受遗赠人按比例用所得遗产偿还；如果只有遗嘱继承和遗赠的，由遗嘱继承人和受遗赠人按比例用所得遗产偿还。

第三章

民间借贷关系的性质与效力

第一节
民间借贷关系的定性

在民间借贷审判实践中,民间借贷关系与其他民事法律关系相互交织,较难区分把握的情况比较常见。如因投资或合伙经营亏损欠款、拖欠货款、运费、拖欠建设工程款等转化为民间借贷纠纷的比较多。争议双方往往在出具的书面材料上写有"收到"、"借到"、"欠"等字样,对相关表述的意思上,双方各执一词。有的是在其他交易活动中产生的金钱给付债务,以借条、欠条等形式表现出来;有的采取买卖合同等交易为外观,实际则为民间借贷的担保;等等。本节以若干案例为例子,对这个方面进行阐述、探讨。

一、拖欠货款后写下的欠条，属于借款合同吗

基本理论

1. 金钱债务关系与基础法律关系

金钱债务关系是指当事人之前以金钱给付为主要内容的债权债务关系，而基础法律关系主要是指产生双方金钱给付债权债务关系的民事法律关系，后者是前者产生的基础。基础法律关系既可能是合同关系，也可能是其他民事法律关系。如，关于追索货款的债权债务一般是货物买卖合同中一方对另一方给付货物交易价款的金钱债权债务，产生该债权债务的基础法律关系是货物买卖合同关系。实践中往往当事人双方保持着经常性的供货关系，使双方货款债务数额处于随时变动和难以厘清的状态，双方对账并写下欠条等书面材料进行债务数额、付款日期等权利义务的确认情况比较多见。此处的欠条，其意思表示一般是对现有债权债务数额的一种确认，至于是基于什么基础法律关系产生的债权债务，需要结合双方的意思表示、之前形成的其他协议予以综合判定。如对货款金额、履行日期等内容的确认，其基础法律关系是货物买卖合同关系，一般并不因此构成借款合同关系。包括其他基础法律关系如拖欠劳动报酬、拖欠工程款、拖欠公司企业或合伙出资款等，其基础法律关系是劳动（或提供劳务）关系、建设工程合同关系、企业出资（或合伙）合同关系等，因拖欠金钱给付债务打下的欠条一般不能认定为借款合同关系。

2. 如何区分民间借款债务与其他基础法律关系债务

实践中，一般从以下几个方面来区分借款债务与其他基础法律关系债务：一是看产生的原因：借款债务基于借款事实而产生，要求一方已提供借款；其他基础法律关系产生的债务则可能是货物买卖、出资、劳动（劳务）合同等法律关系产生。二是看双方对债务的意思表示，一般借款合同债务表现为借条、借据，从文字内容来看能够反映双方借款的意思。而一般的金钱债务关系则表现为欠条，即反映出双方对金钱债务存在、数额及履行期限等信息的意思表示，金钱债务产生的原因不限于借贷，还可能包括其他基础法律关

系。对于有借条、借据，其他证据能够印证双方为借款合同关系的，一般可认定为借款合同关系；只有欠条的，还应当举证证明该欠条所载金钱债务发生的原因（基础法律关系）。

3. 当事人将其他金钱债务协议转为借贷债务如何认定

实践中，也有部分当事人通过协议书、立借据等形式，将拖欠的货款、工程款等其他基础法律关系形成的金钱债务，进行延期并约定转为借款的情况。对于此种情况如何处理，司法实践中存在一些认识不统一的情况。①其实，实践中当事人协议约定，学理上称之为债务更新（债务更改）。我国《民法通则》、《合同法》对此并无明确规定，但按照现行《民法通则》、《合同法》确定的合同自由原则，应当对当事人在自愿、合法、真实意思表示基础上消灭旧债务，产生新债务的合同（债务更新行为）予以承认和保护。对于正常的债务更新行为，应当以变更后的债务性质、数额、履行期限、方式等债权债务内容来认定双方法律的权利义务。对于双方以“借据”等形式对其他基础法律关系形成的金钱债务进行更新，消灭原有债务，同时产生新的债务，明确新的债务是借款关系之债，并重新约定了新的履行期限、金钱债务本金、利息等内容的，应当认定双方的债务关系已更新为借款关系。

有观点认为，自然人之间的借款合同，自提供借款时生效。对于债务更新形成借款关系的，双方当事人是通过债务更新来发生民间借贷关系，并未发生实际借款的金额交付，因此，不能按民间借贷处理。但本书认为，正如物权法学理上的“交付”包括现实交付、拟制交付、占有改定、返还请求权让与等一样，物的交付不限于现实交付。并且《合同法》第 210 条中的用语为“提供”，提供的形式并不限于现金交付或银行转账，以先前已经存在的其他债权也可以作为资金“提供”的一种形式。并且，实践中将货款等债务重新协议约定为借款债务的，往往是对旧有债务进行展期的行为，基于新的协议，原有债

---

① 吴淑娟：“当事人约定对非因借贷行为产生欠款转为借款是否有效”，载见广东高院网：http://www.gdcourts.gov.cn/ecdomain/framework/gdcourt/ecibidheegllbboeikdajnommmoapapl/cgdbfj-aoeiembboeloodlfhidcondajh.do?isfloat=1&disp_template=pchlilmiaebdbboeljehjhkjkkgjbjie&fileid=20150215155123131&moduleIDPage=cgdbfjaoeiembboeloodlfhidcondajh&siteIDPage=gdcourt&infoChecked=0&keyword=&dateFrom=&dateTo=，2015 年 9 月 29 日访问。

务的债权人实际上为债务人提供了资金融通的帮助，并以借款交易重新确定利息等交易条件。因此，按照双方新的意思表示，将双方交易关系认定为借款关系是完全合理的。

典型案例

当事人因拖欠货款写下欠条而未及时付款发生纠纷的，按相应的基础合同关系处理，不按民间借贷处理

——吕甲与吕乙买卖合同纠纷二审案①

1. 案情简介

上诉人（原审被告）吕甲，职员。

被上诉人（原审原告）吕乙，个体工商户。

吕乙与吕甲系叔侄关系。2011年4月18日，吕乙将其在武汉所经营的化纤棉厂转让给吕甲。加上之前吕甲向吕乙购买的化纤棉未付款共计85万元，吕甲同日向吕乙出具分别为45万元及40万元的欠条两份。其中涉案的40万元欠条上载明："今欠到吕乙棉款人民币肆拾万元。2011年10月30号还贰拾万元，2012年1月1号还贰拾万元。"之后，吕甲通过银行转账及现金给付方式偿还吕乙45万元。45万元的欠条因得到了全部清偿已被吕甲收回，涉案的40万欠条因吕甲没有清偿完毕尚未被收回。吕甲先后共给付吕乙12万元，实际还欠吕乙28万元。吕乙一审诉请：判令吕甲偿还借款40万元以及利息9.6万元。

2. 法院裁判及观点

一审法院审理认为，吕甲所欠吕乙的为货款，并非借款。双方形成的应为买卖合同关系，并非民间借贷，故该案案由民间借贷纠纷应调整为买卖合同纠纷。吕甲欠吕乙货款40万元并出具欠条，且在欠条上约定还款期限，之后吕甲先后还款12万元，尚欠28万元未付，事实清楚，证据充分，吕甲不按约定履行给付义务，应当承担民事责任。吕乙主张的月利息20%无书面约

---

① 参见湖北省江汉中级人民法院（2015）鄂汉江中民二终字第00026号。

定，利息96,000元无依据，依法不予支持。因此判决：吕甲给付吕乙货款28万元，并按中国人民银行同类贷款利率支付利息。

一审判决宣判后，吕甲不服，向湖北省汉江中级人民法院提起上诉称。

二审法院审理认为，关于涉案的40万元债权债务是借款还是因买卖关系产生的货款的问题，双方当事人在一、二审庭审过程中均认可涉案的40万元欠款以及吕甲已经偿还的45万元共计85万元系吕乙转让其开办的化纤棉厂设备及化纤棉的款项，据此，可以认定涉案的40万元不是因民间借贷产生的借款，而是因买卖关系形成的货款。无论是民间借贷之债还是买卖合同之债，吕甲都应当偿还相应的欠款，在本案中原审法院根据查明的案件客观事实确认当事人系买卖合同关系，作出实体处理，并未影响双方当事人的实体权利，亦未超越吕乙诉讼请求的范围。原审法院根据庭审中查明的事实以买卖合同纠纷作出判决并未违反法定程序。关于尚欠欠款数额的问题，根据谁主张谁举证的原则，吕乙依据其手中的40万元欠条向吕甲主张权利，而吕甲则应提供其已经偿还40万元欠款的证据，但吕甲无法提供其他还款凭证，故只能依据吕乙所持有的40万元欠条对欠款数额进行认定，在吕乙认可吕甲已经偿还了40万元欠款中12万元的情况下，应当认定吕甲还有28万元尚未清偿。综上，判决驳回上诉，维持原判。

当事人之间因拖欠货款、运费等债务，将相关债务按民间借贷关系进行重新约定的，按民间借贷处理

——李某诉被告梁某民间借贷纠纷案①

1. 案情简介

原告：李某。

被告：梁某。

原、被告是朋友关系。1998年至1999年间，原告为被告运输其土方工程，因被告未能支付而一直未收回运费。后原告要求被告立借据给其作为欠款证明，被告于2010年10月26日立下借据给原告存执，内容为："本人梁某借李某人民币￥115,000，每月还￥3000。壹年之后还清。2010.10.26."被

① 参见广东省江门市新会区人民法院(2013)江新法民四初字第11号民事判决。

告在借据上签名并捺指印，同时，被告还在该《借据》末尾位置写上"以上实清未定，今晚讲清"。庭审时，被告称当时想写的实际是"以上实数未定，今晚讲清"。

之后，原告陆续收到被告通过银行转账方式偿还的款项，至诉讼期间，原告称被告已还50,000元，尚欠65,000元。被告称没有计算过已偿还的款项数额，认为原告计算的尚欠数额应该是正确的。庭审调查时，被告称保存有偿还欠款给原告的存款凭证，但经法庭询问，其又明确表示，不需要提交这些凭证给法庭作证据用。2013年2月4日，原告以经过多次催收被告仍不归还尚欠款项为由，向法院提起诉讼，提出上述诉称中的诉讼请求。

2. 法院裁判及观点

一审法院经审理认为，被告曾拖欠原告运费，后双方以借据的形式结算尚欠款项。其反映了原、被告双方达成了将所欠运费转为借款的共同意思表示，其实是将运费按照借款来处理，并不违反法律法规的强制性规定，并且所欠运费也是双方确认的合法债务，双方当事人通过这种约定确定所欠款项，此种约定合法有效，原、被告之间将欠款约定转为借款实际上是将被告所欠原告的运费虚拟为已经偿还，然后再由原告将所收运费出借给被告，从而在双方之间消灭了因运输服务形成的运费之债，转而成立了借款之债，这种约定对原、被告双方均具有约束力。对于被告在借据上写的"以上数额未定，今晚讲清"，表明写该《借据》时被告不确定数额是多少，但自立下借据后被告已陆续多次偿还了部分欠款并在长达数年的时间里未提异议，并且因被告对原告提交的证据仅仅表示自己没有计算数额，在经法庭说明和询问后，被告仍不否认原告的主张，故应视为其对原告主张尚欠数额的认定，即应认定尚欠数额为65,000元。原告多次催要欠款后，被告至今仍未履行还款义务，被告的行为已构成违约，依法应承担偿还欠款人民币65,000元的民事法律责任，故对原告要求被告偿还欠款人民币65,000元的请求，理由充分，予以支持。

至于利息问题。根据《最高人民法院关于人民法院审理借贷案件的若干意见》第9条"公民之间的定期无息借贷，出借人要求借款人偿付逾期利息，或者不定期无息贷款经催告不还；出借人要求偿付催告后利息的，可参照银行同类贷款的利率计息"的规定，原、被告双方的贷款虽未约定利息，但经原告催收后仍然不偿还，故原告请求被告从起诉之日起，按照银行贷款利率计付逾期利息给原告合法有据，法院予以支持，但原告主张计至全部欠款付清之日止缺乏依据，法院认为应计算至法院确定的付款日止，对其不合理部分，不予支持。

法院判决：被告梁某应在本判决发生法律效力之日起10日内向原告李某偿还欠款人民币65,000元及利息（按中国人民银行同期贷款基准利率自2013年2月4日计至本院确定的付款日止）。宣判后，原被告均未提起上诉，一审判决已生效。

3.案例评析

本案为有金钱给付义务的法律关系转变为借款关系（民间借贷）处理的例子。如前所述，实践中，如工程欠款、未付货款、拖欠劳动报酬款、股权转让、垫付出资款等非因借贷行为产生的欠款，如发生纠纷的一般应当按照双方金钱债务关系发生的基础关系来进行纠纷定性并审理。但实践中也有的当事人通过签订借款合同或者以订立借据等形式，对相关债务内容进行变更，直接转为借款的情况。从本案双方新的约定来看，就属于这种情况，属于双方约定新的债务，以取代旧的债务的行为，即债务更新（债务更改）行为。一般应当予以承认和保护，以变更后的债务性质、数额、履行期限、方式等债权债务内容来认定双方法律的权利义务。本案中，双方因其他经济关系形成了拖欠运费的债权债务关系。经过协商，以“借据”的形式对该笔债务进行了确认和更新，不仅对原债务数额进行了确定，对履行期限进行了重新约定，更重要的是，借据中的文字表述明确双方新的债务关系为借款关系。此足以推断当事人意思表示是将原拖欠运费的债务变更为借款债务，新的借款债权债务关系取代了原有的债权债务关系。本案中债权人提供资金的形式是将既往的旧债权进行转化，可以作为提供资金的一种方式。因此，将双方关系定性为借款合同关系进行处理是正确的。

应当注意的是，本案中双方借据对借款利息约定不清。故借款利息参考同期同类银行贷款利息予以计算（具体规则请参见本书关于民间借贷利息的部分）。由此来看，按照借款关系处理与按照基础关系处理，最终的实际裁判结果差距并不大。但在双方有明确对利息进行意思表示的情况下，不同基础关系定性对最终的裁判结果会产生较大的影响。

有关法律规定

《中华人民共和国合同法》(1999 年)

第七十七条　当事人协商一致,可以变更合同。

法律、行政法规规定变更合同应当办理批准、登记等手续的,依照其规定。

第一百九十六条　借款合同是借款人向贷款人借款,到期返还借款并支付利息的合同。

《最高人民法院关于审理民间借贷案件适用法律若干问题的规定》(法释〔2015〕18 号)

第二条　出借人向人民法院起诉时,应当提供借据、收据、欠条等债权凭证以及其他能够证明借贷法律关系存在的证据。

当事人持有的借据、收据、欠条等债权凭证没有载明债权人,持有债权凭证的当事人提起民间借贷诉讼的,人民法院应予受理。被告对原告的债权人资格提出有事实依据的抗辩,人民法院经审理认为原告不具有债权人资格的,裁定驳回起诉。

二、当事人签订商品房买卖合同,但一方主张实际为借款合同的,应当按什么关系处理认定

基本理论

1. 借款合同与房屋买卖合同的区别

借款合同是借款人向贷款人借款,到期返还借款并支付利息的合同。商品房买卖合同,是指房地产开发企业(以下统称为出卖人)将尚未建成或者已竣工的房屋向社会销售并转移房屋所有权于买受人,买受人支付价款的合同。在理论上,两种合同是比较容易区分辨别的,两者的主要权利义务、合同目的均有较大差别。但在实践当中,往往两者之间可能存在一定的交叉,即当事人签订相关合同之后,事后发生争议,对于是成立借款合同还是商品房买卖合同存在不同的主张。特别是实践中,当事人往往采取我国法律上没有明确采纳的让与担保、后让与担保等作为民间借贷债权债务的担保形式。这种情况下,就应当结合当事人签订的书面合同、当事人的陈述以及实际履行

情况，参考市场上常见的交易模式，综合分析双方的真实意思表示，准确认定当事人双方的法律关系类型。

2. 实践中如何认定双方当事人关系是借贷关系还是买卖关系

一是综合观察双方交易设定的资产流转形态。如果按照双方交易预设的正常情况，一方交付实物资产，一方转移货币资产，两者互为对价，交易最终实现货币资产与实物资产权利关系对调的结果的，一般属于买卖合同；相反，虽然有实物资产买卖的外观，但在双方预设的正常情况，货币资产转移后，又再次转移（包括增加利息、违约金等）回原货币权利人的，另外一方将实物资产权利暂时移转，但最终可能返回原实物资产权利人的，则一般应认定为借款合同，实物资产仅作为融资的担保财产。二是考察双方缔约意思表示和履约行为中反映出的交易目的、意图。如表面上的买受人并不真正在意取得房屋的所有权，或者房屋使用、收益权能，或者实际占有利益，而是将其作为释放资金的保障、担保，保障其实现其投资收益的，一般应视为借款合同，而非房屋买卖合同。表面上的出卖人有急切融资需求的，形式上出卖房屋的目的是为取得资金融通利益的，期待收回房屋用于未来出售的，一般也应视为借款合同。三是观察双方的交易是否符合通常的交易习惯。如在正常的商品房买卖合同中，居民住宅与商业用房的单价、交易条件一般存在较大差别，买受人交付的资金一般应与单价、面积计算的总房价严格保持一致，不会无缘无故多给付或少给付等。如果不符合通常的交易习惯，则应考虑以买卖为名进行的民间借贷合同。

3. 法律风险提示

综合相关分析，采取“买卖 + 回购”或者“借款 + 买卖”形式进行的民间借贷行为，可能存在一定的交易风险，应当给予充分关注。具体而言包括以下几个方面：

一是通过回购协议违约金的形式变相规避法律限定的民间借贷利率的，可能被法院否定。取“买卖 + 回购”形式进行民间融资，此类以买卖合同为外观进行的交易，可能被人民法院认定为民间借贷合同。此类交易中，回购协议履行的违约金条款实质构成了民间借贷的利息条款，如果约定违约金过高，可能违反司法解释的限定。按照《最高人民法院关于审理民间借贷案件适用法律若干问题的规定》第 26 条、第 30 条的规定，民间借贷受法律保护的年利息为24%,24%～36%之间属不具备法律强制力的保护范围,超过36%的属于违法无效利息。通过折算,违约金(实际的借贷利息)超过以上范围的,将被认定为不受法律保护或者无效。

二是采取房屋"预售"、"买卖"形式进行债务担保的诚信风险。让与担保、后让与担保协议往往以房屋预售、房屋买卖为外观。"买卖"标的物的履行可能本身存在诚信风险。例如债务人提供的"买卖标的物"存在质量瑕疵或者权利瑕疵。特别是在没有真正办理房屋所有权登记转移,也没有采取房屋备案等对抗第三人的情况下,用于借贷债务的担保财产可能不当处分或者转移,或者被其他案件的当事人依法申请法院查封、冻结。由此应当尽量采取如办理所有权登记转移、备案、预告登记等手段,保障担保财产的安全。确保最终能够获得债权的足额清偿。

三是对债务人提供的"预售"、"买卖"财产利益损失风险。即使按照现行司法解释规定,债权人不能直接取得对相关财产的权利,而是通过对"预售"、"买卖"的标的物进行强制清算进行清偿,退还相应的差额,也可能发生评估、变现等具体费用问题,包括相关的变现费用和评估、拍卖(对财产提供者不利的)实际结果等可能对财产提供者带来一定的利益损失。① 另外,相关财产在市场上的价格波动,也可能对双方权益的实现或保障产生一定的风险。

典型案例

双方签订买卖合同又约定回购协议,交易目的的实质是进行融资借贷并以买卖标的物作为担保的,应作为借贷关系认定处理

——吴某某与甲房地产开发有限公司民间借贷纠纷案②

1. 案情简介

原告:吴某某。

---

① 参见杜万华主编、最高人民法院民事审判第一庭编著:《最高人民法院民间借贷司法解释理解与适用》,人民法院出版社2015年版,第418页。

② 参见韩玫:"是民间借贷还是商品房买卖",载最高人民法院民事审判第一庭编:《民事审判指导与参考·指导性案例》2014年第2辑(总第58辑),人民法院出版社2014年版,第96页。

被告：甲房地产开发有限公司。

2011年7月25日，郑某与甲房地产公司签订一份《商品房买卖合同》：郑某购买甲房地产公司开发的如画小区一幢101号、201号、301号、401号房（预售商品房），面积6200平方米，单价8000元/平方米，总价款4960万元，郑某于合同签订后10日内一次性付清房款。甲房地产公司于2012年5月30日前将验收合格的商品房交付郑某使用。《商品房买卖合同》上均加盖了当地房地产交易中心的房地产交易监证专用章和当地房地产产权产籍监理处的产权申报专用合同章。同日，双方签订一份《回购协议》，约定：现甲房地产公司欲将回购郑某购买的商品房，如在一个月内回购，应支付郑某房屋价款5060万元，在两个月内回购房屋价款为5160万元，在三个月内回购房屋价款为5260万元，以后以此类推；郑某在收到甲房地产公司支付的回购房款后，双方终止商品房买卖合同，同时郑某应立即协助甲房地产公司办理房屋备案解除手续。2011年7月28日，郑某向甲房地产公司汇款5000万元，三份汇款凭证上用途一栏载明"购房款"。2011年8月2日，甲房地产公司出具了"今借到郑某4960万元"的借条。

2013年1月8日，郑某为甲方，吴某某为乙方，双方签订一份《债权转让协议》，主要内容如下：(1)郑某于2012年3月1日起至2012年10月18日共向吴某某借款6000万元，2012年12月7日郑某偿还吴某某本金1000万元。(2)甲房地产公司于2011年7月25日向郑某借款4960万元，为履行还款义务，甲房地产公司将其开发的如画小区一幢101号、201号、301号、401号房以4960万元的价格备案至甲方名下，并签订了回购协议。截止到2012年12月31日甲房地产公司向郑某支付回购款300万元。因甲房地产公司、不履行回购协议以及按时还款，经多次交涉无果，准备启动诉讼程序。(3)郑某将对债务人甲房地产公司享有包括欠款本金及利息、违约金等的全部债权转让给吴某某。(4)郑某于本协议生效后壹日内，将其与甲房地产公司之间的债权债务凭证，以及与房产买卖、备案相关的所有资料移交给吴某某。

同日，郑某作出《债权转让通知书》，主要内容如下：甲房地产公司，本人在2011年7月向贵公司出借款项4960万元。为保证该笔借款的安全，贵公司将开发的部分房屋作为担保，双方签订了《商品房买卖合同》和《回购协议》，并办理了相关的商品房备案登记手续。借款中的本金4960万元，依照约定贵公司应在借款后一个月内归还，利息为 100 万元，若延期还款，每月支付利息及违约金 100 万元。现要求贵公司依约立即偿还上述所有借款本金及利息。经本人多次催告，贵公司已支付利息 300 万元。因本人另欠吴某某款项，故决定将上述 4960 万元全部借款及相关的所有权利全部转让给吴某某持有，并于 2013 年 1 月 8 日签订《债权转让协议书》。根据《合同法》第 80 条的规定，书面通知贵公司，请贵公司将所欠款项及利息向吴某某直接支付。同日，郑某将该《债权转让通知书》以及《债转让协议》邮寄送达至甲房地产公司。2011 年 8 月 5 日，甲房地产公司与当地国土资源局签订《成交确认书》载明，甲房地产公司以 5000 万元的成交价，取得一块面积为 39，493 平方米的国有建设用地使用权。

2013 年 1 月 31 日，吴某某向一审法院起诉，请求判令甲房地产公司向其偿还原向郑某借款本金 4960 万元及利息（计至付清全部款项之日止）并承担案件诉讼费、财产保全费。

甲房地产公司答辩称，郑某基于 2011 年 7 月双方签订的《商品房买卖合同》，于 2011 年 7 月 26 日向甲房地产公司支付的 5000 万元是购房款，三份付款凭证上注明付款用途为购房款验证了这一事实。甲房地产公司根据合同约定，将如画小区一号楼 101 室、201 室、301 室、401 室卖给郑某，总价款 4960 万元。双方之间没有 4960 万元的借款合同，也没有担保合同。《债权转让协议》既不能否定《商品房买卖合同》的效力，也不能推翻商品房买卖的事实。《商品房买卖合同》签订后，双方到房地产登记机关办理了备案登记，表明郑某已获得如画小区一号楼 101 室、201 室、301 室、401 室房屋的产权。2012 年 9 月 19 日，甲房地产公司又给郑某开了发票。以上事实说明《商品房买卖合同》是真实有效的，甲房地产公司的义务只是向郑某交房，不存在归还 4960 万元借款并承担利息的义务。郑某与吴某某之间以民间借贷为由进行债权转让不能成立，《债权转让协议》中该部分条款不具有法律效力。请求法院驳回吴某某的诉讼请求，并由其承担本案诉讼费、保全费。

2. 法院裁判及观点

一审法院认为，当事人争议焦点如下：（1）郑某与甲房地产公司之间是商品房买卖关系还是借贷关系；（2）郑某与吴某某的债权转让对甲房地产公司是否有法律约束力；（3）甲房地产公司是否应当向吴某某还债。

关于郑某与甲房地产公司之间是商品房买卖关系还是借贷关系问题。根据双方提交的《回购协议》和甲房地产公司提交的《成交确认书》，结合甲房地产公司关于《回购协议》和《成交确认书》的证明目的，可以证明甲房地产公司因竞买建设用地需要资金，遂于 2011 年 7 月 25 日与郑某签订一份总价款为 4960 万元的《商品房买卖合同》。同时，双方又签订《回购协议》，约定甲房地产公司回购郑某所购商品房，还约定回购的期限及价款，郑某在收到甲房地产公司支付的回购房款后，双方终止商品房买卖合同，郑某应立即协助甲房地产公司办理房屋备案解除手续。故郑某签订《商品房买卖合同》的真实目的并非取得所购商品房的所有权及使用权，甲房地产公司签订《商品房买卖合同》的真实目的亦非为了出售该商品房，而是为了获取竞拍土地所需资金后再回购。《商品房买卖合同》及《回购协议》签订后，甲房地产公司仅支付郑某 300 万元，便未再继续履行《回购协议》，也未交付商品房，故可以认定双方是以《商品房买卖合同》的形式，实现借贷 4960 万元的目的。《回购协议》约定的回购房款，超出购房款的部分，实为甲房地产公司支付占用 4960 万元资金期间的利息。此外，从郑某的《债权转让通知书》和《债权转让协议》的内容也可以看出，其真实意思表示不是购买商品房，而是出借资金。甲房地产公司虽然为郑某开具了销售不动产统一发票，但并未依约交付商品房，也未办理产权证，且郑某将所有债权转让给张某，表明其已放弃了取得商品房的权利，故甲房地产公司的以商品房买卖合同手续作为抗辩的主张不能成立。

关于郑某与吴某某的债权转让对甲房地产公司是否有法律约束力；甲房地产公司是否负有向吴某某偿还欠款即利息的问题。虽然《商品房买卖合同》已经备案登记，但郑某并未实际取得该商品房的所有权，故其与甲房地产公司之间存在 5000 万元的债权债务关系。《回购协议》约定的回购价款，实际月利息超出法律允许的民间借贷最高利率的部分不受保护。因此，甲房地产公司已支付了 300 万元，应以 4960 万元本金为基数，先按同期中国人民银行 6 个月 ~1 年期贷款基准利率四倍计算利息予以冲减，再冲减本金，剩余部分本金及其利息为郑某对甲房地产公司享有的合法债权。郑某与吴某某签订的《债权转让协议》的主要内容即郑某将其对甲房地产公司享有的全部债权转让给吴某某，根据《合同法》第 80 条“债权人转让权利的，应当通知债务人”之规定，《债权转让通知书》到达甲房地产公司后已经产生债权转让的效力，至于郑某与吴某某之间的《债权转让协议》内容以及是否送达给甲房地产公司，不影响债权转让的效力，吴某某的诉讼请求应予部分支持。

因此，法院依照《合同法》第 8 条、第 80 条、《最高人民法院关于人民法院审理借贷案件的若干意见》第 6 条、最高人民法院《关于适用〈中华人民共和国合同法〉若干问题的解释》(二)第 21 条之规定，判决甲房地产公司于判决生效之日起10 内，偿还吴某某4960 元本金及利息(利息自2011 年11 月3 日起. 按同期中国人民银行6 个月至 1 年期贷款基准利率的四倍，计算至付清之日止，其中应扣除已经支付的 300 万元)。

甲房地产公司不服一审判决，上诉请求撤销一审判决。二审法院维持了一审判决。

3. 案例评析

本案中的关键问题在于如何理解郑某和甲房地产公司签订的房屋买卖合同及其回购协议。对于本案处理中的这一问题，一审法院实际上存在较大的观点分歧。①

第一种观点认为，郑某与甲房地产公司之间是以商品房买卖及回购合同关系。这是因为甲房地产公司与郑某之间存在真实、合法的商品房买卖合同及回购合同关系。《商品房买卖合同》形式要件齐备，并办理了商品房备案登记手续；案涉《商品房买卖合同》的内容完整，符合法律规定；缔约双方均具备商品房买卖的主体资格。缔约双方已经实际履行了《商品房买卖合同》的主要义务。《回购协议》仅为甲房地产公司回购商品房的意向性约定，该协议是否履行，取决于甲房地产公司。从文字上看，《回购协议》仅仅赋予甲房地产公司选择是否回购的权利，并非为其设定回购义务。《回购协议》内容未反映出任何借贷关系。该协议只约定了回购价格，并未约定借贷的本金和利息、还款期限、还款方式等借贷合同必备条款。虽然甲房地产公司曾经向郑某支付了 300 万元，但该款与《回购协议》不存在必然联系。

第二种观点认为，应当按民间借贷关系认定，即一、二审判决所持观点。主要理由如下：首先，郑某与甲房地产公司之间就 4960 万元形成的合同文书

---

① 参见韩玫："是民间借贷还是商品房买卖"，载《民事审判指导与参考·指导性案例》2014 年第 2 辑(总第 58 辑)，人民法院出版社 2014 年版，第 96 页。

材料并没有直接体现双方为民间借贷关系，当事人双方对该合同的性质存在争议，应当结合双方当事人提交的证据，探究合同签订时双方当事人的真实意思。从签订《商品房买卖合同》和《回购协议》的行为分析，如果当事人缔约目的是购买商品房，或者自用或者投资，不会在缔约当日就签订回购合同，而是自己使用或者待升值后再出售。按照正常交易目的可以判断郑某向甲房地产公司支付4960万元不是以购买案涉商品房为目的。其次，从甲房地产公司缔约时的真实意思看，甲房地产公司缔约的目的是尽快得到4960万元，用于建设用地的竞拍活动。否则，难以解释该公司签订《商品房买卖合同》与《回购协议》的目的；甲房地产公司在签约后陆续向郑某汇款100万元、200万元，合计300万元。如果不是履行《回购协议》的义务，无法解释该付款行为，因此该付款行为应解释为支付4960万元的利息；从案涉《商品房买卖合同》本身看，合同所涉房屋，既有住宅又有商铺，但单价均为每平方米8000元，不符合正常交易习惯。根据该合同书记载的单价与平方米的总面积相乘，可以得出总价款为4960万元。但郑某付款时实际支付的数额是5000万元。可以印证双方之间并非真正的房屋买卖合同关系。

本书认为，判断当事人之间法律关系的性质，不能仅看合同的名称、形式和内容，更重要的是分析当事人之间法律关系的实质。该案是一起较为典型的以买卖合同和回购协议为外观，实际上是以有关房屋作为让与担保的民间借贷行为，双方交易的根本目的是借款和融资，而不是转移房屋的所有权。双方虽然签订的书面合同在名称上为商品房买卖合同，而没有出现借款合同的任何表述，并具备一切商品房买卖的形式要件。但由于另签有回购协议，提供资金者并非真正期待获得买卖合同标的物的权利。双方交易关系从整体上来理解，目的还是为出借人提供的资金提供担保。这从双方签订的两件合同文本的内容、时间以及实际履行情况，可以清楚地推知双方真实的意思表示。按照意思自治原则，尽管我国现行民事法律目前没有明确规定该交易类型，但只要交易并没有违反法律的强制性(效力性)规定，人民法院应当按照在解释查明当事人真实意思表示的基础上，认定法律行为的性质和权利义务。因此，本案人民法院认定双方的法律关系为民间借贷关系，并以此来确定相关当事人的权利义务，是正确的。

另外，本案双方实际交付的资金为5000万元，不履行"回购义务"的违约金为每月 100 万元,实际上约定利息是年利息 24%。该案系在《最高人民法院关于审理民间借贷案件适用法律若干问题的规定》前审结,按照案件审理时的司法解释、政策规定,双方约定的实际借贷利息超过了当时中国人民银行同类型贷款利率的四倍,故予以相应调整(按现行司法解释规定则属合法有效,参见本书关于民间借贷利息的论述)。这说明,以"买卖合同 + 回购协议"的方式进行融资的民间借贷,以"违约金"形式出现的借贷利息,也不得违反法律、司法解释对民间借贷利息的限制,应予以充分注意。

有关法律规定

《中华人民共和国合同法》(1999 年)

第一百九十六条　借款合同是借款人向贷款人借款,到期返还借款并支付利息的合同。

《中华人民共和国担保法》(1995 年)

第四十条　订立抵押合同时,抵押权人和抵押人在合同中不得约定在债务履行期届满抵押权人未受清偿时,抵押物的所有权转移为债权人所有。

《中华人民共和国物权法》(2007 年)

第一百八十六条　抵押权人在债务履行期届满前,不得与抵押人约定债务人不履行到期债务时抵押财产归债权人所有。

《最高人民法院关于审理商品房买卖合同纠纷案件适用法律若干问题的解释》(法释〔2003〕7 号)

第一条　本解释所称的商品房买卖合同,是指房地产开发企业(以下统称为出卖人)将尚未建成或者已竣工的房屋向社会销售并转移房屋所有权于买受人,买受人支付价款的合同。

《最高人民法院关于审理民间借贷案件适用法律若干问题的规定》(法释〔2015〕18 号)

第二十四条　当事人以签订买卖合同作为民间借贷合同的担保,借款到期后借款人不能还款,出借人请求履行买卖合同的,人民法院应当按照民间借贷法律关系审理,并向当事人释明变更诉讼请求。当事人拒绝变更的,人民法院裁定驳回起诉。

按照民间借贷法律关系审理作出的判决生效后,借款人不履行生效判决确定的金钱债务,出借人可以申请拍卖买卖合同标的物,以偿还债务。就拍卖所得的价款与应偿还借款本息之间的差额，借款人或者出借人有权主张返还或补偿。

三、公司、合伙过程中垫付出资产生的纠纷，是民间借贷纠纷吗

基本理论

实践中，存在大量的为他人进行垫资、垫付行为。此类垫资、垫付行为发生的原因（基础法律关系）是多种多样的，如公司出资，银行新贷还旧贷。在2014年我国公司登记注册制度改革前，实施的是公司注册实缴资本制，即法律强制要求出资人将货币或其他资产实际投入新成立的公司。在公司登记制度改革后，实行认缴资本制，即对是否实际投入出资不再作强制性要求，由公司发起人根据契约自行确定，公司对外承担法律责任时，出资人在认缴资本范围内承担出资责任。在实行公司实缴资本制时期，一些公司出资人在公司发起成立过程中，往往因出资的资金不足，由其他出资人垫资的情况。该行为实质上是一方暂时为另一方提供资金融通的一种民间融资行为。《最高人民法院关于审理民间借贷案件适用法律若干问题的规定》第1条规定："本规定所称的民间借贷，是指自然人、法人、其他组织之间及其相互之间进行资金融通的行为。"因此，垫付、垫资行为本质也是民间借贷，双方对还款期限、方式、利率等有约定的按约定处理，约定不明的则按照合同法规定的解释规则处理。

典型案例

股东之间因垫付出资发生纠纷，一方要求返还垫资款的，应认定为借贷合同关系

——高某诉刘某某民间借贷案①

1. 案情简介

原告（被上诉人）：高某。

---

① 参见北京市第二中级人民法院〔2013〕二中民终字第10102号民事判决。参见国家法官学院案例开发研究中心编：《中国法院2015年度案例·民间借贷纠纷》，中国法制出版社2015年版，第28页。

被告(上诉人):刘某某。

2008年8月18日,高某与刘某某作为股东在甲公司章程上签字,该章程约定:(1)依据《中华人民共和国公司法》及有关法律、法规的规定,由高某、刘某某等2方共同出资,设立甲公司;(2)公司注册资本2,000,000元人民币;(3)股东姓名、出资额、出资时间及出资方式为:高某,出资数额1,400,000元,出资时间2008年8月19日,出资方式为货币;刘某某,出资数额600,000元,出资时间2008年8月19日,出资方式为货币。上述章程签署后,2008年8月19日高某向甲公司的入资账户注入资金2,000,000元,刘某某未实际出资。2008年9月25日,甲公司注册成立,该公司工商备案的企业入资信息情况表记载高某作为出资人,出资额为1,400,000元;刘某某作为出资人,出资额为600,000元,入资时间均为2008年8月19日。刘某某未曾向高某及甲公司支付上述600,000元。高某在2013年1月22日给刘某某发邮件,要求刘某某在2013年1月底前归还出资款600,000元。高某陈述在甲公司成立时原、被告双方约定高某占股份的70%,刘某某占股份的30%,每个人分别负担自己相应比例的出资。在出资的时候刘某某说没有那么多现金,高某就说替刘某某先垫付,以后再还给高某。因为高某认为借给刘某某的600,000元是有银行打款记录的,而且当时刚刚成立公司,所以,也不好意思让刘某某签写借条,就没打借条,且双方未约定还款时间。对刘某某补充提出的诉讼时效意见,高某认为双方未约定还款期限。高某可以随时要求刘某某履行债务,但应当给刘某某一定的宽限期。待宽限期届满之时来确定本案诉讼时效起算点,因此,本案应从2013年1月22日高某给刘某某发邮件要求归还600,000元,并给刘某某一定的宽限期届满之日作为本案诉讼时效的起算点。

2. 法院裁判及观点

一审法院经审理认为:高某与刘某某签署的嘉展达公司章程中已约定双方共同出资设立甲公司,高某出资1,400,000元,刘某某出资600,000元,出资时间为2008年8月19日,该章程对双方具有约束力。刘某某主张双方约定由高某出资2,000,000元,高某赠送其30%股份,因其该项主张与上述章程约定不符,且未提交相应的证据证明,故法院不予采信。双方应按照上述章程约定履行出资义务,完成公司设立。本案中,高某向甲公司的资金账户注入资金2,000,000元的行为应认定代刘某某履行了出资义务，即高某为刘某某垫付了出资款600,000元。

该款项应认定为借款高某所主张的民间借贷法律关系成立，且未违反法律、行政法规的强制性规定，应属合法、有效。对高某要求刘某某返还垫付的甲公司股东出资款600,000元的诉讼请求，法院予以支持。因此，法院依照《合同法》第206条、最高人民法院《印发〈关于人民法院审理借贷案件的若干意见〉的通知》、《最高人民法院关于民事诉讼证据的若干规定》第2条之规定，判决：被告刘某某偿还原告高某垫付的北京嘉晨达科技有限公司股东出资款600,000万元及利息（2013年2月1日计算到2013年5月14日止），驳回高某其余利息的诉讼请求。

刘某某不服一审判决提起上诉。二审法院经审理认为：甲公司是依法设立的有限责任公司，其股东与股东之间、股东与公司之间的权利义务应当依照《中华人民共和国公司法》及甲公司章程的规定调整。工商登记材料显示，高某出资140万元，刘某某出资60万元。刘某某未实际履行股东出资义务，由高某向甲公司的入资账户注入资金200万元，包括代刘某某垫付出资款的60万元。现高某要求刘某某返还垫付的60万元股东出资款的诉讼请求，于法有据，法院应予支持。关于刘某某上诉提出，在甲公司成立过程中高某的所谓“垫付”行为属于赠送公司股份的行为，双方口头达成的合意。就本案而言，刘某某未能提供相应证据证明高某垫付的60万元出资款系赠送其的30%股份，且事实尚不足以作出可支持其抗辩的推定。因此判决：驳回上诉，维持原判。

3. 案例评析

本案为公司发起、成立过程中的垫资行为如何把握其法律性质的问题。本案刘某某作为公司股东实际并没有向公司实际出资，其登记的出资额实际由高某出资。且特殊之处在于双方没有签署借条、借据等直接证明双方存在民间借贷关系的材料。认定双方存在民间借贷合同，应考虑《公司法》关于股东出资义务的相关规定以及公司设立时制定的章程对股东出资事宜的约定。本案涉及股东之间垫付出资款的性质认定问题。因此，认定双方的权利义务关系，还要适用《公司法》的有关规定。虽然高某未提交与刘某某签署的借款合同，或刘某某向原告出具的借条、欠条，但原告提交了为被告向甲公司出资的入资证明，刘某某认可其登记的出资为高某出资，刘某某未实际出资。当时的《公司法》第28条规定："股东应当按期足额缴纳公司章程中规定的各自所认缴的出资额。工商登记材料及公司章程显示. 高某出资140万元。刘某某出资60万元。刘某某未按照公司法的上述规定履行股东的出资义务，由高某向甲公司的入资账户注入资金200万元，其中60万元应视为高某代刘某某履行了股东的出资义务. 该款项为原告为被告垫付。

本案实质上系根据小股东应当依照法律和公司章程承担的出资实缴责任，反推该小股东对大股东的借款关系，进而应当返还大股东垫付出资的"借款"。由此来看，考虑到有限公司小股东的权益在实际操作中很难得到保障，在公司出资活动中，大股东实缴资本，并约定"赠与"小股东股份的，接受"赠与"的小股东宜保留必要的证据以证明股份系"赠与"，否则可能面临实缴出资方以垫资为名进行追索。在认缴资本制下，股东实际出资后，应当保留实际出资的有关证据（包括接受赠与的股份，赠与者已实际出资的证据），防止可能承担的相关出资责任。

有关法律规定

《中华人民共和国公司法》（2013年修正）

第二十六条　有限责任公司的注册资本为在公司登记机关登记的全体股东认缴的出资额。

法律、行政法规以及国务院决定对有限责任公司注册资本实缴、注册资本最低限额另有规定的，从其规定。

第二十八条　股东应当按期足额缴纳公司章程中规定的各自所认缴的出资额。股东以货币出资的，应当将货币出资足额存入有限责任公司在银行开设的账户；以非货币财产出资的，应当依法办理其财产权的转移手续。

股东不按照前款规定缴纳出资的，除应当向公司足额缴纳外，还应当向已按期足额缴纳出资的股东承担违约责任。

《最高人民法院关于审理民间借贷案件适用法律若干问题的规定》（法释〔2015〕18号）

第一条　本规定所称的民间借贷，是指自然人、法人、其他组织之间及其相互之间进行资金融通的行为。

经金融监管部门批准设立的从事贷款业务的金融机构及其分支机构,因发放贷款等相关金融业务引发的纠纷,不适用本规定。

四、恋爱双方分手后因“分手费”打的欠条,是民间借贷纠纷吗

基本理论

实践中,有一些情侣因各种原因结束恋爱或同居关系,分手后自觉吃亏的女方向男方索要“赔偿”,此类赔偿往往叫“青春损失费”、“分手费”等五花八门。有时男方一时无法满足此类“赔偿”要求,因此双方围绕此类“赔偿”写下欠条或欠款协议。有的女方因男方没有依照协议支付“青春损失费”、“分手费”赔偿,以民间借贷为案由,起诉到法院,要求对方支付相应费用。

1.“青春损失费”、“分手费”协议的法律性质

从含义上,“青春损失费”、“分手费”一般是指男方对女方恋爱分手后“青春损失”的一种“补偿”。从我国法律上来看,青春并非一种法律上保护的权利或合法利益。“青春”在法律上很难界定其内涵外延,随着时间而流逝。在某些观念而言,青春损失主要是指女方因恋爱、婚姻后,再次恋爱、结婚的难度增大,因而需要一定的补偿。先不谈此类观点是否具有合理性,但这与民法、婚姻法中关于男女平等和婚姻自由、恋爱自由等基本精神存在矛盾。如果承认给付“青春损失费”、“分手费”作为具有法律意义的债务,那么必然代表法律上恋爱、婚姻中的青春作为民事法律保护的金钱补偿对价,这不符合民法、婚姻法中关于男女平等和婚姻自由、恋爱自由等基本原则,赋予“青春损失费”、“分手费”强制给付力,有违人伦道德与公序良俗。因此,本书认为,当事人起诉要求对方支付分手费或青春损失费,法律上不应当予以支持。

当然,如果男方已经自愿给付给女方“青春损失费”、“分手费”的,应视为一种自愿的处分行为。已经自愿给付的,也不违反强制性法律规定,法律也不能要求或支持对方退还。参照德国民法理论,此类“青春损失费”、“分

手费”及其他类似的“空床费协议”、“夫妻忠诚协议”一般视为具有身份内容的“情谊行为”，[①]不是法律行为，民法不予评价和介入，不具有法律执行力，其产生的“义务”为自然之债。

2. 以民间借贷为名，以欠条为依据的“青春损失费”、“分手费”纠纷应当如何定性

欠条一般是双方存在债务关系的证明，但债务关系产生的基础法律关系很多，并非必然是借贷关系。民事活动中，欠条往往是民间借贷活动中惟一凭证，至于欠条产生的基础关系，可能是借贷，也可能是其他各种法律关系。在当事人依据欠条起诉对方的情况下，直接认定为民间借贷关系是不正确的。在司法实践中，诉至法院的民间借贷案件，人民法院应当对双方是否存在真实的民间借贷关系进行必要的审查。一旦发现以民间借贷为由起诉，实际则是“青春损失”、“分手费”协议引发纠纷的，不应以民间借贷债务予以支持。那么应当如何处理，实践中有不同的认识，有观点认为，因为当事人之间不存在真实的借贷债权债务关系，不应支持当事人的诉求；也有观点认为，既然当事人出于自愿签订该欠条，应当认定该欠条的效力。[②]

结合前面的理论论述，由于“青春损失”、“分手费”协议不是法律承认的法律行为，不具有强制执行力，参考“情谊行为”理论，本书认为，人民法院应当驳回原告的诉讼请求。当然，由于“情谊行为”理论在我国大陆尚未被广泛普及和接受，在实践中一些法院将“青春损失”、“分手费”协议视为赠与合同处理，即按《合同法》第186条关于赠与人可以随时撤销赠与的规定，驳回原告的诉讼请求。虽在理论上不够严谨，在当前法律规定条件下，这种解释路径也是相对合理的。

3. 防止“分手费”纠纷作为民间借贷纠纷处理的法律风险提示

在民法身份关系领域，私法自治原则受到法律和伦理道德的严格限制。即使双方的意见达成一致，也应当符合法律和伦理道德基本原则、不得损害他人正当利益。恋爱、同居、分手是一种正常社会现象，但如果将金钱作为感情的交换，并期待法律强制力予以介入保护，这种看法是不正确的。如何避

---

① 参见王雷：“论身份情谊行为”，载《北方法学》2014年第14期，第22页。

② 参见宋少源、杨清惠：“分手费欠条有效吗？”，载《北京日报》2012年5月2日第18版。

免发生“分手费”纠纷及其相应法律风险？一是避免随意签订没有真实借贷关系存在的欠条、借据等文字材料，防止成为日后追索的依据。人民法院审理案件是以证据规则为依据，查明法律事实的，往往难以达到100%还原客观真实。当欠条证明的事实难以被其他证据推翻时，可能被人民法院依法认定借贷或债务关系存在。二是应收集和保留恋爱或同居关系以及欠条、借据实为“分手费”相关证据，特别是出于非自愿原因签下欠条、借据的证据，用于证明不存在真实的借款和借贷关系，或者该债务是基于非自愿行为产生的。

典型案例

以欠条为依据以民间借贷为由起诉的“分手费”纠纷，不存在实际资金出借事实的，不以民间借贷关系对待

——李某甲与李乙民间借贷纠纷二审案①

1.基本案情

上诉人(原审被告)李某甲，男。

被上诉人(原审原告)李乙，女。

原、被告曾系情人关系。被告于2008年11月6日为原告出具欠条一张，欠条内容为“欠李乙26万元整2年半内还清。欠款人：李某甲。2008.11.6”。被告认可其在2012年2月给付过原告85,000元。后原告以民间借贷为由向法院诉请被告支付剩余欠款。一审法院认为，被告系完全民事行为能力人，其有能力按照自己的意志作出民事行为，并对其作出的行为承担相应的法律后果。被告虽辩解双方没有真实的借贷关系，但应当能够预知自己出具欠条行为所能产生的法律后果，被告也未提交相应的证据证实其出具欠条行为时受到胁迫或欺诈，因此，原、被告之间成立借贷关系，故被告应按约定偿还借款。原告要求被告偿还借款的诉讼请求。因此，依照《合同法》第60条、第107条之规定，判决：被告李某甲于本判决生效后3日内一次性偿还原告李乙借款175,000元并支付相应利息。

---

① 参见黑龙江省大庆市中级人民法院(2015)庆商终字74号民事判决。

上诉人李某甲不服一审判决，上诉称，(1)借款事实不存在。双方一直保持不正当男女关系，后上诉人认识到自己的错误，提出分手，被上诉人提出索要26万元分手费，无奈之下，上诉人给被上诉人出具26万元欠条，现实中没有欠款事实存在。(2)上诉人已经受到经济和精神上双重惩罚。(3)不正当收益不应得到法律保护。(4)原审判决过于草率，给利害关系人(上诉人妻子)带来了伤害。请求二审法院撤销原审，改判驳回被上诉人诉讼请求。被上诉人李乙辩称，原审判决认定事实清楚，适用法律正确，上诉人的上诉理由不能成立，请求二审法院驳回上诉，维持原判。

2. 法院裁判及观点

二审法院认为，根据《合同法》第210条的规定，自然人之间的借款合同，自贷款人提供借款时生效。从现有证据看，被上诉人对于26万元的来源陈述不清，庭审时的陈述多处矛盾，存在疑点，不能合理解释，且无其他相关证据予以证明款项交付履行事实，仅凭一张欠条无法证明双方之间存在民间借贷关系或其他经济关系，故民间借贷法律关系无法确认。依照《合同法》第210条、《民事诉讼法》第64条、第170条第1款(2)项之规定，判决撤销原一审判决，驳回原审原告李乙的诉讼请求。

3. 案例评析

这是一起以民间借贷为理由诉至法院，实质上是同居一方向另一方追索“分手费”的纠纷。由于男方一时无法足额给付“分手费”，以欠条形式承诺给付分手费，女方遂起诉要求给付。在案件事实认定中，一审法院认为欠条为男方自愿书写，并有部分给付行为，足以认定双方存在借贷关系。但二审法院纠正了这一做法，认为欠条的存在并不必然代表有借贷关系真实存在，本案中并没有证据证明原审原告曾经出借过任何资金，由于合同法明确规定自然人之间借贷合同从资金实际交付时生效，因此，双方并不存在合法有效的借贷关系。结合双方曾经同居和目前分手的事实，了解到该纠纷实为“分手费”纠纷，因此，二审法院否认了原审原告主张的民间借贷关系存在的主张，驳回了关于债权追索的请求。当然，法院认定民间借贷事实不存在理由驳回该当事人的主张(本案中当事人主张的是民间借贷债务)，无疑是正确的。但由于我国民事审判实践中并没有完全引入情谊行为理论概念，也没有相关权威案例作为指导，因此法院在审理中并没有正面评判“分手费”协议是否具有法律上的约束力、执行力,仅从实际判决结果上给出了否定的结论。

有关法律规定

《中华人民共和国民法通则》(2009 年修正)

第六条　民事活动必须遵守法律,法律没有规定的,应当遵守国家政策。

第七条　民事活动应当尊重社会公德,不得损害社会公共利益,破坏国家经济计划,扰乱社会经济秩序

《中华人民共和国合同法》(1999 年)

第二条本法所称合同是平等主体的自然人、法人、其他组织之间设立、变更、终止民事权利义务关系的协议。

婚姻、收养、监护等有关身份关系的协议,适用其他法律的规定。

第六十条　当事人应当按照约定全面履行自己的义务。

当事人应当遵循诚实信用原则,根据合同的性质、目的和交易习惯履行通知、协助、保密等义务。

第一百零七条　当事人一方不履行合同义务或者履行合同义务不符合约定的,应当承担继续履行、采取补救措施或者赔偿损失等违约责任。

五、约定有保底条款的委托理财合同,是借款合同吗

基本理论

1. 委托理财合同与“保底条款”问题

委托理财是指委托人将其资金、证券等资产委托给受托人,由受托人将该资产投资用于期货、证券等交易市场或通过其他金融形式进行管理,所得收益由双方按约定进行分配或由受托人收取代理费的经济活动。按受托人主体特征的不同,委托理财可分为金融机构的委托理财和非金融机构的委托理财。[①] 金融机构委托理财合同的受托人是法律允许进行委托理财业务的金

① 参见奚晓明主编:《最高人民法院民事案件案由规定理解与适用》,人民法院出版社 2011 年版,第 176 页。

融机构，如商业银行、信托公司、证券公司、保险公司、基金公司。所谓委托理财中的“保底条款”，是指在委托理财合同中，受托人向委托人作出的保证本金不受损失，超额分成；保证本息最低回报，超额分成；保证本息固定回报，超额归受托人所有这类条款的统称。我国相关法律法规明确禁止特定金融机构向委托人作出获利保证，我国有关金融管理法律、法规文件禁止受托人与委托人签订“保底条款”，即禁止受托人对相关证券、期货等金融投资收益作出承诺。对于签订有保底条款（包括固定收益回报的条款）的委托理财合同，是否在审理中认定为无效，包括该条款无效还是整个合同无效，理论和实践中存在较大争议。① 限于本书的主题，这个问题在此不作深入讨论。由于实践中上述所提金融机构对外签订委托理财合同相对规范，合同内容、条款含义较为明确，无论保底条款（包括固定收益回报的条款）是否无效，一般不宜将上述委托理财合同认定为借贷合同关系。

2. 民间委托理财合同与民间借贷合同区分认定

非金融机构委托理财合同又称民间委托理财，受托人主要是资产管理公司、投资咨询公司，一般企业事业单位等非金融机构或自然人。② 如前所述，此类民间委托理财中，约定保底条款（包括固定收益条款）一般不在金融监管法律规定调整范围内，因此，一般不认定为合同条款无效。但具有此类条款的民间“委托理财”合同，有的合同权利义务内容不同于一般的委托理财合同，而相当于民间借贷合同。

对于民间委托理财合同与民间借贷合同有何区别，应考虑从以下两个方面来认定：（1）资金是否实际交付，并转移权利。借款合同的履行以交付现金所有权或改变货币利益的支配权益为标志。并不转移资金权利状态的不属于民间借贷。（2）出资人是否承担投资理财风险。这是两者区分关键。存在争议的往往是保底条款。保底条款含义如果为“保证本息固定回报”的条款，再结合其他合同条款解释，一般可认定为民间借贷合同。除此之外，如保底条款为“保证本息最低回报”或者“保证本金不受损失”条款的，双方约定的

---

① 参见吴庆宝主编：《民事诉讼疑难案件裁判要点与依据》，人民法院出版社 2008 年版，第 515 页；兰颖：“自然人间委托理财合同保底条款的效力”，载《人民法院报》2011 年 2 月 16 日第 7 版。

② 参见陈国猛主编：《民间借贷：司法实践及法理重述》，人民法院出版社 2015 年版，第 55 页。

内容虽然有保底收益或保本，但对于高于约定的底线收益部分，双方按约定比例分成，说明出资人仍承担了部分投资风险。因此，有后两类保底条款的委托理财合同，一般不认定为民间借贷合同。

典型案例

名为委托投资理财，实为出借资金并约定固定收益利息的合同，以民间借贷关系予以认定

——陈某某与刘甲民间借贷纠纷二审案①

1. 案情简介

上诉人（原审被告）：陈某某。

被上诉人（原审原告）：刘甲。

2008年1月2日，陈某某与刘某乙、刘甲签订《协议》一份，约定乙方陈某某受甲方刘某乙委托理财投资股市，投资时间：初步约定为2008年1月10日到2009年1月10日，若遇不可预见因素，时间推迟半年。刘某乙投入资金20万元，利息陈某某承诺固定年息20%，计4万元利息，到期后本息合计24万元整。协议署名“甲方：刘某乙；担保人：刘甲；乙方：陈某某”。2010年2月9日，陈某某与刘甲签订《补充协议》：(1)以实际投入的资金19万元作为炒股借款的本金，协议到期归还本金按19万元归还；(2)利息按年息10%计算，每年1.9万元，到期即付，不得拖延；(3)2008年及2009年的利息各为1.9万元，合计3.8万元，在本补充协议签订后一次性支付；(4)本补充协议是对双方签订的第一份协议的明确细化与补充，两份协议中的条款有不相符的以本补充协议条款为准；(5)本补充协议时间暂定一年，到期归还连本带息20.9万元，如需继续续约双方再协商。该补充协议署名“借款人：陈某某 2010.2.9；刘甲2010年2月9日”。刘甲分别于2010年2月9日、2011年1月30日出具收条两张，内容分别为“收到现金38,000元”和“收到借款利息19,000元”。2012年1月8日，陈某某出具欠条一张，内容为：“今欠到2011

① 参见安徽省合肥市中级人民法院(2014)合民一终字第00243号民事判决。

年利息19,000元与2012年利息一起支付,原协议继续执行。陈某某2012年1月8日”。此后陈某某未归还本金及利息。后查明,刘某乙对《协议》及补充协议并不知情,协议中的刘某乙签名经鉴定为刘甲代签。双方均认可即陈某某实际收到19万元。

2013年2月25日刘甲诉至安徽省合肥市蜀山区人民法院,诉称请求法院判令陈某某立即归还借款本金19万元,并按协议约定支付利息。陈某某辩称:本案不是民间借贷纠纷,而应当是民间委托理财合同纠纷;刘甲不是协议当事人;刘甲无权起诉陈某某;委托人应当承担股市风险,民间委托理财合同中的保底条款属于无效条款,违背民法的公平原则、市场基本规律,该条款应属无效;根据情势变更原则,本案中的保底条款不应当适用。2008年1月至2012年12月间,中国股市大跌。据此应当认定客观情况发生了当事人在订立合同时无法预见的、非不可抗力造成的不属于商业风险的重大变化,适用保底条款对陈某某明显不公。综上,请求法院驳回刘甲的诉讼请求。

2. 法院裁判及观点

一审法院审理认为:刘甲以刘某乙名义与陈某某签订的《协议》和《补充协议》均系双方真实意思表示,内容合法有效,具有法律约束力。双方《补充协议》中明确实际投入的19万元为炒股借款的本金,陈某某以借款人的身份在《补充协议》中签字,且明确约定补充协议是对双方签订的《协议》的细化与补充,两者不相符的以《补充协议》条款为准,故认为刘甲与陈某某之间应为民间借贷法律关系。在刘甲与陈某某签订的《补充协议》中暂定的一年期限届满后,双方未再约定还款期限,故刘甲可以随时要求陈某某归还借款。现刘甲要求陈某某归还借款本金19万元,有事实和法律依据,予以支持。关于借款的利息部分,后双方签订《补充协议》约定变更利息为年利率10%,符合法律规定,陈某某已经支付了2008年至2011年期间利息5.7万元,利息应从2011年1月11日起计算至付清之日起。因此判决:陈某某于判决生效之日起10日内偿还刘甲借款19万元,并支付19万元自2011年1月11日起至判决确定的履行期限内实际付款日止按年利率10%计算的利息;驳回刘甲的其他诉讼请求。

上诉人陈某某不服一审判决,上诉到安徽省合肥市中级人民法院,称:(1)刘甲非本案适格原告。(2)原审法院认定双方为民间借贷纠纷错误。双方协议签订的起因是委托理财,2008 年伊始,中国股市出现暴跌,《协议》没有任何借款字样,意向全部指向委托理财关系,《补充协议》虽有了"借款"字样的表述,但由于没有合同另一方当事人刘某乙的签字而不产生任何效力。刘甲以刘某乙名义签订的协议,属于无权代理,且该协议至今没有得到当事人刘某乙的追认,处于效力待定的状态。陈某某得知刘甲在没有代理权的情况下以刘某乙的名义签署协议后,已于 2013 年 10 月 25 日书面通知刘甲、刘某乙撤销 2008 年 1 月 2 日的协议。无权依据未生效的协议向陈某某主张权利。(3)原审判决由陈某某按照《补充协议》约定的利率计算逾期付款利息缺乏法律依据。综上,请求改判驳回刘甲的诉讼请求。被上诉人刘甲二审辩称:陈某某的上诉请求没有事实和法律依据,请求二审法院驳回上诉,维持原判。2008 年 1 月 2 日的《协议》是否被撤销,与本案没有关联性,因该份协议之后已经被双方重新签订的《补充协议》所取代,合同双方应按《补充协议》的约定履行各自的义务。

二审法院查明的事实与一审相同。该院审理认为:虽然 2008 年 1 月 2 日《协议》的双方为刘某乙与陈某某,但刘某乙的签名系由刘甲代签,该《协议》中约定的款项出资义务亦是由刘甲实际履行,而此后就利息的收取、收条的出具以及《补充协议》的签订,均是由刘甲出面负责。刘甲作为本案借款关系的实际出借人,是适格原告。按照刘甲与陈某某在《协议》中约定各自权利义务,刘甲只就支出的款项在到期后收回本金并收取固定的年息,不承担投资股市的风险。后来,双方就该款项的性质在《补充协议》中作了进一步明确,即陈某某向刘甲的借款,因此,刘甲与陈某某之间形成民间借贷法律关系。陈某某此后向刘甲支付了利息,并就未付利息向刘甲出具相应欠条,利息系借款人使用借款而支付的对价,显然陈某某以自己实际行动证明已收到、占用刘甲交付的借款,并自愿支付借款利息。双方间的民间借贷法律关系合法有效,陈某某应按约偿还借款并支付利息。一审法院判决陈某某向刘甲偿还借款、支付利息,有事实和法律依据。原审判决认定事实清楚,适用法律正确,故判决:驳回上诉,维持原判。

3. 案例评析

本案例为以委托投资理财为名进行的借贷行为。如本书所述,委托投资理财关系与民间借贷关系的区别主要体现在以下几个方面:(1)资金是否实际交付并改变权利状态;(2)资金提供者是自愿承担投资理财风险还是获得固定的利息收益。本案双方通过两份协议的内容解释,能够明确知晓双方达成的合意是一方当事人为进行股票投资而进行融资,另一方当事人出借资金,不参与股票市场操作,也不过问股票投资策略,仅就用于股票市场投资的出借资金收取固定收益,并且一方当事人依照书面约定提供了资金。按照《合同法》的规定,双方这种行为是自然人之间的民间借贷行为,且已发生实际效力。人民法院认定双方的法律关系为民间借贷关系,而不是委托投资理财关系,是正确的。值得注意的是,双方通过这种固定利息收益的民间借贷方式进行投融资行为,对接受资金一方而言,是在自有资金外进行的杠杆操作,是风险放大的一种投资操作方式。当股票价格下跌时,杠杆操作将使投资者亏损幅度成倍增加,甚至使自有资金亏损殆尽。由于股票市场是一个高风险场域,股票价格的上下波动是进入证券市场的成熟投资者应当知晓的市场风险。借款人以股票市场价格大幅波动为由主张情事变更回避合同义务没有法律依据。因此,无论是直接进行操作的股票投资者,还是希望通过出借资金间接参与股票市场的出借人,应当谨慎对待股票市场风险以及派生的民间借贷违约风险。

六、企业之间进行联营,一方只收取固定收益,不承担经营风险,是民间借贷吗

基本理论

在过去司法实践当中,由于司法政策长期将企业间相互拆借视为非法和无效,因此具有投融资需求的企业之间往往采取订立联营协议、“合伙协议”(联营)。联营是两个以上的企业之间或者企业、事业单位之间的横向经济合作关系的一种法律形式。由于正常的联营活动是双方企业进行共同合作经营,正常情况应当共同承担风险,共负盈亏。如果从投资协议约定的内容看,双方约定一方投资不参加经营,不论联营盈亏与否,只按时收回成本及收益,排除通常的联营双方共担联营亏损的义务,显然该协议的本意并非联营。此时人民法院应当根据双方约定的权利义务,探明双方真实意思表示,对双方交易类型进行定

性。如果双方约定，一方企业投入资金，只按期收取固定收益，不承担经营风险或盈亏的，则双方约定的实质是一方提供资金，按期还本付息的借款合同。

过去，人民法院对此类名为联营，实为企业间借贷的合同持否定态度(具体政策沿革见本书下一节的叙述)。《最高人民法院关于审理联营合同纠纷案件若干问题的解答》[法(经)发〔1990〕27号]第4条关于联营合同中的保底条款问题曾明确规定："(二)企业法人、事业法人作为联营一方向联营体投资，但不参加共同经营，也不承担联营的风险责任，不论盈亏均按期收回本息，或者按期收取固定利润的，是明为联营，实为借贷，违反了有关金融法规，应当确认合同无效。除本金可以返还外，对出资方已经取得或者约定取得的利息应予收缴，对另一方则应处以相当于银行利息的罚款。"

但是，随着我国司法政策对企业间非经常性的借贷关系进行了"解禁"，此类名为联营，实为借贷的合同，也不再一律认定为无效合同。

从法律风险控制的角度看，由于非以放贷为常业的企业间拆借行为已经合法化，因此，企业在出借资金对其他企业进行投资时，可直接签订借款合同，而不必再签订名为联营，实为借贷的合同。

典型案例

一方企业只收取固定收益，不共负盈亏、共担经营风险的联营协议，按借款合同处理

——A油脂集团有限公司与B农产品股份有限公司、陈某某等合伙协议纠纷案①

1. 案情简介

原告：A集团公司。

被告：B农产品公司。

被告陈某某。

被告胡某某。

① 参见江苏省扬州市中级人民法院(2015)扬商初字第00081号民事判决。

2013年7月23日,A集团公司与B农产品公司签订《合作经营米糠油协议》,约定双方共同出资购进毛米糠油合计2000万元,由B农产品公司进行精加工,双方各投资1000万元;B农产品公司确保A集团公司利润合计120万元,时限在6个月内加工销售完毕;A集团公司派1~2名人员进驻B农产品公司油厂协助管理;B农产品公司按销售进度及时归还销售资金直至连本带利全部汇入A集团公司指定账户;此协议由胡某某、吴某某个人担保,承担连带保证责任等内容,协议双方及担保方均签字盖章。该协议附有《甲方驻厂人员管理细则》,约定付款、保管、加工损耗由B农产品公司自行承担等内容,胡某某、吴某某在保证方一栏签字。协议签订后,A集团公司于2013年7月30日、8月2日、8月5日、8月8日、10月16日、10月25日、10月31日分批共向B农产品公司支付900万元。

2014年1月27日,A集团公司与B农产品公司签订补充协议,对2013年7月23日协议补充约定:2013年7月23日签订的合作协议原则不变,B农产品公司需在2014年3月1日前将前期利润83万元、在2014年1月28日前将回笼款300万元汇入A集团公司指定账户;原协议延期至2014年8月底,B农产品公司需在2014年5月31日前将回笼款200万元汇入A集团公司指定账户,在2014年8月底将其余400万元及利润74万元一次性汇入A集团公司指定账户;胡某某为担保方等内容,协议双方及担保方均签字盖章。

2014年3月25日、7月7日、2015年3月12日B农产品公司及其法定代表人陈某某向A集团公司出具有关还款的书面承诺,在2014年7月7日的还款计划书上,陈某某、胡某某作为担保人签字。2015年3月12日的承诺保证书上,胡某某作为担保人签字。后,B农产品公司向A集团公司偿还本金300万元、支付利润83万元。

原告A集团公司认为,截至2014年9月1日尚欠借款本金674万元及至诉前利息约28.6万元。经催要,B农产品公司先后于2014年1月27日、2014年7月11日、2015年3月12日数次承诺还款,但均未履行。A集团公司遂诉请判令:(1)B农产品公司迅速偿还借款本金及经营利润674万元,利息自2014年9月1日起计算至还清本利为止;(2)陈某某、胡某某对B农产品公司借款承担连带偿还责任;(3)诉讼费由被告方承担。

被告B农产品公司和被告陈某某共同辩称:1.本案是合伙协议纠纷,不存在A集团公司诉请中第二项提到的清偿责任。2.B农产品公司和陈某某对A集团公司诉请中的本金没有异议,但利润和利息没有法律依据,请求予以核减及调整。

被告胡某某辩称:(1)胡某某没有合伙,虽然以担保人签字,但只是见证,对双方的经营状况也不了解,个人没有收一分钱,签字时不知道担保的责任。(2)这个合同到最后出了问题,到起诉没有人和胡某某联系,认为担保的时效过了。

2.法院裁判及观点

一审法院审理认为,本案的争议焦点为:一、就本案A集团公司与B农产品公司的合同性质应如何确定;二、陈某某、胡某某是否应向A集团公司承担连带保证责任;三、B农产品公司应向A集团公司偿还的利润及利息应当如何计算。

法院认为:A集团公司与B农产品公司虽约定双方各投资1000万元合作经营米糠油,但从双方协议、补充协议的约定来看,主要的约定内容均在于B农产品公司确保A集团公司获得固定数额的利润及向A集团公司按期归还全部资金,且除投入资金及派1~2名人员参与保管油料外,并未见要求A集团公司共同进行经营活动及承担亏损、债务等经营风险的约定,即未体现出联营活动中应当遵循的共负盈亏、共担风险的原则,因此,A集团公司与B农产品公司之间应为实际上的借贷合同关系。根据《最高人民法院关于审理民间借贷案件适用法律若干问题的规定》第11条的规定,A集团公司与B农产品公司之间的借贷合同合法有效,双方协议所约定投资款性质为借款、所约定利润性质为利息。根据协议约定,A集团公司向B农产品公司出借1000万元、时限6个月、获利120万元,即约定借期内月利率为2%。后,A集团公司向B农产品公司实际借出900万元,B农产品公司在原协议期内未向A集团公司还款及支付利息。2014年1月27日,A集团公司与B农产品公司签订补充协议,该补充协议的约定对原协议进行了变更,即将协议延期至2014年8月底,并将协议期内利息明确约定为83万元和74万元两部分。且双方补充协议以及B农产品公司出具的数份还款承诺均未提及要求A集团公司再行借出100万元,也未对逾期还款的利息计算作出约定。因此,在

A 集团公司实际向 B 农产品公司出借 900 万元的基础上，自 2013 年 7 月 23 日至 2014 年 8 月 31 日，B 农产品公司应向 A 集团公司支付利息总计 157 万元。现经双方确认，B 农产品公司已还本金 300 万元、利息 83 万元。对于尚未支付的 74 万元利息，由于并无证据表明双方约定将该利息计入本金计算，因此对 A 集团公司将 74 万元计入本金计算逾期利息的主张不予支持，但该 74 万元利息由于系双方明确约定且并不违反相关法律规定，B 农产品公司仍应支付。同时，由于双方并未对逾期利率作出约定，A 集团公司主张按照月利率 0.8% 计算逾期利息系其对自身权利的自主处分，法院予以支持。

在 A 集团公司与 B 农产品公司 2013 年 7 月 23 日签订的协议及附件、2014 年 1 月 27 日签订的补充协议上，胡某某均被明确约定为担保方并在担保方处签字，在 B 农产品公司和陈某某出具的 2014 年 7 月 7 日、2015 年 3 月 12 日的还款计划书和承诺保证书上，胡某某也均在担保人处签字，虽然胡某某辩称其只是见证，不清楚双方业务往来，但这一辩解并不能推翻上述其作为担保人签字的效力，且直至 2015 年 3 月 12 日其仍在还款承诺上签字担保，因此也不存在其所辩称的担保时效已过的情形（本案为 2015 年 4 月被法院受理）。至于陈某某，其作为 B 农产品公司的法定代表人并在 B 农产品公司 2014 年 7 月 7 日出具的还款计划书上明确作为担保人签字，且其对 A 集团公司要求其承担担保责任也并未提出异议。故陈某某、胡某某应对 B 农产品公司相关债务承担连带担保责任。

综上所述，判决：一、被告 B 农产品公司应于本判决生效之日起 10 日内向原告 A 集团公司偿还借款本金 600 万元及利息 74 万元。二、被告陈某某、胡某某对本判决第一项确定的被告 B 农产品公司的给付义务承担连带责任。三、被告陈某某、胡某某承担担保责任后，依法有权向被告 B 农产品公司追偿。四、驳回原告 A 集团公司其他诉讼请求。

3. 案例评析

本案为“合作经营协议”名义下的企业间拆借行为。本案中双方签订的合作经营协议约定了经营项目，但实质是一方企业投入资金，并定期收取固定回报的合同。出借企业虽然约定派遣工作人员参加经营，但主要是起到经营风险控制，保障投入资金安全的用途，并无共负盈亏、共担风险的意思表示，因此，认定为借贷行为是正确的。本案判决时，《最高人民法院关于审理民间借贷案件适用法律若干问题的规定》已生效，故人民法院系按照最新司法解释的精神，认定双方的借贷行为有效，并对相关还款和保证责任作出了相应判决。

有关法律规定

《中华人民共和国民法通则》(2009年修正)

第五十二条　企业之间或者企业、事业单位之间联营，共同经营、不具备法人条件的，由联营各方按照出资比例或者协议的约定，以各自所有的或者经营管理的财产承担民事责任。依照法律的规定或者协议的约定负连带责任的，承担连带责任。

《中华人民共和国合同法》(1999年)

第二百零六条　借款人应当按照约定的期限返还借款。对借款期限没有约定或者约定不明确，依照本法第六十一条的规定仍不能确定的，借款人可以随时返还；贷款人可以催告借款人在合理期限内返还。

《最高人民法院关于审理民间借贷案件适用法律若干问题的规定》(法释〔2015〕18号)

第十一条　法人之间、其他组织之间以及它们相互之间为生产、经营需要订立的民间借贷合同，除存在合同法第五十二条、本规定第十四条规定的情形外，当事人主张民间借贷合同有效的，人民法院应予支持。

第二节
民间借贷关系的效力

一、非金融机构的企业之间拆借资金，是否一定无效

基本理论

非金融机构的企业（包括其他组织）将自己暂时闲置的资金按照一定的价格让渡给其他企业使用的行为，是企业间的一种资金互助形式，是企业解决短期资金急需的一个有效途径。但从法律上予以完全放开，也带来规制监管难度增大的问题，如果放任无序化发展，可能引发“三角债”问题以及其他金融风险。此类非金融机构的企业（包括其他组织）之间借款行为，是否受法律保护，是否认定为无效？长期以来我国的法律、行政法规的有关规定并未正面回答这个问题。应该说，该问题并非单纯法律问题，虽然实践表现为司法裁判的态度，但实际上更多的是国家对市场金融活动的调控政策选择的反映。对于该问题的观点，过去和当前的国家政策观点经历了一个逐步变化的过程。

在过去相当长一段时间内，我国金融政策和司法实践一贯坚持认为，非金融机构的企业（包括其他组织）之间借款行为一律视为无效。其主要政策源头为最高人民法院出台的有关司法政策文件及指导性文件以及中国人民银行出台的有关规范性文件。《最高人民法院关于人民法院审理借贷案件的若干意见》[法（民）发〔1991〕21 号]第 1 条对民间借贷纠纷的界定，就将非金融结构的企业（包括其他组织）之间的借贷关系排除在民间借贷案件范围之外。《最高人民法院关于对企业借贷合同借款方逾期不归还借款的应如何处理问题的批复》（法复〔1996〕第 15 号）明确：“企业借贷合同违反有关金融法规，属无效合同。对于合同期限届满后，借款方逾期不归还本金，当事人起

诉到人民法院的,人民法院除应按照最高人民法院法(经)发〔1990〕27号《关于审理联营合同纠纷案件若干问题的解答》第4条第二项的有关规定判决外,对自双方当事人约定的还款期满之日起,至法院判决确定借款人返还本金期满期间内的利息,应当收缴,该利息按借贷双方原约定的利率计算,如果双方当事人对借款利息未约定,按同期银行贷款利率计算。”中国人民银行1996年公布的《贷款通则》第61条规定:“企业之间不得违反国家规定办理借贷或者变相借贷融资业务。”中国人民银行条法司1998年对最高人民法院经济庭作出的《关于对企业间借贷问题的答复》(银条法〔1998〕13号)明确提出:“根据《中华人民共和国银行管理暂行条例》第4条的规定,禁止非金融机构经营金融业务。借贷属于金融业务,因此,非金融机构的企业之间不得相互借贷。企业间的借贷活动,不仅不能繁荣我国的市场经济,相反会扰乱正常的金融秩序,干扰国家信贷政策、计划的贯彻执行,削弱国家对投资规模的监控,造成经济秩序的紊乱。因此,企业间订立的所谓借贷合同(或借款合同)是违反国家法律和政策的,应认定无效。”由此可见,在当时法律政策背景下,国家对非金融机构的企业之间借款行为采取了较为严格的管制态度。只要非金融机构的企业实施了借贷行为,不区分具体情况,即视为违反国家金融业务专营管制的行为,不仅无效,而且其中产生的利息还应当作为非法所得予以收缴,反映出当时政策对非金融机构拆借行为的严厉控制态度。

1999年《合同法》和2000年《立法法》实施后,国家对各类法律规范性文件的级别和效力有了明确规定,国家法律对民商事合同无效问题也有了明确的判断依据。关于非金融机构的企业(包括其他组织)之间借款行为一律认定为无效的司法规则的合法性问题时常受到质疑。根据《合同法》第52条第5项规定的无效情形,合同违反法律、行政法规的强制性规定的无效,地方法规、部门规章不是判定合同无效的法律依据。最高人民法院《关于适用〈中华人民共和国合同法〉若干问题的解释(二)》(法释〔2009〕5号)第14条进一步明确《合同法》第52条第5项规定的“强制性规定”是指效力性强制性规定。从有关金融法律、行政法规看,并未明确禁止非金融机构的企业之间相互拆借。中国人民银行1996年公布的《贷款通则》从效力级别上应属部门规章,引用该文件否认企业间拆借的效力依据不充分。1998年国务院出台的《非法金融机构和非法金融业务活动取缔办法》(国务院令第247号)对非法金融机构、非法金融业务进行了界定,但对于企业之间为生产经营进行的偶然性、互助性的拆借并没有明确纳入。但最高人民法院相关的指导性文件并未松动,实践中仍然将此类行为归为无效。只是一些法院在实践中对此类行为的态度发生了一定松动,为平衡双方利益,一般判令无效借款合同的借款人返还借款时,按央行同期活期存款利率或者同类贷款利率支付利息(约定利率较高的不予保护)。[①]

随着经济不断发展,民间资本大量增加,各类非金融机构的企业特别是民营企业希望合法从事投资、融资等金融活动的需求日益强烈。2010 年,《国务院关于鼓励和引导民间投资健康发展的若干意见》(国发〔2010〕13 号,俗称"新36 条")明确提出"鼓励和引导民间资本进入金融服务领域",2013 年《国务院办公厅关于金融支持经济结构调整和转型升级的指导意见》(国办发〔2013〕67号)进一步提出"扩大民间资本进入金融业"的政策要求。相关民间资本以小额贷款公司、担保公司甚至银行的形式参与金融服务市场。由于国家监管政策的调整,金融市场对民间资本已大幅放开。此时司法实践如果一概将非金融机构的企业之间借贷视为非法和无效合同,已严重不合时宜。2011 年 12 月最高人民法院公布的《关于依法妥善审理民间借贷纠纷案件促进经济发展维护社会稳定的通知》(法〔2011〕336 号)认为"民间借贷客观上拓宽了中小企业的融资渠道,一定程度上解决了部分社会融资需求,增强了经济运行的自我调整和适应能力,促进了多层次信贷市场的形成和发展",要求"人民法院在审理民间借贷纠纷案件时,要严格适用民法通则、合同法等有关法律法规和司法解释的规定,同时注意把握国家经济政策精神,努力做到依法公正与妥善合理的有机统一"。2013 年 9 月 17 日最高人民法院原副院长奚晓明在全国商事审判会议上的讲话《商事审判中需要注意的几个法律适用问题》中公开提供了区分认定企业间借贷效力的相关规则,在讲话中提出:"在商事审判中,对于企业间借贷,应当区别认定不同借贷行为的性质与效力。对不具备从事金融业务资质,但实际经营放贷业务、以放贷收益作为企业主要利润来源的,应当认定借款合同无效。在无效后果的处理上,因借贷双方对此均有过错,借款人不应当据此获得额外收益。根据公平原则,借款人在返还借款本金的同时,应当参照当地的同期同类贷款平均利率的标准,同时返还资金占用期间的利息。对不具备从事金融业

① 参见张家麟主编:《民间借贷纠纷诉讼指引与实务解答》,法律出版社 2014 年版,第 112 页。

务资质的企业之间,为生产经营需要所进行的临时性资金拆借行为,如提供资金的一方并非以资金融通为常业,不属于违反国家金融管制的强制性规定的情形,不应当认定借款合同无效。”①在2013年之后,各级人民法院特别是最高人民法院出现了若干裁判案例,对非金融机构的企业或其他组织之间的拆借行为,只要不是以放贷为主要经营性常业的,认定为有效。通过最高人民法院的司法政策性文件和领导讲话以及有关案例,最高人民法院释放出了司法政策改变的信号。

到2015年8月,《最高人民法院关于审理民间借贷案件适用法律若干问题的规定》(法释〔2015〕18号)出台后,司法解释正式明确了非金融机构的企业(包括其他组织)之间资金拆借的效力。该司法解释第11条规定,法人之间、其他组织之间以及它们相互之间为生产、经营需要订立的民间借贷合同,除存在《合同法》第52条、本规定第14条规定的情形外,当事人主张民间借贷合同有效的,人民法院应予支持。由此可见,国家对非金融机构的企业之间资金拆借的效力已经给予了相当承认。只要不是以从事吸收存款和发放贷款等为常业的非法金融机构进行的借贷活动,人民法院不当然认定为无效。考虑到该司法解释的出台经过了最高人民法院于相关国家机关和行政主管部门反复征求意见,因此,这一司法规则和观点可视为当前国家监管部门对此类行为的倾向性政策观点和态度。

典型案例

法人之间、其他组织之间以及它们相互之间为生产、经营需要订立的民间借贷合同,不当然认定为无效

——A置业有限公司、毋某某与被上诉人B物业服务有限公司、李某某借款担保合同纠纷二审案②

1. 案情简介

原审原告:B物业公司。

① 奚晓明:“当前商事审判中需要注意的几个法律适用问题”,载《人民法院报》2013年9月25日第7版。

② 参见最高人民法院(2014)民一终字第39号民事判决。

原审被告：A 置业公司、毋某某、李某某。

2011 年 4 月 13 日，B 物业公司与 A 置业公司签订《借款协议》，约定：(1)B 物业公司向 A 置业公司出借 8000 万元；(2)借款期限：自借款到账之日起两年；(3)借款利息及费用：月利息及费用 21‰；(4)借款当日 B 物业公司从借款数额中扣除首年利息。同日，A 置业公司股东毋某某和李某某向 B 物业公司出具一份《担保承诺书》，承诺以其个人全部资产为 B 物业公司的全部借款本息提供连带责任保证担保。上述《借款协议》签订及《担保承诺书》出具当日，B 物业公司向 A 置业公司转款 5984 万元。同日，A 置业公司向 B 物业公司出具收据，载明收到借款 8000 万元。借款到期后，A 置业公司未按照《借款协议》约定偿还本息。

B 物业公司向法院提出起诉，请求：(1)判令 A 置业公司偿还本金 8000 万元、支付利息 2016 万元；(2)判令 A 置业公司按欠款数额的千分之二支付违约金；(3)判令 A 置业公司承担 B 物业公司为收回欠款而支出的担保费及律师费；(4)判令李某某及毋某某 A 置业公司的上述债务承担连带责任；(5)三被告承担本案的保全费及诉讼费。

2. 法院裁判及观点

一审法院审理认为，本案《借款协议》的签约双方 B 物业公司与 A 置业公司虽不具备从事金融业务资质，双方之间仍然发生了借贷关系，A 置业公司未提交证据证明提供资金的一方 B 物业公司系以资金融通为常业，双方之间发生的实质上是一种为生产经营所进行的临时性资金拆借行为，这一行为不属于违反国家金融管制的强制性规定的情形，因此不应当认定《借款协议》无效。该《借款协议》签订时双方当事人真实的意思表示，应为有效。李某某、毋某某向 B 物业公司出具的《担保承诺书》不具有无效情形，亦合法有效。本案借款到期后，A 置业公司未按《借款协议》约定偿还借款本息，其行为构成违约，应当承担相应的民事责任。《借款协议》虽约定借款本金为 8000 万元，但在履行中出借人已提前扣除第一年的利息 2016 万元，实际借出本金为 5984 万元，应以实际借款金额认定本案借款本金。关于 B 物业公司请求判令 A 置业公司承担因诉讼而支出的担保费和律师费，因《借款协议》和《担保承诺书》未予约定，故不予支持。河南省高级人民法院最终判决：(1)A 置业公司于判决生效后 10 日内向 B 物业公司返还借款 5984 万元，并支付借款利息及逾期付款违约金;(2)李某某、毋某某对上述债务承担连带清偿责任;(3)驳回B物业公司的其他诉讼请求。

A置业公司和毋某某不服一审判决提出上诉。共同的上诉理由如下:根据《最高人民法院关于企业借贷合同借款方逾期不归还借款的应如何处理的批复》的规定,企业借贷合同违反有关金融法规,属无效合同,一审判决认定A置业公司与B物业公司签订的《借款协议》有效错误。根据合同法、担保法及相关司法解释的规定,担保合同属于主合同的从合同,主合同无效,从合同亦无效,本案毋某某向B物业公司出具的《担保承诺书》亦无效,一审判决毋某某对《借款协议》项下的债务承担连带清偿责任错误。

二审法院总结争论焦点为双方签订的《借款协议》是否有效。最高人民法院认为,A置业公司与B物业公司签订的《借款协议》系双方真实意思表示,且符合《合同法》第196条规定的借款合同形式要件,其效力问题应按照《合同法》的相关规定予以认定。《合同法》第52条第5项规定违反法律、行政法规的强制性规定的合同无效,《最高人民法院关于适用〈合同法〉若干问题的解释(一)》对该条中"法律、行政法规"解释为"全国人大及其常委会制定的法律和国务院制定的行政法规"。A置业公司、毋某某没有提出关于企业之间不得借款的法律、行政法规的强制性规定,其主张缺乏法律依据。《最高人民法院关于企业借贷合同借款方逾期不归还借款的应如何处理的批复》认定"企业借贷合同违反有关金融法规,属无效合同",乃是针对企业之间经常性的资金融通行为可能扰乱金融秩序的行为,一审法院关于双方之间发生的实质上是一种为生产经营所进行的临时性资金拆借行为,不属于违反国家金融管制强制性规定的情形。《借款协议》有效的认定并无不当,法院予以确认。基于此,A置业公司、毋某某关于主合同无效,从合同亦无效的上诉理由亦不能成立。因此,最高人民法院认为一审判决事实认定清楚、适用法律正确,判决驳回上诉、维持原判。

3. 案例评析

本案的主要争议焦点为非金融机构的企业间拆借行为是否认定为无效。裁判作出时间为2014年5月,系《最高人民法院关于审理民间借贷案件适用法律若干问题的规定》颁布前。在当时的时间背景下,最高人民法院已经陆续通过领导讲话、审判指导等多种形式向各级法院表达了对这一问题的新裁判观点和政策。本案又通过最高人民法院审理裁判的方式,向社会传达了最高人民法院对企业间非经常性资金融通行为是否无效的司法政策观点。在本案中,在《最高人民法院关于审理民间借贷案件适用法律若干问题的规定》尚未颁布的背景下,法官通过其裁判说理,明确了非金融机构企业间非以资金融通为常业,而是为生产经营需要进行的拆借行为,不属于《合同法》第52条规定的“违反法律、行政法规”的行为,不当然认定为无效。法官还对1995年《最高人民法院关于企业借贷合同借款方逾期不归还借款的应如何处理的批复》(法复〔1996〕第15号)“企业借贷合同违法有关金融法规,属无效合同”的表述进行了重新解释,契合了最新的金融实践和金融政策。《最高人民法院关于审理民间借贷案件适用法律若干问题的规定》出台后,最高人民法院以司法解释的形式正式确认了该规则,即法人之间、其他组织之间以及它们相互之间为生产、经营需要订立的民间借贷合同,除存在《合同法》第52条、该规定第14条规定的情形外,当事人主张民间借贷合同有效的,人民法院应予支持。本案例的裁判观点是符合上述司法解释的精神的。

有关法律规定

《中华人民共和国合同法》(1999年)

第五十二条　有下列情形之一的,合同无效:

(一)一方以欺诈、胁迫的手段订立合同,损害国家利益;

(二)恶意串通,损害国家、集体或者第三人利益;

(三)以合法形式掩盖非法目的;

(四)损害社会公共利益;

(五)违反法律、行政法规的强制性规定。

《中华人民共和国商业银行法》(2015年修订)

第十一条　设立商业银行,应当经国务院银行业监督管理机构审查批准。

未经国务院银行业监督管理机构批准,任何单位和个人不得从事吸收公众存款等商业银行业务,任何单位不得在名称中使用“银行”字样。

《非法金融机构和非法金融业务活动取缔办法》(国务院令第247号,1998年发布,2011年修改)

第三条　本办法所称非法金融机构,是指未经中国人民银行批准,擅自设立从事或者主要从事吸收存款、发放贷款、办理结算、票据贴现、资金拆借、信托投资、金融租赁、融资担保、外汇买卖等金融业务活动的机构。

非法金融机构的筹备组织,视为非法金融机构。

第四条　本办法所称非法金融业务活动,是指未经中国人民银行批准,擅自从事的下列活动:

(一)非法吸收公众存款或者变相吸收公众存款;

(二)未经依法批准,以任何名义向社会不特定对象进行的非法集资;

(三)非法发放贷款、办理结算、票据贴现、资金拆借、信托投资、金融租赁、融资担保、外汇买卖;

(四)中国人民银行认定的其他非法金融业务活动。

前款所称非法吸收公众存款,是指未经中国人民银行批准,向社会不特定对象吸收资金,出具凭证,承诺在一定期限内还本付息的活动;所称变相吸收公众存款,是指未经中国人民银行批准,不以吸收公众存款的名义,向社会不特定对象吸收资金,但承诺履行的义务与吸收公众存款性质相同的活动。

《最高人民法院关于审理民间借贷案件适用法律若干问题的规定》(法释〔2015〕18号)

第十一条　法人之间、其他组织之间以及它们相互之间为生产、经营需要订立的民间借贷合同,除存在合同法第五十二条、本规定第十四条规定的情形外,当事人主张民间借贷合同有效的,人民法院应予支持。

二、借款合同签订后,出借人没有实际交付借款的,借款合同生效吗

基本理论

1. 自然人之间借款合同自资金提供时生效

按照《合同法》第210条的规定,自然人之间的借款合同,与金融机构或者其他企业、组织作为借贷主体的借款合同存在重要区别,即自然人之间的借款合同,自出借方提供资金时生效。按照传统的民法理论,自然人之间的借款合同是实践合同,该合同仅有双方当事人的合意不能成立,必须要有实际的交付行为(我国《合同法》第210条采用的是“生效”,而非成立,但从该具体问题的实际法律后果来看,并无实质区别),即合同是在贷款人提供借款

时生效。因此，无论当事人的合同采取的是口头形式还是书面形式，合同都是在贷款人实际交付贷款时生效。

这样的立法规定主要是因为自然人之间借款一般都属于互助性质，作为出借方的自然人一般并不是以出借资金为惯常性、经营性行为长期谋利的主体，虽然借款方的信赖利益仍然值得重视，但对自然人出借方履行出借行为法律义务的制度设计不宜过重，否则可能对自然人出借人的基本生产生活构成影响，损害民生。相反，有金融机构或者其他企业、组织作为当事人（主要是指出借人）的借款合同，当事人借款合意达成后，其信赖利益往往直接与重大的商业利益挂钩，作为金融机构或者其他企业组织的出借人承担的相应义务较自然人更重是合理的。另外，金融机构或者其他企业、组织为主体的借款合同一般标的数额较大、订立合同的手续复杂、严格，需要遵守有关法律、行政法规及规章的规定。同时，这类合同往往需要设定担保，作为主合同的借款合同不是诺成即成立并发生效力，那么作为从合同的担保合同的效力也会受到影响。因此，此类借款合同的成立和生效与其他合同的成立生效条件基本保持一致，不以资金实际提供为条件。

2. 资金提供的具体方式

需要注意的是，《合同法》第 210 条立法时采用的用语是“提供”，而非“交付”。这是因为交付主要是针对民法上的“物”而言的，而资金（货币）的本质是信用。实践中资金（货币）的表现方式是多种多样的，并不一定表现为“物”（现钞），而更多地表现为银行信用、网络支付平台、记账平台信用的转移，或者银行票据、其他有价证券等。《最高人民法院关于审理民间借贷案件适用法律若干问题的规定》（法释〔2015〕18 号）第 9 条对《合同法》第 210 条关于自然人之间借款合同的生效要件中的“提供资金”的具体界定进一步明确。第一是以现金支付的，自借款人收到借款时；第二是以银行转账、网上电子汇款或者通过网络贷款平台等形式支付的，自资金到达借款人账户时；第三是以票据交付的，自借款人依法取得票据权利时；第四是出借人将特定资金账户支配权授权给借款人的，自借款人取得对该账户实际支配权时；第五是出借人以与借款人约定的其他方式提供借款并实际履行完成时。

3. 自然人之间借款合同生效要件与时间的法律意义

自然人之间的借款合同，自出借方提供资金时生效的规定，实践中主要具有以下法律意义：一是自然人之间的借款合同约定的权利义务，自资金实际提供之时发生法律上的约束力，尚未提供资金的，合同约定的权利义务并不约束双方当事人，当事人不履行约定的义务的，由于合同尚未实际生效，无法追究相关当事人的违约责任。二是出借人实际提供的资金与口头或者书面合同不一致的，不能单纯按照双方合意来判定借款合同的出借本金数额。应结合实际提供的资金来判定。特别是实际提供的出借资金少于双方合意的情形。三是关于利息的计算，由于自然人之间的借款合同自资金实际提供之时发生法律效力，因此，按照双方约定的利率计算利息的，也只能从实际提供资金时开始计算，出借方未实际提供资金的期间内，不得计算利息。

典型案例

自然人间借款合同自资金提供时发生效力，提供资金前的期间内不计算约定利息

——李某某与王某、方某民间借贷纠纷案[①]

1. 案情简介

原告：李某某。

被告：王某。

被告：方某。

2014 年 9 月 23 日、10 月 6 日，被告王某分别向原告借款 10 万元，并出具借条二份载明借款事实。两份借条均约定向李某某借款 10 万元，月利 2%，逾期由被告承担实现债权的费用。借条下部为收条，被告王某均载明：王某农行：62 × × × × × × × × × × × × × ×13，收到李某某现金 10 万元。2014 年 9 月 24 日、10 月 7 日，原告通过银行转账向被告王某各交付款项 9 万元。后被告未按约定还本付息。另外，两被告王某、方某于 2000 年 3 月 14 日登记结婚，于 2015 年 2 月 13 日登记离婚。本案借款形成于两被告婚姻关系存续期间。后被告未归还欠款，原告李某某起诉到法院，要求被告王某、方某归还

① 参见浙江省永康市人民法院(2015)金永商初字第 2425 号民事判决。

借款20万元及逾期损失利息(其中10万元借款从2014年9月23日起至还清之日止按月利率2分计算;另10万元借款利息从2014年10月6日起按月利率2分计算至实际归还之日止)。

2. 法院裁判及观点

原告李某某与被告王某之间的民间借贷关系系双方当事人的真实意思表示,不具有法律规定的合同无效之情形,依法确认有效。双方未约定还款期限,被告应在原告催讨后的合理期限内及时归还,逾期应承担相应的违约责任。本案借款交付的时间分别为2014年9月24日、10月7日,依《合同法》第210条的规定,借款合同分别于该两日生效,故原告仅可以主张自该两日起的利息。本案借款形成于两被告婚姻关系存续期间,诉讼中,被告方某既未提交证据证明本案债务系被告王某个人债务,也未证明存在《婚姻法》第19条第3款规定之情形,本案债务应认定为两被告婚姻关系存续期间的共同债务。综上,原告李某某的诉讼请求中部分合法有据。故法院判决:被告王某、方某归还原告李某某借款人民币18万元及利息(以本金9万元为基数,分别自2014年9月24日、10月7日起按月利率2%计算至款清之日止)。限本判决生效后20日内履行完毕;驳回原告李某某的其他诉讼请求。

3. 案例评析

本案案情较为简单,属于较为典型的自然人之间的借款合同。除其他争议外,本案双方计算借款利息上存在一定争议。人民法院在计算借款利息时,援引了《合同法》第210条的规定,即自然人之间的借款合同自资金提供时成立生效,因此双方约定的借款利率条款也自资金实际提供时生效,相应的资金利息计算也应当从资金实际提供时开始计算。因此,出借人尚未提供资金的期间内,不计算利息。因此,法院就借款人支付借款利息的部分作出了以上裁判。

只有借条,不能认定大额自然人借贷合同已经生效

——顾某伟诉张某岐民间借贷案①

1. 案情简介

原告:顾某伟。

① 参见北京市大兴区人民法院(2012)大民初字第7527号民事裁定。

被告:张某岐。

2009 年 12 月 3 日,顾某伟向张某岐出具欠条一张,载明:今欠顾某伟港币 1050 万元,于 2010 年年底还清。张某岐在欠条上签字并按捺指印。

案件审理过程中,顾某伟和张某岐均到庭对涉案借款的细节进行陈述。顾某伟陈述如下:2009 年 12 月 3 日晚饭前后,顾某伟在北京大饭店咖啡厅通过现金方式将涉案的 1050 万港币亲自交付给张某岐,张某岐当场书写涉案欠条,当时只有二人在场。张某岐陈述如下:2009 年初,张某岐介绍顾某伟与薛某某认识,薛某某从顾某伟处借筹码,折合 2100 万港币,该筹码系顾某伟从澳门人阿 B 处借的。若薛某某在澳门赌博赢钱,则张某岐可赚取所赢收益的一半作为佣金。但薛某某赌钱赌输了,顾某伟要求张某岐承担一半,即涉案的 1050 万港币。在当天书写欠条时,顾某伟带了一名保镖到北京咖啡厅,故张某岐向顾某伟出具欠条 1 张,张某岐并没有当场交付给顾某伟 1050 万港币。

2. 法院裁判及观点

法院审理认为:自然人之间的民间借贷合同的成立和生效,必须同时具备当事人之间存在借贷合意,且出借人实际出借款项这两个要件,否则即使有借贷合同也不生效。本案的焦点为顾某伟主张向张某岐出借 1050 万港币,但未在法院确定的举证期限内提交资金出借手续及资金来源凭证,是否应当认定其未完成证明责任,进而认定双方当事人之间的民间借贷合同不生效。法院认为,虽然张某岐向顾某伟出具欠条,但顾某伟对出借大额现金的资金来源、借款细节的阐述违背相关规定及常理,故顾某伟与张某岐之间的民间借贷合同不生效。具体表现如下:(1)携带大额现金入境,需要向我国海关申报。本案中,顾某伟携带 1050 万港币未办理进境手续,与法律规定不符合。(2)经法院释明,顾某伟未提交从银行提款凭证,以证明其资金来源,故顾某伟对资金来源的陈述无证据证明。(3)顾某伟在案件审理过程中对出借款项陈述不一致,2012 年 8 月 10 日出具的借款过程说明中陈述为 1000 万元港币,均来源于公众商业国际投资有限公司,到庭后陈述为 1050 万元港币,其中 700 万港币来源于该公司,300 万元来源于他人偿还欠款。综上,顾某伟提交的证据不足以证明其与张某岐之间的民间借贷合同已经成立且生效,对其起诉,应予驳回。

3. 案例评析

标的额较大的自然人民间借贷纠纷案件审理过程中,对出借人是否实际

出借款项的审查,有助于确定自然人民间借贷合同是否已经成立且生效。围绕这一问题,有以下三点值得思考:

第一,实际提供款项是自然人民间借贷合同生效的要件。通说认为,一般民间借贷关系的成立与生效要求双方当事人之间存在借贷合意,出借方实际出借资金两个要件,否则借贷关系不成立。标的额较大的民间借贷纠纷案件审理中,注重对第二个要件的审查,要求出借人详细阐述出借细节、提交大额资金来源的证据,有利于查清案件事实,进而判断自然人之间的借贷合同是否生效。

第二,审查是否实际出借款项的参考方法。本案中,双方当事人对作为书证的欠条均无异议,欠条中张某岐确认欠条并同意偿还,但因张某岐开庭时予以否认,故不应单凭书证定案。为了查清是否实际出借款项,以下方法可供参考:(1)通知当事人亲自到庭,自行陈述案件细节,并组织双方当事人当面陈述,通过察言观色判断案件事实;(2)就借款的关键性细节问题多次询问,针对矛盾之处追问;(3)明确分配举证责任,告知出借人举证不能的后果。出借人应当就存在其主张的事实承担举证责任,若在举证期限内不提交证据,则承担举证不能的法律后果。本案中,通过当事人亲自到庭陈述,法官发现顾某伟的陈述明显有悖常理,且经过法院阐明,顾某伟未就其资金来源提供证据证明,所以,法院未采信其陈述的意见。

第三,了解案情相关社情民俗,熟悉案件涉及的相关规定。本案中,涉及澳门赌场的博彩业、海关出入境规则、离岸公司的规定等情况,方可综合作出判断。

有关法律规定

《中华人民共和国合同法》(1999年)

第二百一十条　自然人之间的借款合同,自贷款人提供借款时生效。

《最高人民法院关于审理民间借贷案件适用法律若干问题的规定》(法释〔2015〕18号)

第九条　具有下列情形之一,可以视为具备合同法第二百一十条关于自然人之间借款合同的生效要件:

（一）以现金支付的，自借款人收到借款时；

（二）以银行转账、网上电子汇款或者通过网络贷款平台等形式支付的，自资金到达借款人账户时；

（三）以票据交付的，自借款人依法取得票据权利时；

（四）出借人将特定资金账户支配权授权给借款人的，自借款人取得对该账户实际支配权时；

（五）出借人以与借款人约定的其他方式提供借款并实际履行完成时。

三、因拖欠赌债写下的欠条，能要求借款人支付欠款吗

基本理论

赌博是我国法律明令禁止的违法行为。实践中，一些赌博参与者无法及时支付赌金，（往往是被胁迫的情况下）写下“借条”、“欠条”给对方。有的当事人依照此借条、欠条以民间借贷法律关系向法院起诉要求追索债务。

按照《民法通则》第6条的规定，“民事活动必须遵守法律，法律没有规定的，应当遵守国家政策”。赌博行为是违法行为，因赌博拖欠的所谓“赌债”是基于非法活动产生的，既不是合法债务，也不是自然债务，而是非法债务，[①]不受法律保护。如本书前文所述，借款合同关系是出借方出借资金，借款人依照合同约定归还借款的合同。出借方没有实际出借资金的，借款人并无还款的义务。在拖欠所谓“赌债”的情形，当事人并没有实际出借资金，其写下的“借条”、“欠条”并非真实的资金出借的证明，因此，也不能按照民间借贷关系来处理，要求返还借款。

当然，实践中有大量被告以“赌债”进行债务抗辩没有被法院采信的案件。这主要是因为债权人以“借条”、“欠条”为证据，以民间借贷关系为理由起诉的，债务人提出的“赌债”抗辩往往难以拿出可信的证据。这就需要增强法律意识特别是取证、举证意识。欠下赌债并写下赌债“欠条”的当事人，为

① 自然债务即法律不参与效力评价的债务，法律上不得要求强制履行，但已经自愿履行的也不得请求返还。非法债务即法律给予否定性效力评价的债务，不仅无法要求强制履行，已经履行的也有权请求返还。

维护自身正当权益，应当加强有关的证据收集和保存。例如，以电话通信往来录音，固定书面、网络通信往来信息等，将该笔欠条、借条发生的原因予以固定，形成较为完整的证据锁链，以证明该笔“债务”实际是“赌债”。

当然，除了“赌债”之外，按照《关于审理民间借贷案件适用法律若干问题的规定》第14条第3项的规定，明知他人从事赌博等非法行为，仍然提供借款的，也是无效的借贷合同行为。

典型案例

因赌博行为发生的债务而写下借条、欠条的，是违法债务，当事人不得请求支付

——赵某与刘某某、李某某民间借贷纠纷二审案①

1. 案情简介

上诉人（原审被告）：刘某某，农民。

上诉人（原审被告）：李某某，农民。二上诉人系夫妻关系。

被上诉人（原审原告）：赵某，个体。

一审法院认定：2009年因生意关系，被告刘某某借原告现金38,000元。2013年5月29日，原告向被告催收还款发生纠纷，报警后在当地派出所被告向原告出具欠条一份，约定自打条之日起每月归还原告现金1000元至款清之日止。后经原告催要，二被告一直未还款，由此引起纠纷，形成本案诉讼。该法院认为：原、被告借贷关系成立，被告应承担清偿的民事责任，原告起诉请求本院予以支持。故一审判决：被告刘某某、李某某于本判决生效之日起10日内共同向原告赵某偿还本金人民币38,000元，并自2015年1月26日起至本判决指定履行期间止按中国人民银行同期同类贷款利率计算支付利息。

上诉人刘某某、李某某不服原审判决，提出上诉，理由如下：原审判决认定借贷关系成立与事实不符，上诉人夫妻从未因生意向被上诉人借钱，该笔

① 参见辽宁省大连市中级人民法院（2015）大民一终字第1105号民事判决。

“借款”实际是案外人于某在被上诉人经营3D黑彩处报号,被上诉人不允许,于某便让上诉人刘某某代为报号发生的赌债。后因于某未支付款项,被上诉人及其亲属于2013年5月29日中午,将上诉人刘某某堵住并殴打,上诉人刘某某报警被带到当地派出所,正值被上诉人朋友梁某某值班,梁当场写了欠款条让上诉人刘某某签字,刘某某在被打、受惊吓、头脑不清醒的情况下签字,原审中上诉人提交的证据已经证明此事实的真实性,原审法院单纯采信欠条,将原本的赌债变成民间借贷。请求二审法院改判。被上诉人赵某答辩认为:借款关系是真实存在的,不存在所谓赌债的事实。

二审诉讼期间,二审法院组织当事人双方对上诉人刘某某、李某某一审提供的视听资料(录音光盘)进行质证。上诉人刘某某、李某某同被上诉人赵某就该视听资料中的对话系三人参与的事实予以认可。该院经审查对视听资料的真实性予以确认;该证据材料系上诉人自行录制,该录制行为没有侵害他人的合法权益,没有违反法律禁止性规定和利用严重违背公序良俗的方法取得,证据取得具有合法性;结合录音内容中三人的陈述,包括被上诉人赵某字数“这不等于在我手里拿的一样吗”内容,可以认定被上诉人赵某并未实际向上诉人刘某某交付款项38,000元。结合一审庭审期间,案外人于某出庭证实案涉款项系3D黑彩钱的证人证言,该院对案涉款项系被上诉人赵某为上诉人刘某某报号3D黑彩而产生的事实予以认定。该院查明认定如下事实:2011年7月份,上诉人刘某某委托被上诉人赵某对3D黑彩进行报号,上诉人刘某某没有支付3D黑彩报号款项。2013年5月29日,被上诉人向上诉人刘某某催还款发生纠纷,报警后在当地派出所,上诉人刘某某向被上诉人出具欠条一份,内容如下:刘某某因生意关系于三年前欠赵某人民币三万八千元整,从今天起,刘某某每个月偿还赵某壹仟元整,直至将款项还清为止,特立此据,欠款人刘某某,执笔人梁某某,2013年5月29日。

2. 法院裁判及观点

二审法院认为,3D黑彩系国家明令禁止的非法赌博行为。本案中,被上诉人赵某因3D黑彩为上诉人刘某某报号而产生债务,被上诉人赵某明知3D黑彩的非法性,仍然为上诉人刘某某报号,由此而产生的债权债务关系不受法律保护。本案中,被上诉人没有向上诉人刘某某实际交付款项,当事人之间不存在借贷关系,被上诉人向上诉人刘某某、李某某主张权利,系以合法借贷关系掩盖黑彩赌博的非法目的，故，原审认定事实有误。故判决如下撤销原审判决；驳回被上诉人赵某对上诉人刘某某、李某某的诉讼请求。

3. 案例评析

这是一起因非法赌博行为拖欠赌债，写下借条，以民间借贷为由起诉的案件。由于借款合同必须存在出借人真实的资金提供行为，而“赌债”并不存在实际的资金提供行为，因此并非实际存在的有效民间借贷关系。本案中被告通过录音证据以及证人证言，证明了该欠条发生的真实原因，使其关于赌债的抗辩得到法院采信。因此，充分的证据收据和合理的取证技巧对于“赌债”事实的证明至关重要，这对预防相关的法律风险有重要的启示意义。

有关法律规定

《中华人民共和国民法通则》(2009 年修正)

第六条　民事活动必须遵守法律，法律没有规定的，应当遵守国家政策。

《中华人民共和国刑法》(2006 年第六次修正)

第三百零三条　以营利为目的，聚众赌博或者以赌博为业的，处三年以下有期徒刑、拘役或者管制，并处罚金。

开设赌场的，处三年以下有期徒刑、拘役或者管制，并处罚金；情节严重的，处三年以上十年以下有期徒刑，并处罚金。

《中华人民共和国治安管理处罚法》(2012 年修正)

第七十条　以营利为目的，为赌博提供条件的，或者参与赌博赌资较大的，处五日以下拘留或者五百元以下罚款；情节严重的，处十日以上十五日以下拘留，并处五百元以上三千元以下罚款。

《彩票管理条例》(2009 年)

第三条　国务院特许发行福利彩票、体育彩票。未经国务院特许，禁止发行其他彩票。禁止在中华人民共和国境内发行、销售境外彩票。

第三十八条　违反本条例规定，擅自发行、销售彩票，或者在中华人民共和国境内发行、销售境外彩票构成犯罪的，依法追究刑事责任；尚不构成犯罪的，由公安机关依法给予治安管理处罚；有违法所得的，没收违法所得。

四、向本单位职工集资借款用于生产经营的合同，有效吗

基本理论

出于防控金融风险及维护社会秩序稳定等目的的考虑，我国法律坚持禁止非法集资行为（包括非法吸收公众存款和集资诈骗），并纳入刑事犯罪打击范围，在民事法律上也可能被认定为无效。对于企业在本单位职工内部进行集资的行为，也经历了一个严厉限制打击到相对宽松的政策演变过程。在当前经济实践中，一些企业为解决生产经营中资金短缺的问题，难免向本单位部分职工进行融资借款，也具有一定的合理性。对于此类向职工集资的行为，如何区分合理合法的融资借贷和非法集资的界限？《最高人民法院关于审理民间借贷案件适用法律若干问题的规定》在 1999 年司法解释及各地司法实践经验总结的基础之上，给出了明确意见。该解释第 12 条规定："法人或者其他组织在本单位内部通过借款形式向职工筹集资金，用于本单位生产、经营，且不存在《合同法》第五十二条、本规定第十四条规定的情形，当事人主张民间借贷合同有效的，人民法院应予支持。"这一规定为企业内部生产经营性的向职工集资的行为提供了合法性保障。

当然，实践中的具体情况也是比较复杂的，本条规定的企业职工内部借款集资合法的前提是借贷范围相对特定、有限，手段合法。也可能存在打着内部职工旗号进行的非法集资行为。因此，实践中理解适用这一条需要注意几个方面：一是集资必须是限定于本单位职工内部，如果既在本单位职工内部集资，同时又向不特定多数社会公众集资的，就不属于合法的集资借贷行为。二是大量的实际出资人不属于内部职工范围的，以本单位职工名义进行借贷的，不应认定为合法的集资。三是为进行非法集资，将社会人员吸纳为单位工作人员的，不属于合法的内部集资。四是集资的用途不是用于单位自身正常生产经营使用的，转借其他单位使用或者进行高利转贷的，不属于合法集资行为。①

---

① 参见杜万华主编、最高人民法院民事审判第一庭编著：《最高人民法院民间借贷司法解释理解与适用》，人民法院出版社 2015 年版，第 418 页。

企业为生产经营需要向本单位职工借款筹集资金的，借款合同有效

——邓某某与K建筑公司民间借贷纠纷二审案[①]

1.案情简介

上诉人(原审被告)：K建筑公司。

被上诉人(原审原告)：邓某某。

一审法院审理查明：2002年10月1日，邓某某(乙方)与K建筑公司的委托代理人谭某甲(甲方)签订了一份借款协议，约定甲方参与X工程的投标，并已中标。由于甲方资金不足，向乙方借款人民币50万元，借款期最短为3个月，最长为8个月，在借款期间甲方按本金每月2%计算利息给乙方。上述借款协议签订后，邓某某通过梁某某的账号将借款支付给K建筑公司。K建筑公司在借款协议约定的最长借款期后，仅于2004年5月26日，向梁某某归还了25万元本金，并出具《收款收据》。邓某某提供一份复印件，证明2009年9月21日，邓某某曾向谭某甲出具《催款函》，要求谭某甲偿还欠款及利息，谭某甲在函上写道“来函已收到，借款属实”并签名确认，但邓某某并未能提供上述复印件的原件。2011年8月16日，邓某某向谭某甲出具《再催款函》，要求谭某甲偿还欠款25万元及利息，谭某甲在函上写道“收到此函已转公司财审部”，并签名确认。2012年8月31日，K建筑公司向L集团有限公司发出《关于清偿我司为筹集X工程项目合作资金而向职工借款本息的请示》，提出相关处理意见。2012年9月27日，L市国资委向L集团公司发出批复，同意相关处理意见。2012年10月8日，L集团公司向K建筑公司发出批复，同意相关处理意见。2013年5月27日，邓某某向K建筑公司发出《信访函》，要求公司按照《借款协议》偿还欠款及利息。K建筑公司相关负责人已签收该函。2013年6月17日，K建筑公司向邓某某发出《信访事项答复意见书》，提出按照上述批复意见清偿债务，即归还借款本金、利息(原借款

① 参见广东省肇庆市中级人民法院(2014)肇中法民一终字第135号民事判决。

协议期限内按原协议利率计算,超出原借款协议期限外的按人民银行同期贷款基准利率计息)。因双方关于利息计算问题无法达成一致意见,经双方多次沟通无果,邓某某遂向该院提起诉讼,请求法院判令:(1)K 建筑公司立即向邓某某清还借款本金余额 25 万元及利息 757,001 元(按借款协议约定利率每月 2% 暂计至 2013 年 9 月 26 日,其后利息按每月 2% 计至本息还请时止);(2)本案诉讼费由 K 建筑公司承担。

2. 法院裁判及观点

一审法院认为:本案为民间借贷纠纷。邓某某与 K 建筑公司签订的借款协议,是双方当事人的真实意思表示,合同的主要内容没有违反法律规定,是有效合同。K 建筑公司未按合同规定履行还款义务,应承担违约责任。邓某某要求 K 建筑公司归还借款余额 25 万元及利息的请求合法合理,法院予以支持。K 建筑公司答辩认为本案并非民间借贷,属于"企业内部集资"协议,应当认定为无效合同,并按照无效合同的处理原则由 K 建筑公司返还本金给邓某某。因双方所签订的系借款协议,K 建筑公司未能为此提供充分有效的证据证明为集资协议,对 K 建筑公司的上述抗辩意见,法院不予采纳。关于本案是否超过诉讼时效的问题,因邓某某于 2013 年 5 月 27 日向 K 建筑公司发出信访函要求 K 建筑公司还本付息,K 建筑公司亦在 2013 年 6 月 17 日向邓某某发出《信访事项答复意见书》,要求邓某某到公司财务部办理借款本息清还手续,K 建筑公司的该行为已经构成对本案债务的重新确认。参照《最高人民法院关于超过诉讼时效期间借款人在催款通知单上签字或者盖章的法律效力问题的批复》(法释(1999)7 号)的规定:"根据《中华人民共和国民法通则》第四条、第九十条规定的精神,对于超过诉讼时效期间,信用社向借款人发出催收到期贷款通知单,债务人在该通知单上签字或者盖章的,应当视为对原债务的重新确认,该债权债务关系应受法律保护。"本案的诉讼时效中断,诉讼时效期间应重新开始计算。据此,本案并没有超过诉讼时效,K 建筑公司以邓某某债权已超过诉讼时效为由进行的抗辩意见,该院不予采纳。对于邓某某要求按借款协议约定利率每月 2% 计至本息还请时止的诉讼请求,因双方在借款协议中约定利率按每月 2% 计付,根据《最高人民法院关于人民法院审理借贷案件的若干意见》第 6 条的有关规定,民间借贷的利率可以适当高于银行利率(但最高不得高于四倍),本案中上述借贷双方约定的利率为月息2%，并未超过此限度，故双方对该借款的利息约定应受法律保护，邓某某的该项请求合理合法，该院予以支持。因K建筑公司于2004年5月26日已经偿还了本金25万元，故有关的利息及逾期利息应分别计算，其中借款50万元本金的利息及逾期利息应从2002年10月21日起计算至2004年5月26日止，按月息2%计算，利息为192,001元；余下借款25万元本金的逾期利息应从2004年5月27日起按月息2%计算截止至2013年9月26日，该部分借款的利息为565,000元，上述利息合计757,001元。综上所述，判决：K建筑公司应于该判决发生法律效力之日起15日内向邓某某偿还借款人民币25万元及利息757,001元（上述利息已计至2013年9月26日，2013年9月27日起的利息按月利率2%计付至本判决确定还清款项之日止）。

上诉人K建筑公司不服一审判决，提起上诉。理由如下：(1)本案应为企业内部集资而不是普通民间借贷，借款合同是无效的。K建筑公司因中标X工程项目，决定向职工或家属筹集施工资金，是典型的企业内部集资行为。且公司以谭某甲的名义借款，双方都有隐瞒事实真相、规避法律的主观意图。(2)K建筑公司当时的"借款"明显带有利益输送性质，当时合同约定利率远远高于银行利率，参与人员只有领导和部分中层干部。邓某某属于享受利益输送着之一，她的丈夫谭某乙是公司当时的班子成员之一，是侵吞国有资产的行为。(3)本案债权已经超过诉讼时效，不应得到法律保护。从《信访事项答复意见书》原话来看，K建筑公司不是接受邓某某的25万元债权和2%月息的主张，由于双方未能达成一致意见，不能构成重新确认。综上所述，请求改判驳回邓某某的诉讼请求。

被上诉人邓某某答辩称：(1)本案并不存在非法集资的情形，当时借款的23人均是K建筑公司职工或家属，并不是不特定的社会公众，不符合非法集资的构成要件。(2)K建筑公司因X工程项目资金借款方案经当时的高层领导讨论决定，经上级管理机构及L市国资委确认，现任领导提出这是"利益输送"，是推卸责任的表现。本案借款完全是信用借款，没有任何物保。上诉人为解决资金紧张问题，甚至是以下任务形式强迫要求部分管理人员提供借款，现在却以利益输送为由免除其违约责任，完全违背了诚实信用原则。(3)上诉人于2013年6月17日向邓某某发出《信访事项答复意见书》，是作出愿意还款付息的意思表示。按照有关司法解释规定,只要债务人对原来债务作出重新确认的行为,该债务关系应受法律保护。综上所述,本案借款协议是合法有效的民间借贷协议,且债权未超过诉讼时效,请求驳回上诉,维持原判。

二审法院查明的事实与一审一致。该院审理认为本案是民间借贷纠纷。根据当事人的上诉和答辩,确定争议焦点如下:(1)本案借款属于企业内部集资还是民间借贷的问题;(2)本案债权是否超过诉讼时效的问题。

关于本案借款属于企业内部集资还是民间借贷的问题。K 建筑公司因工程需要向职工借款,虽文件说明向职工或家属借款,但实际操作中,仅有少数特定人员向公司提供借款,并不符合内部集资的特征。且从后续处理来看,对于其他职工或家属出借款项的处理,K 建筑公司依据重新达成的协议履行,协议约定期限内仍按照约定支付利息。另外,K 建筑公司既主张本案属于企业内部集资,又主张属于高层小圈子侵吞国有资产的行为,前后矛盾,不予采信。因此,K 建筑公司认为本案借款属于企业内部集资的理由不成立,法院不予支持,如有证据证明本案涉及其他违反法律法规的行为,可另循途径解决。邓某某与 K 建筑公司代理人谭某甲签订的《借款协议》内容真实合法,属于当事人真实意思表示,根据《最高人民法院关于如何确认公民与企业之间借贷行为效力问题的批复》的规定,应认定为有效合同。原审判决认定本案借款属于民间借贷,符合法律规定,法院予以维持。

关于本案债权是否超过诉讼时效的问题。本案借款行为发生在 2002 年,至邓某某向原审法院提起本案诉讼之日,已经超过法律规定的诉讼时效期间。但是,邓某某因该借款于 2013 年 5 月 27 日向 K 建筑公司发出《信访函》,K 建筑公司于 2013 年 6 月 17 日向邓某某发出《信访事项答复意见书》,要求邓某某到公司财务部办理借款本息清还手续。虽然事后双方对借款利息的计算未达成一致意见,但结合邓某某提交的《信访函》来看,该《信访事项答复意见书》已经确认邓某某主张的债务本金,仅是对利息部分认为应按照市国资委批复办理,应视为有履行债务的意思表示。因此,根据《最高人民法院关于审理民事案件适用诉讼时效制度若干问题的规定》第 22 条"诉讼时效期间届满,当事人一方向对方当事人作出同意履行义务的意思表示或者自愿履行义务后,又以诉讼时效期间届满为由进行抗辩的,人民法院不予支持”的规定,K 建筑公司上诉主张本案债权超过诉讼时效期间,本院不予支持。综上,法院作出判决:驳回上诉,维持原判。

3. 案例评析

本案涉及借贷行为是否属于非法集资的行为。本案中的企业向单位职工集资,用于本单位经营的情况,在过去的实践中比较常见。该集资行为的目的是用于本单位的生产经营活动,在银行融资有困难的情况下,向本单位职工内部进行借贷,借款的范围是比较特定、有限的,且资金取之于单位职工,用之于单位生产经营,两者利益攸关,相关金融风险相对可控,并且约定利息水平与国家允许的民间借贷利息水平相当。此类行为具有一定的正当性,不宜认定为“利益输送”。本案审结于 2014 年,系 2015 年《最高人民法院关于审理民间借贷案件适用法律若干问题的规定》有关明确规定实施之前。但法院结合实践中的客观需要,从公平维护当事人合法权益的角度出发,依法适用了《最高人民法院关于如何确认公民与企业之间借贷行为效力问题的批复》的有关规定,是合理正确的。

有关法律规定

《最高人民法院关于审理民间借贷案件适用法律若干问题的规定法释》(法释〔2015〕18 号)

第十二条　法人或者其他组织在本单位内部通过借款形式向职工筹集资金,用于本单位生产、经营,且不存在合同法第五十二条、本规定第十四条规定的情形,当事人主张民间借贷合同有效的,人民法院应予支持。

《最高人民法院关于如何确认公民与企业之间借贷行为效力问题的批复》(法释〔1999〕3 号)

黑龙江省高级人民法院:

你院黑高法〔1998〕192 号《关于公民与企业之间借贷合同效力如何确认的请示》收悉。经研究,答复如下:

公民与非金融企业(以下简称企业)之间的借贷属于民间借贷。只要双方当事人

意思表示真实即可认定有效。但是,具有下列情形之一的,应当认定无效:

(一)企业以借贷名义向职工非法集资;

(二)企业以借贷名义非法向社会集资;

(三)企业以借贷名义向社会公众发放贷款;

(四)其他违反法律、行政法规的行为。

借贷利率超过银行同期同类贷款利率四倍的,按照最高人民法院法(民)发〔1991〕21号《关于人民法院审理借贷案件的若干意见》的有关规定办理。

此复

《最高人民法院关于审理非法集资刑事案件具体应用法律若干问题的解释》(法释〔2010〕18号)

第一条　违反国家金融管理法律规定,向社会公众(包括单位和个人)吸收资金的行为,同时具备下列四个条件的,除刑法另有规定的以外,应当认定为刑法第一百七十六条规定的“非法吸收公众存款或者变相吸收公众存款”:

(一)未经有关部门依法批准或者借用合法经营的形式吸收资金;

(二)通过媒体、推介会、传单、手机短信等途径向社会公开宣传;

(三)承诺在一定期限内以货币、实物、股权等方式还本付息或者给付回报;

(四)向社会公众即社会不特定对象吸收资金。

未向社会公开宣传,在亲友或者单位内部针对特定对象吸收资金的,不属于非法吸收或者变相吸收公众存款。

五、借款行为人犯诈骗罪的,借款合同一定无效吗

基本理论

合同等民事行为涉嫌犯罪的,该民事行为是否无效,这个问题实践中一直存在不同认识。过去较为流行的观点是民事活动涉及犯罪的,相关民事(法律)行为一律认定为无效。其主要理论和法律依据是犯罪行为是具有社会危害性的行为,民事行为涉嫌犯罪,就具有一定社会危害性,因此必然无效。根据《合同法》第52条第5项的规定,违反法律、行政法规强制性规定的合同无效,民事行为涉嫌犯罪,就当然违反刑法强制性规范,应认定为无效。

但近年来随着司法实践相关情况越来越复杂，这个结论的不合理性也逐渐凸显。由于民事（法律）行为无效意味着当事人之间以自身自由意志创设的法律权利义务约束力被彻底否定，在实践中往往导致违法行为的受害者反而得不到应有的法律保障，其正当利益受到损害，这显然不符合法律理性的要求。随着研究的深入，我国法律规定和司法政策对民事（法律）行为无效特别是合同无效的认定，越来越谨慎。特别是在《最高人民法院关于适用〈中华人民共和国合同法〉若干问题的解释（二）》（法释〔2009〕5 号）出台后，对合同无效的认定尺度更加严格。其中第 14 条明确规定《合同法》第 52 条第 5 项规定的"强制性规定"是指效力性强制性规定，对司法实践援引《合同法》这条规定否定合同效力提出了明确的限制性要求。

从刑法规定诈骗罪的目的，其本意是为了保障公民合法财产权利的安全，而且诈骗（严重的欺诈）行为是单方行为，[①]法律打击的主要对象是事实诈骗行为的行为人，保护的是相对一方当事人的正当合法权益。而合同是双方行为，一方当事人实施诈骗行为，认定双方订立合同的行为无效的理论依据并不充分。《合同法》明确规定，除非损害国家利益或者社会公共利益的，因欺诈而订立的合同，是可撤销的合同，受欺诈的一方可以在知道或者应当知道欺诈事由之时起 1 年内请求人民法院撤销该合同。该撤销权是一项权利，当事人可以不行使该权利。当事人没有在法定除斥期间内行使撤销权的，该合同应认定为有效合同。

综合以上理论和法律依据，《最高人民法院关于审理民间借贷案件适用法律若干问题的规定》第 13 条第 1 款对此作出了最新的规定："借款人或者出借人的借贷行为涉嫌犯罪，或者已经生效的判决认定构成犯罪，当事人提起民事诉讼的，民间借贷合同并不当然无效。人民法院应当根据合同法第五十二条、本规定第十四条之规定，认定民间借贷合同的效力。"根据对该条文的理解，被定性为诈骗的借贷合同并不当然认定为无效，不宜用"涉犯罪合同当然无效"的简单观点来对有关借贷合同作出认定。

---

① 参见杜万华主编、最高人民法院民事审判第一庭编著：《最高人民法院民间借贷司法解释理解与适用》，人民法院出版社 2015 年版，第 243 页。

借贷行为人被认定为犯诈骗罪，受害人未行使撤销权的，借款合同有效

——刘某诉毛某某、赵某某民间借贷纠纷二审案①

1. 案情简介

上诉人(原审被告)：刘某。

被上诉人(原审原告)：毛某某。

被上诉人(原审被告)：赵某某。

2011年9月30日，被告赵某某作为借款人、被告刘某作为保证人向原告毛某某出具借条一份，载明"今借到毛某某人民币八十万元，定于2011年12月30日还清。如到期不能归还，按借款额的日千分之五缴纳违约金，借款人在借款期间如有特殊情况，担保人负责归还全款，按本约定条款执行，如到期不能归还，同样按借款额的日千分之五缴纳违约金并无条件接受任何处罚"。被告赵某某同时承诺用鲁E×××××号车辆做抵押、用水城国际、东城安泰南区两套房屋作抵押。同日，被告赵某某作为借款人、被告刘某作为保证人另向原告毛某某出具借款48,000元的借条一份。2011年10月1日至10月7日，原告毛某某通过中国农业银行、中国工商银行向被告赵某某转账723,400元，原告主张于2011年9月30日交付被告赵某某现金48,000元。上述借款，由被告赵某某为原告出具金额为800,000元的收条三份。

由于被告赵某某在向原告毛某某等人借款时，以非法占有为目的，虚构事实、隐瞒真相，同时实施诈骗行为骗取被告刘某作为保证人，经原审法院刑事判决认定其行为构成诈骗罪，诈骗数额为1,456,000元，该犯罪数额包含所借毛某某的736,000元。

毛某某因此向一审法院起诉，请求判令被告赵某某偿还借款本金771,400元及支付利息461,682.9元(自2011年9月30日至起诉之日按中

① 参见山东省东营市中级人民法院(2015)东民四终字第184号民事判决。

国人民银行同期贷款利率四倍计算),并支付至借款全部清偿之日的利息,被告刘某承担连带清偿责任。赵某某答辩称,借款属实,但借款本金的数额不符,被告收到的借款本金为736,000元。

刘某答辩称:(1)被告赵某某向原告的借款是诈骗行为,已经由东营中院生效刑事裁定书认定,因此原告与被告赵某某及保证人签订的借款合同因违反了《刑法》第266条的规定,属于无效合同,主合同无效则从条款即保证责任条款当然无效。原告应当向被告赵某某追赃,其要求保证人承担责任的请求应当依法驳回。(2)假设本案借款合同有效,根据《担保法》第26条的规定,本案的保证期间为借款履行期满后6个月,现保证期间已过,原告无权要求保证人承担保证责任。综上,应当驳回原告对被告刘某的诉讼请求。

2. 法院裁判及观点

一审审理认为,本案双方当事人的争议焦点是原、被告之间的借款合同及保证合同是否有效。对合同效力的认定应尊重当事人意思自治原则,只要订立合同时各方意思表示真实,又未违反法律、行政法规的强制性规定,就应当认定合同有效。最高人民法院《关于适用〈中华人民共和国合同法〉若干问题的解释(二)》第14条对《合同法》第52条第5项规定的“强制性规定”解释为是指效力性强制性规定,即使被告赵某某构成诈骗罪,并不必然导致借款合同无效,对被告赵某某所为的民事行为的效力仍应按照相关民事法律进行认定。

首先,被告赵某某构成诈骗罪,其与原告签订借款合同的行为在民事上应属合同欺诈行为,合同效力的认定应适用《合同法》第52条、第54条的规定,当事人采取欺诈手段使对方违背真实意思情况下订立的合同,不涉及损害国家利益的属于可变更、可撤销合同,被欺诈人即原告有权提起撤销申请,若原告未行使撤销权,即使被告赵某某构成诈骗罪也不影响其所签订借款合同的效力,借款合同仍为有效合同,被告赵某某对其借款应承担相应的民事责任。关于借款金额的认定,原告提供证据证实以转账形式提供的借款为771,400元,原告另主张交付被告赵某某现金48,000元,但被告赵某某仅认可收到736,000元,而刑事判决书所查明的诈骗数额亦是736,000元,因此认定涉案借款本金为736,000元。由于借条未载明借款利息,在借款逾期未予归还时，被告赵某某应按约定承担违约金，原告要求支付的利息其性质实为违约金，但应以借款本金736,000元为基数自借款逾期之日即2012年1月1日起按中国人民银行同期贷款利率的四倍计算，原告主张超出的部分不予支持。

其次，本案所涉借款合同为有效合同，原告与被告刘某之间的保证合同亦为有效合同。根据《担保法》第30条的规定，保证人不承担民事责任的情形有两种，一是主合同双方当事人串通，骗取保证人提供保证的；二是主合同债权人采取欺诈、胁迫等手段，使保证人在违背真实意思的情况下提供保证的。最高人民法院《关于适用〈中华人民共和国担保法〉若干问题的解释》第40条规定，债权人知道或者应当知道欺诈、胁迫事实的，按照《担保法》第30条的规定处理。本案中，被告刘某自愿为被告赵某某向原告借款提供保证，其应当对保证人的权利义务是清楚的，虽然刑事判决书中认定被告刘某提供保证也是受到被告赵某某的欺诈，但被告刘某无证据证实作为债权人的原告与作为债务人的被告赵某某之间恶意串通骗取其提供保证或者原告对其实施欺诈、胁迫使其提供保证，也不能提供证据证实原告知道或应当被告赵某某采取欺诈的事实，因此，被告刘某的保证责任不具备法定的免除责任情形。最后，原告要求被告刘某承担保证责任是否超过保证期间的问题。原、被告双方未对保证方式及保证期间进行明确约定，根据《担保法》第19条、第26条的规定，被告刘某应当按照连带责任保证承担保证责任，保证期间为主债务履行期限届满之日起6个月。原告提供的证人证实在上述保证期间曾向被告刘某主张过权利，因此被告刘某仍应按照约定的保证范围承担偿还本金及支付利息的保证责任，其承担保证责任后，可以向债务人赵某某追偿。综上，法院判决：一、被告赵某某于判决生效之日起十日内偿还原告毛某某借款本金736,000元及支付利息334,401.60元，并以借款本金736,000元为基数按中国人民银行同期贷款利率的四倍支付自2012年10月23日起至借款清偿之日止的利息；二、被告刘某对上述款项承担连带清偿责任；三、被告刘某承担保证责任后，有权向被告赵某某进行追偿；四、驳回原告毛某某其他诉讼请求。

上诉人刘某不服原审判决提出上诉，理由如下：(1)原审判决认定事实错误、程序违法。(2)原审判决适用法律错误。把刑事案件的追赃问题重新以民事纠纷的形式受理,并判决承担民事责任。上诉人的保证期间为 6 个月,被上诉人毛某某起诉时已经远远超过 6 个月。

二审法院审理认为,本案二审的争议焦点为原审判决上诉人刘某承担本案借款的担保责任是否正确。本案中,实际借款人赵某某虽构成诈骗罪,但被上诉人毛某某并未行使撤销权,赵某某与被上诉人毛某某签订的借款合同并未违反法律、行政法规的效力性强制性规定,应认定为有效合同。在本案借款合同有效的情况下,上诉人刘某作为本案借款的担保人,其没有证据证实被上诉人毛某某与借款人赵某某之间存在恶意串通骗取上诉人刘某提供保证的情形,故本案担保合同亦应认定为有效。借款人赵某某是否构成犯罪与本案民事纠纷属于两个法律关系,公安部门立案侦查、检察院起诉以及人民法院判决其是否构成犯罪,并不影响法院依据《民事诉讼法》审理本案民事合同纠纷。当事人主张被上诉人赵某某已经偿还 3 个月的借款利息 144,000 元,并未提交任何证据证实,应承担举证不能的不利后果。上诉人刘某主张涉案借款已过保证期间,在刑事判决书的事实叙述及原审庭审中证人彭某某、王某某的证言足以佐证被上诉人毛某某在上述保证期间内向上诉人刘某主张权利的事实,故上诉人刘某关于被上诉人毛某某主张权利超过保证期间的上诉理由,该院依法不予支持。

综上,判决驳回上诉,维持原判。

3. 案例评析

此案涉及行为人以签订借款合同为手段进行诈骗,被生效刑事判决认定并处理后,该借款合同以及基于借款合同成立的保证合同的效力问题,案情具有一定的典型性。在过去较长的一个时期内,此类合同由于涉及犯罪,普遍认定为无效合同,甚至不按民事纠纷处理,而仅按刑事诉讼程序责令退赔处理。这样的处理反而不利于受害者的正当权益保护,特别是难以解决相关借贷行为中保证人的保证责任范围问题。本案虽然没有援引最新的《最高人民法院关于审理民间借贷案件适用法律若干问题的规定》,但是根据《合同法》及其司法解释的规定,对涉及诈骗的借款合同效力进行了有利于保护受害者一方的认定,并根据《担保法》的有关规定明确了保证人的民事责任,是值得充分肯定的。

有关法律规定

《中华人民共和国合同法》(1999 年)

第五十二条　有下列情形之一的,合同无效:

(一)一方以欺诈、胁迫的手段订立合同,损害国家利益;

(二)恶意串通,损害国家、集体或者第三人利益;

(三)以合法形式掩盖非法目的;

(四)损害社会公共利益;

(五)违反法律、行政法规的强制性规定。

《最高人民法院关于适用〈中华人民共和国合同法〉若干问题的解释(二)》(法释〔2009〕5 号)

第十四条　合同法第五十二条第(五)项规定的"强制性规定",是指效力性强制性规定。

《最高人民法院关于审理民间借贷案件适用法律若干问题的规定》(法释〔2015〕18 号)

第十三条　借款人或者出借人的借贷行为涉嫌犯罪,或者已经生效的判决认定构成犯罪,当事人提起民事诉讼的,民间借贷合同并不当然无效。人民法院应当根据合同法第五十二条、本规定第十四条之规定,认定民间借贷合同的效力。

担保人以借款人或者出借人的借贷行为涉嫌犯罪或者已经生效的判决认定构成犯罪为由,主张不承担民事责任的,人民法院应当依据民间借贷合同与担保合同的效力、当事人的过错程度,依法确定担保人的民事责任。

六、村委会干部没有经过村民大会讨论同意签订的借款合同,有法律效力吗

基本理论

1. 村民委员会的法律地位及组织结构

《村民委员会组织法》第 2 条第 1 款规定:"村民委员会是村民自我管理、自我教育、自我服务的基层群众性自治组织,实行民主选举、民主决策、民主

管理、民主监督。”村民委员会是农村基层群众性自治组织,是中国农村最基层的建制单位,是村民长期生产、居住、生活的单位,是中国农村社会最基层的组织形态。它既不是一级政权组织,也不是乡镇政府的派出机构,而是一种在农村基层设置的群众性自治组织。村民委员会成员来自于本村村民;村民委员会代表和维护村民利益。村民委员会是村民自治的执行机构和工作机构,由村民选取产生。同时,村民组成村民会议和村民代表会议,讨论决定涉及村民利益和村民普遍关心的事项。

村民委员会的主要职责包括编制并实施本村经济和发展规划及年度计划,管理村级财务;支持和帮助农村合作经济组织依法独立进行经济活动,保障集体经济组织和村民承包经营者的合法权益;按照规划搞好农村建设,改善村容村貌,发展公益事业,搞好公共卫生,改善居住环境,提高村民健康水平;办好社会公益事业和福利事业;召集村民会议和村民代表会议,并报告工作,执行村民会议和村民代表会议的决定、决议等。

在我国民事法律规定内,村委会的地位并不十分明确,实践中往往与农村集体经济组织混同起来。村委会在我国法律规定内具有独立主体资格和独立承担责任的财产,即不具有法人资格,但能够对外进行一定法律行为和有一定的财产,一般视为非法人组织。按照《村民委员会组织法》的规定,村委会主任、副主任、村委会成员由村民依法选举产生。实践中,村委会主任作为村委会负责人,其职务行为一般视为村委会对外进行的行为。

2. 村委会对外借债是否应当经过村民会议讨论决定

对于村委会对外借债的行为,是否应当通过村委会集体讨论,或者经过村民会议(村民人数较多的通过村民代表会议)讨论决定,现行法律并没有明确规定。实践中村干部(一般表现为村委会主任、村党支部书记、其他村委会成员、村委会财务管理人员等)为解决相关内部管理、服务事务,以村集体名义在民间借贷而对外举债的情况并不少见,且往往没有经过村民会议或者经过村民会议(村民人数较多的通过村民代表会议)讨论决定,而是村干部直接与出借人签订借款合同。对于此类合同的效力问题,应当结合当前村委会法律制度和实践来分析。首先,由于现行法律并没有明确规定村委会对外举债必须经过村民会议(村民代表会议)讨论决定,因此村干部以村委会名义对外举债的行为,原则上是不违反现行法律强制要求的(当然,如果村民会议讨论制定的村规民约、决定对此有明确约束的,村委会成员应当遵守)。在实践中,由于村民会议、村民代表会议的召集、召开难度比较大,形成决议的效率较低,而村委会一般由3至7人组成,决议形成效率高。因此实践中大量的农村集体对外借债的行为是由村委会主任或其他村干部出面进行的。

3. 村委会主任及村委会成员对外借债的效力

如前所述,村委会主任是村委会的负责人,一般认为对外的职务行为可以当然代表村委会。因此村委会主任(有时还包括村党支部书记,合称村“两委”负责人)出面对外借债的,一般视为有效,能够代表村委会对外形成合法有效的民间借贷合同。另外,实践中村委会其他成员,或者其他人员以村集体名义对外借贷的,按照《合同法》的代理及表见代理制度,相对方也就是出借人有理由相信村干部是代表村委会进行借债的,可以被他人视为有代理权。根据交易习惯,一般双方在签订借款合同,或者出具借条、欠条、借据时,应加盖有村委会的专用印章,或者村委会主任授权的介绍信,或者村民会议的授权文件等。如符合上述情形的,往往被视为行为人对外有代理权。另外,从借款用途来看,在村委会举债活动中,借款一般是用于村委会管理或村民自我管理、服务等内部事务使用,如果是用于此类用途的,一般认为行为人有权代理村委会对外举债。如果有证据证明出借人明知行为人借款是用于个人使用或者并非用于上述村委会内部事务使用的,则可以认为明知行为人无权代理村委会借债。实践中一般以村名义对外举债,并用于村内事务用途的资金,应计入村委会的账目。计入村委会账目的负债一般认为是以村委会名义的借债。如果借款人明知行为人不具备代理权,或者相关印章、行为人身份是伪造等情况,村委会对无权代理合同订立无任何法律上的过错的,村委会事后也不进行追认的,不认定为是有效的民间借贷行为。

4. 如何防范村委会借债的相关法律风险

对于这个问题,可以从村委会和出借人两个方面来分别叙述:

(1)就村委会而言。一是应当加强内部管理制度建设,明确村干部的职权范围,明确授权、严格相关证明文件、印章等。在村委会换届等时期,应当加强对原任村干部的监督,及时收回空白介绍信、公章等证明代理人身份的证件等。二是加大公示宣传力度,及时对外公开本村委会的组成人员信息和职权职责范围。如果村规民约约定村委会对外举债应当经过村民会议(村民代表会议)讨论决定的,则应当将村规民约以适当方式充分对外公开,使他人及时了解此类信息。

(2)就相对人(出借人)而言。一是应当认真审查对方行为人身份,要求对方出示相关身份证明等,特别是向村委会借款,应当了解该村村民及村委会组成等实际情况,对方是否为相关负责人。二是谨慎判断借款用途,了解对方行为人借款用途、村委会的实际经济状况。如果发现对方可能以村委会借款为幌子进行个人借款,则应高度注意可能并非真正的村委会借款。三是判断借款数额等情况,如果数额巨大,远远超过该村村委会可能的偿还能力,或者并非用于该村的相关使用项目,则应高度关注其中的风险。

典型案例

村(居)委会负责人以村(居)委会名义对外借贷,用于村(居)委会有关事务的,借款合同有效

——M市N区某甲社区居民委员会与李某某民间借贷纠纷二审案①

1. 案情简介

上诉人(原审被告)M市N区某甲社区居委会。

被上诉人(原审原告)李某某。

2011年4月8日,出借方李某乙与借款方某甲社区居委会签订借款合同,某甲社区居委会向李某乙借款500,000元,蓝某丁在借款方法定代表人处签字,并加盖某甲社区居委会公章,借款期限自2011年4月8日至2011年6月7日,借款利率为年利率6%,借款合同中未约定违约责任及逾期利息。2011年4月8日,某甲社区居委会出具500,000元专用收据一份并加盖公章。另查明,2013年3月4日,李某乙与李某某签订转让协议,李某乙将对某甲社区居委会享有的50万元债权转让给李某某。2013年3月4日,李某乙向某甲社区居委会送达通知2份,通知某甲社区居委会50万元债权转让事宜,蓝某丁在该通知上签字。2013年6月7日,李某某向某甲社区居委会送

① 参见山东省青岛市中级人民法院(2014)青民二终字第203号民事判决。

达催款书，蓝某丁在催款书上签字。已查明，蓝某丁2008年至2011年4月29日任某甲社区主任，2011年3月至今任某甲社区书记。2011年4月期间，蓝某丁兼任某甲社区主任、书记，并担任社区选举委员会负责人。李丙在收取借款50万元时系某甲社区居委会处财务工作人员。

2. 法院裁判及观点

一审法院认为，某甲社区居委会与李某乙签订的借款协议及收据均由某甲社区居委会加盖公章，应视为某甲社区居委会的借款行为，法定代表人处"蓝某丁"的签字属于表见代理行为，因此该协议系李某乙与某甲社区居委会真实意思表示，合法有效，且借款已实际支付给某甲社区居委会，某甲社区居委会应当承担还款责任。本案债权人李某乙与受让人李某某签订了债权转让协议，协议系双方真实意思表示，不违反法律，应为合法有效。债权人李某乙书面通知了某甲社区居委会债权已经转让，且在通知书上有某甲社区居委会村支书蓝某丁签字，属于表见代理行为，应视为该债权转让已经通知了某甲社区居委会。双方约定借款利率为年利率6%，但没有约定逾期利率，可以借期内利率予以计算。综上，一审法院依照《民法通则》第108条，《合同法》第80条、第207条之规定，作出(2013)城民初字第2835号民事判决：青岛市城阳区某甲社区居民委员会于判决生效之日起10日内偿还李某某人民币500,000元，并支付利息。驳回李某某其他诉讼请求。宣判后，某甲社区居委会不服原审判决上诉至青岛市中级人民法院。

某甲社区居委会上诉请求二审法院撤销原判，驳回被上诉人的诉讼请求。

二审查明的事实与原审查明的事实基本一致。还查明，该笔借款实际为由被上诉人李某某出借40万元、李某乙出借10万元组成。被上诉人支付李某乙10万元，并于2013年3月4日签订债权转让合同，将债权转让给被上诉人。交付上诉人50万元时，有当时的某甲社区居委会主任蓝某丁、会计李丙、被上诉人李某某及李某乙在场。由李丙出具收条。某甲社区居委会借款用途是给当时参加选举的村民发放误工补贴。借款前没有召开社区村民(代表)大会。该院审理认为，2011年4月蓝某丁系上诉人社区主任兼书记，并且是选举期间选举委员会负责人，其有权代表上诉人对外签订合同。上诉人及蓝某丁均承认社区公章由街道统一保管，借款时须取得街道分管的负责人同意。上诉人没有证据证明蓝某丁系通过不正当手段私自与被上诉人签订借款合同,并出具收款条。因此,上诉人与被上诉人签订的借款合同是双方当事人真实意思表示,合法有效。蓝某丁到庭陈述亦承认收到被上诉人及李某乙 50 万元借款,上诉人开庭时也认可借款的真实性,故可以认定本案借款合同已经实际履行。借款合同权利人李某乙将债权转让给被上诉人,并将债权转让通知给上诉人,蓝某丁对债权转让通知签收后,该债权转让合法有效,对上诉人产生法律约束力。李某某虽系债权受让人,但亦是实际出借人,其有权向上诉人主张权利。综上,原审判决认定事实清楚,适用法律正确,应予以维持。上诉人的上诉理由不成立,本院不予支持。根据《民事诉讼法》第 170 条第 1 款第 1 项之规定,判决驳回上诉,维持原判。

3. 案例评析

本案是一起村(居)民委员会(原系农村,城市化过程中村改居)干部对外举债引发的纠纷。本案中,虽然时任居(村)委会负责人对外借债的行为没有经过村民会议讨论决定,但出于以下原因,法院认定该笔借债是该负责人的职务行为,合法有效,应由居(村)委会承担法律后果。一是该笔借款由该居(村)委会时任负责人实施,有时任财务负责人经手,加盖了居(村)委会印章,行为人有权代理该居(村)委会进行借债行为。二是有证据证明该笔款项用于该村内部管理相关事务,对于从事该活动,借债数额较为合理,并非该行为人的个人行为,由此可以反映出该借贷行为是代表居(村)委会的意志。因此人民法院依法保护了该合法成立的民间借贷关系。该案反映出某些地方存在的村(居)民委员会在换届前后,后任村委会不承认前任期间所欠债务的情况,客观上使债务及时足额清偿存在一定风险,应当予以注意。

有关主体超越村委会或者村民会议、村民代表会议的授权,对外借债,相对人知道或者应当知道的,该借款行为不发生效力

——陈某甲与刘某乙、刘某丙、S 村村委会民间借贷纠纷二审案①

1. 案情简介

上诉人(原审原告):陈某甲。

① 参见浙江省温州市中级人民法院(2015)浙温商终字第 1304 号民事判决。

上诉人(原审被告):刘某乙。

上诉人(原审被告):刘某丙。

上诉人(原审被告):陈某丁。

上诉人(原审被告):陈某戊。

上诉人(原审被告):黄某己。

被上诉人(原审被告):S 村委会。

原审第三人:S 村老年协会。

2011 年 7 月 4 日,S 村村委会在召开村民代表会议后成立村账清财小组,任命刘某乙为组长,任命刘某丙、陈某丁、陈某戊为副组长,对从 1996 年 1 月至 2011 年 3 月份的村账目进行清账,清账时间自 2011 年 7 月 5 日到 2012 年 12 月 30 日。2011 年 7 月 ~2012 年 1 月,刘某乙以清财小组名义分别向第三人 S 村老协会借款 8 万元、7 万元、7 万元。S 村老协会于 2013 年 5 月 15 日向法院起诉要求刘某乙、S 村村委会共同偿还借款 22 万元及利息。法院经审理后作出 Z 生效民事判决,认为借款行为系 S 村清财小组所为,清财小组是由 S 村村委会设立的非独立机构,该案债务应由 S 村村委会负担;刘某乙自愿偿还其中 3 万元不违反法律规定,遂判决 S 村村委会应偿付 S 村老协会借款计人民币 22 万元;刘某乙对上述款项中 3 万元承担共同还款责任。

2014 年 1 月 ~2014 年 10 月,刘某乙、刘某丙、陈某丁、陈某戊、黄某己(简称刘某乙等 5 人)先后在以陈某甲为出借人的多份借款凭单上签名捺印,并加盖“某镇 S 村村账清财小组”印章确认,注明主要用于归还村老协会借款。陈某甲于 2014 年 11 月向原审法院提起诉讼,请求判令:刘某乙等 5 人、S 村村委会共同偿还陈某甲借款本金 96 万元及利息。

2. 法院裁判及观点

一审法院审理认为:本案争议焦点一是借款是否真实;二是如果借款属实,债务应由谁承担。关于本案争议的借款是否真实的问题,根据我国民事诉讼高度盖然性的证明标准及陈某甲提供的借款凭单、现金缴款单、进账单等证据,对双方借款 96 万元的事实予以认定。

关于双方争议的本案债务的承担主体问题,(1)S 村村委会设立清财小组,清财小组成员的职责是对 1996 年 1 月至 2011 年 3 月期间村账目进行清账,清账时间为 2011 年 7 月 5 日到 2012 年 12 月 30 日。现刘某乙等 5 人虽以清财小组名义进行借款，但借款发生时间为 2014 年期间，也属于在约定的清财期间之后发生，并非于清财期间为履行清财职务所需。现借款凭单上虽盖有“某镇 S 村村账清财小组”印章，但由于不属于刘某乙等 5 人履行其协议约定的清财职务的行为。(2)刘某乙等 5 人以清财小组名义向陈某甲借款，无证据证明得到 S 村村委会授权或追认。且本案亦不构成表见代理，即无证据证明存在陈某甲有理由相信刘某乙、刘某丙等 5 人有权代理 S 村村委会向其借款的情形。(3)从款项支配看，S 村老协会从陈某甲处收到款项后，由刘某乙等 5 人掌控进行支配，借款也未入 S 村村委会账户。由此，本案借款应认定为刘某乙等 5 人职务行为以外的个人行为。该法院依照《合同法》第 205 条、第 206 条、第 211 条第 2 款，《民事诉讼法》第 144 条的规定，判决刘某乙等 5 人共同偿付陈某甲借款本金 96 万元及利息，驳回陈某甲的其他诉讼请求。

陈某甲以及刘某乙等 5 人均不服一审法院判决，提起上诉，要求 S 村委会对上述借款承担清偿责任。

二审法院对原审认定的事实予以确认。另查明，陈某甲与刘某丙系亲戚关系。该院认为，《村民委员会组织法》第 8 条第 2 款规定，村民委员会依照法律规定，管理本村属于村农民集体所有的土地和其他财产。S 村清财小组是基于 S 村村民代表会议决议为特定时期内的村账目清账而成立的临时性机构，受 S 村村委会领导，其在清账活动中产生的民事责任由 S 村村委会负担。但 S 村村民代表会议决议中明确清财小组的清财时间为 2011 年 7 月 5 日至 2012 年 12 月 30 日，清财期限届满后若未得到该村村民代表会议或村委会关于继续开展清财工作的授权，则清财小组的相关权利终止。本案借款发生于 2014 年处于清财小组职能终止之后，虽加盖有“某镇 S 村村账清财小组”公章，也属于刘某乙等 5 人的个人行为，与 S 村村委会无关。

关于刘某乙等 5 人的借款行为是否构成表见代理问题。陈某甲称在借款时，刘某乙等 5 人向其出示过清财小组与 S 村村委会的协议书及 Z 民事判决。该协议书与判决书中均已明确清财小组的清财时间，陈某甲在客观上应当知晓该清财时间。判决书中涉及刘某乙等 5 人以清财小组名义向外借款的事宜，记载 S 村村委会反对刘某乙等 5 人向外借款的答辩内容，陈某甲对该事实也应知晓。再者，刘某乙等 5 人在向陈某甲借款时，承诺“如果到期还款不了……一切费用。都由被借款方S村清财小组负责”。陈某甲作为完全民事行为能力人,对清财小组有无权限对外借款,也应进行审慎审查。另外,陈某甲系刘某丙亲戚,本案借款总金额达96万元,在第一期借款6个月届期未还的情况下,刘某乙等5人再以清财小组名义借53万元,从出借人应有的谨慎角度出发,陈某甲在主观上对清财小组有无权力对外借款应存在合理怀疑。所以刘某乙等5人本案中的借款行为不构成表见代理。根据上述分析陈某甲应当知晓在借款时清财小组的清财期限已届满,其相应职能已丧失,刘某乙等5人已不能代表该村清财小组开展相关工作,刘某乙等5人与陈某甲签订借款合同的行为,也不在村委会及其清财小组授权范围之列。因此,本案不适用《合同法》第402条规定。

综上,陈某甲、刘某乙、刘某丙、陈某丁、陈某戊、黄某己的上诉请求及事实与理由不能成立。依照《民事诉讼法》第170条第1款第1项之规定,判决驳回上诉,维持原判。

3. 案例评析

本案是一起村委会组成清财小组,授权有关行为人进行财务清理,行为人对外举债引发的纠纷。该案提及的前一生效判决,确认该清财小组对第三人举债的行为,在村委会组成清财小组的授权范围之内,故判令村委会对该民间借贷债务承担清偿责任。但在本案中,清财小组相关行为人再次对他人举债的行为,人民法院没有认定该借贷行为对村委会的效力。主要原因如下:(1)清财小组相关行为人再次举债的时间已远远超过村民会议授权相关人员进行财务清理的时间,行为人的举债行为没有村民会议或者村委会的授权,属于无权代理。(2)相关借款数额较大,没有入村委会账目,也没有证据证明用于村内相匹配的公共事务,无法反映该借贷行为代表村委会的意志。(3)有证据证明出借人与行为人之间存在亲戚关系,且应当了解相关行为人没有对外举债的代理权。综合以上因素,人民法院没有支持上诉人的主张。该案对加强村委会的财务风险管控也有一定警示意义。应当严格对相关人员的财务授权,重大举债事项应通过村民会议讨论,或者授权可靠的人员对外进行合同行为,并加强村务信息的对外公开和披露,避免出现在村委会不知情的情况下对外举债的情况。

《中华人民共和国村民委员会组织法》(2010年修订)

第二条　村民委员会是村民自我管理、自我教育、自我服务的基层群众性自治组织,实行民主选举、民主决策、民主管理、民主监督。

村民委员会办理本村的公共事务和公益事业,调解民间纠纷,协助维护社会治安,向人民政府反映村民的意见、要求和提出建议。

村民委员会向村民会议、村民代表会议负责并报告工作。

第八条　村民委员会应当支持和组织村民依法发展各种形式的合作经济和其他经济,承担本村生产的服务和协调工作,促进农村生产建设和经济发展。

村民委员会依照法律规定,管理本村属于村农民集体所有的土地和其他财产,引导村民合理利用自然资源,保护和改善生态环境。

村民委员会应当尊重并支持集体经济组织依法独立进行经济活动的自主权,维护以家庭承包经营为基础、统分结合的双层经营体制,保障集体经济组织和村民、承包经营户、联户或者合伙的合法财产权和其他合法权益。

第二十四条　涉及村民利益的下列事项,经村民会议讨论决定方可办理:

(一)本村享受误工补贴的人员及补贴标准;

(二)从村集体经济所得收益的使用;

(三)本村公益事业的兴办和筹资筹劳方案及建设承包方案;

(四)土地承包经营方案;

(五)村集体经济项目的立项、承包方案;

(六)宅基地的使用方案;

(七)征地补偿费的使用、分配方案;

(八)以借贷、租赁或者其他方式处分村集体财产;

(九)村民会议认为应当由村民会议讨论决定的涉及村民利益的其他事项。

村民会议可以授权村民代表会议讨论决定前款规定的事项。

法律对讨论决定村集体经济组织财产和成员权益的事项另有规定的,依照其规定。

《中华人民共和国合同法》(1999年)

第四十八条　行为人没有代理权、超越代理权或者代理权终止后以被代理人名义订立的合同,未经被代理人追认,对被代理人不发生效力,由行为人承担责任。

相对人可以催告被代理人在一个月内予以追认。被代理人未作表示的，视为拒绝追认。合同被追认之前，善意相对人有撤销的权利。撤销应当以通知的方式作出。

第四十九条　行为人没有代理权、超越代理权或者代理权终止后以被代理人名义订立合同，相对人有理由相信行为人有代理权的，该代理行为有效。

第四章

民间借贷合同权利义务

第一节 民间借贷合同内容

民间借贷合同的内容，可以从两方面理解：一是从民事法律关系的角度看，民间借贷合同内容是指合同当事人享有的权利和承担的义务。[①]《最高人民法院关于审理民间借贷案件适用法律若干问题的规定》第1条将民间借贷描述为自然人、法人、其他组织之间及其相互之间进行资金融通的行为。换言之，民间借贷合同的内容是指合同当事人在进行资金融通行为的过程中，依据法律的规定和合同的约定所产生的权利义务关系。二是指民间借贷合同的各项条款。合同的条款是合同内容外在的具体表现，一般情况下合同条款的内容由当事人约定，但是，从有助于市场经济的繁荣和当事人缔约的

---

① 参见孔详俊著：《合同法教程》，中国人民公安大学出版社1999年版，第49页。

角度出发,《合同法》在总则中作出了提示性的规定,罗列了合同内容一般所包含的条款。民间借贷合同属于借款合同的一种特殊形式,那么根据《合同法》第 197 条第 2 款的规定,可以明确民间借贷合同的条款包括借款种类、币种、用途、数额、利率、期限和还款方式等。

民间借贷合同上述两方面含义存在着紧密的联系,如果将合同理解为一种法律关系,合同当事人的权利义务正是通过合同条款确定和反映出来的。[①] 也就是说,民间借贷合同的内容是通过民间借贷合同条款固定的,其权利义务来源于民间借贷合同项下的条款。民间借贷合同条款越明确、清楚、具体,当事人之间的权利义务关系越确定,越有利于当事人正确履行民间借贷合同,并在纠纷时能够依据民间借贷合同条款的相应规定进行处理。

民间借贷合同是一种特定的合同类型,受《合同法》调整。《合同法》第 12 条规定,合同的内容由当事人约定。既然为当事人所约定,则先要查看双方当事人之间的具体约定,包括审查民间借贷合同文本,询问相关证人,查看相关书证等。本质上就是查明探究民间借贷合同当事人之间的合意,也就是民间借贷合同双方当事人意思表示一致。意思表示即表意人将欲成立法律行为之意思表示于外的行为。[②] 民间借贷合同双方当事人的意思表示一般通过民间借贷合同条款表现出来。但是,在现实中民间借贷合同合意表示往往不够明确、清楚和规范,甚至并不真实。如民间借贷合同本金和利息、借款用途没有约定或约定不明等情况。此时就构成了合同漏洞。

民间借贷合同当事人之间的合意存在漏洞时,如何填补?根据《合同法》的立法精神,为了充分尊重当事人之间的意志和利益,维护交易的安全和秩序,在民间借贷合同存在瑕疵时,法律并不是简单地宣告民间借贷合同不成立或者无效,而是通过合同漏洞填补规则予以填补。比如,有的可以纳入当事人意思的范畴,通过补充协议予以填补。有的则根据市场一般交易习惯、法律的任意性规定、法律的强制性规定予以填补。

---

① 参见郭明瑞、房绍坤著:《新合同法原理》,中国人民大学出版社 2000 年版,第 129 页。

② 参见郑玉波著:《民法总则》,三民书局 1959 年版,第 243 页。

一、民间借贷合同能借出外币吗

基本理论

1. 合同标的物的分类

标的物是合同当事人双方权利和义务所共同指向的对象。合同标的物是多种多样的，一般可以分为四类：一是有形财产，指具有价值和使用价值并且法律允许流通的有形物，如生产资料与生活资料、货币和有价证券；二是无形财产，指具有价值和使用价值并且法律允许流通的不以实物形态存在的智力成果；三是劳务，指不以有形财产体现其成果的劳动与服务，如运输合同中的运输行为，委托中的代理、行纪、居间行为；四是工作成果，指在合同履行过程中产生的、体现履约行为的有形物或者无形物，如承揽合同中由承揽方完成的工作成果，建设工程合同中由承包人完成的建设项目，技术开发合同中委托开发合同的研究开发人完成的研究开发工作。

2. 民间借贷合同标的物的内涵与外延

《合同法》第196条规定，借款合同是借款人向出借人借款，到期返还借款并支付利息的合同。第197条规定借款合同采用书面形式，但自然人之间借款另有约定的除外。借款合同的内容包括借款种类、币种、用途、数额、利率、期限和还款方式等条款。综合这两个法律条文，可知借贷合同标的物是“货币”，民间借贷合同作为借贷合同的一种特殊形式，其标的物理应包含在“货币”之中。此外，《最高人民法院关于审理民间借贷案件适用法律若干问题的规定》第1条将民间借贷描述为自然人、法人、其他组织之间及其相互之间进行资金融通的行为。由此可知该司法解释将“资金”作为民间借贷合同标的物。

3. 外币是否属于民间借贷合同的标的物

那么，外币是否属于民间借贷合同标的物吗？换一种提问方式，即民间借贷合同能借出外币吗？从经济学的角度出发，货币是属于一般等价物的特殊商品。从法学角度出发，货币（现金形式）属于民法上的种类物。当前，全球经济一体化进程加快，各国之间的贸易往来更加频繁，资金融通也更加频繁,民间借贷合同标的的货币外延理应包含世界各国流通的货币,即外币。《最高人民法院关于人民法院审理借贷案件的若干意见》(已废止)第2条规定,因借贷外币、台币和国库券等有价证券发生纠纷诉讼到法院的,应按借贷案件受理。虽然该法律文件已失效,但从新施行的《最高人民法院关于审理民间借贷案件适用法律若干问题的规定》第1条对民间借贷合同的界定来看,"资金融通"表述中的"资金"并没有明确限定仅限于人民币。由此来看,其他境外货币(在遵守国家外汇管理规定的前提下)也完全可以作为资金融通的对象,因此外币可以作为民间借贷合同标的物。

典型案例

当事人之间以外币为自然人民间借贷合同标的物,应认定借贷合同有效

——张某与周某、孙某民间借贷纠纷案[①]

1. 案情简介

原告:张某。

被告:周某。

被告:孙某。

2011年1月17日,被告周某因经商需要资金,向原告张某借款巴西雷亚尔币20万元。被告周某向原告出具借条一份,约定月利率按1.5%计算。被告孙某作为担保人在借条中签字,未约定保证范围、保证方式等。借款后,被告周某按照约定支付了一年的利息,之后未偿付过借款本息。原告于2015年1月23日向法院提起诉讼,诉请:(1)被告周某立即返还原告借款巴币20万元(折人民币70万元)及利息(自2012年1月18日起,按月利率1.5%计算到实际还款日止);(2)被告孙某对上述借款本息清偿负连带责任;(3)本案诉讼费由被告承担。

① 参见浙江省青田县人民法院(2015)丽青商初字第102号。

2. 法院裁判及观点

法院审理认为：被告周某向原告张某借款巴西雷亚尔20万元，事实清楚、证据充分，原告诉请偿还巴币（雷亚尔币），法院依法予以支持。但因双方发生的是外币借贷，现原告主张利息，法院依法参照偿还时中国银行外币储蓄利率予以支持。双方未约定借款期限，原告张某有权在给予被告合理的准备时间后随时要求其还款，现原告已经诉至法院，应视为给予了合理的时间，被告周某至今未偿还借款，已经构成违约，应承担继续履行的违约责任。被告孙某自愿作为保证人在借条中签字系真实意思表示，其与原告的保证合同关系也依法成立并生效，受法律保护。双方未约定保证方式，应按连带责任保证认定，未约定保证范围，应对上述借款本息均承担连带清偿责任。被告周某、孙某经本院合法传唤，无正当理由拒不到庭参加诉讼，视为其对原告的诉请放弃抗辩，不影响本案的审理。据此，判决如下：（1）被告周某在本判决生效后10日内偿还给原告张某借款巴西雷亚尔币20万元，并自2012年1月18日起至款项实际清偿之日止按偿还时中国银行外币储蓄利率计算利息；（2）被告孙某对上述款项承担连带清偿责任；（3）驳回原告张某的其他诉讼请求。

3. 案例评析

本案是一起以外币为标的物的民间借贷合同纠纷。2011年1月17日，被告周某因经商需要资金，向原告张某借款巴西雷亚尔币20万元。该案件起诉到法院后，法院并没有着重笔墨审查外币是否可以成为民间借贷合同标的物，因为当时的司法解释（《最高人民法院关于人民法院审理借贷案件的若干意见》）对此是明确的，新的司法解释虽然对此不再有明确规定，但从法理上也是不言自明的。应当强调的是出借外国货币的行为，应当遵守我国关于外汇管理的法律、行政法规及有关规章的规定。

当然，对于以外币为民间借贷标的的，其利率应当执行何种标准，值得研究。过去的司法解释及司法实践，对于人民币民间借贷利率的上限和利率约定不清，一般采取的是以中国人民银行同期同类贷款利率为基准的计算方法。目前新的司法解释《最高人民法院关于审理民间借贷案件适用法律若干问题的规定》并未区分人民币与外汇借款的情形，是否适用统一的标准，值得探讨。另外，外币借款的判项表述以及强制执行方法，也值得具体深入讨论。

有关法律规定

《中华人民共和国合同法》(1999 年)

第一百九十七条　借款合同采用书面形式,但自然人之间借款另有约定的除外。

借款合同的内容包括借款种类、币种、用途、数额、利率、期限和还款方式等条款。

《最高人民法院关于审理民间借贷案件适用法律若干问题的规定》(法释〔2015〕18 号)

第一条　本规定所称的民间借贷,是指自然人、法人、其他组织之间及其相互之间进行资金融通的行为。

经金融监管部门批准设立的从事贷款业务的金融机构及其分支机构,因发放贷款等相关金融业务引发的纠纷,不适用本规定。

《最高人民法院关于人民法院审理借贷案件的若干意见》(已废止)

第二条　因借贷外币、台币和国库券等有价证券发生纠纷诉讼到法院的,应按借贷案件受理。

二、出借人提供本金时能提前扣除利息吗

基本理论

民间借贷合同是双务合同,其主要表现在两个方面,一是依据民间借贷合同双方当事人的约定,出借人有向借款人提供贷款的义务;二是依据民间借贷合同双方当事人的约定,借款人有在约定期限内偿还本金和利息的义务。

《合同法》第 36 条规定,法律、行政法规规定或者当事人约定采用书面形式订立合同,当事人未采用书面形式但一方已经履行主要义务,对方接受的,该合同成立。第 94 条第 1 款第 3 项规定,当事人一方迟延履行主要债务,经催告后在合理期限内仍未履行,当事人可以解除合同。根据这些规定,本书认为民间借贷合同的义务可以分类为两种义务,即主要义务和次要义务。

民间借贷合同中,出借人足额提供借款(本金)是其主要义务,只有这样

才能满足借款人的需要，达到合同目的。如果出借人预先从本金中扣除相应利息，这实质上是变相提高了利率，减少了贷款额，也就是不符合借款合同约定的主要义务。因为出借人提前在本金中扣息，意味着借款人所得到的借款低于本金，将导致民间借贷合同的主要目的不能实现或主要目的的实现被打了折扣。正是因为如此，《合同法》第 200 条规定，借款的利息不得预先在本金中扣除。利息预先在本金中扣除的，应当按照实际借款数额返还借款并计算利息。《最高人民法院关于审理民间借贷案件适用法律若干问题的规定》第 27 条也规定，借据、收据、欠条等债权凭证载明的借款金额，一般认定为本金。预先在本金中扣除利息的，人民法院应当将实际出借的金额认定为本金。

典型案例

出借人提供本金时提前扣除利息，本金以实际出借金额计算

——宋某与王某民间借贷纠纷案①

1. 案情简介

原告：王某。

被告：宋某。

被告：刘某。

2013 年 9 月 16 日，被告宋某与原告王某达成借款协议，被告宋某向原告王某借款本金 20,000 元，约定还款期限为两个月，双方口头约定月利率 3%。同日，原告王某只给付了被告宋某本金 18,800 元（在付本金时扣除了两个月的利息 1200 元）。当时被告宋某给原告王某出具了 20,000 元的借据，未在借据中体现利息（在借据中注明利息已扣除）。逾期后被告宋某又给付了原告王某两个月的利息 600 元，后未再给付利息和本金。庭审中，被告宋某称共给付两次利息，除了这 600 元，还给过一次利息 1200 元，但原告不认可被告给过 1200 元的利息，只承认给过 600 元。被告未向法庭提供其给付 1200

① 参见黑龙江省穆棱市人民法院（2014）穆商初字第 55 号民事判决。

元利息的证据。另查明,被告宋某借款时与被告刘某系夫妻关系,二名被告于2014年4月17日经政府登记离婚。

2. 法院裁判及观点

原告王某与被告宋某的民间借贷是原、被告双方当事人的真实意思表示,不违反法律和行政法规的禁止性规定(除利率约定过高外),合法有效。双方应按照约定履行各自的义务。原告应按照约定给付被告宋某借款本金20,000元,不应直接扣除利息1200元,只给付被告宋某借款本金18,800元。根据最高人民法院《关于依法妥善审理民间借贷纠纷案件促进经济发展维护社会稳定的通知》的规定,"出借人将利息预先在本金中扣除的,应当按照实际借款数额返还借款并计算利息"。因此,原告向被告主张的借款本金应按18,800元计算。原告要求被告偿还借款本金20,000元的诉讼请求,不符合法律规定,本院不予支持。对于原告主张被告按月利率2%承担利息的诉讼请求,符合《最高人民法院关于人民法院审理民间借贷案件的若干意见》第6条"民间借贷的利率可以适当高于银行的利率,各地人民法院可根据本地区的实际情况具体掌握,但最高不得超过银行同类贷款利率的四倍。超出此限度的,超出部分的利息不予保护"的规定,本院予以支持。对于原告要求二被告承担利息2000元(计算至2014年4月15日)的诉讼请求,因借款本金发生了变化,而且被告宋某偿还了600元利息,因此原告的该项诉讼请求无事实依据,本院不予支持。对于被告刘某是否应承担还款责任的问题,因为被告宋某向原告借款时,二名被告是夫妻关系,虽然被告宋某向法庭提供了2014年4月17日二被告的离婚手续,及提出借此款被被告宋某个人挥霍了的抗辩主张,但二被告并没有提供被告刘某不承担还款责任的相关证据,根据《最高人民法院关于适用〈中华人民共和国婚姻法〉若干问题的解释(二)》第24条"债权人就婚姻关系存续期间夫妻一方以个人名义所负债务主张权利的,应当按夫妻共同债务处理。但夫妻一方能够证明债权人与债务人明确约定为个人债务,或者能够证明属于婚姻法第十九条第三款规定情形的除外"的规定,原告要求被告刘某承担还款责任的诉讼请求,符合法律规定,本院予以支持。对于被告提出除了还600元利息外,还偿还了利息1200元的抗辩主张,因原告不认可,被告未提供证据予以证实,其抗辩理由不成立,本院不予支持。根据《合同法》第205条"借款人应当按照约定的期限支付利息。对支付利息的期限没有约定或者约定不明确,依照本法第六十一条的规定仍不能确定,借款期间不满一年的,就当在返还借款时一并支付;借款期间一年以上的,应当在每届满一年时支付,剩余期间不满一年的,应当在返还借款时一并支付"以及第206条"借款人应当按照约定的期限返还借款。对借款期限没有约定或者约定不明确,依照本法第六十一条的规定仍不能确定的,借款人可以随时返还;贷款人可以催告借款人在合理期限内返还"之规定,原告要求二被告偿还借款本金18,800元,并按月利率2%承担利息的诉讼请求,符合法律规定,本院予以支持。被告刘某无正当理由拒不到庭参加诉讼,属自行处分自己的诉讼权利,因此,产生的不利后果由其自行负担。综上,判决:(1)被告宋某、刘某于本判决生效后10日内给付原告王某借款本金18,800元,并从借款之日起按月利率2%承担利息至本判决生效执行之日(执行利息时应扣除被告宋某已付的利息600元);(2)驳回原告王某的其他诉讼请求。

3. 案例评析

民间借贷合同的借款金额是民间借贷合同的主要内容之一,出借人足额提供借款(本金)是其主要的义务。但实践中部分出借人往往借助其优势地位,以"行规"等理由在出借行为中预先扣除利息。如果出借人预先从本金中扣除相应利息,这实质上是扣减了出借人应当承担的合同义务,减少了出借金额,变相提高了利率。法律、司法解释再三重申,民间借贷活动中禁止的预先扣除利息。最高人民法院《关于依法妥善审理民间借贷纠纷案件促进经济发展维护社会稳定的通知》规定,"出借人将利息预先在本金中扣除的,应当按照实际借款数额返还借款并计算利息"。《最高人民法院关于审理民间借贷案件适用法律若干问题的规定》第27条规定,"借据、收据、欠条等债权凭证载明的借款金额,一般认定为本金。预先在本金中扣除利息的,人民法院应当将实际出借的金额认定为本金"。明确了如何解决在本金中直接扣除利息的问题,但放贷者在借贷时让借款人直接出具的借据数额是借款数额,看不出扣除了利息,因此,就需要借贷者注重收集和保护证据,以便在今后的诉讼中保护自己的合法权益。

有关法律规定

《中华人民共和国合同法》(1999 年)

第二百条　借款的利息不得预先在本金中扣除。利息预先在本金中扣除的,应当按照实际借款数额返还借款并计算利息。

《最高人民法院关于审理民间借贷案件适用法律若干问题的规定》(法释〔2015〕18 号)

第二十七条　借据、收据、欠条等债权凭证载明的借款金额,一般认定为本金。预先在本金中扣除利息的,人民法院应当将实际出借的金额认定为本金。

三、借贷合同没有约定借款期限的如何确定还款期限

基本理论

1. 合同履行期限概述

合同履行是指债务人依据法律和合同的规定作出给付的行为。合同履行是债权得以实现的前提,也是建立信用市场经济的基础,因为只有合同得到履行,才能形成良好的市场经济秩序。此时,理应涉及另一个有密切关联的概念,即履行期限。所谓履行期限,又称履行期,指债务人应为履行的时期。在民间借贷合同中,借款人原则上应当在履行期限内履行还款义务,然而如果借款人抛弃其期限利益,也可以提前履行。如《合同法》第 208 条规定,借款人提前偿还借款的,除当事人另有约定的以外,应当按照实际借款的期间计算利息。由此可以得知,《合同法》是支持民间借贷合同中借款人提前还款的。也有过后履行的,此时一般情况是借款人无力履行,如《合同法》第 209 条规定,借款人可以在还款期限届满之前向贷款人申请展期。贷款人同意的,可以展期。那么,如果民间借贷合同没有约定借款期限,该如何确定还款履行期限呢?在回答这个问题之前,有必要从整个《合同法》出发,厘清期限利益、提前履行的效果等问题,方可有的放矢。

2. 期限利益

期限利益,即所谓当事人因期限的存在而享受的利益。就履行期限而

言，债务人就期限的存在而享受的利益，即在期限到来前可以不履行债务；债权人就期限的存在而享受的利益，即在期限到来前可以不受领给付，可以就期限届至前的期间享有利息；等等。那么，在民间借贷合同中，借款人（债务人）和贷款人（债权人）是否可以享受上述就期限的存在而产生的种种利益吗？事实上，从上述理论可以得知，履行期限有为债务人利益的，有为债权人利益的。第一种情况下，即对于为了债务人利益的，债权人不得随意请求履行，但债务人可以抛弃其期限利益，在履行期前履行。第二种情况，即为债权人利益的，债权人可在履行期限前请求债务人履行，但债务人无权强求债权人于期前受领给付。[①] 如当事人没有明确约定或依债务性质不能确定属于哪种情形的，则原则上以期限利益系为债务人而设，此为大多数立法例所采用。我国《合同法》第138条即反映了此种思想。《合同法》第138条规定，出卖人应当按照约定的期限交付标的物。约定交付期间的，出卖人可以在该交付期间内的任何时间交付。那么期限利益是否可以放弃？第一种情形是期限利益是可以放弃的，在期限利益仅为一方当事人存在时，并无疑义。第二种情形是在期限利益为对方而设定时，在学说上有主张根本不许放弃，也有人主张只要赔偿对方损失的，还是可以放弃的。

债务人是否可以提前履行？根据上述理论，应当依据期限利益的归属不同而判断。我国《合同法》也支持此理论。《合同法》第71条规定，债权人可以拒绝债务人提前履行债务，但提前履行不损害债权人利益的除外。债务人提前履行债务给债权人增加的费用，由债务人负担。

3. 民间借贷合同没有约定借款期限的如何确定还款履行期限

根据上述理论，本书比较赞同“原则上以期限利益系为债务人而设”。在进一步梳理我国相关法律法规的基础上，发现我国法律法规也是以上述理论为基础。根据《合同法》等相关法律法规、司法解释的规定，如果民间借贷合同没有约定借款期限的，则根据《合同法》第206条的规定，对于借款期限没有约定或者约定不明确，依照本法第61条的规定处理，从“合同生效后，当事人就质量、价款或者报酬、履行地点等内容没有约定或者约定不明确的，可以协议补充；不能达成补充协议的，按照合同有关条款或者交易习惯确定”。可

① 参见崔建远著：《合同法》，法律出版社2007年版，第129页。

以得知，第一步是协议补充，第二步是按照合同有关条款或者交易习惯确定。如果还不能确定民间借贷合同的履行期限。《合同法》第62条进一步作出规定，当事人就有关合同内容约定不明确，依照本法第61条的规定仍不能确定的，适用下列规定：履行期限不明确的，债务人可以随时履行，债权人也可以随时要求履行，但应当给对方必要的准备时间。此外，《合同法》第206条后半段也进一步作出强调："仍不能确定的，借款人可以随时返还；贷款人可以催告借款人在合理期限内返还。"

典型案例

借贷合同没有约定明确的借款期限，按照合同补充条款或交易习惯等仍无法确定的，债权人可随时要求履行，但应给予债务人必要的准备时间

——单某与何某、郜某民间借贷纠纷二审案①

1. 案情简介

原告：何某。

原告：郜某。

被告：单某。

何某、郜某系母子关系，何某、郜某与案外人何某某（于2014年6月18日因病去世）系父子、夫妻关系，何某某生前与被告单某系朋友关系，2005年单某刚向何某某借款200,000.00元，单某给何某某出具借条一份，借条中写明：今借款人民币贰拾万元正。借款人：单某，2005年9月2日（未约定明确的还款日期）。2014年6月18日何某某因病去世，何某、郜某提起诉讼要求被告偿还借款20万元。

2. 法院裁判及观点

原审法院审理认为：首先，根据最高人民法院《关于民事诉讼证据的若干规定》第73条的规定："双方当事人对同一事实分别举出相反的证据，但都没

① 参见辽宁省葫芦岛市中级人民法院（2015）葫民终字第00868号民事判决。

有足够的依据否定对方证据的，人民法院应当结合案件情况，判断一方提供的证据的证明力是否明显大于另一方提供证据的证明力，并对证明力较大的证据予以确认。因证据的证明力无法判断导致争议的事实难以认定的，人民法院应当依据举证责任分配的规则作出裁判。”本案中原告的证据为“借条”原件一份，用以证明债权债务关系存在，被告方提供的证据为多份“证人证言”，用以证明债权债务关系的消灭，从双方证据的证明力来看，被告的多人“证人证言”均为间接证据，且该证据未能达到高度盖然的证明债权债务已经消灭的程度，原告提供的作为债权凭证的借条原件，该证据的证明力明显大于被告提供的间接证据的证明力。其次，《合同法》第62条规定：履行期限不明确的，债务人可以随时履行，债权人也可以随时要求履行，但应当给对方必要的准备时间。本案中，被告在向何某某借款时未约定还款时间，故权利人可以随时要求债务人履行归还借款的义务，在权利人主张后，债务人未履行归还义务时，权利人依法可以提起诉讼，故被告主张该债权债务关系已超过诉讼时效抗辩，无事实和法律依据，对被告该项抗辩主张依法不予采纳。综上，判决被告单某于本判决生效后30日内归还原告何某、部某借款人民币200,000.00元。案件受理费4300.00元，邮递费60.00元合计4360.00元由被告负担。

宣判后，上诉人单某刚不服原审判决，提出上诉。二审法院驳回上诉，维持原判。

3.案例评析

根据《合同法》等相关法律法规、司法解释的规定，如果民间借贷合同没有约定借款期限的，则根据《合同法》第206条的规定，对于借款期限没有约定或者约定不明确，依照本法第61条的规定处理。即第一步是协议补充，第二步是按照合同有关条款或者交易习惯确定。如果还不能确定民间借贷合同的履行期限。《合同法》第62条进一步作出规定，当事人就有关合同内容约定不明确，依照本法第61条的规定仍不能确定的，适用履行期限不明确的规定，债务人可以随时履行，债权人也可以随时要求履行，但应当给对方必要的准备时间。此外，《合同法》第206条后半段也进一步作出强调：“仍不能确定的，借款人可以随时返还；贷款人可以催告借款人在合理期限内返还。”根据以上阐述，虽然“原则上以期限利益系为债务人而设”，但是，在债权人给予债务人一定的宽限期后，债务人应当及时履行债务。本案中，何某的父亲何某某和单某于2005年9月2日签订民间借贷合同，但是直到2014年6月18日何某某因病去世后，何某、郜某提起诉讼，起诉行为当然视为主张履行。从起诉到法院确定判决，就归还借款而言，可视为给予债务人足够的时间准备。根据《合同法》第206条的规定，借款人可以随时返还；贷款人可以催告借款人在合理期限内返还。因此，法院作出了上述判决。

从本案例也可以看出，债务履行期限的确定对于诉讼时效的计算十分重要。本案从合同成立到债权人（继承人）主张债务，历经9年。但由于借条未对债务履行期限作出约定，债务人也没有足够证据证明双方曾就履行期限作出约定，或者债权人在起诉前主张过债务。而诉讼时效的起算是从债务履行期限为起点计算的。因此，本案诉讼时效并未届满。

有关法律规定

《中华人民共和国合同法》(1999年)

第六十一条　合同生效后，当事人就质量、价款或者报酬、履行地点等内容没有约定或者约定不明确的，可以协议补充；不能达成补充协议的，按照合同有关条款或者交易习惯确定。

第六十二条　当事人就有关合同内容约定不明确，依照本法第六十一条的规定仍不能确定的，适用下列规定：

（一）质量要求不明确的，按照国家标准、行业标准履行；没有国家标准、行业标准的，按照通常标准或者符合合同目的的特定标准履行。

（二）价款或者报酬不明确的，按照订立合同时履行地的市场价格履行；依法应当执行政府定价或者政府指导价的，按照规定履行。

（三）履行地点不明确，给付货币的，在接受货币一方所在地履行；交付不动产的，在不动产所在地履行；其他标的，在履行义务一方所在地履行。

（四）履行期限不明确的，债务人可以随时履行，债权人也可以随时要求履行，但应当给对方必要的准备时间。

（五）履行方式不明确的，按照有利于实现合同目的的方式履行。

（六）履行费用的负担不明确的，由履行义务一方负担。

第一百三十八条　出卖人应当按照约定的期限交付标的物。约定交付期间的，出卖人可以在该交付期间内的任何时间交付。

第二百零六条　借款人应当按照约定的期限返还借款。对借款期限没有约定或者约定不明确,依照本法第六十一条的规定仍不能确定的,借款人可以随时返还;贷款人可以催告借款人在合理期限内返还。

第二节
债权债务的转移与承担

债权债务即民间借贷合同的主要权利与义务，权利与义务的转移与承担，实质上就是民间借贷合同的转让。所谓民间借贷合同的转让，是指在民间借贷合同给付内容不变的前提条件下，民间借贷合同当事人的变更。按照民间借贷合同转让的对象不同，可以将民间借贷合同的转让分为三种类型：一是权利的转让，即民间借贷合同债权的转移；二是义务的转让，即民间借贷合同债务的转移；三是权利与义务的概括转让。本小节主要讨论前两种。所谓民间借贷合同债权转移是指在不改变民间借贷合同有关债权内容的前提下，将其转移给他人的契约。①

一、出借人能将债权转让给他人吗

基本理论

1. 出借人能否将债权转让给他人

即民间借贷合同的债权人能否将债权转让给他人？此处即涉及合同权利的转让。所谓合同权利转让，也称合同债权转让，是指合同当事人一方依法将其合同的权利全部或者部分地转让给第三人。那么在民间借贷合同中，出借人如果将债权转让给他人，必将产生民间借贷合同主体发生变化的结果，也就是说民间借贷合同出借人债权的转让将导致受让人代替原民间借贷合同的出借人而成为民间借贷合同新的出借人。出借人的变更是民间借贷合同实质要件的变更，主体的变化将导致原民间借贷合同关系的消灭，产生

---

① 参见［日］我妻荣著：《新订债权总论》，中国法制出版社2008年版，第451页。

新的民间借贷合同关系。换句话说，就是民间借贷合同债权的转让并非在于保持原民间借贷合同的关系继续有效，而是通过转让终止原民间借贷合同，产生新的民间借贷合同关系。

民间借贷合同债权转让的要件可以从积极要件和消极要件两方面去理解。所谓积极要件是指民间借贷合同当事人转让债权时必须满足的条件。所谓消极要件是指民间借贷合同当事人转让合同权利时不能违背的条件。

2. 民间借贷合同债权转让的积极要件

(1)转让人即出借人必须享有合法有效的民间借贷合同债权。民间借贷合同债权转让的前提是出借人所享有的债权必须是合法有效的。这就是说，一方面，民间借贷合同债权应当有效存在。这是该合同中的权利和义务能够被转让的基本前提。如果存在如下情况，则民间借贷合同的出借人所转让的债权将被宣告无效，同时转让人即出借人将对善意的受让人所遭受的损失承担损害赔偿责任。比如，存在《最高人民法院关于审理民间借贷案件适用法律若干问题的规定》第 14 条规定的五种情形“(一)套取金融机构信贷资金又高利转贷给借款人，且借款人事先知道或者应当知道的；(二)以向其他企业借贷或者向本单位职工集资取得的资金又转贷给借款人牟利，且借款人事先知道或者应当知道的；(三)出借人事先知道或者应当知道借款人借款用于违法犯罪活动仍然提供借款的；(四)违背社会公序良俗的；(五)其他违反法律、行政法规效力性强制性规定的”，则该民间借贷合同无效，因此也不得转让。另一方面，债权人即出借人必须享有债权，否则构成无权处分，事实上这是不言自明的，此处不再赘述。

(2)民间借贷合同的转让人即出借人和受让人之间必须达成合法的转让协议。根据《合同法》第 79 条的规定，债权人可以将合同的权利全部或者部分转让给第三人，则民间借贷合同出借人转让债权于法有据。但是此处存在另一个问题，就是《合同法》并没有限定债权转让必须达成协议即必须要通过合同行为转让。但根据对《合同法》的体系解释，除《合同法》特殊规定外，[①]

① 《合同法》第 90 条规定，当事人订立合同后合并的，由合并后的法人或者其他组织行使合同权利，履行合同义务。当事人订立合同后分立的，除债权人和债务人另有约定的以外，由分立的法人或者其他组织对合同的权利和义务享有连带债权，承担连带债务。

都必须要达成合法协议。

(3)民间借贷合同的转让应当符合法律规定的程序。在民间借贷合同中,债权人即出借人应当通知债务人即借款人,因为民间借贷合同权利的转让涉及借款人的利益。事实上,这在法律上也可得到支撑,我国《合同法》第80条规定,债权人转让权利的,应当通知债务人。未经通知,该转让对债务人不发生效力。事实上,《合同法》第80条还隐含着另一层意思,即民间借贷合同中,出借人转让债务只需要通知借款人即可,而不必征得借款人的同意。一旦通知到达借款人,则权利转让即发生效力,只有未经通知的,才对借款人不发生法律效力,借款人仍可以向原出借人偿还借款。

3.民间借贷合同债权转让的消极要件

概括而言,存在以下几种情况:

(1)如果民间借贷合同中存在担保物权,则对担保人不产生效力。在民间借贷合同中,如因担保而产生的担保物权,相对于主债权而言是从权利。根据民法的一般原理,从权利随主权利的移转而移转,随主权利的消灭而消灭。因此,从权利不得与主权利相分离而单独转让。比如丙担保甲乙之间的民间借贷合同,甲将债权转移给丁,则丙承担的担保随之消灭。

(2)根据民间借贷合同双方当事人约定不得转让的。民间借贷合同的债权人即出借人和债务人即借款人是否可以就债权的转让作出特别约定?该约定的效力如何?值得探讨。一般来说,这种禁止性的转让约定主要针对权利的转让,因为债务的转让必须取得债权人的同意。禁止转让债权的约定属于合同的内容,是民间借贷合同的组成部分。当然,当事人还可以以补充协议的方式单独订立禁止转让的协议。

通说认为,在民间借贷合同中作出禁止转让债权的特约,可以将这种约定作为合同义务加以理解,如果出借人转让债权就构成违约,并应当承担违约责任。[1] 此时,在这里就存在一个问题,如果出借人违反了禁止转让协议,债权转让的协议是否依然有效?比如,A、B之间订立了标的额为5000元的民间借贷合同,双方在合同中也约定了禁止转让的协议,但合同订立后,出借人A将其债权转让给了C,并向B作出转让债权的通知。那么,B是否可以

① 杨明刚著:《合同转让论》,中国人民大学出版社2006年版,第114页。

以其与A之间订立了禁止转让特约而认为A与C之间的转让协议无效,并拒绝向C履行债务?本书认为,关键看C是否是善意,因为一般民间借贷合同都具有非公开性,第三人并不知道其内容,禁止转让协议也是如此。因此,如果C是善意的,则应当受到法律所保护,反之则不受法律的保护。所以,对于不知情的善意受让人,本着对民间借贷合同效力给予保护的法律精神,应认为受让人可以取得合同的权利。[①]

典型案例

出借人将债权转让给他人的,自出借人通知到达债务人时生效

——于某与刘某民间借贷纠纷案[②]

1. 案情简介

原告:刘某。

被告:于某。

2006年3月8日于某向案外人曲某借款10,000元,同年8月22日,于某向案外人曲某借款9000元,并分别为案外人曲某出具借条。2009年8月27日案外人曲某与刘某签订了《债权转让协议书》,将对于某19,000元的债权转让给刘某,同日,案外人曲某签署债权转让通知书,并委托刘某将债权转让事宜通知于某,刘某于2009年8月28日通过邮寄方式通知于某,但于某拒签,后刘某和案外人曲某又于2009年9月1日通过《半岛都市报》公告方式通知。

2. 法院裁判及观点

法院认为,债权人可以将合同的权利全部或部分转让给第三人。债权人转让权利的,应当通知债务人,未通知债务人不发生效力。债权人转让债权须与受让人达成转让债权的协议。达成协议只是合同成立,但未生效。合同成立后,债权人应及时地(合理期限)将债权转让的事实用合适的方式通知债

---

① 崔建远著:《民法债篇总论》,中国人民大学出版社2003年版,第496页。

② 山东省即墨市人民法院(2010)民初字第258号。

务人,债务人须接到债权转让的通知且知道了通知的内容,此时,转让合同开始生效。本案债权人曲某与刘某签订了《债权转让协议书》,又通过邮寄和公告的方式将债权转让事宜通知于某,且于某在本案中收到诉状后提出管辖权异议,可知于某接到了债权转让的通知又知道了通知的内容,故本案债权转让合同成立并生效,于某有义务向刘某清偿债务。于某经法院传票合法传唤拒不到庭,视为主动放弃答辩与质证,应承担相应的法律责任。因此判决:于某于判决生效后 10 日内偿还刘某借款 19,000 元。如果未按本判决指定的期间履行给付金钱义务,应当依照《民事诉讼法》第 229 条之规定,加倍支付迟延履行期间的债务利息。案件受理费 320 元,由于某负担。

3. 案例评析

本案是一起典型的民间借贷债权转移案件。一是案外人曲某享有合法有效的民间借贷合同债权。案例中显示于某向曲某借款 19,000 元是合法有效的,也就是说曲某拥有转让民间借贷合同债权的基本前提,且不存在《最高人民法院关于审理民间借贷案件适用法律若干问题的规定》第 14 条规定的 5 种情形"(一)套取金融机构信贷资金又高利转贷给借款人,且借款人事先知道或者应当知道的;(二)以向其他企业借贷或者向本单位职工集资取得的资金又转贷给借款人牟利,且借款人事先知道或者应当知道的;(三)出借人事先知道或者应当知道借款人借款用于违法犯罪活动仍然提供借款的;(四)违背社会公序良俗的;(五)其他违反法律、行政法规效力性强制性规定的"。二是案外人曲某与刘某签订了《债权转让协议书》,将对于某 19,000 元的债权转让给刘某的转让合同亦是合法有效的。三是案外人曲某签署债权转让通知书,并委托刘某将债权转让事宜通知于某,刘某于 2009 年 8 月 28 日通过邮寄方式通知于某,但于某拒签,后刘某和案外人曲某又于 2009 年 9 月 1 日通过《半岛都市报》公告方式通知。由此可见,曲某与刘某显已经穷尽手段履行了通知义务。由上述三点的分析可以得知,此债权转让协议合法有效,法院理应支持。

有关法律规定

《中华人民共和国合同法》(1999 年)

第七十九条　债权人可以将合同的权利全部或者部分转让给第三人,但有下列情形之一的除外：

（一）根据合同性质不得转让；

（二）按照当事人约定不得转让；

（三）依照法律规定不得转让。

第八十条　债权人转让权利的，应当通知债务人。未经通知，该转让对债务人不发生效力。

债权人转让权利的通知不得撤销，但经受让人同意的除外。

第八十一条　债权人转让权利的，受让人取得与债权有关的从权利，但该从权利专属于债权人自身的除外。

第八十二条　债务人接到债权转让通知后，债务人对让与人的抗辩，可以向受让人主张。

第八十三条　债务人接到债权转让通知时，债务人对让与人享有债权，并且债务人的债权先于转让的债权到期或者同时到期的，债务人可以向受让人主张抵销。

二、借款人可以将债务转让给他人吗

基本理论

1. 借款人可否将债务转让给他人

此处即涉及合同义务的转让。所谓合同义务转让，也称合同债务转让，是指合同当事人一方依法将其合同的债务全部或者部分地转让给第三人。那么在民间借贷合同中，借款人如果将债务转让给他人，必将产生民间借贷合同主体发生变化的结果，也就是说民间借贷合同借款人债务的转让将导致受让人代替原民间借贷合同的借款人而成为民间借贷合同新的借款人。借款人的变更是民间借贷合同的根本变化，主体的变化将导致原民间借贷合同关系的消灭，产生新的民间借贷合同关系。换句话说，就是民间借贷合同债务的转让并非在于保持原民间借贷合同的关系继续有效，而是通过转让终止原民间借贷合同，产生新的民间借贷合同关系。

事实上，对“借款人是否可以将债务转让给他人”这句话进行进一步解读，可以发现其至少包含两层意思，一是借款人将债务转让给他人，二是借款人将债务转让给他人,但借款人自己并不退出原民间借贷合同,而是继续和他人共同承担原债务。根据上述分析,可以将民间借贷合同中有关债务转让分类为两种形态,即免责的债务承担和并存的债务承担。

2. 免责的债务承担

免责的债务承担,是指民间借贷合同中,出借人、借款人与第三人之间达成转让债务的协议,由第三人取代原借款人承担全部债务。在债务全部转移的情况下,原借款人已经脱离了原来的民间借贷合同关系,新的借款人即第三人代替了其地位。实现此种债务转移的常见方式就是借款人即债务人与第三人签订协议,由协议规定第三人向出借人履行债务。但是借款人与第三人订立转让债务的协议,必须要经过出借人的同意,否则该协议不能生效。关于借款人与第三人之间的债务转让合同在法律上的性质,理论界有各种不同的说法。第一种要约说。此种观点可以分为两种。一是共同要约说。此种观点认为借款人与第三人之间的协议,对内固然为独立的协议,但对外则属于对于出借人的要约,故须以出借人承认为必要。二是第三人即承担人的要约说。此种观点认为在债务转让协议中,承担人或者作为承担人的代理人的借款人对出借人发生要约,因出借人的承诺而成立债务承担契约。[①] 第二种债权处分说。此种观点认为,债务承担协议的订立含有对于出借人的债权作出处分的性质,因为此种处分使得出借人的债权由于对原借款人的债权变为对于新借款人的债权。但是,处分事项先未得到出借人的同意,因而属于无权处分,故只能基于处分权人即出借人的承认才发生法律效力。[②] 无论是要约说还是债权处分说都有其合理与不合理的成分。在吸收两种学说的可取之处后,本书认为借款人与第三人签订债务转让协议,并不是一种债权处分行为。因为借款人是转让其债务,并不可理解为在处分出借人的债权。协议需要出借人同意,也不是基于要约说的说辞,认为其协议对外则属于对于出借人的要约,故须以出借人承认为必要。本书认为,借款人转让其债务之所以要出借人同意,乃是由于民间借贷合同中偿还债务是借款人的主要义务,而义务是必须要履行的,且义务的履行直接关系到出借人债权的实现。出借人借款给借款人,从某种程度

① 参见史尚宽著:《债法总论》,中国政法大学出版社2000年版,第710页。

② 参见周林彬著:《比较合同法》,兰州大学出版社1989年版,第301页。

上来讲,也是基于对借款人的信任,因此,出于保护出借人的权利,必须规定借款人转移债务需要出借人同意,因为如果第三人根本没有履约能力,或信用不佳,则严重危及出借人权利的实现。故而,《合同法》第84条规定,债务人将合同的义务全部或者部分转移给第三人的,应当经债权人同意。

免责的债务承担生效后,将发生如下效力:第一,第三人即新债务人将代替原借款人的地位而成为民间借贷合同的当事人,原借款人将不再作为合同的一方当事人。第二,原借款人基于原民间借贷合同关系而享有的对抗出借人的抗辩事由,第三人可以用来对抗出借人。

3. 并存的债务承担,又称债务加入

它是与前文所述的免责债务承担相对应的概念,是指原借款人并没有脱离民间借贷合同中债务关系,而是由第三人加入债的关系,并与原借款人共同承担债务并向原出借人承担债务。关于债务加入,现行《合同法》并无明确规定,但由于债务加入原则上有利于进一步保障原出借人的债权,而不会使出借人权益受损,因此,理论和实践中认为债务加入无需取得原出借人的同意即可生效。

典型案例

民间借贷合同中的债务转移,未按照合同法规定经债权人同意的,债务人无权单方面转让

——向某与李某民间借贷纠纷案①

1. 案情简介

原告:李某。

被告:向某。

2010年10月10日,被告向某与原告李某签订借贷合同,由原告李某向被告向某提供借款50万元,并于10月15日通过银行转账的方式将借款转给被告向某。被告向某承诺2012年8月1日还清借款。2012年8月1日,原告

① 参见江苏省高淳县人民法院(2013)高民初字第508号民事判决。

去被告处催款,被告表示无力还款,遂向原告拿出一份申明:向某欠李某的借款50万元,现转为必升公司承担。该申明上加盖了必升公司的公章。向某解释说,必升公司欠其货款,遂如此转让。原告对此进行了签收。2012年10月8日,原告向法院起诉,要求被告偿还欠款,被告以债务已转移进行答辩。

2. 法院裁判及观点

法院认为,债务人可以将合同的义务全部或部分转让给第三人,但应当经债权人同意。未取得债权人同意的,不发生效力。本案债务人向某向原告拿出一份申明:向某欠李某的借款50万元,现转为必升公司承担。该申明上加盖了必升公司的公章。此声明只是被告单方面的行为,并不代表原告即债权人同意债务转移,故对债权人不发生效力。故法院支持原告诉讼请求,被告向某于判决生效后10日内偿还原告李某借款50万元。

3. 案例评析

本案涉及的法律问题主要是债务的转移。所谓债务转移,指的是债务人把对债权人所负有的合同义务转移给第三人履行,第三人取代债务人的地位而成为合同当事人,向债权人履行债务。根据《合同法》第84条的规定:债务人将合同的义务全部或者部分转移给第三人的,应当经债权人同意。可见,债务转移必须符合三个条件:一是转让的债务需为合法有效的债务,即债权人与债务人之间存在合法有效的债权债务关系,如果为非法的债务当然是不允许转让的。本案中,原被告之间基于买卖合同的关系而形成的被告支付货款的债务是一种合法的债务,因此,作为债务人可以将其债务转移给第三人,由第三人向债权人履行。二是转让的债务具有可转移性而非专属于债务人自身的。专属于自身的债务必须由债务人亲自完成,因而不能进行转让,比如基于债务人的表演义务形成的债务即不能转移。本案中,双方的债务是一种金钱给付的义务,因此,可以转移。三是债务人转让债务必须得到债权人的同意。这是这一制度的核心内容,在一般情况下,债权人转让合同中的权利,是不需要经过债务人同意的,因为在这种情况下,并不会对债务人履行义务产生实质性的影响。但是,债务人转移债务的行为则不同,极有可能对债权人实现合同权利产生重大影响。我们知道,当事人订立合同,完全是出于相互的信任,此外,不同的债务人在履行能力上是有很大不同的,债务人更换后,新债务人可能缺乏履行合同义务的能力,从而严重损害了债权人的权益。

因此，我国法律明确规定，债务人与第三人如欲发生债务转移，应当获得债权人的同意。债权人的同意有明示与默示两种表示形式，前者需要债权人以明确的作为表示出对债务转移的同意，后者主要表现为接受第三人的履行与向第三人请求履行。

本案中，被告以债务已转移为抗辩理由的立足点应该是原告对其含有债务转移信息的申明进行了签收，其认为原告的签收行为是一种默示的同意行为。

本书认为，尽管从被告提供的申明看，该申明具有明确的债务转移的意思表示，并且作为第三人的必升公司也在上面加了盖章，但是原告签收该申明的行为并不能意味着其同意了债务人对债务的转移，按一般常识只能说明原告对被告的这一主张有所知晓，但是并没有以言辞或其他行为表示了接受，并且其也没有请求必升公司履行，必升公司也没有向其履行。可见，被告的转移债务行为并没有得到原告的同意，因此，不应当产生债务转移的效果。

有关法律规定

《中华人民共和国合同法》(1999年)

第八十四条　债务人将合同的义务全部或者部分转移给第三人的，应当经债权人同意。

第八十五条　债务人转移义务的，新债务人可以主张原债务人对债权人的抗辩。

第八十六条　债务人转移义务的，新债务人应当承担与主债务有关的从债务，但该从债务专属于原债务人自身的除外。

三、借款合同成立后，第三人承诺借款人不能偿还时予以偿还债务，债权人有权主张第三人还款吗

基本理论

1. 债的担保的相关概念

债的担保是指为保障特定债权人利益的实现，由债务人或第三人以其特定的财产或信用来保障债务人履行义务、债权人实现权利的制度。在民间借

贷合同中,也存在借款合同成立后,第三人承诺借款人不能偿还时予以偿还债务,这也是典型的债的担保的形式。作为保障债权实现的措施之一,债的担保具有自愿性、从属性、补充性和保障债权实现性的特征。债的担保的自愿性,是指债的担保一般由债权人与债务人或第三人通过自愿协商而设定的。债的担保的从属性,是指债的担保从属于债权人与债务人之间的主债权债务合同关系,它以主合同的存在为前提。债的担保的补充性,是指债的担保只有在其所担保的主债务不履行或不能履行时,担保的行使效力才能发生。

2. 人的担保的法律特征

保证是指第三人和债权人约定,当债务人不履行债务时,由该第三人按照约定履行债务或者承担责任的担保方式。在保证这一民事法律关系中,包括债权人、债务人和保证人三方当事人,并在这三者之间形成三种不同的法律关系,即债权人与债务人之间的主债权、债务关系;债权人与保证之间的保证关系;债务人与保证人之间的委托保证关系。作为以第三人的信用为标的的担保方式,保证具有从属性、独立性、补充性三个法律特征。

3. 保证责任

一般保证责任涉及保证范围和保证期间、保证人的抗辩权与追偿权、保证责任的免除和消灭这三个核心问题。

(1)保证范围和保证期间

保证范围,是指保证人承担保证债务的范围。保证债务的范围由当事人自行确定,原则上应与主债务的范围相同,也可以小于主债务,但不得超过主债务。如果当事人对保证范围没有约定或者约定不明确的,应推定为保证范围及于全部债务。同时,对同一债权额既有人的保证又有物的担保的,保证人仅对物权人放弃物的担保以外的债务承担保证责任。保证期间,是指债权人可以请求保证人履行保证债务的有效期间。保证期间由债权人与保证人约定。结合相关法律法规的规定,保证期间的确定应注意以下几点:一是一般保证的保证人与债权人对保证期间未约定或者约定不明的,保证期间为主债务履行期间届满之日起6个月。如果债权人未能在约定的期间内或者6个月内对债务人提起诉讼或者申请仲裁的,保证人即免除保证责任;债权人在6个月内对债务人提起诉讼或者申请仲裁的,保证期间适用诉讼时效中断的规定。二是保证合同约定的保证期间早于或者等于主债务履行期间的，视为没有约定，保证期间为主债务履行期届满之日起6个月。三是保证合同约定保证人承担保证责任直至主债务本息还清时为止等类似内容的，视为约定不明，保证期间为主债务履行期届满之日起2年。

(2)保证人的抗辩权与追偿权

保证人的抗辩权是指保证人基于合法的原因可以拒绝债权人请求的权利，包括一般抗辩权和保证人专属抗辩权两类。一般抗辩权是指基于被保证债务的原因而发生的债务人、保证人均可主张的抗辩权，包括同时履行抗辩权、不安抗辩权、抵消抗辩权、期限抗辩权、时效抗辩权等。保证人的追偿权是保证人在履行保证债务后，得向主债务人追偿，如果保证人受到损害的，还可以要求主债务人承担损害赔偿责任。

保证人追偿权的成立须具备以下条件：

①须保证人有履行被保证债务的行为；

②须因保证人的履行而使被保证债务消灭；

③须保证人履行债务的行为无过失。

(3)保证责任的免除和消灭

保证期间届满而债权人未要求保证人承担保证责任时，保证责任免除。债权人放弃物的担保，在放弃权利的范围内保证责任免除。主债务转让给第三人而未经保证人同意，保证人的保证责任免除。保证合同解除或终止时，保证人的保证责任免除。主债务因履行、抵消、混同、免除等原因消灭的，保证责任消灭。

典型案例

借款合同成立后，第三人承诺借款人不能偿还时予以偿还债务，债权人有权主张第三人还款

——向某诉颜某等民间借贷纠纷二审案①

1. 基本案情

原告：向某。

① 参见湖北省宜昌市中级人民法院(2012)鄂宜昌中民一终字第00391号民事判决。

被告:颜某。

2009 年 6 月 1 日,周某给向某出具二份借条,分别载明,周某借到向某人民币 250,000 元、50,000 元,期限到 2009 年 8 月 15 日。2009 年 10 月 28 日,颜某出具一份担保书和一份承诺书,担保书载明,颜某自愿为周某所欠向某的 300,000 元作全额担保;承诺书载明,颜某承诺从 2009 年 10 月 28 日起,每月至少与向某见面一次,直至债务清偿完毕为止。

2. 法院裁判及观点

法院审理认为:向某与周某之间的借贷关系系真实明确,双方当事人均无异议,本院予以确认。周某未按期履行还款义务,理应承担清偿责任。颜某为该债务提供保证,由于双方对保证方式没有约定,应为连带保证责任。本案争议的焦点是向某是否有权要求颜某承担保证责任,保证责任是否已过保证期间。根据《担保法》第 6 条的规定,本法所称保证,是指保证人和债权人约定,当债务人不履行债务时,保证人按照约定履行债务或者承担责任的行为。由此可见,向某有权要求颜某承担保证责任。最高人民法院《关于适用〈中华人民共和国担保法〉若干问题的解释》第 32 条规定,保证合同约定的保证期间早于或者等于主债务履行期限的,视为没有约定,保证期间为主债务履行期届满之日起 6 个月。保证合同约定保证人承担保证责任直至主债务本息还清时为止等类似内容的,视为约定不明,保证期间为主债务履行期届满之日起 2 年。就本案而言,2009 年 10 月 28 日颜某给向某同时出具的担保书和承诺书,颜某为周某所欠向某的 300,000 元借款提供担保并承诺直至债务清偿完毕为止……由此可见,其内容约定不明确,保证期间为主债务履行期届满之日起 2 年。故法院最后作出颜某对周某欠向某 300,000 元人民币承担连带清偿责任的判决。

3. 案例评析

本案原告向某以民间借贷案由向被告周某提起清偿债务的诉讼,并请求法院判令被告颜某为该债务承担保证责任。一审法院虽然认定原告有权要求保证人颜某承担清偿责任,但是一审法院认定颜某保证责任的保证期间为 6 个月,二审法院则认定该保证期间为 2 年。两级法院对该案的保证期间的不同认识,都是建立在一个基本前提之下,即原告有权要求颜某承担保证责任。

有关法律规定

《中华人民共和国担保法》(1995年)

第六条　本法所称保证,是指保证人和债权人约定,当债务人不履行债务时,保证人按照约定履行债务或者承担责任的行为。

第七条　具有代为清偿债务能力的法人、其他组织或者公民,可以作保证人。

第八条　国家机关不得为保证人,但经国务院批准为使用外国政府或者国际经济组织贷款进行转贷的除外。

第九条　学校、幼儿园、医院等以公益为目的的事业单位、社会团体不得为保证人。

第十条　企业法人的分支机构、职能部门不得为保证人。

企业法人的分支机构有法人书面授权的,可以在授权范围内提供保证。

第二十一条　保证担保的范围包括主债权及利息、违约金、损害赔偿金和实现债权的费用。保证合同另有约定的,按照约定。

当事人对保证担保的范围没有约定或者约定不明确的,保证人应当对全部债务承担责任。

第三节
债务清偿

所谓债务清偿,就是指当事人按照民间借贷合同的约定,正确、适当地履行了民间借贷合同的义务,并使当事人订约目的得以实现。“债之关系的目的,在于完全满足债权人之目的,如实现债务内容时,是为清偿。”①换言之,民间借贷合同债务清偿就是指债务人偿还本金及利息。

民间借贷合同中,债务人履行到何种程度才构成清偿?这就涉及如何确定清偿的标准的问题。一般认为,清偿应当具备以下几个条件:

首先,清偿必须是民间借贷合同双方当事人依据民间借贷合同的规定作出履行。由于民间借贷合同为双务合同,出借人有提供借款的义务,借款人有按时偿还本金及利息的义务,所以,民间借贷合同应当由双方作出履行才能因清偿而发生合同关系的消灭。如果仅仅是因为一方作出了履行,如出借人提供了借款;而另一方没有作出履行,如借款人没有偿还本金及利息,对于出借人而言其已经履行了合同义务,对于借款人而言,则没有履行合同的义务,因此,不构成民间借贷合同的清偿,民间借贷合同关系并未终止。此外,此处所说的清偿是导致民间借贷合同终止的清偿,不同于一般意义上履行的概念。只要一方的义务尚未履行或是一方存在违约行为,都不构成此处所说的清偿。

其次,清偿必须是民间借贷合同双方当事人正确、适当地履行了合同的义务。所谓正确、适当地履行民间借贷合同义务,是指出借人与借款人依据法律的规定和合同的约定,以及根据诚实信用原则,正确、适当地履行义务。如民间借贷合同中,出借人按时发放借款;民间借贷合同中,借款人按时偿还本金及利息等。因此,可以如此理解,清偿是一种结果,而不是过程。

---

① 参见黄立著:《民法债篇总论》,中国政法大学出版社2002年版,第647页。

最后,清偿必需使得民间借贷合同双方当事人订立合同的目的得以实现。在民间借贷合同中,即出借人最终收回本金和利息,借款人受领出借人出借的款项。

一、借款人能提前偿还借款吗

基本理论

1. 关于提前还款的法律规定

借款合同中,借款人通常在借款期限届满时才负有偿还借款的义务,借款期限直接决定了借款人能够使用资金的时间长短,并且会影响到借款利息的高低,是借款合同中的重要条款。虽然较长的借款期限意味着借款人可以更久地使用借款资金,但同时也必须付出更多的利息,或是出于其他原因,借款人有提前偿还借款的需求。因此,《合同法》第208条规定,借款人提前偿还借款的,除当事人另有约定的以外,应当按照实际借款的期间计算利息。《最高人民法院关于审理民间借贷案件适用法律若干问题的规定》第32条规定,借款人可以提前偿还借款,但当事人另有约定的除外。借款人提前偿还借款并主张按照实际借款期间计算利息的,人民法院应予支持。由此可见,借款合同中可否提前还款,法律和司法解释允许当事人自行约定,并按约定处理。如果没有约定或约定不明的,则视为允许提前还款,并按实际借款期间计算利息。如明确约定不得提前还款的,一般应保护出借人获得预期利息的权益。

2. 关于还款期限的确定

民间借贷合同中,借款人的主给付义务是偿还借款本金,在有利息借款中借款人还须支付利息。那么借款人何时履行上述义务,取决于民间借贷合同的借款期限。因此,判定借款人是否有权提前偿还借款,需要首先确定民间借贷合同的借款期限。那么,如何确定民间借贷合同的借款期限?《合同法》第206条规定,借款人应当按照约定的期限返还借款。对借款期限没有约定或者约定不明确,依照《合同法》第61条的规定仍不能确定的,借款人可以随时返还;贷款人可以催告借款人在合理期限内返还。由此可知,应按如下顺序确定民间借贷合同的还款期限。

首先，如果民间借贷合同中有相应条款规定了还款期限，则约定的还款期限就是借款人的还款期限。合同法属于私法领域，意思自治应当得到法律的尊重。

其次，如果民间借贷合同中没有相应的规定，应按照《合同法》第 61 条规定确定。《合同法》第 61 条规定，合同生效后，当事人就质量、价款或者报酬、履行地点等内容没有约定或者约定不明确的，可以协议补充；不能达成补充协议的，按照合同有关条款或者交易习惯确定。由此可见，《合同法》第 61 条给出了两种解决方式，即自行协商和按合同有关条款或者交易习惯确定。

最后，如果按照上述方式还不能确定还款期限的，根据《合同法》第 206 条的规定，借款人可以随时返还；贷款人可以催告借款人在合理期限内返还。此时，法律把主动权赋予了借款人。

3. 其他相关问题

首先需要明确借款人提前还款的利息计算。《合同法》第 208 条规定，借款人提前偿还借款的，除当事人另有约定的以外，应当按照实际借款的期间计算利息。《最高人民法院关于审理民间借贷案件适用法律若干问题的规定》第 32 条第 2 款规定，借款人提前偿还借款并主张按照实际借款期间计算利息的，人民法院应予支持。其次需要明确提前还款产生的费用由谁承担。《合同法》第 71 条规定，债权人可以拒绝债务人提前履行债务，但提前履行不损害债权人利益的除外。债务人提前履行债务给债权人增加的费用，由债务人负担。由此规定，可知如果借款人提前偿还借款给出借人增加了费用，此费用应当由借款人承担。

典型案例

借款人能否提前偿还借款，应优先适用当事人之间的约定，若无约定，则按法律相应规定处理

——刘某诉某小额贷款公司案①

1. 案情简介

原告：刘某。

① 参见四川省巴中市巴州区人民法院（2010）巴民初字第 0441 号。

被告:某小额贷款公司。

2009 年 9 月 1 日,刘某因所开服装店资金周转困难,向某小额贷款公司贷款 20 万元,并约定了利息,贷款期限为 3 年,即 2012 年 9 月 1 日到期。由于服装生意回暖,资金宽裕。刘某考虑某贷款公司的利率较高,不划算。故于 2010 年 6 月向某小额贷款公司申请提前还款,结果某小额贷款公司以贷款尚未到期为由,拒绝刘某提前还款。刘某于 2010 年 7 月向法院提前诉讼,要求提前还款。

2. 法院裁判及观点

法院审理认为:刘某与某小额贷款公司之间的借贷关系系真实明确,双方当事人均无异议,本院予以确认。本案争议的焦点是刘某可否向某小额贷款公司提前偿还贷款。根据《合同法》第 208 条的规定,借款人提前偿还借款的,除当事人另有约定的以外,应当按照实际借款的期间计算利息。故本院支持刘某提前还款的诉求。

3. 案例评析

在通常情况之下,债务人应当在债务履行期限内履行债务,也就是说债务人既不能迟延履行,也不能提前清偿。如果债务人提前履行债务,债权人可以拒绝受领。但是,这只是《合同法》的原则性规定。《合同法》第 208 条对于借款合同提前支付清偿借款有特殊规定。因此,如果债务人的提前清偿行为不损害债权人利益的,债权人不得拒绝。具体到借款合同而言,借款人提前向贷款人归还借款的,通常既不损害贷款人的利益,又有利于资金的及时回笼和流通。事实上,借款人提前还款的行为,往往是借款人放弃了自己的期限利益。因此,借款人提前还款只要不损害社会公共利益和他人合法权益的,贷款人不得拒绝受领。

借款合同通常是有偿合同,因此,借款合同中往往涉及利息条款。借款人按照还款期限归还本金的,应当同时按照约定向贷款人支付利息。那么在借款人提前归还借款时,利息该如何计算呢?《合同法》规定:“借款人提前偿还借款的,除当事人另有约定的以外,应当按照实际借款的期间计算利息。”关于此种情况下计算利息的利率标准,《合同法》及其他法律法规没有明确规定。本书认为,如果合同有约定的,按照合同的约定处理;如果合同没有约定或者约定不明的,应当按照银行同类贷款利率计算。

有关法律规定

《中华人民共和国合同法》(1999年)

第七十一条 债权人可以拒绝债务人提前履行债务,但提前履行不损害债权人利益的除外。债务人提前履行债务给债权人增加的费用,由债务人负担。

第二百零六条 借款人应当按照约定的期限返还借款。对借款期限没有约定或者约定不明确,依照本法第六十一条的规定仍不能确定的,借款人可以随时返还;贷款人可以催告借款人在合理期限内返还。

第二百零八条 借款人提前偿还借款的,除当事人另有约定的以外,应当按照实际借款的期间计算利息。

《最高人民法院关于审理民间借贷案件适用法律若干问题的规定》(法释〔2015〕18号)

第三十二条 借款人可以提前偿还借款,但当事人另有约定的除外。借款人提前偿还借款并主张按照实际借款期间计算利息的,人民法院应予支持。

二、双方还存在其他合同债务,与民间借贷债务之间能主张抵销吗

基本理论

1. 债的抵销的概念

债的抵销指二人互负债务时,各以其债权充当对他方债务的清偿,从而使互负的债务在对等的数额内相互消灭的意思表示。抵销是债的消灭原因之一,因其相互抵充而使双方的债权债务同归消灭。抵销作为民商法上债消灭的一种原因和重要制度,在我国现行的《民法通则》、《担保法》、《合同法》中,就定金、破产企业债权、合同之债的抵销作了相应的规定,形成了我国抵销制度立法的基本架构。

2. 抵销的分类

《合同法》第99条规定:“当事人互负到期债务,该债务的标的物种类、品质相同的,任何一方可以将自己的债务与对方的债务抵销,但依照法律规定或者依照合同的性质不得抵销的除外。当事人主张抵销的,应当通知对方,

通知自到达对方时生效。抵销不得附条件或者附期限。"《合同法》第 100 条规定，抵销可以经双方当事人的合意而形成。从《合同法》上述两条的规定可以看出，抵销可分为两种，即法定抵销和合意抵销。

3. 法定抵销权的构成要件

法定抵销权是依据权利人单方意思表示就能使权利发生、变更或消灭的权利，属形成权的一种，只有具备一定的要件，才能形成该种权利。这些东西包括：第一，双方当事人要互负债务、互享债权。第二，双方互负债务标的物的种类、品质相同。第三，自动债权已届清偿期。抵销具有清偿功能，应当自债权清偿权届至时，才可以现实地请求清偿，从而主张抵销。第四，双方的债务需可用于抵销。不能抵销的债权主要有两种：一是性质上不得用于抵销的，如不作为的债务；二是法律规定不得抵销的，债务不得抵销，如禁止强制履行的债务。

4. 抵销权通知行使的方式、时间及效力

《合同法》第 99 条规定："当事人主张抵销的，应当通知对方。通知自到达对方时生效。抵销不得附条件或者附期限。"《合同法》规定了当事人主张抵销的，必须以通知的形式作出，当事人通知的义务是法定的，但对通知的方式以及应当何时作出通知未作规定。关于通知的方式，本书认为在法无禁止性规定的情况下，口头通知方式与书面通知的方式应该说都是允许的，这样符合民法中法无禁止即可行的原理。只是原则上应提倡使用书面形式。如果法律和行政法规有特别规定的，应当遵照其规定。关于法定抵销权通知的时间，合同法未予限定。从理论上说，只要符合法定抵销的构成要件，当事人可以随时行使法定抵销权。有权行使法定抵销权的当事人作为被告在行使抗辩权过程中为达到抵销债权、保护自己的目的，可以抗辩的形式行使法定抵押权，行使抵销权的意思表示到达对方即生效，无需另行提起诉讼。在诉前可行使，在诉讼中行使也并无法律上的障碍，只是应由引发纠纷一方承担相应的诉讼费用。

关于法定抵销权行使的效力，表现在以下几个方面：第一，抵销权行使后，双方对等数额的债权因抵销而消灭，为债的绝对消灭，故抵销权行使后不得撤回；第二，双方债权的数额不符时，对尚未抵销的部分，债权人仍有受领清偿的权利；第三，抵销生效时，双方债权的消灭效力溯及到抵销权发生之时。抵销权发生后的互生利息，统归消灭；抵销后的迟延给付责任，归于消灭，债务人的违约责任也得以免除。

互负同种类到期债务的双方债权人，可以主张法定抵销，自抵销通知到达债务人时发生抵销效力

——邱某等与珠海市某公司债务抵销权纠纷案①

1. 案情简介

原告：邱某等19人。

被告：珠海市某公司。

被告珠海某公司进行国企改革，以公开竞价方式，向社会出售其属下旅游大酒店整体产权。本案原告邱某等19人以人民币3143.7万元的报价，取得了某公司售卖的大酒店整体产权。其后，双方因合同履行及资金使用费等问题，进行了一系列诉讼。

2004年10月20日，邱某等19人向某公司发出《债务抵销通知书》，称根据相关（上述纠纷产生）判决书，该公司应向邱某等人支付经济损失赔偿金及利息、案件受理费等608,096.69元，而根据相关（另一案件产生）判决书，邱某等19人尚欠该公司民间借贷款项600,111.69元，现将两笔债务依法予以抵销。某公司收到《债务抵销通知书》后，向邱某等人复函，表示债务抵销问题应由法院判决后才予以考虑。

2. 法院裁判及观点

法院审理认为，债的抵销指二人互负债务时，各以其债权充当对他方债务的清偿，从而使互负的债务在对等的数额内相互消灭的意思表示。法定抵销权是依据权利人单方意思表示就能使权利发生、变更或消灭的权利，属形成权的一种。2004年10月20日，邱某等19人向某公司发出《债务抵销通知书》，称根据相关（上述纠纷产生）判决书，某公司应向邱某等人支付经济损失赔偿金及利息、案件受理费等608,096.69元，而根据相关（另一案件产生）判决书，邱某等19人尚欠某公司民间借贷款项600,111.69元，现将两笔债务依法予以抵销。

① 参见广东省珠海市香洲区人民法院（2005）珠香法民一初字第926号民事判决。

该通知已经告知某公司，故本院判决支持原告邱某等19人的诉讼请求。

3. 案例评析

本案主要涉及两个争议焦点，一是本案双方当事人之间的债务是否可以抵销，二是债务抵销通知到达一方当事人后，是否就意味着双方债务已经抵销。

法定抵销权是依据权利人单方意思表示就能使权利发生、变更或消灭的权利，属形成权的一种，只有具备一定的要件，才能形成该种权利。这包括如下几个方面：第一，双方当事人要互负债务、互享债权。第二，双方互负债务标的物的种类、品质相同。第三，自动债权已届清偿期。第四，不属于法律规定的不可抵销情形。显然，本案是符合上述规定的。此外，《合同法》第99条规定“当事人主张抵销的，应当通知对方。通知自到达对方时生效。抵销不得附条件或者附期限”，可见，抵销的通知到达对方即可发生法律上相应债务消灭的效力。

有关法律规定

《中华人民共和国合同法》(1999年)

第九十九条　当事人互负到期债务，该债务的标的物种类、品质相同的，任何一方可以将自己的债务与对方的债务抵销，但依照法律规定或者按照合同性质不得抵销的除外。

当事人主张抵销的，应当通知对方。通知自到达对方时生效。抵销不得附条件或者附期限。

第一百条　当事人互负债务，标的物种类、品质不相同的，经双方协商一致，也可以抵销。

三、到应当归还欠款时，无法联系上出借人，如何偿还债务

基本理论

1. 提存的概念

提存有广义和狭义之分，本书采用狭义提存概念，即以清偿为目的的

提存。[1] 所谓清偿提存，是指由于债权人的原因，债务人无法向债权人清偿到期债务，债务人将合同标的物交付给特定的提存部门，从而完成债务的清偿，使合同消灭的制度。提存一般有三个主要特点：一是它是由于债权人的原因导致债务人不能履行债务时；二是它是由债务人将合同标的物交付给特定的提存部门；三是它是一种债务的清偿方式。

2. 提存相关法律规定

《合同法》第101条规定，有下列情形之一，难以履行债务的，债务人可以将标的物提存：

(1)债权人无正当理由拒绝受领；

(2)债权人下落不明；

(3)债权人死亡未确定继承人或者丧失民事行为能力未确定监护人；

(4)法律规定的其他情形。

标的物不适于提存或者提存费用过高的，债务人依法可以拍卖或者变卖标的物，提存所得的价款。《合同法》第102条规定，标的物提存后，除债权人下落不明的以外，债务人应当及时通知债权人或者债权人的继承人、监护人。《合同法》第103条规定，标的物提存后，毁损、灭失的风险由债权人承担。提存期间，标的物的孳息归债权人所有。提存费用由债权人负担。第104条规定，债权人可以随时领取提存物，但债权人对债务人负有到期债务的，在债权人未履行债务或者提供担保之前，提存部门根据债务人的要求应当拒绝其领取提存物。债权人领取提存物的权利，自提存之日起5年内不行使而消灭，提存物扣除提存费用后归国家所有。

3. 对提存相关法律规定的解读

由上述法律规定可知，在民间借贷合同中，借款人将借款提存必须具备两个条件。一是具有法律规定的提存原因。根据《合同法》第101条的规定，法定的提存原因有以下四种：首先是债权人无正当理由拒绝受领。所谓拒绝受领，就是对债务人的履行进行拒绝。此外，拒绝必须具有明确的意思表示，并且此种意思表示必须到达债务人，拒绝受领的意思表示一旦作出，该意思表示就发生法律效力，不得撤回。其次是债权人下落不明。所谓下落不明，

---

① 广义提存包括清偿提存、担保提存、保管提存。

是指当事人离开自己的住所，不知去向，或因为债权人地址不清等原因无法查找。民间借贷合同中，借款人偿还借款需要出借人受领，如果借款人下落不明，就谈不上受领了。再次是债权人死亡未确定继承人或者丧失民事行为能力未确定监护人。最后是法律规定的其他情形。本节所设问题“到应当归还欠款时，无法联系上出借人，如何偿还债务？”就属于当事人下落不明这种情况。二是标的物适合提存。提存的标的物，指债务人依据合同的规定应当交付的，并且也适于提存机构保管的标的物。事实上，并不是所有的标的物都适合提存，如各种鲜活物品是不适合提存原物的。而在民间借贷合同中，因为标的物是货币或可转让的有价证券等物品，一般不存在不适合提存的问题。

由上述法律规定可知，在民间借贷合同中，当借款人将借款提存后，将会产生相应的法律效力。由于提存涉及三方当事人，即债务人（借款人）、债权人（出借人）、提存机构，因此提存的效力可以区分为三方关系来确定。

首先是对债务人的效力。

（1）债务人的债务得以免除。由于提存是清偿的代替方法，因此债务人将标的物提存可以使债务人与债权人之间的债权债务关系归于消灭。《合同法》第 91 条规定，债务人依法将标的物提存的，合同的权利义务关系终止，对这一规定应当如何理解，值得探讨。一般认为，该规定实际上是采纳了日本及瑞士的立法例，即债务因提存当然消灭。《日本民法典》第 494 条规定，债权人拒绝受领或不能受领清偿时，清偿人可以为债权人提存清偿标的物而免其债务。

（2）支付利息的义务以及收取孳息的权利的免除。《合同法》第 103 条后段规定，提存期间，标的物的孳息归债权人所有。这一规定实际上也是建立在标的物已经转移所有权的基础上的。而对于民间借贷合同而言，即意味着将款项提存后产生的利息归出借人所有。

（3）风险的转移。标的物的风险负担由债务人转向债权人。理由是既然提存行为等同于交付，应当视为标的物已经交付，因此标的物的风险也就应当转移。例如，在民间借贷合同中，可转移的有价证券的涨跌风险即转移给债权人。

其次是对债权人的效力。

(1)所有权转移于债权人。由于提存行为本身是一种替代履行的行为，一旦提存视为标的物已经交付，因此，在债务人将标的物交付给提存机关之时，提存物的所有权即转移于债权人。①

(2)提存物领取请求权。在民间借贷合同中，借款人将货币或可转移有价证券交付给提存机构后，出借人自然应对提存物享有领取的权利。但是，《合同法》第104条第2款规定，债权人领取提存物的权利，自提存之日起5年内不行使而消灭，提存物扣除提存费用后归国家所有。

最后是对提存机构的效力。(1)提存机构负有保管义务。对此《中华人民共和国提存公证规则》第19条规定，提存机关应当采取适当的方式妥善保管提存物，以防毁损、变质。(2)提存机构负有交付提存物的义务。应债权人的请求，提存机构应当及时向债权人交付提存物。(3)提存机构有权向债权人收取合理的费用。

典型案例

到应当归还欠款时，出借人下落不明的，借款人可以将所欠债务提存

——刘某与王某民间借贷案②

1. 案情简介

刘某与王某于2007年9月12日签订了一份民间借贷合同，约定王某将10,000元款项出借给刘某，并规定五年为偿还期限。2012年9月12日到期后，王某因2012年6月下河洗澡一直下落不明，而王某家人无法出具原始借条，刘某到公证处申请办理提存公证。

2. 受理过程

刘某依《提存公证规则》履行了以下程序：要求刘某提供了本人的身份证、刘某本人的声明；要求刘某将提存款人民币10,000元交与公证处的提存账户管理。

---

① 参见史尚宽著:《债法总论》，中国政法大学出版社2000年版，第843页。

② 此案例不涉及诉讼，源于有关公证机构资料。

根据上述事实,公证处向刘某出具提存证书。

3. 案例分析

本案首先涉及提存关系。提存是指债务人或第三人在由于债权人的原因而无法履行债务的情况下,将债之标的物提交给有关机关,以消灭债的关系的行为。提存关系的存在多见于合同当中。关于提存的规定可见于《合同法》第 101 ~ 104 条,此外,公证机关也有专门的《提存公证规则》加以规定。提存的原因主要有以下几点:(1)债权人拒绝受领。即指债务人明确提出了给付的要求,债权人也有条件接受债务人给付的标的物,但债权人拒不接受给付;或者没有其他的正当理由,虽然债权人延迟履行合同构成了违约,但债务人如不将合同标的物交付给债权人,债务人也将陷入违约。(2)债权人不能受领。债权人不能受领,既包括"事实上的不能受领",比如债权人下落不明或者失踪,或者由于交通中断致使债权人不能够赶到履行场所;也包括"法律上的不能履行",比如债权人丧失民事行为能力又未确定监护人的情况,债务人可以依法对履行标的物进行提存。(3)债权人不确知。所谓债权人不确知,是指债务人虽然尽了善良管理人的注意,亦不能够确切地知道谁是债权人。通常情况下可以表现为债权人死亡后继承人不清或未确定继承人。

提存的标的物在《提存公证规则》第 7 条有规定:"下列标的物可以提存:(一)货币;(二)有价证券、票据、提单、权利证书;(三)贵重物品;(四)担保物(金)或其替代物;(五)其他适宜提存的标的物。"本案中,需要提存标的物是金钱,属于可以提存的范畴。

有关法律规定

《中华人民共和国合同法》(1999 年)

第一百零一条　有下列情形之一,难以履行债务的,债务人可以将标的物提存:

(一)债权人无正当理由拒绝受领;

(二)债权人下落不明;

(三)债权人死亡未确定继承人或者丧失民事行为能力未确定监护人;

(四)法律规定的其他情形。

标的物不适于提存或者提存费用过高的，债务人依法可以拍卖或者变卖标的物，提存所得的价款。

第一百零二条　标的物提存后，除债权人下落不明的以外，债务人应当及时通知债权人或者债权人的继承人、监护人。

第一百零三条　标的物提存后，毁损、灭失的风险由债权人承担。提存期间，标的物的孳息归债权人所有。提存费用由债权人负担。

第一百零四条　债权人可以随时领取提存物，但债权人对债务人负有到期债务的，在债权人未履行债务或者提供担保之前，提存部门根据债务人的要求应当拒绝其领取提存物。

债权人领取提存物的权利，自提存之日起五年内不行使而消灭，提存物扣除提存费用后归国家所有。

第五章

民间借贷的担保

第一节 民间借贷中的保证

一、民间借贷保证人在什么范围内承担责任

基本理论

1. 保证和保证责任范围的概念

民间借贷活动中，为担保债的履行，出借人往往要求借款人提供保证担保。所谓保证担保，是指保证人和债权人约定，当债务人不履行债务时，保证人按照约定履行债务或者承担责任的行为。保证责任的范围是指依照法律的规定或者当事人约定，保证人应在多大限度内承担保证责任。

2. 一般情况下保证责任的范围

担保合同是借款合同的从合同，保证人的权利义务从属于

主合同债务人的权利义务,其承担的保证责任的范围以合法有效的主债务的范围为限。对此,《担保法》第 21 条明确规定:“保证担保的范围包括主债权及利息、违约金、损害赔偿金和实现债权的费用。保证合同另有约定的,按照约定。当事人对保证担保的范围没有约定或者约定不明确的,保证人应当对全部债务承担责任。”该法条反映出两个层次的内容:

(1)当事人对保证担保的范围有明确约定的,从其约定。该法条充分体现了契约自由精神,当事人之间约定保证责任范围是合法处分自身权利的行为,只要不损害国家、集体和第三人利益,法律应当充分尊重。

(2)当事人没有约定或者约定不明的,按照法律的规定承担责任。法律规定的责任范围,是指按照《担保法》和《合同法》等相关法律的规定,保证人应当承担的责任范围,包括两个方面的内容:一是法定的债务范围,即《担保法》第 21 条规定的主债权及利息、违约金、损害赔偿金和实现债权的费用;二是法定的数额范围,如《关于审理民间借贷案件适用法律若干问题的规定》第 26 条规定的“借贷双方约定的利率未超过年利率 24%,出借人请求借款人按照约定的利率支付利息的,人民法院应予支持”,年利率 24% 就是法律允许的最高数额范围。

3. 特殊情况下保证责任的范围

(1)当事人约定的责任范围超过法定的责任范围,保证人应当在什么范围内承担责任?

《担保法》规定“保证合同另有约定的,按照约定”,那么当事人的约定是否可以超过法定范围,超过法定范围的保证合同是否必然无效呢?根据合同法原理以及《合同法》和司法解释的规定,违反效力性强制性规范的合同无效,违反管理性强制性规范的合同并不当然无效。所谓效力性规范,是指法律及行政法规明确规定违反了这些禁止性规定将导致合同无效或者合同不成立的规范;或者是法律及行政法规虽然没有明确规定违反这些禁止性规范后将导致合同无效或者不成立,但违反了这些禁止性规范后如果使合同继续有效将损害国家利益和社会公共利益的规范。所谓管理性规范,是指法律及行政法规没有明确规定违反此类规范将导致合同无效或者不成立,而且违反此类规范后如果使合同继续有效也并不损害国家或者社会公共利益,而只是损害当事人的利益的规范。本书认为,《担保法》第 21 条属于管理性强制性规范,法院对此类合同不宜直接认定为无效。对于当事人的约定超过法律规定的部分,应视为自然债务,债权人不得要求法院强制保证人履行,但保证人自愿履行后又要求债权人返还的,法院不予支持。

(2)当事人对借贷方式没有约定或约定不明的,保证人在什么范围内承担责任?

保证方式不同,保证人承担保证责任的范围也有所不同。《担保法》明确规定了一般保证和连带保证两种保证方式,一般保证是指当事人在保证合同中约定,债务人不能履行债务时,由保证人承担保证责任。连带保证是指当事人在保证合同中约定保证人与债务人对债务承担连带责任的,为连带责任保证。当事人对保证方式没有约定或者约定不明确的,按照连带责任保证承担保证责任。

"一般保证和连带保证之间最大的区别在于保证人是否享有先诉抗辩权。"①根据《担保法》第17条第2款"一般保证的保证人在主合同纠纷未经审判或者仲裁,并就债务人财产依法强制执行仍不能履行债务前,对债权人可以拒绝承担保证责任"和第18条第2款:"连带责任保证的债务人在主合同规定的债务履行期届满没有履行债务的,债权人可以要求债务人履行债务,也可以要求保证人在其保证范围内承担保证责任"这两条规定可见,一般保证的保证人享有先诉抗辩权,一般保证人实际承担保证责任的范围是债务人不能清偿的部分;而连带保证的保证人不享有先诉抗辩权,要对债务人的全部债务承担保证责任。

(3)借款人或出借人的借贷行为涉嫌犯罪,保证人在什么范围内承担责任?

根据《关于审理民间借贷案件适用法律若干问题的规定》第13条的规定,借款人或出借人的借贷行为涉嫌犯罪,或者已经生效的判决认定构成犯罪,民间借贷合同并不当然无效。判定民间借贷合同效力的标准,应当是根据《合同法》第52条、第14条的规定作出相应的认定:"担保人以借款人或者出借人的借贷行为涉嫌犯罪或者已经生效的判决认定构成犯罪为由,主张不承担民事责任的,人民法院应当依据民间借贷合同与担保合同的效力、当事

① 魏振瀛著:《民法》,北京大学出版社2012年版,第380页。

人的过错程度,依法确定担保人的民事责任。”因此,借贷行为涉嫌违法的情况下,保证人的责任承担可以区分为主合同有效和无效两种情况:

一是主合同有效的,若主合同和保证合同均有效,保证人按照约定或法律规定的范围承担保证责任;若主合同有效而保证合同无效,债权人无过错的,保证人与债务人就全部债务承担连带赔偿责任,债权人、保证人有过错的,保证人承担民事责任的部分,不应超过债务人不能清偿部分的1/2。

二是主合同无效的,主合同无效则保证合同也无效。根据最高人民法院《关于适用〈中华人民共和国担保法〉若干问题的解释》第 8 条的规定,保证人无过错的,保证人不承担民事责任;保证人有过错的,保证人承担民事责任的部分,不应超过债务人不能清偿部分的1/3。

(4)同一债权上既有物的担保又有人的保证,保证人在什么范围内承担责任?

同一债权既有保证又有物的担保,根据《物权法》的相关规定,如果当事人就物的担保和人的保证明确约定了各自担保的范围,保证人在约定的范围内承担保证责任。如果当事人没有约定或约定不明的,此时应区分物的担保为主债务人提供还是第三人提供:当物的担保由主债务人提供时,保证人承担补充清偿责任,保证人就物的担保范围以外的债权承担保证责任;当物的担保由第三人提供时,债权人可以选择主张权利的顺序,债权人选择向保证人主张权利的,保证人应就全部债务承担保证责任。

典型案例

保证人承担保证责任的范围以合法有效的主债务范围为限

——厦门某担保有限公司诉陈某某、黄某某追偿权纠纷案①

1. 案情简介

原告(被上诉人):厦门某担保有限公司。

被告(上诉人):陈某某。

① 参见福建省高级人民法院(2013)闽民终字第716号民事判决。

被告:黄某某。

第三人:李某某。

2011年3月15日,债权人李某某与陈某某签订《借款合同》,约定:陈某某向李某某借款人民币1200万元,借款期限自2011年3月15日起至2012年3月15日。如果贷款发放的实际日期与约定的起始日期不一致的,则贷款的起始日期以实际发放贷款之日为准。借款利率为月利息2%。若陈某某未按约定期限还款,逾期还款部分利息在原来2%月利息的利率水平上加收50%。同日,厦门某担保有限公司(以下简称某公司)与债权人李某某签订《保证合同》,为陈某某在《借款合同》项下的所有债务承担连带保证责任担保,担保范围为该借款合同项下本金及利息、复利、罚息、违约金、损害赔偿金和实现债权的费用。保证期间为债务履行期限届满之日起两年。

2011年3月15日,某公司与陈某某签订《担保合同》,约定:某公司为陈某某的上述借款提供连带保证担保。如果陈某某未履行借款合同中约定的还款义务而使担保人向债权人承担担保责任,则陈某某除应向某公司返还全部款项外,还应每日按垫款金额的0.1%乘以实际垫付天数向某公司支付违约金,同时还应向某公司支付追偿垫付款所产生的一切费用,包括但不限于律师费、诉讼费、保全费、差旅费等。根据该《担保合同》的约定,陈某某将其名下的80万股厦门某矿业集团股份有限公司A股股票质押给某公司,进行反担保。为此,双方签订了一份《股权质押反担保合同》,并于2011年3月18日进行股权质押登记。

黄某某于2011年3月15日向某公司出具《反担保保证书》,为陈某某与某公司签订的上述《担保合同》提供连带保证责任反担保。

陈某某于2011年3月22日出具《收条》一份,载明:“收到贷款人李某某金额为1200万元的贷款。”

李某某于2012年6月19日通知某公司承担连带清偿责任,要求某公司代偿借款本金1200万元及利息(利息按月利息3%计算,自2012年3月23日计至实际代偿日)。某公司于2012年7月3日代陈某某向债权人李某某支付本息人民币1323.6万元。

某公司请求判令:(1)陈某某立即向某公司支付代偿款人民币1323.6万元及违约金(违约金按照0.1%/日的比例,自2012年7月4日计算至实际付款之日止)；(2)陈某某承担某公司为追偿而支付的律师费人民币151,680元；(3)某公司有权申请拍卖、变卖陈某某质押给某公司的厦门某矿业集团股份有限公司的80万股A股股票，并以上述某公司对陈某某享有的债权总额为限，从拍卖或变卖所得价款中优先受偿；(4)黄某某对陈某某上诉所有债务承担连带清偿责任；(5)陈某某和黄某某承担本案的诉讼费、保全费。

被告陈某某答辩称：(1)陈某某申请追加本案的另一当事人李某某为本案的第三人；(2)陈某某实际仅收到李某某支付的借款766万元；(3)某公司向李某某的还款行为未经陈某某同意，且陈某某不知情，对于某公司超出实际应还本息范围多向李某某支付的部分，应由某公司自行承担责任；(4)讼争的盛屯矿业80万股A股属限售流通股，尚未进入流通，某公司诉求无依据，应予驳回；(5)代偿日0.1%的违约金过高，应以万分之二点一为宜。

2.法院裁判及观点

一审法院认为：(1)主债务及相应担保责任认定。本案《借款合同》、《保证合同》系各方当事人意思表示，除逾期利息一项约定过高，超过银行同期贷款利率四倍的部分法律不予保护外，其余约定内容并未违反法律法规禁止性规定，应认定为有效。陈某某向李某某借款1200万元事实清楚，有双方《借款合同》及陈某某出具的《收条》为证。陈某某在借款期限届满后未归还借款本金，李某某有权要求担保人某公司承担保证责任，但某公司承担保证责任应以合法有效的主债务为限。某公司所应承担的保证责任范围为代为清偿借款本金1200万元及相应逾期还款利息，逾期还款利率按银行同期贷款利率四倍计算，从2012年3月23日起至2012年7月3日其履行清偿责任之日止。陈某某主张其只收到借款本金766万元，但缺乏充分反驳证据，该抗辩理由法院不予采纳。(2)追偿权及反担保责任认定。根据《担保法》相应的规定，某公司在履行担保责任后，有权向债务人追偿。《担保合同》约定：如果陈某某未履行借款合同中约定的还款义务而使担保人向债权人承担担保责任，则陈某某除应向某公司返还全部款项外，还应每日按垫款金额的0.1%乘以实际垫付天数向某公司支付违约金。因陈某某抗辩该违约金标准约定过高，故法院酌情调整为银行同期贷款利率四倍，超过部分本院不予支持。某公司要求陈某某支付律师费用151,680元，符合双方《担保合同》的约定，应予以支持。另根据《担保合同》中关于反担保的相应规定，某公司有权就陈某某提供的质押股权行使担保权。根据《担保合同》的约定，黄某某为陈某某提供连带担保责任反担保，故应对陈某某的债务承担共同清偿责任。

一审判决：陈某某应于本判决生效之日起一个月内向某公司支付代偿款项借款本金1200万元及相应逾期利息（以1200万元为计算基数，利率按银行同期贷款利率四倍计算，从2012年3月23日起至2012年7月23日其履行清偿责任之日止）；并向某公司支付上述代偿款项的相应违约金（即以上述代偿借款本金及逾期利息总额为计算基数，按银行同期贷款利率的四倍，从2012年7月4日起计至本判决确定的还款之日）。宣判后，陈某某不服一审判决，提起上诉。

二审中，因上诉人陈某某未按法律规定预交二审诉讼费，二审裁定按自动撤回上诉处理。

3. 案例评析

本案值得关注的问题在于借贷双方约定了超过法定标准的高额利息，保证人是否需对超过法律规定的部分承担保证责任。若保证人对超过法定标准的利息部分承担了保证责任，是否可以向债务人追偿。

根据《担保法》的有关规定，当事人之间对保证人的保证范围没有约定的，应当对全部债务承担保证责任。确定"全部债务"的范围需要考虑的问题如下：第一，没有其他约定的情况下，全部债务原则上是指《担保法》第21条规定的主债权及利息、违约金、损害赔偿金和实现债权的费用；第二，担保合同从属于借款合同，担保合同中担保人的法律责任依附于借款合同中债务人的法律责任，因此，还要考虑主合同对债务人债务的相关约定。

根据《最高人民法院关于人民法院审理借贷案件的若干意见》的相关规定，民间借贷的利率不得高于人民银行同类贷款利率的四倍，超过部分利息不予保护。本案中，借贷双方就民间借贷的利息约定为月利息2%，若陈某某未按约定期限还款，逾期还款部分利息在原来2%月利息的利率水平上加收50%。主合同约定的年利率超过了法律规定的人民银行同类贷款利率的四倍，因此超过部分的利息不受法律保护。保证合同是借贷合同的从合同，保证人的权利义务从属于主合同债务人的权利义务，保证人承担的保证责任范围以当事人的约定为准，但应当以合法有效的主债务的范围为限。本案中，保证合同约定担保范围为借款合同项下本金、利息、复利、罚息、违约金、损害赔偿金和实现债权的费用，由于约定利息超过法定范围，因此保证人某公司承担保证责任的范围应当是主债务、利息、违约金、损害赔偿金和实现债权的费用，并且利息和违约金之和不得超过银行同期贷款利率的四倍。若保证人超过保证范围履行保证责任的，超过部分不得向债务人追偿，但保证人可以以不当得利为由，请求债权人返还。

应当注意的是最新的《最高人民法院关于审理民间借贷案件适用法律若干问题的规定》第 26 条明确规定："借贷双方约定的利率未超过年利率 24%，出借人请求借款人按照约定的利率支付利息的，人民法院应予支持。借贷双方约定的利率超过年利率 36%，超过部分的利息约定无效。借款人请求出借人返还已支付的超过年利率 36% 部分的利息的，人民法院应予支持。"新的司法解释废止了有关"中国人民银行同期贷款利率的四倍"的规定，根据新的司法解释，主合同约定的利息不得超过年利率 24%，超过 24% 但未超过 36% 的，超过部分不受法律保护，但已经支付的不得要求返还；约定的利率超过年利率 36% 的，超过部分无效，已经支付的可以要求返还。同样的，保证责任中利息的范围以合法有效的主合同约定利息为限。

有关法律规定

《中华人民共和国担保法》(1995)

第二十一条　保证担保的范围包括主债权及利息、违约金、损害赔偿金和实现债权的费用。保证合同另有约定的，按照约定。

当事人对保证担保的范围没有约定或者约定不明确的，保证人应当对全部债务承担责任。

《最高人民法院关于审理民间借贷案件适用法律若干问题的规定》(法释〔2015〕18 号)

第十三条　借款人或者出借人的借贷行为涉嫌犯罪，或者已经生效的判决认定构成犯罪，当事人提起民事诉讼的，民间借贷合同并不当然无效。人民法院应当根据合同法第五十二条、本规定第十四条之规定，认定民间借贷合同的效力。

担保人以借款人或者出借人的借贷行为涉嫌犯罪或者已经生效的判决认定构成犯罪为由，主张不承担民事责任的，人民法院应当依据民间借贷合同与担保合同的效力、当事人的过错程度，依法确定担保人的民事责任。

第二十六条　借贷双方约定的利率未超过年利率24%，出借人请求借款人按照约定的利率支付利息的，人民法院应予支持。

借贷双方约定的利率超过年利率36%，超过部分的利息约定无效。借款人请求出借人返还已支付的超过年利率36%部分的利息的，人民法院应予支持。

二、应当进行怎样的约定，才视为意思表示明确的保证合同

基本理论

所谓意思表示明确的保证合同是指，债权人和第三人之间就第三人为债务人的债务提供保证担保达成合意，并以书面形式订立的保证合同，或者在借据、欠条、借款合同上订立的保证条款。从概念可以看出，一个意思表示明确的保证合同应当具备以下要素：

1. 适格的合同当事人

保证合同究竟是债权人和保证人双方当事人形成的法律关系，还是债权人、债务人和保证人三方当事人形成的法律关系？根据《担保法》第6条的规定："保证是保证人和债权人约定，当债务人不履行债务时，保证人按照约定履行债务或者承担责任的行为。"从法律的规定来看，保证人是借贷合同当事人之外的第三人，保证人承担责任的对象是债权人。因此，保证合同是债权人和保证人双方之间形成的法律关系，债权人和自愿为债务履行提供保证担保的第三人为保证合同的适格当事人。

2. 具备法律规定的形式要件

保证合同成立的形式要件，是指保证合同的成立必须符合法律规定的形式。《担保法》第13条规定："保证人与债权人应当以书面形式订立保证合同。"因此，法官原则上不得采纳口头证据作为认定保证合同成立的证据。[①]

但如果当事人没有用书面形式订立保证合同，是否保证合同一定不能成立呢？本书认为，答案应为否。根据《合同法》第36条的规定："法律、行政法

① 刘贵祥：《合同效力研究》，人民法院出版社2012年版，第128页。

规规定或者当事人约定采用书面形式订立合同,当事人未采用书面形式但一方已经履行主要义务,对方接受的,该合同成立。”据此可知,债权人和保证人虽未订立书面的保证合同,但保证人已经履行主要义务,债权人接受且没有异议的,仍应当认定为保证合同成立。

成立书面的保证合同有多种方式:一是在主合同之外由债权人和保证人单独签订保证合同;二是在借款合同中订立保证条款,并由保证人在借款合同上签字或盖章确认;三是第三人单方以书面形式向债权人出具担保书,债权人接受且未提出异议;四是主合同虽然没有保证条款,但保证人在主合同上以保证人的身份签字或盖章。以上方式均为法律或司法解释所认可。

3. 就承担保证责任有明确的意思表示

达成合意,且意思表示真实,是合同成立的基本要件。判定当事人是否就承担保证责任有明确的意思表示,除了当事人在合同中明确表明保证人身份或承担保证责任外,还可以参考当事人是否在合同中约定了保证合同的主要条款。所谓保证合同的主要条款,是指《担保法》第 15 条规定的“被保证的主债权种类、数额;债务人履行债务的期限;保证的方式;保证担保的范围;保证的期间;双方认为需要约定的其他事项”。

然而在民间借贷关系中,当事人之间无论是借贷关系还是担保关系都发生于熟人社交圈。现实生活中当事人往往由于商业经验不足或碍于情面等原因,保证合同并未完全约定合同的主要条款。此种情况并不影响保证合同的成立,当事人可以进行补正,当事人未补正的,法院应当依据相关法律的规定进行补充。

但在个别情况下,当事人并未签订保证合同也未在借款合同中约定保证条款,仅在借条或欠条落款处有第三人的签名或盖章。这种情况下能否认定此第三人即为保证人,保证合同能否成立?

对此,《最高人民法院关于审理民间借贷案件适用法律若干问题的规定》第 21 条规定:“他人在借据、收据、欠条等债权凭证或者借款合同上签字或者盖章,但未标明其保证人身份或者承担保证责任,或者通过其他事实不能推定其为保证人,出借人请求其承担保证责任的,人民法院不予支持。”

典型案例

在借条上签字但未标明担保人身份的，不能推定为担保人

——崔某与阮某某、刘某某民间借贷纠纷案[①]

1. 案情简介

上诉人(原审原告):崔某。

上诉人(原审被告):阮某某。

原审被告:刘某某。

2008 年 11 月 14 日,陈某某向崔某出具还款协议书,内容为陈某某欠崔某本金 200 万元、利息损失费用 70 万元,共计 270 万元;2008 年 11 月 18 日归还 50 万元,2008 年 12 月 10 日归还 50 万元,2008 年 12 月底归还 100 万元,余款 70 万元于 2009 年 1 月 30 号之前全部还清;经双方协商,如款项按本协议规定时未还清,我本人陈某某愿用个人及公司资产作抵押,某某洗煤厂库存原煤以实际成交价变现还款。阮某某在该协议上签署"某某隆盛选煤厂"并签字。

2. 法院裁判及观点

一审法院认为:债务应当清偿。本案争议焦点有两点:阮某某究竟以见证人还是保证人的身份在还款协议下方签字;阮某某以保证人身份签字,崔某向其主张权利是否已过保证期间。针对第一个争议焦点,首先,根据崔某提交的第四份证据录音光盘及书面材料,可以看出阮某某曾建议崔某去找陈某某"打个东西",陈某某向崔某出具还款协议后,崔某要求阮某某作为保证人在协议上签字,阮某某同意后签字确认。其次,通过证人证言也可看出,出具还款协议的现场,阮某某认可"崔某曾按照他的要求给陈某某汇款 200 万元"的事实。当时阮某某还对崔某说:"我欠你的 200 万元,你不用害怕,我青岛有栋楼值 1000 万元,你怕什么,我又飞不走,这个钱,你跟我要就行了。"两个证人间的证言彼此相互印证。最后,作为本案的借款人陈某某也出具证明

---

① 参见山东省青岛市中级人民法院(2011)青民四终字第 212 号民事判决。

证实阮某某的签字身份系保证人。法院认为,阮某某的保证人身份无法改变陈某某的债务人身份,也就是说,即使阮某某承担了保证责任,陈某某依然负有清偿义务,阮某某的保证人身份并不能减轻陈某某的还款责任。因此,陈某某对阮某某身份的证明行为与其自身的债务人身份并不矛盾。况且,崔某、陈某某、阮某某作为在协议中签字的所有主体,对于协议的签订过程、其中内容和签字的真实含义最为清楚。据此,法院认为,阮某某系以保证人身份在协议中签字。针对第二个争议焦点,根据证人张某的证言,崔某先后于2009年1月、3月、5月向阮某某主张保证权利;根据证人宋某的证言,崔某先后于2008年12月、2009年4月向阮某某主张上述权利。合同未约定保证期间的,保证期间为债务履行期届满之日起6个月;崔某于2009年12月1日提起诉讼,在保证合同诉讼时效内符合法律规定,保证权利应当获得保护,阮某某应当承担连带清偿责任。当事人对保证担保的范围没有约定或者约定不明确的,保证人应当对全部债务承担责任。因还款协议中未明确约定保证的方式,根据相关法律规定,阮某某应当承担连带保证责任。根据双方的还款协议约定的本金、利息及损失费用共计270万元,但鉴于崔某主张,阮某某已清偿28万元,只需另行支付252万元,法院确认阮某某的保证责任范围是252万元。对崔某主张的逾期还款利息,因无事实和法律依据,法院不予支持;崔某要求刘某某承担清偿责任,但是未提交有效证据予以证明,应当承担举证不能的法律后果。综上,依据《担保法》第18条第2款、第19条、第21条第2款、第26条,最高人民法院《关于适用〈中华人民共和国担保法〉若干问题的解释的相关规定》第34条第2款、《最高人民法院关于民事诉讼证据的若干规定》第2条、《民事诉讼法》第130条之规定,判决:一、阮某某于判决生效后10日内给付崔某借款本金、利息及损失费用252万元;二、驳回崔某对阮某某的其他诉讼请求;三、驳回崔某对刘某某的诉讼请求。

阮某某不服原审判决上诉称:一、阮某某在还款协议上签字时没有前保证人字样,系以见证人的身份签字,且其并未与债权人以书面形式订立保证合同。原审法院认定其为保证人错误。阮某某在该协议上书写了"某某隆盛洗煤厂",实际上是因为陈某某承诺"某某洗煤厂库存原煤以实际成交价变现还款",阮某某作为见证人认为某某洗煤厂容易引起歧义而确定为某某隆盛洗煤厂。显然只有见证人才会如此书写。二、原审法院认定阮某某为保证人是从录音证据、证人证言、债务人陈某某的书面证据三个方面论述的,但这三方面证据均不能作为定案依据。首先,原审法院并未向阮某某播放录音而只是审查了崔某提交的录音证据的书面材料,这显然违反了法律规定。阮某某当庭对录音的真实性提出了异议,但原审法院并未进一步审查。其次,两个证人均与本案当事人存在利害关系,其证言不能作为证据使用。最后,陈某某的证明材料更不能作为证据使用。陈某某是本案纠纷的主债务人,和本案有直接的利害关系。崔某立案时将陈某某列为被告,后又将其撤诉,现在又拿出一份所谓陈某某的证明材料,可想而知其中有多少不可告人的秘密。关键是原审法院在陈某某未出庭的情况下认为该证明是陈某某的真实意思表示有违法律规定。

针对阮某某的上诉请求,崔某答辩称:原审判决认定事实清楚。崔某提交的一系列证据足以证明阮某某为保证人而非见证人。

二审法院查明:1. 在公安机关侦查陈某某涉嫌合同诈骗罪一案中,崔某到侦查机关作证称于2008年7月9日向陈某某汇入现金100万元,后陆续又汇入100万元用来收购陈某某的股份。现陈某某欠款本息合计270万元。2. 2011年5月12日,陈某某出具证明称出具本案所涉270万元欠条时,阮某某仅是证明人。鉴于陈某某因被羁押不能出庭,二审法院依法对陈某某本人进行了调查。陈某某认可其出具上述证明的真实性,并称其被山西临汾公安机关抓捕后,在经侦队办公室,崔某让陈某某在本案所涉还款协议书上写下"证明阮某某是担保人"的内容,张某在场。3. 证人宋某于2008年1月和崔某各出资25万元成立了青岛中元汇商贸有限公司。本案中,崔某向原审法院提出财产保全申请,并由证人宋某的父亲宋某某以其名下的房产提供了担保。4. 证人张某的妻子与妹妹和阮某某之间存在多笔民间借贷纠纷诉讼。5. 二审中,崔某申请证人白某和孙某出庭作证。两证人均陈述称知道本案所涉270万元还款协议书的事,知道崔某找陈某某签完协议后想让阮某某作为担保人在上面签字;也知道后来崔某找阮某某要钱的事;但对于阮某某如何回答均称不清楚。

二审法院认为:综合双方当事人的诉辩主张及理由,本案争议焦点为阮某某是担保人还是见证人。保证是指保证人和债权人约定,当债务人不履行债务时,保证人按照约定履行债务或者承担责任的行为。我国《担保法》第

13 条规定：保证人与债权人应当以书面形式订立保证合同。本案所涉 270 万元还款协议书上并未约定阮某某应作为保证人履行债务或承担责任，且阮某某亦未在该协议书上以保证人的身份签字或盖章，故单依据该份协议书不能认定阮某某为保证人。

原审中崔某提交了陈某某于 2010 年 1 月 10 日出具的证明，用以证明阮某某为担保人，但证人陈某某并未出庭接受质证。二审中，陈某某另出具一份证明，除证明阮某某为证明人而非保证人外，还说明上一份证明系其被羁押期间，崔某要求其出具的，且证人张某在场。二审法院依法对陈某某进行调查核实上述情况后，对陈某某于 2010 年 1 月 10 日出具的证明的证据效力不予认可。原审中崔某还提交一份录音证据以证明阮某某承认其为保证人，但该录音中，阮某某自始至终未明确认可其为保证人，反而主张其汇给崔某的 24 万元是代案外人臧某归还的欠款，故对该录音证据的证明力二审法院亦不予认可。崔某在原审和二审中均申请多名证人出庭作证，但证人宋某系崔某的同事，其父亲还以名下房产为崔某提供保全担保，故宋某与崔某存在重大利益关系，其证言不能采用。证人张某的妻子与妹妹和阮某某之间存在多起诉讼纠纷，且根据陈某某的陈述，张某本人亲自参与了崔某要求陈某某出具不实证明的过程，故对张某的证言，亦不能采用。证人白某、孙某虽均陈述知道阮某某签字及崔某要款的事实，但均不清楚阮某某是否认可其为保证人的情况。故两证人的证言均不能证明阮某某系保证人。综上，崔某的诉讼主张缺乏事实和法律依据，不予支持。原审判决认定事实不清，判决结果部分错误，依法予以改判。依照《担保法》第 6 条、第 13 条，最高人民法院《关于适用〈中华人民共和国担保法〉若干问题的解释》第 22 条，《民事诉讼法》第 170 条第 1 款第（3）项的规定，判决如下：

一、维持一审法院（2010）城民初字第 295 号民事判决主文第三项。

二、撤销一审法院（2010）城民初字第 295 号民事判决主文第一项、第二项。

三、驳回崔某对阮某某的诉讼请求。

3. 案例评析

本案关注的焦点是第三人在借款协议上签字，但未表明保证人身份或明确说明承担保证责任的，第三人是否应当承担保证责任？

如前所述，成立保证合同应当具备适格的当事人、符合法定形式并且当事人对于成立保证担保达成一致合意三个要素。本案中,债权人和第三人并未在借款合同中明确说明由第三人阮某某承担保证责任,当事人之间是否就承担保证责任达成合意的问题上存在疑问。

然而仅有第三人的签字并非一定不能成立保证合同,根据《最高人民法院关于审理民间借贷案件适用法律若干问题的规定》第 21 条的规定:“他人在借据、收据、欠条等债权凭证或者借款合同上签字或者盖章,但未标明其保证人身份或者承担保证责任,或者通过其他事实不能推定其为保证人,出借人请求其承担保证责任的,人民法院不予支持。”可以得知,如果可以通过其他事实,推定当事人之间曾就第三人的保证人身份达成过合意,那么第三人仍要承担保证责任。本案中,一审法院从录音证据、证人证言、债务人陈某某的书面证据三个方面的证据推定阮某某为保证人。而根据二审法院查明的事实,上述三个方面的证据均不符合证据规则,不能推定阮某某为保证人。因此在只有阮某某签名的情况下,又没有其他事实推定其为保证人,出借人崔某请求阮某某承担保证责任,人民法院不予支持。

有关法律规定

《中华人民共和国担保法》(1995 年)

第十三条 【保证合同的订立】保证人与债权人应当以书面形式订立保证合同。

第十五条 【保证合同的内容】保证合同应当包括以下内容:

(一)被保证的主债权种类、数额;

(二)债务人履行债务的期限;

(三)保证的方式;

(四)保证担保的范围;

(五)保证的期间;

(六)双方认为需要约定的其他事项。

保证合同不完全具备前款规定内容的,可以补正。

《最高人民法院关于审理民间借贷案件适用法律若干问题的规定》(法释〔2015〕18 号)

第二十一条 他人在借据、收据、欠条等债权凭证或者借款合同上签字或者盖章，但未标明其保证人身份或者承担保证责任，或者通过其他事实不能推定其为保证人，出借人请求其承担保证责任的，人民法院不予支持。

三、债权人主张保证责任有期限限制吗

基本理论

“保证人承担保证责任，需要具备以下几个条件：一是保证合同有效；二是主债务履行期届满而主债务人未履行债务；三是保证人需没有免除保证责任的法定或约定情形。”①在保证人免除保证责任的法定情形中，保证期间已届满就是免责理由之一。因此，债权人需在法定或约定的期限内主张保证责任方才有效，研究保证期间具有重要意义。

1. 保证期间的概念

关于保证期间的概念，《最高人民法院对安徽省高级人民法院关于借款担保合同纠纷请示问题的答复》对“担保责任期限”作了界定：“保证责任的期限是指依法律的规定或当事人的约定，保证人只在一定的期限内承担保证责任。”然而将保证期间定义为保证人承担责任的存续时间，这种理解并不准确，因为即使超过了保证期间，保证人也仍然可能承担保证责任。

所谓保证期间（也称保证责任期间），是指根据当事人约定或者法律规定，债权人应当向债务人（在一般保证情况下）或者保证人（在连带保证情况下）主张权利的期间。债权人没有在该期间主张权利，则保证人不再承担责任。②

根据这一概念，需要注意以下三个方面：

第一，保证期间分为约定的保证期间和法定的保证期间。《担保法》明确地将保证期间分为约定的保证期间和法定的保证期间，即在保证合同中当事人可以约定保证期间，若无约定，则适用法定的保证期间。

第二，保证期间是债权人主张权利的期间。如前所述，保证期间并非保

---

① 林晨、金塞波编著：《民间借贷实用案例解析》，法律出版社2015年版，第230页。

② 奚晓明：“论保证期间与诉讼时效”，载《中国法学》2001年第6期，第57页。

证责任的存续期间。根据《担保法》第25条第2款的规定："在合同约定的保证期间和前款规定的保证期间，债权人未对债务人提起诉讼或者申请仲裁的，保证人免除保证责任；债权人已提起诉讼或者申请仲裁的，保证期间适用诉讼时效中断的规定。"可知，债权人在保证期间内未主张权利，则保证人免除保证责任，但如果债权人在保证期间内曾主张权利，比如提起诉讼或者申请仲裁，那么保证期间届满后保证人仍然可能承担保证责任。

第三，债权人在一般保证和连带保证的情况下，主张权利的对象和方式不同。在一般保证的情况下，债权人主张权利的对象为债务人，主张权利的方式为提起诉讼或者申请仲裁；而在连带保证的情况下，债权人主张权利的对象是保证人，主张权利的方式是要求保证人承担保证责任。

2. 保证期间的性质

由于法律的规定不甚明确，导致对保证期间的性质一直存在争议，概括起来有三种观点：第一种观点认为保证期间属于诉讼时效性质，因为《担保法》第25条有"保证期间使用诉讼时效中断"的规定；第二种观点认为保证期间属于除斥期间，因为最高人民法院《关于适用〈中华人民共和国担保法〉若干问题的解释》第31条明确规定："保证期间不因任何事由发生中断、中止、延长的法律后果。"[①]第三种观点认为保证期间是不属于诉讼时效或者除斥期间的一种独立期间，因为保证期间有其自身的特性，不必将其纳入诉讼时效或者除斥期间制度。[②]

本书同意上述第二种观点。理由如下："第一，《担保法》第25条和第26条规定，债权人未在保证期间内主张权利，保证人不再承担保证责任，即免除保证责任。由此可见，保证期间是法律规定债权人行使请求权的效力存续期间，是保证合同的效力存续期间，保证期间届满即发生权利消灭的法律后果，债权人在此期间内没有行使请求权，保证人免除保证责任，这完全符合除斥期间的特点。第二，根据《担保法》的规定，债权人在此期间内主张了权利，应当认为保证期间的作用已经完结，此后应当适用诉讼时效的规定。反过来就是说，在此之前不适用有关诉讼时效的规定，也就没有所谓中止、中断及延长

---

① 参见林晨、金塞波编著：《民间借贷实用案例解析》，法律出版社2015年版，第231页。

② 参见彭胜利："保证期间之性质研究"，载《经营管理者》2013年10月中期，第234～235页。

等。这正是除斥期间性质所要求的，根据除斥期间的性质，保证期间不应适用有关诉讼时效方面的中止、中断或者延长的规定，否则就失去了规定的意义。①

3. 民间借贷纠纷中保证期间的确定和起算

民间借贷纠纷中保证期间的确定，应当遵循法律和司法解释的一般规则，即当事人有约定且当事人的约定符合法律法规规定的，从其约定；当事人没有约定保证期间的，保证期间为主债务届满之日起 6 个月；约定的保证期间早于或等于主债务履行期限的，视为没有约定，保证期间为主债务履行期届满之日起 6 个月；保证合同约定保证人承担保证责任直至主债务本息还清时为止等类似内容的，视为约定不明，保证期间为主债务履行期届满之日起 2 年。

关于民间借贷纠纷中保证期间的起算点，无论是约定期间还是法定期间，均是以主债务履行期届满之日起算。但是现实生活中的情况复杂多变，往往难以确定保证期间的起算点。

(1) 出借人和借款人没有约定还款期限的，保证期间如何起算？

如前所述，原则上保证期间自主债务履行期届满之日起算，但现实生活中债权债务人可能没有约定还款期限，这种情况如何计算保证期间？最高人民法院《关于适用〈中华人民共和国担保法〉若干问题的解释》第 33 条规定："主合同对主债务履行期限没有约定或约定不明的，保证期间自债权人要求债务人履行义务的宽限期届满之日起计算。"可知，出借人可以随时要求借款人履行还款义务，保证期间就从出借人给予借款人的还款宽限期届满之日起算。

(2) 出借人和保证人约定，在最高债权额度内就一定期间内发生的借款提供保证担保，保证期间如何起算？

根据最高人民法院《关于适用〈中华人民共和国担保法〉若干问题的解释》第 37 条的规定，在最高额保证情况下，如果当事人对保证期间没有约定或约定不明，但是最高额保证合同约定了保证人清偿债务期限的，保证期间从清偿债务期限届满之日起算。如果最高额保证合同没有约定保证人清偿债务期限的，保证期间自最高额保证终止之日起算，或者从债权人收到保证

① 奚晓明："论保证期间与诉讼时效"，载《中国法学》2001 年第 6 期，第 58 页。

人终止保证合同的书面通知到达之日起算。

(3)出借人和借款人变更还款期限的,保证期间如何起算?

出借人和借款人就主合同还款期限作出变更,需经保证人书面同意。如果保证人书面同意对变更后的债务承担保证责任,那么保证期间从变更后的主合同履行期限届满之日起算。如果保证人不同意对变更后的债务承担保证责任的,那么保证期间自原合同履行期间届满之日起算。

典型案例

未约定保证期间的,如何确定保证期间的起算点

——吴某诉骆某、楼某民间借贷纠纷案①

1. 案情简介

上诉人(原审被告):骆某。

被上诉人(原审原告):吴某。

被上诉人(原审被告):楼某。

2007 年 12 月 15 日,被告楼某向原告吴某借款 30 万元,并出具借条一份,载明:"今借到吴某人民币叁拾万元正。"由被告骆某对上述借款提供担保责任。2008 年 1 月 21 日至同年 7 月 28 日期间,楼某共向吴某支付了 63,000 元。2008 年 9 月 25 日,楼某又向吴某归还了 13 万元。吴某于 2010 年 10 月 8 日诉至法院。

原告吴某于 2010 年 10 月 8 日向原审法院起诉,请求判令:被告楼某归还原告借款 17 万元及利息(自起诉之日起按银行同期同类贷款利率计付至实际履行之日止);被告骆某对上述债务及诉讼费用承担连带清偿责任。

2. 法院裁判及观点

一审法院审理认为:合法的借贷关系受法律保护。自然人之间的借款合同对支付利息没有约定或约定不明确的,视为不支付利息。因此被告支付的 63,000 元应认定为系归还本金。至此,被告楼某尚欠原告借款 107,000 元事

① 参见浙江省金华市中级人民法院(2011)浙金商终字第 660 号民事判决。

实清楚，证据充分，原告诉请的合理部分，予以支持。被告骆某提出该保证已超过保证期间，依据不足，不予采信。依照《合同法》第206条、第211条第2款，《担保法》第19条，最高人民法院《关于适用〈中华人民共和国担保法〉若干问题的解释》第33条，最高人民法院《关于人民法院审理借贷案件的若干意见》第9条之规定，判决：一、被告楼某于本判决生效之日起10日内归还原告吴某借款107,000元及利息（从2010年10月8日起按中国人民银行同期同类贷款利率计付至本判决确定的履行之日止）。二、被告骆某对上述债务承担连带保证责任。三、驳回原告吴某的其他诉讼请求。

骆某不服原审法院上述民事判决，向二审法院提起上诉称原判判决其承担还款责任错误，理由如下：1. 本案的担保期限已过两年的最长时效约定。原判已查明，2008年1月21日到7月28日，被上诉人楼某向被上诉人吴某归还了63,000元借款本金，则本案借款的主债务期满之日应为2008年7月28日，而被上诉人吴某起诉的时间是2010年10月8日，显然已超过主债务期满之日起2年最长时效的规定，故被上诉人吴某的起诉显然已超过了诉讼时效的规定，也符合担保法司法解释第32条之规定。2. 本案的担保期限已过6个月的保证期间规定。根据被上诉人吴某在一审中的自认，2009年12月21日被上诉人楼某又归还给其13万元，由于楼某2008年年底就已破产，故主债务的履行期限视为已到期，而从被上诉人吴某起诉的时间2010年10月8日来看，保证时间已经超出了主债务期满之日起6个月的规定。综上，请求二审法院撤销原判，依法改判，驳回被上诉人吴某对上诉人骆某的诉讼请求。

被上诉人吴某答辩称：本案的主债务履行期与保证期间都未作约定，依法借款人可以随时还款，债权人也可以要求借款人在合理期限内还款。根据最高人民法院《关于适用〈中华人民共和国担保法〉若干问题的解释》第33条之规定，债权人要求债务人履行义务的宽限期届满之日才是主债务履行期限届满日。而被上诉人楼某在2008年支付的63,000元以及2009年12月21日归还的130,000元都是其主动还款，不能以其还款日作为债务履行期届满日。本案保证期间没有约定，而不是约定不明。因此，不适用最高人民法院《关于适用〈中华人民共和国担保法〉若干问题的解释》第32条之规定。综上，上诉人骆某的上诉理由不能成立，请求二审法院驳回上诉，维持原判。

被上诉人楼某未提交书面答辩意见，也未进行答辩。

二审查明的事实与原审法院查明的事实一致。

二审法院认为，被上诉人楼某与被上诉人吴某之间的借贷关系及上诉人骆某为该借款提供担保事实清楚，有双方当事人均无异议的借条为凭，应予认定。因双方当事人对保证方式没有约定，根据《担保法》第 19 条之规定，上诉人骆某依法应按照连带责任保证承担保证责任。双方当事人对被上诉人楼某已归还借款 193,000 元的事实亦无异议，故该事实亦应予认定。由于被上诉人楼某未归还全部借款，依法应承担归还尚欠借款本金并支付利息损失的责任，故原判决由被上诉人楼某归还尚欠的借款并支付利息并无不当。

上诉人骆某提出，其对涉案借款的担保期限已过。从本案现有证据来看，涉案债务的履行期限及保证期间均未作约定。根据《民法通则》第 140 条"诉讼时效因提起诉讼、当事人一方提出要求或者同意履行义务而中断。从中断时起，诉讼时效期间重新计算"之规定，就本案而言，不管是被上诉人楼某归还被上诉人吴某 63,000 元的最后期限 2008 年 7 月 28 日还是吴某自认的楼某归还 13 万元的时间 2009 年 12 月 21 日，本案的主债务履行期限均已到期，又根据《担保法》第 26 条"连带责任保证的保证人与债权人未约定保证期间的，债权人有权自主债务履行期届满之日起 6 个月内要求保证人承担保证责任。在合同约定的保证期间和前款规定的保证期间，债权人未要求保证人承担保证责任的，保证人免除保证责任"之规定，由于本案保证未约定保证期间，而主债务履行期已届满，故债权人即被上诉人吴某应在主债务履行期届满之日起 6 个月内要求保证人即上诉人骆某承担保证责任，但吴某却未能举证证明其曾在该期限内要求保证人骆某承担保证责任，故骆某的保证责任应予免除。原判决上诉人骆某对涉案债务承担连带保证责任显然与法不符，应予纠正。上诉人骆某提出的被上诉人吴某未在主债务履行期届满之日起 6 个月内要求其承担保证责任，其不应承担还款责任等上诉理由成立，本院予以采信。综上，原判认定事实清楚，但适用法律错误，实体处理不当，应予改判。依照《民事诉讼法》第 153 条第 1 款第 2、3 项、第 64 条第 1 款、《民法通则》第 140 条、《合同法》第 60 条第 1 款、第 206 条、第 211 条第 2 款，《担保法》第 19 条，第 26 条，最高人民法院《关于人民法院审理借贷案件的若干意

见》第9条之规定,判决如下:

一、维持一审法院(2010)金义商初字第3233号民事判决第一项及诉讼费负担部分,即被告楼某于本判决生效之日起十日内归还原告吴某借款107,000元及利息(从2010年10月8日起按中国人民银行同期同类贷款利率计付至本判决确定的履行之日止);案件受理费3700元,由原告吴某负担1372元,由被告楼某负担2328元。

二、撤销一审法院(2010)金义商初字第3233号民事判决第二项、第三项。

三、驳回被上诉人吴某的其他诉讼请求。

3. 案例评析

本案例适用的裁判规则是《担保法》第26条之规定,即"连带责任保证的保证人与债权人未约定保证期间的,债权人有权自主债务履行期届满之日起6个月内要求保证人承担保证责任。在合同约定的保证期间和前款规定的保证期间,债权人未要求保证人承担保证责任的,保证人免除保证责任"。然而在同样的裁判规则下,一审法院和二审法院却作出了截然不同的判决,原因便在于对"主债务履行期届满之日"的理解不同。

借贷双方没有约定主债务履行期限的,"主债务履行期届满之日"如何确定?根据《民法通则》第88条和《合同法》第66条的规定,"履行期限不明确的,债务人可以随时向债权人履行义务,债权人也可以随时要求债务人履行义务,但应当给对方必要的准备时间",即"随时主张原则"。履行期限的问题往往和诉讼时效、保证期间等问题紧密相连,履行期限届满,债务人未还款,债权人始得知晓债务人将不履行合同之事实,诉讼时效和保证期间开始计算。基于这种认识,一般认为债权人要求债务人履行义务并给予履行宽限期,这种情况下确定履行宽限期届满即主债务履行期限届满,无论理论界还是实务界均没有争议。然而对于债务人主动偿还部分借款的情况下,主债务履行期限如何确定却存在很大争议:

一种观点认为,主债务履行期限是由债权人主张权利而产生,债务人的还款行为不能引发期限届满的后果。原因是既然履行期限届满始得发生债权人"知道债务人将不履行合同"的后果,那么债务人归还部分借款的行为应认定为还款行为还在持续中,债权人并不知道债务人违约的事实,不能以债务人的还款日作为债务履行期届满日。本案一审法院即持此种观点。

另一种观点认为,债务人主动偿还部分借款,其最后一次还款的日期即视为债权人给予的债务履行宽限期,诉讼时效和保证期间从债务人最后一次还款之日起算。本案二审法院持这种观点。

本书赞同第二种观点,理由如下:第一,法律明确规定,债权人和债务人可以随时主张还款,债务人主张还款时应就全部债务主张还款是题中应有之义,因此债务人主张还款而又仅为部分偿还的,债权人已经可以推定债务人存在资金困难,可能将不履行合同义务。第二,债权人可以推定债务人将不履行合同义务但仍怠于行使权利的,如果持上述第一种观点,那么只要债权人不主张权利,保证人就要一直承担保证责任,明显对保证人不公平。

本案中,债权人吴某与保证人骆某未约定保证期间,吴某有权自主债务履行期届满之日起 6 个月内要求骆某承担保证责任。本案主合同当事人双方未约定还款期限的情况下,债务人楼某在 2009 年 12 月 21 日最后一次还款,应视为主债务履行期限届满之日。因此吴某应在 2009 年 12 月 21 日之后 6 个月内要求骆某承担保证责任,在此期间没有主张的,保证人不承担保证责任。本案二审法院认定事实清楚,适用法律正确。

未约定还款期限但约定了利息支付期限,保证期间从最后一次归还利息之日起算

——张某乙诉张某甲、王某民间借贷纠纷案①

1. 案情简介

上诉人(原审被告):张某甲。

被上诉人(原审原告):张某乙。

原审被告:王某。

2002 年 1 月 22 日,被告王某向原告张某乙借款 30,000 元,并由被告王某出具借条一份,当时约定按季付息,每季度利息 900 元,被告张某甲在借条

① 参见浙江省台州市中级人民法院(2010)浙台商终字第 402 号民事判决。

上签名担保。2004年年底,因被告王某没有及时付息,原告张某乙要求被告张某甲承担保证责任并发生争吵。后因被告王某按约支付了利息双方得到平息。2006年4月22日,被告王某归还原告张某乙本金5000元,余欠本金25,000元,被告王某利息已付至2009年10月22日止。2009年农历12月底,因被告王某避债外出,原告要求被告张某甲承担担保责任,被告张某甲拒绝承担担保责任。

原告张某乙以被告于2002年1月22日王某向其借款30,000元,约定按季付息,每季度利息900元,被告张某甲担保,后被告王某于2006年4月22日归还本金5000元,利息付至2009年10月22日止。张某乙以被告尚欠本金25,000元及利息为由,于2010年2月26日向法院提起诉讼,请求法院判令被告王某立即归还借款本金25,000元及利息(利息自2009年10月22日起按月利率1%计付至本金付清之日止);被告张某甲负连带清偿责任;本案的诉讼费用由被告负担。

被告王某在一审中答辩称:2002年1月22日,被告王某向原告张某乙借款30,000元并由张某甲担保属实,尚欠本金25,000元及2009年10月22日之后的利息属实。现在没有钱还,等我释放出来后归还。

被告张某甲在原审中答辩称:王某向原告张某乙借款,我在借条上签名担保是事实。2004年年底,原告在路上拦住我向我要钱,并拉我到被告王某的厂里,与我争吵,我拒绝承担担保责任,被告王某说过他与原告之间的钱进出与我没有关系。自从这次争吵后,原告与王某之间的账目进出我就一点都不知道了。2009年农历过年,原告张某乙坐在我家里向我要钱,我说我不知道,让他找王某要。从2004年年底,我拒绝承担担保责任时起,原告应该在6个月内起诉,因此原告本次起诉,保证时效已经超过,我已经没有担保责任了,请求法院驳回原告对我的诉讼请求。

2. 法院裁判及观点

一审法院审理认为:原告张某乙与被告王某、张某甲之间的民间借贷关系,当事人意思表示真实一致,内容不违反法律的禁止性规定,应属合法有效。虽然该借款当时没有约定还款期限,但依照法律规定,权利人可以随时要求借款人归还,现原告张某乙通过诉讼程序主张权利,要求被告王某归还尚欠借款及利息,符合法律规定,予以支持。被告张某甲在借条上签名担保,但没有约定保证方式，依法应承担连带保证责任。被告王某自2009年10月23日后未按约支付利息，之后被告王某避债外出，因此，原告张某乙在2009年农历12月底向被告张某甲主张保证责任，其保证期间并未超过6个月。被告张某甲辩称原告张某乙起诉已超过保证时效，不予支持。法院依照《合同法》第205条、第206条、第210条，《担保法》第19条、第26条之规定，于2010年6月17日作出判决：一、被告王某在判决生效之日起10天内归还给原告张某乙借款本金25,000元及利息（利息从2009年10月23日起按月利率1%计算至判决确定履行之日止）。二、被告张某甲对上述付款负连带责任。如果未按本判决书指定的期限履行给付金钱义务，应当依照《民事诉讼法》第229条之规定，加倍支付迟延履行期间的债务利息。案件受理费450元，由被告王某负担。

张某甲不服一审法院上述民事判决，向二审法院提起上诉称：一、原判决所查事实不清。原审判决查明“2004年年底，因被告王某没有及时付息，原告张某乙要求被告张某甲承担保证责任并发生争吵，后因被告王某按约支付了利息双方得到平息”与客观事实不符。事实是2004年年底被上诉人已向上诉人主张权利，遭上诉人拒绝而发生争吵。被上诉人在庭审中陈述承认“我在2004年年底拦住张某甲讨借款。我一直向张某甲要钱。本金和利息都讨要，本金没有就要利息”。原审被告也在庭审中陈述“2004年在路上这次，他俩在路上争吵，张某甲打电话给我，我跑过去，原告说向我讨要，向我讨不到的话，还是要向张某甲要的”。由此可见被上诉人向上诉人主张担保证责任的时间是在2004年年底，而不是原审认定的2009年农历12月底。二、原审判决适用法律不当。原审判决仅适用《担保法》第19条、第26条是不当的，还应适用最高人民法院《关于适用〈中华人民共和国担保法〉若干问题的解释》第34条第2款的规定“连带责任的债权人在保证期间届满前要求保证人承担保证责任的，从债权人要求保证人承担保证责任之日起，开始计算保证合同的诉讼时效”。故被上诉人于2010年2月26日向法院起诉要求上诉人承担连带保证责任，根据《担保法》第26条之规定，上诉人依法已免除保证责任。上诉人请求二审法院撤销原判。

被上诉人张某乙口头答辩称：王某向被上诉人借款30,000元，在2006年4月归还了本金5000元，利息已付到2009年10月22日，2009年农历12

月30日被上诉人去上诉人家催讨,上诉人老婆说让被上诉人去起诉好了,被上诉人就起诉了。被上诉人请求二审法院驳回上诉,维持原判。

原审被告王某未作答辩。

二审中,双方当事人均未提供新的证据。

二审法院认为:原审被告向被上诉人借款,约定每季支付利息,上诉人为借款担保签字,借条内容未约定还款期限和保证期间,事实清楚,有借条为证。原审被告于2006年4月还给被上诉人借款本金5000元,利息按季付至2009年10月22日,据此可以认定原审被告一直在清偿债务,被上诉人给原审被告履行债务的宽限期延续至2009年10月22日。依据最高人民法院《关于适用〈中华人民共和国担保法〉若干问题的解释》第33条的规定,被上诉人于2010年2月25日提起诉讼,要求上诉人承担保证责任,没有超过保证期向上诉人主张权利。因此,上诉人对此债务依法应承担连带责任。上诉人上诉称保证期间从2004年年底起算,与事实不符,本院不予采信。上诉人请求免除其保证责任,缺乏法律依据,本院不予支持。原判认定事实清楚,程序合法,判决得当,予以维持。依照《民事诉讼法》第153条第1款第1项之规定,判决如下:

驳回上诉,维持原判。

3. 案例评析

最高人民法院《关于适用〈中华人民共和国担保法〉若干问题的解释》第33条规定:“主合同对主债务履行期限没有约定或约定不明的,保证期间自债权人要求债务人履行义务的宽限期届满之日起计算。”然而,本案中借贷双方未约定合同履行期限,但约定了支付利息的期限和方式,保证期间如何确定?

利息是指资金所有者因出借资金而取得的报酬,是《担保法》明确规定保证人承担保证责任的一部分。债务人持续归还利息的行为,应当认定为债务人履行还款义务尚处于持续状态。此时,债权人的债权是否被侵害尚处于不明确状态。债务人停止归还利息后,始发生对债权人债权的侵害,因此债务人最后一次归还利息之日,应认定为债务人履行义务的宽限期届满之日。本案中,被告王某利息付至2009年10月22日止,应认定债权人给债务人履行债务的宽限期延续至该日。因此,债权人张某乙于2010年2月25日提起诉讼,要求保证人张某甲承担保证责任,没有超过法律规定的保证期间。本案二审法院认定事实清楚,适用法律正确。

当事人涂改主合同还款期限的,如何确定保证期间的起算点

——胡某某诉尹某某、某汽车驾驶培训学校民间借贷纠纷案[①]

1. 案情简介

上诉人(原审被告):尹某某。

被上诉人(原审原告):胡某某。

被上诉人(原审被告):某汽车驾驶培训学校。

法定代表人:陈某某,该校校长。

2008 年 9 月 11 日,汽车学校向胡某某借款 400,000 元,约定:借款期限自 2008 年 9 月 11 日至 2008 年 12 月 20 日;利息按日息 1‰计算;并约定借款人、担保人承担出借方的诉讼费、保全费、律师代理费等相关支出。汽车学校借款后至今未归还,尹某某也未承担保证责任。

胡某某于 2009 年 5 月 26 日以汽车学校借款 400,000 元未归还、尹某某为该借款提供保证担保亦未承担保证责任为由,向一审法院提起诉讼,请求判令:汽车学校归还借款本金 400,000 元及利息,尹某某承担连带责任。

2. 法院裁判及观点

一审法院审理认为:汽车学校向胡某某借款,并出具借条,尹某某为 400,000 元借款提供担保,借款合同及保证合同成立有效。汽车学校借款后未履行还款义务,应承担返还欠款的违约责任。尹某某应承担相应的保证责任。胡某某的诉讼请求合法,应予以支持。汽车学校及尹某某经合法传唤,无正当理由拒不到庭,不影响对本案的正常审理。依照《民事诉讼法》第 130 条,《合同法》第 205 条、第 206 条、第 207 条,《担保法》第 18 条之规定,于 2009 年 9 月 18 日作出判决:汽车学校于本判决生效之日起 10 日内返还胡某某借款 400,000 元并支付自 2008 年 9 月 11 日起至本判决确定给付之日按月利率 2% 计算的利息,尹某某在上述款项范围内承担连带责任。

尹某某不服一审法院上述民事判决,向二审法院提起上诉称:本案借款

---

① 浙江省台州市中级人民法院(2010)浙台商终字第 13 号民事判决。

期限只有10天,即2008年9月11日至2008年9月20日,胡某某将还款日期改为“2008年12月20日”。上诉人提供的是一般保证,胡某某起诉时已超过6个月的保证期限,依法不承担保证责任。

二审中,经法院释明由借条持有人胡某某对其提供的借条上还款期限由“9”月修改为“12”月承担举证责任并作出合理解释。被上诉人胡某某于2010年1月26日向法院提出鉴定申请,要求对2008年9月11日借条上还款时间2008年12月20日中的“12”修改时间与借条上的其他文字是否形成于同一时间进行鉴定。经法院准许后,委托有关司法鉴定机关进行司法鉴定。因无法进行检验,将送检材料退回。对此,上诉人尹某某认为:胡某某把还款日期“9”月涂改为“12”月,保证人不应承担责任。胡某某认为:鉴定能够证明先涂改后保证人按指印确认。法院认为:借条上还款时间由2008年9月20日改为2008年12月20日,现司法鉴定机构无法对修改时间进行鉴定,胡某某系借条原件的持有人,其对涂改事实没有异议,因还款期限修改后实际上加重了保证人的民事责任。如果是出借人、借款人、保证人一致同意延长借款时间并进行修改,那么应当由保证人对修改部分进行确认。涂改处加盖指印的位置是“9”划掉的地方,而非涂改后“12”处。一般而言指印应盖在涂改前和涂改后的地方,而本案借条上指印盖在数字大写及小写处,对此借条存在瑕疵的举证责任在于被上诉人胡某某。由于胡某某不能提供其他证据证明该修改经三方协商同意,故应承担举证不能的法律后果。综上,二审法院认定借条中约定的还款期限为2008年9月20日。

二审法院认为:汽车学校向被上诉人胡某某借款400,000元,事实清楚,双方形成的民间借贷关系合法有效。汽车学校未按约还款,根据借款协议书的约定和法律规定,应承担偿还借款本息。由于双方约定的利率超过了国家有关规定的借款利率,应予以适当调整。尹某某为该借款提供担保是事实,但由于借款协议书未约定保证责任方式和保证期限,依法应当按照连带责任保证方式在本案债务履行期限届满后6个月内承担连带责任。胡某某未提供证据证明还款期限的变更已经得到尹某某的同意,因此保证期间的起算点应为原先约定的还款期限届满之日即2008年9月20日。胡某某于2009年5月26日提起本案诉讼,显然已经超过了法律规定的6个月保证期间,因此尹某某的保证责任应予免除……上诉人尹某某的上诉主张有理部分,本院予以支持。原审认定事实错误,判决处理不当,本院依法予以纠正。依照《民事诉讼法》第130条、第153条第1款第(3)项,《合同法》第206条、第207条、第211条和《担保法》第19条、第26条之规定,判决如下:

一、撤销一审法院(2009)台椒商初字第1454号民事判决;

二、被上诉人某汽车驾驶培训学校于本判决生效之日起10日内偿还给被上诉人胡某某借款本金400,000元并支付利息,利息按月利率2%从2008年9月11日起计算至判决确定的给付之日止;

三、驳回被上诉人胡某某的其他诉讼请求。

3. 案例评析

本案争议焦点为,当事人变更合同履行期限的,保证人的保证责任期间从何时起算。

根据最高人民法院《关于适用〈中华人民共和国担保法〉若干问题的解释》第30条第1、2款的规定:"保证期间,债权人与债务人对主合同数量、价款、币种、利率等内容作了变动,未经保证人同意的,如果减轻债务人的债务的,保证人仍应当对变更后的合同承担保证责任;如果加重债务人的债务的,保证人对加重的部分不承担保证责任。债权人与债务人对主合同履行期限作了变动,未经保证人书面同意的,保证期间为原合同约定的或者法律规定的期间。"该规定表明,债权人、债务人协议变更主合同履行期限,必须经保证人书面同意;未经保证人书面同意的,保证期间仍然从原合同约定的履行期限届满之日起算。债权人、债务人协议变更主合同履行期限的情况尚且如此,更不必说债权人或者债务人单方面涂改主合同履行期限的情况。本案文书并未说明债权人胡某某涂改主债务履行期限是否与债务人协商一致,但无论如何,只要是变更主合同履行期限没有得到保证人的书面认可,保证责任期间就仍然是原合同约定的或者法律规定的期间。

有关法律规定

《中华人民共和国担保法》(1995年)

第二十五条　一般保证的保证人与债权人未约定保证期间的,保证期间为主债务履行期届满之日起六个月。

在合同约定的保证期间和前款规定的保证期间，债权人未对债务人提起诉讼或者申请仲裁的，保证人免除保证责任；债权人已提起诉讼或者申请仲裁的，保证期间适用诉讼时效中断的规定。

第二十六条　连带责任保证的保证人与债权人未约定保证期间的，债权人有权自主债务履行期届满之日起六个月内要求保证人承担保证责任。

在合同约定的保证期间和前款规定的保证期间，债权人未要求保证人承担保证责任的，保证人免除保证责任。

第二十七条　保证人依照本法第十四条规定就连续发生的债权作保证，未约定保证期间的，保证人可以随时书面通知债权人终止保证合同，但保证人对于通知到债权人前所发生的债权，承担保证责任。

最高人民法院《关于适用〈中华人民共和国担保法〉若干问题的解释》（法释〔2000〕44号）

第三十一条　保证期间不因任何事由发生中断、中止、延长的法律后果。

第三十二条　保证合同约定的保证期间早于或者等于主债务履行期限的，视为没有约定，保证期间为主债务履行期届满之日起六个月。

保证合同约定保证人承担保证责任直至主债务本息还清时为止等类似内容的，视为约定不明，保证期间为主债务履行期届满之日起二年。

第三十三条　主合同对主债务履行期限没有约定或者约定不明的，保证期间自债权人要求债务人履行义务的宽限期届满之日起计算。

第三十七条　最高额保证合同对保证期间没有约定或者约定不明的，如最高额保证合同约定有保证人清偿债务期限的，保证期间为清偿期限届满之日起六个月。没有约定债务清偿期限的，保证期间自最高额保证终止之日或自债权人收到保证人终止保证合同的书面通知到达之日起六个月。

四、民间借贷有多个保证人的，能够只向其中部分保证人主张保证责任吗

基本理论

两个以上的保证人对同一债务同时或者分别提供保证，成立共同保证。按照各保证人之间对债务的分担方式的不同，共同保证可分为按份共同保证

和连带共同保证。

共同保证的保证人在保证合同中约定各自承担的保证份额的，各保证人之间是按份共同保证的关系，在各自应承担的份额内承担保证责任，债权人向其中部分保证人主张保证责任的，不能视为向全部保证人主张了保证责任。在此情况下，其余保证人可以以保证期间届满为由主张免除保证责任。

若保证合同约定共同保证的保证人承担连带责任的，或者各保证人与债权人没有约定保证份额的，根据最高人民法院《关于适用〈中华人民共和国担保法〉若干问题的解释》第19条的规定，应当认定为连带共同保证。在连带共同保证中，主债务履行期限届满后，债权人可以要求债务人履行，也可以要求任何一个保证人承担全部保证责任。债权人对任何一个保证人主张了权利的，即视为对全体保证人主张了保证责任。

因此，共同保证中，保证人与债权人约定按份保证的，债权人向部分保证人主张保证责任，不能视为向全部保证人主张了保证责任。保证人与债权人约定连带共同保证的，债权人向任何一个保证人主张权利，即视为向全体保证人主张了保证责任。但需要注意以下两个与此相关的问题：

1. 连带共同保证人无意思联络的，债权人向部分保证人主张权利的意思表示能否到达其他保证人？

实践中还存在一种情况，各保证人之间虽然是连带共同保证，但各保证人是分别提供保证，并无意思联络。这种情况下，债权人能否只向部分保证人主张权利？

关于这个问题，司法实践中存在两种观点。一种观点认为，保证人之间的连带责任仅指在责任承担的数额和顺序上具有连带性，但各保证责任仍具有独立的法律地位，保证期间届满而未被主张权利的保证人，其保证责任消灭。另一种观点认为，多个保证人共同提供连带保证的，保证人是作为一个整体共同对债权人承担保证责任，债权人向其中任何一人主张权利，其效力自然及于所有保证人，未被主张权利的保证人保证责任并不免除。[①]

---

① 参见张洪江、呼振泉：《在无意思联络的连带共同保证中，债权人向部分保证人主张权利的，其效力并不及于未被主张权利的其他保证人》，载《中国法院2013年度案例》，中国法制出版社2013年版，第68~69页。

本书赞同上述第一种观点。尽管多个保证人共同提供连带保证,但由于每个保证均为单独成立,保证人之间并无意思联络,甚至在先签字的保证人并不知晓其他保证人的存在。因此,债权人向部分保证人主张权利的意思表示并不能必然到达其他连带保证人,债权人未向其他保证人主张权利的,保证期间届满后,该保证人免除保证责任。

2. 连带共同保证的情况下,债权人免除部分保证人的保证责任时,其他保证人如何承担责任?

如前所述,连带共同保证中,债权人可以要求任一保证人承担全部保证责任,根据最高人民法院《关于适用〈中华人民共和国担保法〉若干问题的解释》第20条第2款的规定,被主张的保证人承担保证责任后,向债务人不能追偿的部分,由各连带保证人按其内部约定的比例分担。因此,如果债权人免除部分保证人的保证责任,势必导致被主张的保证人承担保证责任后,不能向被免除责任的保证人追偿其应当分担的份额。这种情况下,其他保证人如何承担责任?法律没有明确规定,而理论和实践中主要存在四种分歧意见:

第一种意见认为,由于连带共同保证中保证人之间有共同的利益,因而债权人免除某一保证人的全部或部分保证责任时,其免除的效力及于其他保证人,亦即其他连带共同保证人的责任也在相应范围内免除。①

第二种意见认为,由于连带保证责任是保证人自愿对债务人的全部债务进行担保,因此当债权人选择一个共同保证人承担清偿责任时,并未超出其设定保证时自愿担保的范围,因此债权人有权放弃要求某一保证人承担保证责任。②

第三种意见认为,债权人擅自免除某一共同连带保证人的责任,会致使其他保证人无法行使追偿权,加重了其他保证人的负担,损害其合法权益,债权人的处分行为应为无效。③

---

① 郭明瑞:《中华人民共和国担保法》,中国政法大学出版社1998年版,第82页。转引自林晨、金塞波编著:《民间借贷实用案例解析》,法律出版社2015年版,第251页。

② 参见林晨、金塞波编著:《民间借贷实用案例解析》,法律出版社2015年版,第251页。

③ 参见傅玉萍:"债权人能否免除共同保证中的保证责任",载福建法院网,转引自林晨、金塞波编著:《民间借贷实用案例解析》,法律出版社2015年版,第251页。

第四种意见认为，债权人免除部分保证人保证责任的，其他连带保证人在被免责的保证人应当分担的份额内免除保证责任。[①]

本书赞同第四种意见。首先，从维护交易公平的角度来说，连带共同保证的各保证人尽管对外应对全部债务承担责任，但是在各保证人之间却是按照一定的份额进行分担。债权人免除部分保证人保证责任的行为加重了其他连带保证人的保证责任，致使其作为连带保证人本应享有的追偿权受到侵害。其次，从合同的可预见性的角度来说，保证人在提供担保的时候对债务人和其他连带保证人的偿债能力有合理评估，对于自己追偿权能否实现是可以预见的，但债权人免除部分保证人的保证责任是其他保证人在签订保证合同时所不能预见的情况，不应当由其他保证人来承担这种不利后果。

综上所述，民间借贷有多个保证人的，若保证人与债权人约定按份保证，债权人向其中部分保证人主张保证责任的，不能视为向全部保证人主张了保证责任；若保证人与债权人约定连带共同保证，或者没有约定保证份额的，债权人向其中部分保证人主张保证责任的，视为向全部保证人主张了保证责任。连带共同保证中，债权人免除部分保证人保证责任的，其他保证人在免责的保证人应分担的份额内免除保证责任，没有约定份额的，根据有关法律规定，平均分担。

典型案例

连带共同保证人无意思联络的，债权人向部分保证人主张权利的意思表示不能必然到达其他保证人

——冯某诉孙某民间借贷案[②]

1. 案情简介

上诉人(原审原告)：冯某。

被上诉人(原审被告)：孙某。

---

① 参见刘凝主编：《民间借贷纠纷法律问题100问》，中国法制出版社2014年版，第195页。

② 参见山东省东营市中级人民法院(2011)东民四终字133号民事判决。

2009年8月20日，刘某吉、孙某丽向冯某借款7万元，并出具借条一份，约定借款期限为一年，到2010年8月20日前还清，未约定借款利息。孙某与刘某作为担保人分别在借条上签字，未约定保证方式及保证期限。2010年8月20日刘某代刘某吉偿还借款3.5万元，冯某为刘某出具收条一份，并在收条中明确表示放弃对刘某剩余债权的主张，只要求孙某承担剩余借款本金35,000元及逾期利息3000元。孙某认为双方未约定保证期间，在法定的保证期间内，冯某未向其主张权利，其保证责任已经免除。

2. 法院裁判及观点

一审法院经审理认为，当事人对保证方式没有约定或约定不明确的，应该承担连带保证责任。连带责任保证人的保证期间为主债务履行期限届满之日起6个月内，超过此期限，债权人未要求保证人承担保证责任的，保证人免除保证责任。被告孙某主张原告到2011年6月21日才向法院起诉要求被告承担保证责任，已经超过法律规定的6个月担保期限，被告的保证责任已经免除，原告不予认可，但没有提供证据证明其在还款期限届满之日起6个月内要求被告孙某承担担保责任，因此判决：驳回原告冯某的诉讼请求。

一审宣判后，冯某以其在保证期间内曾通过刘某向孙某主张权利为由提起上诉。二审法院经审理认为，刘某与孙某存在利害关系，证人刘某的证言无其他证据佐证，不能证明其在保证期间内向孙某主张权利。就涉案借款的保证而言，冯某与孙某未约定保证方式及保证期间，故孙某应在还款期限届满后的6个月内，对涉案借款承担连带清偿责任，冯某虽主张在该期间内曾通过刘某向被上诉人孙某主张权利，但并无有效证据证实，其主张不能得到支持。原审判决认定事实清楚，适用法律正确，判决结果适当，应予维持。遂判决：驳回上诉，维持原判。

3. 案例评析

本案争议的焦点在于，债权人冯某向连带保证人刘某主张权利的意思表示，是否认为当然地到达另一连带保证人孙某？

本书认为，在此情况下法院应重点审查共同保证人提供连带责任保证的意思表示，如果共同保证人之间有意思联络，各保证人是作为一个整体向债权人提供保证，则债权人向部分连带保证人主张权利的效力及于其他连带保证人；反之，则债权人向部分连带保证人主张权利的效力不能及于其他连带保证人。具体到本案，根据法院查明的事实，两个保证人刘某和孙某虽然均向债权人提供了连带保证，但两者是分别提供的连带保证，并无意思联系。冯某虽于2010年8月20日向刘某主张权利，但并不能认为该意思表示当然地已经到达孙某，而冯某也没有有效证据能够证实其主张权利的意思表示曾到达孙某。因此，至2011年6月21日冯某起诉之日，已超过法律规定的6个月期限，孙某的保证责任得以免除。

债权人免除部分保证人的保证责任，其他保证人在免责的保证人应分担的份额内免除保证责任

——王某诉许某、陈某甲、陈某乙间借贷纠纷案①

1. 案情简介

上诉人（原审被告）：许某。

被上诉人（原审原告）：王某。

原审被告：陈某甲、陈某乙。

被告陈某甲、陈某乙系夫妻关系。2006年10月31日，陈某甲以工程施工需要资金为由向原告王某借款90万元，双方签订《借款保证合同》一份，合同载明的借款期限为一个月，月利率为26‰。合同还载明，借款人保证按时还款，若不能按时还款，出借人有权对借款人从逾期之日起每日收取2000元的违约金，直至全部借款还清为止；与合同有关的律师费及出借人实现债权的费用均由借款人承担。陈某丙和被告许某作为保证人在《借款保证合同》上签字。2007年4月23日，陈某甲通过银行汇款支付王某还款40万元，其余借款未归还。

2. 法院裁判及观点

一审法院认为，原告王某与被告陈某甲之间的借款合同合法有效，被告陈某甲在借款后应向原告履行还款义务。对原告要求被告陈某甲归还借款90万元的诉请，因陈某甲已归还了40万元，故对尚未归还的50万元借款该院予以支持。对于原告诉请的逾期还款违约金，由于双方约定2000元/日的标准已经超过银行贷款利率的4倍，故该院支持按中国人民银行公布的同期贷款基准利率的4倍标准，超过部分不予保护。对于原告要求被告陈某乙共

① 参见浙江省舟山市中级人民法院（2010）浙舟商终字第48号民事判决。

同承担还款责任的诉请,由于被告陈某乙无证据证明原告所诉为陈某甲个人债务,故应按夫妻共同债务处理,原告的该诉请应予以支持。原告主张赔偿律师费损失21,240元,符合原被告借款合同的约定,该院予以支持。被告许某为上述借款的保证人,应承担连带清偿责任。原告主张许某对借款承担连带保证责任,该院予以支持。原告撤销(回)对陈某丙的起诉,系其对自己诉讼权利的处分,该院已裁定予以准许。据此,依照《民事诉讼法》第130条,《合同法》第60条、第196条、第206条、第207条,《担保法》第13条、第19条的规定,判决:一、被告陈某甲、陈某乙在判决生效之日起10日内共同归还原告王某借款50万元,并从2006年12月1日起按中国人民银行公布的同期贷款基准利率的4倍标准支付逾期还款违约金至清偿日止;二、被告陈某甲、陈某乙支付原告王某律师费21,240元,该款在判决生效十日内付清;三、被告许某对上述第一、二项承担连带还款责任。

宣判后,许某不服上述判决,向二审法院上诉称:陈某丙与许某系本案借款的共同保证人,理应共同承担保证责任。原审法院裁定准许王某撤回对陈某丙的起诉,进而判决许某对本案债务承担全额的连带保证责任,损害了许某的合法权益,加重了许某的担保责任。根据《中华人民共和国担保法》的相关规定,许某应承担本案借款未还清部分二分之一的连带清偿责任。

被上诉人王某答辩称:本案中,许某、陈某丙按照合同约定承担连带保证责任,对两保证人的保证份额合同并未进行约定。按照《中华人民共和国担保法》第十二条的规定,王某有权让任何一个保证人承担全额的保证责任,故许某认为其只需承担未还清部分的二分之一保证责任,没有事实和法律依据。

法院二审审理查明的基本案件事实与原审认定的一致。另查明,原审中,王某向法院申请撤销要求陈某丙承担连带保证责任的诉请,并提交《撤销申请书》一份,申请书载明的撤销事由是:本案在审理期间,王某与陈某丙就担保责任事宜已达成和解,故根据法律的相关规定,向法院申请撤销陈某丙的担保责任。2008年8月27日,原审法院作出(2008)定民二初字第232-2号民事裁定书,裁定准许王某撤回对陈某丙的起诉。

法院认为,根据双方当事人的诉辩主张,现双方对本案借款及担保的事实并无异议,争议的是许某承担连带保证责任的范围。原审中,王某以与陈某丙达成和解为由,向法院申请撤销陈某丙的担保责任,根据王某原审提交的《撤销申请书》、二审对和解内容的明确及原审法院作出的准许撤诉裁定书，可以认定，王某系免除了陈某丙的保证责任，并经原审法院裁定准许，撤回了对陈某丙的起诉。按《借款保证合同》的约定，陈某丙、许某均系本案借款的连带责任保证人。根据《担保法》第 12 条的规定，现王某免除陈某丙的连带保证责任，已导致许某在承担连带保证责任后，不能要求陈某丙清偿其应当分担的份额，故许某在陈某丙应分担的份额内免除连带保证责任。由于两保证人间并未约定各自的分担比例，根据最高人民法院《关于适用〈中华人民共和国担保法〉若干问题的解释》第 20 条第 2 款的规定，许某仅对陈某甲、陈某乙需履行债务的二分之一承担连带保证责任。综上，原审判决适用法律错误，判决结果不当，应予纠正。据此判决许某仅需对原审判决第一、二项所确定的债务在二分之一范围内承担连带清偿责任。

3. 案例评析

本案值得关注的问题是，连带共同保证中，债权人免除部分保证人的保证责任后，其余保证人如何承担责任？本案一、二审基于对这个问题的认识不同，因而作出截然相反的判决。

本案中，陈某丙、许某均系本案借款的连带责任保证人，债权人免除陈某丙的保证责任后，显然是加重了许某的保证责任，致使许某在对全部债务承担保证责任后不能向陈某丙追偿。并且，许某在提供保证担保时本应对债务人和连带保证人陈某丙的清偿能力有合理评估，对于其追偿权的行使有合理预期，而债务人的免除行为是许某在签订保证合同时所不能预见的，如果由许某承担免除行为的不利后果显然不公平。因此，二审法院确定许某在陈某丙应分担的份额内免除连带保证责任正确。由于两保证人间并未约定各自的分担比例，根据最高人民法院《关于适用〈中华人民共和国担保法〉若干问题的解释》第 20 条第 2 款的规定，许某仅对陈某甲、陈某乙需履行债务的 1/2 承担连带保证责任。

有关法律规定

最高人民法院《关于适用〈中华人民共和国担保法〉若干问题的解释》（法释〔2000〕44 号）

第二十条　连带共同保证的债务人在主合同规定的债务履行期届满没有履行债

务的，债权人可以要求债务人履行债务，也可以要求任何一个保证人承担全部保证责任。

连带共同保证的保证人承担保证责任后，向债务人不能追偿的部分，由各连带保证人按其内部约定的比例分担。没有约定的，平均分担。

五、借贷双方事后对主合同进行变更的，保证人仍然承担保证责任吗

基本理论

保证合同成立后，借贷双方对违约金和利息另作约定，保证人应如何承担保证责任的问题，属于主合同变更对保证合同的影响的问题。最高人民法院《关于适用〈中华人民共和国担保法〉若干问题的解释》第5条规定，担保合同是主合同的从合同，主合同变更与保证合同的效力有着密切的联系，对保证人承担保证责任有重大影响。

1. 主合同主体变更对保证人保证责任的影响

在民间借贷情况下，主合同主体变更主要包括债权让与和债务承担两种情况。

债权让与，是指债权人通过让与合同将债权转移于第三人享有的现象。最高人民法院《关于适用〈中华人民共和国担保法〉若干问题的解释》第28条对债权转移后保证人如何承担保证责任作了明确规定："保证期间，债权人依法将主债权转让给第三人的，保证债权同时转让，保证人在原保证担保的范围内对受让人承担保证责任。但是保证人与债权人事先约定仅对特定的债权人承担保证责任或者禁止债权转让的，保证人不再承担保证责任。"

债务承担，是指债务人通过与第三人订立债务承担合同，将债务全部或者部分转移给第三人承担的现象。根据相关法律及司法解释的规定，保证期间债务人转移债务需经保证人书面同意，保证人对未经其同意转让部分的债务，不再承担保证责任。但是，保证人仍应当对未转让部分的债务承担保证责任。

2. 主合同内容变更对保证人保证责任的影响

最高人民法院《关于适用〈中华人民共和国担保法〉若干问题的解释》第

30 条第 1 款规定:"保证期间债权人与债务人对主合同数量、价款、币种、利率等内容作了变动,未经保证人同意的,如果减轻了债务人的债务的,保证人仍应对变更后的合同承担保证责任;如果加重债务人的债务的,保证人对加重的部分不承担保证责任。"司法解释确定的原则是,借贷双方协商变更主合同内容不得加重保证人的责任,除非获得保证人书面同意。

对此问题,《担保法》和最高人民法院《关于适用〈中华人民共和国担保法〉若干问题的解释》有一定的冲突,担保法否定了一切未经保证人书面同意的主合同内容变更的情况。从法理上看,最高人民法院《关于适用〈中华人民共和国担保法〉若干问题的解释》的规定是符合民法理论的,因为"保证合同为从合同,根据合同的从属性原理,保证责任的范围和强度不能超过主债务的范围和强度。只要主合同的变更不加重保证人的保证责任,保证责任就不应受到主合同变更的影响,而无论主合同变更是否征得保证人的同意"。①因此在司法实践中,法院往往援引司法解释的内容处理此类问题。

3. 合同履行期限的变更对保证人保证责任的影响

前已述及,出借人和借款人就主合同还款期限作出变更,需经保证人书面同意,否则保证期间仍为原合同规定或者法律规定的期间。

应当注意的是,尽管债权人与债务人协议变更主合同内容,但是并未实际履行的,由于此种情况并未实际影响保证人的权利,因此,保证人仍应当承担保证责任。

典型案例

借贷双方协议变更主合同的,保证人是否承担保证责任?

——王某诉贺某甲、贺某乙民间借贷纠纷案②

1. 案情简介

上诉人(原审原告):王某。

---

① 吴玉亮:"主合同变更与保证人保证责任",载《铁路采购与物流》2011 年第 1 期,第 67 页。

② 参见浙江省舟山市中级人民法院(2010)浙舟商终字第 97 号民事判决。

被上诉人(原审被告):贺某甲。

原审被告:贺某乙。

2008 年 9 月 10 日,被告贺某乙因做生意需要资金向原告王某借款 210 万元。2009 年 8 月 30 日,被告贺某甲为借款作了担保,约定 2013 年后还款。同日,被告贺某乙在借条上载明利息每月 1.3 万元,如有一期逾期,则原告王某可提前主张全部权利。后被告贺某乙未按照约定支付利息,原告多次催讨无果。

2010 年 5 月 14 日,王某诉至法院,要求贺某乙按每月 1.3 万元支付约定利息,贺某甲对上述债务承担连带保证责任。贺某乙辩称:借款属实,但利息约定的时间是在 2010 年 2 月,而非 2009 年 8 月 30 日。贺某甲辩称:担保人承诺在 2013 年后还款,现还款日未到,故不用承担担保责任,至于借款人后来的利息约定担保人并不知情。

2. 法院裁判及观点

原审法院认为,合法的借贷关系受法律保护。原告与被告贺某乙之间借款合同成立,是双方真实的意思表示。被告贺某乙应当按约定履行付息义务,未及时支付的,原告可以按约提前主张权利。现被告贺某乙未付息,原告请求被告贺某乙归还借款的主张,该院予以支持。原告的利息请求应从书面约定之日即 2009 年 8 月 30 日起算。被告贺某乙辩称利息约定的时间实际应为 2010 年 2 月,因无证据支持,该院不予采信。被告贺某甲原为借款的担保人,保证的还款时间为 2013 年后,原告接受该字条,视为同意保证人关于还款期限的承诺。但本案中原告和被告贺某乙变更了借款利息和提前还款的条款,原告提供的证据看,不能确定被告贺某甲对此已经知情且已经书面同意。依据担保法的规定,债权人和债务人协议变更主合同的,应当取得保证人的书面同意。未经保证人书面同意的,保证人对加重部分不承担保证责任。现原告主张提前还款,系对主合同的变更,因担保人承诺的履行期限未到,被告贺某甲依法不承担连带还款责任。原告对被告贺某甲的诉讼请求,该院不予支持。被告贺某甲的抗辩,该院予以采信。据此判决:一、被告贺某乙在判决生效之日起 10 日内归还原告王某借款 210 万元,并从 2009 年 8 月 30 日起按每月 1.3 万元支付利息至借款还清日止;二、驳回原告王某其他诉讼请求。

宣判后，王某不服上述判决，向二审法院上诉称：贺某乙自2008年6月起以经营需要资金为由陆续向王某借款，至2008年9月10日共计向王某借款210万元，并出具借条一张。后因贺某乙未归还借款，故王某要求贺某乙的父亲即贺某甲对上述借款进行担保，贺某甲也予以了同意，并于2009年8月30日在借条上签字确认。贺某甲签字后，王某提出借给贺某乙的款项系从银行贷款而来，每年需去转贷，资金须由贺某甲负责，每月向银行支付的利息应由贺某乙承担。王某的该要求，贺某乙、贺某甲当场予以了同意，贺某乙也在贺某甲落款下面对上述内容予以签字确认。综上，上诉人王某认为借条中关于借款利息和银行转贷资金的约定是王某、贺某乙、贺某甲三方共同协商的结果，贺某甲应按照约定承担连带清偿责任，原审判决认定事实错误，故请求二审法院依法判决贺某甲即时承担连带保证责任。

被上诉人贺某甲答辩称：本案中，是贺某乙先出具借条，贺某甲关于担保的内容在条子的中间，利息是最后补充约定的，贺某甲并不知情。

原审被告贺某乙答辩称：借款是贺某乙与王某合伙做生意时产生的，借条中有关借款的内容在前，利息约定在后。利息约定是王某通过社会上的人，在胁迫贺某乙的情况下，让贺某乙写的，该利息约定贺某甲并不知情。

二审审理查明的基本案件事实与原审认定的一致。

二审法院认为，根据双方当事人的诉辩主张，本案争议的是王某、贺某乙于2009年8月30日就借款利息和主张提前还款条件的约定对贺某甲是否有约束力。根据审理查明的事实，本案中关于借款、担保、利息及主张提前还款条件的约定均记载于同一张借条上，其中借条最上部记载的是贺某乙向王某借款210万元，落款时间为2008年9月10日，有借款人贺某乙的签名；借条中部，记载的是该210万元借款延迟到2013年后归还，落款时间为2009年8月30日，有担保人贺某甲的签名；借条的最下部，记载的是本案借款利息和主张提前还款的条件等，落款时间为2009年8月30日（有修改痕迹），有贺某乙的签名。因此，从借条中关于上述三个约定均独立记载且分别落款、签名的情况看，本案中贺某甲提供担保的约定与王某、贺某乙关于借款利息、提前还款条件的约定是相互独立的；且从上述三个约定的行文顺序看，贺某甲提供担保的约定要早于利息、提前还款条件的约定。由于贺某甲提供担保时，本案借条中并未有利息约定，且保证的还款时间为2013年后，而现也并没有证据证明贺某甲同意王某、贺某乙关于利息及提前款条件的约定，根据最高人民法院《关于适用〈中华人民共和国担保法〉若干问题的解释》第30条的规定，贺某甲仅对210万元本金承担连带保证责任，且保证期间从原合同约定的主债务履行期届满之日起开始计算，即从2013年1月1日起。因此，原审认定王某提前要求贺某甲承担连带保证责任没有事实和法律依据，应为正确，本案本可径直驳回上诉，维持原判，但考虑到如贺某乙在2013年1月1日前仍不能清偿所负债务，贺某甲仍需对尚欠的借款本金承担连带清偿责任，为减少当事人的讼累，故本院对上述内容予以加判。

一、维持一审法院（2010）舟定商初字第391号民事判决主文第一项；

二、撤销一审法院（2010）舟定商初字第391号民事判决主文第二项；

三、如贺某乙未在2013年1月1日前履行完毕一审法院（2010）舟定商初字第391号民事判决主文第一项所确定的债务，则贺某甲应就贺某乙尚未清偿的借款本金承担连带保证责任；

四、驳回王某的其他诉讼请求。

3. 案例评析

本案值得关注的点是，借贷双方协议变更主合同的，保证人是否承担保证责任？

如前所述，主合同变更包括主体的变更、内容的变更和履行期限的变更，根据不同的情况，保证人承担不同的责任。本案中，债权人王某和债务人贺某乙重新协商约定了利息条款和提前还款条款，显然加重了保证人的保证责任，在没有证据证明该变更已经过保证人同意的情况下，保证人仍然按照变更前的合同承担保证责任。本案一、二审法院认定事实清楚、适用法律正确。

有关法律规定

《最高人民法院关于适用〈中华人民共和国担保法〉若干问题的解释》（法释〔2000〕44号）

第二十八条　保证期间，债权人依法将主债权转让给第三人的，保证债权同时转让，保证人在原保证担保的范围内对受让人承担保证责任。但是保证人与债权人事先约定仅对特定的债权人承担保证责任或者禁止债权转让的，保证人不再承担保证责任。

第二十九条　保证期间，债权人许可债务人转让部分债务未经保证人书面同意的，保证人对未经其同意转让部分的债务，不再承担保证责任。但是，保证人仍应当对未转让部分的债务承担保证责任。

第三十条　保证期间，债权人与债务人对主合同数量、价款、币种、利率等内容作了变动，未经保证人同意的，如果减轻债务人的债务的，保证人仍应当对变更后的合同承担保证责任；如果加重债务人的债务的，保证人对加重的部分不承担保证责任。

债权人与债务人对主合同履行期限作了变动，未经保证人书面同意的，保证期间为原合同约定的或者法律规定的期间。

债权人与债务人协议变动主合同内容，但并未实际履行的，保证人仍应当承担保证责任。

第二节

民间借贷中的抵押

一、哪些财产可以作为借贷的合法抵押物

民间借贷法律关系中，为担保债的履行，借款人或者第三人往往以不转移财产占有的方式，将该财产作为债权的担保。当债务人不履行债务时，债权人有权以该财产折价或者以拍卖、变卖该财产的价款优先受偿。抵押担保是物权担保的一种方式，由于其具有物权属性，较之保证担保更能保证债权的实现，在民间借贷中被广泛应用。

抵押物，也就是抵押权的标的，是指借款人或者第三人用作债权担保的财产。一个合法有效的抵押权应当建立在合法的抵押物之上。根据我国法律，可以用作抵押的财产分为三种类型，即动产、不动产和权利。根据《担保法》和《物权法》的相关规定，债务人或第三人有处分权的下列财产可以作为抵押物：

1. 建筑物和其他土地附着物；
2. 建设用地使用权；
3. 以招标、拍卖、公开协商等方式取得的荒地等土地承包经营权；
4. 生产设备、原材料、半成品、产品；
5. 正在建造的建筑物、船舶、航空器；
6. 交通运输工具；
7. 法律、行政法规未禁止抵押的其他财产。

《担保法》第 35 条第 1 款规定："抵押人所担保的债权不得超出其抵押物的价值。"

从上述法律的规定来看，一个合法的抵押物应当具备以下特征：第一，必

须是抵押人所有的或者抵押人有处分权的财产;第二,抵押的财产必须具有交换价值,并且其交换价值应大于担保的债权;第三,抵押物应当是依法可以流通、拍卖、变卖的物品。

法律同时规定,对于上述财产,抵押人既可以将其中的一项财产单独抵押,也可以一并抵押。以建筑物抵押的,该建筑物占用范围内的国有土地使用权同时抵押。以国有土地使用权抵押的,该国有土地上的房屋同时抵押。乡(镇)、村企业的土地使用权不得单独抵押。

尤其应当注意的是,出于对公共利益和国家利益的考虑,下列财产不得抵押:

1. 土地所有权;

2. 耕地、宅基地、自留地、自留山等集体所有的土地使用权,但法律规定可以抵押的除外;

3. 学校、幼儿园、医院等以公益为目的的事业单位、社会团体的教育设施、医疗卫生设施和其他社会公益设施;

4. 所有权、使用权不明或者有争议的财产;

5. 依法被查封、扣押、监管的财产;

6. 依法不得抵押的其他财产。

有关法律规定

《中华人民共和国担保法》(1995 年)

第三十四条　下列财产可以抵押:

(一)抵押人所有的房屋和其他地上定着物;

(二)抵押人所有的机器、交通运输工具和其他财产;

(三)抵押人依法有权处分的国有的土地使用权、房屋和其他地上定着物;

(四)抵押人依法有权处分的国有的机器、交通运输工具和其他财产;

(五)抵押人依法承包并经发包方同意抵押的荒山、荒沟、荒丘、荒滩等荒地的土地使用权;

(六)依法可以抵押的其他财产。

抵押人可以将前款所列财产一并抵押。

第三十六条　以依法取得的国有土地上的房屋抵押的，该房屋占用范围内的国有土地使用权同时抵押。

以出让方式取得的国有土地使用权抵押的，应当将抵押时该国有土地上的房屋同时抵押。

乡（镇）、村企业的土地使用权不得单独抵押。以乡（镇）、村企业的厂房等建筑物抵押的，其占用范围内的土地使用权同时抵押。

第三十七条　下列财产不得抵押：

（一）土地所有权；

（二）耕地、宅基地、自留地、自留山等集体所有的土地使用权，但本法第三十四条第（五）项、第三十六条第三款规定的除外；

（三）学校、幼儿园、医院等以公益为目的的事业单位、社会团体的教育设施、医疗卫生设施和其他社会公益设施；

（四）所有权、使用权不明或者有争议的财产；

（五）依法被查封、扣押、监管的财产；

（六）依法不得抵押的其他财产。

《中华人民共和国物权法》(2007年)

第一百八十条　债务人或者第三人有权处分的下列财产可以抵押：

（一）建筑物和其他土地附着物；

（二）建设用地使用权；

（三）以招标、拍卖、公开协商等方式取得的荒地等土地承包经营权；

（四）生产设备、原材料、半成品、产品；

（五）正在建造的建筑物、船舶、航空器；

（六）交通运输工具；

（七）法律、行政法规未禁止抵押的其他财产。

抵押人可以将前款所列财产一并抵押。

第一百八十一条　经当事人书面协议，企业、个体工商户、农业生产经营者可以将现有的以及将有的生产设备、原材料、半成品、产品抵押，债务人不履行到期债务或者发生当事人约定的实现抵押权的情形，债权人有权就实现抵押权时的动产优先受偿。

第一百八十二条　以建筑物抵押的，该建筑物占用范围内的建设用地使用权一并抵押。以建设用地使用权抵押的，该土地上的建筑物一并抵押。

抵押人未依照前款规定一并抵押的，未抵押的财产视为一并抵押。

第一百八十三条　乡镇、村企业的建设用地使用权不得单独抵押。以乡镇、村企业的厂房等建筑物抵押的，其占用范围内的建设用地使用权一并抵押。

第一百八十四条　下列财产不得抵押：

（一）土地所有权；

（二）耕地、宅基地、自留地、自留山等集体所有的土地使用权，但法律规定可以抵押的除外；

（三）学校、幼儿园、医院等以公益为目的的事业单位、社会团体的教育设施、医疗卫生设施和其他社会公益设施；

（四）所有权、使用权不明或者有争议的财产；

（五）依法被查封、扣押、监管的财产；

（六）法律、行政法规规定不得抵押的其他财产。

二、借款人把不动产抵押给出借人，但没有办理抵押登记，受法律保护吗

基本理论

物权登记制度是物权变动理论中的一个重要内容。“物权登记行为本质上是申请登记人根据其与他人之间的法律行为向登记机关申请登记，登记机关据此作出登记的行为。”①物权通过登记从而达到公示公信的目的，对保护善意、权利推定、预防风险有重要意义。

关于物权登记的法条散见于我国《担保法》和《物权法》中，但《担保法》对未进行登记的抵押合同的效力、《物权法》对未进行登记的不动产物权变动的效力如何，均未作出明确而具体的规定，导致学理界和实务界存在诸多争议。

关于物权变动，世界各国存在登记生效和登记对抗两种模式。我国兼采登记生效和登记对抗主义。根据《担保法》和《物权法》的相关规定，不动产抵押采取登记生效主义，抵押权自登记时设立；动产抵押采取登记对抗主义，

① 陈坚：“我国物权登记行为的性质与法律效力辨析”，载《求索》2012年5月刊，第243页。

抵押权自抵押合同生效时设立,未经登记不得对抗善意第三人。

需要注意的是,抵押合同生效和抵押权的设立应当区别对待。抵押合同是当事人之间为担保债权在特定物上设立抵押权的协议,是当事人之间的合意,其成立与生效适用《民法通则》和《合同法》关于合同成立与生效的规定。法理上认为,当事人双方依法就合同的主要条款达成一致,合同就成立。至于合同生效,《合同法》第44条规定,依法成立的合同,自成立时生效。法律、行政法规规定应当办理批准、登记等手续生效的,依照其规定。而最高人民法院《关于适用〈中华人民共和国合同法〉若干问题的解释(一)》第9条第1款规定:"依照合同法第四十四条第二款的规定,法律、行政法规规定合同应当办理批准手续,或者办理批准、登记手续才生效,在一审法庭辩论终结前当事人仍未办理批准手续的,或者仍未办理批准、登记等手续的,人民法院应当认定该合同未生效;法律、行政法规规定合同应当办理登记手续,但未规定登记后生效的,当事人未办理登记手续不影响合同的效力,合同标的物所有权及其他物权不能转移。"该解释客观科学地对债权行为和物权行为进行了区分。而抵押权的设立属于物权行为,在登记对抗的情况下,抵押合同生效则抵押权设立,在登记生效的情况下,抵押权自登记时设立。

具体到本小节问题,借款人把不动产抵押给出借人,但没有办理抵押登记,受法律保护吗?未经登记的不动产抵押,抵押合同有效成立,但抵押权没有设立。债权人不能就抵押物优先受偿,仅可要求合同另一方当事人承担相应的合同责任。

典型案例

未进行抵押登记的抵押合同,债权人能否就抵押物优先受偿?

——宋某诉大连伯顿冠力电机有限公司等民间借贷案[①]

1. 案情简介

原告:宋某。

① 参加辽宁省大连市中级人民法院(2013)大民一初字第87号民事判决。

被告:某公司、冯某、张某、邱某。

原告宋某于2012年11月20日与被告某公司、冯某分别签署借款人为某公司、保证人为冯某的金额为500万元和1500万元的两份借款、保证主从合同。约定由宋某出借给某公司资金2000万元,借款期限自2012年11月20日至2012年11月23日止,逾期按照欠数额的日万分之八支付违约金。保证人冯某在保证合同中承诺对借款及原告为实现其权利形成的花费、成本和开支,包括但不限于律师费用等承担连带责任保证担保。同日,宋某与张某、邱某签订抵押担保合同,邱某、张某承诺以其拥有处分权的估价为300万元的房屋抵押给宋某,作为某公司履行还款义务的担保,抵押合同签订后由邱某和张某负责办理抵押所必需的相关登记。该房屋至庭审辩论终结之日没有办理抵押登记。2012年11月20日,原告宋某从开户行上海浦东发展银行分四次将总计2000万元汇至被告某公司指定的开户行上。2013年4月15日,被告某公司偿还原告150万元,直接支付到宋某账户。尚欠1850万元没有偿还。宋某为起诉聘请律师支付律师费21.10万元。

原告宋某请求:(1)被告某公司立即支付拖欠的借款本金1850万元以及违约金;(2)请求被告承担律师费21.10万元;(3)请求被告冯某对欠款本金及利息、律师费用承担连带清偿责任;(4)请求被告张某和邱某在承诺抵押担保的300万元担保范围内对欠款及利息、律师费用承担赔偿责任。

四被告辩称:抵押担保合同中,因公民个人借款不能进行抵押登记而没有进行登记,张某、邱某不承担赔偿责任。

2.法院裁判及观点

法院经审理认为,合法的借贷关系受法律保护。被告某公司、冯某与原告之间所签订借款合同、保证合同是双方当事人的真实意思表示,约定内容没有违反法律、法规的强制性规定,合法有效。双方当按照合同约定的内容履行各自的义务。原告依据借款合同已向被告支付借款,有银行汇款汇单为据,证明原告的出借义务已履行完毕。被告某公司于借款履行期限届满,向原告履行了150万元的还款义务,余下1850万元借款尚未偿还,应承担违约责任。被告冯某应依保证合同之约定承担连带责任保证。被告张某、邱某与原告宋某之间所签订的抵押合同业已成立,但因被告未依抵押合同履行抵押登记之义务,故而不发生物权担保之法律效力。依据双方签订的抵押合同第六条之约定，被告在合同成立后负担就合同项下设定的抵押向有关机关办理登记的义务，被告张某、邱某未继续执行该合同，未办理抵押登记，未提交证据证明其曾经积极履行过该项义务，亦未提供证据证明原告存在过错，故被告已违背了诚实信用原则，被告应当对未进行抵押登记致使原告受到的损失承担相应赔偿责任。遂判决：一、被告某公司于本判决生效之日起十五日内偿还原告宋某借款本金1850万元；二、被告某公司于本判决生效之日起十五日内偿还原告宋某借款违约金；三、被告某公司于本判决生效之日起十五日内赔偿原告宋某为实现债权所支付的律师费21.10万元；四、被告冯某对被告某公司应承担的上述款项承担连带清偿责任；五、被告邱某、张某在承诺抵押担保300万元的范围内对原告宋某未获清偿部分承担赔偿责任；六、驳回原告宋某的其他诉讼请求。

3. 案例评析

本案所涉问题为，当事人以不动产作为抵押物担保债权，但未办理抵押登记，债权人能否就抵押物优先受偿？抵押人应承担何种责任？

本案中，邱某、张某以其拥有处分权的估价为300万元的房屋抵押给宋某，作为某公司履行还款义务的担保，但并未办理抵押登记。根据合同法和物权法原理，抵押合同有效成立但因没有办理登记手续，故而不发生物权担保之法律效力。因此，债权人不能就抵押物优先受偿。但是，尽管担保物权没有设立，但并不是说抵押人就此可以免除担保责任。法院认为，未办理抵押登记的过错在于对房屋拥有处分权的邱某和张某，也没有证据证明原告存在过错，因此邱某和张某应当对未进行抵押登记致使原告受到的损失承担相应的赔偿责任。法院认定事实清楚，适用法律正确。

有关法律规定

《中华人民共和国物权法》(2007年)

第十五条　当事人之间订立有关设立、变更、转让和消灭不动产物权的合同，除法律另有规定或者合同另有约定外，自合同成立时生效；未办理物权登记的，不影响合同效力。

第一百八十七条　以本法第一百八十条第一款第一项至第三项规定的财产或者

第五项规定的正在建造的建筑物抵押的，应当办理抵押登记。抵押权自登记时设立。

第一百八十八条　以本法第一百八十条第一款第四项、第六项规定的财产或者第五项规定的正在建造的船舶、航空器抵押的，抵押权自抵押合同生效时设立；未经登记，不得对抗善意第三人。

第一百八十九条　企业、个体工商户、农业生产经营者以本法第一百八十一条规定的动产抵押的，应当向抵押人住所地的工商行政管理部门办理登记。抵押权自抵押合同生效时设立；未经登记，不得对抗善意第三人。

依照本法第一百八十一条规定抵押的，不得对抗正常经营活动中已支付合理价款并取得抵押财产的买受人。

最高人民法院《关于适用〈中华人民共和国合同法〉若干问题的解释（一）》（法释〔1999〕19号）

第九条第一款　依照合同法第四十四条第二款的规定，法律、行政法规规定合同应当办理批准手续，或者办理批准、登记手续才生效，在一审法庭辩论终结前当事人仍未办理批准手续的，或者仍未办理批准、登记等手续的，人民法院应当认定该合同未生效；法律、行政法规规定合同应当办理登记手续，但未规定登记后生效的，当事人未办理登记手续不影响合同的效力，合同标的物所有权及其他物权不能转移。

三、借款人能用他人财产作为借贷的抵押物吗

基本理论

“引起抵押合同无效的原因主要为以下几种：抵押物的所有权、使用权不明或有争议；抵押物不特定、抵押物重复抵押或抵押物价值处于不确定状态的；以不能作抵押的财产设立抵押权；应该办理抵押物登记手续而未办理；主合同无效的，抵押合同无效。”[①]最高人民法院《关于贯彻执行〈中华人民共和国民法通则〉若干问题的意见（试行）》第113条第1款规定：“以自己不享有所有权或者经营管理权的财产作抵押物的，应当认定抵押无效。”可见，抵押人对抵押的财产拥有合法处分权，是抵押权有效成立的前提条件。

根据《物权法》第179条规定“为担保债务的履行。债务人或者第三人不

① 王福友：《民间借贷纠纷裁判规则与适用标准》，法律出版社2015年版，第318页。

转移财产的占有,将该财产抵押给债权人的,债务人不履行到期债务或者发生当事人约定的实现抵押权的情形,债权人有权就该财产优先受偿”可以得知,经他人同意,借款人可以用他人财产作为借贷的抵押物并办理抵押登记。

但如果借款人未经他人同意,擅自将他人名下财产作为民间借贷的抵押担保,效力如何?我们认为,这种行为当属无权处分行为。无权处分人处分他人财产的,经权利人追认或者无处分权人事后取得处分权的,合同有效。否则,合同无效。

典型案例

无权处分人以他人财产提供抵押担保并未经追认的,抵押担保合同无效

——周某与周小某抵押合同纠纷案[①]

1. 案情简介

原告:周某。

被告:周小某、翟某。

原告周某诉称:原告是北京市丰台区某地的×××号房屋的原所有权人。2011 年 5 月 31 日,被告周小某和假“周某”签订了存量房买卖合同,并办理了相关过户手续,将北京市丰台区某地的房屋登记在被告周小某名下。之后,周小某与翟某签订了《抵押(借款)合同》,约定被告周小某将位于北京市丰台区某地的房屋抵押给被告翟某,并于 2011 年 11 月 23 日办理了最高额抵押登记手续。被告翟某在明知上述抵押房屋产权有争议的情况下,继续与被告周小某签订《抵押(借款)合同》。该行为违反《担保法》第 37 条第 4 项的规定。二被告恶意串通,将本属于原告的房产抵押,严重损害了原告的利益,故诉至法院,要求确认二被告于 2011 年 11 月 23 日签订的《抵押(借款)合同》无效,诉讼费由二被告承担。

被告周小某辩称:2011 年 5 月 3 日,我取得了涉诉房屋的所有权,2011

① 张家麟主编:《民间借贷纠纷诉讼指引与实务解答》,法律出版社 2014 年版,第 203 页。

年 10 月 11 日我将上述房屋抵押给了翟某以便用于借款担保。2011 年 11 月 23 日，我与翟某办理了注销抵押登记手续，随后办理了最高额抵押登记手续。在我与翟某办理抵押登记手续的时候，翟某并不知道我与周某之间的事情。综上，我不同意周某诉讼请求。

被告翟某辩称：首先，我确实向周小某提供了 91 万元的借款；其次，我与周小某签订抵押合同后，办理了抵押相关手续，抵押是合法有效的；最后，我与周小某签订抵押合同的时候，根本不知道房屋产权人有异议，我已向建委核实过，故我属于善意第三人。综上，不同意周某的诉讼请求。

法院经审理查明：周小某系周某之女。2011 年 5 月 30 日，周小某雇他人以周某的名义与周小某签订《存量房屋买卖合同》，合同约定："周某"将 × × 号房房屋卖给周小某。房管部门基于此将 × × 号房屋所有权过户至周小某名下。

2011 年 11 月 23 日，周小某（甲方）与翟某（乙方）签订《抵押（借款）合同》约定甲方用其名下位于北京市丰台区太平桥 × 号楼 6 层 6 – × × × 号的房产为抵押物，用于担保 91 万元的借款，担保范围为本金、利息、违约金，设置的抵押为最高额抵押。同日，周小某与翟某填写了《最高额抵押权设立登记申请表》，并至相关部门办理了最高额抵押登记手续。

2011 年 12 月，周某将周小某诉至法院，要求确认《存量房屋买卖合同》无效，同时要求周小某协助将 × × × 号房屋过户登记至其名下。2012 年 5 月 17 日，法院判决周小某与"周某"签订的存量房屋买卖合同无效，同时以该房屋已设定抵押权，在抵押权尚未消灭的前提下无法返还为由，暂驳回了周某要求周小某协助办理 × × 号房屋过户登记的诉讼请求。现该判决已生效。

2. 法院裁判及观点

法院认为，无效的合同或者被撤销的合同自始没有法律约束力。经法院生效判决确认，周小某与"周某"签订的存量房屋买卖合同无效。周小某并非坐落于北京市丰台区某地 × × 号的房产的合法所有权人。那么其与翟某签订《抵押（借款）同》的行为属无权处分。无处分权的人处分他人财产，经权利人追认或者无处分权的人订立合同后取得处分权的，该合同有效。本案中，周某对周小某的行为没有追认，且周小某也不能通过订立合同取得涉诉房屋的所有权。故法院对周某的诉请求予以支持。判决：周小某与翟某于

2011 年 11 月 23 日签订的《抵押(借款)合同》无效。

3. 案例评析

本案争议的焦点是,借款人以他人财产作为借贷抵押物,并办理了抵押登记,抵押合同是否有效?抵押物的所有权、使用权不明或有争议是引发抵押合同无效的原因之一。抵押合同是当事人之间为担保债权在特定物上设立抵押权的协议,是当事人之间的合意,其成立与生效适用《民法通则》和《合同法》关于合同成立与生效的规定。

《合同法》第 51 条规定了无处分权的人处分他人财产的合同效力,第 52 条规定了合同无效的五种情形。因此,根据相关法律,借款人以他人财产作为借贷抵押物签订的合同并非当然无效,此时合同是否有效取决于权利人是否追认或者无处分权人事后是否取得处分权。本案中,周小某为讼争房屋的无权处分人,其在没有经权利人周某同意的情况下,以讼争房屋办理了抵押登记,事后也没有取得权利人周某的追认,因此,本案抵押合同无效。

有关法律规定

《中华人民共和国合同法》(1999 年)

第五十一条　无处分权的人处分他人财产,经权利人追认或者无处分权的人订立合同后取得处分权的,该合同有效。

《中华人民共和国物权法》(2007 年)

第一百七十九条　为担保债务的履行,债务人或者第三人不转移财产的占有,将该财产抵押给债权人的,债务人不履行到期债务或者发生当事人约定的实现抵押权的情形,债权人有权就该财产优先受偿。

最高人民法院《关于贯彻执行〈中华人民共和国民法通则〉若干问题的意见》(法(办)发〔1988〕6 号)

113. 以自己不享有所有权或者经营管理权的财产做抵押物的,应当认定抵押无效。

……

四、借款合同中既有抵押又有保证的，应当按什么顺序主张权利

基本理论

为担保债的履行，既可以单独设定保证担保或者抵押担保，也可以二者同时设定。同一债权上保证、抵押双重担保并存包括两种情形：一是抵押和保证均只担保部分债权；二是抵押和保证均担保整个债权。第一种情形下抵押和保证均各自担保不同的范围，债权人分别对抵押人和保证人主张权利即可，不在本书探讨之列。第二种情形则涉及债权人、债务人、保证人、抵押人四方主体的权利义务关系，按什么顺序主张权利，既要考虑如何确保债权得以实现，还要考虑实现债权的成本和效率。

关于人的担保和物的担保并存时的责任优先问题，一般区分物的担保是由债务人自身提供的，还是第三人提供的。如果物的担保是债务人自身提供的，债权人应先主张执行债务人的物的担保，不足清偿的部分再向保证人主张权利。因为，如果债权人先向保证人主张权利，保证人承担保证责任后仍然要向债务人追偿，无疑将增加债权实现的费用，降低债权实现的效率，也加大了保证人的风险。如果物的担保是由第三人提供的，应按什么顺序主张权利？学界有以下观点：

第一，“物的担保责任绝对优先说”。此说认为债权人应先向物上保证人主张权利，在其不受清偿的范围内，再向保证人主张权利。保证人仅对物的担保以外的债权额承担保证责任。[①]

第二，“物的担保责任相对优先说”。此说认为，债权人可以选择行使担保权利，但保证人在承担保证责任之后，可向债务人求偿，并代位行使债权人享有的担保物权。债权人致使保证人可代位行使的担保物权消灭的，保证责任相应消灭。[②]

第三，“物的担保责任与人的担保责任平等说”。此说认为，债权人可以选择行使担保权利，已承担担保责任的，担保人可向其他担保人追偿其应承

---

① 参见高圣平：“论人的担保与物的担保并存时的责任承担——现行规则之检讨与展望”，载《法学杂志》2004 年第 25 卷，第 33 ~ 35 页。

② 参见高圣平：“论人的担保与物的担保并存时的责任承担——现行规则之检讨与展望”，载《法学杂志》2004 年第 25 卷，第 33 ~ 35 页。

担的份额。①

第四,“保证担保的法律属性决定说”。此说认为,人的担保和物的担保竞存时,首要的根据应当是保证担保的法律属性。如为一般保证,则保证人可以根据一般保证的法律属性行使抗辩权,其结果是:如物的担保是债务人自身提供的,债权人必须先就物的担保行使权利;如物的担保是第三人提供的,则债权人有自行选择的权利。如为连带保证,则不论物的担保是由债务人自身提供,还是第三人提供的,都赋予债权人自行选择的权利。②

在立法例上,我国《担保法》第28条、最高人民法院《关于适用〈中华人民共和国担保法〉若干问题的解释》第38条第1款和《物权法》第176条就相关问题作出了规定。总的说来,我国立法例在第三人提供的抵押担保和保证担保并存的时候采用人的担保和物的担保平等主义,并区分三种情况对责任优先问题作了规定:

1. 当事人对抵押担保和保证担保有明确约定时,从其约定;

2. 当事人没有约定或约定不明时,如果抵押物为债务人自己提供的,债权人应当先就抵押物主张权利;

3. 当事人没有约定或约定不明时,如果抵押物为第三人提供,债权人可以选择就抵押担保实现债权,也可以要求保证人承担保证责任。

典型案例

保证担保与抵押担保并存时的责任承担

——陈某卫诉王某进等民间借贷案③

1. 案情简介

原告:陈某卫。

---

① 参见高圣平:“论人的担保与物的担保并存时的责任承担——现行规则之检讨与展望”,载《法学杂志》2004年第25卷,第33~35页。

② 参见曾荣鑫:“人的担保和物的担保并存的处理规则的新探讨”,载《河北法学》2014年第1期,第79~85页。

③ 参见福建省厦门市湖里区人民法院(2012)湖民初字第4353号民事判决。

被告：王某进、王某吉、林某梅、林某培。

王某进、王某吉作为共同借款人于2010年7月5日向陈某卫借款30万元，双方约定借款期限两年，未约定借款利息。王某进、王某吉为此向陈某卫出具《借条》一份，林某梅作为担保人在《借条》下方签字。林某培于同日向陈某卫出具《同意书》一份，内容为："本人林某培同意将房子产权证借给王某进作为抵押，证件户主为汪某、林某能、林某秋，平方数叁分伍整"，并将《同意书》中所述房屋的契证原件交给陈某卫保管。林某培提供作为抵押物的房产系在农村宅基地上所建的房屋，未依法登记产权。陈某卫于2010年7月5日以现金方式将30万元借款支付给王某进、王某吉。借款期限届满后，王某进、王某吉、林某梅、林某培均未向陈某卫偿还借款，陈某卫遂向法院提起诉讼。

2. 法院裁判及观点

法院经审理认为，陈某卫与王某进、王某吉的借贷关系，有《借条》为凭，予以确认。陈某卫关于借款30万元及自借款期限届满之日起至还款之日止按银行同期贷款利率计算的利息的诉讼请求，符合法律规定，予以支持。林某梅作为讼争借款的保证人，未明确约定保证方式和保证范围，依法应对讼争借款及利息承担连带清偿责任。关于林某培与陈某卫之间的抵押合同，林某培提供作为抵押的房产系在农村宅基地上所建的房屋，且未依法登记产权，属于不得抵押的财产，故林某培与陈某卫之间的抵押合同依法应认定为无效合同。本案中，林某培与陈某卫均应当知道该房屋属于法律禁止抵押的财产，其二人对抵押合同的无效均存在过错，林某培依法应承担相应民事责任。根据过错程度，法院酌定林某培应对前述30万元借款及利息中王某进、王某吉不能清偿偿部分的二分之一承担赔偿责任。遂判决：

一、被告王某进、王某吉应于判决生效之日起10日内偿还原告陈某卫借款30万元，并支付逾期利息（利息以30万元为基数，按中国人民银行同期同类贷款利率自2012年7月6日起计至判决确定的还款之日止）；

二、被告林某梅对判决第一项所述王某进、王某吉的债务承担连带清偿责任。林某梅承担保证责任后，有权向王某进、王某吉追偿；

三、被告林某培对判决第一项所述王某进、王某吉的债务中王某进、王某

吉不能清偿部分的二分之一承担赔偿责任。林某培承担赔偿责任后,有权向王某进、王某吉追偿;

四、驳回原告陈某卫的其他诉讼请求。

3. 案例评析

本案值得关注的问题是,民间借贷中保证担保与抵押担保并存时,如何实现债权。

根据《物权法》第176条的规定,第三人提供物的担保的,债权人可以就物的担保实现债权,也可以要求保证人承担保证责任。但是本案的情况比较特殊,本案中的抵押担保合同因违反法律规定而无效,法院认为,抵押人和抵押权人对抵押合同无效均存在过错,二人均应承担相应责任,因此,判决抵押人就债务人不能清偿部分的二分之一承担赔偿责任。尽管本案中物的担保无效,但是,债权的实现顺序仍可参照《物权法》第176条的规定,债权人可以选择要求保证人就全部债务承担保证责任,也可以选择要求抵押人就债务人不能清偿部分的二分之一承担赔偿责任。

有关法律规定

《中华人民共和国担保法》(1995年)

第二十八条　同一债权既有保证又有物的担保的,保证人对物的担保以外的债权承担保证责任。

债权人放弃物的担保的,保证人在债权人放弃权利的范围内免除保证责任。

最高人民法院《关于适用〈中华人民共和国担保法〉若干问题的解释》(法释〔2000〕44号)

第三十八条第一款　同一债权既有保证又有第三人提供物的担保的,债权人可以请求保证人或者物的担保人承担担保责任。当事人对保证担保的范围或者物的担保的范围没有约定或者约定不明的,承担了担保责任的担保人,可以向债务人追偿,也可以要求其他担保人清偿其应当分担的份额。

《中华人民共和国物权法》(2007年)

第一百七十六条　被担保的债权既有物的担保又有人的担保的,债务人不履行到期债务或者发生当事人约定的实现担保物权的情形,债权人应当按照约定实现债权;没有约定或者约定不明确,债务人自己提供物的担保的,债权人应当先就该物的担保实现债权;第三人提供物的担保的,债权人可以就物的担保实现债权,也可以要求保证人承担保证责任。提供担保的第三人承担担保责任后,有权向债务人追偿。

第三节
民间借贷中的让与担保

一、债务人以向债权人转移担保物所有权的形式担保债务的履行，债务人不履行债务时，债权人可以就担保物优先受偿吗

基本理论

在民间借贷法律关系中，传统的担保形式包括保证、抵押、质押和留置。然而随着市场经济的飞速发展和人们经济交往的日益频繁，为适应新形势的需要，日渐催生出一些非典型的担保方式，让与担保便是其中之一。

所谓让与担保，是指“债务人或者第三人为担保债务人的债务，将担保标的物的所有权等权利转移于担保权人，而使担保权人在不超过担保之目的范围内，于债务清偿后，担保标的物应返还于债务人或者第三人，债务不履行时，担保权人得就该标的物优先受偿的非典型担保物权”。[①] 让与担保的本质是通过以占有改定的交付方式移转所有权实现担保。“让与担保只是一种基于信托约定而产生的包含债权债务的所有权移转关系，而非设定某种质权、抵押权或创设某种新型的担保物权。”[②]

在立法上，作为一种从习惯法上形成的债权担保方式，让与担保一直未被我国法律明文写入。在理论界，关于让与担保存废的争论方兴未艾，支持者论者和反对论者的声音可谓平分秋色。然而，在司法实践领域，越来越多的让与担保合同纠纷，使得该类型合同的效力性问题成为司法实务界不可回

---

① 杜万华主编：《最高人民法院民间借贷纠纷司法解释理解与适用》，人民法院出版社 2015 年版，第 412 页。

② 王利明：《物权法研究》，中国政法大学出版社 2004 年版，第 579 页。

避的问题，归纳起来有以下几种观点：

一是无效论。持这种观点的认为，当事人双方约定买卖合同的标的物直接归债权人所有，违反了《物权法》中有关禁止流质契约的规定，法院应当认定买卖合同无效。

二是有效论。持这种观点的认为，买卖合同和借贷合同均是合法成立并生效的合同，为维护当事人意思自治原则，应尽可能地承认合同效力，按照买卖合同由债权人取得标的物所有权。

三是折中论。持这种观点的认为，不应简单地肯定或者否定合同效力，而应当考察当事人订立合同的真实目的。合同当事人的真实意思是以买卖合同的标的物作为民间借贷的担保，债务人不能清偿债务时，债权人可以就拍卖价款优先受偿。

鉴于理论界和实践中的认识不一，为统一裁判尺度，最高人民法院在《关于审理民间借贷案件适用法律若干问题的规定》中首次以司法解释的形式规定了让与担保，为处理类似问题提供了法律依据。最高人民法院《关于审理民间借贷案件适用法律若干问题的规定》第 24 条第 1 款规定："当事人以签订买卖合同作为民间借贷合同的担保，借款到期后借款人不能还款，出借人请求履行买卖合同的，人民法院应当按照民间借贷法律关系审理，并向当事人释明变更诉讼请求。当事人拒绝变更的，人民法院裁定驳回起诉。"从条文中可以得出以下结论：

第一，应当考察当事人订立合同的真实目的，按照基础法律关系审理。以往的司法实践中，对此类合同的审理有多种方式，包括：按民间借贷合同审理、按买卖合同审理、将民间借贷合同和买卖合同合并审理、由当事人选择按照民间借贷或者买卖合同提起诉讼等。司法解释规定，"当事人以签订买卖合同作为民间借贷合同的担保，借款到期后借款人不能还款，出借人请求履行买卖合同的，人民法院应当按照民间借贷法律关系审理"，确立了法院审理此类案件应探查当事人订立合同背后的动机，按照当事人真实意思表示进行审理的原则。

第二，买卖合同作为履行债务的担保，具有从属性。在现实生活中，这类民事纠纷通常是债权人主张买卖合同的意思表示真实，而将其主张为主合同，否认其从合同性质。从性质上讲，买卖合同作为借贷合同的担保，应当和一般担保合同一样，具有从属性。主合同因清偿而消灭的，设定让与担保的买卖合同即时消灭；只有在主合同债务届时不清偿时，才发生履行让与担保合同的必要。因此债权人不得要求单独履行买卖合同，债权人以买卖合同关系起诉的，法院应当告知其变更诉讼请求。

第三，当事人拒绝变更诉讼请求的，法院应当驳回起诉。驳回起诉和驳回诉讼请求的区别在于，法院是否需经过实体审理。在让与担保情形下，法院若绕开借贷关系而直接审理买卖合同关系，可能无法查清相关事实。因此，应当根据《民事诉讼法》第119条的规定，驳回当事人的起诉。

综上所述，债务人以向债权人转移担保物所有权的形式担保债务的履行，属于《关于审理民间借贷案件适用法律若干问题的规定》第24条规定的让与担保的情形，债务人届时不履行债务，债权人可以就担保物优先受偿。

典型案例

借贷双方订立股权让与担保合同，合同有效

——朱某诉韩某合同纠纷案①

1. 案情简介

原告：朱某。

被告：韩某。

某公司设立于2009年5月7日，注册资本为500万元，股东为朱某、杜亮。原告朱某占有70%股份计350万元，法定代表人为朱某。原告朱某向被告韩某借款，双方口头约定朱某将其在某公司的股份转让给被告，作为借款的担保。2010年9月13日，朱某与杜某形成股东会决议，内容为朱某将其在某公司的350万元股权（占公司注册资本70%）转让给被告韩某。同日，原告与被告签订股权转让协议，约定：原告将持有的某公司的70%股权以350万元价格转让给被告，被告以货币方式于协议签订当日一次性支付给原告。当事人持上述股东会决议及股权转让协议到工商局办理了股权变更手续及

① 参见江苏省淮安市淮阴区人民法院（2013）淮商初字第0295号民事判决。

法定代表人变更手续。同年9月14日,原告和被告签订借款协议,约定:“朱某向韩某借款100万元(具体金额以借据为准),借期3个月;朱某以某公司的资产作为抵押(借款时从工商局办理过户手续,还款时韩某无条件过户还给朱某);朱某在借款前的所有债务与韩某无关;朱某如到期不能按时归还借款则某公司的所有资产归韩某所有。”原告于同日向被告出具借条,内容为借到被告30万元,承诺于2010年12月14日前一次性还清,如到期不能偿还,愿按逾期天数承担每日5000元违约金。9月16日,原告向被告出具借条,内容为借到被告50万元,承诺于12月16日前一次性还清等。对于上述借款协议中的资产,原告和被告双方均称与股权转让协议中的股权系一个意思。原告朱某诉称:双方虽然办理了股权变更的手续,但该行为实际是为借款的抵押行为,是对向被告借款行为的担保,双方之间不具有真实的股权转让关系。现请求法院确认原告和被告签订的某公司股权转让协议无效,并要求被告将某公司股权返还给原告。

被告韩某辩称:原告诉称双方签订借款协议及原告将某公司股权过户给被告均是事实。原告通过他人介绍向被告借款,原告主动说先将某公司的股权转让给被告,如果他不还钱就把股权给被告;如果原告还钱,被告就把股权返还给原告。原告和被告双方先于9月14日以股权转让形式为后来的借款行为进行担保,后又在借款协议中以某公司资产抵押形式为借款行为进行担保,被告认为股权转让形式属于担保法规定的权利质押,而资产抵押形式属于担保法规定的实物抵押,两种担保方式均符合法律规定,是双方当事人的真实意思表示,原告以不是真实意思表示为理由要求确认股权转让协议无效,既不符合《民法通则》第58条规定的民事行为无效的规定,也不符合《合同法》第52条规定的合同无效情形,而且超过法定的一年除斥期。双方在借款协议第4条关于流质条款的约定,该条款虽然无效,并不代表整个借款协议和担保行为无效,原告在没有偿还借款的情况下要求被告返还股权,没有事实和法律依据。请求法院查明事实,驳回原告诉讼请求。

2. 法院裁判及观点

法院经审理认为,原告和被告签订了股权转让协议,并办理了股权变更登记,根据双方陈述及借款协议上的内容,能得出被告为了保证自己的债权得以实现,要求债务人即原告将股权转让给自己,当债务到期且得到清偿后,再将股权归还债务人。该行为实质上是通过让与股份所有权的方式担保债务的履行,而非一般的股权转让行为,双方约定以转让股权的方式作为债务的担保,系双方当事人合意,未违反法律及行政法规关于合同效力性的强制性规定,此种担保方式为合法有效的。现债务已到期,原告未能完全清偿的情况下,要求确认股权转让协议无效、被告返还股权,此请求与当事人约定相悖,且无法律依据,法院不予支持。借款协议中第4条约定“乙方如到期不能按时归还借款,则某公司的所有资产归甲方”,该约定为流质条款,是无效条款,原告在依法清偿债务后,有权要求被告归还股权。遂判决驳回原告朱某的诉讼请求。

3. 案例评析

该案所涉问题为,借贷双方签订股权转让合同,实际是为借款提供担保,此种担保行为的效力如何?

本案在处理中,对于本案中股权让与担保合同是否有效的问题,也出现了两种截然对立的观点:

第一种观点认为,债权人与债务人签订的明为股权转让实为股权让与担保合同,并不是当事人真实的意思表示,且股权让与担保,违反了我国《物权法》第5条物权法定原则;更为重要的是,让与担保合同往往包含有流质条款,容易侵犯债务人或者让与担保人的合法权益。因此,合同无效。[①]

第二种观点认为,债权人与债务人签订的股权让与担保合同,是双方当事人真实意思表示。股权让与担保不是股权质押,不成立担保物权。但股权让与担保作为一种非典型担保,并不违反物权法中物权法定原则。当然,如果让与担保合同中包含流质条款的内容,应当认定为无效条款,但这并不能否定股权让与担保合同的整体效力。因此,股权让与担保合同应为有效合同。[②]

本书同意上述第二种观点。理由是:第一,当事人的真实意思表示是通过订立股权转让合同,为借贷关系提供担保,法院可以在探明当事人真实动

① 参见刘龙:“本案股权让与担保合同应认定有效”,载《人民司法》2014年第16期,第12页。
② 参见刘龙:“本案股权让与担保合同应认定有效”,载《人民司法》2014年第16期,第12页。

机之后，以基础法律关系进行审理，而不应径直裁判合同无效；第二，当事人之间有关股权让与担保的约定并不违反法律的效力性强制性规定，也不损害公共利益或者违背公序良俗，应当尊重当事人的契约自由。

具体到本案，朱某与韩某签订股权转让协议的真实意思是为其后的借款协议提供担保，法院根据借款法律关系审理本案，认定担保方式为合法，原告在依法清偿债务后，有权要求被告归还股权，法院认定事实清楚，适用法律正确。但法院判决认定“借款协议中第 4 条约定‘乙方如到期不能按时归还借款，则某公司的所有资产归甲方’，该约定为流质条款”值得商榷，本书将在下文论述。

二、在让与担保的情况下，债务人不履行债务时，债权人能够直接取得担保物的所有权吗

基本理论

尽管让与担保制度在扩大融资担保、减少交易成本、提高交易效率等方面具有优越性，但该制度也存在很多弊端，其中最让人诟病的就是关于担保人合法权益保护的问题。

民间借贷关系中，借款人处于弱势地位，出借人有可能乘人之危订立明显不利于借款人的让与担保合同，比如以明显不合理的对价受让借款人用于担保债务的标的物。这也是我国《物权法》明文规定禁止流质的原因。有学者就认为：“流质契约为法律所禁止，而在让与担保契约内却常常订有‘在债务人不清偿债务时，债权人即当然确定地取得标的物所有权’的约款，这显然是以迂回手段来达到法律所欲禁止不占有质物和流质契约之行为，其与流质禁止之规定相抵触，当然属于法律规避行为。”①

本书认为，这种见解值得商榷。流质契约是以抵押或质押为基础，在发生抵押或质押的情形下，禁止流质的法律规定才可以适用。让与担保并非属于抵押或者质押，甚至不属于物权法规定的任何一种担保物权，因此物权法规定的“禁止流质”条款对让与担保并不适用。

---

① 王闯：“关于让与担保的司法态度及实务问题之解决”，载《人民司法》2014 年第 16 期，第 17 页。

尽管如此，从维护交易公平、保护弱势群体合法权益的角度，我们仍然有必要禁止债权人直接以担保物抵债受偿。因此，《关于审理民间借贷案件适用法律若干问题的规定》第24条第2款规定："按照民间借贷法律关系审理作出的判决生效后，借款人不履行生效判决确定的金钱债务，出借人可以申请拍卖买卖合同标的物，以偿还债务。就拍卖所得的价款与应偿还借款本息之间的差额，借款人或者出借人有权主张返还或补偿。"该条款赋予出借人对担保标的物强制清算的义务，最大限度地维护了公平正义，既认可了买卖合同的效力，保护债权人通过担保的方式获得债务清偿的权利，又禁止了直接以物受偿，保护了债务人的合法权益。

典型案例

让与担保权人不能直接以物抵债

——福建某房地产有限公司诉宁波某商贸有限公司、宁波某商业广场开发有限公司、宁波某投资有限公司合同纠纷案①

1. 案情简介

原告：福建某房地产有限公司（以下简称福建某房地产公司）。

被告：宁波某商贸有限公司（以下简称某商贸公司）。

被告：宁波某商业广场开发有限公司（以下简称某广场公司）。

被告：宁波某投资有限公司（以下简称某投资公司）。

2008年2月28日，宁波某房地产开发管理有限公司（以下简称宁波某房地产公司）为偿还到期银行贷款，向某投资公司借款5000万元，并以该公司商服用地××号土地作担保。但该笔借款到期后宁波某房地产公司一直未还款。2008年11月11日，福建某房地产公司及其关联企业宁波某房地产公司、某商贸公司及其关联企业某投资公司四方签订债务重组协议，约定：某投资公司对宁波某房地产公司的5000万元债权转让给某商贸公司，债务人为宁波某房地产公司不变；解除原有债务所设定抵押担保，某投资公司将解除抵押后的土地使用权证立即返还给宁波某房地产公司，以便宁波某房地产公

① 参见浙江省宁波市中级人民法院（2013）浙甬商终字第447号民事判决。

司对外融资时设立担保之需；设立以货币偿还为主、房产担保为辅的债务偿还及担保新方式，即由原告提供位于福州市的36套商业小商铺设定担保，并采取签订商品房预售合同并办理预售备案登记方式进行担保，避免担保的商铺被其他案件司法查封。同日，福建某房地产公司与某商贸公司就债务重组协议中约定的房屋回赎及履行买卖合同的方式等签订了补充协议书1份，明确了某商贸公司所购36套商品房的位置、单价，并约定：购房款5000万元由原债务人宁波某房地产公司代为支付；担保物的担保期限为10个月，自2008年11月11日起至2009年9月10日。在此期间内，福建某房地产公司无需任何理由可向某商贸公司以5000万元的价格回购5#地块上的房屋，也可按附件一记载的情况按套及单价逐一回购，对此某商贸公司应当积极配合福建某房地产公司解除商品房预售合同、取消备案的行为；担保期满且未能延长担保期限的，则某商贸公司可以选择要求履行商品房预售合同或要求解除商品房预售合同，并由宁波某房地产公司、福建某房地产公司以货币方式清偿债务。

签订债务重组协议及补充协议书后，福建某房地产公司与某商贸公司依约签订了36份商品房预售合同，并办理了合同备案及预售登记手续，登记权利人为某商贸公司。在2011年破产重整期间，宁波某房地产公司经工商登记，名称变更为某广场公司。原告福建某房地产公司请求法院确认债务重组协议、补充协议书及涉案36份商品房预售合同无效。被告某商贸公司辩称：债务重组协议、补充协议书及36份商品房预售合同均合法有效，原告的请求不能成立，应予驳回。

2. 法院裁判及观点

一审法院经审理认为，债务重组协议、补充协议书约定的债权债务的变更、转移、偿还，以预售商品房的方式为借款提供担保等内容，没有违反法律、行政法规的禁止性规定，也没有损害国家、集体或他人利益。该二份协议中关于以房屋抵偿债务的约定因有失公平，又与担保法中关于流质契约的规定相冲突，应属无效。但合同部分无效，不影响其他部分效力。原告与被告某商贸公司间签订的商品房买卖合同，是原告提供借款担保的方式，应认定有效，但被告某商贸公司不能据此取得用于担保的房屋抵偿债务。依据《民法通则》第4条、《合同法》第52条、《担保法》第3条的规定，经审判委员会讨论决定，判决如下：一、确认原告福建某房地产公司与被告某商贸公司、某广场公司（宁波某房地产公司）、某投资公司签订的债务重组协议、补充协议书中逾期未还款被告某商贸公司有权选择预售商品房抵偿债务并取得房屋产权的相关内容无效；二、驳回原告福建某房地产公司其他诉讼请求。

一审宣判后，原告福建某房地产公司不服，向二审法院提起上诉。二审法院判决：驳回上诉，维持原判。

3. 案例评析

本案所涉问题是，认定以预售商品房的方式为借款提供担保合法有效，当债务人不能偿债时，担保权人能否依约直接取得担保物所有权呢？

让与担保中，实现债权的方式有三种：第一种是处分清算型，由债权人将担保物变卖，价款用以清偿债权，多余部分归还担保人。[①] 这种方式已经被《关于审理民间借贷案件适用法律若干问题的规定》第24条第2款明确认可。第二种是归属清算型，即对担保标的物进行估价，超出的价值归还担保人，债权人取得担保物权利。[②] 从法理上说，这种方式应为可行。但法律和司法解释并未明确认可归属清算的方式，因此实践中是否可以采用这种方式还有待法律和司法解释的进一步明确。第三种是以物抵债型，即约定担保权人直接取得担保物的所有权。如上所述，流质契约因可能损害债务人或质押人的合法权益而被法律所明确禁止，让与担保中的"以物抵债"条款虽不能认定为流质条款，但因其与流质条款具有同样的精神实质，可能损害社会公平正义而应当予以禁止。

本案中，原告和被告签订商品房预售合同的目的是为借款提供担保，法院认可了担保行为的有效性。但协议中以房抵债的约定因损害让与担保人的利益，应认定合同部分无效，担保权人并不能据此直接取得房屋所有权，仅有权就担保物的价值优先受偿。

---

① 参见袁士增、马艳华："后让与担保权人不能直接以物抵债"，载《人民司法》2014年第16期，第9页。

② 参见袁士增、马艳华："后让与担保权人不能直接以物抵债"，载《人民司法》2014年第16期，第9页。

有关法律规定

《最高人民法院关于审理民间借贷案件适用法律若干问题的规定》(法释〔2015〕18号)

第二十四条　当事人以签订买卖合同作为民间借贷合同的担保,借款到期后借款人不能还款,出借人请求履行买卖合同的,人民法院应当按照民间借贷法律关系审理,并向当事人释明变更诉讼请求。当事人拒绝变更的,人民法院裁定驳回起诉。

按照民间借贷法律关系审理作出的判决生效后,借款人不履行生效判决确定的金钱债务,出借人可以申请拍卖买卖合同标的物,以偿还债务。就拍卖所得的价款与应偿还借款本息之间的差额,借款人或者出借人有权主张返还或补偿。

第六章

民间借贷的中介

第一节 民间借贷中介概述

一、民间借贷中介的概念

民间借贷的主体除了出借人和借款人,还存在其他关联人参与,如担保人、居间人、介绍人、见证人,这些关联人因行为性质和法律地位不同,权利义务也各不相同。[①] 而此处涉及的民间借贷的中介应该属于居间人这一类型。民间借贷的中介在日常生活中,可分为自然人中介和中介服务组织。作为比较正式的社会组织,从事借贷中介服务的一般是中介机构。通常理解,中介是一种居间活动,居间是指双方当事人约定一方为他

---

① 江丁库主编:《民间借贷法律规范与操作实务》,法律出版社 2013 年版,第 25 页。

方提供报告订约机会或为订立合同的媒介，他方给付报酬的活动。[①]

二、民间借贷中介的分类

（一）自然人形式的民间借贷中介

在大量从事民间借贷中介业务的个人，按其是否以营利为目的，可以分为互助型中介人和营利型中介人两种。互助型中介人一般产生于亲缘、地缘和业缘关系密切的自然人之间，建立在一种信任基础上，通常进行无息或者低息借贷的中间撮合，用于经营或生产的需要。中介人一般以友情帮助为目的，并不收取费用，通常而言也不承担担保责任。营利型中介人是随着民间借贷的兴起而发展起来的。与互助型中介人的偶发性、无偿性不同，营利性中介人具有反复性、营利性等特征。虽然在民间借贷过程中，互助性中介人也起到了中介的作用，但其发生具有偶然性，融资规模和范围也很有限，不能满足目前融资市场的需求。在这种情况下，部分互助型中介人就以中介为业，利用自身广泛的人际网络和较强的影响能力，反复、经常性地提供中介服务，并从中获取收益。

（二）公司形式的民间借贷中介

与自然人形式的中介人的不同点在于，这类中介都是经过工商注册登记的公司法人，有一定的注册资本，并且业务操作较为规范化。同时为了提高社会认可度，突破自然人中介在融资规模和范围的局限性，这些中介公司一般会采用以下三种途径来进行业务推广：其一是招募大量的理财经理，依托其熟人关系，通过亲情、友情等熟人链条以口口相传的方式推广。这也是民间借贷中介公司最主要的推广渠道，几乎每个公司都会采用。其二是在闹市区或者各个小区发放广告单。其三是通过报纸进行推广。

三、民间借贷中介存在的问题

民间借贷中介的产生是基于正规金融中介融资服务的不足，为了满足借贷双方旺盛的投融资需求而自发兴起的。简便的交易手续，快捷的交易过

---

① 李国光著：《合同法释解与适用》（下），新华出版社1999年版，第1953页。

程，是借款人方便、迅速地筹集到资金的关键。[1] 其演化也只是靠行业内的自我探索、自我修正。随着经济的发展，其组织形式已从最初的互助性中介人发展到有组织的民间借贷中介公司，经营方式也在直接撮合型的基础上扩展到吸储放贷型、传销吸储型等。甚至有部分中介公司已“银行化”。可以说目前是民间借贷中介发展的重要阶段，同时也是行业乱象突出的时期，表现为各种各样的组织形式和混乱的经营方式。因目前缺乏明确的法律制度，也缺乏合理对位的监管部门，且借贷机构行业自我约束不足，民间借贷服务中介出现许多法律问题。[2] 民间借贷参与者应当谨慎注意其中的法律风险。

---

① 卢丽艳："小中介缘何抢走大银行业务"，载《金融调研》，2007 年第 7 期。

② 李有星、金幼芳："民间借贷服务中介的法律治理探讨"，载《法治研究》2013 年第 6 期，第 41 页。

第二节
通过自然人介绍成立借贷关系

一、经朋友介绍把钱借给他人，出借人无力还钱的，朋友需要承担责任吗

基本理论

民间借贷的介绍人，是帮助出借人和借款人相识或者发生借贷关系的人。此种情形涉及的是日常生活中在熟人社会中比较常见的自然人介绍人，即借贷双方当事人可能并无交集，因为介绍人在借贷双方起着居间介绍的作用，该借贷关系得以成立。民间借贷的介绍人的介绍性为大致分为三种情况：一是仅仅介绍贷款人与借款人相识，有关借贷事项全由双方当事人自己决定；二是帮助双方相识的同事，介绍当事人的借贷意向，使之发生借贷关系；三是双方已经相识，介绍人仅为之介绍借贷意向。该问题，实际涉及的是介绍人在借贷合同中有无权利义务的问题。

法律责任来自相关法律义务，而义务包括法定义务和约定义务。朋友对借款人的资信应一般无法定审查义务，如同时原告方不能举证朋友有担保的意思表示（约定义务），则朋友不需要承担责任。此时，就分情况具体分析介绍人的具体作用，其是仅为双方借贷关系成立起着促进作用还是除此之外还为借贷关系做担保，如果有证据证明其的担保意图，借款人当然可以向其主张承担还款责任。但如果介绍人仅作为单纯的介绍人，原则上其并无还款义务。《最高人民法院关于人民法院审理借贷案件的若干意见》（已废止）第 13 条规定："在借贷关系中，仅起联系、介绍作用的人，不承担保证责任。对债务的履行确有保证意思表示的，应认定为保证人，承担保证责任。"2015 年

实施的《最高人民法院关于审理民间借贷案件适用法律若干问题的规定》第21条规定："他人在借据、收据、欠条等债权凭证或者借款合同上签字或者盖章，但未表明其保证人身份或者承担保证责任，或者通过其他事实不能推定其为保证人，出借人请求其承担保证责任的，人民法院不予支持。"两者的核心意思在于只有处于担保地位的人才会在借贷关系中承担还款义务，因此，核心问题需要明确介绍人的定位，之后，按照法律分情况分别处理。

针对该问题，有学者将介绍人分为善意介绍人和恶意介绍人。善意介绍人在实体上是不承担任何权利义务的，而恶意介绍人应当承担相应的民事责任。① 在现实生活中，有个别居间人进行恶意活动，如明知借款人无力偿还本金或不会偿还，而与借款人串通，向出借人假称借款人信用好，履行能力强，帮助借款人骗取出借人的资金，结果造成出借人到期不能收回借款。根据《民法通则》第58条、第61条和《合同法》第52条、第59条、第59条的规定，除民间借贷合同按无效处理外，居间人应当承担相应的民事责任，即向出借人赔偿相应的资金损失。其实，在此种情形下，恶意介绍人作为与恶意借款人处于同一立场，串通骗取出借人的资金，其严格来说并不是借贷合同的当事人，其权利义务是依附于借款人的权利义务，因其参与了该恶意串通，当借款人无法还款时，其作为恶意串通方的共同参与人，理应承担相应责任。

典型案例

以保证人名义在借据上签字需承担连带责任

——孙某某与公某某、林某某民间借贷纠纷案②

1. 案情简介

原告：孙某某。

被告：公某某、林某某。

被告公某某和被告林某某系朋友关系，原告孙某某通过一位名叫孙某的

① 金永熙著：《新编民间借贷实务379问》，法律出版社2008年版，第13页。

② 山东省平邑县人民法院(2015)平民初字第839号民事判决。

朋友认识了被告林某某，经被告林某某介绍，被告公某某与原告孙某某相识。被告公某某于2011年7月28日从原告孙某某处借款50,000元，双方约定到期还款日为2011年8月27日，还款方式为一次性还款，利息自还款之日起至借款还清之日止按银行贷款利息的四倍计付，逾期还款按未偿还借款数额的20%支付违约金，被告林某某为该笔借款的保证人，双方约定如借款人不能偿还本息由保证人承担连带偿还借款本息的责任，保证期间为自借款之日起至该借款本息还清之日止。被告公某某、林某某就上述内容为原告出具了借据一份，并分别在借据的借款人和担保人处签字捺印。2015年2月5日，原告以其诉求诉至本院。案经本院主持调解，双方未能达成一致意见。

2015年3月24日，被告林某某到庭称借款和担保都属实，愿意承担连带偿还责任，被告林某某与原告孙某某、被告公某某都是朋友，从2012年7、8月份起原告就多次到被告林某某所开的租赁公司要账，具体在2012年、2013年、2014年的年底都去要过，被告林某某每次都给被告公某某打电话催着还款，当时被告公某某经济确实比较紧张，一直没还。被告公某某对被告林某某的上述主张均不认可。

2. 法院裁判及观点

法院经审理认为，合法的借贷关系受法律保护。被告公某某从原告孙某某处借款50,000元的事实，有被告公某某给原告出具的借据予以证实，被告对借款事实亦无异议，对该借款事实，本院予以确认。根据法律规定，民间借贷的利率可以适当高于银行同期贷款利率，但最高不得超过银行同期同类贷款基准利率的四倍。原、被告既约定了自还款之日起至借款还清之日止的利息按银行贷款利息的四倍计付，又约定逾期还款按未偿还借款数额的20%支付违约金，原、被告约定的借款利率及违约金总额超出了法律的限制性规定，本院予以调整，应自借款之日起按中国人民银行同期同类贷款基准利率的四倍计付。被告林某某已在借据担保人处签字捺印，其本人亦表示愿意承担连带偿还责任，对原告要求被告林某某承担连带偿还责任的诉求，本院予以支持。被告公某某辩称借款已经归还，但未提供相关证据予以证实，且原告不认可，借据亦仍在原告处，对被告公某某的该辩称观点，本院不予支持。被告林某某证实原告于2012年、2013年、2014年的年底通过其向被告公某某打电话催要本案借款，被告林某某与被告公某某系朋友关系，被告林某某既是该笔借款连带保证人，又是原告孙某某与被告公某某相识的介绍人，其证言效力较高，本院予以采信。到庭证人孙某的证言亦可以证实原告在起诉前曾向被告公某某主张过权利，原告的催要行为构成诉讼时效中断，诉讼时效可重新计算，对被告辩称借款超过诉讼时效的观点，本院不予采信。

对原告孙某某主张的曾通过水利局和温水镇的工作人员给被告公某某协调催要该笔借款及原告本人多次给被告公某某打电话催要的主张，因被告公某某不认可，原告亦未提供相关证据予以证实，对原告孙某某的该部分主张，本院不予采信。因被告公某某于庭后提交的署名为孙逢吉的证明属于反驳原告所主张的委托孙镇长催要过该笔借款的观点，而原告并未提供证据证实自己的主张，该证明不影响本案基本事实的认定，对该证据本院依法不予采纳。依据《合同法》第206条、第207条、第211条，《担保法》第6条、第21条，最高人民法院《关于适用〈中华人民共和国担保法〉若干问题的解释》第22条，最高人民法院《关于人民法院审理借贷案件的若干意见》第6条及最高人民法院《关于适用〈中华人民共和国民事诉讼法〉的解释》第101条、第102条之规定，判决如下：一、被告公某某于本判决生效后五日内偿还原告孙某某借款50,000元及利息、违约金（利息和违约金的总额自2011年7月28日起按中国人民银行同期同类贷款基准利率的4倍计付）。二、被告林某某对上述给付内容承担连带偿还责任。

3. 案例评析

本案的争议点在于介绍朋友的介绍人是否也要承担还款义务。

该问题的实质在于介绍人的实际功能与地位，在实践中，很多情形下，某个关联人确实是承担着借贷双方的桥梁功能，但也不排除其除了介绍双方认识并促成借贷关系还承担着担保的地位。因此，归根到底，借条等证据可以表明作为朋友的介绍人还有担保的意图，则可认定其担保人的地位，其当然也应该在借款人无力偿还债务的时候承担连带责任。

本案中，被告林某某为该笔借款的保证人，双方约定如借款人不能偿还本息由保证人承担连带偿还借款本息的责任，被告公某某、林某某就上述内容为原告出具了借据一份，并分别在借据的借款人和担保人处签字捺印。本案中，从上述查明的事实可以清楚地知道介绍人林某某不仅仅是介绍人，其还为该借贷关系承担保证责任，因此，关联人林某理应承担连带责任，法院的裁判也是正确的。

有关法律规定

最高人民法院《关于适用〈中华人民共和国担保法〉若干问题的解释》(法释〔2000〕44号)

第二十二条　第三人单方以书面形式向债权人出具担保书,债权人接受且未提出异议的,保证合同成立。

主合同中虽然没有保证条款,但是,保证人在主合同以保证人的身份签字或盖章的,保证合同成立。

仅是借贷关系的介绍人并不承担还款义务

——唐某某诉刘某某、谢某民间借贷纠纷案[①]

1. 案情简介

原告:唐某某。

被告:刘某某、谢某。

原告唐某某诉称:被告谢某是原告姐夫弟弟,两被告系朋友关系。2008年5月,被告谢某与被告刘某某共同找原告,说要做冬天烤火用的火炉子生意需要30,000元资金。原告当时手头有闲钱又跟被告谢某相熟,便借给他们30,000元,后由于两人生意不景气,便没有归还,说是以后付息。在2012年1月19日,加入10,000元利息,共40,000元,两被告重新出具借据,但两人至今未归还。

经审理查明,2008年5月,被告刘某某因生意需要急需资金,经被告谢某介绍向原告唐某某借款30,000元。2012年1月19日,被告刘某某重新出具借条称:"今借唐某某人民币40,000元。"被告谢某于上述借条上签字确认。之后,虽经原告催讨,被告未予偿还借款,原告诉至本院,酿成本诉。另,庭前经本院电话调查,被告谢某称其仅为介绍人;被告刘某某称仅借款30,000元,2012年出具的借条中有10,000元是利息。对此原告均当庭予

① 参见湖南省宁乡县人民法院(2015)宁民初字第02278号民事判决。

以认可。

2. 法院裁判及观点

法院认为:(1)被告刘某某向原告借款并出具欠条确认,是双方当事人真实意思表示,未违反法律、法规禁止性规定,原、被告之间形成了合法的借贷关系。虽原告唐某某仅实际给付借款30,000元,但借贷双方均认可借条中多出的10,000元是利息,故本院认定就涉案借款双方约定了利息,虽未明确利率计算标准,但结合借款年限,本院认为总计10,000元的利息并未超出法律规定,故被告刘某某应向原告偿还借款本金30,000元,并支付利息10,000元。(2)原告当庭承认被告谢某仅系介绍人,被告谢某依法对本案借款不承担偿还责任。(3)原、被告未约定还款期限,原告可以随时要求被告刘某某在合理期限内偿还。(4)被告未到庭,应承担本案对其不利的诉讼后果。

据此,判决:一、被告刘某某向原告唐某某偿还借款本金30,000元;二、被告刘某某向原告唐某某支付借款利息10,000元。

有关法律规定

最高人民法院《关于适用〈中华人民共和国担保法〉若干问题的解释》(法释〔2000〕44号)

第二十二条　第三人单方以书面形式向债权人出具担保书,债权人接受且未提出异议的,保证合同成立。

主合同中虽然没有保证条款,但是,保证人在主合同以保证人的身份签字或盖章的,保证合同成立。

《最高人民法院关于审理民间借贷案件适用法律若干问题的规定》(法释〔2015〕18号)

第二十一条　他人在借据、收据、欠条等债权凭证或者借款合同上签字或者盖章,但未表明其保证人身份或者承担保证责任,或者通过其他事实不能推定其为保证人,出借人请求其承担保证责任的,人民法院不予支持。

二、介绍人在借条上有签字的，需要承担责任吗

基本理论

由于民间借贷的自由性和随意性等特征的影响，且现今部分民众法律知识的欠缺，在民间借贷活动中，常常遇到居间人或介绍人或者见证人等民间借贷的关联人在借据、借条等文书上签字，此时，非合同当事人的关联人是否需要承担责任？此时，就需要按照实践中的具体案情判定非借贷当事人的关联人签字属于何种情况，最关键的区分在于签字的关联人是否是保证人。

实践中，常常会遇到签字人仅在借据上签字，其自己也许并不清楚其签字的法律效果；或许其本意只想做个见证，并不打算作为借款方的保证人，但借款方认为其签字就是承认做担保，这种现象层出不穷，在各执一词无法断定的情形下，司法机关应如何作出判断呢？针对此种现象，我国最高人民法院最新出台的《关于审理民间借贷案件适用法律若干问题的规定》第 21 条规定："他人在借据、收据、欠条等债权凭证或者借款合同上签字或者盖章，但未表明其保证人身份或者承担保证责任，或者通过其他事实不能推定其为保证人，出借人请求其承担保证责任的，人民法院不予支持。"所以，要想证明关联人的保证人地位，仅凭借条等债权凭证上的签字是不足够的，除非还有其他证据，比如在保证合同上以保证人的身份签字或在其他场合明确表示过愿为借贷关系担保，才有可能主张其承担连带责任。

与此处相关的担保主要是保证担保。相比其他担保方式，保证担保主要以担保人的信用为借贷双方起着稳定作用；其他担保方式，如抵押、质押都是以担保人一定的财产为对象，虽然保证人也需要对借贷债务承担责任，但其成立时并不需要具体的财物为要件，所以经常会与在借据等债权凭证、文书上的签字密切相关。最高人民法院《关于适用〈中华人民共和国担保法〉若干问题的解释》第 22 条规定："第三人单方以书面形式向债权人出具担保书，债权人接受且未提出异议的，保证合同成立。主合同中虽然没有保证条款，但是，保证人在主合同上以保证人的身份签字或者盖章的，保证合同成立。"如果在借贷关系中，借款人仅出具借条以此证明借贷关系的产生，介绍人或

居间人等关联人以保证人的身份签字,如以“保证人某某”的形式签字,那么与上述仅在借条等签字的行为的法律效果则完全不同。此时,如果虽然关联人在诉讼中辩称其并未保证的意思,但并无其他证据确切证明自己意图,则人们法院会根据“白纸黑字”,认定其为保证人,其就要承担偿还债务的保证责任。因此,在日常生活中,作为关联人,在借条或者合同等文书上签字应持谨慎态度,或者应该写明自己的身份,以免承担不必要的责任。下面就该问题,举出两则案例,再具体分析其中存在的法律问题。

典型案例

在借条上签字但没有证据表明是保证人的不承担连带责任

——周某诉柯某、邹某借款案①

1. 案情简介

原告:周某。

被告:柯某、邹某。

柯某与邹某系初中同学关系。邹某经营的一家工贸企业在当地声誉较好。柯某儿子在上海开一家服装店,进货缺少资金,打电话请求父亲柯某代其借钱。柯某向邹某提出借10万元,邹某说最近没有资金,提议柯某向周某借钱。柯某不认识周某,要求邹某一起去找周某,并要求邹某给“美言”几句。邹某向周某介绍说,柯某是自己的老同学,是个讲信用的人,家里有新房子,儿子在上海做生意也不错,把钱借给他放心。周某相信邹某的话,便借给柯某10万元。柯某给周某出具一张借据,该借据载明:“今节周某现金10万元,用6个月,付利息9000元,2010年10月2日前本息一次结清,共计109,000元。”柯某出具借据后,周某对邹某说,自己与柯某不熟,要求邹某也在借据上签名,邹某不问青红皂白就签上自己的名字。

2010年10月1日,借款第二天就到期,周某不见柯某动静就去催讨。柯某说儿子在上海做生意亏了,一时还不起,先给9000元利息,本金在拖欠一

① 江丁库主编:《民间借贷法律规范与操作实务》,法律出版社2013年版,第27~28页。

段时间，以后每月支付1500元利息。周某收取9000元利息，不同意拖欠本金，但柯某确实没钱偿还本金。周某便找邹某，要求邹某偿还，邹某说，可以帮忙向柯某催讨，让自己偿还没道理。同年10月12日，周某将柯某、邹某告上法庭。

原告周某诉称：被告柯某向自己借款10万元，用6个月，利息9000元，2010年10月2日到期，而被告柯某只支付9000元利息，本金10万元经催讨拒不偿还，请求判令被告柯某立即偿还本金10万元，并支付2010年10月2日以后的每月1500元利息；请求判令被告邹某对被告柯某上述债务承担连带保证责任。

被告柯某辩称：向周某借款属实，目前无能力偿还，以后有能力一定偿还。

被告邹某辩称：柯某向自己借款，因当时自己没钱出借，便介绍柯某向周某借款，因周某与柯某不认识，自己当时也考虑周某将钱借给柯某不放心，便在借据上签名作个见证人，根本就没有为柯某向周某借钱提供保证担保的意思，所以，不承担连带保证责任。

在辩论中，周某提出，自己不认识柯某，如果没有邹某担保，根本就不会把这么多钱借给柯某，自己让邹某在借据上签名，本意就是让他担保才放心。

柯某作证说，邹某当时在借据上签名，我也认为是为我向周某借款担保。

2. 法院裁判及观点

法院审理后认为：原告周某与被告柯某之间的借贷，事实清楚，债权债务关系明确，合法有效，应受法律保护；原告周某主张邹某在借据上的签名就是提供保证担保，应当承担连带保证责任，证据不足，事实不清，理由不成立。于是法院判决：限被告柯某在本判决生效之日起十日内偿还原告10万元本金及利息（自2010年10月2日起至债务履行完毕之日止，按照每月1500元计算）；驳回原告周某对邹某承担连带保证责任的诉讼请求。

3. 案例评析

本案的争议焦点是邹某在借据上的签名是提供保证担保还是其只是该借贷关系的居间人，两者法律性质不同，承担的法律责任也存在较大的区别。

2015年实施的最高人民法院《关于审理民间借贷案件适用法律若干问题的规定》第21条规定："他人在借据、收据、欠条等债权凭证或者借款合同上签字或者盖章,但未表明其保证人身份或者承担保证责任,或者通过其他事实不能推定其为保证人,出借人请求其承担保证责任的,人民法院不予支持。”本案中,邹某因朋友柯某向自己借钱时因资金短缺而介绍向周某借钱,为撮合柯某和周某的借贷关系成立发挥了重要的桥梁作用。对周某和柯某来说,邹某是两者的共同信任人,邹某的地位实质应是居间人,即本章所述的自然人中介。此种情形的产生有随机性和偶然性,借贷双方原本没有任何交集,但因双方都是中介人邹某的朋友而产生此次借贷关系。实际生活中,我们也常常遇到此种问题,此时,法院则会根据具体案情判定关联人的地位,然后依法确定各自的责任。本案中,邹某只起了撮合作用,其并未表明其作为此次借贷关系的保证人或承担担保责任,原告周某将其承担连带保证责任是不妥的。

另外,最高人民法院《关于适用〈中华人民共和国担保法〉若干问题的解释》第 22 条第 2 款规定:“主合同中虽然没有保证条款,但是,保证人在主合同以保证人的身份签字或盖章的,保证合同成立。”本案中,借据上并无保证条款,如有保证条款,邹某在借据上签名,则可能会认定其承担连带保证责任;此外,根据这条规定,要使保证合同成立,保证人在主合同上签字,必须标明保证人身份,但邹某在借据上签名并未表明其保证人身份,所以不能认定邹某在借据上签名就是承诺提供保证担保。

虽然周某认为“自己让邹某在借据上签名本意就是让他担保”,柯某提出“也认为是为我向周某借款担保”,两人的陈述从表面上看,似乎印证了周某在借据上签名就是提供保证担保的事实,但实际上都是两者主观上的认识,对邹某来说,两者的主观认识对其并无效力,因为邹某本人并未无担保意思。综上所述,法院驳回原告周某对被告邹某承担连带保证责任的诉讼请求是正确的。

有关法律规定

《最高人民法院关于适用〈中华人民共和国担保法〉若干问题的解释》(法释〔2000〕44 号)

第二十二条　第三人单方以书面形式向债权人出具担保书,债权人接受且未提出异议的，保证合同成立。

主合同中虽然没有保证条款，但是，保证人在主合同以保证人的身份签字或盖章的，保证合同成立。

《最高人民法院关于审理民间借贷案件适用法律若干问题的规定》（法释〔2015〕18号）

第二十一条　他人在借据、收据、欠条等债权凭证或者借款合同上签字或者盖章，但未表明其保证人身份或者承担保证责任，或者通过其他事实不能推定其为保证人，出借人请求其承担保证责任的，人民法院不予支持。

以保证人名义在借条上签字需承担连带责任

——阿布某某诉被告艾米某某、佐热某某民间借贷纠纷案[①]

1. 案情简介

原告：阿布某某。

被告：艾米某某、佐热某某。

原告阿布某某诉称：我与被告佐热某某认识，2012年3月2日，佐热某某向我介绍被告艾米某某说，她经济困难急需借钱，我就借给艾米某某50,000元。当时佐热某某向我出具《欠条》一份，被告佐热某某作为担保人在《欠条》上签字。后来，被告艾米某某偿还了30,000元，并就余款20,000元于2012年5月6日写了《欠条》，被告佐热某某作为担保人也在该《欠条》上签字。约定还款期过后，被告艾米某某拒不偿还欠款20,000元，被告佐热某某也不履行担保责任。现要求判令被告艾米某某尽快偿还欠款20,000元，并支付利息8432元，被告佐热某某承担连带担保责任。

被告艾米某某辩称：原告出具的两份《欠条》确实是我写，但是当时借款本金只有30,000元，50,000元里包括利息20,000元。本金30,000元我已经偿还了，利息20,000元我也还清了，只是还钱时由于疏忽没让原告打收据，也忘记把《欠条》收回了。现在我与原告之间不存在欠款，并且我也没有任何经济能力再付钱。

---

① 参见新疆生产建设兵团阿拉尔垦区人民法院（2015）阿民初字第00083号民事判决。

被告佐热某某辩称：我虽然作为担保人在《欠条》上签字，但是我只是介绍他们认识，我不应承担任何责任。

经审理查明：由于经济困难，2012 年 3 月 2 日，被告艾米某某由被告佐热某某担保，从原告阿布某某处借贷现金 50,000 元。被告艾米某某向原告出具《欠条》一份，载明“我艾米某某从阿克苏市阿布某某拿了现金 5 万元，这个钱 2012 年 3 月 20 日还”，被告佐热某某在该《欠条》上载明“保证人佐热某某”，签字予以确认。2012 年 5 月 6 日，被告艾米某某向原告偿还 31,000 元，并于当日重新向原告出具《欠条》一份，载明“我从阿布某某那里拿了 1.9 万元，这个钱 2012 年 11 月 1 日还”，被告佐热某某作为担保人在该《欠条》上签字确认。2012 年 8 月 16 日，被告艾米某某在 2012 年 5 月 6 日《欠条》上补写“阿布某某那里拿了 1000 元，这个钱 2012 年 11 月 1 日还”。约定还款期过后，被告艾米某某未向原告阿布某某偿还该借款余款 20,000 元，被告佐热某某也未履行担保责任。

2. 法院裁判及观点

法院认为，合法的债权债务关系受法律保护，债务应当清偿。原告阿布某某向法庭提供的两份《欠条》以及原、被告在法庭上的陈述，能够证明被告艾米某某从原告阿布某某处借贷现金共计 51,000 元(50,000 元 + 1000 元)，偿还 31,000 元后，尚欠 20,000 元(50,000 元 − 31,000 元 + 1000 元)之事实，原告阿布某某与被告艾米某某之间形成合法的债权债务关系，被告艾米某某作为债务人应当清偿该 20,000 元债务。被告艾米某某关于“50,000 元里包括利息 20,000 元，本金 30,000 元已经偿还了，利息 20,000 元也还清”的辩称意见无相关证据佐证，本院不予采信。自然人之间的借款合同对支付利息没有约定或者约定不明确的，视为不支付利息。原告阿布某某与被告艾米某某在《欠条》中未约定借款利息，故本院对原告阿布某某主张的利息 8432 元不予支持。由于被告佐热某某在两份《欠条》上均签写“保证人佐热某某”，故被告佐热某某系原告阿布某某与被告艾米某某 20,000 元债务的连带责任保证人，依法应当承担连带清偿 20,000 元之责任。综上，根据《合同法》第 206 条、第 211 条第 1 款，《担保法》第 18 条、第 19 条和《民事诉讼法》第 64 条第 1 款之规定，判决如下：一、被告艾米某某于本判决生效后 10 日内一次性偿还原告阿布某某 20,000 元，被告佐热某某承担连带清偿责任；二、驳回原告阿布某某的其他诉讼请求。

3. 判例评析

本案的争议点之一在于被告佐热某某是否需要承担连带清偿责任。

被告佐热某某认为自己只是阿布某某与艾米某某之间的借贷介绍人，但从本案查明的事实来看，佐热某某在欠条上以“保证人佐热某某”签字，说明其表明了自己保证人的地位而非仅仅作为介绍人。本案与上述案例的关联人虽都在欠条上签字，但本案中的关联人在欠条上注明了“保证人”，则说明其承认了自己保证人的地位。这也是界定保证人这种借贷关联人与见证人、介绍人的区别。

按照《最高人民法院关于适用〈中华人民共和国担保法〉若干问题的解释》第22条第2款规定：“主合同中虽然没有保证条款，但是，保证人在主合同以保证人的身份签字或盖章的，保证合同成立。”本案中，被告佐热某某在欠条上以保证人身份签字，就不属于最高人民法院《关于审理民间借贷案件适用法律若干问题的规定》第21条所规定的“不能推定其为保证人”的情况，其理应承担保证人的保证责任。

有关法律规定

《中华人民共和国合同法》(1999年)

第二百零六条　借款人应当按照约定的期限返还借款。对借款期限没有约定或者约定不明确，依照本法第六十一条的规定仍不能确定的，借款人可以随时返还；贷款人可以催告借款人在合理期限内返还。

第二百一十一条　自然人之间的借款合同对支付利息没有约定或者约定不明确的，视为不支付利息。

自然人之间的借款合同约定支付利息的，借款的利率不得违反国家有关限制借款利率的规定。

最高人民法院《关于适用〈中华人民共和国担保法〉若干问题的解释》(法释〔2000〕44号)

第二十二条　第三人单方以书面形式向债权人出具担保书，债权人接受且未提出异议的，保证合同成立。

主合同中虽然没有保证条款，但是，保证人在主合同以保证人的身份签字或盖章的，保证合同成立。

《最高人民法院关于审理民间借贷案件适用法律若干问题的规定》(法释〔2015〕18号)

第二十一条　他人在借据、收据、欠条等债权凭证或者借款合同上签字或者盖章,但未表明其保证人身份或者承担保证责任,或者通过其他事实不能推定其为保证人,出借人请求其承担保证责任的,人民法院不予支持。

三、出借资金时,资金交付给介绍人,能要求介绍人承担责任吗

基础理论

在民间借贷关系中,如果资金交付给介绍人时,介绍人是否承担责任也需要分情况讨论。与本节第一个问题同样的道理,如果介绍人只是代为转交,其在借贷关系中仍是居间人的地位,仅起桥梁作用,并不是借贷关系的当事人,其也并不具有实体的借贷权利义务。如果其为保证人则按保证人的相关权利义务享有法律权利和承担法律责任。如果介绍人在仅起桥梁作用的情形下,代为转交资金而从出借人处取得资金暂时保管以交给借款人,但其在这期间,将资金私自占有而供自己私自使用,在此种情形下,则其行为因介绍人并不是借贷关系的当事人,借贷关系因债权的相对性,出借人只能向借款人主张权利;作为受害方的借款人,其可以不当得利之债起诉介绍人,要求其返还资金。

与此相关的一个问题是,现实生活中,将资金交给介绍人转交给借款人的情形与帮他人借款的情形时而发生,即很多人因资金短缺,但以自己的人脉借款困难,就会求助其朋友或其他认识的人动用他们的人脉在他处帮其借款,此时,相关权利义务关系应该如何确定?替人借款即代借,是指代借人自己不实际使用借入的金钱,而是将借入的款项交给有实际需求的借款人使用。此时,代借人承担的法律责任,依据其是否以自己的名义借款而定,因此,在实际借款行为中,虽然自己并不实际使用资金,应该理清以谁的名义借款。如果代借人以自己的名义向出借人借款,然后将资金交给实际用款人,在法律意义上,代借人才是借贷关系的当事人之一,即使出借人知道款项被实际用款人使用,也不能免除代借人的还款义务。另一方面,如果代借人只是为借贷双方起着传达作用,其以实际用款人的名义借款,并交给实际用款

人使用，那么，借款人就是实际用款人本人，还本付息的义务由其承担；代借人在此种情形下，并不是借贷双方的当事人，其不承受实体权利和实体义务，借款到期，代借人也并不承担还款义务。

典型案例

介绍人以自己名义为他人借款并经手资金的，可认定为借贷关系的借款人

——彭某与李某某、彭某某民间借贷纠纷案①

1.案情简介

原告：彭某。

被告：李某某、彭某某。

原告彭某称被告于2003年11月20日向原告借款30,000.00元，约定借款期限3个月，利息按月息3%支付。借款期限届满后，被告未偿还借款，并于2004年6月11日向原告出具借条。被告李某某辩称，被告李某某是原告的姐夫，二被告从未向原告借款，而是被告的战友向某某向原告借款，被告只是借款的介绍人。被告彭某某未到庭应诉，其书面意见称，2003年11月20日，原告向被告彭某某转账30,000.00元属实，但这笔钱是向某某所借，也是原告让二被告转给向某某的。因向某某要向彩票中心交保证金，其向原告借了30,000.00元，向被告借了20,000.00元。借款后，被告李某某怕向某某不按时还钱，便喊原告夫妻到向某某的公司上班以方便催收借款，但后来向某某的公司无法经营，被告李某某还多次找向某某催收，原告开始也承认李某某催收债务的费用各付一半，但原告至今也没有支付。

经审理查明，被告李某某与被告彭某某系夫妻关系。2003年11月20日，原告彭某向其姐姐，即被告彭某某转款30,000.00元。2004年6月11日，被告李某某在银行转款单原件上批注："借彭某人民币叁万元给向某某，向原答应在2004年2月15日前还，但未兑现，向答应有钱就还，利息按3%

① 参见重庆市云阳县人民法院(2015)云法民初字第01975号民事判决。

计算,经手人李某某。"另查明,2002 年 2 月 21 日,中国人民银行公布的金融机构五年以上人民币贷款基准年利率为 5.76%。

2. 法院裁判及观点

法院认为,庭审中,二被告均辩称与原告之间不存在民间借贷关系,本案款项系向某某向原告所借,并提供了向某某向原告出具的借条。但是被告李某某在转款凭据上的批注内容"借彭某人民币叁万元给向某某……"表明被告李某某是借款人,原告彭某是出借人,双方之间形成的是借贷关系,即使原告明知被告李某某借款的用途,亦不影响原告与被告李某某之间借贷关系的成立。即使向某某出具的借条是真实的,也仅表明被告李某某欲将债务直接转给向某某,由向某某直接向原告还款,但原告拒绝接收向某某出具的借条表明其对债务转让的行为不予认可,根据合同的相对性原理,被告李某某应当向原告偿还借款本金 30,000.00 元,至于被告李某某与向某某之间的债权债务关系,被告可以要求另案解决。原告主张利息按月利率 3% 计算,但是原告并未举证证明本案借款实际发生时,双方约定了借款应当支付利息,且从 2004 年 6 月 11 日被告李某某批注的内容"借彭某人民币叁万元给向某某,向原答应在 2004 年 2 月 15 日前还,但未兑现,向答应有钱就还,利息按 3% 计算"可以看出,月利率 3% 系向某某的承诺,原告与被告李某某并未对借款是否应当支付利息以及利率标准进行约定,《合同法》第 212 条规定:"自然人之间的借款合同对支付利息没有约定或者约定不明确的,视为不支付利息。"故本案借款应视为不支付利息。同时,最高人民法院《关于人民法院审理借贷案件的若干意见》第 9 条规定:"公民之间的定期无息借贷,出借人要求借款人偿付逾期利息,或者不定期无息借贷经催告不还,出借人要求偿付催告后利息的,可参照银行同类贷款的利率计息。"本案原告向被告彭某某打款的时间为 2003 年 11 月 20 日,被告李某某于 2004 年 6 月 11 日在银行转款凭条上批注表明原告至少于该日向被告进行了还款催告,故原告主张的利息应从 2004 年 6 月 11 日起按照中国人民银行同期同类贷款利率标准计算,即计算至 2015 年 5 月 25 日的利息为 19,200.00 元,对原告主张超出部分的利息,本院不予支持。2015 年 5 月 26 日起的利息仍按前述标准计算至付清之日止。被告彭某某与被告李某某系夫妻关系,该债务发生在二被告夫妻关系存续期间,且本案借款系由被告彭某某接收,表明其对借款事宜是知情的,故被告彭某某应当对被告李某某的该笔借款承担连带偿还责任。据此,判决:一、被告李某某于本判决生效后十日内向原告彭某偿还借款本金30,000.00元及截至2015年5月25日的利息19,200.00元,2015年5月26日起的利息仍按年利率5.76%的标准计算至付清之日止;二、被告彭某某对被告李某某的上述债务承担连带偿还责任;三、驳回原告彭某的其他诉讼请求。

3. 案例评析

本案的主要争议点在于谁是本案中借贷关系的还款人,即在原被告之间是否存在民间借贷关系,此后的问题才能顺利解决。

本案原告与被告存在亲属关系,被告声称是为其朋友借款,自己只是借款人的经手人,如果在法律上确实如此,对于被告来说,在无法还款时,其并无额外负担还款的义务,其在借贷关系中并非合同当事人也并非担保关联人。法律义务的来源约定或法定,在民事领域的债权关系中,除不当得利之债、无因管理及侵权之债这种非双方自愿合意发生的债由法律规定产生,在合同领域,民事主体的双方合意是民事关系产生的基础,这也是相对公法领域私法领域中自治体现得最淋漓尽致的地方。当事人双方基于合意产生的在法律保护范围内的民事关系,是受国家保护的。当然,在司法实践中受理的民事纠纷,对当事人的意图的证明是通过证据来支撑的,并非简单的当事人口头说明即可认定,因此,在实际生活中,才会有"口说无凭"。对第三方来说,证据是认定事实的唯一依据,当事人双方的意图也只能在证据证明的范围内认定。因此,在实践中,当事人订立合同时应当具有忧患意识或安全意识,在合同或其他凭证上记明所要表达的意思。

本案中,法院对在被告李某某在转款凭据上的批注内容"借彭某人民币叁万元给向某某……"表明被告李某某是借款人,原告彭某是出借人,双方之间形成的是借贷关系;以及后面认定原告拒绝接收向某某出具的借条表明其对债务转让的行为不予认可。本案中借贷关系的成立应该在第一阶段,即借条上注明的内容,虽写的是借款的用款人是向某某,但是,借条的出具者却是被告李某某,写明向某某只能证明其借款的用途或目的,但该借贷关系的当事人是原告与被告李某某。根据债权的相对性原理,向某某并非本案借贷关系的当事人,即彭某的债务人是李某某与彭某某,而向某某与李某某之间的债权债务关系可另作处理。因此,法院的裁判是正确的。

经过上述三个方面的论述，虽说是三个问题，但是万变不离其宗，在民间借贷关系中，只需在两方面明确，对债权债务关系的当事人就足够。其一是义务的来源。义务不是法定就是约定，在借贷关系产生过程中，约定的义务更常见，如果不为债务承担责任，则只要不把自己置于保证人地位即可，在借条等债权凭证或者其他书面文书签字时注明自己签字的立场，为自己排除不必要的连带责任；或者明确表明自己作为介绍人或见证人等并不承担还款义务的关联人地位即可。其二是为他人借款时，最重要的是必须谨慎对待以谁的名义借款，借款的用途并不影响借贷关系的成立，即使自己并不是实际用款人，此时，借贷关系的当事人的确定就是落实权利义务承担者，债权的相对性原理决定了债权债务关系只在当事人之间发生，因此，在实际生活中不可大意。

有关法律规定

《中华人民共和国合同法》(1999年)

第一百九十六条　借款合同是借款人向贷款人借款，到期返还借款并支付利息的合同。

第二百零五条　借款人应当按照约定的期限支付利息。对支付利息的期限没有约定或者约定不明确，依照本法第六十一条的规定仍不能确定，借款期间不满一年的，应当在返还借款时一并支付；借款期间一年以上的，应当在每届满一年时支付，剩余期间不满一年的，应当在返还借款时一并支付。

第二百零六条　借款人应当按照约定的期限返还借款。对借款期限没有约定或者约定不明确，依照本法第六十一条的规定仍不能确定的，借款人可以随时返还；贷款人可以催告借款人在合理期限内返还。

第二百零七条　借款人未按照约定的期限返还借款的，应当按照约定或者国家有关规定支付逾期利息。

第三节

机构有偿居间

一、有偿中介公司的运作程序简介

民间借贷中介机构的运作民间借贷中介涉及金融、法律、财务管理、中介、资产评估等多个领域，涉及签约、抵押、公正等事项，所以对人才的要求也较高。而大多数的借贷主体对相关知识却并不一定完全了解。民间借贷中介机构里有大量从事民间借贷的专业人员，可以为客户提供标准化的借贷合约，这也使得民间借贷行为更加的标准化、规范化，极大地提高了借出资金的安全性。其运作机制如下。

（一）前期搭建信息平台，收集借贷主体

信息民间借贷中介机构运作的第一步是建立借贷双方的信息平台，收集借贷主体的信息。一方面中介公司会通过各种渠道，向那些握有一定资金并具有投资理财意向的客户宣传民间借贷理财业务，利用抵押贷款的低风险高收益来吸引客户登记放款，并明确放款金额、期限和期望利率。另一方面公司同样通过各种渠道，用贷款速度快、还款方式灵活等优势吸引客户借款。

（二）中期配置借贷需求，完成资金交易

收集了借贷双方的信息之后，民间借贷中介机构就会对比较匹配的客户进行撮合，协调适当的利率、期限以及额度，并审查双方资料，帮助办理相关手续，交付抵押品，注入资金，完成交易，从而收取手续费。

第一步，中介公司会利用建立的借方和贷方的信息平台，将搜集到的借贷信息进行集中配对。对放款人和借款人的借贷款额、期限等进行比对，将最适合的双方进行配对，并对具体事项进行协调。

第二步，一旦确立较为匹配的借贷双方，中介公司会对民间借贷主体及材料进行审查，包括双方的身份情况、抵押财产、商业信誉、还款能力、贷款来源、借款用途等。对抵押物的评估采用实地评估的方式或交由独立的第三方房产评估公司评估，并由此确定最高贷款额度（一般不超过房产价值的70%）。

值得一提的是对于借款用途，民间借贷中介机构干涉较少。借款人只要对资金的使用不涉及违法行为，民间借贷中介基本上不限制资金的用途，在证件齐全、抵押手续完善的情况下，中介公司很少干涉公司对于资金的使用。

第三步，办理相关手续。当双方达成借贷意向后中介公司会协助办理抵押、担保等手续。若抵押物为房产，则三方一起到房产交易中心办理抵押手续，借款方在拿到房产他项权证后才会放贷。抵押期间，房产所有人不能处置房产，持有房产他项权证的人拥有优先受偿权。

第四步，签订借贷合同。民间借贷中介机构会提供比较完善的服务协议、借贷合同并根据公证或律师见证的需要，提供配套的法律文书、文件。同时到公证处公证，帮助借贷主体安全、高效地进行民间借贷。最后，一切手续办妥后，放款人将款项打入借款人账户。同时借款人将抵押品交付贷款人并支付中介机构手续费。其间借贷资金并不经过中介公司账户。

（三）后期监督本息偿付，处理违约风险

资金使用的过程中民间借贷中介机构会监督利息的偿付，有的中介机构还会监控抵押物是否具备到期偿还借款的变现能力、变现数额。资金到期前会联系双方还款撤押并帮助办理相关手续，但在资金使用的过程中，民间借贷中介不会干涉资金的用途。当借款人不能按时还款时，中介公司首先会协调双方进行展期。展期后仍不能还款，才记入坏账，这时公司会帮助投资方通过诉讼等法律手段解决问题，同时也会帮助投资者进行抵押品的变现等相关事宜。

在此过程中，中介公司不承担经济上的风险，但可能对信誉风险造成损害。一旦借款人发生违约行为，对民间借贷中介机构的信誉影响很大，业务量会直接受到影响，甚至会连累同行，波及整个行业。[①]

---

① 参见高雪青："民间借贷中介机构发展研究"，2008 年中国海洋大学硕士学位论文，第 35 页。

（四）分类模式

在这一系列的运作模式中又分为三种模式：一是中介机构仅提供简单的信息撮合；二是中介机构可以提供附加担保；三是中介机构吸收存款，形成资金池，自行放贷，并按约定收益回报借款人。但不管采取哪种形式，目前对此类机构的法定义务要求相对较少，主要是按照合同约定来处理相应纠纷。

二、通过有偿中介公司借款的，借款人未按时还款的，能要求中介公司承担责任吗

基本理论

《最高人民法院关于审理民间借贷案件适用法律若干问题的规定》第22条规定，借贷双方通过网络贷款平台形成借贷关系，网络贷款平台的提供者仅提供媒介服务，当事人请求其承担担保责任的，人民法院不予支持。网络贷款平台的提供者通过网页、广告或者其他媒介明示或者有其他证据证明其为借贷提供担保，出借人请求网络贷款平台的提供者承担担保责任的，人民法院应予支持。依据此条文可得知，除非是中介公司自己主动提供了担保业务，否则通过有偿中介公司借款的，借款人未按时还款的，中介公司并不承担责任。但中介平台对借款人的信用审核不足将对中介信誉产生巨大的负面影响。

典型案例

仅提供信息撮合型公司不承担还款义务

——张某某诉缪某某民间借贷纠纷案①

1.案情简介

原告：张某某。

被告：缪某某。

---

① 参见山西省太原市小店区人民法院（2015）小民初字第00219号民事判决。

原告张某某诉称,2013 年 5 月 9 日,原、被告经山西天天汇投资咨询有限公司介绍签订《民间借贷合同》,被告向原告借款 500,000 元,借款期限为一个月(自 2013 年 5 月 9 日至 2013 年 6 月 8 日),还款方式为按月付息,到期一次性还本付息。还款期限到期后,被告归还 200,000 元本金,其余本金 300,000 元及利息 92,000 元至今未还。经原告多次催要,被告拒不还款,原告为保护自身合法权益,特诉至法院,请求法院判令被告一次性偿还原告借款本金 300,000 元及利息 92,000 元;诉讼费由被告承担。

被告缪某某经本院合法传唤无正当理由未到庭参加诉讼,也未在法定期限内提交书面答辩状及证据材料。

法院审理查明,2013 年 5 月 9 日,经山西天天汇投资咨询有限公司介绍,原告作为出借人与借款人被告签订一份《民间借贷合同》,合同主要约定:借款金额:原告出借给被告人民币 500,000 元,以银行转账的形式交付被告农业银行城南支行账号为 62×××15 的账户中;借款期限:自 2013 年 5 月 9 日起至 2013 年 6 月 8 日止,共 1 个月;借款利息:本合同借款在借款期限内月利率为 2%,利息从借款发放之日起计算,付息时间为 2013 年 5 月 9 日,金额人民币 10,000 元。合同另对其他事项进行了约定。签合同当日,被告向原告出具一张借条,内容为“本人缪某某身份证号:××,现今因资金周转需要,向张某某身份证号××借入(大写)人民币伍拾万元整(小写)500,000 元,借款期限从 2013 年 5 月 9 日至 2013 年 6 月 8 日。本人自愿支付月息 2%”。落款由原、被告签名捺印。次日,原告向被告银行账户内打入 485,000 元。原告陈述合同约定的借款本金 500,000 元在出借时预先扣除当月利息 10,000 元,另有 5000 元作为中介服务费代被告支付山西天天汇投资咨询有限公司,故实际为被告账户内打入 485,000 元。借款期限到期后,经原告催要,被告陆续偿还本金 200,000 元(2013 年 10 月还 100,000 元,2013 年 12 月还 100,000 元),剩余本金未付。原告称,被告已支付至 2013 年 10 月的利息,从 2013 年 11 月起至今的利息未付,原告主张利息的计算方式为:2013 年 11 月、12 月的利息 20,000 元,2014 年 1 月至 12 月,以本金 300,000 元为基数按照月息 2% 计算 72,000 元,利息合计 92,000 元。

2. 法院裁判及观点

山西省太原市小店区法院审理认为,原、被告签订的《民间借贷合同》为有效合同,对原、被告具有法律约束力,原告出借被告款项后,被告未按约履行还本付息义务已经构成违约,应当承担相应的法律责任。原告出借款项时预先扣除当月利息10,000元违反法律规定,原告出借的本金应当以实际出借的金额为准。原告向被告转账支付485,000元,另被告应支付中介山西天天汇投资咨询有限公司的服务费5000元系原告代为支付,因此原告向被告出借的本金为490,000元。被告已偿还200,000元,故被告应偿付的借款本金为290,000元。原告主张按照合同约定的利率月息2%计算利息,不违反法律规定,本院予以支持。利息应当以未偿还的本金为基数计算:2013年11月、12月未还本金390,000元利息计为15,600元,2014年1月至12月未还本金290,000元利息计为69,600元,以上利息合计85,200元。被告缪某某经本院合法传唤无正当理由未到庭,视为放弃抗辩、质证等诉权,由此可能产生的不利后果由其自行承担。综上判决:一、被告缪某某于本判决生效之日起十日内归还原告张某某借款本金人民币290,000元。二、被告缪某某于本判决生效之日起十日内支付2013年11月至2014年12月底的利息85,200元。三、驳回原告张某某的其他诉讼请求。

3.案例评析

本案中,经山西天天汇投资咨询有限公司介绍签订《民间借贷合同》,被告向原告借款500,000元,有5000元作为中介服务费代被告支付山西天天汇投资咨询有限公司,并且山西天天汇投资咨询有限公司并未向原告提供任何担保。根据证据《民间借贷中介合同》、山西天天汇投资咨询有限公司出具的证明,可确认,这是一个通过有偿中介公司借款的,借款人未按时还款的民间借贷纠纷。本案中被告只有借款人缪某某,而并未涉及有偿中介公司山西天天汇投资咨询有限公司,原告并未向山西天天汇投资咨询有限公司提出赔偿等诉讼请求。

按照《最高人民法院关于审理民间借贷案件适用法律若干问题的规定》第21条的规定,他人在借据、收据、欠条等债权凭证或者借款合同上签字或者盖章,但未表明其保证人身份或者承担保证责任,或者通过其他事实不能推定其为保证人,出借人请求其承担保证责任的,人民法院不予支持。根据本案案情可得知,有偿中介公司在民间借贷中介服务合同中并未约定公司提供担保的条款,因此,有偿中介公司不承担担保责任,因此也就不对借款人不能按时还款承担责任。根据上述案例可以得知,通过有偿中介公司借款的,借款人未按时还款的,中介公司并不承担清偿责任。出借人应当通过适当途径了解中介平台及其平台上的借款人资质信誉,注意防控出借资金的安全。

有关法律规定

《最高人民法院关于审理民间借贷案件适用法律若干问题的规定》(法释〔2015〕18号)

第二十一条　他人在借据、收据、欠条等债权凭证或者借款合同上签字或者盖章,但未表明其保证人身份或者承担保证责任,或者通过其他事实不能推定其为保证人,出借人请求其承担保证责任的,人民法院不予支持。

第二十二条　借贷双方通过网络贷款平台形成借贷关系,网络贷款平台的提供者仅提供媒介服务,当事人请求其承担担保责任的,人民法院不予支持。

网络贷款平台的提供者通过网页、广告或者其他媒介明示或者有其他证据证明其为借贷提供担保,出借人请求网络贷款平台的提供者承担担保责任的,人民法院应予支持。

三、中介平台没有充分审核借款人的资信,应当承担责任吗

当前P2P网贷中介平台迅猛发展面临的一个突出瓶颈是,难以对数量庞大繁杂的平台借款人资信状况进行充分掌握。纵观各地,在借款人的资信问题上,只注重资格认定,而在具体资信程度上大多处于凭直觉的原始阶段,与迅猛发展的业务本身很不对称。长此下去,要有效防范贷款风险,提高贷款质量只能是一种良好的愿望。[①]

基本理论

1. 中介平台有审核借贷人资信的义务吗

借款人的资信情况包括借款人的资产状况和借款人的信誉。借款人的

① 参见丁兆春、恽锐芳:“关于个人住房贷款中借款人资信评估问题的探讨”,载《常州技术师范学院学报》2002年第1期。

资产是其财产的货币价值体现，它反映了借款人的财力和风险承担能力，并作为借款人今后能否还款的保障因素。贷款人不仅要考虑借款人的总体资产，更要考虑借款人的可变现资产，同时考虑借款人资本的稳定性和变现性。借款人的信誉也是贷款人要调查的一个方面，贷款人应当调查贷款人的背景、经历、有无不良行为记录、性格作风等。在民间借贷中，贷款人不仅要了解借款人偿还债务的意愿还要了解其是否有承担各种义务的责任感，从而在源头上把风险降到最低。①

中介机构，其未尽到审慎核查义务，造成当事人损失的，是否应当对委托人的损失承担赔偿责任，以及如何认定其承担赔偿责任的范围，在理论与实践中存在一定争议。本书认为中介机构应当承担一定的资信调查审核义务。根据居间合同的性质，商业居间机构应尽到更高的注意义务根据《合同法》第424条的规定，②一般地可以从内容上将居间行为分为报告居间和媒介居间。作为从事媒介居间的居间人，其不能只给一方当事人报告订立合同的机会，还要尽可能地了解对方当事人的情况，告知委托人有关对方当事人的信用、履约能力等情况，以确保委托人获得正确、充分的交易信息，促成合同的订立。同时，根据居间主体的不同，我们又可将居间行为分为民事居间和商事居间。由于在市场交易中，交易双方往往缺乏交易信息而无法接触、磋商、缔约，只有借助中介的作用，双方才能够知悉彼此的缔约愿望，从而促成合同的订立。③ 就商事居间主体而言，因其是专门从事居间业务的主体，具有专门的资格、人员和设备，专业化程度比较高，故对居间人的注意义务就要提出更高的要求。因而，中介机构作为专业的商事居间主体，在提供中介服务时，应当充分发挥自己的专业知识和背景优势，尽最大可能地为交易双方报告订立合同的机会或提供订立合同的媒介服务。④

因此，有偿中介公司既是从事媒介居间的专业机构，又系从事商事居间

---

① 参见冯育浔："我国民间借贷中贷款人的法律风险及防范研究"，中南大学2012年硕士学位论文，第12页。

② 《合同法》第424条规定："居间合同是居间人向委托人报告订立合同的机会或者提供订立合同的媒介服务，委托人支付报酬的合同。"

③ 参见史尚宽：《债法各论》，中国人民大学出版社2000年版，第434页。

④ 参见彭辰、周嫣："房屋居间机构未尽审慎核查义务之责任认定"，载《法律适用》2014年第10期，第105页。

的主体，这种双重属性使其理应对当事人的委托事项尽到与其专业能力和背景相匹配的更为专业、更为详尽的注意义务。

2. 中介公司未尽如实报告义务应承担赔偿责任

专业中介机构作为居间人应当尽到更高的注意义务。这种注意义务体现在合同关系中主要是指如实报告义务和勤勉义务，其具体内容则应当根据合同的约定、诚信原则或者交易习惯来确定。

《合同法》第425条[①]确立了居间人的如实报告义务，即凡是对订约有影响的事项，居间人都应向委托人报告，其中包括第三人的信用状况、第三人将用于交易的标的物的存续状况、第三人的支付能力、所购买商品的瑕疵等。[②]如实报告义务要求报告的内容具有客观性和充分性。内容的客观性即要求居间人在必要的时候应当进行一些必要的调查，以了解真实情况，使委托人能更好地判断是否应该订立合同；内容的充分性则要求居间人将凡是能够影响到委托人订立合同、作出选择的事项，都应详尽地向委托人如实报告，甚至包括合同相对人的各方面情况，如相对人的身份信息、资产状况、经营状况、履行能力等方面信息都属于对合同订立较为重要的信息。[③]

借贷中介公司作为专业的居间机构在从事居间活动时，对订约相关事项及当事人的订约能力负有积极调查并如实报告的义务，应当尽职地调查、核实所有与合同订立相关的或者会影响到合同订立的事项，包括对方当事人的身份信息、资产状况、房屋状况、当事人提供资料的真实性等方面信息。当中介机构违反上述居间忠实义务，严重损害委托人利益时，不得要求委托人支付中介服务费用；给委托人造成损失的，中介机构还应当承担相应的损害赔偿责任。[④]

3. 中介公司作为非终局债务人应承担与其过错相适应的补充赔偿责任

我国《合同法》第425条第2款虽然规定了居间人违反如实报告义务的法律后果，即丧失报酬请求权和承担损害赔偿责任，但是，此处仅仅规定了居

---

① 《合同法》第425条规定："居间人应当就有关订立合同的事项向委托人如实报告。居间人故意隐瞒与订立合同有关的重要事实或者提供虚假情况，损害委托人利益的，不得要求支付报酬并应当承担损害赔偿责任。"

② 王利明：《合同法分则研究》（上卷），中国人民大学出版社2012年版，第689页。

③ 参见陈　编：《委托合同、行纪合同、居间合同》，法律出版社2000年版，第199页。

④ 参见彭辰、周嫣："房屋居间机构未尽审慎核查义务之责任认定"，载《法律适用》2014年第10期，第105页。

间人“应当承担损害赔偿责任”,并没有明确此种责任的性质,也未对赔偿的范围进行确定。一种观点认为,应当以实际损失为赔偿范围,造成多少损失就承担多少赔偿责任。另一种观点认为,居间合同具有特殊性,居间人并不是合同当事人,因此,不能以合同的实际损失来要求居间人承担损害赔偿责任,居间人承担的赔偿范围仅限于缔约过失的损害范围。还有一种观点认为,在居间合同中,如果居间人违反忠实义务造成他人损害的,将导致报酬请求权的丧失。① 本书认为,此处居间人承担的应当是一种不真正的连带责任,应以其过错程度来确定其赔偿责任的范围。②

4. 中介公司应当如何审核借贷人资信

(1)借贷人资信评估应遵循的原则

首先,要调查借款人的资本。资本是借款人财产的货币价值,它反映了借款人的财力和风险承担能力,并作为其取得贷款的一个决定性因素。在出借款项时,不仅要考虑借款人的总体资产,更要考虑借款人的可变现资产,同时考虑借款人的资本的稳定性和变现能力。其次,要了解借款人的品格。借款人的品格是指借款人不仅要有偿还债务的意愿,还要具备承担各种义务的责任感,所以,借款人的品格包括借款人的背景、经验、借款人有无不良的行为记录、借款人的性格作风、其经营的理念以及与他人关系如何,并充分利用熟人熟地的优势,可以通过村干部及其他熟人关系对借款人的品格进行多方面的了解,了解借款人的信用程度。最后,要了解借款人为借款提供的担保的状况。为了有效地减少风险,应要求借款人提供担保,包括保证、抵押与质押。贷款的担保状况,要看担保品的变现性,贷款保证人的担保资格、经济实力和信用状况,以及保证人担保能力是否与担保贷款额度相符等。③

(2)借贷人资信评估的指标体系

①自然情况。年龄,反映借款人的成熟程度及偿还贷款的有效时间;健康状况,反映借款人目前的身体状况;受教育程度,反映借款人的文化素养、

① 参见邱聪智:《新订债法各论》(中),中国人民大学出版社2002年版,第239页。

② 参见彭辰、周嫣:“房屋居间机构未尽审慎核查义务之责任认定”,载《法律适用》2014年第10期,第105~106页。

③ 参见冯育浔:“我国民间借贷中贷款人的法律风险及防范研究”,中南大学2012年硕士学位论文,第16~17页。

还贷意识、法制观念，并间接反映借款人在职业及收入等方面的发展潜力。

②职业情况。从单位性质、岗位情况、任职情况三方面考察。

③还款能力。还贷收入比用于考察借款人还本付息的能力。

④其他收入及支出情况。[①]

典型案例

未有约定充分审核借款人资信的相关条款，中介平台无需承担责任

——唐某与上海拍拍贷金融信息服务有限公司、李某某民间借贷纠纷案[②]

1. 案情简介

原告：唐某。

被告：李某某、上海拍拍贷金融信息服务有限公司（简称拍拍贷公司）。

原告唐某诉称，拍拍贷网站是被告拍拍贷公司运营的网络借贷平台，2012 年 12 月 31 日，被告李某某通过平台发布“××优质商家信用贷潍坊××××××宾馆经营借款”，金额 100,000 元，年利率 20%，期限 12 个月的网上借款需求。原告通过网上投标向被告李某某出借 8000 元钱款。被告李某某的总的 100,000 元借款由众多网上出借人投标满额后，由拍拍贷公司对借款人即被告李某某提供的材料进行审核，并作为居间人提供网上借款协议，在收取平台服务费用后，将借款转入被告李某某的账户。截至 2014 年 2 月 28 日，被告李某某已归还分别于 2013 年 2 月 1 日、2013 年 3 月 1 日到期的两期债务，其他至今未归还。因被告李某某经营的宾馆未进行 2012 年度工商年检，且已于 2012 年 12 月 31 日终止经营，被告拍拍贷公司未尽职审核，且在出借投标时不直接向出借人提供借款人的材料，造成原告进行错误的借出选择。现原告起诉，要求：1. 被告李某某归还原告借款本金、利息、逾

---

① 丁兆春、悍锐芳：“关于个人住房贷款中借款人资信评估问题的探讨”，载《常州技术师范学院学报》2002 年 3 月第 8 卷第 1 期，第 72 页。

② 参见上海市浦东新区人民法院（2014）浦民一（民）初字第 14813 号民事判决。

期利息(以每期应还款为本金自每期应还款日计算至2014年2月28日按照中国人民银行同期同类贷款利率的四倍计算),共计10,006.60元;2.被告拍拍贷公司承担连带还款责任。

经审理查明,拍拍贷网站是被告拍拍贷公司运营的网络借贷平台,原告唐某的注册用户名×××,被告李某某的注册用户名×××。2012年12月31日,被告李某某通过平台发布"××优质商家信用贷潍坊××宾馆经营借款",金额100,000元,年利率20%,期限12个月的借款需求。原告唐某通过网上投标向被告李某某出借8000元。被告李某某的100,000元借款由众多网上出借人投标满额后,由拍拍贷公司对借款人即被告李某某提供的材料进行审核评估、收取平台服务费用,并将出借人的借款转入被告李某某的银行账户。2013年1月1日,被告李某某与包括原告在内的众多出借人在平台上达成编号为24××××的电子借款协议,并言明该协议是使用了拍拍贷网站的居间服务,并根据拍拍贷网站的《服务协议》、《出借人协议》、《借款人协议》自愿达成并签订的。上述借款协议明确,原告唐某与被告李某某的借款金额为8000元,借款期限12个月,年利率20%,分12期还清,每期还款额(含本金、利息)均为741.07元,月截止还款日为每月1日,若逾期未还款,则借款人应向出借人支付逾期利息,逾期利率为银行同期贷款利率的四倍。截至2014年2月28日,被告李某某已归还分别于2013年2月1日、2013年3月1日到期的两期债务共计1482.14元,故原告起诉来院,诉请如前。

审理中,原告唐某与被告拍拍贷公司就本案所涉借款的具体操作细节确认如下:借款人即被告李某某在平台上填写信息、发布借款需求,出借人即原告在平台上进行出借操作,如填写出借金额等,形成出借意向。原告在平台上借出8000元时,只知道有借款需求,并不知晓实际借款人姓名为李某某。被告李某某的总的100,000元借款由众多网上出借人投标满额后,由拍拍贷公司对被告李某某提供的营业执照、户籍资料等材料进行审核,并作为居间人提供网上借款协议,在收取平台服务费用后,将借款转入被告李某某的账户。被告李某某向原告还款后,由被告拍拍贷公司将还款划到原告在平台上的个人账户内,之后原告还可以向被告拍拍贷公司申请将钱款划到原告的银行账户内。被告拍拍贷公司作为平台提供方,按照一定比例向借款人收取服务费。在借款人发生违约情况时，被告拍拍贷向出借人披露违约方的真实姓名以及其他资料。

2. 法院裁判及观点

法院审理认为，原告与被告李某某之间的民间借贷合同关系有网上借款协议为证，该民间借贷合同关系明确、合法，应受法律保护。本案的争议焦点主要在于被告拍拍贷公司是否是该笔借款的还款主体。依据借款协议及原告及被告拍拍贷公司在庭审中的陈述，被告拍拍贷公司在本起借款关系中主要行为是提供平台、审核信息，其地位应为居间人，而非借款方或保证人，原告关于被告拍拍贷公司应承担连带还款责任的请求无依据，本院不予支持。依据《借出人注册协议》，原告在借出钱款时，对不能知晓借款人的真实姓名和地址的情况应属明知，相应风险由其自行负担。剩余借款本金共计 6774.39 元、利息共计 636.31 元，应由被告李某某予以偿付。关于逾期利息，原告所主张的每期债务的相应逾期利息，加上借期内的利息，已超出法律规定，相应利息由法院依法予以调整。被告李某某不到庭应诉的行为，既是放弃了对原告所主张之事实和证据进行辩驳的权利，也是对自己不负责任的表现，由此所产生的法律后果，应由其自行承担。综上，判决：一、被告李某某应于本判决生效之日起 10 日内归还原告唐某借款本金、利息。二、被告李某某应于本判决生效之日起 10 日内支付原告唐某借款按中国人民银行同类贷款利率四倍计算的利息。三、驳回原告唐某的其余诉讼请求。

3. 案例评析

本案的争议焦点主要在于被告拍拍贷公司是否是该笔借款的还款主体。被告拍拍贷公司在本起借款关系中主要行为是提供平台、审核信息，其地位应为居间人。现在原告诉称：被告拍拍贷公司未尽职审核，且在出借投标时不直接向出借人提供借款人的材料，造成原告进行错误的借出选择。原告起诉，要求被告拍拍贷公司承担连带还款责任。

法律当中规定的中介机构作为居间人应当尽到注意义务。这种注意义务体现在合同关系中主要是指如实报告义务和勤勉义务，其具体内容则应当根据合同的约定、诚信原则或者交易习惯来确定。本案中，法院依据《借出人注册协议》得知："关于审核信息，被告拍拍贷公司的审核是通过借款人上传的书面材料包括照片等进行书面审核，并要求借款人提供电话和视频进行验证。原告与被告拍拍贷公司的合同上没有注明被告拍拍贷公司有审核义务，但是被告拍拍贷公司为了出借人考虑，也会审核借款人的资信、家庭关系以及其他资产状况，但这种审核并不是被告拍拍贷公司的义务。该协议经过注册用户的确认，证明被告按协议约定为原告提供借贷的网络平台服务，其中第六条隐私规则有约定被告拍拍贷公司披露信息的条件，证明原告对于在正常情况下不知道借款人的真实姓名等情况是明知的。”因此，法院认为，原告在借出钱款时，对不能知晓借款人的真实姓名和地址的情况应属明知，相应风险由其自行负担，并驳回了原告唐某对于拍拍贷公司的有关诉讼请求。

据此我们可得知，我国《合同法》第425条规定：“居间人应当就有关订立合同的事项向委托人如实报告。居间人故意隐瞒与订立合同有关的重要事实或者提供虚假情况，损害委托人利益的，不得要求支付报酬并应当承担损害赔偿责任。”根据法律规定，我们可以得出中介公司对于审核借款人的资信具有注意义务，但在实务操作中，根据合同法双方当事人意思自治的原则，若在订立合同时未有约定中介平台充分审核借款人资信的相关条款，则中介平台无需对此承担相应责任。

有关法律规定

《中华人民共和国合同法》(1999年)

第二百零六条　借款人应当按照约定的期限返还借款。对借款期限没有约定或者约定不明确，依照本法第六十一条的规定仍不能确定的，借款人可以随时返还；贷款人可以催告借款人在合理期限内返还。

第二百零七条　借款人未按照约定的期限返还借款的，应当按照约定或者国家有关规定支付逾期利息。

《中华人民共和国民事诉讼法》(2012年修订)

第一百四十四条　被告经传票传唤，无正当理由拒不到庭的，或者未经法庭许可中途退庭的，可以缺席判决。

四、在 P2P 平台上出借资金,借款人未能还款时,纠纷如何处理

典型案例

P2P 平台与出借人约定借款人未及时还款时,P2P 平台获得债权的转让的,在借款人未及时还款时,P2P 平台有权向借款人主张债权

——山东乐道金融信息服务有限公司诉徐某某等民间借贷纠纷案①

1. 案情简介

原告:山东乐道金融信息服务有限公司。

被告:徐某某、魏某某、管某某、邱某某。

原告山东乐道金融信息服务有限公司与被告徐某某、魏某某、管某某、邱某某民间借贷纠纷一案,本院受理后,依法组成合议庭,公开开庭进行了审理。原告山东乐道金融信息服务有限公司委托代理人靳国,被告徐某某的委托代理人李因阳到庭参加诉讼,被告魏某某、管某某、邱某某经本院合法传唤无正当理由拒不到庭。本案现已审理终结。

原告山东乐道金融信息服务有限公司诉称,2014 年 11 月 4 日,被告徐某某向我公司创办的网络借贷中介平台申请借款,经我公司同意后,被告徐某某及其妻魏某某向我公司书写借款承诺书一份,约定借款数额 79,950 元,借款期限自 2014 年 11 月 7 日至 2015 年 2 月 7 日,借款方如有违约应承担违约金,并承担出借方为实现债权支出的一切费用,借款方如未按约定的日起归还,又未办理延期手续的,加收滞纳金。该借款由被告管某某、邱某某担保。借款到期后,经我公司多次催要,各被告无故拒不偿还,请求法院判令被告偿还借款 79,950 元及利息、罚息、违约金,并承担诉讼费及为实现债权支出的一切费用。

被告徐某某辩称,原告企业的权限不能融资放贷,是中介机构,实际债权

① 参见山东省平邑县人民法院民事判决书(2015)平民初字第 2344 号民事判决。

人应是对原告公司的投资人,因此,原告起诉主体不正确,应予驳回。借款合同虽约定数额为79,950元,实际只给我打款70,186元,我也已经还了三个月利息。

被告魏某某、管某某、邱某某均未作答辩。

经审理查明,被告徐某某与魏某某系夫妻。2014年11月5日,被告徐某某向原告山东乐道金融信息服务有限公司创办的网络借贷中介平台申请借款,同日签订借款协议及借款承诺书,被告魏某某亦在承诺书中以配偶名义签字认可,约定借款金额为79,950元,期限自2014年11月7日至2015年2月7日,年利率为18%,即每月应支付利息1199.25元,前两月还息,第三月连本带息还清。双方约定借款人逾期仍未还款,借款人应每天向网站支付逾期罚息(金额为未偿还本息的千分之八),同时约定,出借人和借款人均同意,如借款人逾期30天仍未清偿借款本息,则出借人将本协议项下的债权转让给山东乐道金融信息服务有限公司,且不再给借款人发送债权转让通知书。同日,被告管某某、邱某某向原告出具担保函,自愿为上述借款提供连带责任保证,保证期间为3个月。合同签订后,原告于2014年11月7日通过农业银行账户向被告徐某某转账70,186元,即在借款总额79,950元中扣除了保证金7995元、管理费1785.9元(2.2%)、提现费用10元。被告徐某某先后支付四个月利息,每月1200元,未再还本付息,2014年6月17日,原告以其诉讼请求诉至本院。

诉讼中,原告提供其员工证明,以证实在保证期间内向被告管某某、邱某某要求承担保证责任。

2. 法院裁判及观点

法院审理认为,被告徐某某向原告山东乐道金融信息服务有限公司所设立的借贷中介平台申请借款并获准,其资金虽来源于网站所列出借人,但被告获取资金的渠道和方式均来自原告方,被告与出借人之间并未直接发生借贷关系,且按照所签订的借款协议中,关于在被告逾期还款30日后,出借人的债权转让给原告的约定,亦确定原告作为债权人向被告主张权利的主体适格。被告魏某某与徐某某系夫妻关系,在借款承诺书中签字的行为,是其对该笔债务明知和认可为夫妻共同债务的确认,原告要求其承担共同还款义务,并无不当,本院予以支持。借款协议中虽记载借款数额为79,950元,但双方均认可实际到账金额为70,186元,其中保证金、管理费等并未实际给付,原告主张予以扣除,没有法律依据,故本院认定借款数额为70,186元。因此判决:一、被告徐某某、魏某某于本判决生效后5日内偿还原告山东乐道金融信息服务有限公司借款70,186元及利息(自2015年2月8日起至本判决履行完毕之日止按中国人民银行同期同类贷款利率的四倍支付,已付1200元)。二、被告管某某、邱某某对上述给付内容承担连带清偿责任。三、驳回原告山东乐道金融信息服务有限公司的其他诉讼请求。

3. 案例评析

本案中,就原告起诉主体是否适格产生分歧,被告徐某某辩称,原告企业的权限不能融资放贷,是中介机构,实际债权人应是对原告公司的投资人,因此原告起诉主体不正确,应予驳回。但其与原告、出借方达成约定,出借人和借款人均同意,如借款人逾期30天仍未清偿借款本息,则出借人将本协议项下的债权转让给山东乐道金融信息服务有限公司,法院认为,被告徐某某向原告山东乐道金融信息服务有限公司所设立的借贷中介平台申请借款并获准,其资金虽来源于网站所列出借人,但被告获取资金的渠道和方式均来自原告方,被告与出借人之间并未直接发生借贷关系,且按照所签订的借款协议中,关于在被告逾期还款30日后,出借人的债权转让给原告的约定,亦确定原告作为债权人向被告主张权利的主体适格。因此,可以得出结论:当P2P平台有约定借款人逾期未归还借款时,P2P平台获得债权的转让,则P2P平台应当对出借人承担还款责任,并在还款后直接转为借款人的新的债权人。

有关法律规定

《中华人民共和国合同法》(1999年)

第六十条第一款　当事人应当按照约定全面履行自己的义务。

第一百零七条　当事人一方不履行合同义务或者履行合同义务不符合约定的,应当承担继续履行、采取补救措施或者赔偿损失等违约责任。

第二百零五条　借款人应当按照约定的期限支付利息。对支付利息的期限没有约定或者约定不明确,依照本法第六十一条的规定仍不能确定,借款期间不满一年的,应当在返还借款时一并支付;借款期间一年以上的,应当在每届满一年时支付,剩余期间不满一年的,应当在返还借款时一并支付。

第二百零六条　借款人应当按照约定的期限返还借款。对借款期限没有约定或者约定不明确,依照本法第六十一条的规定仍不能确定的,借款人可以随时返还;贷款人可以催告借款人在合理期限内返还。

第二百零七条　借款人未按照约定的期限返还借款的,应当按照约定或者国家有关规定支付逾期利息。

第二百一十一条第一款　自然人之间的借款合同对支付利息没有约定或者约定不明确的,视为不支付利息。

《中华人民共和国担保法》(中华人民共和国主席令第五十号公布)

第十八条　当事人在保证合同中约定保证人与债务人对债务承担连带责任的,为连带责任保证。

连带责任保证的债务人在主合同规定的债务履行期届满没有履行债务的,债权人可以要求债务人履行债务,也可以要求保证人在其保证范围内承担保证责任。

第二十一条　保证担保的范围包括主债权及利息、违约金、损害赔偿金和实现债权的费用。保证合同另有约定的,按照约定。

当事人对保证担保的范围没有约定或者约定不明确的,保证人应当对全部债务承担责任。

第二十六条　连带责任保证的保证人与债权人未约定保证期间的,债权人有权自主债务履行期届满之日起六个月内要求保证人承担保证责任。

在合同约定的保证期间和前款规定的保证期间,债权人未要求保证人承担保证责任的,保证人免除保证责任。

第三十一条　保证人承担保证责任后,有权向债务人追偿。

P2P 平台按照协议约定承担责任

——张某与赵某某、赵某、徐某某民间借贷纠纷案[①]

1. 案情简介

原告:张某。

被告:赵某某、赵某、徐某某。

---

① 参见山西省阳泉市矿区人民法院(2015)矿商初字第 51 号民事判决。

被告赵某某通过P2P信贷平台“翼龙贷网”与耿某某、马某某、黄某某、毛某某、黄某某、严某某、许某某、柏某某8人(以下简称“贷出方”)达成借款意向,于2014年6月24日与贷出方、管理方温州翼龙贷经济信息咨询有限公司三方共同签订了《网络借款电子借条》,约定:1. 赵某某向贷出方借款人民币105,000元,借款年利率为20%,借款期限为12个月,还款方式为还本付息,还款日期从2014年6月24日起至2015年6月23日止,借款人赵某某应偿还的借款本息人民币126,000元;2. 贷出方可根据自己的意愿对其债权进行转让,在贷出方的债权转让成功后,借入方需对债权受让人继续履行本协议下各项义务,债权转让通知以电子邮件或手机短信方式送达。《借条》签订后,被告赵某某即通过该借贷平台取得了该笔贷款。被告赵某和被告徐某某作为被告赵某某的父母就该笔借款出具了《担保函》,约定的担保方式为无条件、不无可撤销的连带责任保证。但被告赵某某在只偿还了2014年6月24日至2014年11月23日的贷款利息8750元后即不再履行还款义务,虽经多次催要,被告赵某某仍拒不还款。原告张某作为借贷平台的运营负责人和风险防控人,为了确保贷出方能够顺利收回本息,于2015年1月30日对该逾期债权进行了收购并向贷出方支付了逾期本息、罚息共计117,932元,并向被告赵某某以电子邮件的方式送达了债权转让通知书;原告作为贷出方对被告所拥有的债权的受让人,已取得了贷出方的债权人地位,成为新的债权人。因被告赵某某及其担保人赵某、徐某某从2014年11月23日至起诉之日超过80天拒不履行约定的还款义务,故原告诉讼在案。

2. 法院裁判及观点

法院认为,合法的借贷关系受法律保护。被告赵某某与原告张某之间的借贷关系成立且合法有效。原贷出方与被告赵某某签订《网络借款电子借条》后,被告赵某某即通过借贷平台取得了该笔借款,被告赵某、徐某某出具担保函,为该笔借款承担连带责任保证。被告赵某某在偿还了5个月的利息后即不再履行还款义务,虽经多次催要,但被告仍拒不还款,构成违约。原告张某作为借贷平台的运营负责人和风险防控人,将该笔债权进行了收购且支付了本息及罚息,并依法向被告赵某某送达了债权转让通知书,取得了贷出方的债权人地位。依据贷出方和借入方赵某某在《网络借款电子借条》第四条违约责任第6项约定：如果借入方逾期支付任何一期还款超过60天，本协议项下的全部借款本息提前到期，借入方应立即清偿本协议下尚未偿付的全部本金、利息、逾期罚息、违约金及根据本协议产生的其他全部费用。故原告依约主张三被告偿还借款本息、违约金、催收费、律师费的诉讼请求，法院予以支持。因此，判决如下：

被告赵某某偿还原告张某借款人民币105,000元。被告赵某某支付原告张某未还利息（12,250元）、违约金（2572.80元）、催收费（2100）元，共计16,922.50元。被告赵某某承担原告张某为实现其债权所支出的律师费5000元。上述各项费用共计126,922.8元，被告赵某某于本判决生效后十日内一次性付清。被告赵某、徐某某对上述被告赵某某付款义务，承担连带清偿责任。案件受理费2838元减半收取1419元，财产保全费1200共计2619元，由被告赵某某承担。

3. 案例评析

本案中，根据贷出方、管理方温州翼龙贷经济信息咨询有限公司三方共同签订了《网络借款电子借条》可得知：贷出方可根据自己的意愿对其债权进行转让，在贷出方的债权转让成功后，借入方需对债权受让人继续履行本协议下各项义务，债权转让通知以电子邮件或手机短信方式送达。未规定必须由P2P平台来继受债权的转让，但是，本案原告张某作为借贷平台的运营负责人和风险防控人，为了确保贷出方能够顺利收回本息，于2015年1月30日遂对该逾期债权进行了收购并向贷出方支付了逾期本息、罚息共计117,932元。这里原告虽然是借贷平台的运营负责人和风险防控人，但是在未有约定的情形下主动将逾期债权收购，成为本案的适格原告。这种情形不应当认为是P2P平台应当普遍承担逾期债权收购的责任，而是原告为其借贷平台信誉构建所做出的自愿的选择。

因此，在P2P平台上出借资金，借款人无力还款时，P2P平台应当按照协议约定进行责任的承担。但是为了其平台自身的信誉发展构建，在没有明确约定P2P平台需对债权进行收购时，作为借贷平台的运营负责人和风险防控人的P2P平台负责人可以对债权进行收购，但该负责人并不具有法律强制性义务。

有关法律规定

《中华人民共和国民法通则》(1986年)

第九十条　合法的借贷关系受法律保护。

《中华人民共和国合同法》(1999年)

第二百一十条　自然人之间的借款合同,自贷款人提供借款时生效。

第二百一十一条第二款　自然人之间的借款合同约定支付利息的,借款的利率不得违反国家有关限制借款利率的规定。

《最高人民法院关于审理民间借贷案件适用法律若干问题的规定》(法释〔2015〕18号)

第六条　人民法院立案后,发现与民间借贷纠纷案件虽有关联但不是同一事实的涉嫌非法集资等犯罪的线索、材料的,人民法院应当继续审理民间借贷纠纷案件,并将涉嫌非法集资等犯罪的线索、材料移送公安或者检察机关。

第七章

民间借贷案件证据收集与举证

"以事实为根据,以法律为准绳"是民事诉讼的基本原则。[①] 因而,法院裁判主要包括事实认定与法律适用两方面,其中,事实认定是法律适用的前提。法院的"事实"认定不同于客观事实,而是一种法律事实,即通过各种证据所建构的一种事实。因此,打官司就是打证据,证据的收集与举证是诉讼活动的重要组成部分,也是赢取诉讼的关键环节。

开展证据的收集与举证活动,首先需要了解与掌握证据的概念与类型。所谓证据,是指用于证明待证事实的材料。根据证据的来源和表现形式,《民事诉讼法》第63条第1款将其分为以下八种类型:

1. 当事人的陈述,即本案当事人在诉讼中就案件事实向人民法院所作的陈述和承认。但不是当事人所有的陈述都是证

① 《中华人民共和国民事诉讼法》第7条规定:"人民法院审理民事案件,必须以事实为根据,以法律为准绳。"

据。例如当事人对证据的分析、判断,对适用法律的意见等,不能作为证据。

2. 书证,即以文字、符号、图案等所记载的内容表达的与案件事实有关的人的思维或者行为的书面材料。书证从形式上来讲取决于它所采用的书面形式,从内容上而言取决于它所记载或表达的思想内涵与案件事实具有关联性。

3. 物证,即以物品、痕迹等客观物质实体的外形、性状、质地、规格等证明案件事实的证据。

4. 视听资料,即以录音、录像、扫描等技术手段,将声音、图像及数据等转化为各种记录载体上的物理信号,证明案件事实的证据,如音像磁带、计算机数据信息。

5. 电子数据,指通过电子邮件、电子数据交换、网上聊天记录、博客、微博客、手机短信、电子签名、域名等形成或存储在电子介质中的信息。

6. 证人证言,即直接或者间接了解案件情况的证人向人民法院所作的用以证明案件事实的陈述。一般情况下,证人应当出庭陈述证言,但如确有困难不能出庭,经人民法院许可,可以提交书面证言。精神病人、未成年人作证应与其心理健康程度、心智成熟程度相适应。

7. 鉴定意见,即具有专业技术特长的鉴定人利用专门的仪器、设备,就与案件有关的专门问题所作的技术性意见。根据鉴定对象的不同,可分为医学鉴定、文书鉴定、技术鉴定、会计鉴定、化学鉴定、物理鉴定等。

8. 勘验笔录,指行政机关工作人员或者人民法院审判人员对与案件有关的现场或者物品进行勘察、检验、测量、绘图、拍照等所作的记录。

对于民间借贷案件而言,常见的证据主要包括当事人的陈述、书证、电子数据、证人证言、鉴定意见等。因此,本章主要围绕上述民间借贷案件的常见证据展开对证据收集与举证的讨论。

第一节
证据的事前准备

现行法律规定了举证责任。所谓举证责任，是指当事人对自己提出的主张有收集或提供证据的义务，并有运用该证据证明主张的案件事实成立或有利于自己的主张的责任，否则将承担其主张不能成立的危险。证据的事前准备就是承担举证责任提供基础性工作。《民事诉讼法》第 64 条第 2 款规定“当事人及其诉讼代理人因客观原因不能自行收集的证据，或者人民法院认为审理案件需要的证据，人民法院应当调查收集。”因此，目前民事证据收集主要有三种途径：一是当事人及其诉讼代理人自行收集。二是当事人及其诉讼代理人申请人民法院调查收集。根据最高人民法院《关于适用〈中华人民共和国民事诉讼法〉的解释》第 94 条规定，此种途径需满足以下条件，即在举证期限届满前书面申请人民法院调查收集，收集的证据系当事人及其诉讼代理人因客观原因不能自行收集的证据，包括：证据由国家有关部门保存，当事人及其诉讼代理人物权查阅调取的；涉及国家秘密、商业秘密或者个人隐私的；当事人及其诉讼代理人因客观原因不能自行收集的其他证据。三是人民法院主动调查收集。根据最高人民法院《关于适用〈中华人民共和国民事诉讼法〉的解释》第 96 条规定，此种途径仅限于人民法院认为审理案件需要的证据，包括：涉及可能损害国家利益、社会利益的；涉及身份关系的；涉及《民事诉讼法》第 55 条规定诉讼的；当事人有恶意串通损害他人合法权益可能的；涉及依职权追加当事人、中止诉讼、终结诉讼、回避等程序性事项的。除此之外，人民法院调查收集证据，应当依照当事人的申请进行。综上所述，因民事诉讼侧重于“当事人主义”，不管是自行收集还是申请法院调查收集，当事人及其诉讼代理人是民事证据收集的权利主体[1]与责任主体。因此,为确保证据收集高效、便捷、完整,当事人应当谋事在前,在证据的制作、形成过程中提前防范证据风险。具体而言,在民间借贷纠纷案件中,事前的证据风险防范包括证明借贷关系的书证应当采取哪种形式,如何书写借据,是否需要证人见证等问题。

一、借据、收据、欠条在诉讼证明中有什么区别

基本理论

《合同法》第197条第1款规定:“借款合同采用书面形式,但自然人之间借款另有约定的除外。”从法律规定看,民间借贷可以采用口头形式,但实践中为规避风险,仍普遍采用书面形式。最高人民法院《关于审理民间借贷案件适用法律若干问题的规定》第2条第1款规定:“出借人向人民法院起诉时,应当提供借据、收据、欠条等债权凭证以及其他能够证明借贷法律关系存在的证据。”该规定中列举了实践中常见的三个债权凭证,即借据、收据、欠条。正确认识三者之间的区别,对于防范民间借贷纠纷案件中的诉讼风险具有重要意义。

1. 借据、收据、欠条的含义

借据、收据、欠条均是表明债权债务关系的书面凭证。根据《现代汉语词典》的解释,“借据”是指“借用别人的钱或器物时所立的字据,由出借人保存”;“借条”是指“便条式的借据”;“收据”是指“收到钱、物后写给对方的字据”;“欠条”是指“欠别人财物所立的字据”。从法律意义上看,借据或借条是指以借款人名义出具的、表明借款人向出借人借款,到期返还借款并支付利息的债权凭证,其中借款人为债务人、出借人为债权人。实践中一般由借款人书写并签章,有的由出借人书写、借款人签章确认,由出借人持有,表明借款人已经欠下借据注明金额的债务。收据或称收条是指收到对方的钱物时向对方出具的债权凭证。收据形成的原因多种多样,可以基于买卖、借款、

[1] 《民事诉讼法》第49条第1款规定:“当事人有权委托代理人,提出回避申请,收集、提供证据,进行辩论,请求调解,提起上诉,申请执行。”第61条规定:“代理诉讼的律师和其他诉讼代理人有权调查收集证据,可以查阅本案有关材料。查阅本案有关材料的范围和办法由最高人民法院规定。”

合伙、承揽加工等法律关系而形成。在民间借贷法律关系中,收据在实践中可以由借款人出具,表明借款人收到了出借人提供的借款,也可以由出借人出具,表明出借人收到了借款人偿还的借款。欠条通常是由于债务人应当向债权人履行债务,因自身原因不能按时偿还而向债权人出具的表明欠款关系的债权凭证,是当事人之间的一个结算结果,反映的是一种状态。打欠条的目的也就是确认这种状态的存在,但对欠条产生的原因则无法表明。①

2. 借据与收据、欠条的区别

由此可见,借据不同于收据、欠条,三者在法律意义上的区别主要表现在以下方面。

(1)形成的原因不同

借据形成的原因单一,即特定的借款或借物事实。收据、欠条形成的原因较多,不仅限于借款事实,还可以基于其他多种事实而产生,如买卖、劳务、企业承包、合伙、损害赔偿等事实都可以形成收据、欠条,因此,收据、欠条的内容一般包含款物性质,如"今收到×××货款/投资款/赔偿款/工资×××元"、"尚欠货款/投资款/赔偿款/工资×××元"。

(2)反映的法律关系不同

借据是一种简化的借款、借物合同,反映的是当事人之间借款、借物合同关系。收据、欠条通常反映的是买卖、劳务、企业承包、合伙、损害赔偿等法律关系的履行情况,其中收据反映的是收到财物的法律事实,欠条是当事人之间的一个结算结果,反映的是欠款的法律事实。简言之,借款肯定要还款,收款不一定要还款,借款肯定是欠款,欠款不一定是借款。

(3)举证责任不同

按照《民事诉讼法》第 64 条第 1 款规定,"当事人对自己提出的主张,有责任提供证据"。一般而言,民间借贷纠纷案件要求债权人就存在借款合同关系的事实进行举证,债务人对借款已经清偿的事实进行举证。借据、收据和欠条这三者作为证据,在实践中法律效果是不同的:一般而言,在民间借贷纠纷案件中,借据的证明力大于收据与欠条。借据持有人(出借人)在诉讼中,凭借据只需要向法院简单陈述借款经过即可证明"借款事实成立",并主

① 参见董达:"浅析借条与欠条的界定",载《法制与经济》2014 年第 4 期,第 10 页。

张权利。因借据、欠条的形成原因较多、反映的法律关系较复杂，在民间借贷案件中，借据持有人可以证明借贷合同已经履行或部分履行的事实，即收到借贷合同约定的全部或部分款项的事实，但不能直接证明借贷合同关系，实践中需结合借据等其他证据才能证明借贷合同关系。欠条持有人则必须向法院陈述欠条形成的事实，如果对方否认，则必须对欠条形成的事实进行举证。当欠条形成违反国家禁止性规定，比如因赌博、贩毒等原因而形成的欠条，法院将不会支持返还欠款的诉讼主张。

(4)诉讼时效不同

约定了还款期的借条和欠条，根据《民法通则》第135条、第137条、第140条的规定，诉讼时效从还款期限之次日起开始计算，期限为2年。在诉讼时效期间，即还款期限届满之日起2年内提起诉讼、当事人一方提出要求或者统一履行义务，构成诉讼时效中断，诉讼时效自中断时起重新计算。但从权利被侵害之日起超过20年的，人民法院不予保护。一旦超过向人民法院请求保护民事权利的诉讼时效，义务人可以超过诉讼时效为由提出抗辩，权利人将丧失胜诉权。对于没有约定还款期的借条，出借人可以随时向借款人请求还款，诉讼时效从权利人主张权利之时开始计算，借条的效力最长可达20年；对于没有注明还款期限的欠条，《最高人民法院关于债务人在约定的期限届满后未履行债务而出具没有还款日期的欠款条诉讼时效期间应从何时开始计算问题的批复》指出："双方当事人原约定，供方交货后，需方立即付款。需方收货后因无款可付，经供方同意写了没有还款日期的欠款条。根据《中华人民共和国民法通则》第一百四十条的规定，对此应认定诉讼时效中断。如果供方在诉讼时效中断后一直未主张权利，诉讼时效期间则应从供方收到需方所写欠款条之日的第二天开始重新计算。"据此，其诉讼时效从欠条出具之日开始计算，权利人应当在欠条出具之日起两年内向人民法院主张权利，否则在对方当事人抗辩的情况下将丧失胜诉权。[①]

3. 民间借贷应当出具"借据"

综上所述，借据与收据、借条与欠条，一字之差但法律意义却大相径庭。

---

① 有观点认为没有还款日期的欠条应与没有还款日期的借条一样，适用20年长期诉讼时效。参见冉满仓、刘吉昌："一张欠条的诉讼时效"，载《人民法院报》2012年11月31日，第2版。

民间借贷属于借款合同关系，在此法律关系中，借据是直接表明存在借款合同关系的重要凭证，而收据、欠条却因形成原因多样而不能直接证明存在借款合同关系，一旦对方当事人提出抗辩，按照“谁主张、谁举证”的证明责任原则，债权人必须提交其他证据以形成证据链才足以证明存在借款合同关系。因此，为维护合法权益，在发生民间借贷时，出借人应当要求借款人亲自书写借据或借条并签章，以有效避免未来存在的诉讼风险，提升诉讼效益。司法实践中，存在名为“欠条”实为“借条”的情形，归根结底是因为“欠条”包含反映借贷关系的内容，即具有“借条”内容，据此，法院才能判断借贷关系成立。

典型案例

收条不能直接证明当事人之间存在债权债务关系

——杨某与朱某民间借贷纠纷一审案件①

1. 基本案情

原告：杨某。

被告：朱某。

原告杨某与被告朱某系同学关系。双方共同在大丰投资了一块苗圃地，经双方结算后，被告朱某分别于2010年3月至5月写了一张15,000元借条，一张10,000元借条及一张32,000元收条给原告杨某，当时约定6个月内还清。逾期后被告朱某没有按时归还，杨某将朱某诉至法院请求依法判决被告归还原告57,000元。在庭审中，被告认为双方是合伙关系，且借条是在原告胁迫下写的，不同意归还欠款，况且收条只是证明收到了原告交来的投资款并不是自己借原告的钱。

2. 法院裁判

一审法院审理后认为，原告提供了有被告签名的分别借到原告15,000元、10,000元的借条，此两张借条是经原、被告双方进行确认，以简化的合同

① 董正远：“浅谈本案的借条与收条的区别”，载中国法院网，http://old.chinacourt.org/html/article/201104/02/446899.shtml。

方式确立了双方之间的借贷关系，因此原、被告的债权债务关系成立。原告请求被告还款25,000元理由充分，应予以支持。而关于收条的32,000元，法院认为，收条是收到钱物而出具给交付人的一种凭证。收条只能证明当事人之间发生给付与收取财产的事实，但不能证明当事人之间存在债权债务关系，即收条并非是债的必然凭证。也就是说，若原告以此收条主张是对被告的债权则仍需进一步证明。而原告在没有提供其他证据证明的情况，该收条应不予以认定。

3. 案例评析

本案涉及收条能否证明存在借贷关系。为证明诉讼请求，本案原告杨某向法院提交了两张共计25,000元借条和一张32,000元收条，但被告抗辩称双方是合伙关系，不存在借贷关系。经审理，法院采信了两张借条，支持了原告25,000元的诉讼请求，驳回了原告32,000元收条的诉讼请求。这是因为借条与收条具有不同的法律意义。借条是一种简明的借款合同，借条持有人无须说明借条形成的具体原因，就可以有效证明当事人之间的借贷关系成立。因而本案中法院根据两张借条直接认定原、被告的债权债务关系成立。而收条不能直接证明借贷关系成立，仅能证明当事人之间发生给付与收取财产的事实，至于当事人之间基于何种法律关系而形成收条，持有人则需要进一步举证。本案中，原告杨某向法院提交一份32,000元收条，被告抗辩称该收条是因收到原告交来的投资款而非借款，在此情况下，原告主张存在借贷关系的举证责任就尚未完成，必须进一步提交证据证明当事人之间存在借贷关系。因原告未能提交其他证据证明存在借贷关系，法院对原告要求被告偿还该份收条记载的金额的诉讼请求未予支持。

欠条形成原因具有多样性

——华某某与浙江遂昌远东设备铸造有限公司民间借贷纠纷一审案①

1. 基本案情

原告：华某某。

① 参见浙江省遂昌县人民法院(2014)丽遂商初字第1244号民事判决。

被告:浙江遂昌远东设备铸造有限公司(以下简称远东设备公司)。

原告华某某与被告远东设备公司有多项经济往来,被告远东设备公司于2013年8月2日向原告华某某出具欠条一张,主要内容为"付铸造公司厂房钢架19,000元;(2011~2012年)看工地20,000元;垫付铸造公司钢架运费8700元;(2013年6月10日)铸造公司借去10,000元;借给铸造公司装水管押金10,000元;借给铸造公司装电押金20,000元;合计87,700元,于2013年9月9日付款,被告远东设备公司前法定代表人黄忠明在欠款单位处签字并盖上该公司财务专用章"。现被告尚欠原告57,700元,至今未还。原告诉至法院请求依法判令:被告归还原告欠款57,700元。

2. 法院裁判及观点

一审法院经审理认为,付铸造公司厂房钢架及铸造公司钢架运费系原告为被告的材料及运费垫付款,借给铸造公司装电押金系原告承揽被告装电工程所交纳的押金。本案属民间借贷纠纷,欠条中的垫付款及押金与本案属不同的法律关系,应另行处理。被告远东设备公司向原告华某某借款10,000元,有欠条为证,事实清楚,证据充分,应予认定与支持。依照《中华人民共和国合同法》第206条之规定,判决如下:一、被告浙江遂昌远东设备铸造有限公司于本判决生效之日起10日内归还原告华某某借款10,000元。二、驳回原告华某某的其他诉讼请求。

3. 案例评析

本案涉及欠条能否证明借贷关系。在本案中,原告以民间借贷纠纷起诉被告,提供的证据是一张欠条。欠条不同于借条,它反映的是欠款的事实。借款一定是欠款,但欠款不一定是借款。不同于借条产生的基础法律关系只能是借款、借用合同关系,欠条产生的基础法律关系不具有唯一性,它可能基于借贷关系产生,也可能基于买卖合同关系、承揽合同关系等产生。只有当欠条的内容表明当事人双方存在借贷合意和借贷关系实际发生时,才能证明存在借贷关系,从而属于名为"欠条"实为"借条"的情形。在本案中,原告提交的欠条包含多种法律关系,其中垫付款及押金不属于民间借贷关系,只有欠条记载的"(2013年6月10日)铸造公司借去10,000元"能够证明存在借贷关系,因此,在原告以民间借贷纠纷为由提起诉讼的情况,法院仅支持了借款10,000元,垫付款及押金因不属于民间借贷关系,需另行起诉处理。

有关法律规定

《中华人民共和国民法通则》(1986年)

第一百三十五条　向人民法院请求保护民事权利的诉讼时效期间为二年,法律另有规定的除外。

第一百三十六条　下列的诉讼时效期间为一年:

(一)身体受到伤害要求赔偿的;

(二)出售质量不合格的商品未声明的;

(三)延付或者拒付租金的;

(四)寄存财物被丢失或者损毁的。

第一百三十七条　诉讼时效期间从知道或者应当知道权利被侵害时起计算。但是,从权利被侵害之日起超过二十年的,人民法院不予保护。有特殊情况的,人民法院可以延长诉讼时效期间。

第一百三十八条　超过诉讼时效期间,当事人自愿履行的,不受诉讼时效限制。

第一百三十九条　在诉讼时效期间的最后六个月内,因不可抗力或者其他障碍不能行使请求权的,诉讼时效中止。从中止时效的原因消除之日起,诉讼时效期间继续计算。

第一百四十条　诉讼时效因提起诉讼、当事人一方提出要求或者同意履行义务而中断。从中断时起,诉讼时效期间重新计算。

《中华人民共和国民事诉讼法》(2012年修订)

第六十三条　证据包括:

(一)当事人的陈述;

(二)书证;

(三)物证;

(四)视听资料;

(五)电子数据;

(六)证人证言;

(七)鉴定意见;

(八)勘验笔录。

证据必须查证属实,才能作为认定事实的根据。

第六十四条　当事人对自己提出的主张，有责任提供证据。

当事人及其诉讼代理人因客观原因不能自行收集的证据，或者人民法院认为审理案件需要的证据，人民法院应当调查收集。

人民法院应当按照法定程序，全面地、客观地审查核实证据。

《中华人民共和国合同法》(1999年)

第一百九十六条　借款合同是借款人向贷款人借款，到期返还借款并支付利息的合同。

第一百九十七条第一款　借款合同采用书面形式，但自然人之间借款另有约定的除外。

第二百零六条　借款人应当按照约定的期限返还借款。对借款期限没有约定或者约定不明确，依照本法第六十一条的规定仍不能确定的，借款人可以随时返还；贷款人可以催告借款人在合理期限内返还。

第六十一条　合同生效后，当事人就质量、价款或者报酬、履行地点等内容没有约定或者约定不明确的，可以协议补充；不能达成补充协议的，按照合同有关条款或者交易习惯确定。

最高人民法院《关于适用〈中华人民共和国民事诉讼法〉的解释》(法释〔2015〕18号)

第九十四条　民事诉讼法第六十四条第二款规定的当事人及其诉讼代理人因客观原因不能自行收集的证据包括：

(一)证据由国家有关部门保存，当事人及其诉讼代理人无权查阅调取的；

(二)涉及国家秘密、商业秘密或者个人隐私的；

(三)当事人及其诉讼代理人因客观原因不能自行收集的其他证据。

当事人及其诉讼代理人因客观原因不能自行收集的证据，可以在举证期限届满前书面申请人民法院调查收集。

第九十五条　当事人申请调查收集的证据，与待证事实无关联、对证明待证事实无意义或者其他无调查收集必要的，人民法院不予准许。

第九十六条　民事诉讼法第六十四条第二款规定的人民法院认为审理案件需要的证据包括：

(一)涉及可能损害国家利益、社会公共利益的；

(二)涉及身份关系的；

(三)涉及民事诉讼法第五十五条规定诉讼的；

（四）当事人有恶意串通损害他人合法权益可能的；

（五）涉及依职权追加当事人、中止诉讼、终结诉讼、回避等程序性事项的。

除前款规定外，人民法院调查收集证据，应当依照当事人的申请进行。

二、借据应当如何书写才有证明力

基本理论

如前所述，借据与收据、欠条之间在法律意义上存在重大区别，为防范诉讼风险，民间借贷应当出具"借据"，谨慎使用"收据"与"欠条"。问题是，借据如何书写才有证明力？这是民间借贷纠纷案件中实现胜诉权的一个重要问题。

1. 证据证明力

证据证明力，又称"证据力"、"证明效力"、"证明价值"，"是源于大陆法系国家证据理论中一个基本概念"。[①] 关于证据证明力，目前主要有三种学说：一是客观说，认为证据证明力是指证据本身内在属性对待证事实的证明作用之有无与大小。"所谓的证明力，是指证据所具有的内在事实对案件事实的证明价值和证明作用，亦即人们通常所说的可信性和可靠性。"[②]二是主观说，认为证明力源于裁判者运用自由心证原则对证据与待证事实之间的证明作用之有无与大小进行的主观判断。证明力"即证据材料得为证明力之价值，即审理事实之人对于外部原因之证据，所发生内部意识作用之力量；亦即依证据事实对于待证事实所置信其真伪存否之力量或程度"。[③] 三是综合说，兼采主客观观点，认为"证据之证明力（Beweiskraft），乃指证据对于待证事实之认定具有实质价值而言，故可谓证据所具有之证据价值（Beweiswert）……必须经由法院评价，即经证据评价（Bewerswurdigung）之后，始得认定证据是否具有证明力以及证明力之强弱程度"。[④] 本书采客观

---

① 李明："证据证明力研究"，中国政法大学博士学位论文，第8页。

② 樊崇义主编：《证据法学》，法律出版社2003年9月版，第3页。

③ 李学灯著：《证据法比较研究》，五南图书出版公司1998年9月版，第464页。

④ 林山田著：《刑事程序法》，五南图书出版公司1998年版，第248～249页。

说，主要理由如下：一方面，证据的客观证明力是主观判断的基础。证据之所以能够成为认定案件事实的根据，前提条件在于证据本身内在属性对待证事实具有证明作用，否则，客观上不具有证明作用的证据，即使经由法官自由心证也不应当具有证明力。另一方面，现行法律、司法解释支持客观说。譬如，《民事诉讼法》第 63 条第 2 款规定："证据必须查证属实，才能作为认定事实的根据。""属实"是对证据本身属性的要求。最高人民法院《关于适用〈中华人民共和国民事诉讼法〉的解释》第 104 条第 2 款"能够反映案件真实情况、与待证事实相关联、来源和形式符合法律规定的证据，应当作为认定案件事实的根据"。这也是对证据本身属性的要求。因此，本书认为，证据的证明力是指已经是法律意义上的证据对待证事实是否具有证明作用以及证明作用的大小。在司法活动中考察具体证据的证明力，实际上包括两个层面："第一是证据有没有证明力，这主要是证据的可靠性问题，即证据是否真实可靠；第二是证据有多大的证明力，这主要是证据的'充分性'问题即证据对案件事实的证明能否达到法定标准，因此，在证据的证明价值中隐含了证据的相关性。"①

2. 借据的内容

证据的证明力关系到能否胜诉的问题。从证据类型看，借据属于民间借贷纠纷的重要书证。书证是以文字、符号等所记载的内容证明待证事实。因此，借据所记载的内容对于证明民间借贷关系具有重要意义，因而如何书写借据对于证明力的有无及其大小而言至关重要。

民间借贷在本质上属于借款合同纠纷。《合同法》第 197 条第 2 款规定："借款合同的内容包括借款种类、币种、用途、数额、利率、期限和还款方式等条款。"作为一种简化的借款合同，在书写借据时，从内容到形式应当注意以下方面：

(1) 书写主体。应当由借款人当面书写并签名。实践中存在出借人或他人书写，借款人签名确认的情形，但在此种情形下，就存在借据内容笔迹与借

---

① Prosecutor v. Delalic, Mucic, Delic and Landzo, IT - 96 - 21, Decision on the Presecution's Oral Requests for the Admission of Exhibit 155 into Evidence and for an Order to Compel the Accused , Zradavko Music, to Provide a handwriting Sample , 19 Jan. 1998, para. 30. 转引自李世光、刘大群、凌岩编著：《国际刑事法院罗马规约评释》，北京大学出版社 2006 年版，第 580 页。

款人笔迹不一致问题。一旦发生争议诉至法院，尤其是在借款人矢口否认借款事实时，将加大出借人的举证责任，出借人不得不申请法院对借款人签名以及借据内容与签名字迹的形成时间等进行司法鉴定。

(2)名称。应写明“借据”或“借条”而非“欠条”、“收条”，否则，一字之差可能加重出借人的举证责任。

(3)当事人。不管是出借人、借款人还是见证人、担保人等，自然人应当以身份证上记载的姓名为准，并附带写明身份证号码或附上身份证复印件，单位则应当以工商登记的法定名称为准，切忌使用小名、昵称、简称或者绰号等。同时，要写明各当事人在民间借贷关系中的地位，如“见证人：×××”、“担保人：×××”。

(4)金额。应写清借款金额，包括大写和小写的金额，并确保双方一致，如不一致法律规定以大写为准。

(5)时间。一般应写清与借款有关的时间期限，包括借款时间和还款期限。

(6)利息。《合同法》第111条规定自然人之间对支付利息没有约定或者约定不明确的，视为不支付利息。因此，如双方约定了借款利息，就应该在借条中用文字予以明确，并保证约定的利率不得违反法律规定。

(7)语言文字。借条内容的书写要清楚明了、通俗易懂，如“借”字要写明，“今借到”不能写成“今收到”。同时禁用有歧义的词句，如“还欠款”。

(8)其他注意事项。首先是担保问题。若对方提供相应担保的，如提供质押、抵押等物权担保或保证人担保。其中，物权担保要注意抵押担保，法律关于抵押权的成立有特殊规定，如房地产抵押必须到主管部门登记，拿着借款人房产证不产生抵押效力。保证人担保，站在保证人的立场，最好写明承担连带责任保证还是承担一般保证。《担保法》第19条规定，当事人对保证方式没有约定或者约定不明确的，按照连带责任保证承担保证责任。其次是提供借款证明。若借款金额较少、直接以现金交付的，可在借条上载明“借款人已收到该款项”。

典型案例

借条内容字迹与落款签名字迹形成时间不同，在缺乏其他证据的情况下，法院不能认定借条的证据效力
——甄某某与张某某民间借贷纠纷①

1. 基本案情

上诉人（原审原告）：甄某某。

被上诉人（原审被告）：张某某。

原告甄某某向法院提交一份借条，内容为："借条，借甄某某贰拾壹万伍千元整（215,000元）在2008.2还清（进药钱）2008.元月张某某"。借条落款处"张某某"三字为倒着的签名。甄某某主张被告张某某因向甄某某购买人参、鹿茸药材欠甄某某货款21.5万元并写下欠条，鉴于张某某拒不偿付货款，故起诉要求张某某偿还欠款215,000元、赔偿利息损失70,950元，合计285,950元。被告张某某答辩称其没有购买过甄某某价值21.5万元的药材，根本不欠甄某某所谓货款或者借款，甄某某系伪造虚假证据，企图诈骗，应当追究其刑事责任。

根据甄某某的申请，法院委托南京金陵司法鉴定所对该借条中的指纹进行痕迹鉴定，鉴定结论为：检材《借条》中"215,000元"字迹上指纹和"张某某"签名字迹上的指纹均系张某某右食指指纹。根据张某某的申请，法院委托南京金陵司法鉴定所对该借条中的内容字迹与落款"张某某"签名字迹的形成时间先后进行鉴定，鉴定结论为：《借条》中落款"张某某"签名字迹先形成，借条内容字迹后形成。此外，庭审中张某某陈述曾与甄某某有过男女暧昧关系，甄某某对此予以否认。

一审法院认为，甄某某未向法庭提交足以证明与张某某之间存在买卖合同的相关证据。甄某某所述借条中内容先形成，张某某落款签名后形成，与鉴定结论相反，甄某某没有提交推翻该鉴定结论的证据。甄某某对借条中手

---

① 案例选自王松："如何认定借条的证据效力"，载《中国审判》2012年总第79期，第96～97页。

指印的形成陈述前后矛盾，说错张某某的药店名称。综上，甄某某所述因与张某某之间存在买卖合同而形成借条无事实依据，判决：驳回原告甄某某的诉讼请求。案件受理费、鉴定费合计13,089元，由甄某某负担。

一审判决后，原告甄某某提起上诉。

2. 法院裁判及观点

二审法院认为，首先，关于借条，基于对借条签名方式不合理、鉴定结论认定先签名后写内容、甄某某说法前后矛盾并说错张某某药店名称等事实，一审法院认定该借条不能证明甄某某诉请的张某某欠其货款的主张，具有事实依据。其次，关于销货单，甄某某在一审中称张某某只写借条没有写收货条，二审中又称张某某写了收货条（销货单），其陈述前后矛盾。按照甄某某的说法，其仅依据张某某的报价和同学说不赔本就将21万余元药材卖出，这一陈述不尽合理，销货单也不能证明张某某欠货款事实。综上，甄某某提供的借条、销货单不能证明张某某欠其货款的主张，法院不予采信。结合甄某某认可其于2009年4月27日欠张某某500元并写下欠条，也承认张某某在接到法院第一次通知即向公安机关报警反映甄某某诈骗的事实，甄某某的诉讼请求无事实依据，据此作出终审判决：驳回上诉，维持原判。二审案件受理费5590元，由上诉人甄某某负担。

3. 案例评析

本案的焦点问题是，原告持借条起诉，经鉴定，借条确有被告的签名和捺印，但签名字迹系先形成，借条内容字迹后形成，对此法院应当如何处理？在此情形下，当事人的举证责任加重，本案先后经过两次司法鉴定，借条持有人的诉讼风险增大，最终其诉讼请求未得到法院支持。

在审理本案过程中，法院有两种不同观点。一种观点认为，借条是书证，根据《最高人民法院关于民事诉讼证据的若干规定》第70条的规定，书证的效力优于其他证据；况且根据一般生活常识，如果双方不存在事实上的欠款关系，欠款人也不会随便给借条持有人出具借条，被告没有提供充分的证据推翻借条效力，应判决借条持有人原告胜诉。另一种观点认为，原告主张基于被告向其购买药材而形成借贷关系，但民间借贷是实践性合同，要证明借贷关系的成立，不能仅凭一张借条就加以认定，原告还要证明其确已交付了货物，履行了交货义务，实践中借条的形成较为复杂，单凭一张借条不能证明大额欠款关系的成立,原告仅仅提供借条并没有完成举证责任。本案中,尽管原告持有被告签名捺印的借条,但该借条内容系由原告所写,被告签名字迹先于借条内容形成不合逻辑,且被告签名出现在借条内容和签字时间之后右下侧的位置,且签名还是斜着、倒着签字形成,亦不合理,结合原告的陈述前后矛盾,被告被诉后立即报警等事实,应当认定原告提供的借条不具有真实性,判决驳回原告的诉讼请求。[①] 一、二审法院均采纳第二种观点,判决原告败诉。本案对民间借贷具有警示意义,借条应当由借款人亲自当场书写并签名捺印,出借人切忌"代劳"。

有关法律规定

《中华人民共和国合同法》(1999年)

第一百九十七条　借款合同采用书面形式,但自然人之间借款另有约定的除外。

借款合同的内容包括借款种类、币种、用途、数额、利率、期限和还款方式等条款。

第二百一十一条　自然人之间的借款合同对支付利息没有约定或者约定不明确的,视为不支付利息。

自然人之间的借款合同约定支付利息的,借款的利率不得违反国家有关限制借款利率的规定。

《最高人民法院关于民事诉讼证据的若干规定》(法释〔2001〕33号)

第六十四条　审判人员应当依照法定程序,全面、客观地审核证据,依据法律的规定,遵循法官职业道德,运用逻辑推理和日常生活经验,对证据有无证明力和证明力大小独立进行判断,并公开判断的理由和结果。

最高人民法院《关于适用〈中华人民共和国民事诉讼法〉的解释》(法释〔2015〕5号)

第一百零四条　人民法院应当组织当事人围绕证据的真实性、合法性以及与待证事实的关联性进行质证,并针对证据有无证明力和证明力大小进行说明和辩论。

能够反映案件真实情况、与待证事实相关联、来源和形式符合法律规定的证据,

① 王松:"如何认定借条的证据效力",载《中国审判》2012年总第79期,第96页。

应当作为认定案件事实的根据。

第一百零五条　人民法院应当按照法定程序，全面、客观地审核证据，依照法律规定，运用逻辑推理和日常生活经验法则，对证据有无证明力和证明力大小进行判断，并公开判断的理由和结果。

《最高人民法院关于审理民间借贷案件适用法律若干问题的规定》(法释〔2015〕18号)

第二十五条　借贷双方没有约定利息，出借人主张支付借期内利息的，人民法院不予支持。

自然人之间借贷对利息约定不明，出借人主张支付利息的，人民法院不予支持。除自然人之间借贷的外，借贷双方对借贷利息约定不明，出借人主张利息的，人民法院应当结合民间借贷合同的内容，并根据当地或者当事人的交易方式、交易习惯、市场利率等因素确定利息。

第二十六条　借贷双方约定的利率未超过年利率24%，出借人请求借款人按照约定的利率支付利息的，人民法院应予支持。

借贷双方约定的利率超过年利率36%，超过部分的利息约定无效。借款人请求出借人返还已支付的超过年利率36%部分的利息的，人民法院应予支持。

第二十八条　借贷双方对前期借款本息结算后将利息计入后期借款本金并重新出具债权凭证，如果前期利率没有超过年利率24%，重新出具的债权凭证载明的金额可认定为后期借款本金；超过部分的利息不能计入后期借款本金。约定的利率超过年利率24%，当事人主张超过部分的利息不能计入后期借款本金的，人民法院应予支持。

按前款计算，借款人在借款期间届满后应当支付的本息之和，不能超过最初借款本金与以最初借款本金为基数，以年利率24%计算的整个借款期间的利息之和。出借人请求借款人支付超过部分的，人民法院不予支持。

三、签订借款合同时是否需要有证人见证

基本理论

1. 补强证据规则

最高人民法院《关于民事诉讼证据的若干规定》第69条规定，下列证

据不能单独作为认定案件事实的依据:未成年人所作的与其年龄和智力状况不相当的证言;与一方当事人或者其代理人有利害关系的证人出具的证言;存有疑点的视听资料;无法与原件、原物核对的复印件、复制品;无正当理由未出庭作证的证人证言。这就需要其他证据来消除上述证据证明力上的瑕疵,理论上称之为"补强证据规则"。所谓"补强证据规则",是指某一证据由于其存在证据资格或证据形式上的某些瑕疵或弱点,不能单独作为认定案件事实的依据,必须依靠其他证据的佐证,借以证明其真实性或补强其证据价值,才能作为定案的依据。其中"某一证据"称为被补强证据或主证据,"其他证据"称为补强证据。补强证据规则就是一项限定证据证明力的规则,要求对特定证据进行补强,否则不能进行直接定案。

2. 证人证言属于补强证据

在民间借贷中,借据等形式的借款合同是证明双方借贷合意及借贷关系实际发生的直接证据,除非有相反的证据足以反驳。可以说,在民间借贷中,签订借款合同时并不必然要求或者必需证人见证。但是,借据等形式的借款合同不是唯一证据,在大金额借款、对方当事人提出强有力的反驳证据或者对方当事人未到庭参加诉讼、无法核实借据真实性等情形下,借据持有人往往需要进一步举证。这就涉及民事诉讼中的"补强证据规则"。因此,证人见证对于证明借款合同关系而言,非必要条件,但属于充分条件。证人见证所形成的证人证言将作为证明借款合同关系的补强证据,有助于增强特殊情形下借据等证据的证明力,以更好地维护借款安全。

但是,证人证言在证明力方面受到多重因素影响。譬如,人民法院认定证人证言,可以通过对证人的智力状况、品德、知识、经验、法律意识和专业技能等的综合分析作出判断。未成年人所作的与其年龄和智力状况不相当的证言、与一方当事人或者其代理人有利害关系的证人出具的证言及无正当理由未出庭作证的证人证言,不能单独作为认定案件事实的依据。证人提供的对与其有亲属或者其他密切关系的当事人有利的证言,其证明力一般小于其他证人证言。

借款人未到庭参加诉讼，无法核实借据真实性，借据持有人需要进一步提交证人证言等补强证据

——郑某某与贺某某民间借贷纠纷二审案①

1. 基本案情

上诉人（原审原告）：郑某某。

被上诉人（原审被告）：贺某某。

原、被告相识多年。2011 年 12 月 12 日，被告给原告出具了一张借条，内容为：今借郑某某人民币壹拾肆万元整，借款人：贺某某。后被告贺某某下落不明，原告多次催要未果，故而成讼。

一审法院认为，当事人对自己提出的诉讼请求所依据的事实或者反驳对方诉讼请求所依据的事实有责任提供证据加以证明。没有证据或者证据不足以证明当事人的事实主张的，由负有举证责任的当事人承担不利后果。本案系民间借贷纠纷案件，作为出借人，原告应对原、被告之间是否存在借贷关系及借款事实承担举证责任，原告虽提交了被告出具的借条，但因被告未到庭，无法查明借条的真实性，原告未能提供其他证据进一步证明原、被告之间存在借贷关系、每笔借款的数额、资金来源、款项是否交付等情况，因此，原告的诉讼请求证据不足，不予支持。被告贺某某经公告传唤无正当理由拒不到庭，视为其自愿放弃诉讼权利。综上，依据《民事诉讼法》第 64 条第 1 款、第 144 条，最高人民法院《关于民事诉讼证据的若干规定》第 2 条第 2 款之规定，判决：驳回原告郑某某的诉讼请求。案件受理费 3100 元，公告费 560 元，共计 3660 元，由原告郑某某负担。上诉人郑某某不服原审判决，提起上诉。被上诉人贺某某没有出庭应诉。二审中，上诉人就借款情况提供如下证据，证人相某某出庭证明，2011 年八九月份，贺某某向郑某某借款 5 万元，郑某某借给贺某某 5 万元，借款时证人相某某在场，贺

① 北京市第二中级人民法院(2015)二中民一终字第 0528 号民事判决。

某某没有给郑某某出具借条。被上诉人贺某某没有出庭质证。二审法院认证认为,上诉人提供证人证言能够证明借款的事实,该证人证言能够作为认定本案事实的依据。

2. 法院裁判及观点

二审法院认为,《民法通则》第 84 条规定,债是按照合同的约定或者依照法律规定,在当事人之间产生的特定的权利义务关系,享有权利的人是债权人,负有义务的人是债务人。债权人有权要求债务人按照合同的约定或者依照法律的规定履行义务。上诉人提供证人证言及借条证明被上诉人向其借款,被上诉人贺某某经公告传唤无正当理由拒不到庭,视为其自愿放弃诉讼权利。应认定被上诉人向上诉人借款 140,000 元,被上诉人应当按照双方约定偿还借款。对于上诉人主张的借款利息问题,上诉人提供的借条中没有利息及还款期限的约定,故上诉人请求支付提起诉讼后的利息应当予以支持。原审判决有误,予以改判。综上,依照《中华人民共和国民法通则》第 84 条,《民事诉讼法》第 144 条,第 170 条第 1 款第(2)项之规定,判决如下:一、撤销天津市滨海新区人民法院(2014)滨港民初字第 4 号民事判决;二、本判决生效后 10 日内被上诉人贺某某偿还上诉人郑某某 140,000 元及利息(自 2013 年 12 月 23 日至本判决确定的给付之日按中国人民银行同期存款利率计算);三、驳回上诉人郑某某其他上诉请求。

3. 案例评析

此案系借据在特殊情况下不能单独证明借贷关系的典型案例。在民间借贷中,一般情况下,借据是证明借贷合意及借贷关系实际发生的直接证据,除非有相反的证据足以推翻借据所记载的内容。但是,借据并非民间借贷的唯一证据,也不是证明借贷关系的充分证据。实践中,在一些特殊情况下,如借据存有瑕疵、大额现金借据、借款人未到庭参加诉讼、借款人提供反驳证据等情况下,借据持有人必须进一步提供证据以补强借据证明力。譬如,数额巨大的借贷,出借人以借据主张债权并称现金方式交付的,而借款人又抗辩借据载明的借款没有交付的,通常情况下,仅凭一张借据,会使法官对借据载明的本金数额是否交付产生合理怀疑,因此,人民法院可以向出借人释明应就资金的来源及走向、付款凭证、交付细节等证明借据本金数额的真实性及交付事实继续举证。在出借人尽到了其力所能及的举证责任后，人民法院可以结合借贷金额、款项交付、当事人的经济能力、当地或者当事人之间的交易方式、交易习惯、当事人财产变动情况等事实和因素，综合判断查证借贷事实是否发生。① 借条有瑕疵的，应当根据借条内容、借款目的、款项往来、当事人经济能力等综合判断借贷事实。② 在本案中，一审原告虽然提供了证据，但被告未到庭参加诉讼，且借款数额相对较大，人民法院无法向被告核实借据的真实性，在原告未提供其他证据的情况下，一审判决驳回原告的诉讼请求。在二审中，虽然被上诉人仍未到庭参加诉讼，但上诉人(一审原告)提供了证人证言，以补充证明借贷关系，故二审判决支持了上诉人的诉讼请求。

有关法律规定

《最高人民法院关于民事诉讼证据的若干规定》(法释〔2001〕33号)

第六十九条　下列证据不能单独作为认定案件事实的依据：

(一)未成年人所作的与其年龄和智力状况不相当的证言；

(二)与一方当事人或者其代理人有利害关系的证人出具的证言；

(三)存有疑点的视听资料；

(四)无法与原件、原物核对的复印件、复制品；

(五)无正当理由未出庭作证的证人证言。

第七十七条　人民法院就数个证据对同一事实的证明力，可以依照下列原则认定：

(一)国家机关、社会团体依职权制作的公文书证的证明力一般大于其他书证；

(二)物证、档案、鉴定结论、勘验笔录或者经过公证、登记的书证，其证明力一般大于其他书证、视听资料和证人证言；

(三)原始证据的证明力一般大于传来证据；

(四)直接证据的证明力一般大于间接证据；

---

① 参见最高人民法院民事审判第一庭编著：《民间借贷纠纷审判案例指导》，人民法院出版社2015年版，第287～309页。

② 参见最高人民法院民事审判第一庭编著：《民间借贷纠纷审判案例指导》，人民法院出版社2015年版，第329页。

（五）证人提供的对与其有亲属或者其他密切关系的当事人有利的证言，其证明力一般小于其他证人证言。

第七十八条　人民法院认定证人证言，可以通过对证人的智力状况、品德、知识、经验、法律意识和专业技能等的综合分析作出判断。

第二节

向法庭举证的基本要求

在民事诉讼中,举证制度主要包括举证责任、举证期限以及所举证据的证据能力问题等。因举证责任在前文已作介绍,本节的前提预设是已经明确了举证责任,在此基础上介绍向法庭举证的基本要求,主要包括举证期限、证据能力等。

一、逾期举证应当承担怎样的后果

基本理论

1. 举证期限

举证期限,是指当事人向人民法院履行举证责任的时限。民事诉讼之所以规定举证期限,主要基于以下方面的考虑:一是提高诉讼效率。通过规定举证期限,要求当事人对自己提出的主张及时提供证据,与法院共同推进诉讼进程,提高诉讼效率。二是防止证据突袭。当事人双方在举证期限内提交了证据,为庭前会议中证据交换提供了基础,有利于当事人双方提前掌握对方当事人的诉求证据与反驳证据等,有针对性地准备庭审中的意见发表与法庭辩论,防止搞证据突袭,影响程序公正与实体公正。三是凸显当事人对民事诉讼的参与程度。民事诉讼贯彻当事人主义,实行"谁主张、谁举证"。规定举证期限,有利于引导当事人更好地参与诉讼,维护自身权益,促进服判息诉。

现行法律规定,当事人的举证期限应当在审理前的准备阶段确定,确定的方式有两种:一是由当事人协商确定,并经人民法院准许;二是由人民法院确定。人民法院确定举证期限，第一审普通程序案件不得少于 15 日，当事人提供新的证据的第二审案件不得少于 10 日。举证期限届满后，当事人对已经提供的证据，申请提供反驳证据或者对证据来源、形式等方面的瑕疵进行补正的，人民法院可以酌情再次确定举证期限，该期限不受 15 日、10 日规定的限制。

当事人在确定的举证期限内提供证据确有的困难的，可以向人民法院申请延长举证期限。申请需要注意以下事项：一是申请时间，应当在举证期限届满前申请；二是申请方式，应当以书面形式提出申请；三是申请理由是否成立以及是否准许由人民法院决定。

2. 逾期举证的法律后果

逾期举证，即当事人未在确定的举证期限内向人民法院提供证据。当事人逾期举证的，人民法院应当责令其说明理由，必要时可以要求其提供相应的证据。拒不说明理由或者理由不成立的，人民法院根据不同情形给予当事人承担不同的逾期举证法律后果。根据现行法律规定，逾期举证的法律后果包括以下内容：

（1）视为未逾期。当事人因客观原因逾期提供证据，或者对方当事人对逾期提供证据未提出异议的，视为未逾期。

（2）不予采纳该证据。当事人因故意或者重大过失逾期提供的证据，人民法院不予采纳。

（3）予以训诫、罚款。当事人因故意或者重大过失逾期提供证据，但该证据与案件基本事实有关的，人民法院应当采纳，并依照《民事诉讼法》第 65 条、第 115 条第 1 款的规定予以训诫、罚款。当事人非因故意或者重大过失逾期提供的证据，人民法院应当采纳，并对当事人予以训诫。

（4）必要费用的赔偿。当事人一方要求另一方赔偿因逾期提供证据致使其增加的交通、住宿、就餐、误工、证人出庭作证等必要费用的，人民法院可予支持。

未在举证期限内提供的证据，对方当事人提出异议，且与案件事实无关联性，人民法院一般不予采纳确认

——王某某与胥某某民间借贷纠纷二审案①

1. 基本案情

上诉人(原审被告)：王某某。

被上诉人(原审原告)：胥某某。

胥某某与王某某之前是同事关系，之后共同经营北京三鱼豆制品加工厂。胥某某通过银行贷款于2012年8月10日向王某某银行账户汇款265,000元。2013年2月3日，王某某以其前妻陈玉珠遇车祸受伤为由向胥某某借款10,000元，胥某某通过银行转账方式给付王某某10,000元。其后，王某某通过银行转账方式，分别于2013年7月28日给付胥某某50,000元，于2013年7月30日分两笔给付胥某某各50,000元，共计150,000元。一审庭审过程中，胥某某承认王某某曾于2013年3月17日偿还利息10,000元，于2013年6月20日偿还利息10,000元。

2014年6月1日，胥某某与王某某见面商谈还款事宜，胥某某对谈话进行了录音。在商谈过程中，对于胥某某提到的265,000元汇款，王某某多次对胥某某表示“你给我汇的钱我承认，我不承认也不行”、“我欠你钱我得给你，我现在没有钱还你”、“胥某某你听好，我答应你还钱”、“就像你刚说的贷款的事，我有钱我也给你，我不会不给你”。

王某某曾向胥某某银行账户多次汇款10,000元，但王某某无法说明哪一笔10,000元汇款是其向胥某某偿还的借款10,000元。

一审法院另查明，胥某某已就其与王某某、陈某珠合伙协议纠纷一案另行向法院提起诉讼，且胥某某已将王某某向其银行账户的所有汇款计入王某某已支付的款项内。王某某与陈某珠于2013年12月16日离婚。

---

① 参见北京第二中级人民法院(2015)二中民(商)终字第07417号民事判决。

在证据认定过程中，对于王某某提交的证据3，即王某某书面说明及“第三次贷款30万元等费用”说明（复印件）各一份，证明第三次通过胥影从银行贷款的300,000元，也就是胥某某所说向王某某出借的265,000元，是双方合伙协议终止之后延续之前的费用，并非借款。胥某某不认可证据3的真实性、关联性，同时认为王某某提交该份证据已超出法院确定的举证期限。法院认为，王某某没有合理理由而未能在举证期限内提交该份证据，且证据3的内容与本案的争议处理无关联性，法院对证据3不予确认。

一审法院判决认定，合法的借贷关系受法律保护。当事人对自己提出的诉讼请求所依据的事实或者反驳对方诉讼请求所依据的事实有责任提供证据加以证明。没有证据或者证据不足以证明当事人的事实主张的，由负有举证责任的当事人承担不利后果。本案的争议焦点在于胥某某与王某某之间民间借贷法律关系是否成立以及王某某是否已全部清偿借款的问题。

王某某在录音中对胥某某的265,000元汇款予以承认并做出还款的承诺，可以认定胥某某与王某某之间存在民间借贷法律关系，且双方之间的民间借贷法律关系是双方当事人真实意思表示，未违反法律法规的强制性规定，应属合法有效。胥某某通过银行转账给付王某某265,000元的事实证明，胥某某作为出借人，已经履行了给付借款的义务，王某某作为借款人已实际收到借款。故胥某某主张上述款项为借款，并无不妥，法院予以确认。

王某某在庭审中承认曾向胥某某借款10,000元，并收到胥某某银行转账10,000元，故可以认定胥某某与王某某之间存在民间借贷法律关系，且双方之间的民间借贷法律关系系双方当事人真实意思表示，未违反法律法规的强制性规定，亦属合法有效。

王某某关于胥某某给付的265,000元汇款是双方就合伙事务在胥影名下一直没有结清的账务，其中一部分是胥某某偿还之前对王某某的欠款，并且双方已经结清，自己还多给付了部分钱款的答辩意见，以及10,000元的借款已经汇入胥某某名下账户，并在双方的往来账中扣除了的答辩意见，因王某某不能说明10,000元的具体偿还时间，且对上述答辩意见均未能提供有效证据予以证明，而双方当事人之间的合伙关系与本案不属同一法律关系，且胥某某已经就双方当事人之间因合伙关系发生的争议另行提起诉讼，故对王某某的上述答辩意见,法院不予支持。

一审审理中,胥某某认可王某某已偿还借款本金150,000元,法院对此不持异议。故,胥某某要求王某某偿还借款本金125,000元的主张,理由正当,证据充分,法院予以支持。关于利息,因王某某在录音中陈述265,000元为贷款,视为其知悉该265,000元为银行贷款而来,且双方均认可王某某曾于2013年3月17日、6月20日分别偿还过10,000元利息,由此可以推定双方曾就利息事项有过约定,故,胥某某关于利息的诉讼请求中,合理部分法院予以支持,超出部分法院不予保护。综上,依照《中华人民共和国合同法》第8条、第206条、第207条、最高人民法院《关于民事诉讼证据的若干规定》第2条之规定,判决:一、王某某于判决生效后10日内给付胥某某借款本金12500元;二、王某某于判决生效后10日内给付胥某某利息(按照中国人民银行同期同类人民币贷款基准利率标准,以265000元为基数,自2012年8月10日起计算至2013年7月28日止;以215000元为基数,自2013年7月29日起计算至2013年7月30日止;以115000元为基数,自2013年8月1日起计算至给付之日止。王某某已支付的利息2万元应从上述利息总额中予以扣除);三、驳回胥某某的其他诉讼请求。如果未按判决指定的期间履行给付金钱义务,应当依照《民事诉讼法》第253条之规定,加倍支付迟延履行期间的债务利息。

王某某不服一审法院上述民事判决,向二审法院提起上诉。二审期间,胥某某提交了一审法院(2014)房民(商)初字第09139号民事判决书,主张该院于2015年6月10日就胥某某与王某某、陈某珠合伙协议纠纷一案已作出民事判决。该判决书载明:王某某应按照双方2011年12月1日签订的终止合伙关系的合同向胥某某支付款项。该判决书还载明:王某某辩称其在给胥影贷款中有多汇给胥某某的款项,以及其亦有在合伙期间垫付但未报销的费用,证据不足,该院不予采信。各方当事人均未对该判决提起上诉,该判决已生效。二审经审理查明的事实与一审法院查明的事实一致。

2. 法院裁判及观点

二审法院认为,王某某在录音中承认265,000元汇款系其向胥某某借入的款项且同意偿还剩余款项,可以证明双方当事人之间存在借贷合意,加之双方之间亦存在265000元款项的交付事实,一审法院认定双方当事人之间就 265,000 元汇款成立民间借贷关系并判令王某某偿还本金和利息,合法有据。王某某上诉称该款项系“双方在从事经营活动中以胥影的名义从银行贷款,胥某某将该款汇给王某某,再由王某某负责将该款汇给胥影”,因该款项汇出时双方当事人之间的合伙关系已终止,且该上诉主张与王某某在录音中的表述不一致,故本院对该上诉主张不予采信。按照双方终止合伙关系的合同,王某某负有向胥某某支付款项的合同义务,王某某主张其汇入胥某某账户的 1 万元系偿还本案借款,但其未能说明该笔款项的具体汇出时间,亦未能将该笔汇款与终止合伙关系后的应付款项相区分,故本院对王某某关于该 1 万元借款已偿还完毕的上诉主张不予采信。综上,王某某的上诉主张不能成立,一审法院判决处理结果并无不当,应予维持。依照《民事诉讼法》第 170 条第 1 款第(1)项之规定,判决如下:驳回上诉,维持原判。

3. 案例评析

此案中一份证据涉及逾期举证的法律后果问题。一方当事人未在举证期限内提供证据,另一方当事人往往以逾期举证为由提出异议,拒绝对逾期提供的证据进行质证。若对方当事人对逾期提供的证据未提出异议,则视为未逾期。对于逾期提供的证据,人民法院应当责令当事人说明理由,并根据不同情形综合判断是否采纳该证据。即使采纳了该逾期提供的证据,人民法院可以对逾期举证的当事人予以训诫、罚款。当事人一方可以要求逾期举证的另一方当事人赔偿因逾期提供证据致使其增加的交通、住宿、就餐、误工、证人出庭作证等必要费用。综上所述,对于逾期举证问题,人民法院从有利于实现实体公正出发,根据不同情形综合判断是否采纳该证据。即使是逾期提供的证据,只要与案件事实有关,有助于查清案件事实,人民法院可以采纳该证据,同时可以对逾期举证的当事人给予训诫、罚款,对方当事人可以向逾期举证当事人主张赔偿增加的必要费用。在本案中,王某某提交的单方声明以及“第三次贷款 30 万元等费用”的说明,系未在举证期限内提供的证据,因对方当事人提出了异议且与案件事实无关联性,人民法院对该项证据未予采纳确认。

有关法律规定

《中华人民共和国民事诉讼法》(2012年修订)

第六十五条　当事人对自己提出的主张应当及时提供证据。

人民法院根据当事人的主张和案件审理情况,确定当事人应当提供的证据及其期限。当事人在该期限内提供证据确有困难的,可以向人民法院申请延长期限,人民法院根据当事人的申请适当延长。当事人逾期提供证据的,人民法院应当责令其说明理由;拒不说明理由或者理由不成立的,人民法院根据不同情形可以不予采纳该证据,或者采纳该证据但予以训诫、罚款。

第一百一十五条第一款　对个人的罚款金额,为人民币十万元以下。对单位的罚款金额,为人民币五万元以上一百万元以下。

最高人民法院《关于适用〈中华人民共和国民事诉讼法〉的解释》(法释〔2015〕5号)

第九十九条　人民法院应当在审理前的准备阶段确定当事人的举证期限。举证期限可以由当事人协商,并经人民法院准许。

人民法院确定举证期限,第一审普通程序案件不得少于十五日,当事人提供新的证据的第二审案件不得少于十日。

举证期限届满后,当事人对已经提供的证据,申请提供反驳证据或者对证据来源、形式等方面的瑕疵进行补正的,人民法院可以酌情再次确定举证期限,该期限不受前款规定的限制。

第一百条　当事人申请延长举证期限的,应当在举证期限届满前向人民法院提出书面申请。

申请理由成立的,人民法院应当准许,适当延长举证期限,并通知其他当事人。延长的举证期限适用于其他当事人。

申请理由不成立的,人民法院不予准许,并通知申请人。

第一百零一条　当事人逾期提供证据的,人民法院应当责令其说明理由,必要时可以要求其提供相应的证据。

当事人因客观原因逾期提供证据,或者对方当事人对逾期提供证据未提出异议的,视为未逾期。

第一百零二条　当事人因故意或者重大过失逾期提供的证据,人民法院不予采纳。但该证据与案件基本事实有关的,人民法院应当采纳,并依照民事诉讼法第六十五条、第一百一十五条第一款的规定予以训诫、罚款。

当事人非因故意或者重大过失逾期提供的证据，人民法院应当采纳，并对当事人予以训诫。

当事人一方要求另一方赔偿因逾期提供证据致使其增加的交通、住宿、就餐、误工、证人出庭作证等必要费用的，人民法院可予支持。

二、向法庭提供的证据应当具备哪些属性

基本理论

证据属性，是指一定的事实材料成为法律意义上的证据应当具备的基本条件。只有具备这些基本条件，才能成为法律意义上的证据，作为认定案件事实的根据。现行法律规定，证据应当具有以下“三性”：

1. 真实性

关于真实性，学界纷争不断。首先争论的是，真实性是否等同于客观性。通说认为真实性又称为客观性，但有学者认为，“客观性不等于真实性”，“对证据进行审查判断、查证属实实际指涉的是证据必须是真实的，即具有真实性，并不是指证据的客观性”，“事实上，我国许多学者在讨论证据的客观性时或多或少的是在论述证据的真实性”。[①] 其次，在主张真实性等同于客观性的基础上，产生了三种学说，即诉讼证据客观性绝对肯定说、否定说、统一体说，[②]又派生出相对肯定说、[③]

---

① 刘涛、朱颖：“论‘以事实为根据’——兼谈证据客观性和证明标准”，载《社会科学》2002 年第 1 期，第 94 页。

② 肯定说认为诉讼证据的客观性是诉讼证据的本质属性，指诉讼证据是客观存在的，而不是主观猜测和虚假的东西。否定说则认为诉讼证据具有主观性，离不开诉讼参与人与裁判者的认识与判断。统一体说则认为证据是主观性与客观性的统一体。参见张弢、王小林：“诉讼证据客观性的理性定位——与绝对肯定说、否定说和统一体说商榷”，载《现代法学》2002 年第 3 期，第 85 页。

③ 相对客观说在肯定诉讼证据客观性特征的基础上，认为这种客观性是证据材料进入“诉讼时空”经过诉讼法律关系主体主观发现并经审判主体主观认定成为诉讼证据的客观性，这种客观性必然在诉讼的各个不同阶段具有相对性的特征。参见张弢、王小林：“诉讼证据客观性的理性定位——与绝对肯定说、否定说和统一体说商榷”，载《现代法学》2002 年第 3 期，第 87 页。

"主张真实"说[①]等。

上述的学说纷纭缘于证据概念的观点分歧。现行法律规定的证据概念,已从"事实说"转向"材料说"。[②] 本书认为,真实性不同于客观性。首先,从语言学上看,客观与主观相对,真实与虚假相对。其次,在理论界,关于民事诉讼证明标准的理论主要存在两种学说,一种是"客观真实说"。"客观真实说",又称为"实质真实说",指在诉讼中裁判人员运用证据所认定的案件事实符合案件发生时的客观真实情况,就是通常所说的查明的案件事实真相,是主观符合客观的真实。另一种是"法律真实说",指裁判人员运用证据认定的案件事实达到了法律所规定的视为真实的标准。它所要求的案件事实是证据所证明的事实,或者说从证据角度分析是真实的事实。[③] 从"客观真实"用语可以看出,"客观"作为限定用语,是对"真实"的一种形容。最后,从哲学意义上看,客观是指不依赖于人的意识而存在的一切事物。"法律真实"因存在裁判人员的主观判断而具有主观性。同时,证据类型中的证人证言、当事人陈述、鉴定意见、勘验笔录都具有一定的主观性。显然,将客观性作为证据属性之一不具有周延性。因此,本书认为,证据的真实性,是指证据本身在表现形式、内容等方面具有可靠性与可信度。通过伪造、变造、捏造等方式形成的虚假证据不得作为定案依据。对证据的真实性,应当综合全案证据进行审查。一般可以从以下方面进行审查:

(1)证据形成的原因;

(2)发现证据时的客观环境;

(3)证据是否为原件、原物,复制件、复制品与原件、原物是否相符;

(4)提供证据的人或者证人与当事人是否具有利害关系;

---

① "主张真实"说立论于"诉讼上对证据的认识就是一个典型的主体间交流的过程",所谓"主张真实"是指主张、提出证据的诉讼主体(举证主体)以言词方式对证据的真实性做出的肯定性评价。换言之,证据只有在其使用者声称、保证真实的情况下,才能进入诉讼,成为各方诉讼参与主体共同评价的对象。参见林劲松:"证据真实性的回归——兼论证据概念的解释方法",载《浙江大学学报》(人文社会科学版)2014 年第 4 期,第 102 页。

② 1979 年《中华人民共和国刑事诉讼法》第 31 条"证明案件真实情况的一切事实,都是证据";2012 年《中华人民共和国刑事诉讼法》第 48 条规定"可以用于证明案件事实的材料,都是证据";2012 年修订的《中华人民共和国民事诉讼法》第 66 条条文也使用了"证据材料"一语。

③ 刘金友:《证据法学》,中国政法大学出版社 2001 年版,第 321 ~ 322 页。

(5)证据的内容是否与《民事诉讼法》第93条规定的无须举证证明的事实相符；

(6)影响证据真实性的其他因素。

2. 合法性

关于合法性是否为诉讼证据本质的问题有"二性论"与"三性论"两种观点。"前者从本质主义、客观主义的立场出发，认为证据是客观存在的事实，其内在属性是客观性及关联性，合法性只是法律对证据的外在调控，是其外在属性而非本质属性，证据的客观性是诉讼真实与公正的哲理基础和操作标准，客观性本身就是真理与价值的统一，发现与论证的统一，合法性要屈从于客观性，为了查明真相，可以不受法律规则的限制。后者从形式主义、程序主义原则出发，认为案件事实在资源有限的法庭中难以查明，但纠纷必须解决，为此依据法律规定确定各种诉讼证据的资格和效力就成为诉讼证据的内在要求。合法性同客观性、关联性一样也是诉讼证据的本质属性，甚至是更重要的本质属性。"[①]目前，"三性论"已经成为通说，合法性作为证据属性之一已成为共识。合法性是指证据的形式、收集证据的主体及收集证据的程序符合法律规定。在实践中，主要从以下方面审查证据的合法性：

(1)证据的收集主体是否合法；

(2)证据是否符合法定形式；

(3)证据的取得是否符合法律、法规、司法解释和规章的要求；

(4)是否有影响证据效力的其他违法情形。

3. 关联性

证据的关联性因主要解决司法中证据运用的基本问题而在证据规则体系中具有基础性，在英国甚至被冠以"黄金规则"之称。[②] 所谓证据的关联性，是指诉讼证据与待证事实之间存在客观联系并能够证明待证事实是否存在。"一般应包括以下几个方面的内容：其一，证据与待证事实、案件争点的联系必须是一种自然的、客观的联系。即提出的证据，应根据事物或自然的

---

① 张策华、李明和："诉讼证据合法性问题辨析"，载《南京师大学报》(社会科学版)2004年第3期，第32页。

② 参见王秋荣："证据关联性规则研究"，复旦大学2012年博士学位论文，第3页。

条理以谋求与待证事实之间的关系。……其二,证据的关联性强调的是证据与案件争点、待证事实之间存在一种实质性的、根本性的联系:即强调证据的实质性证明力。……其三,证据的相关性的另一个重要方面在于证据对案件的证明作用。"[①]

典型案例

当事人之间的质证与法院的认定均围绕证据的真实性、关联性、合法性展开

——葛某某诉尹某某、李某某民间借贷纠纷一审案件[②]

1. 基本案情

原告:葛某某。

被告:尹某某。

被告:李某某。

在原告葛某某与被告尹某某、李某某民间借贷纠纷一案中,原告葛某某为支持其诉讼主张,当庭出示并宣读了以下证据材料:

证据1. 原告的身份证,证明原告的诉讼主体适格;

证据2. 两被告的人口信息及婚姻登记申请书,证明两被告的诉讼主体适格及两被告在本案借款发生时系夫妻关系;

证据3. 借条原件1份,证明被告尹某某于2013年10月7日向原告借款100,000元的事实;

证据4. 借条原件1份,证明被告尹某某曾为案外人蒋学伟于2013年8月30日向原告借款200,000元提供担保的事实。

被告尹某某、李某某为证明其答辩意见,当庭出示并宣读了以下证据材料:

证据1. 个体工商户登记信息1份,证明临海市金木金属制品厂的个体经

---

① 谢佑平:《刑事司法程序的一般理论》,复旦大学出版社2003年版,第278~280页。

② 台州市椒江区人民法院(2015)台椒椒北商初字第00235号,摘自"中国裁判文书网"。

营者为原告葛某某。

证据 2. 信用卡交易流水单 1 份，证明两被告通过李某某的台州银行账户向原告经营的临海市金木金属制品厂分别于 2013 年 10 月 22 日、同年 12 月 20 日转账 89,800 元、59,500 元。

证据 3. 椒江信用社交易单、台州银行信用卡流水各 1 份、农业银行卡卡转账 1 份，证明两被告分别于 2013 年 9 月 24 日向原告还款 10,000 元、9500 元，于 2015 年 1 月 8 日还款 15,000 元，于 2015 年 2 月 17 日还款 5000 元。

被告尹某某、李某某对原告提供证据 1～2 无异议；对证据 3 无异议，但认为被告已还清款项；对证据 4 的真实性、合法性无异议，但认为与本案无关联性，且原告未提供证据证明其已向蒋学伟交付借款，该借款关系是否生效未提供证明，被告尹某某提供的担保是否生效仍不能确定。

原告对两被告提供的证据 1 无异议；对证据 2 的真实性、合法性无异议，但认为该两笔还款系履行担保责任；对证据 3 椒江信用社还款的账户未显示名称，不能证明系两被告还款，且 2013 年 9 月 24 日通过椒江信用社还款及台州银行的两笔还款时间均早于两被告向原告借款的时间，与本案无关；2015 年 1 月 8 日通过农业银行卡卡转账的 15,000 元原告予以认可，即与原告起诉事实中陈述两被告于 2014 年年底支付利息 15,000 元的事实相符；2015 年 2 月 17 日的还款系两被告通过原告的账户归还其向原告母亲的借款，与本案无关。对于两被告未在举证时间内提供证据 3 的行为，要求进行处理。

法院认证认为：对各方当事人均无异议的原告提供的证据 1～2 及两被告提供的证据 1，本院经审核予以认定。对原告提供的证据 3，被告对其真实性、关联性、合法性均无异议，本院经审核予以认定。对原告提供的证据 4，对其真实性无异议，本院对其真实性予以确认。对被告提供的证据 2，原告对其真实性、合法性无异议，本院对其真实性、合法性予以确认。对被告提供的证据 3 的真实性无异议，本院对其真实性予以确认。其中 2013 年 9 月 24 日的两笔款项转账时间早于本案借款时间，与本案无关，其中 2015 年 1 月 8 日的款项 15,000 元，原告已自认，其中 2015 年 2 月 17 日的款项 5000 元，系两被告逾期提供的证据，且该证据不影响本案基本事实的认定，故不予分析和认定。

根据上述认定的证据，结合原、被告的当庭陈述，法院认定本案事实如下：

被告尹某某、李某某于2001年4月16日登记结婚。临海市金木金属制品厂系原告葛某某个人经营，属个体工商户性质。2013年10月7日，被告尹某某向原告葛某某借款100,000元，约定借款月利率为2%，未约定还款时间，并由被告尹某某出具借条一份。被告李某某分别于2013年10月22日、同年12月20日向原告经营的临海市金木金属制品厂的账户支付89,800元、59,500元，共计149,300元。

2. 法院裁判及观点

法院认为，原告与被告尹某某之间民间借贷关系真实合法。被告尹某某在取得借款后，该借款关系发生法律效力。两被告于2013年10月22日、12月20日共向原告支付149,300元，该还款数额已超过两被告应向原告归还的借款本息，故原、被告之间关于该笔借款的债权债务关系因两被告的履行而终止。原告主张两被告的还款系履行对案外人蒋学伟向原告借款的担保责任的事实，对此，在原、被告均不能证明还款属于归还何笔债务的情况下，本院认为，被告尹某某既有向原告借款产生的债务，也有为他人向原告借款提供担保产生的保证债务，但保证债务的承担应视主债务的履行情况而定，故保证债务不一定需直接承担，且基于利己角度考虑，被告尹某某先行偿还自己欠原告的债务，符合当事人的利益，故对原告的这一主张不予采纳。原告的诉讼请求于法无据，本院不予支持。依照《合同法》第6条、第91条第1款第(1)项、第211条第2款和《最高人民法院关于民事诉讼证据的若干规定》第2条规定，判决如下：驳回原告葛某某的诉讼请求。案件受理费1180元(已减半)，由原告葛某某负担。

3. 案例评析

本案涉及如何对证据进行质证与认定。通说认为，证据具有“三性”，即真实性、合法性、关联性。因此，现行法律规定，当事人质证时应当围绕证据的真实性、合法性以及与待证事实的关联性进行质证，并针对证据有无证明力和证明力大小进行说明和辩论。而法院则结合当事人之间的质证情况，按照法定程序，通过自由心证全面、客观地审核证据，依照法律规定，运用逻辑推理及日常生活经验法则对证据进行认定。对于能够反映案件真实情况、与待证事实相关联、来源和形式符合法律规定的证据，应当作为认定案件事实的根据。本案中，原、被告双方均提交了证据并相互进行了质证，法院结合当事人之间的质证情况，对双方证据的真实性、合法性、关联性进行审核并认定案件事实。

有关法律规定

《最高人民法院关于民事诉讼证据的若干规定》(法释〔2001〕33号)

第五十条　质证时，当事人应当围绕证据的真实性、关联性、合法性，针对证据证明力有无以及证明力大小进行质疑、说明与辩驳。

第六十五条　审判人员对单一证据可以从下列方面进行审核认定：

(一)证据是否原件、原物，复印件、复制品与原件、原物是否相符；

(二)证据与本案事实是否相关；

(三)证据的形式、来源是否符合法律规定；

(四)证据的内容是否真实；

(五)证人或者提供证据的人，与当事人有无利害关系。

第六十八条　以侵害他人合法权益或者违反法律禁止性规定的方法取得的证据，不能作为认定案件事实的依据。

最高人民法院《关于适用〈中华人民共和国民事诉讼法〉的解释》(法释〔2015〕5号)

第九十三条第一款　下列事实，当事人无须举证证明：

(一)自然规律以及定理、定律；

(二)众所周知的事实；

(三)根据法律规定推定的事实；

(四)根据已知的事实和日常生活经验法则推定出的另一事实；

(五)已为人民法院发生法律效力的裁判所确认的事实；

(六)已为仲裁机构生效裁决所确认的事实；

(七)已为有效公证文书所证明的事实。

第一百零四条　人民法院应当组织当事人围绕证据的真实性、合法性以及与待证事实的关联性进行质证，并针对证据有无证明力和证明力大小进行说明和辩论。

能够反映案件真实情况、与待证事实相关联、来源和形式符合法律规定的证据，应当作为认定案件事实的根据。

《最高人民法院关于行政诉讼证据若干问题的规定》(法释〔2002〕21号)

第五十五条　法庭应当根据案件的具体情况,从以下方面审查证据的合法性:

(一)证据是否符合法定形式;

(二)证据的取得是否符合法律、法规、司法解释和规章的要求;

(三)是否有影响证据效力的其他违法情形。

第五十六条　法庭应当根据案件的具体情况,从以下方面审查证据的真实性:

(一)证据形成的原因;

(二)发现证据时的客观环境;

(三)证据是否为原件、原物,复制件、复制品与原件、原物是否相符;

(四)提供证据的人或者证人与当事人是否具有利害关系;

(五)影响证据真实性的其他因素。

第五十七条　下列证据材料不能作为定案依据:

(一)严重违反法定程序收集的证据材料;

(二)以偷拍、偷录、窃听等手段获取侵害他人合法权益的证据材料;

(三)以利诱、欺诈、胁迫、暴力等不正当手段获取的证据材料;

(四)当事人无正当事由超出举证期限提供的证据材料;

(五)在中华人民共和国领域以外或者在中华人民共和国香港特别行政区、澳门特别行政区和台湾地区形成的未办理法定证明手续的证据材料;

(六)当事人无正当理由拒不提供原件、原物,又无其他证据印证,且对方当事人不予认可的证据的复制件或者复制品;

(七)被当事人或者他人进行技术处理而无法辨明真伪的证据材料;

(八)不能正确表达意志的证人提供的证言;

(九)不具备合法性和真实性的其他证据材料。

第五十八条　以违反法律禁止性规定或者侵犯他人合法权益的方法取得的证据,不能作为认定案件事实的依据。

三、提交虚假的证据有什么法律后果

基本理论

真实性是证据的本质属性。虚假的证据不得作为认定案件事实的证据。

在诉讼中，当事人提交虚假证据可能承担如下法律后果：

1. 民事责任

(1)承担败诉后果。当证明案件事实的主要证据虚假时，当事人将承担败诉后果。

(2)损害赔偿责任。当事人一方因对方当事人提供虚假证据导致的财产损失，有权要求赔偿。譬如，因对方当事人提供虚假证据，向法院申请查封扣押一方当事人的机器设备导致的生产损失，一方当事人有权要求赔偿。

2. 民事制裁

对于伪造、毁灭重要证据，妨碍人民法院审理案件的或者以暴力、威胁、贿买方法阻止证人作证或者指使、贿买、胁迫他人作伪证的，人民法院可以根据情节轻重予以罚款、拘留。对个人的罚款金额，为人民币 10 万元以下。对单位的罚款金额，为人民币 5 万元以上 100 万元以下。拘留的期限，为 15 日以下。

3. 刑事责任

当事人提交虚假证据，构成犯罪的，依法追究刑事责任。根据《刑法》规定，当事人以暴力、威胁、贿买等方法阻止证人作证或者指使他人作伪证的，构成妨害作证罪，处 3 年以下有期徒刑或者拘役；情节严重的，处 3 年以上 7 年以下有期徒刑。

典型案例

在民间借贷诉讼当事人在诉讼中故意指使他人作伪证的，构成妨害作证罪

——汤某妨害作证罪案①

1. 案情简介

公诉机关江苏省邳州市人民检察院。

被告人汤某，个体经营户，住邳州市。2014 年 5 月 9 日因涉嫌犯妨害作

① 参见江苏省邳州市人民法院(2015)邳刑初字第 0161 号刑事判决。

证罪被邳州市公安局取保候审。

2012 年至 2013 年 5 月间，被告人汤某在与李某、刘某民间借贷纠纷一案诉讼期间，为证实“李某向其借款 500 万元，刘某作为担保人，并已交付其 600 万元银行承兑汇票”的事实，被告人汤某将事先拟定的与事实不相符的书面证明材料让其妻子杨某和王某签字，又以“江苏中阳木业有限公司”名义出具书面证明材料，并将上述材料作为证据提交法庭。在徐州市中级人民法院开庭审理时，其又指使杨某和王某按照其交代的内容出庭作证，并将李某提供的虚假的证言及证明材料提交法庭，后该院采纳上述证据，并于 2013 年 5 月 6 日作出有利于被告人汤某的民事判决。现汤某与李某、刘某民间借贷纠纷一案已由检察院向法院提出抗诉，法院已于 2014 年 6 月 19 日作出再审裁定。

2014 年 5 月 8 日，被告人汤某主动到邳州市公安局经案大队投案自首。

2. 法院裁判及观点

法院认为，被告人汤某在与他人进行民事诉讼期间，指使他人作伪证，其行为侵犯司法机关正常的诉讼活动，构成妨害作证罪。公诉机关指控事实、罪名成立，本院予以确认。论罪被告人汤某应在 3 年以下有期徒刑或者拘役的量刑幅度内处罚。被告人汤某主动投案，如实供述犯罪事实，系自首，同时结合具体案情，可从轻处罚。考虑到被告人汤某犯罪情节较轻，并经考察，对其适用缓刑没有再犯罪的危险，并对所居住社区没有重大不良影响，可宣告缓刑。依照《刑法》第 307 条第 1 款、第 67 条第 1 款、第 72 条第 1 款、第 73 条第 2、3 款之规定，判决如下：

被告人汤某犯妨害作证罪，判处有期徒刑 10 个月，缓刑 1 年。

（缓刑考验期限，从判决确定之日起计算。）

3. 案例评析

本案当事人在民间借贷纠纷案件中向法院指使他人作伪证涉嫌妨害作证罪。妨害作证罪属于妨害司法罪之一。本罪侵害了司法公正，在客观方面主要表现为以暴力、威胁、贿买等方法阻止证人作证或者指使他人作伪证的行为，主观方面表现为故意，即明知自己妨害作证的行为会发生妨害司法公正的结果，并且希望或者放任这种结果发生。实践中，要注意与伪证罪的区别。伪证罪是指在刑事诉讼中，证人、鉴定人、记录人、翻译人对与案件有重要关系的情节，故意作虚假证明、鉴定、记录、翻译，意图陷害他人或者隐匿罪证的行为。因此，妨害作证罪与伪证罪主要区别如下：一是罪行发生的诉讼领域不同。伪证罪仅发生在刑事诉讼中，而妨害作证罪既可以发生在民事诉讼中，又可以发生在刑事诉讼中。二是犯罪主体不同。伪证罪限于证人、鉴定人、记录人、翻译人，妨害作证罪的犯罪主体是除辩护人、诉讼代理人、证人、鉴定人、记录人、翻译人以外的其他一般主体。三是客观行为不同。伪证罪表现为故意作虚假证明、鉴定、记录、翻译，意图陷害他人或者隐匿罪证的行为。妨害作证罪表现为以暴力、威胁、贿买等方法阻止证人作证或者指使他人作伪证的行为。在本案中，被告人在与他人进行民间借贷纠纷诉讼期间，指使他人作伪证，致使其行为侵犯司法机关正常的诉讼活动，构成妨害作证罪。

有关法律规定

《中华人民共和国民事诉讼法》(2012 年修订)

第一百一十二条　诉讼参与人或者其他人有下列行为之一的，人民法院可以根据情节轻重予以罚款、拘留；构成犯罪的，依法追究刑事责任：

(一)伪造、毁灭重要证据，妨碍人民法院审理案件的；

(二)以暴力、威胁、贿买方法阻止证人作证或者指使、贿买、胁迫他人作伪证的；

……

人民法院对有前款规定的行为之一的单位，可以对其主要负责人或者直接责任人员予以罚款、拘留；构成犯罪的，依法追究刑事责任。

第一百一十五条　对个人的罚款金额，为人民币十万元以下。对单位的罚款金额，为人民币五万元以上一百万元以下。

拘留的期限，为十五日以下。

被拘留的人，由人民法院交公安机关看管。在拘留期间，被拘留人承认并改正错误的，人民法院可以决定提前解除拘留。

《中华人民共和国刑法》(1997 年)

第三百零七条　以暴力、威胁、贿买等方法阻止证人作证或者指使他人作伪证的，处三年以下有期徒刑或者拘役；情节严重的，处三年以上七年以下有期徒刑。

帮助当事人毁灭、伪造证据，情节严重的，处三年以下有期徒刑或者拘役。

司法工作人员犯前两款罪的,从重处罚。

四、如何申请证据保全

基本理论

证据保全是指人民法院根据当事人或利害关系人的申请或依职权对可能灭失或者以后难以取得的证据予以调查收集和固定保存的行为。

1. 申请证据保全的条件

根据有关规定,当事人申请证据保全应当具备下列条件:

(1)保全的证据必须与案件有关联,即该证据对双方当事人之间民事关系发生、变更或消灭具有证明作用;

(2)证据可能灭失或以后难以取得。

(3)可以在举证期限届满前书面提出,一般不得迟于举证期限届满前7日。情况紧急的,可以在提起诉讼或者申请仲裁前向证据所在地、被申请人住所地或者对案件有管辖权的人民法院申请。

(4)证据保全可能对他人造成损失的,人民法院应当责令申请人提供相应的担保。

2. 申请证据保全提交的材料

当事人申请证据保全,应提交以下材料:

(1)申请书。申请书应当载明:当事人及其基本情况;申请保全证据的名称和地点、保全的具体内容、范围;请求保全的证据能够证明的对象;申请理由,包括证据可能灭失或者以后难以取得,且当事人及其诉讼代理人因客观原因不能自行收集的具体说明。

(2)证明当事人之间存在申请人主张的民事关系(如被申请人实施了侵权行为)的初步证据。

(3)人民法院责令申请人提供相应担保的,申请人应当提供有效的担保手续。

3. 后续处理

(1)人民法院接受申请后,对情况紧急的,必须在48小时内作出裁定;裁定采取保全措施的，应当立即开始执行，根据具体情况采取查封、扣押、拍照、录音、录像、复制、鉴定、勘验、制作笔录等保全方法。

(2)诉前证据保全的，申请人在人民法院采取保全措施后30日内不依法提起诉讼或者申请仲裁的，人民法院应当解除保全。

(3)申请有错误的，申请人应当赔偿被申请人因保全所遭受的损失。

典型案例

当事人证据保全申请应当明确保全的具体内容、范围

——陶某与泸州丰业房地产开发有限公司证据保全案[①]

1. 基本案情

原告：陶某。

被告：泸州丰业房地产开发有限公司。

原告陶某与被告泸州丰业房地产开发有限公司民间借贷纠纷一案，原告于2013年3月5日向法院提出证据保全申请，要求对原、被告及王定槐间的资金往来凭证予以保全。

2. 法院裁判及观点

法院认为，原告的申请符合有关法律规定，依照《民事诉讼法》第81条、第100条的规定，裁定如下：

在被告泸州丰业房地产开发有限公司处提取原告陶某与被告泸州丰业房地产开发有限公司、该公司鹭岛国际项目部及王定槐间的资金往来凭证。

本裁定书送达后立即执行。

如不服本裁定，可向本院申请复议一次。复议期间不停止裁定的执行。

3. 案例评析

本案涉及证据保全申请应当载明的内容。在证据可能灭失或者以后难以取得的情况下，当事人可以在举证期限届满前以书面形式申请证据保全。书面申请应当写明申请保全证据的名称和地点、保全的具体内容、范围及保

① 四川省泸州市江阳区人民法院(2013)江阳民保字第53号民事裁定。

全理由等。本案中,原告申请证据保全的内容为原、被告及王定槐间的资金往来凭证。

有关法律规定

《中华人民共和国民事诉讼法》(2012 年修订)

第八十一条 在证据可能灭失或者以后难以取得的情况下,当事人可以在诉讼过程中向人民法院申请保全证据,人民法院也可以主动采取保全措施。

因情况紧急,在证据可能灭失或者以后难以取得的情况下,利害关系人可以在提起诉讼或者申请仲裁前向证据所在地、被申请人住所地或者对案件有管辖权的人民法院申请保全证据。

证据保全的其他程序,参照适用本法第九章保全的有关规定。

最高人民法院《关于适用〈中华人民共和国民事诉讼法〉的解释》(法释〔2015〕5号)

第九十八条 当事人根据民事诉讼法第八十一条第一款规定申请证据保全的,可以在举证期限届满前书面提出。

证据保全可能对他人造成损失的,人民法院应当责令申请人提供相应的担保。

《最高人民法院关于民事诉讼证据的若干规定》(法释〔2001〕33 号)

第二十三条 当事人依据《民事诉讼法》第七十四条的规定向人民法院申请保全证据,不得迟于举证期限届满前七日。

当事人申请保全证据的,人民法院可以要求其提供相应的担保。

法律、司法解释规定诉前保全证据的,依照其规定办理。

第二十四条 人民法院进行证据保全可以根据具体情况采取查封、扣押、拍照、录音、录像、复制、鉴定、勘验、制作笔录等方法。

人民法院进行证据保全,可以要求当事人或者诉讼代理人到场。

第三节
怎样提交有证明力的证据

一、已经有借据的，是否还应当提交交付凭证

基本理论

在合同法理论上，合同成立不同于合同生效。合同成立是指订约当事人就合同的主要条款达成合意，是合同生效的前提。合同生效则是对已经成立的合同在当事人之间产生法律拘束力，即具有法律效力。“合同效力系法律对当事人之间合意的评价，并非直接源于当事人的意志，而是源于法律的赋予。”[①]一般情况下，依法成立的合同，自成立时生效，但法律、行政法规规定应当办理批准、登记等手续生效的，依照其规定。

民间借贷是指自然人、法人、其他组织之间及其相互之间进行资金融通的行为。在本质上，民间借贷纠纷属于借款合同纠纷之一，民间借贷中常见的借据属于简化的借款合同。民间借贷的主体包括自然人及非金融机构（法人、其他组织）。根据现行法律规定，借贷主体不同，民间借贷关系的生效要件也不同。

1. 自然人之间的民间借贷

《合同法》第210条规定：“自然人之间的借款合同，自贷款人提供借款时生效。”基于此规定，通说认为自然人之间的民间借贷属于实践合同，与诺成合同相对，其生效不仅需要当事人关于借贷的意思表示一致，而且需要出借

---

① 最高人民法院民事审判第一庭编著：《民间借贷纠纷审判案例指导》，人民法院出版社2015年版，第193页。

人将借款实际交付借款人或者借款人指定、认可的接收人。自然人之间的借款合同即使有关于合同经签字或盖章后发生效力的约定,也不能改变合同生效的法律评价标准。[①] 根据现行规定,具有下列情形之一,可以视为具备《合同法》第210条关于自然人之间借款合同的生效要件:一是以现金支付的,自借款人收到借款时;二是以银行转账、网上电子汇款或者通过网络贷款平台等形式支付的,自资金到达借款人账户时;三是以票据交付的,自借款人依法取得票据权利时;四是出借人将特定资金账户支配权授权给借款人的,自借款人取得对该账户实际支配权时;五是出借人以与借款人约定的其他方式提供借款并实际履行完成时。因此,在民间借贷案件中,出借人为主张权利,需要承担证明借贷合意成立及借款实际交付给借款人的举证责任。实践中,出借人提供了借据,是否还需要提交交付凭证?

(1)一般情况下无需提交交付凭证

结合民间借贷交易习惯及借贷人之间的关系、借贷金额等因素,借据是在收到出借人提供的借款后由借款人出具的反映债权债务的凭证,因而是证明双方存在借贷合意和借贷关系实际发生的直接证据,具有较强的证明力,一般情况下不需要另行提交交付凭证。

(2)特殊情况下需要提交交付凭证

在借贷金额较大、大额现金交付等情况下,原告仅依据借据、收据、欠条等债权凭证提起民间借贷诉讼,被告抗辩借贷行为尚未实际发生并能作出合理说明,则原告应就资金的来源及走向、付款凭据、交付细节等事项继续举证,以证明借款实际交付,其中交付凭证是证明借款实际交付的重要证据,如借款人出具的收条、汇款凭证、转账凭证、银行流水账单、网上银行电子回单、支付宝、财付通交易记录等。在此情况下,人民法院则应当结合借贷金额、款项交付、当事人的经济能力、当地或者当事人之间的交易方式、交易习惯、当事人财产变动情况以及证人证言等事实和因素,综合判断查证借贷事实是否发生。

2. 非金融机构之间、自然人与非金融机构之间的民间借贷

根据现行规定,除自然人之间的借款合同外,当事人主张民间借贷合同

---

① 参见最高人民法院民事审判第一庭编著:《民间借贷纠纷审判案例指导》,人民法院出版社2015年版,第203页。

自合同成立时生效的，人民法院应予支持，但当事人另有约定或者法律、行政法规另有规定的除外。因此，非金融机构之间、自然人与非金融机构之间的民间借贷合同，在无特别约定或法律、行政法规另有规定的情况，可以自合同成立时生效。在此情况下，交付就成为合同的履行行为，一方当事人未履行交付借款的行为，另一方当事人可以主张对方承担违约责任。只有履行了借款交付，出借人才能向借款人主张偿还借款。因此，非金融机构之间、自然人与非金融机构之间的民间借贷纠纷，出借人应当提交交付凭证。

典型案例

原告仅凭借条起诉，被告抗辩借贷行为尚未实际发生并能作出合理说明，原告应就借款交付情况继续举证

——何某甲与何某乙民间借贷纠纷二审案①

1. 基本案情

上诉人(原审原告)：何某甲。

被上诉人(原审被告)：何某乙。

一审法院审理认定，何某丙曾借给被告人民币 30 万元，因需用资金提前通知被告务必在 2013 年 11 月 20 日之前归还。2013 年 11 月 14 日，何某丁对被告借款邀约，做出借给 20 万元的承诺，30 万元暂时不能答复还需看看；原告承诺借给 10 万元，20 万元没有。被告根据上述承诺和确定的资金给付时间，在小日记本上记下"11 月 15 号何某甲 10 万元，11 月 16 日何某丁 20 万元(还何某丙款)"。针对涉案《借条》出具时间及资金是否交付等问题，双方有不同的说法，其中被告陈述：2013 年 11 月 14 日，原告晚上回家被告赶去，谈妥借款金额和交付时间，便留了"借条"给原告。原告陈述：2013 年 11 月 14 日，原告没有回过家。2013 年 11 月 15 日早上回的家，被告赶过来先写了《借条》留在家里，双方再赶到银行，在 9 时之前取了 10 余万元现金，给了被告 10 万元带走。被告又陈述：2013 年 11 月 15 日早上 8

---

① 参见浙江省金华市中级人民法院(2015)浙金商终字第 1397 号民事判决。

时许,被告去到何某丁家,何某丁答应借给 30 万元,被告便打电话告知原告,被告已借齐所需资金,原定向原告借款取消,并让原告撕毁《借条》。该日被告没有去过银行,也未与原告见过面。然后,被告将小日记本上"11 月 15 号何某甲 10 万元"划掉,将何某丁"20 万元"2 字改为 3 字,形成向何某丁借款 30 万元。2013 年 11 月 15 日,被告拿到何某丁借款资金 10 万元,次日 20 万元。2015 年春节前夕,原告在村口遇到被告要被告还款,被告要原告给看借条,晚上原告夫妻,何某丙夫妻和被告共 5 人在场,对是否交付过借款问题议定次日到银行核对。由于早期监控因循环录制已消失,原告说款子借给被告,被告当场存入银行,而被告账户没有查到存款记录,双方争执不下,原告提起了诉讼。另查明,原告在 2013 年 11 月 15 日 12 时 52 分之后共提取银行存款 9 万余元。

原审法院审理认为:人民币 10 万元在农村家庭应属不小的数字,对借款是否交付,借款过程,双方心中应该清楚。然而,原告出借资金,在来源上、提款时间上都诉说不清,且与证据不符;在借款用途上原告清楚归还何某丙借款,可归还何某丙借款资金被告已足额从何某丁处借得;原告在庭上主动提出被告有一小日记本,并认为记录情况不合常理。但被告的解释恰恰更为合理,可信度较高。结合何某丁听到要对方撕毁借条的证言,进一步证明了被告借款的目的和所需资金的数量,被告再借资金的可能性应该不大。综上所述,原告的诉讼请求虽有《借条》相依托,但缺乏交付的证据,所以该请求本院不予支持。依照《民事诉讼法》第 13 条第 1 款、第 64 条,《合同法》第 210 条之规定,判决:驳回原告何某甲的诉讼请求。本案受理费 1300 元(已减半收取),由原告负担。

何某甲不服原审法院上述民事判决提起上诉。二审法院经审理认定的事实与原审法院认定的事实一致。

2. 法院裁判及观点

二审法院认为,当事人在第一审程序中实施的诉讼行为,在第二审程序中对该当事人仍具有拘束力,当事人无正当理由推翻其在第一审程序中实施的诉讼行为,本院不予支持。本案诉争焦点为 2013 年 11 月 15 日何某乙出具给何某甲的 10 万元借条双方是否已经实际履行,何某甲在出借资金的来源、时间上,一审、二审的陈述矛盾,与相关证据也不符。至于何某乙的借款用途，是归还何某丙的借款，而该还款已足额从何某丁处借得，结合相关证人证言，可以认定2013年11月15日，何某乙出具给何某甲的10万元借条双方并未实际履行。综上，本院认为何某甲上诉理由不能成立，原审法院认定事实清楚，适用法律正确，依照《民事诉讼法》第170条第1款第(1)项的规定，判决如下：驳回上诉，维持原判。二审案件受理费2600元，由上诉人何某甲负担。

3. 案例评析

本案涉及原告仅凭借条起诉，被告抗辩借贷行为尚未实际发生并能作出合理说明时，法院如何认定的问题。借条是表明债权债务关系的书面凭证，从借条出具的习惯看，收到相应款项后再出具借条是惯常做法。因此，一般情况下，借条是反映借贷关系成立并实际发生的直接证据。但是，在被告抗辩借贷行为尚未实际发生并能作出合理说明时，原告应当继续举证证明借款实际交付。实践中，对现金交付的借贷，可根据交付凭证、支付能力、交易习惯、借贷金额的大小、当事人间的关系以及当事人陈述的交易细节经过等因素综合判断。其中交付凭证是证明借款实际交付的直接证据，证明力较强；当事人经济能力、当事人财产变动情况、当事人陈述的交易细节等构成间接证据；证人证言可以是直接证据，也可能是间接证据。本案中，上诉人(原审原告)仅凭借条起诉，被上诉人(原审被告)抗辩借贷行为尚未实际发生并通过陈述、提供证人证言作出合理说明，上诉人对实际交付借款举证不能，故法院未能支持其诉讼请求。

有关法律规定

《中华人民共和国合同法》(1999年)

第四十四条　依法成立的合同，自成立时生效。

法律、行政法规规定应当办理批准、登记等手续生效的，依照其规定。

第二百一十条　自然人之间的借款合同，自贷款人提供借款时生效。

《最高人民法院关于审理民间借贷案件适用法律若干问题的规定》(法释〔2015〕18号)

第一条　本规定所称的民间借贷，是指自然人、法人、其他组织之间及其相互之间进行资金融通的行为。

经金融监管部门批准设立的从事贷款业务的金融机构及其分支机构,因发放贷款等相关金融业务引发的纠纷,不适用本规定。

第九条 具有下列情形之一,可以视为具备合同法第二百一十条关于自然人之间借款合同的生效要件:

(一)以现金支付的,自借款人收到借款时;

(二)以银行转账、网上电子汇款或者通过网络贷款平台等形式支付的,自资金到达借款人账户时;

(三)以票据交付的,自借款人依法取得票据权利时;

(四)出借人将特定资金账户支配权授权给借款人的,自借款人取得对该账户实际支配权时;

(五)出借人以与借款人约定的其他方式提供借款并实际履行完成时。

第十条 除自然人之间的借款合同外,当事人主张民间借贷合同自合同成立时生效的,人民法院应予支持,但当事人另有约定或者法律、行政法规另有规定的除外。

第十六条 原告仅依据借据、收据、欠条等债权凭证提起民间借贷诉讼,被告抗辩已经偿还借款,被告应当对其主张提供证据证明。被告提供相应证据证明其主张后,原告仍应就借贷关系的成立承担举证证明责任。

被告抗辩借贷行为尚未实际发生并能作出合理说明,人民法院应当结合借贷金额、款项交付、当事人的经济能力、当地或者当事人之间的交易方式、交易习惯、当事人财产变动情况以及证人证言等事实和因素,综合判断查证借贷事实是否发生。

二、QQ聊天记录、手机短信记录及支付宝、余额宝、财付通交易记录等电子数据需要公证吗

基本理论

1. QQ聊天记录、手机短信记录及支付宝、余额宝、财付通交易记录等属于电子数据证据

《民事诉讼法》第63条第1款规定,电子数据是证据类型之一。所谓电

子数据，是指通过电子邮件、电子数据交换、网上聊天记录、博客、微博客、手机短信、电子签名、域名等形成或存储在电子介质中的信息。其与《电子签名法》规定的数据电文具有同一性。[①] 根据定义，现实生活中常见的QQ聊天记录、手机短信记录及支付宝、余额宝、财付通交易记录等，均属于电子数据证据。在司法实践中，QQ聊天记录、手机短信记录证明范围较广，譬如可以用作证明借贷关系、证明诉讼时效、证明借款交付情况等。支付宝、余额宝、财付通等交易记录主要用于证明借款交付情况。

2. 电子数据的证明力

因电子数据证据具有与传统证据完全不同的特征，实践中电子数据证据的真实性就成为质证与认定证明力有无及其大小的关键问题。

(1)学说理论

关于电子数据的证明力问题，学界普遍从电子数据的"脆弱性"、"易变性"或"易篡改性"等缺陷特征入手表明其证明力较弱，但也有学者认为"绝大多数电子证据具有极强的稳定性和安全性"。[②] "国内外已有大量案例材料表明，只有少数的电子数据才易于篡改或失真，即使是针对这类易于被篡改的电子数据也大都有相应的数据恢复技术和电子痕迹捕捉、鉴定技术来追踪其原貌。"[③]因此，有学者从电子数据证据类型化着手，将电子数据证据区分为孤立数据与系统数据，从而构建电子数据真实性判断的一般标准和特殊标准，前者适用于各类电子数据，后者则主要适用于二维数据和部分孤立数据。一般标准包括：一是系统数据的真实性高于孤立数据；二是孤立数据中，不可读数据的真实性高于只读数据，只读数据又高于可编辑数据；三是系统数据中，多维数据的真实性高于二维数据，联网数据往往又高于单机数据。在满足关联性和合法性的前提下，多维数据的真实性一般可以直接予以采纳。特殊标准包括：一是判断二维数据的真实性须进行原始性判断；二是判

---

① 《中华人民共和国电子签名法》第2条第2款规定："本法所称数据电文，是指以电子、光学、磁或者类似手段生成、发送、接收或者储存的信息。"

② 何家弘、刘品新著：《证据法学》，法律出版社2011年版，第188页。

③ 何文燕、张庆霖："电子数据类型化及其真实性判断"，载《湘潭大学学报》(哲学社会科学版)2013年第2期，第31页。

断部分孤立数据的真实性须进行一致性校验。①

(2)法律规定

从法律规定看,电子数据真实性的法律判断标准,主要包括以下内容:

一是关于电子数据证据原件的认定条件。符合下列条件的电子数据,视为满足法律、法规规定的原件形式要求:能够有效地表现所载内容并可供随时调取查用;能够可靠地保证自最终形成时起,内容保持完整、未被更改。但是,在数据电文上增加背书以及数据交换、储存和显示过程中发生的形式变化不影响数据电文的完整性。

二是关于电子数据证据一致性的认定条件。符合下列条件的数据电文,视为满足法律、法规规定的文件保存要求:能够有效地表现所载内容并可供随时调取查用;数据电文的格式与其生成、发送或者接收时的格式相同,或者格式不相同但是能够准确表现原来生成、发送或者接收的内容;能够识别数据电文的发件人、收件人以及发送、接收的时间。

三是关于电子数据证据真实性的具体审查。审查数据电文作为证据的真实性,应当考虑以下因素:生成、储存或者传递数据电文方法的可靠性;保持内容完整性方法的可靠性;用以鉴别发件人方法的可靠性;其他相关因素。

(3)司法实践

法律规定欠缺可操作性。在司法实践中,法官对电子数据证据的证明力问题认识不一,有的认为电子数据的证明力通常比较低下,理由在于"电子证据具有脆弱性。保存于光、磁性介质上的电子证据是可涂写的数据,在存储、传输和使用过程中,极易遭到截取、篡改、删除等破坏,且可不留痕迹。正因为电子证据的隐蔽性和易于遭到篡改,给证据的审查、认定带来难度,所以一

① 详见何文燕、张庆霖:"电子数据类型化及其真实性判断",载《湘潭大学学报》(哲学社会科学版)2013年第2期,第31页。孤立数据是指由一方当事人独立制作或掌握的,且大多以本地文件(Local File)形式存在的数据,包括可编辑数据、只读数据、不可读数据。系统数据分为二维数据和多维数据,前者是指产生、储存于双方当事人的电子设备或系统中的数据类型,在时间和路径上均存在两个维度对其真实性加以验证,这种数据不论是存在于哪一方当事人的系统中,均属于原生证据而非派生证据。后者是指由当事人双方和第三方主体共同制作、生成或控制的数据类型,或者由当事人意志以外的其他机制确保其真实性的数据形式。

般认为其证明力相对低下”。[①] 有的认为电子数据一般仅能视为间接证据。例如，在陈述定案的心证过程时有法官写道，“电子证据不具有独立的证明力”。[②] 因此，司法实践中法官对电子数据进行认证与采信时尚缺乏统一性，存在“同案不同判”问题。[③]

3. 从增强证明力角度，电子数据证据可以公证

“保全证据”是《公证法》规定的公证事项之一。在司法实践中，公证保全具有如下效力：一方面可以提升电子数据的证明力。电子数据证据“经公证后，公证机关会保留一份经过加密的电子数据复本，此复本效力与原件相同。一旦原始电子数据内容发生变更或载体灭失，此备份电子数据就可发挥原始证据的作用”。[④] 另一方面，公证具有较强的证明力。根据现行规定，已为有效公证文书所证明的事实，当事人无需举证证明。经过公证的书证其证明力一般大于其他书证、视听资料和证人证言。以有形载体固定或者显示的电子数据交换、电子邮件以及其他数据资料，其制作情况和真实性经对方当事人确认，或者以公证等其他有效方式予以证明的，与原件具有同等的证明效力。经过法定程序公证证明的法律事实和文书，人民法院应当作为认定事实的根据，但有相反证据足以推翻公证证明的除外。基于上述原因，从统计情况看，在民事诉讼中，电子数据较为常见的举证方式为打印输出件、公证书

---

① “成都市神州国际旅行社有限责任公司诉亿人商旅网络有限责任公司等侵犯著作权案”，四川省高级人民法院（2005）川民终字第95号。

② “慈溪市东丰合纤有限公司诉余姚市中原进出口有限公司买卖合同纠纷案”，浙江省余姚市人民法院（2011）甬余商初字第260号。

③ 如以“电子邮件”这一电子数据为例，在“异同公司与香榭丽公司因广告合同纠纷上诉案”、“深圳市合和地产顾问有限公司诉海盐港龙紧固件五金城投资有限公司委托合同纠纷案”、“段某某与上海杰普软件科技有限公司劳动合同纠纷上诉案”中，质证方面对的电子数据均以电子邮件打印件的形式呈现于庭审现场；他们质证时选择的异议内容也针对的是电子邮件的真实性；所提质证意见依据的具体理由也很相似，即电子邮件的来源不明、形成不清等。然而，三个例案件中的法官却作出了大相径庭的证据认证结果——例一中不予采用，即认为该电子邮件不具备证据能力、不能作为证据使用；例二中不完全采用，即虽然采纳了电子邮件、但认为其证明力较小；例三中则予以完全采用。参见李学军、朱梦妮：“电子数据认证问题实证研究”，载《北京社会科学》2014年第9期。

④ 杨玲：“论电子数据的公证保全——以网络证据的公证保全为中心”，载《江苏大学学报》（社会科学版）2013年第3期，第71页。

和原始设备。[①] 因此，为增强证明力，在司法实践中，当事人可以对电子数据采取公证保全的方式，形成公证书进行举证。

典型案例

短信记录及聊天记录未能提供相应原始载体及反映对话双方的身份，对真实性不予确认

——柯某某诉刘某甲、何某某、刘某乙民间借贷纠纷一审案件[②]

1. 基本案情

原告：柯某某。

被告：刘某甲。

被告：何某某。

被告：刘某乙。

在原告柯某某与被告刘某甲、何某某、刘某乙民间借贷纠纷一案中，被告刘某甲、何某某、刘某乙为了支持其诉讼主张，提供了以下证据：1. 短信聊天记录一份，拟证明被告刘某甲从未向原告林连浮举债，柯某某提起的本案诉讼是非法无效的。2. QQ 聊天记录（记录中"让爱永恒"系张某某）一份，拟证明被告刘某甲从未向原告林连浮举债。对此证据，法院认证如下：被告提交的证据 1、2，原告经质证认为与本案无关。法院经审查认为，被告提交的短信记录及聊天记录并未能提供相应原始载体，对真实性无法确认，且从上述证据中不能反映对话双方的身份，无法证明被告的证明目的，对被告提交的上述证据，本院不予认定。

法院认定案件事实如下：被告刘某甲、何某某系夫妻关系。2014 年 6 月 14 日，被告刘某甲通过案外人张某某介绍向原告借款 45,000 元，并出具借款借据一份，约定借款月利率 1.5%，同时约定若不按时还款，需支付原告实现

① 参见李学军、朱梦妮："电子数据认证问题实证研究"，载《北京社会科学》2014 年第 9 期，第 56 页。

② 参见浙江省温岭市人民法院（2015）台温商初字第 1145 号，民事判决。

债权的费用(包括律师代理费),被告刘某乙对借款本息及因此涉及的相关费用提供连带责任保证。被告在借款后,通过现存及转账至案外人张某某银行账户的方式共计还款8000元。

2. 法院裁判及观点

法院认为,借据是证明双方存在借贷合意和借贷关系实际发生的直接证据,具有较强的证明力。原告提供的借款借据能够证明原、被告双方借款事实的发生,且原、被告双方对于通过现金方式交付借款均无争议。现被告抗辩原告交付的借款为扣除一年利息后实际交付26,750元,在庭审过程中,被告陈述款项交付为"讲好的借款金额为30,000元,利息为50元每天,当头抽取利息4500元,实际收到25,500元"。被告对于款项交付的陈述存在矛盾之处,且不能做出合理说明,亦未能提供相应证据予以佐证,被告提出原告未按照借条约定交付借款的答辩意见,本院不予采信。被告刘某甲抗辩已经偿还借款20,000元,被告刘某乙抗辩已经偿还借款5000元,被告刘某甲、刘某乙对其该部分主张并未提供证据证明。原告在庭审过程中自认收到被告还款8000元,对原告方自认的事实,本院予以确认。因原、被告双方对于还款方式未作明确约定,被告的还款应当先行抵充利息。综上,原告柯某某与被告刘某甲之间形成的民间借贷关系,系双方自愿,内容合法,依法应认定有效。借贷双方对借款期限没有约定,原告可以要求被告在合理期限内返还尚欠的借款本、息以及按约承担原告为实现债权而花费的律师代理费。被告刘某甲、何某某系夫妻关系,夫妻关系存续期间一方以个人名义对外所负债务,应按夫妻共同债务处理,被告何某某应当承担共同偿还责任。被告刘某乙自愿为被告刘某甲向原告借款提供连带责任保证,应当承担连带保证责任。原告变更后的诉讼请求合法有据,本院予以支持。被告提出的答辩意见,因无事实与法律上的依据,本院不予采纳。依照《合同法》第205条、第206条,《担保法》第18条、第21条,《最高人民法院关于适用〈中华人民共和国婚姻法〉若干问题的解释(二)》第24条和《民事诉讼法》第144条的规定,判决如下:一、被告刘某甲、何某某于本判决生效之日起10日内共同偿还给原告柯某某借款45,000元,并支付自2015年6月14日起按月利率1.5%的标准计算至实际履行之日止的利息以及原告为实现债权而花费的律师代理费2500元。二、被告刘某乙对上述款项承担连带保证责任。如果未按本判决指定的期间履行给付金钱义务，应当依照《民事诉讼法》第253条之规定，加倍支付迟延履行期间的债务利息。一审案件受理费988元，由被告刘某甲、何某某、刘某乙负担。

3. 案例评析

本案涉及短信记录与QQ聊天记录的证明力问题。短信记录与QQ聊天记录属于证据种类中的电子数据，其中QQ聊天记录是通过UDP协议①产生的电子聊天记录。这种非实名制的聊天记录能否作为证据使用，其首先要面对的问题就是如何确定对方当事人的真实身份，其次是原始载体，包括信息系通过当事人所有的传输端口发送与接送。本案中，被告虽提交了短信记录及QQ聊天记录，但未提供相应的原始载体，譬如发送与接送短信的手机、发送与接送信息的QQ号码等，而且未提出证据证明对话双方的身份，比如发送与接收短信的手机号分别为当事人所有，发送与接送QQ聊天记录的上网账号、电脑分别为当事人所控制等。因此，法院对被告提供的短信及QQ聊天记录未予采信。

微信对话交流内容、支付宝交易记录可以作为证据使用

——陈某某诉张某民间借贷纠纷一审案件②

1. 基本案情

原告：陈某某。

委托代理人：章福阳，浙江金正大律师事务所律师。

被告：张某。

委托代理人：徐旻，浙江振进律师事务所律师。

在原告陈某某为与被告张某民间借贷纠纷一案中，原告陈某某为证明其诉讼请求，向法院提供了下列证据：(1)中国建设银行转账凭条、中国建设银

---

① TCP协议即Transmission Control Protocol，与之相对的UDP即User Datagram Protocol。其中TCP提供IP环境下的数据可靠传输，它提供的服务包括数据流传送、可靠性、有效流控、全双工操作和多路复用。通过面向连接、端到端和可靠的数据包发送。通俗说，它是事先为所发送的数据开辟出连接好的通道，然后再进行数据发送；而UDP则不为IP提供可靠性、流控或差错恢复功能。一般来说，TCP对应的是可靠性要求高的应用，而UDP对应的则是可靠性要求低、传输经济的应用。

② 参见金华市婺城区人民法院(2015)金婺商初字第1743号民事判决。

行客户回单各1份,用以证明被告分别于2014年12月10日向原告借款人民币200万元,于2014年12月27日向原告借款人民币6万元。(2)公证书1份,用以证明原被告之间存在民间借贷关系的事实。(3)中国电信业务收据、个体工商户登记情况各1份,用以证明177××××××××手机号登记机主为被告经营的金华市婺城区天成宾馆,被告为该手机号及相应微信号使用人。(4)录音光盘(附文字整理)1份,用以证明原被告存在民间借贷关系的事实。(5)金华市正信公证处发票1张,用以证明原告为取证支付公证费1150元。(6)原告与被告支付宝往来记录1份,用以证明双方存在经常性的小额资金往来,被告提出的100元款项系购买彩票不是事实的。(7)原告在网易公司购买彩票详单1份,用以证明截至2014年12月4日,原告购买彩票金额总计108元、54注,不存在与被告合买情况,被告如果要购买彩票自己有支付宝,无需委托原告购买。

被告张某进行了答辩,并向法院提供了下列证据予以证明:(1)支付宝转账单2页,用以证明2014年12月4日被告代替父亲向原告支付宝账户转出100元用于购买彩票的事实。(2)名片1页、二手车买卖合同2份、信用卡交易凭证2份、二手车买卖发票1份、支付宝转账单1份、银行转账记录1份、商品房买卖发票1份,用以证明被告获的涉案款项后,该款项的主要用途。(3)电话录音内容(含光盘)1份,用以证明涉案款项为被告父亲分得的彩票中奖奖金。(4)证人肖某证言,用以证明涉案款项为被告父亲分得的彩票中奖奖金。(5)证人赵某证言,用以证明原告借款给被告206万元之事,是原告告诉她的。

在审理过程中,本院已将原被告双方提供的证据交由对方质证,根据当事人的质证意见及认定证据的有关规定,现本院认证如下:

(1)被告对原告提供的证据1的真实性、合法性无异议,但对证明目的有异议,被告认为该组证据仅能证明原告方向被告个人账户汇付了206万元款项,无法证明该款项的性质以及基础的法律关系。本院认为,该组证据与原告提供的其他证据相互印证,能证明原告的诉讼主张,本院对该组证据的证明力予以确认。

(2)被告对原告提供的证据2,该证据的形式真实性无异议,形式合法性无异议,微信内容的真实性存在异议,原告所公证的内容经过剪切、删除了部分对其不利的内容进行的公证内容,由于该证据系原告向法庭提交,原告作为补充向法庭提交一份完整的原被告双方微信对话交流内容的视频截图供法庭参考，同时公证书中已经注明公证书对所保全的微信来源不做证明。本院认为，该证据能证明原告要求被告出具借条的事实，而被告始终未否认该206万元不是借款，故本院对该证据的证明力予以确认。

(3)被告对原告提供的证据的证据3的三性均无异议，本院对该证据的证明力予以确认。

(4)被告对原告提供的证据的4真实性无异议，合法性有待法庭认证，关联性无异议，但对证明目的有异议，该证据不能直接证明原被告双方存在所谓的民间借贷关系，同时被告向法庭说明原告在就录音光盘整理时进行了大量删除及加入了主观因素，被告按照光盘整理了一份书面记录，在整个光盘录音中被告本人始终强调涉案款项是原告与其父亲之间发生的，不是其与原告本人发生的，款项中的200万元，整个录音光盘中没有任何的体现，但是其中的6万元被告在录音中虽然认可了原告向其母亲赠送的事实，也表达出了愿意就6万元向原告进行归还的意思表示，但是无法证明原告预证的民间借贷关系，同时在录音最后结尾部分，原告本人向他旁边的第三人说了一句“有几句话套出来了”，被告认为录音资料的形成是原告与第三人在事先经过精心准备设置对话内容套取被告所形成的，尽管如此，整个录音内容还是无法体现原告的待证事实。本院认为该证据能证明原告要求被告为所其所借的206万元借款出具借条，而被告始终未否认该206万元不是借款，故本院对该证据的证明力予以确认。

(5)被告对原告提供的证据5的真实性合法性无异议，但提出该证据与本案没有任何关联。本院认为，该证据能证明原告为微信内容进行过公证，并支付公证费1150元的事实。

(6)被告对原告提供的证据6、7，提出因为是当庭提交，希望能在庭后与被告核实后再提交书面质证意见。本院认为，对原告提供的该二份证据，被告当庭和庭后均未提出异议，故本院对该证据的证明力予以确认。

(7)原告对被告提供的证据1的真实性无异议，该证据与本案无关，只能证明被告于12月4日向原告支付宝转账100元，被告如果要买彩票完全可以通过支付宝购买，不用通过原告。本院认为，原告的异议成立，本院对该证据的证明力不予确认。

(8)原告对被告提供的证据2,名片因为被告没有提供原件真实性无法核实,但是被告确实向中介公司购买车辆及房产,这也可以证明被告借款之后用于自己购买车辆、房产及日常开销,与被告父母无关,系借款之用。本院认为,该证据与本案缺乏关联性,不能证明被告的诉讼主张,本院对该证据的证明力不予确认。

(9)原告对被告提供的证据3形式真实性无异议,但对证明目的真实性不认可,也不能证明被告的待证目的,张永忠和彭巧苏系潘村中学的同学,存在利害关系。本院认为,该证据不能证明被告的诉讼主张,故本院对该证据的证明力不予确认。

(10)对证人肖某的证言,被告无异议,原告有异议,提出证人与被告父亲存在利害关系,即证人想购买被告父亲的古宅,同时,他是听来的属于传来证据,该证人明确强调,肯定的认为12月4日陈某某购买了24元的彩票与事实不符。对该证人证言不予认可。本院认为,原告的异议成立,对证人肖某的证言本院不予确认。

(11)对证人赵某的证言,被告无异议,原告有异议,提出其与张某系干儿子关系、亲戚关系,对之前录音的,没有处理过的内容是真实的,对当庭作出的否认的意思不予认可。本院认为,原告的异议成立,对证人赵某的证言本院不予确认。

根据上述确认了证明力的证据,以及原被告的庭审陈述,法院认定的事实与原告起诉称事实一致。即被告因资金周转困难于2014年12月10日向原告借款人民币200万元,于2014年12月27日向原告借款人民币6万元。因被告拒不归还借款,原告特向法院起诉。

2. 法院裁判及观点

法院认为,原告要求被告归还借款本金206万元,以及自起诉日之起按照中国人民银行同期同档次贷款基准利率计付利息至实际还清之日止,事实清楚,证据确凿充分,本院予以支持;原告要求被告支付公证费损失1150元证据不足,本院不予支持。被告未及时归还借款,其行为已构成违约,应承担相应的民事责任。被告辩称本案所涉206万元不是借款,证据不足,理由不能成立,本院不予采信。综上,依照《合同法》第60条第1款、第107条、第206条、第207条之规定,判决如下:一、由被告张某于本判决生效之日归还原告陈某某借款本金206万元,并自2015年6月19日起按中国人民银行同期同档次贷款基准利率计付利息至借款还清之日止。二、驳回原告陈某某的其他诉讼请求。如果被告张某未按本判决指定的期限履行给付金钱义务,应当依照《民事诉讼法》第253条之规定,加倍支付迟延履行期间的债务利息。

3. 案例评析

本案涉及微信对话交流内容、支付宝记录作为证据问题。微信对话交流记录类似与QQ聊天记录,可以利用QQ号码或手机号码登录,因而存在实名制与非实名制两种状态。支付宝作为第三方支付平台,采用实名制的形式注册,因而对于账号所有人的真实性身份易识别,并且,支付宝通过安全认证技术等保障机制生成交易记录,记录的真实性较高。在本案中,基于微信的非实名制情况,原告方对微信对话内容进行了公证,而对支付宝记录则未进行公证,被告当庭及庭后未提出异议,因而法院最终采信了微信对话交流内容、支付宝记录作为认定案件事实的根据。

有关法律规定

《中华人民共和国民事诉讼法》(2012年修订)

第六十九条　经过法定程序公证证明的法律事实和文书,人民法院应当作为认定事实的根据,但有相反证据足以推翻公证证明的除外。

《中华人民共和国电子签名法》(2004年)

第二条第二款　本法所称数据电文,是指以电子、光学、磁或者类似手段生成、发送、接收或者储存的信息。

第五条　符合下列条件的数据电文,视为满足法律、法规规定的原件形式要求:

(一)能够有效地表现所载内容并可供随时调取查用;

(二)能够可靠地保证自最终形成时起,内容保持完整、未被更改。但是,在数据电文上增加背书以及数据交换、储存和显示过程中发生的形式变化不影响数据电文的完整性。

第六条　符合下列条件的数据电文,视为满足法律、法规规定的文件保存要求:

(一)能够有效地表现所载内容并可供随时调取查用;

（二）数据电文的格式与其生成、发送或者接收时的格式相同，或者格式不相同但是能够准确表现原来生成、发送或者接收的内容；

（三）能够识别数据电文的发件人、收件人以及发送、接收的时间。

第八条　审查数据电文作为证据的真实性，应当考虑以下因素：

（一）生成、储存或者传递数据电文方法的可靠性；

（二）保持内容完整性方法的可靠性；

（三）用以鉴别发件人方法的可靠性；

（四）其他相关因素。

《最高人民法院关于行政诉讼证据若干问题的规定》（法释〔2002〕21号）

第十二条　根据行政诉讼法第三十一条第一款第（三）项的规定，当事人向人民法院提供计算机数据或者录音、录像等视听资料的，应当符合下列要求：

（一）提供有关资料的原始载体。提供原始载体确有困难的，可以提供复制件；

（二）注明制作方法、制作时间、制作人和证明对象等；

（三）声音资料应当附有该声音内容的文字记录。

第六十四条　以有形载体固定或者显示的电子数据交换、电子邮件以及其他数据资料，其制作情况和真实性经对方当事人确认，或者以公证等其他有效方式予以证明的，与原件具有同等的证明效力。

最高人民法院《关于适用〈中华人民共和国刑事诉讼法〉的解释》（法释〔2012〕21号）

第九十三条　对电子邮件、电子数据交换、网上聊天记录、博客、微博客、手机短信、电子签名、域名等电子数据，应当着重审查以下内容：

（一）是否随原始存储介质移送；在原始存储介质无法封存、不便移动或者依法应当由有关部门保管、处理、返还时，提取、复制电子数据是否由二人以上进行，是否足以保证电子数据的完整性，有无提取、复制过程及原始存储介质存放地点的文字说明和签名；

（二）收集程序、方式是否符合法律及有关技术规范；经勘验、检查、搜查等侦查活动收集的电子数据，是否附有笔录、清单，并经侦查人员、电子数据持有人、见证人签名；没有持有人签名的，是否注明原因；远程调取境外或者异地的电子数据的，是否注明相关情况；对电子数据的规格、类别、文件格式等注明是否清楚；

（三）电子数据内容是否真实，有无删除、修改、增加等情形；

（四）电子数据与案件事实有无关联；

（五）与案件事实有关联的电子数据是否全面收集。

对电子数据有疑问的，应当进行鉴定或者检验。

第九十四条　视听资料、电子数据具有下列情形之一的，不得作为定案的根据：

（一）经审查无法确定真伪的；

（二）制作、取得的时间、地点、方式等有疑问，不能提供必要证明或者作出合理解释的。

三、未经过债务人允许的录音能够作为证据适用吗

基本理论

1. 视听资料的证据原理

视听资料是法定证据类型之一，包括录音资料与录像资料。根据法律规定，人民法院对视听资料，应当辨别真伪，并结合本案的其他证据，审查确定能否作为认定事实的根据。因此，视听资料的证明力较弱，需要其他证据佐证。只有在有其他证据佐证、对方当事人提出异议但没有足以反驳的相反证据的情况下，以合法手段取得的、无疑点的视听资料或者与视听资料核对无误的复制件才能被人民法院确认其证明力。

2. 非法证据排除规则

在证据理论中，合法性是证据的本质属性之一。因而民事诉讼同样存在非法证据排除规则，即以侵害他人合法权益或者违反法律禁止性规定的方法取得的证据，不能作为认定案件事实的依据。因此，在司法实践中，视听资料作为证据，除真实性问题外，经常面临合法性的质疑与辩驳。存有疑点的视听资料不能单独作为认定案件事实的根据。但是，相对于刑事诉讼中的非法证据排除规则，民事诉讼中的非法证据排除规则在司法适用中相对宽容、谨慎。

3. 私录录音资料作为证据适用问题

录音资料在一般情况下属于证据类型中的“视听资料”，适用视听资料的有关规定，但若存储在电子介质中，则适用电子数据的规定。对于私录的录音资料，即未经对方当事人同意私自录制其谈话取得的资料，是否适用非法证据排除规则？对此，最高人民法院先后作出不同的解释。在《最高人民法

院关于未经对方当事人同意私自录制其谈话取得的资料不能作为证据使用的批复》(法复〔1995〕2 号)中,认为"证据的取得必须合法,只有经过合法途径取得的证据才能作为定案的根据。未经对方当事人同意私自录制其谈话,系不合法行为,以这种手段取得的录音资料,不能作为证据使用"。在此批复的影响下,各地法院在司法实践中,对未经对方当事人同意私自录制其谈话的录音资料不作为证据使用。2002 年 4 月 1 日起施行的最高人民法院《关于民事诉讼证据的若干规定》(法释〔2001〕33 号)第 68 条规定,"以侵害他人合法权益或者违反法律禁止性规定的方法取得的证据,不能作为认定案件事实的依据。"那么,司法实践中如何适用呢？在《最高人民法院民事审判第一庭〈关于民事诉讼证据的若干规定〉的起草说明》中,专门针对《关于民事诉讼证据的若干规定》第 68 条与法复〔1995〕2 号批复的效力关系作了说明:"根据《民事诉讼法》规定的原则,一般认为,只有经过合法收集的证据材料才能作为证据使用,非法证据不具有证明力。关于非法证据判断标准问题,我院曾作出法复〔1995〕2 号《关于未经对方当事人同意私自录制其谈话取得的资料不能作为证据使用的批复》,将录音取得的证据资料的合法性标准限定在经对方同意。从审判实际来看,对民事证据作出这样的规定对于事实上一方当事人同意对方录制其谈话的情形在实践中极其罕见,而依据《批复》,审判人员即使确信证据资料内容真实也无法对权利人予以保护。因此,《规定》第六十八条在原有司法解释的基础上,总结审判实践经验,进一步完善和明确了非法证据的判断标准,将非法证据限定在'以侵害他人合法权益或者违反法律禁止性规定的方法取得的证据'的范围。除以侵害他人合法权益(如违反社会公共利益和社会公德侵犯他人隐私)或法律禁止性规定的方法(如擅自安装窃听器进行窃听)取得的证据外,其他情形不得视为非法证据;非法证据不能作为认定案件事实的依据。"①随后,2002 年 10 月 1 日起施行的最高人民法院《关于行政诉讼证据若干问题的规定》(法释〔2002〕21 号)第 57 条规定,"以偷拍、偷录、窃听等手段获取侵害他人合法权益的证据材料"不得作为定案依据。

---

① 最高人民法院民事审判第一庭著:《民事诉讼证据司法解释的理解与适用》,中国法制出版社 2002 年版,第 426 ~ 427 页。

综上所述，结合司法解释的精神，未经对方当事人同意私自录制其谈话取得的录音资料，只要不是以侵害他人合法权益（如侵害个人隐私、商业秘密）或者违反法律禁止性规定的方法（如窃听）取得的，仍可以作为认定案件事实的依据。

典型案例

私自录音资料未损害他人合法权益或违反法律禁止性规定的方法，可以作为证据使用

——冉某某诉何某某、沈某某民间借贷纠纷案[①]

1. 基本案情

原告：冉某某。

被告：何某某。

被告：沈某某。

在原告冉某某诉被告何某某、沈某某民间借贷及保证合同纠纷一案中，被告何某某为证明其答辩主张提供的证据有交易明细单2张，被告何某某与冉某国、沈某某的通话录音光碟一张。对被告何某某提供的录音光碟，原告质证认为系被告未经同意擅自录音不具有合法性，录音内容不是与原告的通话，与本案没有关联性。被告沈某某质证对通话录音认为与原告的录音不清楚真假，与其录音的内容听不清楚，不知是什么内容。结合质证情况，法院认定如下：对于冉茂国的通话录音，虽然是被告私自录音，但该录音未损害原告的合法权益，证据内容能证明原、被告借款的金额、利息约定及支付情况的事实，予以认定；对被告何某某与被告沈某某的通话录音，内容无法听清，不予认定。结合其他证据，法院认定的事实如下：

2014年1月30日，被告何某某经被告沈某某介绍在原告处借款，被告何某某出具了《借条》和《收条》给原告，被告沈某某在《借条》上以担保人身份签字。《借条》内容为"今借到冉某某现金肆万零捌佰元正，用于资金周转，

① 贵州省余庆县人民法院（2015）余法民初字第959号，选自"中国裁判文书网"。

借款期限6个月，即2014年7月30日前全部偿清，从借款之日起每月偿还1800元，到期后余款一次性偿清，此据，担保人：沈某某，借款人：何某某，2014年1月30日”。《收条》内容为“今收到冉某某借款现金肆万捌仟元正。收款人：何某某，2014年1月27日”。1月30日，原告通过信合卡转信合卡转账28,200元给被告何某某。2015年4月20日，被告何某某通过银行支付给原告20,000元，于5月19日通过银行打款10,000元给原告的收款人曾涛，合计30,000元。2015年7月8日，原告诉来本院要求判决被告何某某偿还原告借款本金40,800元，至2015年6月30日的利息10,400元，2015年6月30日后的利息按月息3%计算至清偿完毕时止，被告沈某某承担连带清偿责任，本案的诉讼费用由被告承担。

同时查明，原告冉某某与冉某国系同胞弟兄关系。被告何某某与冉某国的通话录音，内容为被告何某某在原告处借款三笔共计110,000元，利息为月息6%，被告何某某已付利息至2014年12月30日。

2. 法院裁判及观点

本案的争议焦点：一是被告何某某在原告处的借款金额、借款月利息是3%还是6%以及利息的支付问题；二是被告何某某2015年5月支付的10,000元是本金还是利息的问题；三是被告沈某某是否承担连带偿还责任的问题。

法院认为，关于焦点一。原告主张借款本金40,800元，口头约定月息3%，并提供了《借条》、《收条》和户名何某某信合卡转信合卡交易流水回单加以证明；被告主张借款本金30,000元，口头约定月息6%，借款时原告扣除了当月利息1800元，实际借款28,200元，将6个月利息10,800元作为借款本金写入借条，被告提供了其与冉某国的通话录音加以反驳。本院对原、被告提供的证据进行分析，原告主张被告何某某借款40,800元，仅提供了28,200元的转账凭证，其余12,600元未提供充分证据证明，原告主张口头约定月息3%，但冉某国与被告何某某的通话录音中明确为月息6%，借款本金总额为110,000元，被告已付利息至2014年12月30日的事实，结合被告2014年1月30日、5月1日在原告处借款的事实进行综合分析，本院认定2014年1月30日被告何某某在原告处借款30,000元，口头约定月息6%，借款时原告扣除了当月利息1800元，实际支付借款28,200元。根据《中华人民共和国合同法》第210条"自然人之间的借款合同,自贷款人提供借款时生效"以及第200条"借款的利息不得预先在本金中扣除。利息预先在本金中扣除的,应当按照实际借款数额返还借款并计算利息"之规定,故原、被告之间借款合同成立并生效,借款金额本院认定为28,200元。对原告主张的借款现金支付金额12,600元的事实,根据《民事诉讼法》第64条第1款"当事人对自己的主张提出的主张,有责任提供证据"和《最高人民法院关于适用〈中华人民共和国民事诉讼法〉的解释》第90条"当事人对自己提出的诉讼请求所依据的事实或者反驳对方诉讼请求所依据的事实,应当提供证据加以证明,但法律另有规定的除外。在作出判决前,当事人未提供证据或者证据不足以证明其事实主张的,由负有举证责任的当事人承担不利后果"之规定,原告应当提供证据加以证明,虽然提供了《收条》加以证明,但证据不充分不足以证明其主张,故依法不予支持。原、被告口头约定月利息6%,根据《合同法》第211条第2款"自然人之间的借款合同约定支付利息的,借款的利率不得违反国家有关限制借款利率的规定"和《最高人民法院关于人民法院审理借贷案件的若干意见》第6条"民间借贷的利率可以适当高于银行的利率,各地人民法院可根据本地区的实际情况具体掌握,但最高不得超过银行同类贷款利率的四倍(包含利率本数)。超出此限度的,超出部分的利息不予保护"之规定,双方约定的利率,明显超过了国家限制借款利率的规定,对被告何某某已支付部分,虽然利率超过了国家银行同期同类贷款利率的四倍,但这是双方意思自治,并已自愿实际支付,因此本院对被告何某某已支付的利息不予审查;对未支付的利息,应进行调整,结合本案实际和被告的履行能力,认定本案的借款利息的利率为人民银行贷款基准利率的二倍,故原告要求被告支付利息的请求,符合法律规定的部分予以支持,超过部分不予支持,即被告应从2015年6月1日起按中国人民银行贷款基准年利率5.6%两倍支付利息。

关于焦点二。被告何某某于2015年4月中旬转账支付给原告20,000元,于5月19日通过银行打款10,000元给原告的收款人曾涛,合计30,000元,被告何某某辩解其中10,000元用于偿还2014年1月30日的借款本金,原告主张该款是用于偿还借款的利息,双方对还款金额无异议,只对付款性质持不同的意见。被告在庭审中自认2014年1月27日、1月30日、5月1日三笔借款本金合计110,000元,月息6%,付款利息至2014年12月30日。根据被告何某某3笔借款的自认利息计算至2015年5月共欠原告利息33,000元,被告何某某辩解支付给原告的30,000元,其中10,000元是用于偿还2014年1月30日的本金。对被告何某某的这一辩解事实,根据《民事诉讼法》第64条第1款和《最高人民法院关于适用〈中华人民共和国民事诉讼法〉的解释》第90条之规定,被告何某某应承担举证证明,但在庭审结束前未提供证据加以证明同时双方借款约定按月支付利息,根据《合同法》第205条"借款人应当按照约定的期限支付利息。对支付利息的期限没有约定或者约定不明确的,依照本法第六十一条规定仍不能确定,借款期间不满一年的,应当在返还借款时一并支付;借款期间一年以上的,应当在每届满一年时支付,剩余期间不满一年的,应当在返还借款时一并支付"之规定,被告支付给原告30,000元中的10,000元本院认定被告何某某支付本笔借款的利息,被告辩解系偿还借款本金的主张既未提供证据证明,也不符合法律规定,故不予采纳。

关于焦点三。保证是保证人与债权人约定,当债务人不履行债务时,保证人按照约定履行或承担责任的行为。被告沈某某在《借条》上以担保人身份签名并捺印,担保方式属于保证,被告是保证人。原、被告在《借条》中未约定保证的方式,根据《担保法》第19条"当事人对保证方式没有约定或者约定不明确的,按照连带责任保证承担保证责任"、第21条第2款"当事人对保证担保的范围没有约定或者约定不明确的,保证人应当对全部债务承担责任"和第18条第2款"连带责任保证的债务人在主合同规定的债务履行期届满没有履行债务的,债权人可以要求债务人履行债务,也可以要求保证人在其保证范围内承担保证责任"之规定,被告沈某某对被告何某某在原告处的借款本金28,200元及利息承担连带保证责任,故对原告请求被告承担连带偿还责任的诉讼请求,符合法律规定,依法予以支持,超过部分不予支持。被告沈某某承担偿还责任后,有权向被告何某某追偿。为了维护当事人的合法权益,根据《合同法》第205条、第206条、第211条第2款、《担保法》第18条第2款、第19条、《最高人民法院关于人民法院审理借贷案件的若干意见》第6条、《民事诉讼法》第64条第1款及最高人民法院《关于适用〈中华人民共和国民事诉讼法〉的解释》第90条之规定,判决如下:一、由被告何某某在本判决生效之日起10日内偿还原告冉某某借款本金28,200元及利息,利息从2015年6月1日起按中国人民银行同期同类贷款基准年利率5.6%的二倍计算至判决确定的履行期限届满之日止;二、被告沈某某对上述款项承担连带清偿责任;三、驳回原告冉某某的其他诉讼请求。如果义务人未按本判决指定的期限履行金钱给付义务,应当依照《中华人民共和国民事诉讼法》第253条之规定,加倍支付迟延履行期间的债务利息。案件受理费1080元减半收取540元,申请保全费220元,共计760元,由原告冉某某承担360元,由被告何某某承担400元,被告沈某某对被告何某某承担的案件受理费承担连带责任。

3. 案例评析

本案涉及未经对方当事人同意的录音资料可否作为证据使用问题。根据现行规定,以侵害他人合法权益或者违反法律禁止性规定的方法取得的证据,不能作为认定案件事实的依据。因此,问题的关键是,"未经对方当事人同意"是否构成侵害他人合法权益或者违反法律禁止性规定的方法。显然,"未经对方当事人同意"与侵害他人合法权益或者违反法律禁止性规定的方法不具有必然联系。实践中,如果将民事诉讼中的非法证据排除规则采取如同刑事诉讼一般的严格,那么,当事人合法权益保护与他人合法权益、社会利益保护之间将失去平衡,不利于民事法律秩序的良性构建。因此,民事诉讼中非法证据排除规则的适用相对宽松,即使未经对方当事人同意的录音资料,只要未侵害他人合法权益或者违反法律禁止性规定,可以作为证据使用。在本案中,原告诉称被告向其借款59,200元,借款期限为8个月,口头约定月息3%,而被告提供未经当事人同意的录音证明原、被告借款的实际金额、利息约定及支付情况的事实,并有交易明细予以佐证,法院对此录音予以采信并作出相应判决。

有关法律规定

《中华人民共和国民事诉讼法》(2012年修订)

第七十一条　人民法院对视听资料,应当辨别真伪,并结合本案的其他证据,审查确定能否作为认定事实的根据。

最高人民法院《关于适用〈中华人民共和国民事诉讼法〉的解释》(法释〔2015〕5号)

第一百一十六条　视听资料包括录音资料和影像资料。

电子数据是指通过电子邮件、电子数据交换、网上聊天记录、博客、微博客、手机短信、电子签名、域名等形成或存储在电子介质中的信息。

存储在电子介质中的录音资料和影像资料,适用电子数据的规定。

《最高人民法院关于民事诉讼证据的若干规定》(法释〔2001〕33号)

第二十二条　调查人员调查收集计算机数据或者录音、录像等视听资料的,应当要求被调查人提供有关资料的原始载体。提供原始载体确有困难的,可以提供复制件。提供复制件的,调查人员应当在调查笔录中说明其来源和制作经过。

第四十九条　对书证、物证、视听资料进行质证时,当事人有权要求出示证据的原件或者原物。但有下列情况之一的除外:

(一)出示原件或者原物确有困难并经人民法院准许出示复制件或者复制品的;

(二)原件或者原物已不存在,但有证据证明复制件、复制品与原件或原物一致的。

第六十八条　以侵害他人合法权益或者违反法律禁止性规定的方法取得的证据,不能作为认定案件事实的依据。

第六十九条　下列证据不能单独作为认定案件事实的依据:

……

(三)存有疑点的视听资料;

……

第七十条　一方当事人提出的下列证据,对方当事人提出异议但没有足以反驳的相反证据的,人民法院应当确认其证明力:

……

(三)有其他证据佐证并以合法手段取得的、无疑点的视听资料或者与视听资料核对无误的复制件;

……

《最高人民法院关于行政诉讼证据若干问题的规定》(法释〔2002〕21号)

第十二条　根据行政诉讼法第三十一条第一款第(三)项的规定,当事人向人民法院提供计算机数据或者录音、录像等视听资料的,应当符合下列要求:

(一)提供有关资料的原始载体。提供原始载体确有困难的,可以提供复制件;

(二)注明制作方法、制作时间、制作人和证明对象等；

(三)声音资料应当附有该声音内容的文字记录。

第五十七条　下列证据材料不能作为定案依据：

……

(二)以偷拍、偷录、窃听等手段获取侵害他人合法权益的证据材料；

……

最高人民法院《关于适用〈中华人民共和国刑事诉讼法〉的解释》(法释〔2012〕21号)

第九十二条　对视听资料应当着重审查以下内容：

(一)是否附有提取过程的说明,来源是否合法；

(二)是否为原件,有无复制及复制份数；是复制件的,是否附有无法调取原件的原因、复制件制作过程和原件存放地点的说明,制作人、原视听资料持有人是否签名或者盖章；

(三)制作过程中是否存在威胁、引诱当事人等违反法律、有关规定的情形；

(四)是否写明制作人、持有人的身份,制作的时间、地点、条件和方法；

(五)内容和制作过程是否真实,有无剪辑、增加、删改等情形；

(六)内容与案件事实有无关联。

对视听资料有疑问的,应当进行鉴定。

第九十四条　视听资料、电子数据具有下列情形之一的,不得作为定案的根据：

(一)经审查无法确定真伪的；

(二)制作、取得的时间、地点、方式等有疑问,不能提供必要证明或者作出合理解释的。

第四节

申请司法鉴定

司法鉴定是指在诉讼活动中鉴定人运用科学技术或者专门知识对诉讼涉及的专门性问题进行鉴别和判断并提供鉴定意见的活动。在民间借贷案件中,针对借据、欠条、收条等债权债务凭证而开展的笔迹司法鉴定较为普遍。因此,本节着重介绍笔迹司法鉴定。

一、笔迹鉴定在借贷案件中能够起到证明作用吗

基本理论

1. 笔迹鉴定的概念

笔迹鉴定属于司法鉴定的类型之一,是根据人的书写技能、习惯特征在书写的字迹与绘画中的反映,来鉴别书写人的专门技术。主要任务是通过笔迹的同一认定检验,证明文件物证上的笔迹是否为同一人的笔迹,证明文件物证上的笔迹是否为某人的笔迹。笔迹鉴定不仅能检验正常笔迹,还可以检验书写条件(包括书写姿势、书写工具、衬垫物等)变化笔迹、故意伪装笔迹(包括左手笔迹、尺划笔迹)、摹仿笔迹和绘画笔迹。因此,笔迹鉴定在民间借贷案件中应用较广,主要用于确认笔迹书写人、笔迹形成时间、笔迹是否修改等。

2. 笔迹鉴定在民间借贷案件中的证明作用

笔迹鉴定所形成的结论属于证据类型中的“鉴定意见”。因司法鉴定具有高度的专业性,在同一事实存在数个证据的情况下,鉴定意见的证明力一般大于其他书证、视听资料和证人证言,除非当事人有足以反驳的相反证据和理由。实践中,影响鉴定意见证明力的理由主要包括以下方面:

(1)一方当事人自行委托鉴定人(包括鉴定机构或鉴定人员,下同)进行

鉴定。根据法律规定,当事人向法院申请鉴定,由双方当事人协商确定具备资格的鉴定人;协商不成的,由人民法院指定。因此,当事人事先单方委托鉴定人进行鉴定,一旦进入诉讼,该鉴定意见的证明力将受到影响。“一般情况下,法院委托司法鉴定在公开、透明、可信性方面,均要高于当事人的自行委托。故在法院委托的司法鉴定意见不存在《最高人民法院关于民事诉讼证据的若干规定》第27条规定的情形下,应当优先采用法院委托的司法鉴定意见书作为审理案件的依据。”同理,“在审理过程中,法院委托作出的司法鉴定意见书只要鉴定程序合法、鉴定结论依据充分就应当优先予以采信。事后当事人自行委托取得的鉴定结论及检察机关委托取得的鉴定结论不能对抗程序合法、依据充足的原鉴定结论”。①

(2)鉴定意见记载的结论具有不确定性。受制于鉴定技术的局限、样本或检材自身的缺陷等,司法鉴定可能无法作出判断或无法得出确定的结论,鉴定意见中出现“不能排除……可能性”等不确定的结论。在此情形下,鉴定意见无法证明待证事实或者对待证事实的证明力有所削弱,需要结合其他证据综合认定。

(3)鉴定人拒不出庭作证。当事人对鉴定意见有异议或者人民法院认为鉴定人有必要出庭的,鉴定人应当出庭作证。经人民法院通知,鉴定人拒不出庭作证的,鉴定意见不得作为认定事实的根据。

(4)鉴定人不具备相关的鉴定资格。譬如,不具有从事原委托事项鉴定执业资格;委托事项超出本机构司法鉴定业务范围;鉴定要求超出鉴定人的技术条件和鉴定能力。

(5)鉴定程序严重违法。譬如,司法鉴定人本人或者其近亲属与委托人、委托的鉴定事项或者鉴定事项涉及的案件有利害关系,可能影响其独立、客观、公正进行鉴定的,应当回避而未回避;在鉴定过程中私自会见一方当事人。

(6)鉴定意见明显依据不足。譬如,鉴定材料(包括检材和鉴定资料)的提取存在瑕疵;未采用国家标准和技术规范;鉴定要求不符合司法鉴定执业规则或者相关鉴定技术规范。

---

① 金赛波、林晨主编:《民间借贷纠纷案件裁判文书精选》(上册),法律出版社2012年出版,第447页、第459页。

（7）经过质证认定不能作为证据使用的其他情形。对于鉴定意见的质证，可以由当事人自己进行，也可以由当事人在举证期限届满前申请的一至二名具有专门知识的人代表当事人对鉴定意见进行质证，或者对案件事实所涉及的专业问题提出意见。

对于鉴定意见，当事人可以上述（4）～（7）的理由向人民法院申请重新鉴定，但对有缺陷的鉴定意见，可以通过补充鉴定、重新质证或者补充质证等方法解决的，不予重新鉴定。

3. 如何申请笔迹鉴定

在民间借贷案件中，当一方当事人否认借据、欠条、收据等债权债务凭证的真实性或与自己的关联性时，申请笔迹鉴定将成为当事人举证的一个重要途径。在民事诉讼中，申请笔迹鉴定应当注意以下方面：

（1）可以在举证期限届满前提出申请。实践中，一旦当事人对借据等债权债务凭证记载内容的真实性提出异议，法院在判决前就会向当事人进行释明，告知当事人有关举证责任、笔迹鉴定事宜等。

（2）实践中原则上以书面方式申请，口头申请的，法院一般会记录在卷并由申请人签字确认。

（3）申请鉴定的事项应当与待证事实有关联，或者对证明待证事实有意义。

（4）及时预交鉴定费用，提供相关材料。一旦申请鉴定方凭借鉴定意见胜诉，此时胜诉方预交的鉴定费用最终将由败诉方承担。

典型案例

在同一事实存在数个证据的情况下，除非当事人有足以反驳的相反证据和理由，鉴定意见的证明力一般大于其他书证、视听资料和证人证言

——钱某某与杜某某民间借贷纠纷二审民事判决书[①]

1. 基本案情

上诉人（原审被告）：杜某某，个体工商户。

① 参见安徽省滁州市中级人民法院（2015）滁民一终字第00981号民事判决。

被上诉人（原审原告）：钱某某，私营业主。

杜某某因工程需要向钱某某借款。2013年2月8日，杜某某出具借条一张，注明："今借到钱某某现金壹拾贰万元整（12万整）。此据，杜某某2013年2月8号，用期二个月。"因杜某某未按时还款，钱某某提起诉讼，在审理过程中，杜某某否认借条是其所写，并提出笔迹鉴定申请。经安徽正宇司法鉴定所鉴定，并出具"皖正宇司鉴（2015）文书鉴字第21号"鉴定意见书，结论为："借条中笔迹是杜某某本人所写"。现钱某某要求杜某某立即支付借款12万元，并承担诉讼费用。

一审法院认为，杜某某向钱某某出具借条，双方借贷关系成立，钱某某要求杜某某偿还借款12万元的诉讼请求，予以支持。杜某某否认借条是其本人亲笔所写，并申请笔迹鉴定。安徽正宇司法鉴定所出具的皖正宇司鉴（2015）文书鉴字第21号鉴定意见书，证明借条是杜某某本人所写，因此，杜某某的抗辩意见，不予采纳。依照《民法通则》第84条、第90条、第108条，《最高人民法院关于民事诉讼证据的若干规定》第2条第2款的规定，判决：被告杜某某于本判决生效之日起10日内偿还原告钱某某借款12万元。案件受理费2700元，减半收取1350元，由被告杜某某负担。

杜某某不服一审判决，提起上诉，理由之一认为安徽正宇司法鉴定所出具的皖正宇司鉴（2015）文书鉴字第21号鉴定意见书，认定借条上的笔迹是杜某某所写，明显不公正、不客观、不科学，不能采信。在二审中杜万林申请了证人贾某出庭作证及提交了天长市公安局千秋派出所《接处警登记表》，二审法院认为证人证言说明杜某某没有直接从钱某某手上取得12万元，但不足以证明杜某某没有向钱某某借钱，且也不足以证明钱某某所付的钱是工程款的一部分。该《接处警登记表》有天长市公安局千秋派出所加盖的公章，且双方当事人对其真实性均无异议，故对其真实性予以确认。综上，二审查明的基本事实与原审一致，二审对原审查明的基本事实予以确认。

2. 法院裁判及观点

二审法院认为，本案双方争议的焦点是：1. 安徽正宇司法鉴定所的鉴定意见书能否作为认定本案事实的依据；2. 杜某某与钱某某之间是否存在民间借贷关系；3. 本案争议的12万元是否是钱某某支付给杜某某的工程款。

依照相关法律规定，当事人对自己提出的诉讼请求所依据的事实有责任提供证据加以证明。没有证据或者证据不足以证明当事人的事实主张的，由负有举证责任的当事人承担不利后果。杜某某没有提供证据证明安徽正宇司法鉴定所的鉴定意见书违反了最高人民法院《关于民事诉讼证据的若干规定》第27条规定，也没有提供足以推翻该鉴定意见书的证据，故该鉴定意见书能够作为认定本案事实的依据。杜某某向钱某某出具借条，结合当事人陈述等证据，足以认定杜某某向钱某某借款12万元的事实。杜某某主张本案争议的12万元是钱某某支付给杜某某的工程款，但其不能举证证明，且收到工程款出具借条亦不符合常理。故该主张不能成立，二审法院不予采信。综上，原审判决认定基本事实清楚，适用法律正确，应予维持。杜某某的上诉请求缺乏事实和法律依据，二审法院不予支持。依照《中华人民共和国民事诉讼法》第170条第1款第(1)项的规定，判决如下：驳回上诉，维持原判。二审案件受理费2700元，由上诉人杜某某负担。

3. 案例评析

本案涉及笔迹鉴定意见的证明力问题。司法鉴定具有高度的专业性与技术性，正是如此，一方面，司法鉴定意见具有相当程度的科学性与权威性，另一方面，司法鉴定要么受制于科学技术的发展，要么受限于样本与检材的自身缺陷，从而影响鉴定意见的科学性与权威性。因此，在实践中，笔迹鉴定经常会出现“不能排除”及“倾向认定”等不确定结论。一般认为，“不能排除”只是说明一种可能性，尚不足以达到证据可采性的高度盖然性程度，故不能做出倾向性的肯定判断，需结合其他证据予以综合评价。“倾向认定”表示具有倾向性的判断，据此可以作出肯定判断。[①] 因此，在同一事实存在数个证据的情况下，当鉴定意见得出确定的结论时，鉴定意见的证明力一般大于其他书证、视听资料和证人证言，除非当事人有足以反驳的相反证据和理由。在本案中，鉴定意见得出了确定的结论：“借条中笔迹是杜某某本人所写”。上诉人对此提出异议，并提供了证人证言及《接处警登记表》，但没有提供证据证明安徽正宇司法鉴定所的鉴定意见书违反了《最高人民法院关于民事诉讼证据的若干规定》第27条规定，二审提交的

① 参见金赛波、林晨主编：《民间借贷纠纷案件裁判文书精选》(上册)，法律出版社2012年出版，第441页。

新证据尚不足以推翻该鉴定意见书。因此，笔迹鉴定意见应予采信，二审法院驳回上诉，维持原判。

有关法律规定

《中华人民共和国民事诉讼法》(2012年修订)

第七十六条　当事人可以就查明事实的专门性问题向人民法院申请鉴定。当事人申请鉴定的，由双方当事人协商确定具备资格的鉴定人；协商不成的，由人民法院指定。

当事人未申请鉴定，人民法院对专门性问题认为需要鉴定的，应当委托具备资格的鉴定人进行鉴定。

第七十七条　鉴定人有权了解进行鉴定所需要的案件材料，必要时可以询问当事人、证人。

鉴定人应当提出书面鉴定意见，在鉴定书上签名或者盖章。

第七十八条　当事人对鉴定意见有异议或者人民法院认为鉴定人有必要出庭的，鉴定人应当出庭作证。经人民法院通知，鉴定人拒不出庭作证的，鉴定意见不得作为认定事实的根据；支付鉴定费用的当事人可以要求返还鉴定费用。

第七十九条　当事人可以申请人民法院通知有专门知识的人出庭，就鉴定人作出的鉴定意见或者专业问题提出意见。

最高人民法院《关于适用〈中华人民共和国民事诉讼法〉的解释》(法释〔2015〕5号)

第一百二十一条　当事人申请鉴定，可以在举证期限届满前提出。申请鉴定的事项与待证事实无关联，或者对证明待证事实无意义的，人民法院不予准许。

人民法院准许当事人鉴定申请的，应当组织双方当事人协商确定具备相应资格的鉴定人。当事人协商不成的，由人民法院指定。

符合依职权调查收集证据条件的，人民法院应当依职权委托鉴定，在询问当事人的意见后，指定具备相应资格的鉴定人。

第一百二十二条　当事人可以依照民事诉讼法第七十九条的规定，在举证期限届满前申请一至二名具有专门知识的人出庭，代表当事人对鉴定意见进行质证，或者对案件事实所涉及的专业问题提出意见。

具有专门知识的人在法庭上就专业问题提出的意见，视为当事人的陈述。

人民法院准许当事人申请的,相关费用由提出申请的当事人负担。

第一百二十三条　人民法院可以对出庭的具有专门知识的人进行询问。经法庭准许,当事人可以对出庭的具有专门知识的人进行询问,当事人各自申请的具有专门知识的人可以就案件中的有关问题进行对质。

具有专门知识的人不得参与专业问题之外的法庭审理活动。

《最高人民法院关于民事诉讼证据的若干规定》(法释〔2001〕33号)

第二十五条　当事人申请鉴定,应当在举证期限内提出。符合本规定第二十七条规定的情形,当事人申请重新鉴定的除外。

对需要鉴定的事项负有举证责任的当事人,在人民法院指定的期限内无正当理由不提出鉴定申请或者不预交鉴定费用或者拒不提供相关材料,致使对案件争议的事实无法通过鉴定结论予以认定的,应当对该事实承担举证不能的法律后果。

第二十六条　当事人申请鉴定经人民法院同意后,由双方当事人协商确定有鉴定资格的鉴定机构、鉴定人员。协商不成的由人民法院指定。

第二十七条　当事人对人民法院委托的鉴定部门作出的鉴定结论有异议申请重新鉴定,提出证据证明存在下列情形之一的人民法院应予准许:

(一)鉴定机构或者鉴定人员不具备相关的鉴定资格的;

(二)鉴定程序严重违法的;

(三)鉴定结论明显依据不足的;

(四)经过质证认定不能作为证据使用的其他情形。

对有缺陷的鉴定结论,可以通过补充鉴定、重新质证或者补充质证等方法解决的,不予重新鉴定。

第二十八条　一方当事人自行委托有关部门作出的鉴定结论,另一方当事人有证据足以反驳并申请重新鉴定的,人民法院应予准许。

第二十九条　审判人员对鉴定人出具的鉴定书,应当审查是否具有下列内容:

(一)委托人姓名或者名称、委托鉴定的内容;

(二)委托鉴定的材料;

(三)鉴定的依据及使用的科学技术手段;

(四)对鉴定过程的说明;

(五)明确的鉴定结论;

(六)对鉴定人鉴定资格的说明;

（七）鉴定人员及鉴定机构签名盖章。

第五十九条　鉴定人应当出庭接受当事人质询。

鉴定人确因特殊原因无法出庭的，经人民法院准许，可以书面答复当事人的质询。

第六十条　经法庭许可，当事人可以向证人、鉴定人、勘验人发问。

询问证人、鉴定人、勘验人不得使用威胁、侮辱及不适当引导证人的言语和方式。

第六十一条　当事人可以向人民法院申请由一至二名具有专门知识的人员出庭就案件的专门性问题进行说明。人民法院准许其申请的，有关费用由提出申请的当事人负担。

审判人员和当事人可以对出庭的具有专门知识的人员进行询问。

经人民法院准许，可以由当事人各自申请的具有专门知识的人员就有案件中的问题进行对质。

具有专门知识的人员可以对鉴定人进行询问。

第七十一条　人民法院委托鉴定部门作出的鉴定结论，当事人没有足以反驳的相反证据和理由的，可以认定其证明力。

第七十七条　人民法院就数个证据对同一事实的证明力，可以依照下列原则认定：

（一）国家机关、社会团体依职权制作的公文书证的证明力一般大于其他书证；

（二）物证、档案、鉴定结论、勘验笔录或者经过公证、登记的书证，其证明力一般大于其他书证、视听资料和证人证言；

（三）原始证据的证明力一般大于传来证据；

（四）直接证据的证明力一般大于间接证据；

（五）证人提供的对与其有亲属或者其他密切关系的当事人有利的证言，其证明力一般小于其他证人证言。

二、不同笔记鉴定意见相互矛盾的情况怎么办

基本理论

司法鉴定是司法鉴定人运用专业知识，按照鉴定程序，在登记的司法鉴定业务范围内开展的专业技术活动。虽然样本与检材、鉴定标准与科学技术

等具有客观性，但司法鉴定人的介入，让鉴定意见不可避免地融入了司法鉴定人的主观认识。这就决定了不同鉴定机构因鉴定人的不同而可能得出不同的鉴定意见，甚至相互矛盾的鉴定意见。

这种矛盾无法因司法鉴定机构的地位差异而得到解决。从本质上看，司法鉴定机构是具备《司法鉴定机构登记管理办法》（司法部令第 95 号）规定的条件，经省级司法行政机关审核登记，取得《司法鉴定许可证》，在登记的司法鉴定业务范围内，从事《全国人民代表大会常务委员会关于司法鉴定管理问题的决定》第 2 条规定的司法鉴定业务的法人或者其他组织，是司法鉴定人的执业机构。这就决定了司法鉴定机构之间是相互独立的法人或其他组织，具有相同资质的鉴定机构地位平等。排除当事人自行委托鉴定与法院委托鉴定的考量因素，在相同的鉴定条件下，所作出的鉴定意见不存在权威高低之分，亦不存在哪个优先采信之别。

问题是，当面对这种矛盾时，法院不可能因此而回避矛盾，放弃审判。那么，在民间借贷的司法实践中，法院如何处理不同笔迹鉴定意见相互矛盾的情况呢？主要从以下方面进行考量：

1. 司法鉴定的委托人因素。如前所述，法院委托鉴定（包括当事人申请与法院依职权两种情形）对于当事人自行委托鉴定而言具有较高的公开性、透明度与可信度，应当优先采信。

2. 鉴定机构及鉴定人是否具有相应的鉴定资格。比如，甲、乙两份笔迹鉴定意见，其中出具甲的鉴定机构不具有笔记鉴定资格，则应当采信乙。

3. 鉴定程序是否合法。如一份鉴定人应当回避而未回避的鉴定意见证明力弱于一份与当事人无利害关系的鉴定人出具的鉴定意见。

4. 鉴定所依据的检材与样本条件。譬如，直接对检材的原件进行鉴定而作出的鉴定意见书比直接对检材复印件进行鉴定而作出的鉴定意见书更具有可靠性、客观性，因而更具证明力。每个人每次书写的字不可能完全相同，受到书写纸笔、情绪、身体条件等多种影响。因此，在提供的多份字迹样本或与检材同一时期的字迹样本基础上通过分析、比对作出的鉴定意见证明力强于单一样本基础上作出的鉴定意见。

5. 当上述条件无法认定不同笔迹鉴定意见证明力大小时，法院应结合申请重新鉴定的理由是否成立、当事人抗辩理由是否成立等因素及其他证据进行甄别分析与综合认定。

典型案例

不同笔迹鉴定意见矛盾时人民法院如何认定

——丁某某、苏某某与李某某民间借贷纠纷二审案件①

1. 基本案情

上诉人(原审被告):丁某某。

上诉人(原审被告):苏某某。

被上诉人(原审原告):李某某。

李某某与丁某某之间存在经济往来。李某某于2010年10月26日向丁某某账户转账138万元、于2011年4月14日向丁某某账户存款93万元、于2011年4月25日向丁某某账户存款186万元、于2011年4月29日向丁某某账户存款93万元,于2011年5月21日向丁某某账户转款180万元,以上合计690万元。丁某某于2010年12月29日给李某某账户转账25万元、于2011年1月25日给李某某转账10.5万元、于2011年1月27日给李某某账户转账2万元、于2011年2月24日分两次给李某某账户转账3.3万元及8.7万元、于2011年4月1日给李某某账户存款12万元、于2011年4月8日给李某某账户存款7万元、于2011年4月25日给李某某账户存款12万元、于2011年5月9日委托案外人宋某给李某某账户存款7万元、于2011年5月26日给李某某账户转账27万元、于2011年6月23日给李某某账户转账15万元、于2011年7月22日给李某某账户转账30万元、于2011年7月30日给李某某账户转账100万元、于2012年3月8日委托案外人王某仓给李某某转账200万元和300万元、于2012年4月28日给李某某账户转账150万元,以上合计909.5万元。2011年6月17日丁某某给案外人闫某转账51万元,称该款系偿还李某某的借款,但李某某不认可授权闫某代为收取还款。

① 参见宁夏回族自治区高级人民法院(2015)宁民终字第110号民事判决。

2012 年 3 月,丁某某向李某某出具借条一张,载明:“今借到李某某现金人民币陆佰伍拾万元整。¥6,500,000 元,此借款用期至 2012 年 3 月底前归还。借款人:丁某某 2012. 3. 10。”诉讼中李某某陈述其与丁某某间发生了 8 笔共计 1150 万元的借款(其中李某某以银行汇票转账方式支付 690 万元,以现金方式支付 460 万元),李某某举证的 650 万元的借条是双方对之前所有借款结算后丁某某向李某某出具的,这 650 万元只是借款本金;丁某某称其与李某某间的借款总金额为 690 万元,所有借款均是通过银行转账方式支付的,650 万元的借条是李某某与丁某某在对之前的借款进行结算后,于 2012 年 3 月 1 日其向李某某出具的,650 万元的借款包括之前借款的本金和利息,本息无法区分。现李某某以丁某某尚欠其借款本金 500 万元及利息未还为由提起诉讼,请求支持其诉讼请求。

本案在原审审理过程中,丁某某对李某某提交的借款人为丁某某的金额为 650 万元的借条的落款时间存在异议,并申请鉴定。原审法院依法委托宁夏证泰司法鉴定所鉴定,该所以因受检验技术手段、仪器等条件的限制,无法对借条落款日期是否有篡改做出鉴定为由,终止此次鉴定。因丁某某坚持继续鉴定,原审法院又委托天津市天鼎物证司法鉴定所宁夏分所鉴定。天津市天鼎物证司法鉴定所出具司法鉴定意见书认定:2012 年 3 月 10 日丁某某书写的借条上落款处“2012. 3. 10”日期数字中最后一个“0”字应为添加书写形成。丁某某为此次鉴定支付鉴定费 2 万元。李某某对此鉴定结果提出异议,认为该份鉴定严重违反法定程序,未采用符合规定的技术标准和规范,鉴定人员未进行严格评估作业,未运用专业检测工具,鉴定应为无效,并申请重新鉴定。原审法院委托司法鉴定科学技术研究所司法鉴定中心后,该中心出具鉴定意见书认定:未发现检材落款署期“2012. 3. 10”中的最后一个“0”字添加形成的痕迹。李某某为此次鉴定支付鉴定费 30,000 元。诉讼中丁某某申请鉴定人员出庭,鉴定人员因出庭产生差旅费 7211. 10 元,李某某预付 6000 元,丁某某预付 4000 元。

另查明,丁某某与苏某某于 2009 年 6 月 4 日登记结婚。2011 年 5 月 22 日,丁某某还曾给李某某出具过承诺书,载明:“关于丁某某先后分期向李某某个人借款事项,为了保障李某某所借款项能够安全有效如期归还,我本人及家属愿意对此承诺如下:(1)丁某某先后向李某某借款金额,以丁某某所出具的每次借款凭证为借款总金额合计数的真实依据(详见借据)。(2)本人承诺我夫妻二人名下所有财产除向宁夏黄河商业银行做过三千万元抵押贷款外,没有其他任何借款抵押。(3)如向李某某借款到期后丁某某再无还款能力下,丁某某夫妻承诺愿以夫妻名下所有财产作为归还银行及李某某借款的第一还款来源(附公司及本人所有资产复印件并签字盖章确认)。所有财产可评估拍卖将其所得第一时间用来偿还银行及李某某的所有经济债务。(4)本人在此承诺书签订后,再向其他人员借款,均在归还完李某某全部欠款后再予考虑。"承诺书上还加盖有宁夏建昊实业有限公司的印章。

一审法院认为,根据庭审中李某某与丁某某、苏某某提交的转账凭证、存款单等,可以确认李某某与丁某某自2010年开始就存在借款关系。庭审中双方均认可李某某提交的650万元借条是对2012年3月之前双方发生的借款的结算,因李某某与丁某某对2012年3月之前双方间发生的借款本金究竟是多少,均未提交有效借款凭证予以证实,故对2012年3月前借款的具体金额和发生时间均无法查清,现只能依据李某某提交的650万元的借条来确定丁某某是否欠付李某某借款。现双方争议的焦点问题在于650万元借条出具的时间,如果出具时间是2012年3月1日,则丁某某在2012年3月8日和2012年4月28日共计还款650万元,丁某某已履行了全部还款义务;如果借条出具时间是在2012年3月10日,则丁某某于2012年3月8日偿还的500万元将被认定为偿还的之前的借款,则丁某某还应偿还李某某剩余借款500万元。而两家具备司法鉴定资质的鉴定机构出具了结论完全相反的鉴定报告,故认定借条的出具时间还应当结合本案的其他事实。本案2013年受理后,苏某某提出了管辖权异议,丁某某在管辖权异议期间未提出过借款时间不符的事实,在本案第一次和第二次庭审中,丁某某均认可借条的真实性,丁某某在法庭辩论终结之前的陈述一致认可了借条的真实性,结合司法鉴定科学技术研究所司法鉴定中心的鉴定结论,应当认定650万元借条出具的时间是在2012年3月10日。2012年3月8日丁某某委托案外人分两次向李某某账户转账共计500万元,虽然李某某与丁某某均认可这是丁某某向李某某的还款,但因500万元的还款发生在650万元借条出具之前,故不能认定这是丁某某履行偿还该笔650万元的借款;2012年4月28日丁某某向李某某账户转款150万元,该笔转款发生在650万元借条出具之后,故丁某某尚欠李某某借款500万元，丁某某应予偿还。因丁某某未按借条约定的2012年3月底前偿还借款，故其应按中国人民银行同期贷款基准利率支付借款500万元自2012年4月1日起至本判决确定的付款之日止的利息。丁某某辩称，650万元的借款是之前借款的结算，包括借款本金和利息，因借条上并未载明此事实，李某某对此亦不予认可，丁某某也未提交证据证明650万元中包含利息，故对此辩解理由不予采信。上述债务产生于丁某某、苏某某婚姻关系存续期间，属夫妻共同债务，苏某某应对上述债务承担共同清偿责任。依照《合同法》第196条、第206条、第207条、最高人民法院《关于适用〈中华人民共和国婚姻法〉若干问题的解释(二)》第24条之规定，判决：丁某某、苏某某于本判决生效之日起10日内偿还李某某借款500万元，并按照中国人民银行同类贷款基准利率偿还借款500万元自2012年4月1日至本判决确定的付款之日的利息。案件受理费48,855元，保全费5000元，合计53,855元由丁某某、苏某某负担。

一审宣判后，丁某某、苏某某不服，提起上诉。二审中，双方当事人均未向法庭提交证据、均坚持原审时的举、质证意见。二审法院确认了原审法院查明的事实。

2. 法院裁判及观点

二审法院认为，本案的焦点问题是：被上诉人李某某主张的500万元欠款及利息是否成立、苏小萍是否应承担偿还义务。

本案中李某某与丁某某自2010年就存在借款关系，双方均认可涉案的650万元借条是对2012年3月之前双方发生的借款的结算，因此可以确认丁某某至2012年3月欠李某某650万元未还。2012年3月8日丁某某委托案外人分两次向李某某账户转账500万元，2012年4月28日丁某某向李某某账户转款150万元，按照李某某的主张，650万元借条出具的时间是2012年3月10日，丁某某于2012年3月8日偿还的500万元为偿还其结算借条之前的借款，丁某某仍欠李某某剩余借款500万元未还。而丁某某对于借条形成的时间持异议，丁某某主张650万元借条形成的时间是2012年3月1日，其在2012年3月8日和2012年4月28日共计还款650万元，已履行了全部还款义务。对于本案借条中的落款时间，原审法院先后委托两家具备司法鉴定资质的鉴定机构鉴定，两家鉴定机构出具的鉴定报告结论不同，因此原审法院认为认定借条的出具时间还应当结合本案的其他事实,因本案2013年受理后,苏某某提出了管辖权异议,丁某某在管辖权异议期间未对借条形成的时间提出异议,且丁某某认可借条的真实性,结合司法鉴定科学技术研究所司法鉴定中心的鉴定结论,原审认定650万元借条出具的时间是在2012年3月10日。本院予以确认。故丁某某认为一审法院认定650万元借条出具的时间是在2012年3月10日系认定事实错误的上诉理由不能成立。本案债务产生于丁某某、苏某某婚姻关系存续期间,应属夫妻共同债务,苏某某应对涉案债务承担共同清偿责任,上诉人主张涉案借款用于上诉人公司的经营活动且苏某某未在承诺书上签字,苏某某无需承担任何还款责任的上诉理由亦不能成立。

综上,原判认定事实清楚、证据充分,实体处理并无不当,丁某某、苏某某的上诉理由不能成立,对其上诉请求本院不予支持。依照《民事诉讼法》第170条第1款第(1)项、第175条之规定,判决如下:驳回上诉,维持原判。二审案件受理费46,800元,由丁某某、苏某某负担。

3. 案例评析

本案涉及不同笔迹鉴定意见矛盾时法院如何采信的问题。实践中,对不同鉴定意见,法院主要对是否具有相应的鉴定资格、鉴定程序是否合法、鉴定所依据的检材是否是原件、笔迹样本是否具有客观性和可比性、鉴定范围是否全面完整、鉴定结论的理由分析是否合理、申请重新鉴定的理由是否成立以及当事人抗辩理由是否成立等因素进行甄别分析与综合认定。在本案中,借条形成时间关系到借款人是否完全履行了还款义务,但两家鉴定机构针对借条形成的时间形成了相互矛盾的鉴定意见。在鉴定资质、检材、样本等方面不存在差异,鉴定结论的理由无法辨别哪个更合理的情况下,法院结合借款人在管辖权异议期间未提出过借款时间不符的事实,在本案第一次和第二次庭审中,丁某某均认可借条的真实性,丁某某在法庭辩论终结之前的陈述一致认可了借条的真实性等事实,综合认定并采信了借条出具的时间在2012年3月10日的鉴定结论。因此,当不同笔迹鉴定意见矛盾时,法院应当从鉴定意见本身是否可靠可信以及案件本身其他证据两个方面谨慎地进行综合认定与采信。

有关法律规定

最高人民法院《关于适用〈中华人民共和国民事诉讼法〉的解释》(法释〔2015〕5号)

第一百零五条　人民法院应当按照法定程序,全面、客观地审核证据,依照法律规定,运用逻辑推理和日常生活经验法则,对证据有无证明力和证明力大小进行判断,并公开判断的理由和结果。

《最高人民法院关于民事诉讼证据的若干规定》(法释〔2001〕33号)

第六十四条　审判人员应当依照法定程序,全面、客观地审核证据,依据法律的规定,遵循法官职业道德,运用逻辑推理和日常生活经验,对证据有无证明力和证明力大小独立进行判断,并公开判断的理由和结果。

第六十六条　审判人员对案件的全部证据,应当从各证据与案件事实的关联程度、各证据之间的联系等方面进行综合审查判断。

最高人民法院《关于适用〈中华人民共和国刑事诉讼法〉的解释》(法释〔2012〕21号)

第八十四条　对鉴定意见应当着重审查以下内容:

(一)鉴定机构和鉴定人是否具有法定资质;

(二)鉴定人是否存在应当回避的情形;

(三)检材的来源、取得、保管、送检是否符合法律、有关规定,与相关提取笔录、扣押物品清单等记载的内容是否相符,检材是否充足、可靠;

(四)鉴定意见的形式要件是否完备,是否注明提起鉴定的事由、鉴定委托人、鉴定机构、鉴定要求、鉴定过程、鉴定方法、鉴定日期等相关内容,是否由鉴定机构加盖司法鉴定专用章并由鉴定人签名、盖章;

(五)鉴定程序是否符合法律、有关规定;

(六)鉴定的过程和方法是否符合相关专业的规范要求;

(七)鉴定意见是否明确;

(八)鉴定意见与案件待证事实有无关联;

(九)鉴定意见与勘验、检查笔录及相关照片等其他证据是否矛盾;

(十)鉴定意见是否依法及时告知相关人员,当事人对鉴定意见有无异议。

第八十五条　鉴定意见具有下列情形之一的,不得作为定案的根据:

(一)鉴定机构不具备法定资质,或者鉴定事项超出该鉴定机构业务范围、技术条件的;

（二）鉴定人不具备法定资质，不具有相关专业技术或者职称，或者违反回避规定的；

（三）送检材料、样本来源不明，或者因污染不具备鉴定条件的；

（四）鉴定对象与送检材料、样本不一致的；

（五）鉴定程序违反规定的；

（六）鉴定过程和方法不符合相关专业的规范要求的；

（七）鉴定文书缺少签名、盖章的；

（八）鉴定意见与案件待证事实没有关联的；

（九）违反有关规定的其他情形。

第八章

民间借贷的事实认定

第一节 借贷关系认定

一、只有存款凭条、转账记录就一定认定借贷关系成立吗

基本理论

民间借贷案件中通常的举证责任分配原则是：对于存在借贷关系及借贷内容等事实，出借人应承担举证责任；对已经归还借款的事实，借款人应承担举证责任。但在原告不能提供借款合同、借据等表明双方之间存在借贷关系的书面证据时，仅提供金融机构的转账凭证，是否可以认为尽到了举证责任的问题，司法实践中存在不同观点。有观点认为，金融机构的转账凭证是出借人已经将借款支付给借款人的证据，原告向法院提交该证

据，可以证明其与被告之间的借款关系和其已经实际履行出借义务，因而应当认为尽到了作为出借人的举证责任。也有观点认为，借款合同关系的基础事实不仅包括款项的实际支付，更应包括双方存在借款合意，因而仅凭金融机构的转账凭证，尚不足以证明双方之间存在借款合意，除被告认可双方之间借贷关系的情形外，原告应当进一步举证证明双方之间存在借款关系。

考虑到实践中借款合同关系发生的情形比较复杂，原告可能凭借其他交易中支付款项的凭证，试图要求被告归还不真实借款和借款合同当事人缺乏法律意识，没有签订书面借款合同亦没有出具借据，出借人对于借款关系的证明存在困难的情形都存在。因此，不应仅凭款项支付凭证认定双方之间的借贷关系，也不应完全将举证责任分配给出借人，在出借人提出金融机构转账凭证的情况下，可以认为其对双方之间借款合同关系的存在完成了初步举证责任，此时应当进一步结合被告的答辩情况，对双方是否存在借款合同关系进行分析认定。在被告不认可双方之间存在借款合同关系的情况下，是否还需要被告提出相应证据，以及在被告不能提出相应证据证明该款项系基于其他交易发生，而原告亦不能进一步举证证明该款项系支付出借款项时，应当将举证不能的不利后果分配于哪一方当事人的问题，最高人民法院的最终意见还是平衡了原、被告双方的举证责任分配，在被告抗辩主张原告的转账系偿还双方之前借款或其他债务的情况下，明确被告应当对该主张提供证据证明；在被告提供相应证据证明后，原告应就借贷关系的成立承担进一步的举证责任，从而实际上加强了对合法出借人的司法保护。①

典型案例

仅有转账凭证，不能当然认定借贷关系成立

——上诉人何某某与被上诉人殷某某民间借贷纠纷二审案②

1. 案情简介

上诉人（原审原告）：何某某。

---

① 参见杜万华主编、最高人民法院民事审判第一庭编著：《最高人民法院民间借贷司法解释理解与适用》，人民法院出版社2015年版，第303～304页。

② 参见（2013）常民终字第1467号民事判决。

被上诉人(原审被告):殷某某。

何某某和祝某某系朋友关系,殷某某和祝某某之间为棉纱贸易往来关系。2013 年 1 月 12 日,殷某某代表武进区湖塘殷明棉纱经营部与祝某某代表的常州点超商贸有限公司签订了工业品买卖合同,约定由武进区湖塘殷明棉纱经营部供给常州点超商贸有限公司棉纱。往来过程中,祝某某代表的常州点超商贸有限公司结欠武进区湖塘殷明棉纱经营部棉纱货款 40 余万元。2013 年 3 月 26 日,因开承兑事宜,何某某、殷某某、第三人祝某某、案外人王志兴和殷明等人在殷某某的办公室进行商谈,后何某某通过网银转账转给殷某某 70 万元,并在电子银行交易中注明用途为借款。

对于殷某某收到 70 万元后是否开具收条,何某某及案外人王志兴均称,何某某、案外人王志兴和第三人祝某某在离开殷某某办公室后不久,祝某某又回去向殷某某要收条的,但祝某某是否拿到收条不清楚;殷某某称,祝某某在离开几分钟后又回来要收条,殷某某就开具了收条给祝某某,写明收到祝某某(点超商贸)70 万元;祝某某称,其在离开后是回去向殷某某要收条的,收条上面写明收到点超商贸 70 万元,但收条现在找不着了。

后因没能开出承兑,殷某某将 70 万元在扣除了祝某某代表的常州点超商贸有限公司欠武进区湖塘殷明棉纱经营部的货款后,将剩余的 28 万支付给了祝某某,祝某某又将该 28 万元还给了何某某。

2. 法院裁判及观点

一审法院认为,借贷合同的成立需要借贷双方通过签订借款合同、出具借条、欠条、发送手机短信、电子邮件等以书面、口头或其他方式达成借款的合意。一方当事人仅提供转账、存款凭证等交付凭证,未提供借贷合意凭证,对方以双方不存在借贷关系或者存在其他法律关系为抗辩,并提出证据足以对借款关系真实性产生合理怀疑的,主张权利的一方应当就双方存在借贷合意进一步提供证据。本案中,何某某仅提供了电子银行的交易补打凭证,殷某某抗辩认为该凭证上面的金额为第三人祝某某支付给殷某某的货款,何某某与殷某某之间不存在借贷关系,结合殷某某所在的公司确和第三人祝某某存在贸易往来、祝某某在给殷某某的电话和短信中的陈述、祝某某陈述殷某某开具过“收到点超商贸 70 万的收条”及当事人的陈述等综合考量,足以对何某某与殷某某之间借贷关系的成立产生合理怀疑,虽然何某某举证电子银行交易补打凭证上注明的用途为借款，但这仅为何某某的意思表示且为何某某单方操作而成，并不足以证明何某某、殷某某之间存在借款的合意，因此，对何某某主张其与殷某某之间存在借贷关系，要求殷某某立即归还借款70万元的诉讼请求，法院不予支持。综上，一审法院判决：驳回何某某的诉讼请求。

宣判后，何某某不服原审判决提起上诉，请求二审法院撤销原判，发回重审或者改判支持其原审诉讼请求。

二审法院对原审判决查明的双方当事人无异议的事实依法予以确认。二审另查明，殷某某原审时提交其与祝某某的通话录音光盘和整理的文字资料，2013年6月11日的电话录音中祝某某讲到其支付给殷某某的70万元钱是从姓何的朋友那借来的，并且已经还给姓何的朋友46万了。2013年7月25日（本案一审第一次开庭结束后祝某某主动给殷某某打电话）的电话录音中祝某某讲到："我基本没有颠倒事实，给他多少钱我颠倒一下事实"；"你帮我拖点时间，我这个事情会解决的，不会让你承担的；现在你还要给我挡一下的，如果我不这样说的，他带人到我家，乱七八糟的都去了"。

对于殷某某向祝某某出具收条的形成过程，原审法院第三次开庭时，殷某某陈述："这个收条是我打给祝某某的，当时其在办公室表示给我打了70万元，祝某某说承兑快点开，然后其就走了，后来过了1分钟祝某某一个人又回来了，说要打个收条，我就打给他了，我记得很清楚，我的收条写的是收到点超（祝某某）70万元，当时我侄子在，还有老汤（公司业务员）在。"何某某陈述："这个情况我不知道，当时出去的时候，我和祝讲，最好打个欠条，他就去商量一下，回来告诉我说，他也欠殷某某货款的，不好意思，过几天就还的，我也就没多问。"

二审中，对于殷某某向祝某某出具收条的形成过程，祝某某陈述："何某某打的钱到账后，我们就出来了，是何某某叫我去要个书面手续，我就一个人回去，殷某某打了一个收条给我，收条上写的收到点超商贸70万元，出来之后，收条在我手里，现在收条不知道放哪里了，我也没有给何某某。"何某某陈述："祝某某出来后，我向祝某某要条子，祝某某说就两三天，不要紧，我就没有再要了。"

二审法院审理认为，二审中何某某主张其与殷某某存在借贷关系，其原审时提交的电子银行交易补打凭证载明款项用途为借款可以证明双方之间有交付凭证,也有借贷合意。但是,(1)电子银行交易补打凭证上注明的用途为借款,是何某某单方操作所为,仅为何某某一方的意思表示。(2)何某某在其银行转账当天之前与殷某某互不认识,涉案的70万元款项巨大,在何某某转账70万元后未当场要求殷某某出具借款手续。即使后来何某某又让祝某某一人向殷某某索要借款凭证,但在得知祝某某拿到收条后,既未查看收条内容,也未向祝某某索要收条由其保存,有悖常理。(3)殷某某向祝某某出具的收条内容为"收到点超商贸70万元",而祝某某是代表常州点超商贸有限公司的,故该收条的内容证明殷某某的意思表示是明确的,即殷某某是向祝某某借款70万元的。而祝某某收到该收条后未提出异议,且该收条一直由其保存,应视为其认可殷某某关于其向祝某某借款70万元的意思表示。再结合殷某某所在的公司确和祝某某存在贸易往来、祝某某在给殷某某的电话和短信中的陈述,足以对何某某与殷某某之间存在借贷关系产生合理怀疑。因此,原审法院认定何某某提供的证据不足以证明其与殷某某之间存在借款合意,判决驳回何某某的诉讼请求并无不当。综上,何某某的上诉理由不成立。据此,二审法院依照《民事诉讼法》第170条第1款第1项之规定,判决驳回上诉,维持原判。

3.案例评析

本案例主要涉及的是当事人仅依据存款、转账凭证等交付凭证提起民间借贷诉讼,人民法院能否认定借贷关系成立及如何分配举证责任的问题。在原告仅能提供证据证明款项支付的事实,而无法提供借款合同、借条等借贷合意凭证的情形下,被告以双方不存在借贷关系或者存在其他法律关系为抗辩,并提出证据足以对借款关系真实性产生合理怀疑的,原告应当就双方存在借贷合意进一步提供证据,否则将承担举证不能的不利后果。本案中,何某某仅提供了电子银行的交易补打凭证,殷某某抗辩认为该凭证上面的金额为第三人祝某某支付给殷某某的货款,双方不存在借贷关系,并提出了足以对两者之间借贷关系的成立产生合理怀疑的证据,此时应当由何某某继续就其与殷某某之间存在借贷合意进行举证,因何某某未能举证证明其与殷某某之间存在借款合意,故人民法院不能认定其与殷某某之间存在借贷关系。

有关法律规定

《中华人民共和国合同法》(1999年)

第二百一十条　自然人之间的借款合同,自贷款人提供借款时生效。

《中华人民共和国民事诉讼法》(2012年修正)

第六十四条　当事人对自己提出的主张,有责任提供证据。

当事人及其诉讼代理人因客观原因不能自行收集的证据,或者人民法院认为审理案件需要的证据,人民法院应当调查收集。

人民法院应当按照法定程序,全面地、客观地审查核实证据。

最高人民法院《关于适用〈中华人民共和国民事诉讼法〉的解释》(法释〔2015〕5号)

第九十条　当事人对自己提出的诉讼请求所依据的事实或者反驳对方诉讼请求所依据的事实,应当提供证据加以证明,但法律另有规定的除外。

在作出判决前,当事人未能提供证据或者证据不足以证明其事实主张的,由负有举证证明责任的当事人承担不利的后果。

第九十一条　人民法院应当依照下列原则确定举证证明责任的承担,但法律另有规定的除外:

(一)主张法律关系存在的当事人,应当对产生该法律关系的基本事实承担举证证明责任;

(二)主张法律关系变更、消灭或者权利受到妨害的当事人,应当对该法律关系变更、消灭或者权利受到妨害的基本事实承担举证证明责任。

《最高人民法院关于民事诉讼证据的若干规定》(法释〔2001〕33号)

第二条　当事人对自己提出的诉讼请求所依据的事实或者反驳对方诉讼请求所依据的事实有责任提供证据加以证明。

没有证据或者证据不足以证明当事人的事实主张的,由负有举证责任的当事人承担不利后果。

第五条　在合同纠纷案件中,主张合同关系成立并生效的一方当事人对合同订立和生效的事实承担举证责任;主张合同关系变更、解除、终止、撤销的一方当事人对引起合同关系变动的事实承担举证责任。

对合同是否履行发生争议的,由负有履行义务的当事人承担举证责任。

对代理权发生争议的,由主张有代理权一方当事人承担举证责任。

第六十四条　审判人员应当依照法定程序，全面、客观地审核证据，依据法律的规定，遵循法官职业道德，运用逻辑推理和日常生活经验，对证据有无证明力和证明力大小独立进行判断，并公开判断的理由和结果。

《最高人民法院关于审理民间借贷案件适用法律若干问题的规定》（法释〔2015〕18号）

第二条　出借人向人民法院起诉时，应当提供借据、收据、欠条等债权凭证以及其他能够证明借贷法律关系存在的证据。

当事人持有的借据、收据、欠条等债权凭证没有载明债权人，持有债权凭证的当事人提起民间借贷诉讼的，人民法院应予受理。被告对原告的债权人资格提出有事实依据的抗辩，人民法院经审理认为原告不具有债权人资格的，裁定驳回起诉。

第十七条　原告仅依据金融机构的转账凭证提起民间借贷诉讼，被告抗辩转账系偿还双方之前借款或其他债务，被告应当对其主张提供证据证明。被告提供相应证据证明其主张后，原告仍应就借贷关系的成立承担举证证明责任。

二、借款人未证明其出具的收据系受胁迫所为，如何判定是否存在胁迫行为

基本理论

合法的民间借贷受法律保护。所谓合法的民间借贷首先必须是双方当事人之间自愿的借贷，借款人与出借人基于真实意思表示签订的借款合同、借款及还款协议，与法律、行政法规的禁止性规定不相违背的，应属有效合同。借款合同签订后，出借人已按约向借款人交付了借款，借款人同时亦向出借人出具了收据的，该收据亦可作为确定双方借款关系的借款凭证。但一方以欺诈、胁迫等手段或者乘人之危，使对方在违背真实意思的情况下所形成的借贷关系，按照相关法律规定，则属于可撤销合同，经行使撤销权后应当认定为无效。借贷关系无效的原因是由债权人的行为引起的，只返还本金；借贷关系无效的原因是由债务人的行为引起的，除了返还本金外，还应当参照银行同类贷款利率给付利息。此时，借款人主张其出具的收据系受胁迫所为，就需要提供相应证据予以证明，若借款人未能举

证证明其出具收据系受出借人胁迫所为,则应当承担举证不能的法律后果。人民法院则会以收据所载内容为主要依据,认定出借人已经向借款人实际履行了交付借款的义务。

典型案例

借款人主张其出具的收据系受胁迫所为,应当举证证明
——上诉人张某某与被上诉人陈某某民间借贷纠纷二审案[①]

1. 案情简介

上诉人(原审被告):张某某。

被上诉人(原审原告):陈某某。

2011 年 11 月 27 日张某某与陈某某双方签订借款协议,张某某向陈某某借款 121,000 元,约定借款时间为一个月,自 2011 年 11 月 27 日至 2011 年 12 月 26 日,如未按时还款,张某某向陈某某支付借款金额 20% 的违约金。张某某出具金额为 121000 元的收条一张。同日张某某再次向陈某某借款 110,200 元,借款期限为一个月,自 2011 年 11 月 27 日至 2011 年 12 月 26 日止,并出具金额为 110,200 元的借条、收条各一张。2012 年 5 月 26 日张某某通过中国农业银行四川省分行卡卡转账,向陈某某还款 2 万元,2012 年 7 月 4 日,张某某再次通过中国农业银行向陈某某转账还款 1 万元,2013 年 11 月 19 日张某某还款 2000 元。后因张某某未再履行还款义务,陈某某遂诉至法院。张某某辩称本案两笔借款不属实,其是受陈某某胁迫才签订的借款协议、借条和收条,但张某某未提供相应证据予以证实。

2. 法院裁判及观点

四川省眉山市东坡区人民法院一审认为,合法的借贷关系受法律保护。陈某某提供的证据与其诉称主张相印证,故对张某某、陈某某之间的借贷法律关系予以认定。张某某辩称其是受陈某某胁迫才签订的借款协议、借条和收条,但张某某未提供相应证据予以证实,因此其的辩解理由不

① 参见眉山市中级人民法院(2014)眉民终字第 300 号民事判决。

能成立。陈某某要求张某某归还借款本金并支付违约金的请求合法有据，应予以支持。因此判决：张某某应于本判决生效之日起 7 日内归还陈某某借款本金人民币 199,200 元，违约金人民币 24,200 元，合计人民币 223,400 元。

宣判后，张某某不服原审判决，上诉至眉山市中级人民法院，请求撤销原判，驳回被上诉人陈某某的诉讼请求。

眉山市中级人民法院二审对原判认定的事实和采信的证据予以确认。该院审理认为，合法的借贷关系受法律保护。陈某某向上诉人张某某提供了借款，不仅提供了双方签订的借款协议，还提供了上诉人张某某出具的借条和收条，该证据形成证据锁链，足以证明了被上诉人陈某某向上诉人张某某提供了借款 231,200 元的事实。上诉人张某某收到借款，应承担按约向被上诉人陈某某归还借款的义务。关于上诉人张某某上诉称本案所涉及的两笔借款虽然签订了借款协议、出具了借条、收条，但实际并未收到上述款项，该借款协议、借条、收条是在受到胁迫的情况下出具的意见，根据《最高人民法院关于民事诉讼证据的若干规定》第 2 条“当事人对自己提出的诉讼请求所依据的事实或者反驳对方诉讼请求所依据的事实有责任提供证据加以证明，没有证据或证据不足以证明当事人的事实主张的，由负有举证责任的当事人承担不利后果”的规定，上诉人张某某并未提供证据证明本案所涉及的借款协议、借条、收条是在其胁迫的情况下出具的，故应承担举证不能的法律后果。原判认定事实清楚，适用法律正确，审判程序合法。上诉人的上诉理由不能成立。据此，判决：驳回上诉，维持原判。

3. 案例评析

本案例主要涉及的是人民法院如何认定借款人出具的收据系受胁迫所为的问题。通常情况下，出借人按照约定向借款人交付借款，借款人同时向出借人出具收据，人民法院能够据此认定双方存在借款关系。借款人若主张其出具的收据系受胁迫所为，按照“谁主张、谁举证”的原则，应提供相应证据予以证明，若借款人未能举证证明其出具收据系受出借人胁迫所为，则应当承担举证不能的法律后果。本案中，陈某某提出的借款协议、借条、收条等证据与其诉称主张相印证，足以证明其与张某某之间存在借款关系，而张某某虽然辩称本案借款不属实，该借款协议、借条、收条是在受到胁迫的情况下出具的，但未提供相应证据予以证实。因此，张某某的辩解理由不能成立，人民法院依据现有证据认定陈某某与张某某之间的借款关系成立，张某某应当承担归还借款的义务。

有关法律规定

《中华人民共和国合同法》(1999 年)

第五十四条　下列合同，当事人一方有权请求人民法院或者仲裁机构变更或者撤销：

(一)因重大误解订立的；

(二)在订立合同时显失公平的。

一方以欺诈、胁迫的手段或者乘人之危，使对方在违背真实意思的情况下订立的合同，受损害方有权请求人民法院或者仲裁机构变更或者撤销。

当事人请求变更的，人民法院或者仲裁机构不得撤销。

最高人民法院《关于适用〈中华人民共和国民事诉讼法〉的解释》(法释〔2015〕5 号)

第一百零九条　当事人对欺诈、胁迫、恶意串通事实的证明，以及对口头遗嘱或者赠与事实的证明，人民法院确信该待证事实存在的可能性能够排除合理怀疑的，应当认定该事实存在。

《最高人民法院关于人民法院审理借贷案件的若干意见》(法(民)〈1991〉21 号，已失效)

10. 一方以欺诈、胁迫等手段或者乘人之危，使对方在违背真实意思的情况下所形成的借贷关系，应认定为无效。借贷关系无效由债权人的行为引起的，只返还本金；借贷关系无效由债务人的行为引起的，除返还本金外，还应参照银行同类贷款利率给付利息。

三、只有手机短信证明，没有其他证据的，能否证明借款关系

基本理论

电子数据广义而言，是指以电子、光学、磁或其他类似手段生成、发送、接受或存储的信息证明案件事实的一种证据，包括电子通信证据、计算机证据、

网络证据和其他电子数据。电子数据是现代信息技术不断发展和应用的产物,作为信息世界里新的“证据之王”,①其具有综合性、易变性、隐蔽性、可挽救性、微缩性、扩散激增性等特征,是来源于七种传统证据,将各种传统证据部分地剥离出来而泛称的一种新证据形式。2004 年通过的《电子签名法》第 7 条明确规定了数据电文不得仅因为其是以电子、光学、磁或者类似手段生成、发送、接收或者储存的而被拒绝作为证据使用。最高人民法院民事诉讼法司法解释对电子数据的界定是指通过电子邮件、电子数据交换、网上聊天记录、博客、微博客、手机短信、电子签名、域名等形成或者存储在电子介质中的信息。存储在电子介质中的录音资料和影像资料,适用电子数据的规定。民间借贷纠纷案件中,作为证明借贷关系存在的电子数据则集中表现为电子邮件、网上聊天记录、博客、微博客、手机短信等形成或者存储在电子介质中的信息以及存储在电子介质中的录音资料和影像资料。与其他证据相比,电子数据一方面更具客观性和稳定性,另一方面又有较强的易破坏性,其使用电磁介质,储存的数据修改简单且不易留下痕迹,一旦黑客入侵系统、盗用密码,操作人员出现差错,供电系统和网络出现故障、病毒等,电子数据均有可能被轻易地盗取、篡改甚至销毁,难以事后追踪和复原。因此,根据电子数据易被伪造、篡改的特性,其通常不能单独作为定案的依据,人民法院在审查电子数据时,重点审核的是其真实性,同时结合其他在案证据进行综合认定,在形成完整、有效的证据链的情况下,才会认可电子证据的证明力。

典型案例

手机短信无法清楚表明借款事实存在,且缺少其他证据补强的,不能认定借贷关系成立

——上诉人张某某与被上诉人李某民间借贷纠纷二审案②

1. 案情简介

上诉人(原审原告):张某某。

---

① 何家弘、刘品新:《证据法学》,法律出版社 2011 年版,第 184 页。

② 参见新疆维吾尔自治区乌鲁木齐市中级人民法院(2013)乌中民一终字第 103 号民事判决。

被上诉人(原审被告):李某。

2012 年 8 月 17 日,张某某以李某拖欠借款为由诉至原审法院。庭审中,张某某提交了新疆维吾尔自治区公证处出具的(2012)新证民字第 7824 号公证书,用于证明张某某、李某之间的借款关系。该公证书系对张某某持有的三星牌手机、HTC 牌手机中所接收短信现状及内容进行的证据保全。发出短信的手机号为 1369999××××,张某某称系李某本人的手机。短信发出时间分别为 2011 年 12 月 13 日、12 月 21 日、12 月 22 日、2012 年 1 月 10 日、5 月 8 日,其中涉及钱财内容的短信内容分别为“……一个月存一千,我一个月现在才发一千四,扣了三金一千二! 卡号我记住了,我想办法给你还吧! 看年底有没有我们的奖金,要是有的话估计有四五千吧先给你,剩下的我尽快可以吧……”“……说过了我就想办法还你钱……我和你从认识到现在不管怎么样我从头到尾没有说赖你账不给你还,你当初为什么借我这钱你也清楚,不管怎么样我至今很感谢你……”“……别忘了要钱的时候带好条子,否则一毛没有……”“……你不是说我借你钱吗? 借钱有借条呀,要钱你要有证据呀! 这点事情你不懂? 问我要钱你也要有凭据,你说多少就多少了? 你说我借你钱我就借了……”。

2. 法院裁判及观点

新疆维吾尔自治区乌鲁木齐市天山区人民法院一审认为,当事人对自己提出的诉讼请求所依据的事实或者反驳对方诉讼请求所依据的事实有责任提供证据加以证明。没有证据或者证据不足以证明当事人的事实主张的,由负有举证责任的当事人承担不利后果。张某某以民间借贷为案由将李某诉至原审法院,则张某某应当举证证明双方借贷关系存在的事实。张某某拟以自己持有手机中所接收短信现状及内容证明李某的欠款事实,但短信内容未明确证实短信的发出和接收双方存在 8000 元借款关系,且后期短信内容明确显示短信发出人以反问口吻向接收人表明否认借款关系存在。本案中仅凭张某某提交的公证书及庭审中张某某的陈述无法证明张某某、李某之间存在借款合同关系。张某某未能完成民事诉讼举证义务,应当承担举证不能的不利后果。张某某要求李某偿还借款及利息的诉讼请求,证据不足,应不予支持。综上,一审法院判决:驳回张某某的诉讼请求。

宣判后,张某某不服原审判决,上诉至乌鲁木齐市中级人民法院,请求撤销原审判决,依法改判李某向其归还借款。

乌鲁木齐市中级人民法院二审对原判认定的事实予以确认。该院审理认为,短信中的电子数据虽属证据的一种,但对短信内容表示不明确的,应当有其他证据相印证,否则短信不能单独作为认定案件事实的根据。本案张某某以其与李某之间往来的有“借款”与“还款”字样的几条短信作为证据,向李某主张 8000 元的借款。而该短信没有明确显示李某借张某某 8000 元的文字内容,故在张某某没有提供其他证据印证的情况下,仅凭该短信证明不了李某向其借款 8000 元的事实存在。关于张某某上诉请求调取 13×××668 的机主姓名以及相关证据的请求。经承办人与 13×××668 机主通话,已确定该机主确系李某,其认可短信内容,但否认张某某称向其借款 8000 元的陈述,故该证据的调取并不能证明张某某的上诉主张。二审期间,张某某称 8000 元是通过朋友打到李某银行卡中的,但其未提交调取证据申请也未提供能够调取该证据的相关信息,故本院无法查明该事实。关于张某某上诉称其已以公证书的形式完成了举证义务的问题。因张某某在本案公证的事项是保全证据,既是张某某为保存手机短信,向公证处申请对其持有的手机中的若干条短信现状及内容进行保全。该公证书只能证明张某某手机短信收存状况及内容,手机所存短信内容并不足以证明李某向张某某借款 8000 元的事实成立。综上,张某某在没有其他证据相印证的情况下,仅凭手机短信来主张借款事实,依据不足,无法采信,其上诉理由不能成立。原审判决认定事实清楚,适用法律正确,应予以维持。据此,乌鲁木齐市中级人民法院依照《民事诉讼法》第 170 条第 1 款第 1 项之规定,判决驳回上诉,维持原判。二审案件受理费 50 元(张某某已交),由张某某负担。

3. 案例评析

本案例主要涉及的是仅有电子数据,人民法院能否认定借款关系成立的问题。民间借贷纠纷通常以当事人之间签订的书面凭证予以证实双方之间的借贷关系。手机短信作为电子证据的一种,具有可修改、编辑、伪造的可能,一般应当结合在案的其他证据予以认定。当手机短信等内容无法清楚反映双方借款的主要事实时,不能单独作为定案依据。本案中,张某某为证明李某向其借款后未履行清偿义务，提供了经过公证的其手机内存储的与李某之间往来的涉及钱财内容的短信息，但短信内容未明确证实双方存在借款关系，短信内容还显示对方以反问口气否认了借款事实存在，在张某某没有提供其他证据印证的情况下，仅凭该短信无法证明李某向其借款8000元的事实，故其应承担举证不能的法律后果，人民法院无法认定双方存在借款关系，驳回了张某某的诉讼请求。

有关法律规定

《中华人民共和国民事诉讼法》(2012年修正)

第六十三条　证据包括：

(一)当事人的陈述；

(二)书证；

(三)物证；

(四)视听资料；

(五)电子数据；

(六)证人证言；

(七)鉴定意见；

(八)勘验笔录。

证据必须查证属实，才能作为认定事实的根据。

《中华人民共和国电子签名法》(2015年修正)

第二条　本法所称电子签名，是指数据电文中以电子形式所含、所附用于识别签名人身份并表明签名人认可其中内容的数据。

本法所称数据电文，是指以电子、光学、磁或者类似手段生成、发送、接收或者储存的信息。

第七条　数据电文不得仅因为其是以电子、光学、磁或者类似手段生成、发送、接收或者储存的而被拒绝作为证据使用。

最高人民法院《关于适用〈中华人民共和国民事诉讼法〉的解释》(法释〔2015〕5号)

第一百一十六条　视听资料包括录音资料和影像资料。

电子数据是指通过电子邮件、电子数据交换、网上聊天记录、博客、微博客、手机短信、电子签名、域名等形成或者存储在电子介质中的信息。

存储在电子介质中的录音资料和影像资料，适用电子数据的规定。

四、借款人否认借款时，由谁承担证明责任

基本理论

举证责任也称证明责任，是指证明主体依据法定职权或举证负担在诉讼证明上所应承担的相应责任，[①]通常认为包括行为意义的举证责任和结果意义的举证责任两层含义，即双重含义说。[②] 行为意义的举证责任是指当事人对其主张的事实所负担的提供证据加以证明的责任；结果意义的举证责任是指待证事实处于真伪不明状态时，主张该事实的当事人所应承担的不利后果。行为意义的举证责任强调的是当事人举证的行为；结果意义的举证责任强调的是在作为裁判基础的事实处于真伪不明时，法院如何裁判的问题。对于举证责任承担的一般原则，司法实践中采用的是大陆法系国家和地区通行的"法律要件分类说"的观点。依据法律要件分类说的一般理论，凡主张法律关系存在的当事人，应就该法律关系发生所需具备的要件负担证明责任；主张法律关系变更或者消灭的当事人，应就法律关系变更或者消灭所需具备的要件负担证明责任。[③] 具体到民间借贷纠纷中，存在两方面的基本事实：一是当事人之间的借贷合意；二是出借款项的实际交付。在原告以借据、收据、欠条等债权凭证为依据提起诉讼，被告否认借贷事实的情况下，其抗辩借贷行为尚未实际发生并能作出合理说明的，人民法院则会对双方之间是否存在借贷合意进一步予以审查，原告仍应就借贷关系的成立承担举证责任。

---

① 毕玉谦主编：《证据法要义》，法律出版社 2003 年版，第 364 页。

② 参见江伟主编：《民事诉讼法》，中国人民大学出版社 2007 年版，第 241 页。

③ 汤维建：《民事诉讼法学》，北京大学出版社 2008 年版，第 264 页。

典型案例

借款人抗辩借贷行为尚未实际发生并能作出合理说明，出借人仍应就借贷关系的成立承担举证责任

——上诉人张某某与被上诉人吴某某民间借贷纠纷二审案①

1. 案情简介

上诉人(原审原告):张某某。

被上诉人(原审被告):吴某某。

上诉人为证实与被上诉人之间的借款关系出具2013年5月1日收款人为被上诉人的收条一张,内容为“今收到张某某人民币贰万元正￥20,000元,此据”和2013年5月2日经手人为被上诉人的收条一张,内容为“今收到张某某人民币贰万元正￥20,000元”,上诉人还出具工商银行自助服务终端凭条一张,证实于2013年12月29日向被上诉人转账800元,该款是被上诉人向上诉人借取用于支付电话费。被上诉人对收条无异议,确认收取上诉人40,000元,该款是因被上诉人与上诉人共同出资15万元承包广州市耐韩服饰有限公司、广州市韩奈服饰有限公司的服装加工,并于2013年5月1日签订书面协议,约定上诉人、被上诉人共同出资10万元给广州市耐韩服饰有限公司、广州市韩奈服饰有限公司作为押金,后经协商,改为5万元押金,5月1、2日,上诉人让被上诉人分别将两笔款项转出共4万元,被上诉人也出资1万元,合计5万元。被上诉人对银行凭条不予确认,但承认为了追讨5万元的电话费和交通费,所以上诉人给被上诉人800元。

2. 法院裁判及观点

一审法院认为,上诉人提供收条和银行凭条以证实被上诉人向其借款40,800元,被上诉人对收到上诉人40,800元无异议但否认双方存在借贷关系,辩称上述款项是因双方合作为承包服装公司支付的保证金和上诉人支付的电话费、交通费。本案焦点为双方是否存在借贷关系。上诉人应对借贷合

① 参见广东省广州市中级人民法院(2015)穗中法金民终字第10号民事判决。

意、借贷期限、利率及款项交付等承担证明责任,上诉人提供的收条和银行凭条仅证明被上诉人收到上诉人的款项,均未能反映款项的用途,无法证实双方存在借款的合意,上诉人未能就双方存在借贷合意进一步提供证据,被上诉人提供上诉人及广州市白云区财金服装厂签订的合作协议书、合作协议终止证实因与广州市耐韩服饰有限公司、广州市韩奈服饰有限公司合作需支付保证金 5 万元,上诉人均予以确认,但表示仅提供居间中介服务,合同实际履行是广州市白云区财金服装厂,对此未能提供证据证实。上诉人提供的证言亦可证实其与被上诉人的款项往来与韩奈服饰有限公司的承包制衣业务相关,经向上诉人释明,上诉人仍坚持要求按借贷关系审理,因上诉人未能提供证据证实双方存有借贷合意,故对上诉人主张双方存在借贷关系,因缺乏证据证实,法院不予认定。上诉人要求被上诉人偿还借款 40,800 元人民币的诉讼请求,法院不予支持。综上,一审法院依照《中华人民共和国民事诉讼法》第 64 条第 1 款,《最高人民法院关于民事诉讼证据的若干规定》第 2 条之规定,作出(2014)穗云法民二初字第 1064 号民事判决:驳回上诉人的诉讼请求。案件受理费 926 元,由上诉人负担。

宣判后,张某某不服原审判决,上诉至广州市中级人民法院,请求 1. 被上诉人支付欠款 40,800 元及利息 4200 元(暂计);2. 由被上诉人承担本案诉讼费。

广东省广州市中级人民法院二审对原审法院查明的事实予以确认。该院审理认为,本案的争议焦点为上诉人与被上诉人之间是否存在借贷关系。上诉人提供了被上诉人出具的《收条》两张,以及银行汇款凭证证明被上诉人向其借款 40,800 元。被上诉人确认收到上述款项,但认为该款项是双方合作为承包服装公司支付的保证金及上诉人支付给被上诉人的车马费,并提供《服装加工合作协议》、《合作协议终止》等证据予以证明。本院对上诉人的上诉主张不予支持,对被上诉人的抗辩意见予以采信,理由如下:(1)上诉人作为出借方,应对双方存在借款合意承担举证责任。本案中上诉人提供的《收条》和银行汇款凭证仅能证明双方存在款项往来,被上诉人不确认该款项的性质为借款,上诉人亦未能提供其他证据证明该款项的性质为借款,其应承担举证不能的不利后果。(2)被上诉人是合作的乙方即广州市白云区财金服装厂的投资人,而上诉人却代表乙方在该合作协议上签字,证明上诉人是合作的重要参与方，上诉人称其仅提供中介服务，本院不予采信。(3)涉案两张《收条》出具的时间与该合作协议签订的时间相吻合。(4)上诉人向原审法院提供的证言亦证实涉案款项往来与韩奈服饰有限公司的承包制衣业务有关。(5)被上诉人二审补充提供的证据与其抗辩意见相互印证，形成完整的证据链，证实其收到上诉人支付的 4 万元后，将共计 5 万元的保证金交给了韩奈服饰有限公司的赵海忠。(6)上诉人在二审庭询中确认 800 元是给被上诉人用于找赵海忠的车马费。综上，本院采信被上诉人抗辩意见，认定上诉人与被上诉人之间存在合作关系，对于本案 4 万元款项，上诉人可另循法律途径解决。原审判决认定事实清楚，适用法律正确，处理恰当，应予以维持。上诉人的上诉理由不成立，应予以驳回。据此，判决：驳回上诉，维持原判。

3. 案例评析

本案例涉及的是在当事人否认借款的情况下，人民法院如何分配举证责任，认定借贷关系成立的问题。根据相关法律、司法解释的规定，被告抗辩借贷行为尚未实际发生并能作出合理说明，人民法院应当结合借贷金额、款项交付、当事人的经济能力、当地或者当事人之间的交易方式、交易习惯、当事人财产变动情况以及证人证言等事实和因素，综合判断查证借贷事实是否发生，原告仍应就借贷关系的成立承担举证责任。本案中，张某某提供了《收条》两张，以及银行汇款凭证证明吴某某向其借款 40, 800 元。吴某某确认收到上述款项，但认为该款项是双方合作为承包服装公司支付的保证金及张某某支付给其的车马费，并提供《服装加工合作协议》、《合作协议终止》等证据予以证明。此时，张某某作为出借方，应对双方存在借款合意继续举证，否则应当承担举证不能的法律后果。据此，人民法院结合案情综合认定双方的借贷关系不成立，驳回了张某某的诉讼请求。

有关法律规定

《中华人民共和国民事诉讼法》(2012 年修正)

第六十四条　当事人对自己提出的主张，有责任提供证据。

当事人及其诉讼代理人因客观原因不能自行收集的证据，或者人民法院认为审理案件需要的证据,人民法院应当调查收集。

人民法院应当按照法定程序,全面地、客观地审查核实证据。

最高人民法院《关于适用〈中华人民共和国民事诉讼法〉的解释》(法释〔2015〕5号)

第九十条　当事人对自己提出的诉讼请求所依据的事实或者反驳对方诉讼请求所依据的事实,应当提供证据加以证明,但法律另有规定的除外。

在作出判决前,当事人未能提供证据或者证据不足以证明其事实主张的,由负有举证证明责任的当事人承担不利的后果。

第九十一条　人民法院应当依照下列原则确定举证证明责任的承担,但法律另有规定的除外:

(一)主张法律关系存在的当事人,应当对产生该法律关系的基本事实承担举证证明责任;

(二)主张法律关系变更、消灭或者权利受到妨害的当事人,应当对该法律关系变更、消灭或者权利受到妨害的基本事实承担举证证明责任。

《最高人民法院关于民事诉讼证据的若干规定》(法释〔2001〕33号)

第二条　当事人对自己提出的诉讼请求所依据的事实或者反驳对方诉讼请求所依据的事实有责任提供证据加以证明。

没有证据或者证据不足以证明当事人的事实主张的,由负有举证责任的当事人承担不利后果。

第五条　在合同纠纷案件中,主张合同关系成立并生效的一方当事人对合同订立和生效的事实承担举证责任;主张合同关系变更、解除、终止、撤销的一方当事人对引起合同关系变动的事实承担举证责任。

对合同是否履行发生争议的,由负有履行义务的当事人承担举证责任。

对代理权发生争议的,由主张有代理权一方当事人承担举证责任。

第六十四条　审判人员应当依照法定程序,全面、客观地审核证据,依据法律的规定,遵循法官职业道德,运用逻辑推理和日常生活经验,对证据有无证明力和证明力大小独立进行判断,并公开判断的理由和结果。

《最高人民法院关于审理民间借贷案件适用法律若干问题的规定》(法释〔2015〕18号)

第二条　出借人向人民法院起诉时,应当提供借据、收据、欠条等债权凭证以及其他能够证明借贷法律关系存在的证据。

当事人持有的借据、收据、欠条等债权凭证没有载明债权人,持有债权凭证的当事人提起民间借贷诉讼的,人民法院应予受理。被告对原告的债权人资格提出有事实依据的抗辩,人民法院经审理认为原告不具有债权人资格的,裁定驳回起诉。

第十六条　原告仅依据借据、收据、欠条等债权凭证提起民间借贷诉讼,被告抗辩已经偿还借款,被告应当对其主张提供证据证明。被告提供相应证据证明其主张后,原告仍应就借贷关系的成立承担举证证明责任。

被告抗辩借贷行为尚未实际发生并能作出合理说明,人民法院应当结合借贷金额、款项交付、当事人的经济能力、当地或者当事人之间的交易方式、交易习惯、当事人财产变动情况以及证人证言等事实和因素,综合判断查证借贷事实是否发生。

五、借据存有瑕疵且无合理解释时能否否定借款事实

基本理论

我国诉讼证据中的书证指的是用其内容证明待证事实的文字材料,其内容可以包括文字、符号以及图画等。在法律上,书证记载的是人们能理解的案件事实,其证明力有两种形式:一种是形式上的证明力,即该书证是否系当事双方真实意思表示,是否有亲笔签名或盖章,内容是否有涂改痕迹;等等;另一种是实质上的证明力,即书证中的内容是否与案件事实有关。完整的证明力较强的书证应同时具备形式证明力及实质证明力,但在我国的诉讼程序中,常由于当事人水平较低、他人恶意等原因造成书证的证明力不完整,此时的书证应为瑕疵书证。在当事人提供的书证存在瑕疵,且其无法作出合理解释时,该书证无法证明当事人欲证明的事实。具体而言,借条系属文字材料,其书面记录了借贷双方的借款事实,在性质上应属书证。当借条存在诸多瑕疵,且出借人亦未作出合理解释时,根据相关法律、司法解释的规定,未经合理解释的瑕疵证据无法证明案件事实,出借人应承担举证不利的后果,即仅凭该份证据不足以证实出借人所主张的借款事实真实存在。

借据存有瑕疵且无合理解释时,需结合其他证据认定是否存在借贷关系

——上诉人大连某教育投资管理有限公司与被上诉人董某民间借贷纠纷二审案①

1. 案情简介

上诉人(原审原告):大连某教育投资管理有限公司。

被上诉人(原审被告):董某。

原告于2014年9月5日诉至法院,请求被告偿还借款5000元及利息。原告提供了一份打印好的借款申请,其中在借款申请上"借款申请,本人现向公司借款五千元整,将于2014年7月20日之前还款。本人签字,即代表本人已收到人民币五千元。收款人:董某。日期:2014年7月5日",除"董某2014年7月5日"外均为打印字体。且该借款申请单上的半部分有明确的被裁减掉的现象和痕迹,该借款申请单不是一张完整的A4纸。

被告于2014年8月11日提出仲裁请求,请求大连市劳动人事争议仲裁委员会仲裁原、被告之间的劳动争议,2014年9月23日大连市劳动人事争议仲裁委员会作出裁决书,裁决大连某教育投资管理有限公司支付董某工资2122.5元、采暖补贴1176元、其他补贴800元,合计4098.5元。

2. 法院终审裁判及观点

一审法院认为,依据《最高人民法院关于民事诉讼证据的若干规定》第2条之规定,"当事人对自己提出的诉讼请求所依据的事实或者反驳对方诉讼请求所依据的事实有责任提供证据加以证明。没有证据或者证据不足以证明当事人的事实主张的,由负有举证责任的当事人承担不利后果"。根据本案中原告的陈述和主张,原告对被告借款5000元的事实依法应承担举证责任。结合本案查明的事实,本院认为,原告的主张所依据的证据不足,其请求

① 参见辽宁省大连市中级人民法院(2014)大民一终字第1890号民事判决。

依法不应予以支持。理由如下:(1)借款合同系实践性合同,所谓实践性合同,是指除当事人意思表示一致外,该合同尚需以交付标的物或完成现实给付才能成立的合同。《中华人民共和国合同法》第210条规定,自然人之间的借款合同,自贷款人提供借款时生效。即将借款交付的时间确定为合同生效的时间。借款交付即为履行合同义务的行为。原告无证据证明自己向被告交付了5000元。(2)原告提供的有被告董某签字的"借款申请"存在瑕疵。该"借款申请"上半部分缺失,并有明确的被裁减的痕迹。"借款申请"的载体不是一张完整的纸。"借款申请"上的字体除"董某.2014.7.5"外均为打印字体。不能排除有人将该纸张的上半部分裁减掉、然后在其空白的地方把需要的内容打印上去的可能性。(3)原、被告之间曾存在劳动关系。被告于2014年7月5日以"双方不适合"签署了离职说明表,同日原告出具了解除劳动合同证明书,但原告当时尚欠被告2014年6月至7月5日的工资未付。更重要的是,被告提供的2014年7月5日与原告的财务部门的交接单复印件所记载的事项中未涉及被告借款事宜。如借款属实,为何在双方交接时未载明,原告未有合理解释。(4)既然被告于2014年7月5日签署了离开原告公司的文件,原告称系原告公司的任希峣董事长借给被告的,为何在被告离职的该日原告仍借给被告5000元,该借款行为如不是个人出借而是公司出借,那么交接时财务部门为何未在交接单中予以说明。对此原告也未予以合理解释。综上,一审法院判决:驳回原告大连某教育投资管理有限公司的诉讼请求。

宣判后,大连某教育投资管理有限公司不服原审判决,上诉至大连市中级人民法院,请求二审法院依法撤销一审民事判决,支持上诉人的诉讼请求。

大连市中级人民法院二审查明的事实与原审认定的事实一致。该院审理认为,当事人对自己提出的主张有责任提供证据加以证明。本案争议的焦点是上诉人与被上诉人之间是否存在真实的借贷关系。一审诉讼时上诉人提供一份借款申请,证明被上诉人向其借款,被上诉人予以否认,并提供大连市劳动人事争议仲裁委员会作出的大劳人仲裁字(2014)第827号裁裁决书、员工离职交接责任书影印件,证明2014年7月5日被上诉人离职交接时并没有向公司借款5000元的事实。本院认为,从上诉人提供的借款申请的形式要件上审查,上诉人称此借款形成在公司的办公室,基于节省资源用废旧使用过的纸张剪裁后再利用。而该借款申请内容系打印形成,无论是先剪裁后打印,还是先打印后剪裁,均需要技术处理,上诉人作为出借人,对借款这一重要事项,作出此行为,不符合常理,存在瑕疵。从借款申请的实质内容上审查,上诉人对被上诉人借款用途没有作出合理说明,而借款日即为被上诉人离职交接日。从被上诉人提供的仲裁裁决书看,被上诉人诉称:“2014 年 7 月 5 日下午被申请人无故将申请人辞退”,表明离职交接日被上诉人对上诉人“辞退”行为不满,当日上诉人出借款项给付被上诉人不符合逻辑。虽被上诉人提供员工离职交接责任书影印件,但上诉人作为被上诉人的工作单位,理应能够提供员工离职交接责任书原件,而上诉人未能提供该证据应承担举证不能的法律后果。另上诉人亦未能提供公司账簿证明借款成立的重要证据,故本院无据认定双方间存在真实的借贷关系。上诉人上诉请求,缺乏事实和法律依据,应不予支持。一审判决认定事实清楚,适用法律正确,程序合法,应予维持。据此判决驳回上诉,维持原判。

3. 案例评析

本案例涉及的是人民法院在认定借贷关系的过程中,对瑕疵书证的采信问题。根据相关法律、司法解释的规定,人民法院在审理民间借贷纠纷案件过程中,要依法全面、客观地审核双方当事人提交的全部证据,从各证据与案件事实的关联程度、各证据之间的联系等方面进行综合审查判断。对形式有瑕疵的“欠条”或者“收条”,要结合其他证据认定是否存在借贷关系。本案中,大连某教育投资管理有限公司提供了一份“借款申请”用以证明其与董某之间的借贷关系,但该“借款申请”上半部分缺失,有明确的被裁减的痕迹,载体不是一张完整的纸,纸上的字体除“董某. 2014. 7. 5”外均为打印字体,存在较大的瑕疵,且其对董某的借款也未作出合理解释,而借款日即为董某离职交接日,与常理不符,结合本案的其他证据,人民法院仍无法认定双方存在借款关系,故驳回了大连某教育投资管理有限公司的诉讼请求。

有关法律规定

《最高人民法院关于依法妥善审理民间借贷纠纷案件促进经济发展维护社会稳定的通知》(法〔2011〕336 号)

七、注意防范、制裁虚假诉讼。人民法院在审理民间借贷纠纷案件过程中,要依法全面、客观地审核双方当事人提交的全部证据，从各证据与案件事实的关联程度、各证据之间的联系等方面进行综合审查判断。对形式有瑕疵的“欠条”或者“收条”，要结合其他证据认定是否存在借贷关系；对现金交付的借贷，可根据交付凭证、支付能力、交易习惯、借贷金额的大小、当事人间关系以及当事人陈述的交易细节经过等因素综合判断。发现有虚假诉讼嫌疑的，要及时依职权或者提请有关部门调查取证，查清事实真相。经查证确属虚假诉讼的，驳回其诉讼请求，并对其妨害民事诉讼的行为依法予以制裁；对于以骗取财物、逃废债务为目的实施虚假诉讼，构成犯罪的，依法追究刑事责任。

第二节

借款交付认定

一、向合同约定的第三人交付借款，是否能认定为已交付

基本理论

"合同相对性原则"是指合同主要在特定的合同当事人之间发生法律拘束力，只有合同当事人一方能基于合同向对方提出请求或提起诉讼，而不能向与其无合同关系的第三人提出合同上的请求，也不能擅自为第三人设定合同上的义务。其具体内涵包括三个方面：合同主体具有特定性、合同内容具有相对性和合同责任具有相对性。"向第三人履行的合同"是指债务人不向债权人履行合同的义务，而向债权人指定的第三人进行履行。其是对合同相对性原则的一种突破，它将第三人也拉入了双方当事人之间的合同关系。但第三人仅是作为合同履行中的一方主体而存在，并不是合同的当事人，债务人未向第三人履行债务或者履行债务不符合约定，应当向债权人，而不是第三人承担违约责任。民间借贷案件中，判断借款合同是否生效，出借人是否已履行交付借款的义务，应当尊重当事人的意思自治，如果当事人另有约定，只要不违反法律的禁止性规定，不损害国家、集体和第三人的利益，应当从其约定。当事人约定向第三人交付借款，并能够证明已实际交付，人民法院可以认定借款已交付。

典型案例

出借人向合同约定的第三人交付借款并实际履行完成的，可以认定为已交付

——上诉人刘某甲、郑某某与被上诉人赵某某、原审被告刘某乙民间借贷纠纷二审案①

1. 案情简介

上诉人（原审被告）：刘某甲。

上诉人（原审被告）：郑某某。

被上诉人（原审原告）：赵某某。

原审被告：刘某乙。

2011年7月29日，赵某某通过其妻子张某某的银行账户向刘某乙转款716万元。刘某甲在向赵某某出具的未署明日期的借款借据上署明，收到人民币800万元，期限为3个月，自2011年7月29日到2011年10月28日，利率为30‰，郑某某作为保证人在借据上签名。该借据上另有填写内容“延期叁个月至1月28日止”，刘某甲、郑某某在这句话旁边签名。证人纪某某出庭作证称，其与赵某某一起向刘某甲出借款项，其中纪某某向刘某甲出借1000万元，均由郑某某提供保证。2012年6月30日，纪某某与赵某某一起到郑某某处索要欠款，郑某某承认刘某甲借款和提供担保的事实。赵某某提供上述2012年6月30日其向郑某某主张还款的谈话录音，用以证明郑某某承认刘某甲指示将款交付给刘某乙，并愿意承担保证责任的事实。刘某甲、郑某某对录音资料共同质证称，郑某某并不确定借款是否已经实际交付，其仅仅由于信任刘某甲而签名，而谈话时刘某甲并不在场，不能确认刘某甲收到了借款，录音恰恰表明赵某某知道借款未实际交付给刘某甲，而是直接交给了刘某乙。

2. 法院终审裁判及观点

山东省青岛市崂山区人民法院一审认为，本案争议的焦点在于赵某某向

---

① 参见青岛市中级人民法院(2013)青民四终字第389号民事判决。

刘某乙所交付的借款716万元是否按照刘某甲的指示所作出。按照一般交易常识,借款人出具借据应当后于或同时于出借方交付借款,而先出借据达六个月之久却未交付借款之事与常理不符,何况刘某甲、郑某某在其间还就延期还款再次作出明确的意思表示,二者在本案中仅凭其自己陈述和刘某乙陈述即欲证明赵某某未向其交付借款,未能完成证明责任,应自行承担不利后果。交易实践中,也存在大量出借方按照借款人指示向第三人交付借款的事实,故应当认定赵某某向刘某乙交付的716万元借款即为履行其与刘某甲借贷合同的义务。此外,证人证言和谈话录音表明郑某某作为保证人知晓了刘某甲借款的事实,因其与赵某某未约定承担保证责任的形式,故其应当对刘某甲的债务承担连带保证责任。赵某某主张刘某甲、郑某某应返还其本金800万元,却仅能提供交付716万元借款的证据,对于不能证明的部分不予支持。双方约定的月利息30‰过高,应调整为按照中国人民银行同期贷款利率的4倍计算。刘某乙虽表示愿意偿还债务,但赵某某对该表示明确拒绝,本案中并无证据证明其与赵某某之间有借贷的意思表示,故其在本案中的法律责任不予处理。

综上,一审法院判决:一、刘某甲于判决生效之日起10日内向赵某某返还借款本金7,160,000元并支付利息,该利息以7,160,000元为基数,按照中国人民银行同期银行贷款利率的4倍计算,自2011年7月30日起至判决生效之日止;二、郑某某对上述第一项债务承担连带清偿责任;三、郑某某承担上述第二项债务后,有权向刘某甲追偿;四、驳回赵某某的其他诉讼请求。案件受理费67,800元,财产保全费5000元,由赵某某负担7644元,刘某甲承担65,156元(因赵某某已预交,履行时直接向赵某某支付)。郑某某对此承担连带清偿责任,并有权追偿。

宣判后,刘某甲、郑某某不服原审判决,上诉至青岛市中级人民法院,请求二审法院撤销一审判决,依法改判驳回被上诉人的诉讼请求,一、二审诉讼费由被上诉人承担。

山东省青岛市中级人民法院二审对原审查明的事实予以确认。该院审理认为,上诉人刘某甲向被上诉人赵某某出具的借据中约定借款期限是自2011年7月29日到2011年10月28日,而2011年7月29日刘某乙收到了被上诉人支付的款项716万元。虽然上诉人刘某甲辩称向被上诉人出具了涉案借据，并未收到被上诉人赵某某实际支付的款项，但上诉人刘某甲、郑某某均对涉案借据的真实性无异议，其未能提交在出具借据后向被上诉人赵某某请求支付款项的相关证据，结合上诉人郑某某在录音中的陈述，原审判决认定被上诉人赵某某按照上诉人指示履行了出借义务并无不当，本院予以维持。上诉人的辩称无事实和法律依据，本院不予采信。上诉人刘某甲和被上诉人赵某某之间的民间借贷关系成立，上诉人应当履行向被上诉人偿还借款的义务。由于借款借据中未约定上诉人郑某某保证责任的形式，因此上诉人郑某某应当对上诉人刘某甲的债务承担连带清偿责任。综上，上诉人之上诉理由不成立，本院不予支持。原审判决认定事实清楚，适用法律正确，依法应予以维持。据此，青岛市中级人民法院依照《民事诉讼法》第 170 条第 1 款第 1 项之规定，判决驳回上诉，维持原判。二审案件受理费人民币 61, 920 元，由上诉人刘某甲、郑某某负担。

3. 案例评析

本案例涉及的是当事人向合同约定的第三人交付借款，人民法院能否认定借款已交付的问题，根据相关法律、司法解释的规定，出借人以与借款人约定的其他方式提供借款并实际履行完成时，可以视为具备《合同法》第 210 条关于自然人之间借款合同的生效要件。本案中，赵某某向刘某乙交付借款 716 万元，刘某甲、郑某某分别作为借款人和保证人在借据上签名，其间还就延期还款再次作出明确的意思表示，表明两者对涉案借据的真实性无异议。赵某某同时还提供了 2012 年 6 月 30 日向郑某某主张还款的谈话录音，用以证明郑某某承认刘某甲指示将款交付给刘某乙，并愿意承担保证责任的事实。虽然刘某甲、郑某某辩称刘某甲并未收到实际支付的款项，但未能提供证据予以证明，应承担举证不能的法律后果。据此，人民法院认定赵某某已按照刘某甲的指示交付了借款，刘某甲应当履行对赵某某的还款义务，郑某某作为保证人应对债务承担连带清偿责任。

有关法律规定

《中华人民共和国合同法》(1999 年)

第六十四条　当事人约定由债务人向第三人履行债务的，债务人未向第三人履行债务或者履行债务不符合约定,应当向债权人承担违约责任。

第一百二十一条 当事人一方因第三人的原因造成违约的,应当向对方承担违约责任。当事人一方和第三人之间的纠纷,依照法律规定或者按照约定解决。

第二百一十条 自然人之间的借款合同,自贷款人提供借款时生效。

最高人民法院《关于适用〈中华人民共和国合同法〉若干问题的解释(二)》(法释〔2009〕5号)

第十六条 人民法院根据具体案情可以将合同法第六十四条、第六十五条规定的第三人列为无独立请求权的第三人,但不得依职权将其列为该合同诉讼案件的被告或者有独立请求权的第三人。

《最高人民法院关于审理民间借贷案件适用法律若干问题的规定》(法释〔2015〕18号)

第九条 具有下列情形之一,可以视为具备合同法第二百一十条关于自然人之间借款合同的生效要件:

(一)以现金支付的,自借款人收到借款时;

(二)以银行转账、网上电子汇款或者通过网络贷款平台等形式支付的,自资金到达借款人账户时;

(三)以票据交付的,自借款人依法取得票据权利时;

(四)出借人将特定资金账户支配权授权给借款人的,自借款人取得对该账户实际支配权时;

(五)出借人以与借款人约定的其他方式提供借款并实际履行完成时。

二、没有转账记录,当事人称现金交付的,是否认定为已交付

基本理论

在民间借贷关系特别是自然人之间的借贷关系中,款项是否实际交付关系到借款合同能事有效与否,因而是审理此类案件时必须查明的事实。款项交付事实的查清,一般应当包括交付方式、交付时间、交付地点、交付人和接受交付人的情况等多方面内容。其中,交付方式主要指款项系通过银行转账、票据支付还是现金支付等方式予以实际交付。在司法实践中,出借人对于难以证明实际交付的借款,往往主张系以现金方式交易从而逃避举证证明

款项已经实际交付的事实,对此应当谨慎对待。通过银行等第三方系统交付的款项,由于通常可以较为容易地取得第三方出具的款项支付凭证,因而在交付时间、交付地点等因素的查明上并不困难。出借人主张以现金交付的借款,则应当结合相关因素综合审查确认,从而力求查明款项交付的事实。对于小额借款,出借人具有支付借款的能力,如果当事人主张是现金交付的,按照交易习惯,出借人提供借据的,一般可视为其已完成了举证责任,可以认定交付借款事实存在。对于大额借款,当事人主张是现金交付,除了借条没有其他相关证据的,则还要通过审查债权人自身的经济实力、债权人和债务人之间的关系、交易经过等来判断当事人的主张是否能够成立,仅凭借条不足以证明交付借款的事实。

典型案例

当事人主张现金交付的,人民法院可根据交付凭证、支付能力、交易习惯、借贷金额的大小、当事人间关系以及当事人陈述的交易细节经过等因素综合判断是否交付

——上诉人四川某某公司与被上诉人尹某某、王某某民间借贷纠纷二审案①

1. 案情简介

上诉人(原审被告):四川某某公司。

被上诉人(原审原告):尹某某。

被上诉人(原审被告):王某某。

2010年8月2日,尹某某与四川某某公司签订《借款合同》:1. 由四川某某公司向尹某某借款350,000元,其中50,000元现金支付,300,000元转账支付;2. 借款月利率为2%(即20‰),风险金3%,利息和风险金按月计收;3. 借款期限1个月,定于2010年9月1日偿还;4. 王某某系借款担保人,承担连带保证责任,担保期限为2年。协议达成后,尹某某将现金支付了借款

① 参见四川省成都市中级人民法院(2013)成民终字第2766号民事判决。

50,000 元,通过中国建设银行彭州支行向四川某某公司转款 300,000 元,履行了借款的义务,四川某某公司逾期未还借款,酿成纠纷。另查明,1. 从 2010 年 9 月 1 日四川某某公司逾期之日起至尹某某起诉之日 2012 年 7 月 5 日止,共计 672 天,结合合同约定的月利率 2% 计算,即 350,000 元本金的利息为 154,652.05 元;2. 中国人民银行公布的同期贷款年利率(1 年至 3 年期)为 6.15%。

2. 法院裁判及观点

四川省彭州市人民法院一审认为,尹某某与四川某某公司签订的《借款合同》属于双方当事人真实意思表示,且不违反法律规定,客观、真实、合法有效,原审予以确认。双方签订的《借款合同》已经明确了尹某某系债权人,四川某某公司系债务人,王某某系连带责任保证人,故双方的民间借贷关系的权利义务关系明确。尹某某根据借款合同将借款 350,000 元通过现金支付和转款的方式交付了四川某某公司,但四川某某公司没有履行还款义务,具有违约行为,故应由四川某某公司偿还尹某某借款和支付借款利息,由王某某承担连带偿还责任。因此,尹某某要求四川某某公司偿还借款本息的合理诉讼请求成立,原审予以支持。对于尹某某主张的利息 161,000 元,根据合同约定的月利率 2%(年利率 24%),因四川某某公司欠款已超过 1 年,与中国人民银行公布的同期贷款年利率(1 年至 3 年期利率 6.15%)相比较,尹某某主张的利率没有超过中国人民银行公布的同期贷款利率(1 年至 3 年期)的 4 倍,原审予以支持,依此计算借款本金 350,000 元在 672 天的时间内的利息为 154,652.05 元,原审予以确认,对尹某某主张超过的利息,原审不予支持。对于四川某某公司提出的其不应偿还借款本息的辩称意见,因与事实不符,不予采纳。综上,一审法院判决:一、四川某某公司于本判决生效之日起 5 日内偿还尹某某借款 350,000 元,并支付尹某某借款利息 154,652.05 元;二、驳回尹某某的其他诉讼请求。

宣判后,四川某某公司不服原审判决,上诉至成都市中级人民法院,请求撤销原审判决,改判或者发回重审;本案一审、二审诉讼费由尹某某负担。

成都市中级人民法院二审对一审查明的事实予以确认。该院审理认为,本案二审争议的焦点为:(1)四川某某公司与尹某某之间是否建立了直接的借款关系?(2)借款数额为多少?(3)尹某某诉请的利息是否应当得到支持。本案尹某某提供了直接证据证明,即《借款合同》证明其主张,从合同内容分析,明确载明了借款人为四川某某公司,贷款人尹某某,担保人王某某。四川某某公司在该合同借款人处盖章确认,而四川某某公司对印章的真实性并无异议。从合同的履行分析,尹某某将30万元款项直接转入四川某某公司账户,履行出借义务。虽然四川某某公司抗辩其并非借款主体,但是未提供证据予以证明。至于该款项的用途问题并不能改变尹某某与四川某某公司之间建立直接借款关系。故原审认定四川某某公司为借款人正确,应予维持。

关于借款金额问题,借款合同约定金额为35万元,尹某某通过转账形式支付30万元各方均无异议。争议为5万元现金是否支付的问题,因合同就借款支取方式明确为5万元现金,30万元转账,即四川某某公司在签约时应当清楚存在部分现金支付的事实。对此,尹某某陈述向王某某支付了5万元。本案中,王某某既作为四川某某公司的经办人在借款人处签字,又作为独立主体在担保人处签字,王某某在签订借款合同当日出具了借条,载明收到了35万元,应当视为尹某某向四川某某公司履行了合同约定的全部义务。上诉人四川某某公司的该上诉理由不能成立。

因四川某某公司没有履行还款义务,具有违约行为,原审按照不超过银行同期贷款利率的四倍支持借款利息,符合法律规定,应予维持。

综上,原判认定事实清楚,适用法律正确。据此,判决驳回上诉,维持原判。

3. 案例评析

本案例涉及的是人民法院对当事人主张现金交付的认定问题。根据相关法律、司法解释的规定,对现金交付的借贷,人民法院可根据交付凭证、支付能力、交易习惯、借贷金额的大小、当事人间关系以及当事人陈述的交易细节经过等因素综合判断。本案中,尹某某与四川某某公司签订的《借款合同》中明确约定借款支付方式为5万元现金支付,30万元转账支付。四川某某公司在签约时即清楚存在部分现金支付的事实,尹某某也通过银行向四川某某公司转款30万元,对于5万元现金,其陈述向王某某支付,王某某既作为四川某某公司的经办人在借款人处签字,又作为独立主体在担保人处签字,并在签订借款合同当日出具了借条,载明收到35万元,人民法院综合全案案情据此认定尹某某已向四川某某公司交付了全部借款,四川某某公司应当履行还款义务。

三、借据上记载的金额，与实际转账金额不一致的，如何认定交付数额

基本理论

实践合同是指在当事人对合同条款达成合意并交付标的物即成立的合同。根据《合同法》第210条的规定，“自然人之间的借款合同，自贷款人提供借款时生效。”由此可见，民间借贷合同属于实践合同，即合同的成立及生效需要双方当事人对借款达成合意，以及出借人向借款人实际交付借款两个要件。一般情况下，在民间借贷关系中，借据、借款合同是证明双方达成借款合意以及确认借款金额的直接证据，但因民间借贷合同系实践合同，故不能仅根据借据、借款合同认定民间借贷关系以及借款金额，还需具备出借人交付借款的实质要件。同时，根据《最高人民法院关于民事诉讼证据的若干规定》的规定，在合同纠纷案件中，主张合同关系成立并生效的一方当事人对合同订立和生效的事实承担举证责任。据此，在民间借贷纠纷中，主张借款事实存在的出借人，需要对双方具有借款的合意及实际交付的借款金额承担举证责任，没有证据或证据不足以证明借款金额已实际交付，出借人无权仅依据借据上记载的金额主张债权。

典型案例

借据上记载的金额与实际转账金额不一致的，人民法院需结合借款合同及出借人的交付情况综合认定借款金额

——上诉人天津市某某投资有限公司与被上诉人马某某民间借贷纠纷二审案①

1. 案情简介

上诉人（原审被告）：天津市某某投资有限公司。

被上诉人（原审原告）：马某某。

① 参见天津市第一中级人民法院（2014）一中民三终字第220号民事判决。

2012年1月8日，原、被告签订《借款合同书》，约定被告向原告借款150,000元，借款期限自2012年1月8日至2012年4月7日，被告同时承诺，2012年6月25日前合同款及利息3分一次返清。同日，原告通过中国农业银行股份有限公司望都迎宾广场分理处给被告法定代表人张某某汇款171,000元。2012年9月11日，被告给付原告45,000元。一审庭审中，原、被告对以下事实达成一致：1.借款期限变更为2012年1月8日至2012年6月25日；2.借款期限内的利息按银行同期贷款利率的四倍计算，依照相关法律规定计算逾期利息；3.2012年9月11日，被告给付原告的45,000元视为已偿还的本金。另外，被告承认收到原告汇款171,000元，但主张该笔汇款中包括案外人刘某、刘某某出借给被告的款项，且该笔借款为投资款，为此被告提交了魏某甲、魏某乙、郭某某的书面证言，但魏某甲、魏某乙、郭某某未出庭接受质询。对被告提交的证人证言，原告以不认识案外人刘某、刘某某及魏某甲、魏某乙、郭某某为由不予认可。

2.法院裁判及观点

天津市南开区人民法院一审认为，原、被告所签订的《借款合同书》系双方真实意思表示，双方债权、债务关系成立，依法予以确认。关于被告主张171,000元中包括案外人刘某、刘某某出借给被告的款项，且该笔汇款为投资款一节，因原告对此不予认可，且被告未能提交充分证据证明，故不予采信。虽然合同中约定被告向原告借款150,000元，但原告实际给被告汇款171,000元，被告对此无异议，应认定被告向原告借款171,000元。对于庭审中原、被告双方共同确认的事实，依法予以确认。扣除被告已给付原告的45,000元，现被告尚欠原告借款126,000元，被告应向原告履行返还借款的义务并按银行同期贷款利率的四倍支付借款期限内的利息。根据合同法相关规定，借款人未按约定期限返还借款的，应当依照约定或国家有关规定支付逾期利息，故被告应分别以171,000元、126,000元为基数，按银行同期同类贷款利率向原告支付逾期利息。

综上，一审法院作出（2014）南民初字第916号民事判决，一、判决生效后十五日内，被告天津市某某投资有限公司返还原告马某某借款126,000元；二、判决生效后十五日内，被告天津市某某投资有限公司给付原告马某某2012年1月8日至2012年6月25日期间的利息（以171,000元为基数，按中国人民银行同期贷款利率的四倍计算);三、判决生效后15日内,被告天津市某某投资有限公司以中国人民银行同期同类贷款利率为标准向原告马某某支付自2012年6月26日始至2012年9月10日的利息(以171,000元为基数计算);四、判决生效后15日内,被告天津市某某投资有限公司以中国人民银行同期同类贷款利率为标准向原告马某某支付自2012年9月11日始至判决确定给付之日止的利息(以126,000元为基数计算);五、驳回原告马某某的其他诉讼请求。

宣判后,某某公司不服原审判决,上诉至天津市第一中级人民法院,请求:1.撤销一审判决,发回重审,或改判上诉人某某公司偿还被上诉人马某某本金40,005元;2.一、二审案件受理费由被上诉人马某某承担。

天津市第一中级人民法院二审对一审查明的事实予以确认。该院审理认为,合法的借贷关系受法律保护。本案中被上诉人马某某与上诉人某某公司于2012年1月8日签订了《借款合同书》,该《借款合同书》合法有效。根据该《借款合同书》的约定,被上诉人马某某向上诉人某某公司应提供借款150,000元,但在实际履行中,被上诉人马某某向上诉人某某公司共汇款342,000元,扣除代其女王某某向上诉人某某公司汇款171,000元,实际被上诉人马某某向上诉人某某公司汇款为171,000元。现被上诉人马某某向上诉人某某公司主张债权171,000元,并提供《借款合同书》及汇款凭证予以证实。在一审审理中,双方共同确认的借款期限变更为2012年1月8日至2012年6月25日、借款期限内的利息按银行同期贷款利率的四倍计算,2012年9月11日上诉人某某公司给付马某某的45,000元视为已偿还的本金。据此,上诉人某某公司尚欠被上诉人马某某借款本金为126,000元,双方债权债务关系明确,上诉人某某公司理应以本金12,6000元为基数,按照双方约定的利息标准及时间向被上诉人马某某履行还款义务。基此,一审法院所作判决是正确的,应予维持。上诉人某某公司对其上诉主张,未能提供有力证据予以证实,故其上诉请求,不应予支持。据此,判决驳回上诉,维持原判。

3.案例评析

本案例涉及的是记载的借款金额与实际交付的借款金额不一致时,人民法院如何认定借款金额的问题。根据相关法律、司法解释规定,公民与非金融企业之间的借贷属于民间借贷,自然人间的借款合同属于实践合同,该合同自贷款人提供借款时生效，人民法院对借款金额的认定需结合借款合同及出借人的交付情况来进行综合判断。本案中，马某某与某某公司签订《借款合同书》约定由其向某某公司应提供借款150,000元，而马某某实际向某某公司汇款171,000元，某某公司对此也无异议，虽然其主张171,000元中包括案外人刘某、刘某某出借的款项，但未能提交充分证据证明，人民法院据此认定某某公司向马某某借款的实际金额应为171,000元。

有关法律规定

《中华人民共和国合同法》(1999年)

第二百一十条　自然人之间的借款合同，自贷款人提供借款时生效。

《最高人民法院关于如何确认公民与企业之间借贷行为效力问题的批复》(法释〔1999〕3号)

黑龙江省高级人民法院：

你院黑高法〔1998〕192号《关于公民与企业之间借贷合同效力如何确认的请示》收悉。经研究，答复如下：

公民与非金融企业(以下简称企业)之间的借贷属于民间借贷。只要双方当事人意思表示真实即可认定有效。但是，具有下列情形之一的，应当认定无效：

(一)企业以借贷名义向职工非法集资；

(二)企业以借贷名义非法向社会集资；

(三)企业以借贷名义向社会公众发放贷款；

(四)其他违反法律、行政法规的行为。

借贷利率超过银行同期同类贷款利率4倍的，按照最高人民法院法(民)发〔1991〕21号《关于人民法院审理借贷案件的若干意见》的有关规定办理。

此复

四、借款人向公司实际控制人转账汇款的，是否认定为已向公司交付

基本理论

“公司实际控制人”是2005年我国《公司法》修改后新增加的一个概念。

《公司法》(2005 年)第 217 条第 3 项规定,“实际控制人,是指虽不是公司的股东,但通过投资关系、协议或者其他安排,能够实际支配公司行为的人。”这是我国第一次在法律层面引入“实际控制人”的提法,并将其与控股股东、董事、监事、高级管理人员并列进行相关义务和责任规定。实践中,实际控制人主要包括以下几类:一是因没有履行或没有适当履行法定任职程序而产生的事实上控制公司事务的人;二是通过直接或间接投资控制公司的人;三是通过契约取得公司控制权的人;四是通过亲属关系等其他联系取得公司控制权的人;五是特殊状态下临时控制公司的人。对实际控制人的判断一般应坚持以下标准:一是“事实控制”标准,即是否实际参与了公司经营管理的决策或执行过程。二是“行为外观”标准。为了保护公司交易相对人的信赖利益和维护商事交易的秩序,对于无法证明其是否实际参与了公司治理的决策过程,但对外代表着公司行事的人也应当在善意第三人提出主张时参照实际控制人的相关规定予以认定。

典型案例

借款人向公司实际控制人转账汇款的,一般可以认定为已向公司交付

——上诉人沈阳某某房屋开发有限公司与被上诉人韩某某民间借贷纠纷二审案①

1. 案情简介

上诉人(原审被告):沈阳某某房屋开发有限公司。

被上诉人(原审原告):韩某某。

韩某某和沈阳某某房屋开发有限公司(以下简称某某公司)于 2010 年 12 月 17 日签订《房地产合作投资协议书》,该合同约定:某某公司与韩某某合作投资位于苏家屯区牡丹街的东方家园房地产项目。其中,某某公司负责依法办理项目开发建设的一切手续以及房屋销售的手续并且承担项目开发

① 参加辽宁省高级人民法院(2013)辽民一终字第 84 号民事判决。

建设以及房屋销售的一切相关费用，韩某某按照协议约定的付款方式，向某某公司提供合作资金并对该项目享有监督管理权。韩某某对该项目投入人民币800万元，付款方式及期限为韩某某自协议签订之日起即2010年12月17日起每七天付款200万元整，于2011年1月31日前全部付清投资款。韩某某对该项目享有的利润为人民币700万元，2010年12月17日起至2011年12月31日止，无论该项目进展如何，某某公司须连本金带利润一次性付给韩某某人民币1500万元。为了确保韩某某的投资安全，双方约定：自协议签订起，某某公司先付给韩某某一年转账支票（支票金额1500万元），一年期满后，韩某某即可去银行进账；自协议签订起，某某公司以东方家园房地产项目4号楼及5号楼，面积约8000平方米的房屋，按每平方米2400元的价格，作为韩某某的投资及利润抵押给韩某某，某某公司在销售此房屋时须通知韩某某，并将此房屋的销售收入设立专项账户，每月月底前将已销售房屋的销售收入转给韩某某账户。该协议书上有柳德高作为某某公司法定代表人的签字及某某公司的盖章以及某某公司在盛京银行沈阳市苏家屯支行的账号。2010年12月，韩某某向某某公司交付人民币共计600万元。2010年12月31日、2011年1月11日、2011年1月18日、2011年1月25日，吴献代替韩某某向柳德高交付人民币四笔共计200万元。2012年2月13日，某某公司与韩某某签订《房屋买卖协议》，双方约定：(1)某某公司经批准，取得位于沈阳市苏家屯区牡丹街面积为12,495平方米土地使用权，使用期为50年，某某公司在上述土地兴建楼宇，系商住，定名为东方家园，由某某公司预售；(2)韩某某自愿向某某公司订购上述楼宇的东地块邻牡丹街6号楼，主体三层，框架结构，建筑面积约4000平方米（实际面积以测绘为准）；(3)某某公司定于2012年3月15日将韩某某购买的东地块邻牡丹街6号楼，建筑面积4000平方米的房产交付韩某某使用；(4)双方同意上述订购楼宇价格为每平方米3050元，总金额为人民币1220万元，付款方式为韩某某一次性付款；(5)某某公司如未按本合同第3条规定的日期交付给韩某某使用，应按合同规定交付日第2天起计算付款利息，以补偿韩某某损失；(6)双方在楼宇交付使用后签订《房地产转让合同》，某某公司应无条件提供有关证件，经政府主管部门办理转让登记手续，发给《房屋所有权证》；(7)韩某某所购楼宇只做商用；(8)某某公司保证出售房产手续齐全，无抵押和任何纠纷，若有违反上述约定造成的责任由某某公司承担;(9)本合同如发生争议,双方应协商解决,解决不成时,可向人民法院起诉;(10)本合同双方签字即生效;(11)本合同一式二份,双方各执一份,均具同等效力。2012年2月13日,某某公司与韩某某签订《补充协议书》,约定根据原、被告于2010年12月17日签订的《房地产合作投资协议书》之约定,由于某某公司未能按期履行合同约定,现某某公司已违约。经原、被告双方协商,现签订《补充协议书》与原《房地产合作投资协议书》具有同等法律效力。双方必须认真履行,如某某公司再次违约,将承担由此带来的一切法律责任并承担一切经济损失。双方约定:(1)某某公司愿意于2012年2月29日前付给乙方人民币800万元,余款双方再次协商;(2)若某某公司在2012年3月15日前未能支付乙方人民币800万元,某某公司愿意将位于苏家屯区牡丹街东方家园东地块6号楼(三层框架结构),面积约4000平方米以人民币1220万元出售给韩某某,以抵某某公司所欠韩某某的款项;(3)某某公司若在规定期限内支付给韩某某人民币800万元,则《房屋买卖协议》自动作废;(4)双方认真履行本协议。

2. 法院裁判及观点

沈阳市中级人民法院一审认为,《房地产合作投资协议书》上具有某某公司的盖章,且韩某某与柳德高签订合同,商议有关事项时的地点是在某某公司开发建设的东方家园项目部,韩某某有理由认为柳德高代表某某公司与其签订《房地产合作投资协议书》,因此《房地产合作投资协议书》是某某公司与韩某某签订的合同,其合同约定的义务应由某某公司与韩某某承担。关于《房地产合作投资协议书》的性质问题,双方所签订的《房地产合作投资协议书》形式上为合资、合作开发房地产合同,但其内容约定韩某某拿出800万元交付某某公司使用,一年期满无论该项目进展如何、实际盈亏如何,韩某某都将获得连本金带利润共计人民币1500万元即700万元的固定收益,其并不参与项目的实际经营,也并没有购买某某公司的股权,该700万元的固定收益不但通过《房地产合作投资协议书》确认下来,而且某某公司先付给韩某某的一年期转账支票(支票金额1500万元)以及东方家园房地产项目4号楼及5号楼面积约8000平方米的房屋按每平方米2400元的价格,作为韩某某的投资及利润抵押给韩某某,某某公司在销售此房屋时须通知韩某某,并将此房屋的销售收入设立专项账户，每月月底前将已销售房屋的销售收入转给韩某某账户。上述转账支票及8000平方米的房屋抵押，构成了韩某某700万元收益的有力保障，将投资风险降到最低，因此，双方所签订《房地产合作投资协议书》名为合作投资房地产，实质为借款合同。根据借款合同关于利息的约定，不得超过银行同期同类贷款利率的四倍，超过部分无效，因此某某公司应给付韩某某本金及利息（从2011年1月25日最后一笔款项给付完毕的次日起算）。

综上，一审法院根据《最高人民法院关于人民法院审理借贷案件的若干意见》第6条之规定，作出（2012）沈中民二初字第74号民事判决：一、被告沈阳某某房屋开发有限公司于本判决生效之日起30日内向原告韩某某支付人民币800万元；二、被告沈阳某某房屋开发有限公司给付韩某某800万元的利息，按照中国人民银行同期同类贷款利率的四倍，自2011年1月26日起至判决确定的给付之日止；三、驳回原告韩某某的其他诉讼请求。如逾期履行上述金钱给付已付，则依据《民事诉讼法》第229条之规定加倍支付迟延履行期间的债务利息。一审案件受理费114,500.00元，由被告沈阳某某房屋开发有限公司承担。

宣判后，某某公司不服原审判决，上诉至辽宁省高级人民法院，请求二审法院依法撤销一审判决，将本案发回重审或依法改判驳回韩某某的诉讼请求。一、二审诉讼费由韩某某全部承担。

辽宁省高级人民法院二审查明的事实与一审基本一致。另查明：2010年1月18日，沈阳市规划和国土资源局苏家屯分局与某某公司签订了《沈阳市苏家屯区SJT09－08号牡丹街东地块挂牌交易成交确认书》，该挂牌交易成交确认书主要约定：根据苏家屯区国有建设用地使用权挂牌交易竞买文件的有关规定，本次挂牌交易结束，某某公司为苏家屯区SJT09－08号牡丹街东地块国有建设用地使用权的竞得人。沈阳市规划和国土资源局苏家屯分局在签发人栏加盖了公章，某某公司在竞得人栏加盖了公章，柳德高在某某公司法定代表人/授权委托人栏签字。

再查明：2010年12月17日，某某公司与韩某某签订《房地产合作投资协议书》第六条规定："自本协议签订起，某某公司先付给韩某某一年期转账支票（支票金额1500万元整），待一年期满后，韩某某即可去银行进账。"某某公司与韩某某签订《房地产合作投资协议书》后，某某公司按照《房地产合作投资协议书》约定先付给韩某某一张1500万元中国建设银行转账支票，该银行转账支票上加盖了某某公司的财务专用章及法定代表人牛福文名章。2011年10月8日，某某公司向韩某某出具《专用收款收据》，内容是：交款人韩某某，收款单位某某公司，人民币1220万元，收款事由东方家园6#楼宾馆1~3层面积4000平方米，该《专用收款收据》上加盖了某某公司的财务专用章及法定代表人牛福文名章。2012年2月13日，某某公司与韩某某签订《房屋买卖协议》，双方约定：某某公司定于2012年3月15日将韩某某购买的东方家园东地块邻牡丹街6号楼，主体三层，框架结构，建筑面积4000平方米的房产交付韩某某使用；双方同意上述订购楼宇价格为每平方米3050元，总金额为人民币1220万元，付款方式为韩某某一次性付款。出售方某某公司在《房屋买卖协议》上加盖了公章，某某公司委托代理人柳德高和购买方韩某某在《房屋买卖协议》上签字。

某某公司工商局档案内的2009年10月20日《公司变更登记申请书》内容是：原登记事项如下：企业名称某某公司，法定代表人姓名柳某高，注册资本800万元，实收资本800万元，公司类型自然人独资，股东柳某高，营业期限自2004年5月31日至2014年5月31日。申请变更登记事项如下：法定代表人姓名柳某高变更为牛某文。某某公司在《公司变更登记申请书》加盖了公章，柳某高在某某公司法定代表人栏签字。某某公司的工商局档案内2011年10月31日的《某某公司股东决定书》主要内容是：经某某公司股东决定，变更公司登记事项如下：股东柳某高将所持有的800万元股权转让给赵某阳，确认柳某高退出公司，赵某阳为公司新股东。某某公司在《某某公司股东决定书》加盖了公章，原股东柳某高和新股东赵某阳分别在《某某公司股东决定书》上签字。

法院审理认为，关于某某公司是案涉协议的主体，还是柳某高是案涉协议的主体问题。本案的《房地产合作投资协议书》和《房屋买卖协议》的甲方均是某某公司，乙方均是韩某某，《房地产合作投资协议书》和《房屋买卖协议》上均加盖了某某公司的公章，柳某高与韩某某签订合同的地点是在某某公司开发建设的东方家园项目部。柳某高是某某公司的独资股东、某某公司的实际控股人。在法院庭审中，某某公司认可柳某高是某某公司的副总经理。因此,《房地产合作投资协议书》和《房屋买卖协议》是某某公司与韩某某签订的合同,某某公司是案涉协议的主体,柳德高是代表某某公司与韩某某签订合同。

关于案涉协议的履行问题。《房地产合作投资协议书》签订后,韩某某将投资款600万元转入柳德高账户,某某公司给韩某某出具了欠条,600万元的欠条上加盖了某某公司公章并有柳德高的签字。吴献代替韩某某向柳德高交付200万元投资款。某某公司按照《房地产合作投资协议书》的约定,收到韩某某投资款800万元后付给了韩某某一张出票日期是空白的1500万元中国建设银行转账支票,该银行转账支票上加盖了某某公司的财务专用章及法定代表人牛福文名章。之后,由于某某公司的银行账户资金不足,1500万元中国建设银行转账支票无法兑现,某某公司向韩某某出具了交款人韩某某,人民币1220万元,收款事由购买东方家园6#楼宾馆1~3层面积4000平方米的专用收款收据,该专用收款收据上加盖了某某公司的财务专用章及法定代表人牛福文名章。某某公司与韩某某签订的《房屋买卖协议》约定,某某公司定于2012年3月15日将韩某某购买的东方家园6#楼1~3层面积4000平方米房产交付韩某某使用。在法院庭审中,某某公司对本案中涉及的协议、支票、收款收据中的某某公司公章以及某某公司财务专用章、法定代表人牛福文名章的真实性有异议,本院当庭向某某公司释明:其对本案中涉及的协议、支票、收款收据中的某某公司公章以及某某公司财务专用章、法定代表人牛福文名章的真实性有异议,某某公司可以申请鉴定,某某公司是否申请鉴定?某某公司没有提出鉴定申请。综上,在案涉协议的履行中,某某公司按照协议书的约定,向韩某某提供了某某公司的银行转账支票、专用收款收据及抵押某某公司的房产。因此,某某公司关于其并非涉案合同签订的一方的上诉理由不能成立。

关于柳德高是否可以作为第三人参加诉讼问题。前已所述,由于某某公司是案涉协议签订及履行的主体,故某某公司关于本案应追加柳德高为第三人的上诉理由不能成立,应不予支持。据此,辽宁省高级人民法院依照《民事诉讼法》第170条第1款第1项之规定,判决驳回上诉,维持原判。二审案件受理费114,500.00元,由沈阳某某房屋开发有限公司负担。

3. 案例评析

本案例涉及的是借款人向公司实际控制人转账汇款的，人民法院能否认定为已向公司交付的问题。根据相关法律司法解释的规定，公司实际控制人能够支配公司，借款人向公司实际控制人交付，可以认定为已向公司交付。本案中，《房地产合作投资协议书》上加盖了某某公司的盖章，且韩某某与柳德高签订合同的地点是在某某公司开发建设的东方家园项目部，柳德高是某某公司的独资股东、某某公司的实际控股人，韩某某有理由认为柳德高代表某某公司与其签订协议，该协议书是某某公司与韩某某签订的合同，其合同约定的义务应由某某公司与韩某某承担。双方所签订《房地产合作投资协议书》名为合作投资房地产，实为借款合同，韩某某将款项实际交付给了某某公司和柳德高。据此，人民法院认定韩某某已向某某公司履行了借款交付的义务，判决某某公司应当归还韩某某的借款。

有关法律规定

《中华人民共和国公司法》(2013年修正)

第二十一条　公司的控股股东、实际控制人、董事、监事、高级管理人员不得利用其关联关系损害公司利益。

违反前款规定，给公司造成损失的，应当承担赔偿责任。

第二百一十六条　本法下列用语的含义：

……

（三）实际控制人，是指虽不是公司的股东，但通过投资关系、协议或者其他安排，能够实际支配公司行为的人。

……

第三节
还款交付认定

一、在借贷双方均无足够证据证明借款是否归还时,应如何认定案件事实

基本理论

民间借贷纠纷中,在借贷双方对债务是否偿还产生异议,且无证据证明债务是否偿还的情况下,人民法院应当采用高度盖然性的证明标准来确定还款事实。高度盖然性证明标准又被称为高度盖然性占优势的证明规则,即当证据显示待证事实存在的可能性明显大于不存在的可能性,法官可据此进行合理判断以排除疑问,在已达到能确信其存在的程度时,即使还不能完全排除存在相反的可能性,但也可以根据已有证据认定这一待证事实存在。现有法律、司法解释确立了这一标准,民事诉讼证据规则明确规定双方当事人对同一事实分别举出相反的证据,但都没有足够的依据否定对方证据的,人民法院应当结合案件情况,判断一方提供证据的证明力是否明显大于另一方提供证据的证明力,并对证明力较大的证据予以确认。因证据的证明力无法判断导致争议事实难以认定的,人民法院应当依据举证责任分配的规则作出裁判。民事诉讼法司法解释也再次重申了对双方当事人提供的证据,人民法院经审查并结合相关事实,确信待证事实的存在具有高度可能性的,应当认定该事实存在。认为待证事实真伪不明的,应当认定该事实不存在。

借贷双方均无足够证据证明借款是否归还的，人民法院应当采取高度盖然性的证明标准，结合案件事实进行综合判断

——上诉人陈某某、赵某某民间借贷纠纷二审案①

1. 案情简介

上诉人(原审原告)：陈某某。

上诉人(原审被告)：赵某某。

自2012年起，陈某某与赵某某之间产生借贷关系。现陈某某持赵某某出具的书面借条一份向法院提起诉讼，借款数额10万元，日期为2012年8月1日，后改为2013年2月8日，借条中无还款时间、借款利息约定。审理中，双方对此借条反映出的10万元是否偿还，陈述截然相反；对此前借款的利息部分是否给付完毕，意见也不完全一样：陈某某认为尚欠利息28,000元，扣除赵某某为其办事产生的费用，尚欠利息25000元，赵某某则认为不欠利息，赵某某委托代理人认为10万元借款已经偿还，仅欠未还利息20,000元。

2. 法院终审裁判及观点

安徽省天长市人民法院一审认为，根据陈某某、赵某某双方的陈述及所举证据材料，尚不能认定双方2012年8月1日前发生的借款次数、数额以及还款的次数、数额、利息给付数额。现陈某某持赵某某出具的书面借条提起诉讼，而赵某某没有充分证据表明该笔借款已经偿还，故陈某某请求赵某某偿还10万元借款的请求可以支持；赵某某认为欠款已还、只是条据未收回，显然与其亲自更改借条时间这一重要行为明显矛盾，作为一个具有完全民事行为能力的正常人，应该预见到其行为将要导致的后果，对赵某某的抗辩意见不予采纳。但陈某某主张的利息25,000元，既没有书面约定，也无关于利息给付的结账清单，且双方陈述不一，故不予支持；从公平原则出发，考虑到

---

① 参加安徽省滁州市中级人民法院(2014)滁民一终字第00301号民事判决。

双方借款的有偿性，此前借款给付利息的状况，赵某某应当从陈某某主张权利之日起，按照中国人民银行同期同种贷款基准利率承担借款利息。综上，判决：赵某某于本判决生效后10日内向陈某某清偿借款10万元，并按中国人民银行同期同种贷款基准利率支付利息（从2013年8月13日起至还清借款时止）。

宣判后，陈某某、赵某某均不服原审判决，上诉至安徽省滁州市中级人民法院，陈某某请求二审法院撤销原判，依法改判：一、赵某某限期偿还其借款10万元，另外给付2013年2月8日前的利息25,000元以及从2013年2月8日起按月息2分计算至还款之日的利息；二、由赵某某承担本案所有诉讼费用和1120元保全费。赵某某请求二审法院撤销原判，改判驳回陈某某的诉讼请求。

安徽省滁州市中级人民法院二审对原审查明的事实予以确认。该院审理认为，综合双方当事人举证、质证及诉辩意见，本案二审争议焦点是：(1)案涉的10万元借款赵某某是否已归还给陈某某；(2)赵某某是否应支付给陈某某25,000元利息和按月息2分支付2013年2月8日之后的利息以及保全费；(3)原审程序是否合法。

关于焦点一，本案中，双方当事人对借款事实并无异议，赵某某主张该借款已经归还，但陈某某不予认可，依据民事诉讼证据规则的规定，赵某某应当对其主张所依据的事实承担举证责任，但其在一、二审未能提供有效证据予以证明，故应承担举证不能的不利后果。案涉借条原注明时间为2012年8月1日，赵某某称其于2012年9月6日已将该借款归还给了陈某某，但此后，赵某某又将借条注明时间改为2013年2月8日，该行为与其所称借款已归还，但忘记收回借条的主张显然相矛盾，而赵某某对此也未能作出合理解释，案涉借款数额较大，赵某某称其还款时忘记收回借条，亦不符合常理，因此，赵某某的该项上诉主张缺乏事实依据，本院不予支持。

关于焦点二，陈某某上诉称2013年2月8日双方结息，赵某某尚欠其利息25,000元，赵某某在原审庭审中虽认可双方口头约定利息为月息2分，但对于尚欠陈某某25,000元利息一事并没有认可。因陈某某未能提供相关证据予以证明，故对其该项上诉主张不予支持。陈某某在原审庭审中已明确放弃按月息2分支付2013年2月8日之后的利息，故对其该项主张不予支持。关于保全费，因陈某某在原审中并未主张，故二审不予处理，其可另行主张。

关于焦点三，测谎鉴定并非民事诉讼法所规定的有效证据形式，是否需要进行测谎鉴定应由人民法院审查决定。对于本案争议，根据双方当事人所举证据已能够查明，故无必要进行测谎鉴定，赵某某称原审没有进行测谎鉴定，违反法定程序，于法无据，本院不予支持。

综上，上诉人陈某某、赵某某的上诉理由均不能成立，对其上诉请求不予支持。原判认定事实清楚，适用法律正确，应予维持。据此，判决驳回上诉，维持原判。

3. 案例评析

本案例涉及的是在借贷双方均无足够证据证明借款是否归还的情况下，人民法院如何认定案件事实的问题。根据相关法律、司法解释的规定，此种情形下，法院应当采取高度盖然性的证明标准，结合案件事实综合判断借款是否偿还。本案中，赵某某主张该借款已经归还，应对其主张所依据的事实承担举证责任，否则应承担举证不能的法律后果。案涉借条原注明时间为2012年8月1日，但后经赵某某修改为2013年2月8日，该行为与其所称借款已归还，但忘记收回借条的主张存在矛盾，而赵某某对此也未能作出合理解释，案涉借款数额较大，赵某某称其还款时忘记收回借条，亦不符合常理。据此，人民法院结合案件事实，根据高度盖然性原则，认定赵某某尚未偿还借款，其应当履行还款义务。

有关法律规定

最高人民法院《关于适用〈中华人民共和国民事诉讼法〉的解释》(法释〔2015〕5号)

第一百零八条　对负有举证证明责任的当事人提供的证据，人民法院经审查并结合相关事实，确信待证事实的存在具有高度可能性的，应当认定该事实存在。

对一方当事人为反驳负有举证证明责任的当事人所主张事实而提供的证据，人民法院经审查并结合相关事实，认为待证事实真伪不明的，应当认定该事实不存在。

法律对于待证事实所应达到的证明标准另有规定的,从其规定。

《最高人民法院关于民事诉讼证据的若干规定》(法释〔2001〕33号)

第七十三条　双方当事人对同一事实分别举出相反的证据,但都没有足够的依据否定对方证据的,人民法院应当结合案件情况,判断一方提供证据的证明力是否明显大于另一方提供证据的证明力,并对证明力较大的证据予以确认。

因证据的证明力无法判断导致争议事实难以认定的,人民法院应当依据举证责任分配的规则作出裁判。

二、双方存在多笔资金往来的情况下,已偿还借款行为如何证明

基本理论

日常生活经验,在自由心证制度中的传统表述方式是“经验法则”。它是指法官在其日常生活中认识和领悟的客观事物之必然联系或一般规律,具有普遍公认或不证自明的性质。《最高人民法院关于民事诉讼证据的若干规定》第64条对依据经验法则来评判证据价值和认定案件事实作出了明确规定,审判人员应当依据法定程序,全面、客观地审核证据,依据法律的规定,遵循法官职业道德,运用逻辑推理和日常生活经验,对证据有无证明力和证明力大小独立判断,并公开判断的理由和结果。司法实践中,日常生活经验对于认定事实和适用法律具有重要的作用。通常体现在以下方面:一是决定证据的关联性;二是决定证据的可采性;三是发挥证据间的推理作用,减轻当事人的举证责任,依法保护当事人的合法权益;四是有利于正确认定事实和公正作出裁判;五是适用经验法则有利于法官正确地理解和适用法律。具体到民间借贷案件中,按照举证责任分配的一般原则,对已经归还借款的事实,应由借款人承担举证责任,借款未能提供证据或者其提供的证据不足以证明借款已经归还的,应由其承担举证不能的法律后果。在双方存在多笔资金往来的情况下,人民法院结合举证责任分配原则和经验法则,综合判断借款人是否已偿还借款。

典型案例

借贷双方存在多笔资金往来的，人民法院应结合举证责任分配原则和经验法则，综合判断借款人是否已偿还借款

——上诉人陈××与被上诉人陈某某、陈某民间借贷纠纷二审案[①]

1. 案情简介

上诉人（一审原告）：陈××。

被上诉人（一审被告）：陈某某。

被上诉人（一审被告）：陈某。

从2007年开始，陈××与陈某某双方就有借贷往来。2012年7月9日陈某某向陈××借款300,000元，陈××扣除了18,000元利息后，通过银行转账282,000元给陈某某，陈某某出具《借条》给陈××收执。陈××称该笔借款双方口头约定借期为3个月，并从借款之日起按月利率3分计付利息。庭审中陈××自认陈某某已支付5个月的利息，因此，将诉讼请求改为判令两被告偿还借款人民币300,000元，并自2012年7月9日起按月息3分计付。陈××提供了上述借款的《借条》原件证明双方存在借贷关系。对于上述300,000元借款，陈某某认可真实存在，但主张其已于2013年8月8日通过银行转账予以偿还，并提供了相关银行转账凭证证实。陈某某称转账时没有收回《借条》原件是因为陈××在转账还款时没有把《借条》原件带来，过后被告要求陈××给回《借条》原件时，陈××称已撕毁了，被告因此就没再追究。对于陈某某的抗辩理由陈××不予认可，主张陈某某于2013年8月8日通过银行转账偿还的是陈某某于2012年6月15日向陈××借的另外一笔300,000元的借款，陈某某在2013年8月8日在银行转账时，原告已将这笔借款的《借条》交给陈某某撕毁了。庭审中，陈××陈述2012年6月15日陈某某向其所借的另外一笔300,000元借款的经过是"2012年6月2日，我从银行领取30万元借给我另一个伙计用，具体名字我也不记得了，6月13日

---

① 参见广西壮族自治区玉林市中级人民法院（2015）玉中民一终字第5号民事判决。

或14日,该伙计就还钱给我,6月15日我就将这笔钱借给了被告陈某某,在我家里即锦绣街2号书写的借据”。在接下的庭审中,陈××又称,“6月2日借款300,000元给卢中荣,6月14日还给我了,我就将该笔款项借给陈某某。2013年8月8日,陈某某就是还这笔钱给我的”。陈××称陈某某于2012年6月15日向其所借的300,000元借款,是约定还款期限为半年,利息按月利率3分计付,从借款之日起,每月支付利息,如果还款那天不够一个月,当月就按日计息,2013年8月8日被告还清了全部的本金及利息,因还差几天才够一个月,所以退了几百元利息给被告。对于2012年6月2日领取300,000元借款给卢中荣的事实,陈××提供信用社的《活期存款历史明细查询》表证实。经陈某某申请,该院对陈××提供的信用社《活期存款历史明细查询》表中2012年6月2日300,000元资金的支取情况进行了查询,结果为陈××于2012年6月2日在北流市农村信用合作联社附城信用社以转账方式转给何远文的款项,该院从北流市农村信用合作联社附城信用社复印了该笔款项的《转账业务凭证》。陈某某认为该《转账业务凭证》恰恰证明了陈××对陈某某在2012年6月15日向其借款300,000元的陈述是虚假的,原、被告之间不存在这笔债务。陈××对于法院调查的《转账业务凭证》,认为与2012年6月15日借给陈某某的300,000元无关。陈××为证明陈某某在2013年8月8日在银行转账时已将2012年6月15日借款的《借条》撕毁的事实,提供了中国农业银行容县桂南分理处相关视频及相片,但经法庭质证上述相关视频及相片不能反映出陈某某撕毁了2012年6月15日借款《借条》的事实。另外,陈××还举例主张2012年与陈某某之间还存在另外的许多借贷关系,其中有2012年2月6日陈某某向其借款382,000元、2012年7月25日陈某某向其借款480,000元、2012年11月22日陈某某向其借款100,000元,并提供了相关借款的银行转账凭证。对于上述债务,陈某某不予否认,但提供了相关的银行转账凭证,主张其已全部还清了上述借款。陈××也认可陈某某已清偿上述债务的事实。另查明,陈某某与陈某是夫妻关系。

2. 法院裁判及观点

广西壮族自治区容县人民法院一审认为,原告陈××提供的《借条》原件证明2012年7月9日被告陈某某向其借款300,000元的事实,被告陈某某予以认可,但被告陈某某主张其已偿还清上述债务,并向法院提供了2013年8月8日其还款300,000元的转账凭证,被告对还款的事实已经进行了举证,原告对于被告陈某某未予偿还2012年7月9日300,000元借款的主张仍负有举证责任。庭审中,原告主张被告陈某某在2013年8月8日转账的300,000元是被告陈某某用于偿还其于2012年6月15日向原告所借的另一笔300,000元借款,因原告对2012年6月15日该笔债务形成过程的陈述前后存在矛盾,其提供的《活期存款历史明细查询》表中2012年6月2日300,000元款项的支取情况也与其陈述的事实不一致,还有原告提供被告陈某某于2013年8月8日在银行转账时的相关视频及相片,反映不出被告陈某某撕毁了2012年6月15日借款《借条》的事实,原告的陈述及其提供的证据不能互相印证,该院对原告的主张不予采信,原告的请求于法无据,不予支持。综上,判决:驳回原告陈××的诉讼请求。

宣判后,陈××不服原审判决,上诉至广西壮族自治区玉林市中级人民法院,请求撤销原判,判决被上诉人陈某某、陈某偿还借款本金30万元及利息(自2012年10月9日起至还清之日止,以30万元为基数,按月利率3%计算)给上诉人。

广西壮族自治区玉林市中级人民法院二审对原判认定的事实予以确认。另查明:上诉人陈××与被上诉人陈某某之间有多年业务往来,在2011年12月至2013年8月期间,双方相互之间通过银行转账方式给付的款项,双方均确认属于借贷关系中出借资金、偿还借款或支付利息的款项。其中,(1)2011年12月15日陈某某通过其账户转账16万元给陈××,2012年1月30日陈××转账16万元给陈某某;(2)2012年2月6日陈××转账38.2万元给陈某某,同年7月6日陈某某转账40万元给陈××;(3)2012年3月31日陈××转账21万元给陈某某,同年4月1日陈某某转账21万元给陈××;(4)2012年7月9日陈××转账28.2万元给陈某某,2013年8月8日陈某某转账30万元给陈××;(5)2012年7月25日陈××转账48万元给陈某某,2013年3月30日陈某某委托刘武彪分两笔代为转账共50万元给陈××;(6)2012年11月19日陈××转账25万元给陈某某,陈某某先后于2013年2月8日、4月8日转账17万元、10.7万元共27.7万元给陈××;(7)2012年11月22日陈××转账10万元给陈某某,陈某某于2013年3月

25 日转账 10.5 万元给陈××。此外，上诉人提供的信用社尾号 168,986 账户明细账反映，陈某某通过其尾号 529,918 账户于 2012 年 1 月 16 日汇入 7 万元，3 月 5 日汇入 28,000 元，5 月 15 日汇入 5100 元，同年 10 月 31 日汇入 2 万元。

该院审理认为，合法的借贷关系受法律保护。本案讼争的借贷关系，有陈某某于 2012 年 7 月 9 日向陈××出具的金额 30 万元的借条及汇款 282,000 元的凭证、当事人的陈述相互佐证，该借贷关系事实存在，本院予以确认，但在出借款当日预先扣除的利息 18,000 元，应充抵借款本金，实际借款数额应认定为 282,000 元。本案争议焦点为该笔借款是否已经还清。上诉人以其持有借条原件为主要依据主张该笔借款尚未归还，而被上诉人则提供 2013 年 8 月 8 日转账 30 万元的凭证提出已经还款的抗辩，本院认为，在民间借贷关系中，借条是证明借款关系存在的主要依据，但是否归还借款，则不应以借款人是否收回借条为必要条件，如借款人举证足以证明事实上已经还清借款的，仍应认定借款已经还清。本案中，在双方均认可相互转账发生的款项均为借贷关系的情况下，被上诉人陈某某主张已经还清借款，已提供了 2013 年 8 月 8 日转账 30 万元的银行凭证，上诉人亦已承认收到该款，但主张该笔转账款项属于归还 2012 年 6 月 15 日现金出借 30 万元的，至此，举证责任已转移到上诉人一方，即上诉人应就“2012 年 6 月 15 日现金出借 30 万元”这一事实承担举证责任。在诉讼期间，上诉人就“2012 年 6 月 15 日现金出借 30 万元”的资金来源、出借经过先后有三个明显不同的陈述，而其提供的银行监控视频亦无法证明其曾将 2012 年 6 月 15 日借款 30 万元的借条原件交给陈某某，且同时期双方之间的大额借贷款项均通过银行转账的方式操作，其对现金出借 30 万元的主张无法提供合理陈述，因此，上诉人应就其上述主张承担举证不能的法律后果。本案诉讼双方虽然连续发生多笔借贷业务，但针对上诉人所主张的各笔借款，被上诉人陈某某均已提供相应的证据证实已经还清，一审法院根据双方借款、还款的事实，结合当事人关于其他借款已经结清的陈述，确认陈某某 2013 年 8 月 8 日转账 30 万元属于归还本案 2012 年 7 月 9 日的借款，合法有据。上诉人主张本案借款债务尚未归还，与事实不符，本院不予采纳。综上，判决驳回上诉，维持原判。

3. 案例评析

本案例涉及的是在双方存在多笔资金往来的情形下，人民法院如何认定借款人是否已归还借款的问题。根据相关法律、司法解释的规定，当事人对自己提出的诉讼请求所依据的事实或者反驳对方诉讼请求所依据的事实，应当提供证据加以证明，未能提供证据或者证据不足以证明其事实主张的，由负有举证证明责任的当事人承担不利的后果。本案中，双方连续发生多笔借贷业务，陈××以其持有借条原件为主要依据主张该笔借款尚未归还，而陈某某则提供2013年8月8日转账30万元的凭证提出已经还款的抗辩，其对还款的事实已经进行了举证，此时应由陈××对于陈某某未予偿还2012年7月9日300,000元借款的主张继续举证，否则应承担举证不能的法律后果。据此，人民法院根据双方借款、还款的事实，结合当事人关于其他借款已经结清的陈述，确认陈某某2013年8月8日转账30万元属于归还本案2012年7月9日的借款，驳回了陈××的诉讼请求。

有关法律规定

《中华人民共和国民事诉讼法》（2012年修正）

第六十四条　当事人对自己提出的主张，有责任提供证据。

当事人及其诉讼代理人因客观原因不能自行收集的证据，或者人民法院认为审理案件需要的证据，人民法院应当调查收集。

人民法院应当按照法定程序，全面地、客观地审查核实证据。

最高人民法院关于适用《中华人民共和国民事诉讼法》的解释（法释〔2015〕5号）

第九十条　当事人对自己提出的诉讼请求所依据的事实或者反驳对方诉讼请求所依据的事实，应当提供证据加以证明，但法律另有规定的除外。

在作出判决前，当事人未能提供证据或者证据不足以证明其事实主张的，由负有举证证明责任的当事人承担不利的后果。

第九十一条　人民法院应当依照下列原则确定举证证明责任的承担，但法律另有规定的除外：

（一）主张法律关系存在的当事人，应当对产生该法律关系的基本事实承担举证证明责任；

（二）主张法律关系变更、消灭或者权利受到妨害的当事人，应当对该法律关系变更、消灭或者权利受到妨害的基本事实承担举证证明责任。

《最高人民法院关于民事诉讼证据的若干规定》（法释〔2001〕33号）

第二条　当事人对自己提出的诉讼请求所依据的事实或者反驳对方诉讼请求所依据的事实有责任提供证据加以证明。

没有证据或者证据不足以证明当事人的事实主张的，由负有举证责任的当事人承担不利后果。

第五条　在合同纠纷案件中，主张合同关系成立并生效的一方当事人对合同订立和生效的事实承担举证责任；主张合同关系变更、解除、终止、撤销的一方当事人对引起合同关系变动的事实承担举证责任。

对合同是否履行发生争议的，由负有履行义务的当事人承担举证责任。

对代理权发生争议的，由主张有代理权一方当事人承担举证责任。

第六十四条　审判人员应当依照法定程序，全面、客观地审核证据，依据法律的规定，遵循法官职业道德，运用逻辑推理和日常生活经验，对证据有无证明力和证明力大小独立进行判断，并公开判断的理由和结果。

三、出具的欠条、收条内容有歧义的，怎样认定是否已归还借款

基本理论

欠条一般是借款人单方向出借人出具，用以表明所借款项、借期、利息等内容的凭证。但欠条所表明的欠款内容可能并不仅仅因当事人之间的借款而形成，当事人之间基于买卖、承揽、股权转让等其他基础法律关系而形成的债权债务，经双方对账、清算后，亦可形成欠条，明确尚欠款项数额和归还期限等。收条是表明收到他人交来的钱款的凭证。收条的内容通常会载明付款人、收款人、收到款项的数额、时间等。在民间借贷中，收条通常在借款人收到借款时出具，从而作为出借人主张借贷关系的证据。但收条还可能在借款人归还借款的时候由出借人出具，从而作为借款人据以抗辩借款已经实际归还的证据。按照举证责任分配的一般原则，对已经归还借款的事实，应由借款人承担举证责任，借款未能提供证据或者其提供的证据不足以证明借款已经归还的，应由其承担举证不能的法律后果。

典型案例

借款人应当对已经归还借款的事实承担举证责任，其提供的欠条、收条内容有歧义，不能认定借款已归还

——上诉人林某某与被上诉人黄某某民间借贷纠纷二审案[①]

1. 案情简介

上诉人(原审被告)：林某某。

被上诉人(原审原告)：黄某某。

2010年10月18日，被告林某某因经营生意需要向原告黄某某借款6万元，并出具借条一份给原告收执，双方约定该借款分三年还清，未明确约定借款利息。同日，原告黄某某出具《证明》一份给被告收执，证明内容为："本人与林某某此前账已全部结清。"因被告至今没有偿还借款，原告遂向本院起诉，要求判令被告偿还借款本息。

2. 法院裁判及观点

福建省莆田市秀屿人民法院一审认为，被告林某某向原告黄某某借款6万元，有被告林某某出具的借条为凭，该债权债务事实清楚，证据充分，可以认定。被告辩解该借款实际发生的时间是2010年10月17日深夜至18日凌晨期间，其已于2010年10月18日将该借款偿还，原告出具《证明》中"此前"包括2010年10月18日的借款，因原告予以否认，并主张该证明中的债务指的是2010年2月8日的借款26万元，被告未能提供证据证明本案借款时间在前，原告出具的证明在后，故原告出具的《证明》中"此前账已全部结清"无法证明被告的主张，被告该辩解于法无据，依法不予采纳。原告黄某某要求被告林某某偿还该借款6万元，符合法律规定，应予支持。因原、被告双方约定该借款分3年还清，且未明确约定每年偿还的金额和借款利息，故原告主张按月利率0.2%计算的逾期利息暂计至2014年2月18日19,200元，于法无据，不予支持，但可从最后一期还款时间的次日即自2013年10

① 参见福建省莆田市中级人民法院(2014)莆民终字第838号民事判决。

月19日起按银行同期同类贷款利率计算利息。综上,判决:被告林某某应在本判决生效之日起5日内支付给原告黄某某借款6万元,并自2013年10月19日起至本判决指定还款之日止按银行同期同类贷款利率计算的利息。

宣判后,林某某不服原审判决,上诉至莆田市中级人民法院,请求撤销原审判决,依法改判驳回被上诉人对上诉人的诉讼请求。

莆田市中级人民法院审理认为,上诉人主张2010年10月17日深夜借款,次日下午就让被上诉人前往其家中,其如数的归还了本案的借款,因被上诉人称未携带借条,故而才让被上诉人出具了证明,本案被上诉人黄某某否认该说法,称因上诉人还清了另外一笔26万元(本案上诉人提供的26万元借条复印件的那笔款项)的尾款,故而其出具了证明予以证实,因上诉人还清了26万元,其才放心再次出借了本案的6万元款项,本案的借条和证明均是在其租住的家中同时书写的。被上诉人黄某某以借条主张享有本案的债权,上诉人林某某以《证明》抗辩其已经还清了本案的债务。在两张字据落款时间一致,双方又对借条和证明书写时间前后主张不一致的情形下,如何认定判别该问题,必须回归本案的纠纷性质及证据。本案中,上诉人主张《证明》中"本人与林某某此前账已全部结清",此前包括当天6万元的这笔款项,该证明已经足以证明6万元债务的灭失,但该证明"此前"二字会产生以下两种可能的情况:一是该证明出具的时间在6万元借条之后,"此前"二字包括6万元的债务;二是该证明的出具时间在6万元借条之前,因上诉人与被上诉人其他的经济往来都已结清,被上诉人才出借了6万元的款项。对于两张字据出具的具体时间,双方当事人都未能提供证据予以证明。上诉人主张按照相关法律规定及民间借贷习惯,此前应当包括本数即10月18日全天24小时。本院认为,法律、法规出于严谨性,为了防止歧义及遗漏本数,以上、以下、以内等均包括本数,民间借贷交易习惯借条的还款期限一般也包括本数,但此概念不同于本案的概念,本案两张字据书写的时间均为同一天,对于2010年10月18日日期的认定双方都没有争议,争议的焦点在于两张字据书写的时间先后。根据《合同法》第210条规定:自然人之间的借款合同,自贷款人提供借款时生效。本案上诉人提供了借条,且双方当事人都确认被上诉人在合同订立时,确有提供借款,本案借款合同自然生效。故而,本案中被上诉人主张债权，其提供的《借条》达到了证明力。上诉人主张本案借款合同已经终止，且是通过履行债务的方式终止，那么对于该主张，上诉人必须提供证据予以证实，上诉人提供了《证明》欲证实本案借款合同因上诉人履行了义务而自然终止，但如本院上述分析的因"此前"可能包含了两种情况，上诉人以《证明》抗辩该债权已经清偿证明力不足，应提供其他证据予以佐证，如在证明中载明包含本案6万元的款项或让被上诉人出具收条或有银行凭证或其他方式证明已经还款等。上诉人作为智力发育完善的成年人具有完全民事行为能力，若其履行了本案的清偿债务义务，根据生活经验和同被上诉人的交易经验（其主张上一笔26万元的款项，被上诉人在其已经清偿的情况下，拒不归还借条，凭借条向法院起诉再次主张权利）应当清楚借条未回收的后果，毕竟在民间借贷中，一般以借条的回收或消灭作为借贷关系的终结，在本案借条未回收的情况下，其更应慎重考虑，以便可以尽到充分的举证责任。综上，因被上诉人提供的证据的证明力大于上诉人提供的证据的证明力，上诉人应当承担举证不能的法律责任，其上诉主张不能成立，应不予采纳。据此，莆田市中级人民法院判决：驳回上诉，维持原判。

3. 案例评析

本案例涉及的是在证据有歧义的情形下，人民法院如何认定借款人是否已归还借款的问题。根据相关法律、司法解释的规定，当事人对自己提出的诉讼请求所依据的事实或者反驳对方诉讼请求所依据的事实，应当提供证据加以证明，未能提供证据或者证据不足以证明其事实主张的，由负有举证证明责任的当事人承担不利的后果。本案中，黄某某主张享有本案的债权，其提供的《借条》能够证明双方存在借贷关系，林某某抗辩借款合同已经终止，其已经偿还了本案的债务，应提供证据予以证明，但其提供的证据存在歧义，《证明》上"此前"的表述不具有唯一性，对其主张债务已经清偿的证明力不足，林某某应进一步举证，否则应当承担举证不能的法律后果。人民法院结合证据规则及经验法则，认定林某某的诉讼主张不能成立，其应承担还款义务。

有关法律规定

《中华人民共和国民事诉讼法》(2012年修正)

第六十四条　当事人对自己提出的主张,有责任提供证据。

当事人及其诉讼代理人因客观原因不能自行收集的证据,或者人民法院认为审理案件需要的证据,人民法院应当调查收集。

人民法院应当按照法定程序,全面地、客观地审查核实证据。

最高人民法院《关于适用〈中华人民共和国民事诉讼法〉的解释》(法释〔2015〕5号)

第九十条　当事人对自己提出的诉讼请求所依据的事实或者反驳对方诉讼请求所依据的事实,应当提供证据加以证明,但法律另有规定的除外。

在作出判决前,当事人未能提供证据或者证据不足以证明其事实主张的,由负有举证证明责任的当事人承担不利的后果。

第九十一条　人民法院应当依照下列原则确定举证证明责任的承担,但法律另有规定的除外:

(一)主张法律关系存在的当事人,应当对产生该法律关系的基本事实承担举证证明责任;

(二)主张法律关系变更、消灭或者权利受到妨害的当事人,应当对该法律关系变更、消灭或者权利受到妨害的基本事实承担举证证明责任。

《最高人民法院关于民事诉讼证据的若干规定》(法释〔2001〕33号)

第二条　当事人对自己提出的诉讼请求所依据的事实或者反驳对方诉讼请求所依据的事实有责任提供证据加以证明。

没有证据或者证据不足以证明当事人的事实主张的,由负有举证责任的当事人承担不利后果。

第五条　在合同纠纷案件中,主张合同关系成立并生效的一方当事人对合同订立和生效的事实承担举证责任;主张合同关系变更、解除、终止、撤销的一方当事人对引起合同关系变动的事实承担举证责任。

对合同是否履行发生争议的,由负有履行义务的当事人承担举证责任。

对代理权发生争议的,由主张有代理权一方当事人承担举证责任。

第六十四条　审判人员应当依照法定程序,全面、客观地审核证据,依据法律的规定,遵循法官职业道德,运用逻辑推理和日常生活经验,对证据有无证明力和证明力大小独立进行判断,并公开判断的理由和结果。

《最高人民法院关于审理民间借贷案件适用法律若干问题的规定》(法释〔2015〕18号)

第十六条　原告仅依据借据、收据、欠条等债权凭证提起民间借贷诉讼,被告抗辩已经偿还借款,被告应当对其主张提供证据证明。被告提供相应证据证明其主张后,原告仍应就借贷关系的成立承担举证证明责任。

被告抗辩借贷行为尚未实际发生并能作出合理说明,人民法院应当结合借贷金额、款项交付、当事人的经济能力、当地或者当事人之间的交易方式、交易习惯、当事人财产变动情况以及证人证言等事实和因素,综合判断查证借贷事实是否发生。

四、经鉴定具有真实性的借据,借款人提出异议时,是否可作为定案依据

基本理论

借条是一种表明借贷关系的书面凭证。在民间借贷引发的诉讼中,法院往往会凭借借条来确认借款事实以及借款金额,即借条可作为直接的定案证据。但在诉讼中,常会发生借条存在证明力的瑕疵或债务人对借条的真实性提出抗辩的情况,此时,应对借条的证明力进行认定,从而决定借条是否属实以及应否采纳。同时,因证据的证明力分为形式证明力和实质证明力,故借条要想存在证明力,应具备两个要素:一是该借条是真实的,签名是当事人亲笔所签;二是该借条是出于双方真实意思表示。在借条具备这两点时便具备了证明力,可以对待证事实进行证明。另外,根据《最高人民法院关于民事诉讼证据的若干规定》的规定,一方当事人提出的书证原件,另一方当事人提出异议但没有足以反驳的相反证据的,人民法院应当确认其证明力。综上,在经有关部门确认签名是债务人亲笔所签,债务对主张的借条瑕疵亦没有提出证据证明的情况下,应认定借条所记载的事项真实。

经鉴定具有真实性的借据，借款人提出异议但没有足以反驳的相反证据，人民法院可以认定其证明力

——上诉人黄某与被上诉人曾某某民间借贷纠纷二审案①

1. 案情简介

上诉人(原审被告)：黄某。

被上诉人(原审原告)：曾某某。

黄某向曾某某借款3万元，曾某某同意后，将3万元现金借给黄某，黄某收到现金后，向曾某某出具借条一份，载明"现借到曾某某现金叁万元正，借款人：黄某，2010年9月28日"。借款后，黄某未归还，经曾某某催收未果，曾某某诉至法院。原审法院在审理中，黄某申请对借条的全部内容进行鉴定，根据成都联合司法鉴定中心的鉴定报告，其鉴定结论为：2010年9月28日的借条，全部内容为黄某书写。

2. 法院裁判及观点

四川省都江堰市人民法院一审认为，曾某某与黄某的借款关系，不违反国家法律、法规规定，属合法借贷关系，应当受法律保护。黄某在借款后，未归还曾某某，黄某应承担归还借款并支付占用利息的民事责任。关于黄某已将该款归还曾某某的抗辩，因黄某无充分的证据证明，原审法院不予采信。关于黄某提出曾某某以根本不存在的借条提起诉讼，申请对本案中止审理，并移送公安机关的抗辩主张，因黄某不能证明该借条系由曾某某伪造形成，如黄某认为曾某某已犯罪，可向相关公安机关报案，对其抗辩意见，原审法院不予采信。关于黄某主张成都联合司法鉴定中心的鉴定结论是不科学、不客观、不真实的抗辩，因黄某不能提供证据证明，原审法院不予采信。故曾某某的诉请，合理、合法，原审法院予以支持。综上，一审法院判决：一、黄某归还曾某某借款3万元；二、由黄某给付曾某某借款3万元的利息(自2011年12

① 参见四川省成都市中级人民法院(2013)成民终字第3173号民事判决。

月 20 日起至归还之日止，按中国人民银行同期贷款利率计息）；三、上述借款本金和利息，由黄某于判决生效之日起十日内给付曾某某。

宣判后，黄某不服原审判决，上诉至成都市中级人民法院，请求：(1)撤销原审判决，依法改判驳回曾某某的诉讼请求；(2)本案一、二审诉讼费用、鉴定费由曾某某承担。

成都市中级人民法院二审对原审查明的事实予以确认。该院审理认为，本案争议焦点为曾某某与黄某之间的借贷关系是否真实的问题。曾某某为证明双方借贷关系真实有效，举示了 2010 年 9 月 28 日的借条，黄某对该份借条真实性不予认可，原审法院根据黄某所提申请，委托成都联合司法鉴定中心对案涉借条全部字迹是否为黄某书写进行司法鉴定，鉴定意见为案涉借条全部内容字迹是黄某本人书写。同时鉴定人员在原审庭审中出庭就黄某对鉴定意见提出的异议作出了解答，并向原审法院提交了补充说明，补充说明意见仍为“经综合评判，检材与样本应是黄某本人书写”。司法鉴定是具有科学性、专业性的诉讼行为，成都联合司法鉴定中心作出的鉴定意见书符合形式规范、资料齐全，对鉴定依据、过程等均作出了一定说明，根据最高人民法院《关于民事诉讼证据的若干规定》第 71 条的规定“人民法院委托鉴定部门作出的鉴定结论，当事人没有足以反驳的相反证据和理由的，可以认定其证明力”，黄某对其所提反驳意见未举出充分的证据予以证明，本院对上述鉴定意见书及借条的真实性、合法性及证明力予以确认。借条系证明双方借贷关系成立的直接证据，基于上述认定，黄某与曾某某之间的民间借贷关系未违反相关法律、法规规定，合法有效。黄某作为借款人，应承担向曾某某归还借款并支付资金占用利息的还款责任，故对黄某的上诉请求，不应予支持。综上，原判认定事实清楚，适用法律正确，审判程序合法。据此，成都市中级人民法院依照《民事诉讼法》第 170 条第 1 款第 1 项之规定，判决驳回上诉，维持原判。一审案件受理费负担方式不变，二审案件受理费 275 元，由黄某负担。

3. 案例评析

本案例涉及的是人民法院对经鉴定的书证的采信问题。根据相关法律、司法解释的规定，对于书证原件和人民法院委托鉴定部门作出的鉴定意见，当事人提出异议但没有足以反驳的相反证据的，人民法院可以认定其证明力。本案中，人民法院根据黄某的申请，委托司法鉴定中心对案涉借条进行了鉴定,鉴定意见为案涉借条全部内容字迹是黄某本人书写。鉴定人员在庭审中也出庭就黄某对鉴定意见提出的异议作出了解答,并提交了补充说明,补充说明意见仍为“经综合评判,检材与样本应是黄某本人书写”,黄某对其所提反驳意见未举出充分的证据予以证明,人民法院据此确认了鉴定意见和借条的真实性、合法性及证明力,进而认定了黄某与曾某某之间的民间借贷关系,判令黄某承担向曾某某归还借款的义务。

有关法律规定

《中华人民共和国民事诉讼法》(2012 年修正)

第六十三条　证据包括:

(一)当事人的陈述;

(二)书证;

(三)物证;

(四)视听资料;

(五)电子数据;

(六)证人证言;

(七)鉴定意见;

(八)勘验笔录。

证据必须查证属实,才能作为认定事实的根据。

《最高人民法院关于民事诉讼证据的若干规定》(法释〔2001〕33 号)

第七十条　一方当事人提出的下列证据,对方当事人提出异议但没有足以反驳的相反证据的,人民法院应当确认其证明力:

(一)书证原件或者与书证原件核对无误的复印件、照片、副本、节录本;

(二)物证原物或者与物证原物核对无误的复制件、照片、录像资料等;

(三)有其他证据佐证并以合法手段取得的、无疑点的视听资料或者与视听资料核对无误的复制件;

(四)一方当事人申请人民法院依照法定程序制作的对物证或者现场的勘验笔录。

第七十一条　人民法院委托鉴定部门作出的鉴定结论,当事人没有足以反驳的相反证据和理由的,可以认定其证明力。

第九章

民间借贷利息与违约责任

第一节 民间借贷利率保护范围

一、借款合同约定的利息超过规定的，法院会怎样处理

基本理论

我国目前对民间借贷利息采用统一上限管理规定的客观主义模式，即以法律条文明文规定民间借贷利息的统一上限，如果借款合同约定的利息超过统一上限，则超过部分的利息约定无效。

《最高人民法院关于审理民间借贷案件适用法律若干问题

的规定》第 26 条对借款合同的利息明确了统一上限并通过 24% 和 36% 两个关键百分比,划分了“两线三区”,[①]“借贷双方约定的利率未超过年利率 24%,出借人请求借款人按照约定的利率支付利息的,人民法院应予支持。借贷双方约定的利率超过年利率 36%,超过部分的利息约定无效。借款人请求出借人返还已支付的超过年利率 36% 部分的利息的,人民法院应予支持”。

1. 统一上限规制的历史渊源

民间借贷利率统一上限规制的历史渊源可追溯至西周时期(约公元前 1115 年)。据《管子》所载,周初法定年利率为 15%。汉代,民间借贷年利率一度高达 100%,俗称“倍称之息”。唐宋两朝对利率规制幅度波动较大,20% 至 100% 不等,统治者以诏令、刑律等方式明确了利率统一上限。例如开元十六年,唐玄宗诏令:“自今以后,天下贫举只宜四分收利,官本五分收利。”《宋刑统》则规定:“诸公私以财物出举者,每月取利不得过六分,积日虽多,不得过一倍。”元代,明确借贷时间不论长久,利率均不得超过本金。[②] 明代《大明律》规定:“凡私房钱债及典当财务,每月取利,并不得过三分。年月虽多,不过一本一利。”[③]法定民间借贷利率最高月利三分,即 36% 以内。清朝承继了明朝关于利率的规定,将年利率 36% 作为统一上限规定。

1952 年 11 月,最高人民法院颁布的《关于城市借贷超过几分为高利贷的解答》明确民间借贷利率应限定为银行同期贷款利率 3 倍以内:“关于城市借贷利率以多少为宜的问题,根据目前国家银行放款利率以及市场物价情况,私人借贷利率一般不应超过三分。”1964 年中共中央转发《关于城乡高利贷活动情况和取缔办法的报告》将月息限定为“1 分 5 厘”以内:“一切借贷活动,月息超过 1 分 5 厘,视为高利贷,月息不超过 1 分 5 厘的,视为正常借贷。”1991 年,《关于人民法院审理借贷案件的若干意见》详细具体列明了“四倍红线原则”:民间借贷的利率可以适当高于银行的利率,各地人民法院可根据本地区的实际情况具体掌握,但最高不得超过银行同类贷款利率的四倍

---

① 王林清:“民间借贷利率:24% 和 36% 的法理基础和历史依据”,载《比较法研究》2015 年第 4 期,第 185 ~ 200 页。

② 郑先炳:《利率导论》,中国金融出版社 1991 年版,第 343 页。

③ 孙强:“晚明商人借贷的利息率与商业性借贷的发展”,载《史学集刊》2007 年 2 期,第 20 ~ 26 页。

(包含利率本数)。超过此限度的,超出部分的利息不予保护。

2. 两线三区

2013 年 11 月,中共十八届三中全会确定了金融市场化改革方向,其关键之一即利率市场化,强化市场“无形之手”力度,弱化调控“有形之手”作用。但利率市场化,并非利率无序化、无限化,应在充分考虑政府和金融部门监管便利和市场主体需求基础上,将利率限定在一定范围内进行管控。自新中国成立 50 年代初,最高人民法院对东北辽宁的关于民间借贷的批复首次确定四倍利率做法。之后,四倍利率一直延续在司法实践的具体操作中。最高人民法院 1991 年颁布的《审理借贷案件的若干意见》作为 2015 年 9 月 1 日前对于民间借贷最为详细的规定,亦承继了四倍利率的做法。“时移则法易”,虽然将民间借贷利率和银行利率挂钩这一做法传承已久,但其稳定性要求与我国贷款利率改革现状无法衔接。我国贷款利率现处于变革时期,经历了国家统一规定贷款利率、国家基准利率上下限浮动利率、取消贷款浮动利率上限(2004 年)和取消贷款浮动利率下限(2013 年)的变迁史,中央人民银行颁布的贷款基准利率变化非常大,最高 12%,最低 2%,常见的为 5% 至 8%。随着金融利率市场化改革的推进,将四倍基准贷款利率作为利率统一上限的司法政策也应当随之更替。

《最高人民法院关于审理民间借贷案件适用法律若干问题的规定》根据央行颁布的 5% 至 8% 的常见年利率,结合国内外取中间值以年利率 6% 为基础,参考“四倍红线”基本原则,年利率 24% 为过去审判实践中长期执行的标准,符合借贷市场的心理预期。从我国民间借贷历史传统来看,利率最高上限大致不超过月息三分,酌定 36% 作为利率上限。《关于审理民间借贷案件适用法律若干问题的规定》以 24% 和 36% 两个关键数字,将法定年利率划定为“两线三区”,即司法保护区(24% 以内)、自然债务区(24% 至 36% 之间)和无效区(36% 以上)。借款合同约定年利率在 24% 以内的,受法律保护,出借人有权让借款人按约支付利息;约定年利率在 24% 至 36% 之间的,当事人依据合同诉请法院保护这个区间利息,法院不予保护,但如果当事人自愿给付后又请求返还,法院亦将驳回诉请;年利率在 36% 以上的,约定无效,如果当事人已自愿给付也可以请求返还。

借款合同约定的利息超过规定，法院不予支持

——上诉人王晓某与被上诉人王某、四川省某置业有限公司、董某借款合同纠纷一案①

1. 基本案情

上诉人（原审原告）：王晓某。

被上诉人（原审被告）：王某。

被上诉人（原审被告）：四川省某置业有限公司。

被上诉人（原审被告）：董某。

2010 年 10 月 30 日，四川省某置业有限公司购得南部县城蜀北大道西延线土地约 85.07 亩，成交单价为每亩 270 万元。2011 年 3 月 24 日，王晓某作为出借方（甲方）、王某作为借款方（乙方）、四川省某置业有限公司作为担保方（丙方）、董某作为担保方（丁方），共同签订《借款合同》约定：乙方因与丙合作开发南部县城蜀北大道西延线土地急需一笔资金，甲方出借给乙方 2850 万元，以现金或转账方式交付，乙方保证该款专款专用于交纳该项目的土地出让金。由于甲乙双方可能存在合作，借款期限为一年（自 2011 年 3 月 24 日起至 2012 年 3 月 23 日止），如乙方不按约定期限归还借款，甲方将自乙方借款之日起按年息 30% 计收利息至还清之日止。保证人丙、丁为乙方到期不能归还借款本息承担连带保证责任。王晓某、王某、董某分别在该合同上签字，四川省某置业有限公司在合同上签章。当日，王晓某以自己的名义向南部县财政局账户内转款 700 万元，以王红某的名义向南部县财政局账户内转款 800 万元。2012 年 4 月 14 日，被告偿还借款本金 200 万元。因王某未按约定返还借款，王晓某于 2012 年 6 月 26 日提起本案诉讼，请求判令王某偿还借款本金余额 2650 万元及其借款合同约定的利息和全部损失；四川省某置业有限公司及董某对前述款项承担连带偿还责任；本案诉讼费用由王某、四川省某置业有限公司、董某负担。

① 生效判决参见四川省高级人民法院（2013）川民终字第 228 号民事判决。

2. 法院裁判及观点

一审法院认为，根据最高人民法院《关于人民法院审理借贷案件的若干意见》第 6 条"民间借贷的利率可以适当高于银行的利率，各地人民法院可根据本地区的实际情况具体掌握，但最高不得超过银行同类贷款利率的四倍（包含利率本数）。超出此限度的，超出部分的利息不予保护"之规定，因本案借款合同约定的年利率 30% 已超过中国人民银行同期一年期贷款利率的四倍，对于超出部分的利息，不予支持。借款合同约定保证人四川省某置业有限公司及董某为借款人王某到期不能归还借款本息承担连带保证责任，该约定是双方当事人的真实意思表示，且不违反法律和行政法规的强制性规定，对双方当事人均具有约束力。四川省某置业有限公司及董某应当依约承担保证责任。王晓某主张赔偿损失，但未明确具体的数额，也未举出相应的证据，对此主张不予支持。依照《合同法》第 196 条、第 198 条、第 205 条、第 206 条、第 207 条，以及《担保法》第 6 条、第 7 条、第 38 条、第 12 条、第 18 条、第 21 条，最高人民法院《关于人民法院审理借贷案件的若干意见》第 6 条，最高人民法院《关于民事诉讼证据的若干规定》第 2 条之规定，判决王某在判决生效之日起 10 日内偿还王晓某借款 1300 万元及利息（利息的计算方式为：从 2011 年 3 月 24 日起至 2012 年 4 月 14 日止，以 1500 万元为本金，按中国人民银行同期一年期贷款利率的四倍计算利息。从 2012 年 4 月 15 日起，以 1300 万元为本金，按中国人民银行同期一年期贷款利率的四倍计算利息），四川省某置业有限公司及董某对前述义务承担连带清偿责任。

二审法院对一审法院裁判及观点予以维持。

3. 案例评析

最高人民法院《关于审理民间借贷案件适用法律若干问题的规定》第 26 条"两线三区"规定出台之前，民间借贷案件关于利息的认定一直沿用"四倍利率"的标准。根据《最高人民法院关于人民法院审理借贷案件的若干意见》第 6 条规定，民间借贷的利率最高不得超过银行同期利率的四倍，超出部分不予保护。本案中，根据《借款合同》约定："由于甲乙双方可能合作，甲方表示如乙方在约定的还款期限内还款，甲方不收利息；如果乙方（借款方）不按约定期限归还借款，甲方（贷款方）将自乙方借款之日起按年息 30% 计收利息至还清为止。”现王某未按约定期限归还借款，其借款利息应从借款之日起计算。根据中国人民银行公布的2011年一年期贷款利率，最高均未超过7%。故《借款合同》约定30%的年利率已经超过中国人民银行同期一年期贷款利率的四倍。一、二审法院按照中国人民银行同期贷款利率的四倍判决支付王晓某借款利息正确。王晓某上诉主张30%的年息未超过法定利率四倍缺乏事实依据。在“两线三区”的利息规定出台后，“四倍利率”标准已经变革，即“借贷双方约定的利率未超过年利率24%，出借人请求借款人按照约定的利率支付利息的，人民法院应予支持。借贷双方约定的利率超过年利率36%，超过部分的利息约定无效。借款人请求出借人返还已支付的超过年利率36%部分的利息的，人民法院应予支持”。当然，虽然标准变了，但原则是一成不变的，即借款合同约定的利息超过规定，法院不予支持。

有关法律规定

《最高人民法院关于审理民间借贷案件适用法律若干问题的规定》（法释〔2015〕18号）

第二十六条　借贷双方约定的利率未超过年利率24%，出借人请求借款人按照约定的利率支付利息的，人民法院应予支持。

借贷双方约定的利率超过年利率36%，超过部分的利息约定无效。借款人请求出借人返还已支付的超过年利率36%部分的利息的，人民法院应予支持。

二、借款合同中未约定借用期利息、约定不明的，需要支付利息吗

基本理论

民间借贷，作为合同关系的一种，系借贷双方自愿缔结，应遵循民法意思自治基本原则，在符合法律规定的前提下，借款是否有利息、利率高低都应当由当事人约定。民间借贷多发于朋友、亲人、同事之间的互助性质，用途多为婚丧、教育、房屋、医疗等突发性支出，形式和内容都由借贷双方根据意思自治原则自由约定，借贷利息的计算方法和标准纷繁各异，有关利息的内容无

法与金融借款合同的规范、标准相比拟，所以，这也导致利息的确定成为民间借贷案件中的焦点和难点。《最高人民法院关于审理民间借贷案件适用法律若干问题的规定》第25条对利息没有约定、约定不明的情况予以规定："借贷双方没有约定利息，出借人主张支付借期内利息的，人民法院不予支持。自然人之间借贷对利息约定不明，出借人主张支付利息的，人民法院不予支持。除自然人之间借贷的外，借贷双方对借贷利息约定不明，出借人主张利息的，人民法院应当结合民间借贷合同的内容，并根据当地或者当事人的交易方式、交易习惯、市场利率等因素确定利息。"

1. 借款合同中未约定借用期利息

借款合同未约定借用期利息，是指借贷双方在书面或者口头约定中，约定不支付利息或者没有约定利息的情况。根据《合同法》第211条和《最高人民法院关于审理民间借贷案件适用法律若干问题的规定》第25条的规定，借贷双方如果约定不支付利息或者没有约定利息的情况下，应视为借款人无偿占用，仅需偿还出借人的本金，不需要支付任何利息，出借人若诉请法院要求借款人支付利息的，法院不予支持。

2. 借贷合同对利息约定不明

(1) 自然人之间的借贷合同对利息约定不明

根据《合同法》第211条和《最高人民法院关于审理民间借贷案件适用法律若干问题的规定》第25条的规定，自然人之间的借款合同对支付利息约定不明确的，视为不支付利息。自然人之间的借贷，多为公民之间互通有无、互帮互助的性质，对于合同利息约定不明，无法判断的，一般不予支持。但是，根据《合同法》第125条第1款规定，"当事人对合同条款理解有争议的，应当按照合同所使用的词句、合同的有关条款、合同目的、交易习惯以及诚实信用原则，确定该条款的真实意思"，即如果借贷双方只是对借款合同中利息计算方式、标准等产生争议，不应一律认定约定不明而不支付利息，应当根据保护合法借贷、稳定社会秩序原则，通过《合同法》第125条确定的其他途径来认定当事人真实意思表示。

(2) 除自然人之间借贷外的非金融机构法人、其他组织之间借贷合同对利息约定不明

借贷双方仅有一方为自然人，或者双方均为非金融机构法人、其他组织，合同利息约定不明，就实质而言，应当视为合同漏洞补充。合同漏洞，即合同

欠缺条款,是指合同应对某事项加以规定却未予规定。[①] 补充合同漏洞,目的是将合同各项补充完整,便于双方争议的消灭,回到最开始的合同真意。司法操作中,应当尽可能结合民间借贷合同的内容,并根据当地或者当事人的交易方式、交易习惯、市场利率等因素确定利息。

典型案例

民间借贷利率约定争议不应视为“约定不明确”

——蔡锡某诉蔡淡某民间借贷纠纷案[②]

1. 基本案情

上诉人(原审原告):蔡锡某。

被上诉人(原审被告):蔡淡某。

抗诉机关:广东省人民检察院。

2000 年 12 月 20 日,蔡淡某与许晓某共向蔡锡某借款 2 万元,每人 1 万元。同日,蔡淡某与许晓某立下借条交给蔡锡某执存,该借条载明“兹有蔡淡某、许晓某两人向蔡锡某借款人民币 2 万元(贰万元整),利息以 1% 计算,2000 年 12 月 20 日,借款人:蔡淡某、许晓某”。后来,许晓某还清了借款。蔡淡某经蔡锡某催讨,于 2007 年 8 月 20 日和 12 月 16 日、2008 年 7 月 26 日、2009 年 2 月 26 日分别付还蔡锡某各 2000 元,合计 8000 元。之后,双方对尚欠蔡锡某借款的数额有争议,蔡锡某遂起诉至法院,请求判令蔡淡某归还借款 1 万元本金及负担本案的诉讼费。

蔡淡某辩称:对借条载明借款金额 1 万元没有异议,但对蔡锡某主张的双方约定按月 1% 支付利息有异议,认为双方没有约定利息是按月 1% 支付还是按年 1% 支付,属约定不明,应视为不支付利息。蔡淡某对自己的主张的还款金额 8000 元提供“协议”一张,证明 2007 年 9 月 18 日双方协议由蔡淡

---

① 韩世远:《合同法总论》(第 3 版),法律出版社 2011 年版,第 707 页。

② 生效裁判:(一审)广东揭阳市揭东县人民法院(2009)揭东法民一初字第 128 号(2009 年 7 月 9 日);(二审)广东揭阳市中级人民法院(2009)揭中法民一终字第 79 号(2009 年 10 月 14 日);(再审)广东省高级人民法院(2011)粤高法民二提字第 13 号(2011 年 3 月 17 日)。

某分期付还蔡锡某借款，自约定之日起至2009年2月26日前蔡淡某共付还蔡锡某8000元本金。

蔡锡某对蔡淡某提供的“协议”有异议，认为该协议是蔡淡某自制的，蔡锡某并没有与蔡淡某达成还款协议，但蔡锡某对“协议”记载的自2007年8月20日至2009年2月26日蔡淡某4次还款8000元没有异议，认为蔡淡某付还的8000元是付还2000年12月20日该笔借款的利息。

2. 法院裁判及观点

在民间借贷中，借条上载明的“利率为1%”不应轻易认定属于《合同法》第211条第1款规定的“自然人之间的借款合同对支付利息没有约定或者约定不明确的，视为不支付利息”的情形，而是应充分考量当事人之间对约定的真实意思。

一审法院认为：本案是民间借贷纠纷，蔡淡某于2000年12月20日向蔡锡某借款1万元，有蔡淡某亲笔签名的借条为证据，蔡淡某也没有异议，应予以确认。对于争议的焦点问题，蔡锡某主张按月1%计算利息的依据是2000年12月20日的借条，该借条中记载“利息以1%计算”，而蔡淡某不承认，因借条没有明确利息的计付方式，双方约定不明确，根据《合同法》第211条第1款关于“自然人之间的借款合同对支付利息没有约定或者约定不明确的，视为不支付利息”的规定，蔡锡某和蔡淡某之间的借款应视为不支付利息。

蔡锡某不服一审判决提起上诉。

二审法院认为，本案争议的焦点：关于利息约定是否明确的问题。本案借条记载“利息以1%计算”，蔡锡某主张1%是月利率，蔡淡某主张利息约定不明确，应视为不支付利息。双方对“利息以1%计算”有不同的理解，依照《合同法》第125条第1款规定，当事人对合同条款的理解有争议的，应当按照合同所使用的词句、合同的有关条款、合同的目的、交易习惯以及诚实信用原则，确定该条款的真实意思。蔡锡某将资金借给蔡淡某做生意，不是向生活有需要的亲朋好友提供无偿帮助，其目的应是通过提供借款来获取利益；蔡淡某自己书写借条承诺利息以1%计算，说明该借款是要支付利息的，而不是无息借款，现以自己书写的内容不明确为由主张借款应视为不支付利息，有违诚信原则；民间借贷基于计算方便等方面的考虑，对利率进行约定时通常是约定月利率而不是约定年利率。综上，遵循合同解释的原则，借条记载

“利息以1%计算”应当理解为月利率1%较符合民间交易习惯。

蔡淡某不服二审判决,向检察院申诉。检察院提起抗诉。

法院再审认为,蔡淡某于2000年12月20日向蔡锡某出具的借条约定“利息以1%计算”,双方对该约定应否适用《合同法》第211条第1款之规定产生争议。依照《合同法》第125条规定,当事人对合同条款的理解有争议的,应当按照合同所使用的词句、合同的有关条款、合同的目的、交易习惯以及诚实信用原则,确定该条款的真实意思。第一,上述借条明确约定了蔡淡某向蔡锡某借款须支付利息,但蔡淡某在案中主张其无须向蔡锡某支付利息,违反了《民法通则》第四条关于民事活动应当遵循诚实信用原则的规定;第二,蔡锡某借款给蔡淡某系用于盈利性的生产经营,并非日常生活所需,双方约定的1%的利率应认定为月利率更符合日常的交易惯例。

3.案例评析

本案争议的焦点集中在围绕借条上载明的“利率以1%计算”是否属于《合同法》第211条第1款规定的“约定不明确,视为不支付利息”的情况展开争论。

第一,本案中借款人认为借条上载明的“利率为1%”没有约定是月利率还是年利率应该适用《合同法》第211条第1款关于“自然人之间的借款合同对支付利息没有约定或者约定不明确的,视为不支付利息”的规定。本书认为本法条的立法目的一方面在于防止民间借贷中当事人放高利贷行为,另一方面充分体现当事人之间的意思自治原则,对合法、适当的利率是加以保护的。因此,在实践办案中,对当事人之间的民间借贷关系中利息的约定,应充分考量当事人之间对约定的真实意思,不能笼统地概括为只要约定不明就视为不支付利息,这会严重挫伤出借人的积极性,侵害出借人的合法权益,不利于社会稳定,这与《合同法》的立法本意也是相违背的。

第二,在实践中应如何把握“对支付利息约定不明确的,视为不支付利息”这一规定。本案中虽然没有约定“利率1%”的时间标准,但有一点是可以明确的,就是出借人是基于获利目的而借钱给借款人,本案中的借款人蔡淡某也承认了约定利率这一点,只是没有约定是月利率还是年利率,这并不属于约定不明,只是对支付利息的约定产生歧义。本书认为应充分运用合同法解释原则，根据当事人之间约定所使用的词句、借款目的、交易习惯以及诚实信用原则，来确定当事人之间约定的真实意思。《合同法》第125条第1款就明确规定："当事人对合同条款的理解有争议的，应当按照合同所使用的词句、合同的有关条款、合同的目的、交易习惯以及诚实信用原则，确定该条款的真实意思"，即对合同约定争议的条款，可通过其他途径来判定当事人之间订立合同时所具有的真实意思而不拘泥于合同条款的字面含义。首先，本案中的借条中词语"利率为1%"就表明了双方对支付利息有明确的约定。其次，蔡锡某将资金借给蔡淡某，其目的是通过提供借款来获取利益。根据《最高人民法院关于贯彻执行〈中华人民共和国民法通则〉若干问题的意见（试行）》第122条的规定，"公民之间的生产经营性借贷的利率，可以适当高于生活性借贷利率。如因利率发生纠纷，应本着保护合法借贷关系，考虑当地实际情况，有利于生产和稳定经济秩序的原则处理"。民间借贷基于计算方便等方面的考虑，对利率进行约定时通常是约定月利率而不是约定年利率。因此借条记载"利息以1%计算"应当理解为月利率1%较符合日常交易习惯。最后，如果本案推定为无息借款，也有违民法公平、诚实信用原则，这不利于保护出借人的合法权益，而且也一定程度上助长了有些债务人利用不诚信的违约行为来牟取额外的不正当利益。

综上，"对支付利息约定不明确"应当理解为根据借款合同内容及交易习惯等无法认定当事人之间是否达成支付利息的约定，而对支付利息有约定但利息计算方式、标准等约定不明确的，则不应当视为"对支付利息约定不明确"。

有关法律规定

《中华人民共和国合同法》(1999年)

第二百一十一条第一款　自然人之间的借款合同对支付利息没有约定或者约定不明确的，视为不支付利息。

《最高人民法院关于审理民间借贷案件适用法律若干问题的规定》(法释〔2015〕18号)

第二十五条　借贷双方没有约定利息，出借人主张支付借期内利息的，人民法院不予支持。

自然人之间借贷对利息约定不明，出借人主张支付利息的，人民法院不予支持。除自然人之间借贷的外，借贷双方对借贷利息约定不明，出借人主张利息的，人民法院应当结合民间借贷合同的内容，并根据当地或者当事人的交易方式、交易习惯、市场利率等因素确定利息。

三、借款人提前偿还借款，利息应当如何计算

基本理论

借款人需借款合同期限届满时才负有履行还款的义务，借款期限长短直接决定了资金使用时间，同时，也会影响利息高低。虽然更长的借款期限可以保证借款人有更充足的资金使用时间，但借款人也存在提前还款的需求可能性，这在实践中也大量存在。借款人由于生产经营状况的优化、融资渠道拓展或其他情况发生变化，为减少利息支付额度，可能调整经营格局或项目计划，愿意提前偿还借款。民间借贷资金使用、还款方式更为灵活，借款人更期望根据资金现实需求及时变更还款计划，拥有更多还款灵活性。

《合同法》第208条和《最高人民法院关于审理民间借贷案件适用法律若干问题的规定》第32条第1款明确了借款人提前还款的权利。同时，还应注意《合同法》第71条第1款的规定："债权人可以拒绝债务人提前履行债务，但提前履行不损害债权人利益的除外。"也就是说，提前还款不得损害债权人利益，否则，债权人可以拒绝。实际上，此条制定时争议很大，一种观点认为，我国借款人的偿还能力较差，提前偿还借款有利于将资金用于短缺的项目中，对于出借人并无损失，也有利于国家经济建设，法律应当鼓励；另一种观点认为，允许提前偿还借款会打乱金融机构对借款的原有安排计划，且会使金融机构收不到本应收到的利息，特别是在借款利率下调的情况下，会造成借款人规避合同约定的利率，使出借人遭受损失。[①] 但

① 崔建远：《合同法总论》（中卷），中国人民大学出版社2012年版，第69页。

需要特别注意的是，民间借贷不同于金融机构信贷业务，出借人并不以放贷业务作为主要经营项目和经济来源，允许借款人提前还款，出借人可以更早回笼资金，降低资金风险，根据资金情况及时调整使用计划，是对出借人权利的保护措施。因此，除借贷双方合同约定外，应直接赋予借款人提前还款的权利。

提前还款利息确定应当遵循当事人约定优先原则，若无约定，根据实际借款期限计算利息。

1. 借贷双方提前还款约定事项优先原则

当事人在借贷合同中对提前还款利息问题有约定的，应当按照约定处理利息问题。关于提前还款的事项，应当充分尊重借贷双方约定的优先地位。在实践中，借款合同对提前还款事项予以约定的情况比较常见，对出借人来讲，提前还款，一方面可以提前回笼资金；另一方面则会使预期利息受损，破坏原定的借款计划，出借人在平衡两者基础上，可能会设置提前还款特定利息、提前一定期限通知、最低资金使用期限、支付额外费用等约定条款。这些约定一般都是基于正常商业原因作出，应当承认当事人此类约定的效力，并按照约定确定当事人权利义务。需要注意的是，如果合同明确借款人提前还款需赔偿损失的，应综合合同具体约定慎重处理，出借人需对损失额度承担举证责任。

2. 除约定外，提前还款利息的确定

根据《合同法》第 208 条和最高人民法院《关于审理民间借贷案件适用法律若干问题的规定》第 32 条第 2 款的规定，提前还款应按照实际借款期间计算利息。借款人提前还款，缩短了原定的还款期限，实际上对借款合同约定的还款期限进行变更，合同变更后，继续按照变更后的合同履行，借款人根据变更后的合同期限给付利息。

3. 提前还款的其他费用

《合同法》第 71 条第 2 款规定："债务人提前履行债务给债权人增加的费用，由债务人负担。"如果提前还款给出借人增加了他项支出，比如管理费用、人力成本，出借人明确举证前提下，借款人应当承担。

典型案例

借款人提前还款的，出借人不能主张全部利息

——原告李某与被告江某民间借贷纠纷案①

1.基本案情

原告：李某。

被告：江某。

2005年6月20日江某向李某借款300,000元。当日江某向李某出具欠条，内容为："今有江某向李某借用现金300,000元，借期3年，利息按5年死期还。江某签名。"此后，江某于2006年年底还款100,000元，于2007年11月底前还款100,000元，于2008年7月底前还款100,000元，未支付过利息。原告李某为此诉请法院判决被告按约定支付利息38,610元并承担诉讼费。被告江某辩称，借款事实存在，但是利息不认同，在6个月之后还款10万元，在借款期满前已将余款还清。不同意原告诉讼请求。

2.法院裁判及观点

法院认为，合法的借贷关系受法律保护。该案被告向原告借款并出具欠条，应按照约定的期限还款并支付利息。因被告存在提前还款的事实，故原告主张的利息数额过高，具体给付数额法院依法判定。被告之辩称理由缺乏法律依据，法院不予采信。判决被告江某给付原告李某借款利息人民币24,900元。

3.案例评析

民间借贷如果没有约定还款期限，出借人可以随时要求借款人还款，但应当给借款人必要准备时间；在出借人要求还款之前，借款人也可以随时还款，所以，民间借贷如果没有约定还款期限，则不存在提前还款问题。这里我们讨论的民间借贷中提前还款问题是指在民间借贷合同中约定了还款期限，在还款期限届满之前，借款人要求全部偿还借款的情况。这种情况属于借贷

① 参见王福友：《民间借贷纠纷裁判规则与适用标准》，法律出版社2015年出版。

合同违约行为，出借人可以拒绝借款人的还款请求。具体处理可分为以下几种类型：

(1)出借人同意借款人提前还款的，视为双方同意变更合同，按照双方约定的时间还款，并支付利息。对利息有新的约定按照新约定标准计算利息，没有约定利息的，按照原借款合同利率和实际借款天数计算利息。

(2)出借人拒绝提前还款的，对于借款人要求提前还款，而出借人不同意的。按照《合同法》第208条规定，“借款人提前偿还贷款的，除当事人另有约定以外，应当按照实际借款的期间计算利息”。借款合同收益是利息，提前还款会影响出借人预期收益，借款人提前还款是否导致违约责任的承担，实践中，如果双方当事人对提前还款有特别规定，从其约定，按照合同规定承担违约责任。如果没有对提前还款有特别约定，只规定了一般违约责任，因提前还款一般不会导致出借人利益的损害，虽然会有利息的损失，但是可以及时回笼资金，损益相抵，所以，一般会免除借款人的违约责任。但是，因提前还款造成出借人额外支出的其他费用，应当由借款人承担。

(3)借款人明确拒绝还款的，在借款期限届满前，借款人明确表示或者以自己的行为明示将不履行合同，虽然借款期限未届满，但出借人仍可以要求借款人还款，利息应按照实际借款期间计算。

有关法律规定

《中华人民共和国合同法》(1999年)

第二百零八条　借款人提前偿还借款的，除当事人另有约定的以外，应当按照实际借款的期限计算利息。

《最高人民法院关于审理民间借贷案件适用法律若干问题的规定》(法释〔2015〕18号)

第三十二条　借款人可以提前偿还借款，但当事人另有约定的除外。

借款人提前偿还借款并主张按照实际借款期间计算利息的，人民法院应予支持。

四、民间借贷约定“利滚利”，受法律保护吗

基本理论

复利，俗称“利滚利”、“驴打滚”，官称“翻改初券”或“回收作本”，也就是将利息滚入原本，再计算利息，被爱因斯坦称为世界第八大奇迹，威力胜过原子弹。我国在北魏时期已立法禁止复利。历史上，由于利滚利的计算方法，复利被视为恶债，常被视为高利贷、剥削的烙印。计算复利，可以分为低息加复利和高息加复利两种。低息加复利，借款合同约定低利率，借款人到期未归还的本金和支付利息时，将利息作为本金再次重新计算利息，扩大本金，利息生出利息。高息加复利，也就是在上述重利加复利，出借人可以获取借款人成倍的利息。高额复利的剥削程度比高利借贷更重，其更具有隐蔽性，在看似合理外衣下隐藏，社会危害性也更大。但是，复利也具有一定合理性，首先，从经济学角度讲，利息是借款人因出借人让渡资金占用权而支付的对价，利率作为本金与利息的比例，是货币作为一种特定商品的价格，复利仅是利息的一种计算方式，当事人自愿约定采用这种方式且不超过法定限额，应当允许。其次，从形式上讲，当事人约定对一段时间内本息予以结算，是双方对之前债权债务关系一次总的处理和新认识，符合合同自由和意思自治原则。最后，复利的计算方式对借款人还款具有督促作用，一定程度上可以避免借款人故意拖延还款时间，减少纠纷。

我国法律并未禁止复利，而只是禁止以复利方式牟取高额利息。根据《最高人民法院关于审理民间借贷案件适用法律若干问题的规定》第 28 条规定：“借贷双方对前期借款本息结算后将利息计入后期借款本金并重新出具债权凭证，如果前期利率没有超过年利率 24%，重新出具的债权凭证载明的金额可认定为后期借款本金；超过部分的利息不能计入后期借款本金。约定的利率超过年利率 24%，当事人主张超过部分的利息不能计入后期借款本金的，人民法院应予支持。按前款计算，借款人在借款期间届满后应当支付的本息之和，不能超过最初借款本金与以最初借款本金为基数，以年利率 24% 计算的整个借款期间的利息之和。出借人请求借款人支付超过部分的，人民

法院不予支持。”此条依然延续了1991年《关于审理借贷案件的若干意见》第7条关于复利“四倍红线”禁止性条款的立法精神，即将复利的法律风险点设置在“年利率24%”限度内，超过部分即为违法复利。

1. 计算方式

民间借贷的利息有两种计算方式，单利和复利。单利是“本金×利息×使用时间”，所得利息不计入本金重复计算利息。复利的计算方式更为复杂“FV = A(1 + R)m”，[①]“FV”是期末本息，“A”为本金，“R”为利率，“m”为次数。从计算公式即可看成，计息次数越多，复利数额越大。借贷合同无论是直接约定计算复利还是约定借款期限内重新出具债权凭证，在司法实践中操作雷同，即“年利率24%”的红线幅度内视为有效。

2. 后期本金数额认定

在第一次计算复利或者第一次重新出具债权凭证后，原始本金加上首次利息形成下一轮计息的继受本金，前期、后期是相对而言的概念，原始本金自然是前期，而后，每一次的继受本金都相对上一次成为后期。既然继受本金包含前期利息，那前期利息应当在“年利率24%”的红线幅度内方可滚入下一轮的计息，如果前期利息超过了这个限额，超出部分的利息应当从本金中扣减后确定后期本金数额。

3. 连续多次重新出具债权凭证的本息认定

司法实践中，有的民间借贷案件借款持续时间较长，在此期间内，借贷双方多次结算，最终的借条是长期“利滚利”而成，借贷双方往往根据借款期内的各种情势的变化，多次重新出具债权凭证，看似出现多期借款，实际上只是对借款本息的多次结算。对于这种情形，确定本息相对难度较大，应当分两步计算：第一步，对每次结算本息进行甄别，确定末期本息之和；第二步，以原始本金为基数，以年利率24%计算整个借款期间本息之和，确定末期本息之和是否超过限额。

4. 借款人偿还部分欠款后重新出具债权凭证的本息认定

《最高人民法院关于审理民间借贷案件适用法律若干问题的规定》第28条第2款“借款人在借款期间届满后应当支付的本息之和，不能超过最初借

---

① 杜万华：《最高人民法院民间借贷司法解释理解与适用》，人民法院出版社2015年版，第495页。

款本金与以最初借款本金为基数，以年利率24%计算的整个借款期间的利息之和”应视为原则性规定，即借款期内不存在借款金额的变动，如果借款人已偿还部分欠款，使后期本金小于原始本金，第2款规定的本息上限计算方式就应该发生变化，应以最初小于原始本金的那期本金作为计算基数。

典型案例

“利滚利”不得超出法律关于利息规定的限制

——段某诉胡某民间借贷案①

1. 基本案情

原告：段某。

被告：胡某。

2004年4月5日，被告向原告借款10万元，约定利息月息4分，至2005年5月31日，经双方结算该笔借款本息合计为155,600元，当日被告偿还原告600元并出具15.5万元借条一张；2006年1月5日，被告向原告偿还10万元，次日出具10万元借条一张，约定月息3分。2004年3月24日，被告向原告借款9.5万元，约定利息月息2分，至2005年5月31日，该笔借款本息合计为122,100元；2004年4月24日，被告向原告借款10.5万元，约定利息月息2分，至2005年5月31日，该笔借款本息合计为132,860元；上述两笔借款本息合计为254,960元，2005年6月1日，原告借款40万元给被告，被告出具25.5万元借条一张，约定月息2分。至2008年7月6日，2006年1月6日10万元借条利息为9万元，至2008年7月1日，2005年6月1日25.5万元借条利息为18.87万元，上述利息合计27.87万元，2009年8月份被告向原告偿还7.87万元，2010年3月28日、2010年4月10日被告分别向原告偿还10万元。2004年6月10日，案外人陈巴尔虎旗宝兴房地产开发有限公司向原告借款8万元，约定月息4分，被告为担保人，合同约定如借款人不能按期偿还借款由担保人代为偿还。在案件审理过程中，被告认可该笔借款由其归还。

① 江苏省淮安市中级人民法院(2013)淮中民终字第0943号民事判决书。

经双方结算，2011 年 7 月 17 日，被告向原告出具借条两张，其中一张载明："借到段某人民币计陆十万元整(600,000 元)注：在今年年底之前还清。"(过去所有借条全部作废，包括内蒙古公司借款 10 万元账在内)。另一张载明："借到段某人民币计贰十万元整(200,000 元)此款在 2012 年底之前还清。"被告到期未还借款，双方产生纠纷。

2. 法院裁判及观点

一审法院审理认为：截止到 2011 年 7 月 17 日，被告尚欠原告本金 319,289.54 元，利息 274,972.33 元，本息合计 594,261.87 元。现原告主张被告偿还借款 80 万元，本院对其中 594,261.87 元予以支持，超出部分不予支持。对于原告主张的逾期利息(其中 60 万元借款本金自 2011 年 7 月 18 日起至实际还款之日止按同期银行贷款利率标准计算，20 万元借款本金自 2013 年 1 月 1 日起至还款之日止按同期银行贷款利率标准计算)，经计算被告尚欠原告本金 319,289.54 元，故逾期利息应以 319,289.54 元为计算基数；因双方约定 60 万元的还某期限为 2011 年年底，故逾期利息计算起算日应为 2012 年 1 月 1 日。

法院依照《合同法》第 107 条、第 206 条，《最高人民法院关于人民法院审理借贷案件的若干意见》第 6 条、第 7 条及《民事诉讼法》第 142 条之规定，判决被告胡某于本判决生效后 10 日内偿还原告段某借款本金 319,289.54 元、利息 274,972.33 元及逾期利息(319,289.54 元为基数以同期银行贷款利率标准从 2012 年 1 月 1 日起计算至实际还款之日止)。

二审维持原判。

3. 案例评析

"利滚利"是将利息计入本金计算复利的一种利息计算方式，针对"利滚利"，在《最高人民法院关于审理民间借贷案件适用法律若干问题的规定》关于"利滚利"的规定出台前，适用《最高人民法院关于人民法院审理借贷案件的若干意见》第 6 条"民间借贷的利率最高不得超过银行同类贷利率的四倍，超出此限度的，超出部分的利息不予保护"和第 7 条"审理中发现债权人将利息计入本金计算复利的，其利率超出第六条规定的限度时，超出部利息不予保护"规定。本案即适用上述条款。司法实践中，有的民间借贷案件中借贷关系持续时间长，在较长的期间内借贷双方当事人经过了多次结算，最终的借条系长时期的“利滚利”形成。人民法院审理该类民间借贷纠纷案件时，会根据上述法律规定的标准对借条中超出标准部分的利息数额依法核减。本案中，原、被告之间的民间借贷关系持续八年之久，2011 年 7 月 17 日双方结成 20 万元与 60 万元两张借条，这两张借条是从 2004 年、2005 年四笔借款演变而来，其中存在将利息计入本金计算复利的情形，应按照同期同类银行贷款利率四倍标准，对四笔借款逐笔进行核算，对其中超出标准部分依法核减。经计算，2011 年 7 月 17 日，被告尚欠原告本金 319,289.54 元，利息 274,972.33 元，本息合计 594,261.87 元。原告主张被告偿还借款 80 万元，对其中 594,261.87 元予以支持，超出部分不应支持。

新出台的《最高人民法院关于审理民间借贷案件适用法律若干问题的规定》第 28 条专门对利息滚入本金的利率作出限制，即应限定于年利率 24% 限度内，借贷双方对前期借款本息结算后将利息计入后期借款本金并重新出具债权凭证，如果前期利率没有超过年利率 24%，重新出具的债权凭证载明的金额可认定为后期借款本金；超过部分的利息不能计入后期借款本金。约定的利率超过年利率 24%，当事人主张超过部分的利息不能计入后期借款本金的，人民法院应予支持。

按前款计算，借款人在借款期间届满后应当支付的本息之和，不能超过最初借款本金与以最初借款本金为基数，以年利率 24% 计算的整个借款期间的利息之和。出借人请求借款人支付超过部分的，人民法院不予支持。

有关法律规定

《最高人民法院关于人民法院审理借贷案件的若干意见》(1991 年)(已废止)

第七条　出借人不得将利息计入本金谋取高利。审理中发现债权人将利息计入本金计算复利的，其利率超过第六条规定的限度时，超出部分的利息不予保护。

《最高人民法院关于审理民间借贷案件适用法律若干问题的规定》(法释〔2015〕18 号)

第二十七条　借据、收据、欠条等债权凭证载明的借款金额，一般认定为本金。预先在本金中扣除利息的，人民法院应当将实际出借的金额认定为本金。

第二十八条　借贷双方对前期借款本息结算后将利息计入后期借款本金并重新

出具债权凭证，如果前期利率没有超过年利率24%，重新出具的债权凭证载明的金额可认定为后期借款本金；超过部分的利息不能计入后期借款本金。约定的利率超过年利率24%，当事人主张超过部分的利息不能计入后期借款本金的，人民法院应予支持。

按前款计算，借款人在借款期间届满后应当支付的本息之和，不能超过最初借款本金与以最初借款本金为基数，以年利率24%计算的整个借款期间的利息之和。出借人请求借款人支付超过部分的，人民法院不予支持。

第二节
民间借贷违约责任

一、没有按时还款，出借人能主张逾期利息吗

基本理论

逾期利息，是指在借款人不能按照借款合同约定如期归还借款的超期罚息。在民间借贷的司法实践中，存在大量不能如期归还借款的案件，原因纷繁复杂。此类案件中，出借人是否可以主张逾期利息的问题，相关法律规定均对此予以明确，借款人逾期还款，出借人可以行使催讨权。《合同法》第207条规定："借款人未按照约定的期限返还借款的，应当按照约定或者国家有关规定支付逾期利息。"最高人民法院《关于贯彻执行〈中华人民共和国民法通则〉若干问题的意见（试行）》第123条也作了规定："公民之间的无息借款，约定偿还期限而借款人不按期偿还，或者未约定偿还期限但经出借人催告后，借款人仍不偿还的，出借人要求借款人偿付逾期利息，应当予以准许。"同时，最高人民法院《关于审理民间借贷案件适用法律若干问题的规定》第29条第1款也对逾期利息的限额作出规定"借贷双方对逾期利率有约定的，从其约定，但以不超过年利率24%为限"。

意思自治是合同法的基本原则，借贷双方在合同中就逾期利息和逾期利率的约定可能存在有约定、未约定或者约定不明的情况，不同的约定内容都会对应不同的处理方式。

1. 有约定，从约定

（1）约定逾期利息

借贷双方对逾期利率有约定的，均优先按照当事人的约定进行处理，但

应当严格控制在年利率 24% 的幅度内。虽然逾期利息具有“超期罚息”的属性，单纯从属性上来讲，应当适度高于借款期内利息上限，但是实践中难以操作。一方面，如果逾期利率上限高于借款期内利息，借贷双方可以约定极短的借款期与高额逾期利息配套的方式规避法律对民间借贷最高限度的控制；另一方面，我国法律对违约金把握的主要属性是补偿，补偿出借方的损失为主，惩罚借款人的违约为辅。年利率 24% 的最高上限规定就是为了最大限度保护出借方的利益，除出借人有确凿证据证实逾期还款导致实际损失外，应当严格控制逾期利息的额度。

(2) 约定借款期内利息，未约定逾期利息

借贷合同约定借款期内利率但未约定逾期利率时，根据《最高人民法院关于审理民间借贷案件适用法律若干问题的规定》第 29 条第 2 款第 2 项规定“约定了借期内的利率但未约定逾期利率，出借人主张借款人自逾期还款之日起的按照借期内的利率支付资金占用期间利息的，人民法院应予支持”，即一方面，出借人可以根据借款期内约定的利率向借款人主张逾期还款的利息，另一方面，利率不得超过最高年利率 24% 的红线。

2. 无约定，分类型

借贷双方对借款期内利息和逾期利率均无约定的，应区分借款合同的类型来确定逾期利息。首先是确定逾期利息的起算时间，一类是定期无息借款，一类是不定期无息借款。定期无息借款，逾期利息自还款期限届满之日起算；不定期的无息借款，从出借人向借款人催讨借款或从起诉之时起算。其次，确定逾期利息的截止时间，逾期利息计算的截止时间并没有相关法律予以规定，在学界争议很大，也是司法裁判中棘手的难题，在实务中占主导地位并被大多数司法裁判所采用的是，“逾期借款利息应计算至借款偿付完毕之日止”。此观点理由是，《民事诉讼法》虽然规定了被执行人未按判决指定的期间履行给付金钱义务的，应当加倍支付迟延履行期间的债务利息，但借款人未按判决指定的期间履行给付金钱义务的行为又是违约行为的继续。既有法定又有约定，依约定优于法定之法理，贷款人有权要求借款人支付至借款偿付完毕之日的利息，同时也可选择加倍支付迟延履行期间的债务利息。最后，确定逾期利息的计算额度。根据《最高人民法院关于审理民间借贷案件适用法律若干问题的规定》第 29 条第 2 款第 1 项规定“既未约定借期

内的利率，也未约定逾期利率，出借人主张借款人自逾期还款之日起按照年利率6%支付资金占用期间利息的，人民法院应予支持”，即在借贷合同未约定借款期内外利率时，出借人可以按照年利率6%向借款人主张资金占用期间的利息。

在无约定、分类型的情况下需要注意，定期无息借款，借款人对借款期内的借款不承担利息支付义务；不定期无息借款，在借款人催告后的合理期限内，借款人可以不支付利息。

典型案例

公民之间合法的借贷关系应受法律保护，利息未约定的，出借人要求借款人偿付逾期利息的，可参照银行同期同类贷款利率计息

——王某诉那某民间借贷案[①]

1. 基本案情

上诉人（原审原告）：王某。

上诉人（原审被告）：那某。

王某的大姐王晓某系那某的妻子。1998年5月至7月，王晓某向王某陆续借款7万元用于浴池经营，并出具了借据，约定年利息20%，还款期限为1998年12月31日。因无力偿还借款，王晓某将坐落于本溪市明山区永光社区的公产房屋抵顶借款。王某于1998年11月份入住该房屋。后因房屋费用等问题，王某表示不同意用房屋抵顶债务。截至2000年7月6日，王晓某累计偿还王某3万元，至今尚欠4万元未还。王晓某于2005年10月23日去世。现王某起诉至法院，请求法院依法判令那某偿还借款本金4万元，4万元的利息按约定利息从1998年11月8日起计算至给付之日止。

2. 法院裁判及观点

一审法院经审理认为，王某与那某及其妻王晓某之间关系明确，王晓某去世后，那某应当承担夫妻关系存续期间共同债务。王某给王晓某7万元，

① 参见辽宁省本溪市中级人民法院(2013)本民三终字第00292号。

王晓某已偿还3万元,王某请求那某偿还借款本金4万元的诉讼请求,应予以支持。王某与王晓某就借款利息约定为年息二分,年末还完,那某应当按照约定支付借款期间的利息。因双方就归还仍在使用的房屋是否给付逾期利息问题未明确约定,王某请求判令那某偿还利息至给付之日年息2分的诉讼请求,不予支持。人民法院依照《合同法》第61条、第62条、第107条、第206条及最高人民法院《关于适用〈中华人民共和国婚姻法〉若干问题的解释(二)》第24条之规定,作出如下判决:一、那某于判决发生法律效力后立即偿还王某借款人民币四万元;二、那某给付王某本金7万元的利息,自1998年11月8日起至1998年12月31日止,按年息二分计算。

王某就逾期利息部分不服原审判决提起上诉,二审法院审理认为,依照《合同法》第207条的规定:“借款人未按照约定的期限返还借款的,应当按照约定或者国家有关规定支付逾期利息。”本案中,那某就其应偿还王某借款本金4万元及约定借款期限内利息按年息20%计算不持异议,现那某未按约定期限偿还借款,王某以借期内的利率主张逾期还款利息,依法应予以支持。故原审法院裁判及观点那某给付王某本金7万元的利息,自1998年11月8日起至1998年12月31日止,按年息二分计算不当,应予以纠正。

关于那某提出的其与王某口头约定其将其拥有租住权的公有房屋借给王某使用,就不继续计算借款利息的辩解意见,因无证据支持,本院不予采纳。

二审法院依照《民事诉讼法》第170条第1款1、2项之规定,作出如下判决:

一、维持一审人民法院(2013)明民一初字第00424号民事判决第一项;

二、变更一审人民法院(2013)明民一初字第00424号民事判决第二项为:被上诉人那某给付上诉人王某本金4万元的利息,自1998年11月8日起至给付之日止,按年息20%计算。

3. 案例评析

本案应当适用《最高人民法院关于审理民间借贷案件适用法律若干问题的规定》出台之前的相关规定处理。重点主要在于对未约定逾期利息的时候是否应给予逾期利息的把握。《最高人民法院关于人民法院审理借贷案件的若干意见》第9条:“公民之间的定期无息借贷,出借人要求借款人偿付逾期利息,或者不定期无息借贷经催告不还,出借人要求偿付催告后利息的,可参照银行同类贷款的利率计息。”也就是说,公民之间的不定期无息借贷经催告不还,出借人要求偿付催告后利息的,可以获得银行同类贷款利率的利息。本案借贷双方已对借款期限及期限内利息进行了约定,那某未按期还款已属违约,而双方对王某仍在使用那某的房屋问题已另案处理,故原审法院以双方就归还仍在使用的房屋及是否给付逾期利息问题未明确约定,而驳回了王某主张逾期利息的诉讼请求不当,且年息二分与年利息20%不是同一利率标准,双方当事人均认可约定的利息为年利息20%,原审认定年息二分不当,应予以纠正。

最高人民法院和部分地方高院对逾期利息的认定也专门出台了相关规定。《最高人民法院关于依法妥善审理民间借贷纠纷案件促进经济发展维护社会稳定的通知》第6条中明确当事人仅约定借期内利率,未约定逾期利率,出借人以借期内的利率主张逾期还款利息的,依法予以支持。江苏省高级人民法院审判委员会《关于审理民间借贷纠纷案件的会议纪要》第4条第5项规定:“借贷双方对逾期利率有约定的,从其约定,但不得超过中国人民银行同类贷款基准利率的四倍。对逾期利率没有约定或者约定不明的,人民法院当区分不同情况处理:1.仅约定借期内的利率,没有约定逾期利率的,出借人照约定的利率或以约定利率再上浮30%~50%利率,向借款人主张逾期还款利息的,应予支持,但均以不超过中国人民银行同期同类贷款基准利率的四倍为限。”

新出台的《最高人民法院关于审理民间借贷案件适用法律若干问题的规定》第29条第1款规定“借贷双方对逾期利率有约定的,从其约定,但以不超过年利率24%为限”,即出借人是否可以主张预期利息,应当视借贷双方是否对利率进行规定而区别对待:第一,借贷双方对逾期利率有约定的,均优先按照当事人的约定进行处理,但应当严格控制在年利率24%的幅度内;第二,借贷合同约定借款期内利率但未约定逾期利率时,出借人主张借款人自逾期还款之日起的按照借期内的利率支付资金占用期间利息的,人民法院应予支持;第三,借贷双方对借款期内利息和逾期利率均无约定的,出借人主张借款人自逾期还款之日起按照年利率6%支付资金占用期间利息的,人民法院应予支持。同时,应区分借款合同的类型来确定逾期利息:定期无息借款,借款人对借款期内的借款不承担利息支付义务;不定期无息借款,在借款人催告后的合理期限内,借款人可以不支付利息。

有关法律规定

《中华人民共和国合同法》(1999年)

第二百零七条　借款人未按照约定的期限返还借款的,应当按照约定或者国家有关规定支付逾期利息。

最高人民法院《关于贯彻执行〈中华人民共和国民法通则〉若干问题的意见(试行)》(1988年)

123.……出借人要求借款人偿付逾期利息,应当予以准许。

《最高人民法院关于审理民间借贷案件适用法律若干问题的规定》(法释〔2015〕18号)

第二十九条　借贷双方对逾期利率有约定的,从其约定,但以不超过年利率24%为限。

未约定逾期利率或者约定不明的,人民法院可以区分不同情况处理:

(一)既未约定借期内的利率,也未约定逾期利率,出借人主张借款人自逾期还款之日起按照年利率6%支付资金占用期间利息的,人民法院应予支持;

(二)约定了借期内的利率但未约定逾期利率,出借人主张借款人自逾期还款之日起按照借期内的利率支付资金占用期间利息的,人民法院应予支持。

二、借款合同没有约定利息,也没有规定还款期限的,需要支付利息吗

基本理论

《合同法》第211条规定:"自然人之间的借款合同对支付利息没有约定或者约定不明确的,视为不支付利息。自然人之间的借款合同约定支付利息的,借款的利率不得违反国家有关限制借款利率的规定。"利息,从其形态上看,是货币所有者因为发出货币资金而从借款者手中获得的报酬;从另一方

面看,它是借贷者使用货币资金必须支付的代价。利息实质上是利的一部分,是利润的特殊转化形式。民间借贷中的利息,是民法中意思自治的一种表现,但是借款的利率不得违反国家有关限制借款利率的规定。利息自行约定,是对意思自治的充分保证。借款合同没有约定利息,也没有规定还款期限的,需分三种情况:

1. 催告后及时还款不支付利息

按照《合同法》第 211 条的规定,自然人之间的借款合同对支付利息没有约定或者约定不明确的,视为不支付利息。借款合同对利息和借款期限均无约定,出借人向借款人主张还款催告的合理期限内,借款人及时偿还欠款,不支付利息。

2. 催告后逾期还款,需支付逾期利息

《合同法》第 211 条和《最高人民法院关于审理民间借贷案件适用法律若干问题的规定》第 25 条关于借贷双方如果约定不支付利息或者没有约定利息的情况下,应视为借款人无偿占用的规定仅限于"借款期内利息",但对于逾期利息,并不因为借款期内利息约定条款的有无而决定是否支付。根据《最高人民法院关于贯彻执行〈中华人民共和国民法通则〉若干问题的意见(试行)》第 123 条规定:"公民之间的无息借款,有约定偿还期限而借款人不按期偿还,或者未约定偿还期限但经出借人催告后,借款人仍不偿还的,出借人要求借款人偿付逾期利息,应当予以准许",即借款期内约定不支付利息或者没有约定利息,也并未约定还款期限的无偿借贷,在出借人催告并给予合理期限后,借款人仍不归还,则已构成迟延履行,需承担迟延履行责任,即逾期利息。

3. 逾期利息按年利率 6% 计算标准

根据《最高人民法院关于依法妥善审理民间借贷纠纷案件促进经济发展维护社会稳定的通知》规定,"当事人既未约定借期内利率,也未约定逾期利率的,出借人参照中国人民银行同期同类贷款基准利率,主张自逾期还款之日起的利息损失的,依法予以支持"和《关于审理民间借贷案件适用法律若干问题的规定》第 29 条第 2 款第 1 项规定"既未约定借期内的利率,也未约定逾期利率,出借人主张借款人自逾期还款之日起按照年利率 6% 支付资金占用期间利息的,人民法院应予支持",未约定利息和还款期限的无偿借贷,经出借人催告并给予合理期限后，出借人可以向借款人主张自逾期还款之日起年利率6%的标准计算逾期利息。

典型案例

民间借贷合同没有约定利息和还款期限的，出借人起诉后逾期利息可以按照6%的标准利率计算

——龚某诉吴某民间借贷案①

1. 基本案情

原告：龚某。

被告：吴某。

原告龚某经朋友巫某介绍认识被告吴某，当时，被告开办鞋料加工厂。2011年3月7日，被告以鞋料加工厂资金周转困难为由向原告借款10,000元，被告出具借据给原告，该借据写明："我本人吴某在2011年3月7日向龚某借到人民币10,000元，共壹万元整"。被告吴某在该借据借款人处签名，巫某在该借据担保人处签名。后经原告多次追讨，被告一直未偿还借款给原告。原告表示，被告向其借款，双方口头约定借款利息按月利率2%计，被告支付了2个月利息，但原告未提供证据证明。

2. 法院裁判及观点

一审法院经审理认为，《民法通则》第84条规定："债是按照合同的约定或者依照法律的规定，在当事人之间产生的特定的权利和义务关系。享有权利的人是债权人，负有义务的人是债务人。债权人有权要求债务人按照合同的约定或者依照法律的规定履行义务。"对利息部分，按照《合同法》第211条规定"自然人之间的借款合同对支付利息没有约定或者约定不明确的，视为不支付利息。自然人之间的借款合同约定支付利息，借款的利率不得违反国家有关限制借款利率的规定。"因本案中当事人对利息约定不明，没有明确的证据证明，因此不予支持。一审法院依据《中华人民共和国合同法》第211条

---

① 广东省惠州市惠东县人民法院(2012)惠东法祝民初字第11号民事判决书。

之规定，作出如下判决：一、被告吴某应自本判决生效之日起10日内偿还借款10,000元及利息（从2012年8月21日至还清款日止按中国人民银行规定的同期同类贷款利率计付）给告龚某；二、本案受理费50元、公告费260元，共310元，由被告吴某负担。

3. 案例评析

本案中对于利息的偿还部分，《合同法》第211条规定："自然人之间的借款合同对支付利息没有约定或者约定不明确的，视为不支付利息。自然人之间的借款合同约定支付利息的，借款的利率不得违反国家有关限制借款利率的规定。"本案中原被告双方口头约定借款利息按月利率2%计，被告支付了2个月利息，但原告未提供证据证明；原告同时提出进行过催告，但并没有提供证据证明，因此，可认定为双方的借款合同对支付利息没有约定或者约定不明确，应不予认可。借贷双方均没有约定借款利息和还款期限，应在出借人要求偿付催告后计算，即从起诉之日开始计算借款利息。

民间借贷合同既没有约定利息，也没有约定还款期限的，视为不支付借款利息和催告后合理期限届满前的逾期利息

——王某与诉郑某民间借贷合同纠纷案①

1. 基本案情

原告：王某。

被告：郑某。

2011年5月20日，王某通过中国工商银行股份有限公司北京某支行向郑某名下中国工商银行账户内汇款2万元。王某声称，上述通过银行转账的款项系其当时出借给郑某的借款。郑某则辩称，自己曾经出借给王某2万元，上述款项系王某向其偿还的借款；王某的起诉时间亦超过两年的诉讼时效。郑某未提供相应的证据，王某对此也不予认可。

2. 法院裁判

法院认为，虽然当事人双方对于2万元转账的真实原因，存在截然不同

① 参见《民间借贷纠纷诉讼指引与实务解答》，法律出版社2014年版，第231~233页。

的说法，但是依据双方当事人所述和其他相关的证据，法院认定王某与郑某之间成立了民间借贷关系。该案争议的焦点集中在涉案的2万元银行汇款的性质。王某所提供的证据证明其通过银行转账的方式给付郑某2万元人民币，郑某也认可其收到了上述款项；郑某虽声称其对王某享有债权，但并未举证证明，故对其所持涉案款项系王某偿还债务的答辩意见，法院不予采纳。综上，法院认定，涉案2万元系借款人王某向贷款人郑某出借的借款，未约定还款期限的，贷款人可以催告借款人在合理期限内返还借款，王某要郑某偿还借款的诉讼请求有事实及法律依据，法院予以支持。自然人之间，借款合同未约定利息的，视为不支付利息，王某要求郑某支付利息的诉讼请求无法律依据，法院不予支持。另需指出，本案中双方当事人未约定还款期限，贷款人有权随时向借款人主张返还，故王某的起诉并未超出诉讼时效。而因为没有约定履行期限，所以，也不能存在逾期履行的违约行为，贷款人不能要求借款人支付催告履行前的逾期利息。

3.案例评析

借款合同，作为证明借款人与出借人之间借款关系存在的重要证明，合同中的当事人姓名、借款数额、借款日期等属于借款合同的必备条款，但在现实生活中经常出现借款人向出借人出具的“借条”、“欠条”等“简化版”借款合同的情况，这些“简化版”内容方面往往比较单一，仅载明某时借款人借了出借人多少数额的钱物，对于借款利率、还款时间等内容并无约定，因此，在双方争议进入诉讼阶段，就涉及如何认定借款的利息及还款时间等问题。

本案中，王某与郑某之间并未形成书面借款合同，仅通过已经发生的客观事实及相关证据认定双方借款关系的存在。双方当事人对于还款利息、期限等问题也未形成合意，法院只能依据法律的规定和认定的事实证据，做出借款人与出借人双方之间并未约定还款期限及要求支付利息的推断。虽然法院最终认定了双方之间存在借款关系，出借人可以要求借款人归还借款，但借款合同因并未约定还款期限和利息计算标准，借款人与出借人可以就借款期限及利息问题进行协商；协商不成，依据《合同法》第206条的规定，借款人可以随时返还借款，出借人也可以催告借款人在合理期限内返还。对于利息问题，根据《合同法》第211条第1款规定“自然人之间的借款合同对支付利息没有约定或者约定不明确的，视为不支付利息”。故民间借贷合同既没有约定利息，也没有约定还款期限的，视为不支付借款利息和催告后合理期限前的逾期利息。

此外，虽然在借款人与出借人没有约定借款期限及借款利率，法院不支持出借人要求借款支付借款利息的诉讼请求，但是，出借人如若向法院起诉请求借款人还款，借款人仍然怠于履行还款义务，出借人则有权利要求借款人支付逾期付款的利息。《关于审理民间借贷案件适用法律若干问题的规定》第 29 条第 2 款第 1 项规定，“既未约定借期内的利率，也未约定逾期利率，出借人主张借款人自逾期还款之日起按照年利率 6% 支付资金占用期间利息的，人民法院应予支持”，未约定利息和还款期限的无偿借贷，经出借人催告并给予合理期限后，出借人可以向借款人主张自逾期还款之日起年利率 6% 的标准计算逾期利息。

有关法律规定

《中华人民共和国合同法》(1999 年)

第二百一十一条　自然人之间的借款合同对支付利息没有约定或者约定不明确的，视为不支付利息。

自然人之间的款合同约定支付利息的，借款的利率不得违反国家有关限制借款利率的规定。

最高人民法院《关于贯彻执行〈中华人民共和国民法通则〉若干问题的意见(试行)》(1988 年)

123. 公民之间的无息借款，有约定偿还期限而借款人不按期偿还，或者未约定偿还期限但经出借人催告后，借款人仍不偿还的，出借人要求借款人偿付逾期利息，应当予以准许。

《最高人民法院关于审理民间借贷案件适用法律若干问题的规定》(法释〔2015〕18 号)

第二十九条第二款第一项　既未约定借期内的利率，也未约定逾期利率，出借人主张借款人自逾期还款之日起按照年利率 6% 支付资金占用期间利息的，人民法院应予支持。

三、合同约定没有按时归还借款，能主张违约金吗？

基本理论

违约金，指合同双方当事人约定或者法定，在一方存在违约情形时，守约方有权向违约方主张一定数额的货币。根据法律规定，违约金分为法定违约金、约定违约金，前者是指一些法律法规中，明文规定违约金的比例或幅度范围；后者是指合同双方当事人自愿缔结合同时约定的违约金数额、比例条款。《合同法》颁布后，不再强调法定违约金，只规定约定违约金，即按照《合同法》的规定，违约金条款的适用应当以当事人约定为前提。

逾期利息，是利息的一种，应当受我国法律对利率的相关规定。根据《最高人民法院关于审理民间借贷案件适用法律若干问题的规定》第 30 条"出借人与借款人既约定了逾期利率，又约定了违约金或者其他费用，出借人可以选择主张逾期利息、违约金或者其他费用，也可以一并主张，但总计超过年利率 24% 的部分，人民法院不予支持"规定，违约金应当受年利率 24% 利率上限规定的限制。

1. 应当支付违约金

支付违约金，是承担违约责任的表现之一。根据借贷双方当事人约定，一方违约，守约方可以向其主张违约金。民间借贷双方经合意依法签订借贷合同，就逾期还款约定违约金，具有督促借款人如期还款，履行合同义务的积极意义。因此，借贷双方约定以违约金作为逾期还款的责任承担方式，应当予以支持。

2. 违约金标准

借贷合同双方在确定违约金数额时，会与违约导致的损失相匹配，督促借款人按期履行还款义务，因此，违约金具有补偿性兼惩罚性的性质，一般设置额度较高。虽然违约金具有惩罚性的属性，但是我国法律关于损害赔偿的基本原则是补偿原则。我国《合同法》和《最高人民法院关于审理商品房买卖合同纠纷案中适用法律若干问题的解释》都规定法院可根据案件情况调整合同约定违约金过高或者过低的情形，民间借贷合同也属于合同约定，也可以予以调整。

民间借贷案件中，双方当事人可以约定一定数额的违约金，也可以约定因违约导致损害赔偿的计算方法，在借款到期未偿还情况下，出借人有权主张违约金，此约定一般较高。司法实践中，违约金条款多认定为逾期利息约定，一方面，应当尊重当事人之间意思自治而达成的违约金条款合意，另一方面，违约金条款应当受年利率24%规定的限制，即违约金的最高数额，应当控制在以借款本金为基数，以年利率24%计算得出的数额范围内。

典型案例

民间借贷中逾期还款，可以主张违约金

——林某诉梁某、许某、杨某民间借贷案①

1. 基本案情

原告：林某。

被告：梁某、许某、杨某。

2011年7月26日，被告梁某由被告杨某担保向原告林某借款人民币50,000元，并于同日给原告林某出具一份借条，借条内容为："本人梁某，向林某借到现金人民币（大写）零佰零拾伍万元，人民币（小写）50,000元，将于2011年8月25日前全额归还，并按银行同期贷款利率的四倍支付利息。如未按期归还的、全额归还的，每逾期一日按本金的日百分之一支付违约金。担保人同意对上述借款承担连带保证责任至主债务还清时为止，若双方发生诉讼，应由债权人所在地人民法院管辖。借款人：梁某，担保人：杨某，2011年7月26日。"梁某与许某于2000年3月16日登记结婚。梁某、许某、杨某至今没有偿还借款。

2. 法院裁判及观点

一审法院经审理认为，被告梁某向原告林某借款并出具借条，双方之间

① 福建省厦门市集美区人民法院（2011）集民初字第2900号民事判决书。

存在合法的民间借贷关系，应受法律保护。被告梁某、许某属夫妻关系，该笔借款发生在夫妻关系存续期间，夫妻双方没有财产分别所有的约定，该债务也并非被告与梁某约定的个人债务。故原告林某主张被告梁某、许某偿还借款50,000元及利息（自2011年7月26日起至2011年8月25日止按中国人民银行同期同类贷款利率的四倍计算）的诉求有事实和法律依据，本院予以支持。原告林某主张的违约金数额过高，应按中国人民银行同期同类贷款利率的四倍计算，超过部分本院不予支持。被告杨某为被告梁某提供连带责任担保，应承担连带清偿责任。故判决被告梁某、许某应于本判决生效之日起十日内共同偿还原告林某借款50,000元、利息及违约金（自2011年7月26日起至本判决确定的还款之日止）；同时，被告杨某对上述第一项借款本息承担连带偿还责任。

3.案例评析

本案中原告主张偿还本金和利息没有异议，合同约定没有按时归还借款，违约金是否应该支持，并且是否予以限制则是需要探讨的问题。

近年，我国受国际国内的经济形势变化诸多种因素影响，民间借贷纠纷大量涌现。由于民间借贷具有交易隐蔽、风险不易监控等特点，容易引发高利贷等问题，极易对我国金融整体秩序甚至社会稳定、经济发展等宏观格局造成不利影响，为此，最高人民法院出台了多个相关规定，要求人民法院在审理民间借贷纠纷案件时，需严格根据《民法通则》、《合同法》等有关法律法规和司法解释规定，依法认定民间借贷合同效力，保护合法的借贷关系。为此，民间借贷关系的处理意义极为重要。

借贷关系中，对违约金、逾期付款利息的认定在司法实践中有几种分歧。第一种观点认为，借款合同关于违约金的设立于法无据，依据是《合同法》第207条对逾期利息支付方式的规定“借款人未按照约定的期限返还借款的，应当按照约定或者国家有关规定支付逾期利息”，即逾期还款的，只有逾期利息的惩罚形态。第二种观点认为，是否支持违约金，应当以当事人能否对实际损失予以举证为限，违约金需以实际损失的发生为条件，当事人对实际损失负有举证责任。第三种观点认为，违约金与逾期利息不能同时支持，两者只能择其一，理由是，从性质上看，违约金与逾期利息都属于惩罚方式的一种，逾期利息实际上是违约金在借款合同中的特别称谓。违约金和逾期利息都是在合同当事人未按期还款的情况下,需承担相应的违约责任所作的特别条款,如果逾期期间同时主张违约金和逾期利息,则是对损失的重复计算,加重了借款人的负担。第四种观点认为,违约金与逾期付款利息可以一并支持,依据是当事人的意思自治是民法通则的一大原则,违约金与逾期付款利息的约定属于当事人意思自治的范畴,法院应当尊重,予以支持。

本书认为,第一种观点对《合同法》第 207 条认识颇为片面。该规定只是对当事人未约定利息时的指导性规范,并未排斥违约金的约定。第二种观点违背了违约金的性质应当兼具补偿性及惩罚性的原则,不应当以当事人是否能举证作为支持的条件。第三种观点对违约金和逾期利息的理解也比较片面,认为必须在惩罚性措施中择其一。这种观点强制性地介入当事人的自由意志,违背了民事行为的基本原则。综上,本书同意第四种观点,即当事人可以选择约定逾期利息、违约金或者损害赔偿等多种逾期惩罚措施,但是在这些逾期惩罚措施重叠的情况下,法律设置了以中国人民银行同期贷款基准利率 4 倍的上限标准,即重叠的惩罚措施不得突破这一上限标准。当然,在《最高人民法院关于审理民间借贷案件适用法律若干问题的规定》出台之后,这一上限标准已经转变为年利率 24% 。

本案中,合同双方在借款合同中约定了未按期还款则应承担违约金的条款,法院将其视为逾期还款利息,以当时适用的中国人民银行同期贷款基准利率 4 倍上限标准进行处理,符合民间借贷案件的一般处理规则。

有关法律规定

《中华人民共和国合同法》(1999 年)

第一百一十四条　当事人可以约定一方违约时应当根据违约情况向对方支付一定数额的违约金,也可以约定因违约产生的损失赔偿额的计算方法。

约定的违约金低于造成的损失的,当事人可以请求人民法院或者仲裁机构予以增加;约定的违约金过分高于造成的损失的,当事人可以请求人民法院或者仲裁机构予以适当减少。

当事人就迟延履行约定违约金的,违约方支付违约金后,还应当履行债务。

《最高人民法院关于审理民间借贷案件适用法律若干问题的规定》(法释〔2015〕18号)

第三十条　出借人与借款人既约定了逾期利率,又约定了违约金或者其他费用,出借人可以选择主张逾期利息、违约金或者其他费用,也可以一并主张,但总计超过年利率24%的部分,人民法院不予支持。

四、合同既约定逾期利息,又约定违约金,能同时主张吗

基本理论

违约金,是合同双方当事人签订合同时预设违约责任的一种,具有补偿性和惩罚性双重属性。逾期利息,指借款人未按照借贷合同约定的期限履行还款义务而产生的罚息,是借款人迟延履行,出借人主张损害赔偿的方式之一。民间借贷案件中,违约金以合同约定、借款数额为基础,体现对借款人迟延履行的惩罚性质。逾期利息,是根据逾期时间进行计算,主要体现补偿性质。因此,违约金和逾期利息都是对借款人迟延履行责任的承担方式,仅性质各有侧重,借贷双方对逾期还款民事责任既约定违约金,又约定逾期利息时,实际上出现两种违约责任承担方式并存,随之产生双重违约金如何使用问题。对此,现行法律、法规、司法解释并无明确规定。私法领域中,"法无明文禁止皆允许"。关于违约责任的承担,《合同法》第116条规定"当事人既约定违约金,又约定定金的,一方违约时,对方可以选择使用违约金或者定金条款",但对于违约金和逾期利息并无禁止性规定。因此,在《合同法》没有禁止当事人在合同中违约金、逾期利息并行约定情况下,只要不违反法律禁止性规定,可以并行适用。但是,为了维护公平原则,两者同时适用应作出最高数额限制,共计不得超过"年利率24%"的红线规定,即总计不得超过以借款本金为基数,以年利率24%标准计算得出的数额。

1. 适用范围

出借人对逾期利息和违约金并行主张只适用于以下两种情形:第一种,适用于借贷双方对逾期利率和违约金都同时明确约定的情形;第二种,适用于借款人迟延履行还款义务的情况下,不适用于其他违约情形。

2. 数额认定

司法实践中，借贷合同可能除违约金、逾期利息的约定外，可能还会存在管理费、服务费、劳务费等“其他费用”，费用有很多名目，这些都属于借款人占用出借人让渡资金使用权的成本。从一般经济形态来讲，借款人负担的成本要通过“利息”的方式来体现，借贷双方约定多种名目的费用动机可能都是为了规避法律对民间借贷利率最高上限的规定，所以，无论从公平角度，还是法律条文协调性角度，出借人可以选择主张违约金、逾期利息或者其他费用，也可以一并主张，但都应当受利率最高上限规定的制约，即出借人“一揽子”的主张额度折算下来总计不能超过年利率24%，对于超过部分，法院不予支持。

典型案例

民间借贷可同时约定逾期利息（或利息损失）和违约金，
但两项相加不得超过相关规定

——高某诉宋某、张某民间借贷案①

1. 基本案情

原告：高某。

被告：宋某、张某。

被告宋某系被告张某的儿媳。原告高某称被告宋某的丈夫张甲因做生意急需用钱，找到原告高某的女婿翟某，翟某向原告高某提出此事。2011年8月22日，原告高某借给被告宋某15万元，被告宋某（借款人、甲方）与原告高某（贷款人、方）签订了借款合同。借款合同约定：借款金额15万元，借款期限从2011年8月22日起至2011年11月21日。甲方以位于北京市通州区云景西里南区某房产作为按期偿还借款的保证。如借款期限后满甲方不能按期足额向乙方归还借款，甲方同意将该房产由乙方自行处置，该房产经处置后所得资金优先用于偿还乙方借款本息及与处置该房产产生的相关全

① 北京市通州区人民法院（2012）通民初字第5688号民事判决书。

部费用,不足部分由甲方另行承担。若甲方未能按照本协议第二条约定的期限清偿上述全部借款的,则甲方除应当按照中国人民银行公布的同期商业贷款利率的4倍向乙方支付借款利息外,甲方还应当按照每日千分之五的利率标准向乙方支付逾期还款的违约金。若因甲方过错导致甲方未能按照本协议的约定按期足额偿还借款的,则甲方应当承担乙方为实现本债权而支出的全部费用,包括但不限于案件受理费,财产保护费,以及聘请律师、会计师、房产专业机构人员等有关费用。此外,借款合同还约定了其他内容。被告张某作为担保人在借款合同的落款处签字。同日,被告宋某向原告高某出具借条。借条内容为"因资金周转向高某借款人民壹拾伍万(¥150,000),于2011年11月21日还清。借款人:宋某,2011年8月22日"。被告宋某对借款合同及借条均认可。被告张某于当日向原告高某出具不可撤销连带责任保证函。保证函载明"本人自愿对宋某向高某借款壹拾伍万人民币提供担保,特出具该保证函。一、担保借款本金金额:壹拾伍万人民币。二、保证责任:本人自愿对该借款承担连带清偿责任。如宋某未按合同约定偿付借款本息,本人自愿以全部财产予以清偿。三、担保范围:保证责任的范围包括本合同约定的本息、违约金、损害赔偿金及甲方为实现本债权而支出的全部费用(包括但不限于案件受理费,财产保全费,以及聘请律师、会计师、房产专业机构人员等有关费用)。保证期间为自合同项下的借款期限届满之次日起两年。"落款为"担保人:张某,2011年8月22日"。庭审中,被告宋某称翟某当时将借款交给了被告宋某的丈夫张甲,具体数额是多少自己并不清楚。被告宋某、被告张某未偿还上述借款。

2. 法院裁判及观点

法院经审理认为,根据已查明的事实,原告高某与被告宋某签订的借款合同、借条及被告张某向原告高某出具的不可撤销连带责任保证函,系各方当事人真实意思表示,不违反法律、行政法规的强制性规定,合法有效。借款合同及借条约定被告宋某应于2011年11月21日还款,但被告宋某至今未还款,故原告高某要求被告宋某偿还借款15万元的诉讼请求,证据充分,本院予以支持。于被告张某提到的实际借款本金为12.4万元,超出部分2.6万元系利息的抗辩意见,鉴于其未提供证据予以证明,故本院对被告张某的上述抗辩意见,本院不予采信。根据《中华人民共和国合同法》第207条规定，借款人未按照约定的期限返还借款的，应当按照约定或者国家有关规定支付逾期利息。本案中，借款合同约定如被告宋某未依约还款，应按照中国人民银行同期商业贷款利率的 4 倍向原告高某支付借款利息。原告高某主张利息损失的计算标准为每日 100.27 元，本院按借款合同约定将该标准调整为中国人民银行同期贷款利率的 4 倍。现原告高某要求被告宋某支付借款 15 万元自 2011 年 11 月 22 日起至实际付清之日止（利率以中国人民银行同期贷款利率的 4 倍为标准）的利息损失的诉讼请求，证据充分，本院予以支持。借款合同虽约定被告宋某未依约还款，应按照每日千分之五的利率标准向原告高某支付逾期还款违约金，但原告高某已要求被告宋某按照中国人民银行同期商业贷款利率的 4 倍向其支付利息损失，故对原告高某要求被告宋某按照每日 750 元的标准支付自 2011 年 11 月 22 日起至实际付清之日止的违约金的诉讼请求，法院予以支持。借款合同约定被告宋某未依约还款，应承担原告高某为实现债权而支出的全部费用，其中包括聘请律师的费用，故原告高某要求被告宋某给付律师代理费 7500 元的诉讼请求，证据充分，本院予以支持。

根据《担保法》的规定，连带责任保证的债务人在主合同规定的债务履行期届满没有履行债务的，债权人可以要求债务人履行债务，也可以要求保证人在其保证范围内承担保证责任。本案中，被告张某作为担保人在借款合同中签字，且向原告高某出具了不可撤销连带责任保证函。该保证函约定被告张某对借款承担连带保证责任，且保证范围包括本息、违约金、损害赔偿金及实现债权而支的全部费用（包括聘请律师的费用），故原告高某要求被告张某对借款本金 15 万元、利息损失（以 15 万元为基数，按照中国人民银行同期贷款利率的 4 倍为标准，自 2011 年 11 月 22 日起计算至实际付清之日止）及律师代理费 7500 元承担连带保证责任的诉讼请求，证据充分，本院予以支持。鉴于原告高某已要求被告宋某按照中国人民银行同期贷款利率的 4 倍向其支付利息损失，被告张某对利息损失承担连带担保责任，故对原告高某要求被告张某对违约金承担连带责任保证的诉讼请求，本院不予支持。被告宋某偿还原告高某借款人民币 15 万元，并于本判决生效之日起息损失（以 15 万元为基数，按照中国人民银行同期贷款利率的 4 倍为标准，自 2011 年 11 月 22 日起计算至实际付清之日止）。被告张某对上述第一项、第二项、第三项的债务承担连带责任保证。被告张某承担连带责任保证后,有权向被告宋某追偿。

3. 案例评析

违约金,即按照当事人约定或者法律直接规定,一方当事人违约的,应当向另一方支付的金钱。《合同法》第114条对违约金明确规定,并且该条的第2款明确若约定的违约金低于或者过分高于实际损失时,当事人可以请求法院对违约金数额予以调整。《合同法》关于违约金的规定是为了惩罚违约行为,增加违约成本,促使当事人完全履行合同,只要约定的违约金数额不是过高,都应当得到支持。借款合同是《合同法》调整的民事合同之一,在《合同法》分则部分第207条规定"借款人未按照约定的期限返还借款的,应当按照约定或者国家有关规定支付逾期利息"。此条规定了借款人逾期还款应承担的违约责任方式即支付逾期利息,但是该规定并未排斥违约金等其他形式的违约责任承担方式。根据民法意思自治原则,违约金和逾期利息两种责任方式是并行不悖的。民间借贷合同属于借款合同的一种,故在民间借贷中当事人对违约责任的约定可以适用借款合同,即同时约定逾期利息条款和违约金条款。

法律一方面应当尊重当事人的意思自治,另一方面也要维护社会公共利息,防止滥用权利造成事实不公。依照《合同法》第114条第2款的规定,高额违约金调整的标准是守约方的实际损失。借款合同是特殊合同,标的物为货币,就出借人来讲,借款人未依约履行还款义务,所遭受到的损失是借款利息。最高人民法院对民间借贷借款利息进行了限制,原因就在于民间借贷比银行贷款更容易,风险更高。为规范金融市场、防止高利贷,需对盲目逐利行为进行约束。《最高人民法院关于人民法院审理借贷案件的若干意见》第6条规定民间借贷的利率最高不超过银行同期利率的四倍,当事人约定的利息和违约金加起来如超过银行同类贷款利率的四倍,则属于变相地放高利贷。因此,当事人既约定逾期利息(或利息),又约定违约金的可以同时支持,但两者之和不能超过银行同类贷款利率的四倍,对超出部分不予保护。如约定的逾期利息(或利息损失)或者违约金其中之一就已经达到或者超过银行同类贷款利率的4倍,则只支持一项即可,对另一项应予以驳回。当然,这一"四倍利率"的规定已经为最高人民法院《关于审理民间借贷案件适用法律若干问题的规定》第 26 条予以替代,即当事人既约定逾期利息(或利息),又约定违约金的可以同时支持,但两者之和不能超过年利率的 24%,对超出部分不予保护。

本案而言,原告高某与被告宋某在借款合同中既约定如被告宋某未依约还,则被告宋某应当按照中国人民银行公布的同期商业贷款利率的 4 倍向原告高某付借款利息,又约定被告宋某还应当按照每日千分之五的利率标准向原告高某支付逾期还款的违约金。双方将利息及违约金均在借款合同中约定,本不冲突,但是原告高某既要求被告宋某按照中国人民银行公布的同期商业贷款利率的 4 倍向原告高某支付逾期之后的利息损失,又要求被告宋某按照每日千分之五的利率标准向原告高某支付逾期还款的违约金,因原告高某主张的利息损失已达到银行同类贷款利率的 4 倍,故法院对原告高某违约金的诉讼请求不应支持。

有关法律规定

《最高人民法院关于审理民间借贷案件适用法律若干问题的规定》(法释〔2015〕18 号)

第三十条　出借人与借款人既约定了逾期利率,又约定了违约金或者其他费用,出借人可以选择主张逾期利息、违约金或者其他费用,也可以一并主张,但总计超过年利率 24% 的部分,人民法院不予支持。

五、借款人自愿给付利息、违约金后又反悔,能主张返还吗

基本理论

根据《合同法》第 52 条、最高人民法院《关于适用〈中华人民国合同法〉若干问题的解释(二)》第 14 条的规定,合同具有违反效力强制性规定情形的,才导致合同无效,借款人自愿履行的利息并未违反效力强制性规定,无论合同约定的违约金、逾期利息额度有多高,均不影响合同效力。同时,根据《最高人民法院关于审理民间借贷案件适用法律若干问题的规定》第 31 条,只

有年利率24%以下的，才属于法院的保护范围；而年利率36%以上的利息属于无效，即使借款人自愿给付，也可以反悔请求返还；在年利率36%以下的利息，借款人自愿给付的，无论是否有约定的前提或依据，没有损害国家、集体和第三人利益的情况，借款人又以不当得利为由要求出借人返还的，人民法院不予支持。

司法实践中，在确定借款人自愿给付利息、违约金后又反悔，能否主张返还问题时，又回到了"两线三区"的问题上。

1. 司法保护区

逾期利息、违约金等费用总额在年利率24%范围内的，属于司法保护区，无论借款人是否自愿给付，法律均支持出借人请求的权利。

2. 自然债务区

逾期利息、违约金等费用总额在年利率24%至36%之间的，属于自然债务区，即法律不强制出借人按照这个范围内的比例承担逾期成本，但是如果借款人自愿给付，法律并不禁止，也不会支持借款人反悔而请求返还的诉求。

自然债务，指当事人以一般道德标准或者社会观念为支持，法律虽然不强制履行债务，但是在当事人自愿履行后应维护履行的效果，债务人不得请求返还，债权人具有受领并保有已履行债的权利。自然债务是债的一种，属于不完全之债，即不满足"债"的完全形式，其实体权利本身并未消失，只是该权利已经失去国家强制力保护。"法律不予保护"，是指权利的实现无法依赖法律强制力保护得以实现，但是，权利实体本身并未消失，该权利只是失去国家强制力保护，演化成自然权利，是不受法律强制力保护的"裸体权利"，是不完全权利。权利人丧失的只是法律保障的胜诉权，在不能获得国家强制力保护的前提下，可以交由当事人意思自治调控。如果借贷合同的缔结并无欺骗、胁迫情节，借款人自愿按照借贷合同所约定的履行还本付息义务，并且不损害国家、公共利益或第三人合法权益时，债权人有权受领并保有该状态，债务人不得以不当得利为由请求债权人返还该部分利息。

3. 无效区

逾期利息、违约金等费用总额在年利率36%以上的，属于无效区，即出借人可以按照这个范围内的比例获得逾期利息、违约金等费用，但是如果借款人反悔，法律将保障借款人的返还请求权。

典型案例

民间借贷借款人自愿履行高额利息的应当充分尊重当事人意思自治

——王某诉河南省安阳某房地产开发有限责任公司等民间借贷案①

1. 基本案情

原告:王某。

被告:河南省安阳某房地产开发有限责任公司。

被告:安阳市宏明伟业建筑安装有限责任公司。

被告:高某。

被告:刘某。

2012 年 3 月 3 日,原告王某与被告河南省安阳某房地产开发有限责任公司(以下简称某房地产公司)达成借款协议书一份,协议约定:被告某房地产公司向原告王某借款 200 万元,借款期限从 2012 年 3 月 3 日至 2013 年 3 月 2 日,月利息 3%,按月支付,如不能按时偿还借款,原告王某按日千分之五收滞纳金。协议还约定被告安阳市殷都区城乡建筑安装公司、高某、刘某对该笔借款进行担保,担保方式为连带保证。2013 年 3 月 3 日,被告某房地产公司向原告王某出具的借据,该借据有经办人李慧敏的亲笔签名,并盖有某房地产公司财务专用章。被告某房地产公司在借款期间向原告王某支付利息 50 万元,按照月息 3% 计算,该利息已支付至 2012 年 11 月 12 日。另查明,安阳市殷都区城乡建筑安装公司企业名称进行变更,变更后的名称为安阳市宏明伟业建筑安装有限公司(以下简称宏明伟业安装公司)。

2. 法院裁判

法院审理认为,被告某房地产公司向原告王某借款 200 万元的事实清楚,证据充分,原告王某要求被告某房地产公司归还借款 200 万元的诉讼请求,应予支持。被告某房地产公司在借款期间,自愿按月息 3% 向原告王某支

① 河南省安阳市殷都区人民法院(2013)殷民三初字第 76 号民事判决,参见《中国法院 2015 年度案例 · 民间借贷纠纷》,中国法制出版社 2016 年版,第 194 页。

付利息50万元，利息已支付至2012年11月12日，上述行为系双方当事人真实意思表示，并不违反法律法规的强制性规定。原告王某向法院提起诉，要求被告某房地产公司按月息3%支付利息，因月息3%超出了法定的利率上限，应按照中国人民银行同期贷款利率的四倍计算利息。利息和违约金在性质上都是属于违约的一种惩罚方式，两者的性质相同，两项相加不能超出利率上限规定；另外，滞纳金不是民事责任形式，故原告王某要求被告某房地产公司按日千分之五支付滞纳金的请求，不予支持。被告宏明伟业安装公司、高某、刘某在借款协议中均明确了对该笔借款及利息承担连带保证，原告王某要求被告宏明伟业安装公司、高某、刘某归还200万元借款及利息的诉讼请求于法有据，予以支持。遂判决被告河南省安阳某房地产开发有限责任公司于判决生效夹生效后10日内偿还原关林借林借款200万元及利息（利息从2012年11月13日起至本判决确定的履行限届满之日止，按照中国人民银行同期贷款利率的四倍计算利息）；安阳市宏明伟业建筑安装有限责任公司、高某、刘某对上述款项承担连带清偿责任。

3. 案例评析

《合同法》第211条规定："……自然人之间的借款合同约定支付利息的，借款的利率不得违反国家有关限制借款利率的规定。"最高人民法院《关于人民法院审理借贷案件的若干意见》（已失效）第6条规定："民间借贷的利率可以适当高于银行的利率，各地人民法院可根据本地区的实际情况具体掌握，但最高不得超过银行同类贷款利率的四倍（包含利率本数）。超出此限度的，超出部分的利息不予保护。"本案中，对于借款人已经自愿按照借款合同约定的标准履行的过高利息中超过银行同类贷款利率四倍的部分，法院认为，民间借贷利息约定高出银行同类贷款利率过高违法但并非无效。《合同法》第52条规定："有下列情形之之一的，合同无效：……（五）违反法律、行政法规的强制性规定。"最高人民法院《关于适用〈中华人民共和国合同法〉若干问题的解释（二）》第14条规定，《合同法》第52条第（5）项规定的强制性规定，只有违反效力性强制性规定的情形才会导致合同无效。但借款人自愿履行过高之利息并未违反效力性强制规定，该部分超出利息的处理应充分尊重当事人的意思自治，既不能责令贷款人返还超出银行同类贷款利率四倍的利息，也不得认定超出部分折抵本金。

新出台的《最高人民法院关于审理民间借贷案件适用法律若干问题的规定》第31条对这一问题明确作出规定“没有约定利息但借款人自愿支付，或者超过约定的利率自愿支付利息或违约金，且没有损害国家、集体和第三人利益，借款人又以不当得利为由要求出借人返还的，人民法院不予支持，但借款人要求返还超过年利率36%部分的利息除外”。

第十章

民间借贷诉讼时效

第一节 诉讼时效及其他的法定期限的效力

一、债务的诉讼时效有什么法律意义

基本理论

西方法谚曰："法律帮助勤勉人，不帮睡眠人。"债务诉讼时效制度，是民法保护债权人享有请求权以及对请求权行使设定必要限制的一种平衡。实质是"民法对权利人权利从稳定社会财产与交易关系的角度的一种国家强制干涉"，[①]其目的在于一方面通过法律促使债权人积极行使请求权，避免债权人"睡

① 代霞："我国诉讼时效制度的理性探析与完善"，载2012年12月11日中国法院网。

眠”于权利之上，另一方面，通过赋予债务人拒绝履行义务抗辩权，使长期交易的既存状态得以维系，避免诉讼中因年代久远而举证困难。

1. 债务诉讼时效的概念

诉讼时效，是既关乎实体，也与程序密切攸关的问题。在20世纪50年代，我国大规模移植前苏联民法典，并继受了前苏联诉讼时效理论。民法典中，首次使用“诉讼时效”这个概念见于1964年苏俄民法典，而1922年苏俄民法典所载“起诉时效”，则被误认为时效期一旦届满，就不得提起诉讼。1964年，苏俄民法典将“起诉时效”改为“诉讼时效”，自此，学理和司法实践认知才形成统一，即诉讼时效届满后，当事人消灭胜诉权，但诉权不应被剥夺。1994年，《俄罗斯联邦民法典》[①]仍采用诉讼时效的概念。《俄罗斯联邦民法典》第195条规定：“诉讼时效是被侵权人为维护自己的权利而提起诉讼的时间。”第199条第1款规定：“关于维护被侵犯权利的请求，不论诉讼时效是否届满，法院均应受理。”

我国《民法通则》颁布以来，有的学者将诉讼时效概念认定为，权利人在法定期限不行使权利即丧失请求法院依法保护其民事权利的法律制度。有的学者将诉讼时效概念界定为，权利人在法定期限内不行使权利，义务人便享有抗辩权，从而导致权利人无法胜诉的法律制度，即诉讼时效经过以后，权利人向人民法院提起诉讼，法院应予受理。[②] 本书赞同第二种观点，第一种观点的缺陷在于为法官依职权援用诉讼时效预留空间，与2008年最高人民法院颁布的《关于审理民事案件适用诉讼时效制度若干问题的规定》（法〔2008〕11号）（以下简称《诉讼时效若干规定》）第3条“当事人在诉讼中未提出诉讼时效抗辩，人民法院不应对诉讼时效问题进行释明及主动适用诉讼时效的规定进行裁判”冲突。

2. 债务诉讼时效法律效力

综观全世界民法典，主要有三种学说。

（1）实体权消灭说

以《日本民法典》为代表，将诉讼时效的效力直接规定为消灭实体权。[③]

① 魏振瀛：《民法》（第四版），北京大学出版社、高等教育出版社2010年版，第192页。

② 魏振瀛：《民法》（第四版），北京大学出版社、高等教育出版社2010年版，第192页。

③ 《日本民法典》，第167～173条。

比如,《日本民法典》第167条规定,债权因10年间不行使而消灭;债权或者所有权以外的财产权,在20年间不行使而消灭。

(2)诉权(胜诉权)消灭说

以《苏俄民法典》和《法国民法典》为代表,由德国学者萨维尼首倡。1922年《苏俄民法典》第44条规定,起诉权逾法律规定之期限而消灭。《法国民法典》第2262条规定,一切对物之诉和对人之诉的诉权,皆经过30年而消灭。这种学说认为,诉讼时效届满,实体权利本身依然存在,仅债权人诉权归于消灭。权利一旦诉讼时效届满,因诉权消灭无法请求法院强制执行,成为自然债务。

(3)抗辩权发生说

以《德国民法典》为代表,由德国学者欧特曼首倡。《德国民法典》第194条第1款规定,请求他人作为或者不作为的权利(请求权)受消灭时效的限制;第214条第1款规定,消灭时效完成后,义务人有权拒绝给付。该学说认为,诉讼时效届满,债务人取得拒绝履行的抗辩权,如果债务人自愿履行,将视为放弃时效抗辩权,履行行为有效。

关于债务诉讼时效的法律效力,我国民法经历了从"诉权(胜诉权)消灭说"到"抗辩权发生说"的演变。

因我国民法长期继受苏联民法的诉讼时效理论,初始即接受了《苏俄民法典》诉权(胜诉权)消灭说,并在此基础上,形成对债务诉讼时效法律效力的认识:"诉讼时效是权利人经过一定期限不行使自己的权利,法律规定消灭其胜诉权的一种制度。胜诉权和起诉权是有区别的,前者是权利人请求法院通过诉讼程序获得强制保护的权利。后者是权利主体向法院起诉的权利。超过诉讼时效期间不向法院提起诉讼,并不是丧失起诉权,法院不能以超过诉讼时效期间为由,对权利人提起的诉讼不予受理。"①

诉权(胜诉权)消灭说对我国民法诉讼时效理论产生了深远影响,至今,仍有学者坚持该理论,实践中也有法官据此裁判。但是,随着我国民法理论研究深入,诉权(胜诉权)消灭说日益暴露其问题,遭到强烈质疑。诉权(胜

---

① 中央政法干部学校民法教研室编著:《中华人民共和国民法基本问题》,法律出版社1958年版,第103页。

诉权)消灭说根本性问题是违背私法自治精神。[①] 从实体法来讲,时效抗辩权属于民事权利范畴,当事人自由选择是否行使;从程序法来讲,当事人是否抗辩诉讼时效期限届满,也只能由其自由决定。如果法院主动审查诉讼时效,将同时违背民法意思自治原则和民事诉讼法的处分原则。诉权(胜诉权)消灭说产生于国家干预和计划经济时期,主动审查诉讼时效的内涵具有历史特点,目前这一学说历史条件已经发生改变,因此也应随之变化。

2008 年颁布的《诉讼时效若干规定》第 3 条明确采纳了抗辩权发生说,"当事人在诉讼中未提出诉讼时效抗辩,人民法院不应对诉讼时效问题进行释明及主动适用诉讼时效的规定进行裁判",就民间借贷债务诉讼时效而言,其内涵包括三个层次:第一,诉讼时效届满并不导致债权人请求权消灭,债务人只是取得实效抗辩权,法院也不能主动依职权适用时效抗辩权;第二,债务人主张时效抗辩权和对抗债权人请求权,则债权人请求权受到限制,不得行使;第三,债务人没有主张抗辩权,或者主张抗辩权但继续履行,债权人受领给付,不构成不当得利,债务人不得请求返还。

3. 债务诉讼时效的适用范围

债务诉讼时效适用范围,又称债务诉讼时效的客体。世界各国民法对诉讼时效适用范围的规定各有不同。《日本民法典》规定为债以及其他非所有权之财产权者;《德国民法典》规定为请求权者;我国《民法通则》对诉讼时效适用范围没有规定。各国民法典所规定的诉讼时效适用范围都比较原则,需结合民法典具体条文、特别法、司法解释和学理解释等多方考量,方可全面把握诉讼时效适用范围。我国诉讼时效适用范围是需要深入研究的问题,结合我国《民法通则》、司法解释,并参考外国立法例和学者主张,对债权诉讼时效做一简述。

债权请求权,一般包括以合同债权、侵权行为、无因管理、不当得利等原因为基础形成的请求权,在民间借贷合同中,其仅限定为基于民间借贷合同债权的请求权,如债务履行请求权、损害赔偿请求权、违约金请求权、利息请求权。需要特别注意的是,根据《诉讼时效若干规定》第 1 条,下列债权请求权不适用诉讼时效规定:第一,支付存款本金及利息请求权;第二,兑付国债、金融债券以及向不特定对象发行的企业债券本息请求权;第三,基于投资关

---

① 王利民:《民法总则研究》,中国人民大学出版社 2003 年版,第 745 页。

系产生的缴付出资请求权；第四，其他依法不适用诉讼时效规定的债权请求权。例如，《民通意见》第170条规定“未授权公民、法人经营、管理的国家财产受到侵害的，不受诉讼时效的限制”。

典型案例

综合证据认定起诉是否超过诉讼时效期间
——李某诉马某民间借贷案①

1. 基本案情

上诉人（原审原告）：李某。

被上诉人（原审被告）：马某。

马某与李某于2000年相识，于2001年5月8日登记结婚。马某婚前在与他人合作建设及经营兴隆台区幸福小区浴池过程中，分阶段向李某借款55万元。马某于2002年3月17日向李某出具总括性借条，借据内容是“借据：2002年3月17日，借李某人民币伍拾伍万元整（小写550,000元），上款系婚前所借用，2005年2月31日前还清。马某”。后马某到外地生活。李某于2007年12月11日被鉴定为精神分裂症，2008年5月12日李某起诉离婚并主张55万元债权，后撤诉。2009年10月26日李某再次起诉离婚并主张债权。2010年5月13日，原审法院准予双方当事人离婚。

2010年5月31日，李某持借据诉至原审法院，要求被告马某偿还婚前借款55万元。马某辩称，借据不是本人所写，与李某不存在借款关系；即使存在借贷关系，李某的主张借据中注明还款时间为2005年12月31日，至2010年5月31日起诉时已超过两年诉讼时效，所以原告李某没有胜诉权。

2. 法院裁判及观点

一审法院经审理认为，原告主张被告偿还借款55万元，依据的证据是借据。经鉴定机构鉴定，借据中借款金额大小写、借款时间、还款时间及被告签名均为被告所写，可以认定此借据为被告所出具。但被告抗辩认为，借据中

① 辽宁省辽河中级人民法院（2011）辽河中民一终第32号民事判决书。

注明还款时间为2005年12月31日,至起诉时已超过两年诉讼时效,所以原告没有胜诉权。一审法院认为,原告在2007年12月31日前起诉,权利才能得到法律保护。但原告在两年时效期间内没有起诉,庭审中又未提供证据证明存在诉讼时效中止或中断情形。夫妻关系的存在,并不是当事人行使权利的障碍,因此被告的抗辩理由成立。对原告的诉讼请求,不予支持。

李某不服一审判决提起上诉。

二审法院审理认为:李某诉请马某偿还55万元借款,有马某出具的借据为凭。该借条经鉴定,其主要内容客观真实。马某以其中"系婚前借用"字样不能确定书写者为由抗辩,没有合理根据,不能否定借据的整体真实性和主要条款的约束力。基于对借款真实性的进一步证明,李某出具了本人同一阶段提前支取个人银行存款的书证,以及向相关证人借款的证言,大体证明了借款的来源。双方当事人对幸福小区浴池的建设和经营情况的陈述,以及几份协议书中与案外人的权利义务约定等材料,能够证明上述借款的用途。上述几方面证据相互印证,能够证明本案李某与马某之间债权债务关系的存在。

马某出具的借据中表明还款时间为2005年年底,故诉讼时效应该截止到2007年年底,但由于该年年底李某处于精神疾病时期,其民事行为能力缺失。病情好转后即于2008年5月起诉离婚并主张债权,又于2009年10月起诉离婚,于2010年5月以民间借贷纠纷为由起诉,这些行为均表明李某积极行使民事权利,符合诉讼时效中止和中断的事由。李某并未怠于行使民事权利,故原审法院以超过诉讼时效、不再享有胜诉权为由驳回李某的诉讼请求,不符合法律规定。马某应偿还借款,并从李某起诉之日起支付相应利息。

3. 案例评析

本案处理的重点有两点:第一,查清双方借款事实是否存在;第二,诉讼时效如何理解。

第一点,关于借款事实是否存在,马某是否从李某处借款,需要综合全案证据来认定。马某虽然否认借款事实的存在,但李某举证足以认定双方存在债权债务关系。第二点,关于诉讼时效,我国《民法通则》第135条规定"向人民法请求保护民事权利的诉讼时效期间为二年,法律另有规定的除外。"也就是说,除案件具有诉讼时效中断、中止等情形外,一般诉讼期间为2年。诉讼时效中断，指在诉讼时效进行过程中发生一定的法定事由，使已经经过的时效期间统归无效，诉讼时效期间重新计算。诉讼时效中断的起因包括债权人提起诉讼、当事人一方提出要求或者债务人同意履行义务等。本案一审法院认为，借款合同约定的还款时间为2005年12月31日，借款诉讼时效于2007年12月31日届满，原告并未在此诉讼时效期间届满前起诉，实体权利应当不再受到法律强制力的保护。二审法院认为双方当事人婚前存在真实的债权债务关系，马某出具的借据中表明还款时间为2005年年底，故诉讼时效应该截止到2007年年底，但由于该年年底李某处于精神疾病时期，其民事行为能力缺失，应该作为诉讼时效中止的事由。病情好转后即于2008年5月起诉离婚并主张债权，又于2009年10月起诉离婚，于2010年5月以民间借贷纠纷为由向法院提起诉讼，这些行为均表明李某积极主张权利的态度，符合诉讼时效中止和中断的事由。李某并未怠于行使民事权利，故原审法院以超过诉讼时效、不再享有胜诉权为由驳回李某的诉讼请求，不符合法律规定，二审予以改判。

本案例的关键点在于，二审审理过程中，法庭并未简单通过一纸借据认定双方婚前借贷关系存在，而是通过庭审把双方证据进行梳理，审查债权债务人之间关系、交易习惯、相关证人证言等证据，运用逻辑推理、生活常识等，准确掌握案件事实，最后依据证据和诉讼时效规定作出了最终判决。诉讼时效的认定对当事人实体权利影响极大，应当审慎综合证据认定起诉是否超过诉讼时效期间。

有关法律规定

《最高人民法院颁布的关于审理民事案件适用诉讼时效制度若干问题的规定》（法〔2008〕11号）

第三条　当事人在诉讼中未提出诉讼时效抗辩，人民法院不应对诉讼时效问题进行释明及主动适用诉讼时效的规定进行裁判。

第二十二条　诉讼时效届满，当事人一方向对方当事人作出统一履行义务的意思表示或者自愿履行义务后，又以诉讼时效期间届满为由进行抗辩的，人民法院不予支持。

二、借条没有注明还款履行期限时，诉讼时效怎样计算

基本理论

法学理论、立法实践中，关于无还款履行期限债权诉讼时效起算点的探讨，争议非常大。

第一种观点为“债权人主张权利说”。该观点认为，无还款履行期限债权的诉讼时效，应当从债权人提出权利主张后，在必要宽限期限结束时起算；如果债权人一直没有提出权利主张，则适用20年的特殊时效制度。法学理论界，持这种观点的以德国学者拉伦茨为代表：“时效的开始不仅要考虑请求权的发生，也要考虑到请求权的到期。”[①]

第二种观点为“债权关系形成说”。该观点认为无还款履行期限之债的诉讼时效从债权关系形成并可行使时起算。法学理论界持这种观点的台湾学者占多数。比如，王泽鉴认为：“债权未定清偿期者，债权人得随时请求清偿。此项请求权自债权成立时即可行使，应自债权成立时起算。”[②]史尚宽也持相同观点：“债权未定清偿期者，债权人得随时请求清偿，为民法第三百一十五条所明定，此类请求权成立时即可行使，依民法第一百二十八条，其消灭时效应自债权成立时起算。”[③]这些观点，显然受德国、我国台湾地区等大陆法系国家、地区规定影响。

第三种为“诉讼时效不起算说”。该观点认为“在未定履行期限的契约中，需要债权人请求后一定时间经过，债务人才应履行义务，在继续性关系中，往往要通知解约后一定时间经过，义务人才应当履行。在这两

---

① [德]拉伦茨著：《德国民法通论》，王晓晔等译，法律出版社2003年版，第339页。原文是：“如果债务人须在预告后经过一定期间才履行时，则时效的开始将推迟至这个特定的期限的结束(民法第199条第2句)。人民可以把这一规定看做是一种证明，即时效的开始不仅要考虑请求权的发生，也要考虑到请求权的到期。

② 王泽鉴：《民法总则》(增订版)，中国政法大学出版社2001年版，第531页；“台湾民法典”第315条也就此规定“清偿期，除法律另有规定或契约另有订定，或得依债之性质或其他情形决定着外，债权人得随时请求清偿，债务人亦得随时为清偿”。

③ 史尚宽：《民法总论》，中国政法大学出版社2000年版，第637页；“台湾民法典”第128条规定“消灭时效，自请求权可行使时起算。以不行为为目的之请求权，自为行为时起算”。

种情况中，债权人没有请求或没有解约，或者没有经过一定的时间，都不能认为权利在客观上受到侵害”，[①]其主要意思为按照我国《民法通则》第137条规定，在确定诉讼时效起算点时，首先是权利必须在客观上受到侵害。

《民法通则》第137条折中了“债权人主张权利说”和“诉讼时效不起算说”两种观点，排斥“债权关系形成说”的观点。首先，“债权关系形成说”观点产生于罗马法制，德国、我国台湾地区等地依次承继，但德国一般诉讼时效期间为30年，我国台湾地区一般诉讼时效规定也有15年，两者均规定了足够长期的诉讼时效期间保护债权人利益，这与我国立法规定的2年短期诉讼期间且以侵害为时效起算标准的规定相去甚远，该学说并不符合我国司法体系现状。其次，《民法通则》第88条规定贯彻了“债权人主张权利说”：“履行期限不明确的，债务人可以随时向债权人履行义务，债权人也可以随时要求债务人履行义务，但应当给对方必要的准备时间。”最后，《民法通则》第137条规定，“诉讼时效期间从知道或者应当知道权利被侵害时起计算”，即诉讼时效的起算应当包含两个要素，一方面，客观上存在权利受到侵害的实施；另一方面，权利人主观上知道或者应当知道权利受到侵害。无还款履行期限债权，只要债权人没有向债务人请求清偿债务或者债务人没有拒绝履行，都视为债权未受侵害，这就是“诉讼时效不起算说”的具体阐释。

1. 民间借贷合同明确约定偿还本金及利息的期限的

民间借贷合同明确约定偿还本金及利息的期限的，从约定的期限起算。债务人逾期不还，债权人明知债权已经到期，权利遭受侵害不追索的，适用一般诉讼时效。

2. 民间借贷合同没有约定清偿债务期限，但约定借款日期的

民间借贷合同没有约定清偿债务期限，但约定借款日期的，借款之日即视为债权成立之日，债权人可以自债权成立之日后，随时请求债务人履行，但应当给予借款人合理必要准备时间。该合同诉讼时效应从确定的合理必要准备期限届满之次日开始计算。

---

① 王利明：《民法总则研究》，中国人民大学出版社2003年版，第728页。

3. 民间借贷合同没有约定清偿债务期限，也没有约定借款期限的

民间借贷合同没有约定清偿债务期限，也没有约定借款期限的。债权人没有要求债务人还款或债务人没有承诺还款前，如果符合《民法通则》第137条规定的，不受2年诉讼时效限制而应当适用20年特殊诉讼时效期间。根据《民法通则》第137条的规定，诉讼时效起算以“权利受到侵害”为标准，只要债权人没有向债务人请求清偿债务或者债务人没有拒绝履行，都视为债权未受侵害。

在司法实践中，需要注意的是，在诉讼时效认定上，不应轻易认定超过诉讼时效，如果有一定证据证明出现时效中断事由，应当认定时效中断。①

典型案例

借款合同未注明还款履行期限的，诉讼时效不受2年一般时效期间限制

——周某与夏某民间借贷纠纷上诉案②

1. 基本案情

上诉人（原审被告）：周某。

被上诉人（原审原告）：夏某。

1995年11月24日，被告周某经过张某芬介绍向原告夏某丈夫顾某福借款人民币4000元，并出具借条一份，载明：“向顾老师（某福）借到人民币肆仟元整4000。具借人周某，中间人张某芬”。被告借款后未还款。顾梅福于2009年12月因病死亡。

原告夏某于2010年12月7日，以被告周某向原告丈夫顾某福借款4000元未还，顾某福现已亡故，原告是法定继承人为由，向原审法院提起诉讼，请求判令：被告归还借款人民币4000元，并承担自起诉之日起至款清之日止按中国人民银行同期同类贷款利率计算利息。

---

① 最高人民法院民事审判第二庭：《合同案件审判指导》，法律出版社2014年版。

② （2011）浙台商终字第118号。

被告周某在原审中答辩称：被告与张某芬建立羊毛衫代销关系，与原告没有任何关系。出具借条是在张菊芬的授意下所写，实际没有向原告借款，不存在民间借贷关系。以前原告曾多次向被告催讨，2001 年 12 月 26 日支付任某毓 5000 元时，告知原告以后不再支付款项。此后原告没有向被告催讨过，原告起诉已超过诉讼时效。请求驳回原告的诉讼请求。

2. 法院裁判及观点

一审法院审理认为，根据双方当事人的诉讼主张，本案存在的争议焦点有两点：第一，本案是民间借贷关系还是羊毛衫代销欠款关系；第二，本案是否超过诉讼时效。关于第一个问题，原告诉称被告向其丈夫顾某福借款；被告辩称被告与张某芬建立羊毛衫代销关系，在张某芬的授意下向顾某福出具借条。被告未能提供相关证据证明本案系羊毛衫代销欠款，故应以被告出具给原告的借条认定本案为民间借贷关系。关于第二个问题，本案借款没有约定借款期限，其诉讼时效期间应自原告起诉之日起算。被告辩称 2001 年 12 月 26 日被告支付任某毓 5000 元后明确向原告表明不再支付羊毛衫款项，原告应当知道权利受到损害，但原告没有起诉，现起诉已超过诉讼时效，但被告未能提供相关证据证明其明确告知原告不再支付款项的证据，故被告的辩称理由不能成立，应不予采纳。被告周某向原告夏某丈夫顾某福借款人民币 4000 元，有借条为凭，事实清楚。该借条系双方当事人的真实意思表示，不违反法律、行政法规的禁止性规定，应确认合法有效。借条虽未约定还款期限，但依照法律规定，原告有权随时向被告主张权利。原告丈夫顾某福已亡故，其子女均放弃继承该遗产，故原告夏某是本案的适格原告。原告要求被告归还借款，并支付自起诉之日起按中国人民银行同期同类贷款利率计算利息，符合法律规定，应予支持。依照《合同法》第 206 条、第 207 条和《继承法》第 10 条之规定，于 2011 年 1 月 26 日作出判决：被告周某于判决发生效力之日起 10 日内返还原告夏某借款人民币 4000 元，并同时支付利息（利息按中国人民银行公布的同期同类贷款基准利率自 2010 年 12 月 7 日起计算至生效法律文书指定的履行期限届满之日止）。

一审宣判后，周某不服，提出上诉。

二审法院经审理认定的事实与原审法院认定的事实一致。二审法院认为，上诉人周某对其出具给被上诉人夏某丈夫顾某福的借条真实性无异，故对该借款事实本院予以确认。本案双方争议的焦点为被上诉人的起诉是否已超过定诉讼时效期间。由于双方未在借条中约定还款期限,故本案诉讼时效期间应从被上诉人要求上诉人履行还款义务的宽限期届满之日起计算。尽管被上诉人称其每年向上诉人进行催讨,但并无证据予以佐证,故对其主张本院不予采信。上诉人称其于 2001 年 12 月 26 日向任某毓明确表明其以后不再付款,但也未提供证据予以证实,故上诉人称被上诉人此时应当知道其权利受损害而诉讼时效期间由此起算的上诉主张不能成立。原审法院认定本案诉讼时效期间应从被上诉人起诉之日起算并无不当。上诉人的上诉理由不能成立,本院不予支持。

3. 案例评析

诉讼时效,指权利人民事权利受侵害后,在法定时效期间内如若不行使权利的,诉讼时效届满,法院对权利人的权利不再赋予强制力保护的制度。借款合同没有约定还款时间的,因合同并未明确借款人还款义务履行期间,我国法律规定诉讼时效的起算点应在债权人知道债权受侵害之日起计算,对于没有约定履行期限的借款合同,如债权人并未行使还款请求权,债务人也并未拒绝履行,应当认定债权人的权利并未受到侵害,债权人可随时主张权利,不受 2 年诉讼时效的限制,但最长不得超过 20 年。

本案中,借贷双方于 1995 年 11 月 24 日签订借款合同,其中并未明确还款履行期限,尽管被上诉人称其每年都向上诉人进行催讨,但并无证据证实。上诉人也称其于 2001 年 12 月 26 日向任才毓明确表明其以后不再付款,但也未提供证据予以证实。因此,被上诉人持续主张权利和上诉人明确拒绝履行合同的主张都不能成立,根据证据规则,法院认定,本案借款合同并未约定还款履行义务期限的情况下,债权人的权利始终并未受到侵害,可以随时主张权利,不受 2 年诉讼时效限制,诉讼时效期间应从被上诉人起诉之日起算并无不当。

有关法律规定

《中华人民共和国民法通则》(2009 年修正)

第八十八条第二款第二项　履行期限不明确的,债务人可以随时向债权人履行义务,债权人也可以随时要求债务人履行义务,但应当给对方必要的准备时间。

《中华人民共和国合同法》(1999 年)

第二百零六条　借款人应当按照约定的期限返还借款。对借款期限没有约定或者约定不明确,依照本法第六十一条的规定仍不能确定的,借款人可以随时返还;贷款人可以催告借款人在合理期限内返还。

三、要求保证人承担保证责任,有期限限制吗

基本理论

关于保证期间,本书在第五章已经详细阐述,本节简要就保证合同的诉讼时效问题做一阐述。

保证期间,分为法定保证期间和约定保证期间,是保证债务附加的一个否定解除条件:一般保证合同中,债权人应当在保证期间向债务人主张权利,并在相关执行程序结束时及时告知保证人,否则保证债务消灭;连带保证合同中,债权人应当在保证期间内通知保证人主债务未清偿的事实,否则保证债务消灭。无论保证期间的确定采用怎样标准,保证期限届满,免除保证人保证责任,保证之债随之消灭。债权人只有在保证期限内提出保证人承担保证责任的请求,才产生保证合同的诉讼时效,即自主张之日起按 2 年的一般诉讼时效计算保证合同的诉讼时效。

从法律关系来讲,主合同、保证合同是两个相互独立的合同,但是二者之间关系密切。在主债务出现中断、中止、完成等情形时,保证债务诉讼时效会产生如何法律效果,在司法实践中,需对一般保证和连带保证中主合同与保证合同的诉讼时效予以区分甄别。

1. 诉讼时效中断

一般保证,根据《担保法解释》第 36 条第 1 款规定"一般保证中,主债务诉讼时效中断,保证债务诉讼时效中断",即保证债务诉讼时效随主债务诉讼时效的中断而中断。一般保证中,保证人享有先诉抗辩权,保证人只能在主合同的纠纷经过审判或仲裁,并且就债务人的财产强制执行后仍然不足以清偿债务的,才承担保证责任。因此,在一般保证法律关系中,债务人是履行债

务的第一顺位人,其应当优先对债务承担责任;保证人是履行债务的第二顺位人,只有在债务人无法或者不完全清偿债务时,承担补充责任。一般保证主合同与保证合同的关系极为紧密,保证合同的履行依赖于主合同的履行现状。

连带责任保证,根据《担保法解释》第 36 条第 1 款规定“连带责任保证中,主债务诉讼时效中断,保证债务诉讼时效不中断”,主债务诉讼时效与保证债务诉讼时效相互平行、互不影响。保证责任具有极大独立性,主合同履行期限届满,债权人可以请求债务人履行,也可以请求保证人履行,而一旦债权人向保证人提出主张权利的请求,就产生保证期间消灭、诉讼时效起算的法律效果。此时,连带责任保证主债务的诉讼时效中断,而保证债务的诉讼时效延续。

2. 诉讼时效中止

根据《担保法解释》第 36 条第 2 款规定,无论一般保证或者连带责任保证,“主债务诉讼时效中止的,保证债务的诉讼时效同时中止”。

诉讼时效中止,表明出现了当事人控制之外的客观原因,如意外事件、不可抗力或者其他障碍不能行使请求权。这些情形对主合同和保证合同当事人都同时产生影响,一般而言,“债权人不能行使对被保证人(债务人)的请求权,同时也不能行使对保证人的请求权,这种情况下,保证合同完全附随主合同,主合同诉讼时效中止,保证合同诉讼时效随之中止”。①

3. 主合同诉讼时效届满

根据《担保法》第 20 条第 1 款规定“一般保证和连带责任保证的保证人享有债务人的抗辩权。债务人放弃对债务的抗辩权的,保证人仍有权抗辩”,因此,可以明确主合同诉讼时效届满,保证人仍然享有时效抗辩权。最高人民法院《关于审理民事案件适用诉讼时效制度若干问题的规定》(2008 年)第 21 条也对此特别强调了这一规则,“主债务诉讼时效期间届满,保证人享有主债务人的诉讼时效抗辩权”。

---

① 最高人民法院经济庭:《保证合同纠纷案件审判实用》,人民法院出版社 1994 年版,第 52 页。

典型案例

借款人放弃诉讼时效抗辩权，对保证人不发生效力

——楼某诉孟某等人民间借贷案①

1. 基本案情

上诉人：(原审被告)孟某。

被上诉人：(原审原告)楼某。

原审被告：王某。

孟某、王某系夫妻关系。2006 年 10 月 19 日，王某通过孟某向原告借款人民币 20 万元，经原告同意后，被告孟某持已签好王某名字的借条，当着原告的面在担保栏上签上自己的名字，孟某拿款后交给王某。借条约定于 2006 年 11 月 18 日归还。审理中，经委托鉴定部门对借条上王某的签名进行鉴定，为本人所签。借期届满后，原告向王某催讨，王某以未向原告借款拒还，故原告向孟某催讨，孟某归还 5000 元。在原审上诉后，王某在二审确认争议的款项系其本人所借。

原审原告楼某诉称，孟某、王某系夫妻关系。2006 年 10 月 19 日，被告孟某找原告，说有一个名叫王某的在佛堂有很大的苗木场，要借人民币 20 万元用一个月，月息 3 分。原告当时就同意了，第二天被告孟某拿来一张王某已签好名的借条，并当着原告的面在担保栏上签上了他自己的名字。借款到期后，原告一直找不到王某，于是就找被告孟某，被告孟某一直推托，2008 年 10 月 8 日，原告通过多方途径终于到王某，但王某表示从没有向原告借款 20 万元，并且做了书面声明。于是原告找告孟某催讨借款 20 万元，被告孟某只是口头承诺会还，但一直分文未还。请求法判令两被告偿还原告借款人民币 195, 000 元及利息(自 2006 年 11 月 19 日起起按中国人民银行同期同类贷款利率计付至实际履行之日止)。

原审被告孟某辩称，该借款是王某借的，孟某是担保人，介绍人。

① 浙江省金华市中级人民法院民事判决书(2011)浙金商终字第 995 号。

2. 法院裁判及观点

一审法院认为，被告王某向原告借款的事实可以确认，被告王某和孟某应按约承担责任，被告张某对孟某的担保义务不应承担责任。判决：一、被告王某于本判决生效后10日内归还原告楼某借款人民币195,000元及利息（从2006年11月19日起按中国人民银行同期同类贷款基准利率计算至本判决确定的履行期限届满之日止）。二、被告孟某对上述债务承担连带清偿责任。承担责任后有权向被告王某追偿。三、驳回原告楼某的其他诉讼请求。

一审宣判后，原审被告孟某不服，提起上诉。

二审法院经审理认为，合法的民间借贷关系受法律保护，借款人原审被告王某应依法承担还款责任。因借款时各方当事人对上诉人孟某的保证方式没有约定，上诉人孟某应按照连带责任保证承担保证责任。原审被告王某在诉讼期间，未就诉讼时效提出抗辩，被上诉人楼某诉请其承担还款责任，本院予以支持。上诉人孟某在本案中承担的是连带责任保证，即使原审被告王某的主债务诉讼时效发生中断，保证债务诉讼时效不中断。由于被上诉人楼某未能举证证明其已在法定诉讼时效期间向上诉人孟某主张担保债权，现被上诉人楼某再向上诉人孟某主张已过诉讼时效，故已丧失胜诉权。据此，上诉人孟某的上诉理由部分成立，本院予以支持。

3. 案例评析

主债务诉讼时效届满，借款人未提出诉讼时效抗辩，则应当承担还款责任，但是借款人放弃诉讼时效抗辩的行为不能对保证人发生效力，同时保证期间为除斥期间，也不因任何事发生中止、中断，如借款人未在保证期间内向担保人主张保证责任，保证人不再承担保证责任。

本案中，借款人王某应当承担还款责任，借款时各方当事人保证方式没有约定，则认定按照连带责任保证承担保证责任。借款人王某在诉讼期间，未就诉讼时效提出抗辩，应当视为王某放弃了时效抗辩的权利，出借人楼某诉请借款人承担还款责任的主张应予支持。孟某在本案中承担连带责任保证，保证责任的诉讼时效不因主债务诉讼时效中断而中断。因楼某未能举证证明其已在法定诉讼时效期间向孟某主张担保债权，而后楼某再向孟某主张已过诉讼时效，已丧失胜诉权。

有关法律规定

《中华人民共和国担保法》(1995 年)

第二十六条第一款　连带责任的保证人与债权人未约定保证期间的,债权人有权自主债务履行期限届满之日起六个月内要求保证人承担保证责任。

《最高人民法院关于适用〈中华人民共和国担保法〉若干问题的解释》(2000 年)

第三十四条第二款　连带责任保证的债权人在保证期间届满前要求保证人承担保证责任的,从债权人要求保证人承担保证责任之日起,开始计算保证合同的诉讼时效。

四、债务人无力偿还借款,债权人处置抵押物有时效限制吗

基本理论

"时效制度为公共秩序而牺牲公平,担保物权则是为实现公平而保障债权。"①"债务人无力偿还借款,债权人处置抵押物是否有时效限制",概括来讲,即为抵押担保物权的时效问题。时效,有时效取得和时效消灭的划分,担保物权是否受时效的限制,素有争论。我国法律体系并未设置取得时效的规定,因此争议的焦点集中于"被担保的债权诉讼时效届满对担保物权的效力影响"问题上。虽然立法、司法、学界达成的共识为:"担保物权依其性质不应具有永续性",②但在具体制度设置上仍然存在很大分歧。

1. 担保物权诉讼时效的四种立法例③

担保物权诉讼时效的四种立法例如下:

(1)以法国立法为代表,担保物权诉讼时效从属于主债权诉讼时效,担保物权因所担保的债权诉讼时效届满而消灭。

(2)以德国立法为代表,通过规定取得时效限制担保物权的实现,主债务

---

① 徐洁:"担保物权与时效的关联性研究",载《法学研究》2012 年第 5 期,第 154 页。

② 我国学者普遍认为,债权的存在通常是有期限的,担保物权因以担保债权实现为目的,故也不具有永久存续的特质,同样应当具有期限性。学者采用德、日、法、瑞等国及我国台湾的立法来讨论担保物权的存续期间时,指出尽管立法各异,但这一原理没有不同。

③ 参见郭子光:"论担保物权的时效",载《福建金融》2007 年第 12 期,第 53 页。

诉讼时效与担保物权诉讼时效相互独立，即“主债权诉讼时效的完成对担保物权的效力没有影响”。

(3)以日本立法为代表，通过设定独立、完整的取得时效制度和诉讼时效约束担保物权。一方面，抵押权可以成为诉讼时效的客体；另一方面，抵押物所有人可以基于时效制度获得对抗抵押权行使的权利。

(4)以中国台湾地区立法为代表，通过规定除斥期间制度限制担保物权行使。抵押权人在主债权消灭时效届满5年内不实行抵押权的，则抵押权消灭。

纵观以上四种立法例，担保物权期间的限制方式一般可分为诉讼时效制度与除斥期间制度两种模式。我国关于担保物权的时效制度综合了除斥期间、担保物权行使期间、存续期间和主债权诉讼时效衔接的方式。

2. 担保物权的性质

担保物权，作为物权类型之一，属于支配权性质。支配权是物权的核心、本质和根本性特征，如果没有支配权，就没有物权。担保物权，是主债权的从债权，具有从属性，设置基础是担保主债权的实现，属于请求权性质。“从属性规则”是担保物权法律制度的基石。因此，担保物权具有物权、请求权双重属性。众所周知，诉讼时效的适用对象原则为请求权，担保物权一方面是物权，不应适用诉讼时效制度。但另一方面，担保物权的“从属性规则”决定其具有请求权属性，应当适用诉讼时效。因此，担保物权在民法中最为活跃，立法者也深明其理，采用担保物权存续期间与主债权诉讼时效挂钩的方式予以规定。

(1)债权人行使抵押权诉讼时效

根据《物权法》第202条规定：“抵押权人应当在主债权诉讼时效期间行使抵押权；未行使的，人民法院不予保护。”抵押权的诉讼时效即为抵押权的存续期间，与担保物权所担保的主债权相互衔接，债权人如果不在主债权的诉讼时效期间内行使抵押权，则抵押权归于消灭。

(2)其他债权人行使撤销权诉讼时效

债务人到期不履行债务或者当事人约定实现抵押权情形的，抵押权人可以通过与抵押人协议约定将抵押财产折价或拍卖、变卖后，就所得价款优先受偿，但是，如果协议损害其他债权人利益，导致其他债权人抵押权受损，根据《物权法》第195条第1款规定“协议损害其他债权人利益的，其他债权人可以在知道或者应当知道撤销事由之日起一年内请求人民法院撤销该协议”,即受损的其他债权人行使撤销权的诉讼时效只有 1 年,如果在 1 年内不行使撤销权,则相应抵押权归于消灭。

(3)最高额抵押权确定债权诉讼时效

根据《物权法》第 206 条规定,最高额抵押权有六种情形,其中第二种情形:“没有约定债权确定期间或者约定不明确,抵押权人或者抵押人自最高额抵押权设立之日起满 2 年后请求确定债权。”也就是说,最高额抵押权自设立之日起满 2 年,就是抵押权人或者抵押人最高额债权确定的请求时效。同时,根据《物权法》第 202 条规定:“抵押权人应当在主债权诉讼时效期间行使抵押权;未行使的,人民法院不予保护。”也就是说,主债务履行期限届满,债权人一方面可以向债务人请求履行,另一方面也可以通过处置抵押物,如拍卖、变卖或折价等方式来实现债权。如果债权人(抵押权人)怠于行使权利导致债权诉讼时效届满,不仅债权会受到诉讼时效影响,抵押权的行使也受到诉讼时效影响,主债权失去法律强制保护力,抵押权归于消灭。

物权时效一览表

债权人实现抵押权时效限制	债权人行使抵押权诉讼时效	主债权存续期间(与主债权诉讼时效挂钩)	2 年内	《物权法》第 202 条
	其他债权人行使撤销权诉讼时效	诉讼时效(消灭时效)	1 年内	《物权法》第 195 条
	最高额抵押权确定债权诉讼时效	物权请求权	满 2 年后	《物权法》第 206 条

典型案例

抵押权诉讼时效应限于主债权诉讼时效期间内

——李某诉被告赵某等民间借贷纠纷案[①]

1. 基本案情

原告:李某。

① 四川省宜宾市翠屏区人民法院(2015)翠屏民初字第 3712 号。

被告:赵某。

被告:宜宾市金宏房地产开发有限责任公司。

2012年5月24日,原告李某(出资人)与被告赵某(借款人)签订《借款协议》,其中约定:"一、出资人出资陆拾伍万人民币借给借款人用于经营周转。借款人向出资人出具借据[借据号:宜五福(2012)第(074)号]并约定按月利率2%支付出资人利息,借款期限十八个月,自2012年5月24日起至2013年11月23日止。二、借款人每月23日前按时向出资人支付次月利息。三、借款人和保证人自愿承诺以宜宾市金宏房地产开发有限责任公司和四川省宜宾市泰通物资有限公司名下房产,房屋坐落于宜宾市翠屏区兴隆街南段西侧3幢1层,建筑面积189.64平方米,给出资人作为反担保抵押。四、借款人和保证人用于反担保抵押借款的房产(房权证号:宜宾市房权证翠屏区字第00076764号;土地证号:宜市国用(2007)字第7065号,房屋坐落于宜宾市翠屏区兴隆街南段西侧3幢1层,建筑面积189.64平方米)。经出资人和借款人以及保证人协商一致同意将房屋他项权证办到出资人名下。五、赵某个人和宜宾市金宏房地产开发有限责任公司及四川省宜宾市泰通物资有限公司自愿承诺为该笔65万元(大写:陆拾伍万元)借款本息和违约责任提供连带责任保证担保……"原告李某、被告赵某分别在该协议出资人、借款人签名处签字、捺印。赵某、金宏房产公司、四川省宜宾市泰通物资有限公司分别在该协议保证人一栏处签字、捺印、盖章。

被告赵某向原告李某出具宜五福(2012)第(074)号《借据》,载明"今收到(出借人)李某人民币(大写)陆拾伍万元,用于经营周转,月利率2%,借款期限18个月自2012年5月24日至2013年11月23日。担保人自愿为借款人上述借款提供连带保证责任……"原告李某、被告赵某分别在该借据出借人、借款人签名处签字、捺印。赵某、金宏房产公司、四川省宜宾市泰通物资有限公司分别在该借据保证人一栏处签字、捺印、盖章。

2012年5月30日,宜宾市房地产管理局向原告颁发宜宾市房他证翠屏区字第000×××××号《房屋他项权证》,其中登记房屋他项权利人:李某;房屋所有权人:宜宾市金宏房地产开发有限责任公司;房屋所有权证号:宜宾市房权证翠屏区字第000×××××号;房屋坐落:翠屏区兴隆街南段西侧3幢1层;债权数额:人民币600,000元……

借款到期后，被告因经济困难未偿还本金，并继续支付利息至 2014 年 8 月 15 日，后再未还本付息，故原告起诉来院，要求判如所请。

2. 法院裁判及观点

法院认为，合法的借贷关系受法律保护。原、被告之间借款的事实，有《借款协议》、《借据》、《房屋他项权证》及庭审陈述等证据予以证实，本院予以确认。双方基于借款产生的债权债务关系合法、有效，应予认定。原告现诉请被告赵某偿还借款的主张，于法有据，本院予以支持。

关于原告利息诉请，其要求按月利率 2% 计算未违反最高人民法院印发《关于人民法院审理借款案件的若干意见》关于利率不得超过人民银行同类贷款利率四倍的规定，本院予以支持。现依法核定支持原告利息：以本金为基数从 2014 年 8 月 16 日起按月利率 2% 计算至本判决指定的履行期限届满之日止。若未按本判决确定的给付之日给付本金，上述利息计算至本金付清之日止。

原告与被告宜宾市金宏房地产开发有限责任公司达成抵押协议，并办理房屋他项权登记，该抵押协议合法、有效，故原告诉请确认其对被告宜宾市金宏房地产开发有限责任公司所有的位于翠屏区兴隆街南段西侧 3 幢 1 层房产（宜宾市房权证翠屏区字第 000 × × × × × 号）享有优先受偿权，于法有据，应予以支持。根据《房屋他项权证》载明，该优先受偿权利应以债权数额人民币 600,000 元为限。庭审中，被告陈述担保人的担保期限已过，故担保人宜宾市金宏房地产开发有限责任公司不应当承担担保责任的抗辩意见，因原告与被告宜宾市金宏房地产开发有限责任公司达成抵押协议，并依法登记生效，现原告在主债权诉讼时效期间内行使抵押权，符合《中华人民共和国物权法》第 202 条之规定，故对被告的辩称，法院不予采信。另外，本案李某与赵某签订的借款合同约定借期为 18 个月，后双方约定展期，参照《最高人民法院关于适用〈中华人民共和国担保法〉若干问题的解释》第 28 条、第 29 条、第 30 条之规定，债权人与债务人变更主合同，并非绝对致担保权消灭，而是对加重担保人义务部分，保证人不承担担保责任。本案李某在抵押权期限内主张权利，且未增加抵押权数额，故宜宾市金宏房地产开发有限责任公司仍应在登记抵押权数额内承担抵押义务。遂判决：一、被告赵某于本判决生效之日起 15 日内偿还原告李某借款本金 65 万元；二、被告赵某于本判决生效之日起15日向原告李某支付利息，计算方法为：以本金为基数，从2014年8月16日始计算至本判决确定的本金给付之日止，以月利率2%为标准进行计算。若未按本判决确定的给付之日给付本金，上述利息计算至本金付清之日止；三、原告李某对被告宜宾市金宏房地产开发有限责任公司所有的位于翠屏区兴隆街南段西侧3幢1层房产（宜宾市房权证翠屏区字第000×××××号）在权利价值60万元限额内享有优先受偿权。

3.案例评析

“从属性规则”是担保物权法律制度的基石，担保物权具有物权、请求权双重属性。“从属性规则”决定其具有请求权属性，应当适用诉讼时效。根据《物权法》第202条规定“抵押权人应当在主债权诉讼时效期间行使抵押权；未行使的，人民法院不予保护”，立法即采用担保物权存续期间与主债权诉讼时效挂钩的方式。债权人主张抵押权应当注意：一是加强主债权诉讼时效的管理，只要主债权诉讼时效不丧失，抵押权就永远受人民法院保护。债权人高度重视主债权诉讼时效的管理，建立严格的定期催收制度，杜绝主债权丧失诉讼时效的现象发生。二是及时主张抵押权，在主债权诉讼时效期间要求抵押人承担抵押责任，以免出现抵押权消灭的后果。

本案中，原告与被告宜宾市金宏房地产开发有限责任公司达成抵押协议，并依法登记生效，现原告在主债权诉讼时效期间内行使抵押权，符合《物权法》第202条之规定。本案李某在抵押权期限内主张权利，且未增加抵押权数额，故宜宾市金宏房地产开发有限责任公司仍应在登记抵押权数额内承担抵押义务。

有关法律规定

《中华人民共和国物权法》(2007年)

第一百九十五条第一款　……协议损害其他债权人利益的，其他债权人可以在知道或者应当知道撤销事由之日起一年内请求人民法院撤销该协议。

第二百零二条　抵押权人应当在主债权诉讼时效期间行使抵押权；未行使的，人民法院不予保护。

第二百零六条第二项　没有约定债权确定期间或者约定不明确，抵押权人或者抵押人自最高额抵押权设立之日起满二年后请求确定债权。

第二节
诉讼时效的中断、中止

一、债务诉讼时效的中断、中止有什么法律意义

基本理论

在民间借贷关系中，诉讼时效制度，可授予债务人履行抗辩权，从而导致债权人权利得不到法律强制力的保护而难以实现，其法律效力正是以期间的经过作为生效依据。因此，诉讼时效期间的长短地位卓著，而确定诉讼时效的起算点、重新起算点和暂停起算点正是关键所在。

1.初始起算点

诉讼时效的初始起算点，是指在一起民间借贷关系中，诉讼时效最开始起算的时间点，通俗讲指从什么时候开始计算诉讼时效。我国《民法通则》第137条规定："诉讼时效期间从知道或者应当知道权利被侵害时起计算。"诉讼时效开始，是债权人可以行使权利的时间，以债权人知道或者应当知道自己权利受到侵害为前提。这一条款中"知道或者应当知道"是一种法律推定，无论当事人是否真正主观明知，只要客观上已经既存"知道或者应当知道"的可能和条件，就应当开始计算诉讼时效期间。

民间借贷诉讼时效适用2年的普通诉讼时效期间，20年的消灭时效。司法实践中，几种主要具体法律关系诉讼时效期间初始起算点如下：

(1)约定履行期限的债权请求权，诉讼时效从期限届满之日的第二天开始起算。

(2)没有约定履行期限的债权请求权，根据《合同法》第61、62条规定，诉讼时效的起算点需分三种情况予以阐释：第一种，可以确定履行期限的，诉

讼时效从履行期限届满之日起算;第二种,不能确定履行期限的,诉讼时效应当从债权人要求债务人依约履行义务的宽限期届满之日起算;第三种,不能确定履行期限但债务人在明确表示不履行义务的,诉讼时效从债务人明确表示不履行义务时起算。

(3)约定同一债务分期履行的,诉讼时效应当从最后一期履行期限届满之日起算。

2. 重新起算点

重新起算点,是指在一起民间借贷关系中,诉讼时效正在进行,因法定事由的发生使已经进行的诉讼时效期间归于无效,诉讼时效重新开始计算的时间点。我国《民法通则》第 140 条规定:"诉讼时效因提起诉讼、当事人一方提出要求或同意履行义务而中断。从中断时起,诉讼时效期间重新计算。"时效中断是阻却时效完成的根本性障碍,时效中断后,诉讼时效期间重新计算。我国法律规定的诉讼时效中断情形主要有提起诉讼、主张权利、债务人承认三种类型。

(1)提起诉讼

债权诉讼时效期间从债权人知道或者应当知道可以行使权利的时间起算。诉讼时效因合同一方当事人提出要求或者同意履行义务中断。从中断的时刻点,诉讼时效期间重新计算。"诉讼"不应仅包括普通民事诉讼,与起诉性质相当的请求有关机关保护或者债权转让的,也可以中断诉讼时效。

第一,向法院起诉。根据《诉讼时效若干规定》第 12 条的规定,当事人一方向人民法院提交起诉状或者口头起诉的,诉讼时效从提交起诉状或者口头起诉之日起中断。

第二,向公检法报案或控告。根据《诉讼时效若干规定》第 15 条第 1 款的规定,债权人向公安机关、人民检察院、人民法院报案或者控告,请求保护民事权利的,诉讼时效从报案或控告之日起中断。

第三,向人民调解委员会或其他组织请求保护。根据《诉讼时效若干规定》第 14 条的规定,债权人向人民调解委员会或其他法律授权可以解决民事纠纷的国家机关、事业单位、社会团体等社会组织请求保护民事权利的,诉讼时效从提出请求之日起中断。

(2)主张权利

债权人向债务人明确提出要求履行义务主张，客观上改变了权利不行使之事实状态，使诉讼时效中断。这里的主张请求专指诉讼以外的请求，不包括诉讼上的请求。债权人主张权利，除债权人直接向债务人请求外，债权人向债务保证人、财产代管人、债务人代理人等主体主张权利，也可以引起诉讼时效的中断，即债权人除了可以向债务人直接主张权利外，向与债务人相关的某些主体主张权利也可以发生时效中断的效果。

第一，向债务人直接主张。

首先，债权人口头直接向债务人主张权利的，当然可以视为诉讼时效中断。

其次，债权人向债务人送交主张权利的文书，债务人在文书上签字、盖章或者虽然没有签字、盖章但是能够用其他方式证明权利文书到达债务人的，也可以视为诉讼时效的中断。债务人是法人或其他组织，签收人可以是法定代表人、主要负责人、收发信件部门相关人员或者被授权主体；债务人是自然人的，签收人可以是自然人本人、同住亲属或被授权主体。

最后，债权人发送信件或数据电文方式主张权利的，诉讼时效自信件或数据电文到达或者应当到达债务人时中断。

第二，向债务人的代理人、担保人或者财产管理人主张。

第三，债务人下落不明。

债务人下落不明的，债权人在国家级或下落不明债务人住所地省级影响力大的媒体刊登权利主张公告的，可以视为时效中断。

第四，主张部分债权。

债权人对同一债权体系中部分债权主张权利的，诉讼时效中断效力及于剩余债权部分，但债权人明确放弃剩余债权除外。

第五，债权转让。

债权转让可以视为债权人对债务人主张权利的另一种形式。根据《诉讼时效若干规定》第19条的规定，债权出现转让情形的，应当视为诉讼时效从债权转让的通知到达债务人之日起中断。

(3)债务人承认

债务人承认，是指债务人通过一定方式向债权人作出愿意继续履行义务的意思表示，其意味着对债权人权利存在的认可。这一认可行为，使当事人之前的债权债务关系得以稳定、明确。债务人除直接表示愿意继续履行外，如果明确承认自己的义务、请求延期给付、分期履行或者对债务履行提供担保、支付利息、作出部分履行承诺或者债权转让、债务承担等行为，这些行为只要发生在诉讼时效进行过程中，就可以发生诉讼时效中断的效果。

在因债务人承认而引发诉讼时效中断情况下，根据《诉讼时效若干规定》第 22 条的规定，诉讼时效届满，债务人作出同意履行债务的意思表示或自愿履行债务后，又提出诉讼时效届满的抗辩事由时，人民法院不予支持。

3. 暂停起算点

暂停起算点，是指诉讼时效进行过程中，因发生法定事由使债权人无法行使请求权，暂停计算诉讼时效期间。我国《民法通则》第 139 条规定："在诉讼时效期间的最后六个月内，因不可抗力或者其他障碍不能行驶请求权的，诉讼时效中止。从中止时效的原因消除之日起，诉讼时效期间继续计算。"法律设置诉讼时效中止目的，为了保证权利人遇到阻却权利行使特定情形仍有行使权利之必要时间，即使权利人遇到意志以外的原因导致暂时不能行使权利的，法律也为其预留了补救渠道。

中止诉讼时效的事由，应为法定事由。根据《民法通则》第 139 条的规定，中止诉讼时效的事由有两种：一是不可抗力；二是其他障碍。不可抗力，即不能预见、不能避免、不能克服的客观情况，如战争、火山爆发、地震、海啸等天灾人祸。其他障碍，如"权利被侵害的无民事行为能力人、限制民事行为能力人没有法定代理人，或者法定代理人死亡、丧失代理权、丧失行为能力"等事由，《民法通则》并未列举，由于事物本身不断发展变化，时效中止的原因外延也具有多样化和不确定性，只要是能够导致债权人无法行使债权的客观情况，都应当视为时效中止事由。

有关法律规定

《中华人民共和国民法通则》(2009 年修正)

第一百三十七条　诉讼时效期间从知道或者应当知道权利被侵害时起计算。但是，从权利被侵害之日起超过二十年的，人民法院不予保护。有特殊情况的，人民法院可以延长诉讼时效期间。

第一百三十九条　在诉讼时效期间的最后六个月内，因不可抗力或者其他障碍不能行驶请求权的，诉讼时效中止。从中止时效的原因消除之日起，诉讼时效期间继续计算。

第一百四十条　诉讼时效因提起诉讼、当事人一方提出要求或同一履行义务而中断。从中断时起，诉讼时效期间重新计算。

《中华人民共和国合同法》(1999年)

第六十一条　合同生效后，当事人就质量、价款或者报酬、履行地点等内容没有约定或者约定不明确的，可以协议补充；不能达成补充协议的，按照合同有关条款或者交易习惯确定。

第六十二条　当事人就有关合同内容约定不明确，依照本法第六十一条的规定仍不能确定的，适用下列规定：

(一)质量要求不明确的，按照国家标准、行业标准履行；没有国家标准、行业标准的，按照通常标准或者符合合同目的的特定标准履行。

(二)价款或者报酬不明确的，按照订立合同时履行地的市场价格履行；依法应当执行政府定价或者政府指导价的，按照规定履行。

(三)履行地点不明确，给付货币的，在接受货币一方所在地履行；交付不动产的，在不动产所在地履行；其他标的，在履行义务一方所在地履行。

(四)履行期限不明确的，债务人可以随时履行，债权人也可以随时要求履行，但应当给对方必要的准备时间。

(五)履行方式不明确的，按照有利于实现合同目的的方式履行。

(六)履行费用的负担不明确的，由履行义务一方负担。

《最高人民法院关于审理民事案件适用诉讼时效制度若干问题的规定》(2008年)

第十条　具有下列情形之一的，应当认定为民法通则第一百四十条规定的“当事人一方提出要求”，产生诉讼时效中断的效力：

(一)当事人一方直接向对方当事人送交主张权利文书，对方当事人在文书上签字、盖章或者虽未签字、盖章但能够以其他方式证明该文书到达对方当事人的；

(二)当事人一方以发送信件或者数据电文方式主张权利，信件或者数据电文到达或者应当到达对方当事人的；

(三)当事人一方为金融机构，依照法律规定或者当事人约定从对方当事人账户中扣收欠款本息的；

（四）当事人一方下落不明，对方当事人在国家级或者下落不明的当事人一方住所地的省级有影响的媒体上刊登具有主张权利内容的公告的，但法律和司法解释另有特别规定的，适用其规定。

前款第（一）项情形中，对方当事人为法人或者其他组织的，签收人可以是其法定代表人、主要负责人、负责收发信件的部门或者被授权主体；对方当事人为自然人的，签收人可以是自然人本人、同住的具有完全行为能力的亲属或者被授权主体。

第十一条　权利人对同一债权中的部分债权主张权利，诉讼时效中断的效力及于剩余债权，但权利人明确表示放弃剩余债权的情形除外。

第十二条　当事人一方向人民法院提交起诉状或者口头起诉的，诉讼时效从提交起诉状或者口头起诉之日起中断。

第十四条　权利人向人民调解委员会以及其他依法有权解决相关民事纠纷的国家机关、事业单位、社会团体等社会组织提出保护相应民事权利的请求，诉讼时效从提出请求之日起中断。

第十五条第一款　权利人向公安机关、人民检察院、人民法院报案或者控告，请求保护其民事权利的，诉讼时效从其报案或者控告之日起中断。

第十九条　债权转让的，应当认定诉讼时效从债权转让通知到达债务人之日起中断。

债务承担情形下，构成原债务人对债务承认的，应当认定诉讼时效从债务承担意思表示到达债权人之日起中断。

第二十二条　诉讼时效期间届满，当事人一方向对方当事人作出同意履行义务的意思表示或者自愿履行义务后，又以诉讼时效期间届满为由进行抗辩的，人民法院不予支持。

二、发邮件、手机短信催款，能视为诉讼时效中断吗

基本理论

邮件、手机短信都是债权人"催告"债务人履行的手段。"催告"对诉讼时效影响巨大，法院在进行认定时，也比较慎重。在《最高人民法院关于审理民事案件适用诉讼时效制度若干问题的规定》施行前，法院存在需债务人承

担催告未曾到达举证责任的“到达推定主义”和需相对人签收作为催告效力的“到达主义”。《最高人民法院关于审理民事案件适用诉讼时效制度若干问题的规定》则将上述二者予以糅合，在承认催告“到达”生效的同时，也认可了“应当到达”催告的效力。

根据《最高人民法院关于审理民事案件适用诉讼时效制度若干问题的规定》第10条规定，具有下列情形之一的，应当认定为《民法通则》第140条规定的“当事人一方提出要求”，产生诉讼时效中断的效力：当事人一方以发送信件或者数据电文方式主张权利，信件或者数据电文到达或者应当到达对方当事人的。这一条款明确了“发送信件或者数据电文方式”可以成为中断诉讼时效的法定事由。

1. 手机短信

手机短信，根据性质，可以将其视为数据电文门类，是指以光学、电子、磁或者类似其他手段生成、发送、接收或者存储的信息。数据电文所记载的内容可以通过有形形式表现出来，作为当事人意思表示，只要确定载有当事人真实意思表示的手机短信内容已经成功送达或者应当送达债务人，就可以产生诉讼时效中断的效果。

2. 邮件

邮件分为普通快递和特快专递。司法实践中常出现原告提供向被告发出催款通知的邮寄凭证，但不能提供被告妥收的证据，对此，是否应当认定诉讼时效中断？本书认为，债权人提出要求应当以意思表示到达债务人为原则，但是非因债权人过错导致债权主张的意思表示没有到达或者可能没有到达相对人时，应当认为同样发生诉讼时效中断的法律后果。一方面，诉讼时效的法律制度的立法原意在敦促权利人行使权利，在权利人已经积极行使权利的情况下，不可能永远保证意思表示顺利到达相对人，这与《最高人民法院关于审理民事案件适用诉讼时效制度若干问题的规定》规定也是相互契合的；另一方面，最高人民法院《关于贯彻执行〈中华人民共和国民法通则〉若干问题的意见（试行）》第173条第2款规定，权利人向债务保证人、债务人的代理人或者财产代管人主张权利的可以认定诉讼时效中断的相关规定。该规定也可以佐证上述观点。

在邮寄方式主张债权情景中，因债务人通信地址变更但疏于告知债权人、邮递人过错未及时准确送达、债务人邮件为统一收发故债权人无法证明邮件妥收等情况下,均应认定诉讼时效中断。因为在债权人明显无过错等情形下,法律关心的不是催告到达的结果,而是债权人主动主张权利,发出主张债权邮件的行为。

典型案例

发送的催款短信构成诉讼时效中断事由,诉讼时效从催款短信到达或者应当到达债务人时起算

——王庄信用社诉李某民间借贷纠纷案①

1. 基本案情

原告:王庄信用社。

被告:李某。

2008 年 1 月 20 日,A 县农民李某因购买农机缺少资金向 A 县王庄信用社借款 3 万元,借款期限为一年。借款到期后,李某未如期还本付息且已外迁他处,对信用社委托催收欠款的信贷员的联系电话故意不予接听。2009 年 2 月 3 日,信贷员张某用手机给李某发送了一条催收借款本息的短信,当天,李某回复了张某的短信,表示次日回家还清信用社借款本息。第二天,李某不仅未履行承诺,还自此停机,与王庄信用社断绝联系,也未偿还借款本息。2011 年 2 月 1 日,王庄信用社(原告)向 A 县法院起诉要求李某(被告)偿还借款本息。

2. 法院裁判及观点

双方对该案是否超过诉讼时效存在争议。庭审中,王庄信用社当庭出示了向被告发出的催收借款的短信及被告回复的短信,被告承认此手机号码当时确实为其本人在使用,但认为短信属于电子证据,极易被更改,故对原告所发短信是否被更改提出质疑,据此认为本案诉讼时效已过。《民法通则》第一百四十条规定,诉讼时效因提起诉讼、当事人一方提出要求或者同意履行义

① 参见《检察日报》2011 年 9 月 10 日第 003 版“法律生活”。

务而中断。从中断时起,诉讼时效期间重新计算。信贷员发送的催款短信及李某回复的同意还款短信,构成诉讼时效中断法定事由。法院遂判决被告李某向原告王庄信用社归还30,000元贷款本金及利息。

3. 案例评析

本案中,被告李某的说法不成立。第一,从法律角度讲,《最高人民法院关于民事诉讼证据的若干规定》第72条第1款规定"一方当事人提出的证据,另一方当事人认可或者提出的相反证据不足以反驳的,人民法院可以确认其证明力"和《最高人民法院关于审理民事案件适用诉讼时效制度若干问题的规定》第10条规定"具有下列情形之一的,应当认定为《民法通则》第140条规定的当事人一方提出要求,产生诉讼时效中断的效力:当事人一方以发送信件或者数据电文方式主张权利,信件或者数据电文到达或者应当到达对方当事人的"。依据该条规定,被告李某于2009年2月3日收到原告委托的信贷员所发送的催款短信当天予以回复,即可认定手机短信(数据电文)已于2月3日到达了被告,诉讼时效于2009年2月3日中断,诉讼时效届满日为2011年2月3日(共两年),原告于2011年2月1日起诉并没有超过诉讼时效。第二,从技术层面讲,手机短信发送后,内容会自动录入手机SIM卡,一般很难更改。第三,从被告在还款期限届满后的态度讲,可以推定被告采取故意拖延方式,以达到诉讼时效届满而免于履行还款的法定责任。

《民法通则》第140条规定,诉讼时效因提起诉讼、当事人一方提出要求或者同意履行义务而中断。从中断时起,诉讼时效期间重新计算,发送的催款短信构成诉讼时效中断法定事由,诉讼时效从催款短信到达或者应当到达债务人时起算。

债务人地址变更导致催款公函未能到达债务人,仍可引起诉讼时效中断

——上海某门窗有限公司诉北京某门窗厂合同纠纷案①

1. 基本案情

原告:上海某门窗有限公司。

① 参见《人民法院报》2008年12月11日第006版"商事审判"。

被告：北京某门窗厂。

2002年，原告上海某门窗有限公司和被告北京某门窗厂建立了型材买卖关系。2005年11月30日双方结算时，被告尚欠原告货款6.89万元。原告于2008年1月8日诉至法院，要求被告给付尚欠货款。庭审中，被告对原告主张的欠款事实及数额均不持异议。但被告认为，双方就欠款结算之日起至原告方起诉之日止，已超过两年的法定诉讼时效，原告在此期间内从未向被告主张过权利，也就丧失了胜诉的权利，因此要求法院驳回原告的诉讼请求。

原告为证明在此期间内向被告主张过权利并由此导致诉讼时效中断，提供了如下证据：由原告出具并盖章的催款公函以及邮寄该催款公函的挂号函件收据。该收据上的邮戳日期为2006年1月11日，该催款公函的催款对象以及邮件收件人均为被告。据此，原告认为诉讼时效应从2006年1月11日起重新开始计算。但被告对该邮件及催款公函表示没有见过，也未收到，因此认为其不能引起诉讼时效的中断。经法庭审理查明，被告方的住所地于2005年底变更，而原告方的催款公函是按被告方原住所地的地址邮寄的。

2. 法院裁判及观点

法院认为，根据《最高人民法院关于审理民事案件适用诉讼时效制度若干问题的规定》第10条"具有下列情形之一的，应当认定为民法通则第一百四十条规定的'当事人一方提出要求'，产生诉讼时效中断的效力：……（二）当事人一方以发送信件或者数据电文方式主张权利，信件或者数据电文到达或者应当到达对方当事人的"，被告变更地址未及时通知原告，原告仍以以往的邮寄惯例按义务人提供的地址发送债务催收通知书，而导致该邮件未实际到达被告。由于义务人未及时告知权利人邮寄地址变更的情形，权利人对邮寄地址错误并无过错，权利人对义务人所留的变更前的邮寄地址具有合理信赖，认为根据该地址主张权利的意思表示应当到达义务人，诉讼时效中断。

3. 案例评析

原告在诉讼时效期间内向被告住所地邮寄催款公函这一行为能否引起诉讼时效的中断，取决于对《民法通则》诉讼时效规定的理解。根据《民法通则》第140条规定"诉讼时效因提起诉讼、当事人一方提出要求或者同意履行义务而中断。从中断时起，诉讼时效期间重新计算"，"当事人一方提出要求”即我们通常所说的权利人主张权利。对这一条款的解释,应当采“目的解释法”即从立法原意角度进行理解。诉讼时效制度设计的首要目的是为了督促权利人积极行使自己的权利;另一目的是保护义务人,因历时很长的请求权可能导致举证困难等问题,因而赋予义务人时效抗辩。

本案中,原告在诉讼时效期间内向被告发出过催款公函,足以表明其积极主张权利的态度。催款公函未能有效到达被告,原因是原告并未查询被告住所地是否变更、变更于何处,仍是按照被告原住所地地址送货并由被告接收,在被告住所地变更并未通知原告的情况下,原告有理由相信被告仍以原址为住所地。催款公函未能有效到达被告方这一事实,原告方既无过失更谈不上故意,因此,不应认为存在过错。相反,如果要求所有的权利人在主张权利之前都应准确查明义务人的住所地是否变更、变更于何处,则附加给了权利人过多的注意义务,失去了诉讼时效制度在权利人与义务人乃至社会整体利益保护之间所做出的平衡。

有关法律规定

《中华人民共和国民法通则》(2009年修正)

第一百四十条　诉讼时效因提起诉讼、当事人一方提出要求或者同意履行义务而中断。从中断时起,诉讼时效期间重新计算。

《最高人民法院关于审理民事案件适用诉讼时效制度若干问题的规定》(2008年)

第十条　具有下列情形之一的,应当认定为民法通则第一百四十条规定的“当事人一方提出要求”,产生诉讼时效中断的效力:

(一)当事人一方直接向对方当事人送交主张权利文书,对方当事人在文书上签字、盖章或者虽未签字、盖章但能够以其他方式证明该文书到达对方当事人的;

(二)当事人一方以发送信件或者数据电文方式主张权利,信件或者数据电文到达或者应当到达对方当事人的;

(三)当事人一方为金融机构,依照法律规定或者当事人约定从对方当事人账户中扣收欠款本息的;

(四)当事人一方下落不明,对方当事人在国家级或者下落不明的当事人一方住所地的省级有影响的媒体上刊登具有主张权利内容的公告的，但法律和司法解释另有特别规定的，适用其规定。

前款第(一)项情形中，对方当事人为法人或者其他组织的，签收人可以是其法定代表人、主要负责人、负责收发信件的部门或者被授权主体；对方当事人为自然人的，签收人可以是自然人本人、同住的具有完全行为能力的亲属或者被授权主体。

三、催款后借款人同意还款的，能视为诉讼时效中断吗

基本理论

1.时效届满前，诉讼时效因催款而中断

出借人向借款人主张实现借贷债权，要求借款人偿还欠款、支付利息，这也属于诉讼时效中断的法定事由。从民法规定看，出借人“提出清偿债权请求”，既包括诉讼内请求，也包括诉讼外请求。

在司法实践中，常出现借款人和出借人就是否提出过履行义务请求而发生争议的案件，争议焦点一般表现为：出借人主张已经向借款人催款，诉讼时效发生中断，债权未过诉讼时效；借款人则认为出借人并未曾向其催款，起诉已逾诉讼时效期间。对此，应当根据证据情况和案件具体原因分别处理。

(1)口头催款

出借人仅口头向借款人催款，借款人口头承诺还款，出借人视为借款人同意履行义务，诉讼时效中断，但是在诉讼过程中，借款人否认承诺还款行为。在此情况下，出借人应当负有举证责任，若不能提供充分证据证实已经完成口头催款行为，则无法认定为时效中断。由此推断，出借人催款以书面形式为宜，且应当载有借款人的签字，便于留下书面证据。同时，法律并不排斥口头催款，只要出借人有足够证据证实进行过口头催款行为，也可以认定诉讼时效中断。

(2)向关系人催款

在一些案件中，借款人长期居无定所，无法确定具体地址的，出借人向借款人其他关系人，比如家属、利害关系人、次债务人(借款人的债务人)等进行催款，诉讼中，借款人以出借人并未向自己本人催款为由，提出时效抗辩。这

种情况，一般认为出借人虽然没有向借款人本人进行催款，但有充足证据证实出借人已经向借款人的其他关系人主张权利，也应当认定为诉讼时效中断。

(3)向担保人、借款人代理人或者财产管理人等催款

民间借贷合同还款期限届满后，借款人没有还本付息，担保人也并未履行担保责任，出借人向担保人主张实现担保债权的，诉讼时效中断的效果及于借款人。同理，出借人向借款人的代理人、财产保管人主张权利的，诉讼时效中断的效力依然及于借款人。

2. 时效届满后，催款并同意诉讼时效重新起算

诉讼时效已经届满，借款人在催款通知单上签字或盖章，但没有明确表示同意履行债务的，法律效果应当如何评判？首先应当肯定的是，借款人的签字或盖章行为不可能发生时效中断的效果，而是否构成时效抗辩权的抛弃，存在"肯定说"和"否定说"两种观点。

第一种，"肯定说"，以我国台湾地区通说为代表，认为在催款单上签字或盖章即视为时效抗辩权抛弃的默示意思表示。我国即采用这种观点，根据《最高人民法院关于超过诉讼时效期间借款人在催款通知单上签字或者盖章的法律效力问题的批复》(法释〔1999〕年第7号)：债务人如果在债权人发出的催款通知单上签字或盖章，发生"原债务的重新确认"的效果。所谓"原债务的重新确认"实质上就是"债务人抛弃时效抗辩权"，即借款人仅对债务存在的事实表示"承认"，则产生时效抗辩权抛弃的默示意思表示。司法实务中，还认可借款人签收出借人发出的对账单、费用表、催款函等。

第二种，"否定说"认为时效抗辩权的抛弃对借款人影响巨大，对抛弃的条件应当严格限定为明确的意思表示，债务人仅承认债务事实的存在，不等同于债务人愿意继续履行债务。同时，不能简单认定只要"在催款单上签字或盖章"等类似承认债务的行为就构成时效抗辩权的抛弃，如果有相反证据证实，债务人虽然已经签收催收债权文书，但是，债务人也明确表示不愿意、不认可债务的，则不能认定为时效抗辩权的抛弃。

本书赞同"肯定说"，债务人在催款通知单上签字或盖章，承认债务实际存在，即可推知债务人有同意履行的意思表示，这属于默示意思表示的"补充解释"。"补充解释"，即当事人意思表示不完整，根据其已经发出的表示，将

其中没有表达出来的意思予以补充，经补充解释后意思表示更为完整，或者意思也可能得到改变，解释的依据为“可推测的当事人意思，并非由合同双方当事人的主观想法（所决定的），而是由法院依据客观情形做利益权衡的基础上得出的”，[①]将“在催款通知单上签字或盖章”的行为解释为时效抗辩权的抛弃，使原本失去请求力的债权得到恢复，按照客观目的解释，“从有利于债权人的意思的角度进行解释。因为债权人与债务人之间本来就存在债权债务关系，债务人本来应该及时履行债务，而其没有做出履行，其本身就是违反诚实信用原则的，如果从有利于债务人的角度来解释时效利益的抛弃，则认为债务人没有抛弃时效利益，也不符合公平正义的理念”。[②] 如果债务人不同意继续履行，完全可以拒绝签收或签章，或者在签收时明确表示拒绝履行债务，以清晰明确界定该行为的法律效果。

典型案例

诉讼时效届满，催款后借款人有同意还款的意思表示，诉讼时效重新计算

——北京某恒业高新技术有限公司与徐某民间借贷纠纷案[③]

1. 基本案情

上诉人（原审被告）：北京某恒业高新技术有限公司。

被上诉人（原审原告）：徐某。

徐某原系某恒业公司的股东。2003 年 7 月 20 日，徐某（贷款方）与某恒业公司（借款方）签订《借款协议》，约定：借款期限 2003 年 7 月 20 日至 2004 年 7 月 20 日，为期一年；借款数量为人民币 5 万元；借款利率为年利率 15%；还款总额为 57, 500 元；到期违约，每拖延一天还款，按还款总额的千分之三计息。上述协议签订后，徐某向某恒业公司提供借款 5 万元。庭审中，某恒

---

① Vgl. Schwap/Lohnig, Einfuhrung in das Zivilrecht, 17. Aufl. , Heidelberg, C. F. Muller, 2007, Rn. 90. ［德］梅迪库斯：《德国民法总论》，邵建东译，法律出版社 2000 年版，第 252 页。

② 王利明：《民法总则研究》，中国人民大学出版社 2003 年版，第 751 页。

③ 北京市第一中级人民法院（2015）一中民（商）终字第 5504 号。

业公司提出两项抗辩主张，一是某恒业公司已经清偿了该借款；二是徐某现在起诉已经超过了诉讼时效。就其第一项主张，某恒业公司提交了借款单予以证明，但该证据系某恒业公司单方制作，其上并无徐某的签字确认。就某恒业公司提出的关于诉讼时效的抗辩意见，徐某称其于借款到期后，多次以口头、手机短信、打电话、发信函等形式向某恒业公司催要，某恒业公司的法定代表人罗某也同意还款。为证明其主张，徐某提交了电话录音、手机短信、催款函、书面证人证言等证据。徐某提交的证据显示，徐某于2013年7月21日书写的催款函记载："欠条上明明白白写着，还款日期和利息计算等相关条款……你们只是把我退股的本金还给我了，利息一分钱也没有给我。我已经考虑好了：两张欠条，连本带息我都要！"徐某将这份催款函发送给了某恒业公司的股东邵文斌、罗某、吴胜和。吴胜和于2013年8月10日给徐某回复手机短消息："邮件收到，请老哥与罗某好好谈，我跟罗某说了，若没有还你钱，就按约定还。……"2013年8月23日，吴胜和给徐某发送手机短消息："已与罗某谈过，他同意给你钱，请你算一下具体钱数并与罗某联系。"2013年8月23日，徐某给罗某发送手机短消息："刚刚吴胜和老师短信告诉我，你同意按照欠条约定的条款还我钱了，对吗？"2013年9月5日，徐某给罗某发送手机短消息："你现在在北京吗？我已经从西宁回到河南焦作了，我啥时候来北京跟你结账啊？"2013年9月6日，罗某回复徐某短消息："我现在外地陪客户，十五号左右回京，到时你和老颜一起过来统一解决。"2013年9月15日，罗某给徐某发送手机短消息："因为要出具文件让全体股东签字，故让你和老颜一起来将这事一次性了结，你就等一下吧。"2013年10月11日，徐某给罗某发送手机短消息："我和颜为玺在5楼办公室等你，你啥时候能到？"

徐某诉至法院，请求判令：(1)某恒业公司偿还借款本金5万元及其利息7500元；(2)某恒业公司按每日千分之三的标准支付从2004年7月20日起至实际还款日的逾期违约金；(3)某恒业公司承担本案的诉讼费用。

2. 法院裁判及观点

一审法院裁判及观点认定，徐某与某恒业公司签订的《借款协议》系双方的真实意思表示，且其内容未违反我国相关法律、行政法规的强制性规定，应属有效。徐某给某恒业公司提供了借款，双方约定借款期限为2003年7月20日至2004年7月20日，借款到期后，某恒业公司并未按照该约定期限还款。此时，徐某要求某恒业公司还款的诉讼时效期间应为2004年7月21日至2006年7月20日，但徐某并未提交证据证明其于该期间向某恒业公司主张过权利，或存在其他中断诉讼时效的情况，故涉案借款的诉讼时效于2006年7月20日届满。但诉讼时效期间届满后，徐某仍在积极向某恒业公司主张权利，至2013年7月往后，徐某向某恒业公司股东吴胜和、罗某等人发送的催款函及手机短消息表明了其催要款项的意思表示。收到徐某催要款项的信函后，某恒业公司的股东吴胜和的回复是："邮件收到，请老哥与罗某好好谈，我跟罗某说了，若没有还你钱，就按约定还……""已与罗某谈过，他同意给你钱，请你算一下具体钱数并与罗某联系。"而针对徐某催要款项的短消息："刚刚吴胜和老师短信告诉我，你同意按照欠条约定的条款还我钱了，对吗？"某恒业公司的法定代表人罗某的回复是："我现在外地陪客户，十五号左右回京，到时你和老颜一起过来统一解决。""因为要出具文件让全体股东签字，故让你和老颜一起来将这事一次性了结，你就等一下吧。"罗某系某恒业公司的法定代表人，其与徐某就涉案借款的沟通，应系其履行职务行为。罗某发送的以上短消息内容，已经明显显示出某恒业公司同意履行义务的意思表示。根据最高人民法院《关于审理民事案件适用诉讼时效制度若干问题的规定》第22条的规定："诉讼时效期间届满，当事人一方向对方当事人作出同意履行义务的意思表示或者自愿履行义务后，又以诉讼时效期间届满为由进行抗辩的，人民法院不予支持。"现某恒业公司以诉讼时效作为其抗辩理由不能成立，该院不予采纳。

一审宣判后，某恒业公司不服提出上诉。

二审理查明的其他事实与一审法院查明的事实一致。二审法院认为，某恒业公司与徐某签订《借款协议》，徐某向某恒业公司提供借款，双方形成民间借贷关系，该法律关系系双方当事人真实意思表示，其内容不违反我国法律、行政法规的强制性规定，应属有效。关于某恒业公司上诉主张徐某诉请已过诉讼时效，某恒业公司主张其未核对手机短信原件，且短信中罗某的回复并未明确指向的是本案借款纠纷抑或是股权纠纷，对此本院认为，某恒业公司在一审诉讼中对短信记录发表了质证意见，并未对短信记录的真实性提出异议，而是认为短信记录的内容中未体现其对徐某所述事实予以确认。并且罗某与徐某2013年5月25日的通话录音中显示，徐某提出"还有欠5万元欠条的事”，罗某表示：“不是欠你一个人的事，当时借很多人钱，连利息都没有付，老吴让查底子。”“你先拿一百万再说……把所有人都叫过来，一起商量再说。”本院认为，罗某作为某恒业公司的法定代表人，与徐某沟通本案借款，系其履行职务行为，即某恒业公司认可并同意履行本案债务。根据《最高人民法院关于审理民事案件适用诉讼时效制度若干问题的规定》第 22 条之规定：“诉讼时效期间届满，当事人一方向对方当事人作出同意履行义务的意思表示或者自愿履行义务后，又以诉讼时效期间届满为由进行抗辩的，人民法院不予支持。”故某恒业公司关于徐某诉请已过诉讼时效的上诉主张本院不予支持。

3. 案例评析

诉讼时效届满后，借款人做出同意履行债务的意思表示，但还没有实际履行的自然债务，法院是否可以强制债务人执行？这是本案讨论的关键。从民法上看，时效届满以后，债务履行纠纷仍然存在，尽管此债务已转化为自然债务，但不能否认债务实体权利的既存性。诉讼时效届满，双方达成协议，由债务人继续承担全部或一部分债务，则此项债务已非自然债务，而是一种新债务。既然该协议属于另外一个合同，则与其他合同一样发生法律约束力，如果债务人不履行其债务，法院可以强制执行。这种诉讼时效期满后达成的履行义务的协议应为有效，也可以认为义务人对自己所享有的时效抗辩权的抛弃。

在实务中承认债务的行为可以分为书面和口头两种形式。对于其合同形式而言，法律并不要求一定以书面的形式，因此对于口头合同，法律同样承认其效力，只是涉及举证难度的问题了。时效届满以后，如果双方达成协议，由债务人继续承担全部债务或者一部分债务，通过协议所承认的债务已非自然债务，乃是一种通过和解协议而产生的新的合同债务，与其他合同一样发生法律约束力，法院可以对之进行强制执行。

在本案中，罗某作为某恒业公司的法定代表人，与徐某沟通本案借款，系其履行职务行为，罗某与徐某 2013 年 5 月 25 日的通话录音表示同意履行本案债务，即代表了某恒业公司对债务的认可。根据《最高人民法院关于审理民事案件适用诉讼时效制度若干问题的规定》第 22 条之规定：“诉讼时效期间届满，当事人一方向对方当事人作出同意履行义务的意思表示或者自愿履行义务后，又以诉讼时效期间届满为由进行抗辩的，人民法院不予支持。”故某恒业公司关于徐某诉请已过诉讼时效的上诉主张不能成立。法院依据某恒业公司后来的承诺支持了徐某的诉讼请求，要求被告履行债务也是合法合理的。

诉讼时效届满，借款人在催款通知书签字，应当视为对原债务的重新确认，该债权债务应受法律保护

——某担保公司诉某电化企业公司、某电业公司借贷纠纷案①

1. 基本案情

原告：深圳市某担保有限公司。

被告：南海市某电化企业集团公司。

被告：佛山市南海区某电业有限公司。

电化公司作为借款方、工行南海支行作为贷款方、"南海县（市）经济委员会"作为保证方，于1992年1月2日、1992年6月30日、1993年11月29日、1994年6月29日，分别签订了四份《中国工商银行固定资产借款合同》，约定工行南海支行分别贷款5,000,000元、4,000,000元、5,000,000元、5,000,000元给电化公司，借款期限分别为4年11月、3年5月、1年、1年。1994年9月30日和同年12月14日，电化公司作为借款方、工行南海支行作为贷款方、"南海市经济贸易开发总公司"作为保证方，分别签订两份《中国工商银行固定资产借款合同》，约定工行南海支行分别贷款5,000,000元、5,000,000元给电化公司，借款期限分别是至"1995年9月"和1年。

上述合同签订后，工行南海支行分别于1991年12月31日、1992年6月30日、1993年11月29日、1994年6月29日、1994年9月27日、1994年12月13日共发放了贷款28,000,000元给电化公司。

1999年1月11日、2000年5月21日、2001年3月12日、2005年4月15日，工行南海支行分别向电化公司发出了四份《催收贷款通知书》，向电化公司催收贷款本金26,200,000元及利息。其中，2000年5月21日《催收贷款通知书》载明："……贵单位在我行的下列贷款已经逾期：（1）91.12.31－96.11.20（金额）200万元；（2）91.12.31－95.11.30（金额）170万元；

① 广东省高级人民法院（2014）粤高法民二终字第35号。

(3)94. 12. 13 -95. 12. 15(金额)500 万元;(4)94. 9. 27 -95. 9. 25(金额)500 万元;(5)92. 6. 30 -94. 11. 25(金额)50 万元;(6)92. 6. 30 -95. 11. 25(金额)250 万元;(7)94. 6. 29 -95. 6. 25(金额)450 万元;(8)93. 11. 29 -94. 11. 25(金额)500 万元……"等内容。2005 年 4 月 15 日《催收贷款通知书》的担保人栏记载了"我单位愿意继续为上述贷款本息承担连带保证责任(南海市某电业有限公司)"等内容。

电化公司在 1999 年 1 月 11 日的《催收贷款通知书》回执栏中盖章,某公司在担保人栏中盖章,李明标在上述两栏中均盖上了私章。电化公司在 2000 年 5 月 21 日的《催收贷款通知书》回执栏中盖章,某公司在担保人栏中盖章。电化公司在 2001 年 3 月 12 日的《催收贷款通知书》回执栏中盖章,某公司在担保人栏中盖章,李明标在上述两栏中均盖上了私章。某公司在 2005 年 4 月 15 日的《催收贷款通知书》借款人栏和担保人栏中盖章,李明标在上述两栏中均盖上了私章。

2005 年 7 月 20 日,中国工商银行广东省分行与信达深圳办事处签订《债权转让协议》,协议约定:"……本协议项下甲方(中国工商银行广东省分行)转让给乙方(信达深圳办事处)的债权为债务人某公司(原电化公司)所欠甲方的在本协议附件中列明的贷款本金及相应利息……本协议项下的债权的账面价值为本金人民币 26,200,000 元及相应利息……"2006 年 5 月 19 日,中国工商银行广东省分行与信达深圳办事处联合在《南方日报》上刊登公告,公告了中国工商银行广东省分行将上述债权及担保合同项下的全部权利依法转让给信达深圳办事处,信达深圳办事处要求相关债务人及其担保人向其履行还款义务或承担相应担保责任。

2. 法院裁判及观点

一审法院认为,本案系借款合同纠纷。工行南海支行为依法设立的金融机构,具备金融借贷业务经营权,其分别与电化公司、南海县(市)经济委员会、南海市经济贸易开发总公司签订的六份《中国工商银行固定资产借款合同》为当事人的真实意思表示,合法有效,依法应受法律保护。

关于某公司对电化公司的债权是否已超过诉讼时效期间的问题。案涉贷款中最迟一笔贷款的到期日为 1996 年 11 月 20 日,即最迟一笔贷款的诉讼时效期间在 1998 年 11 月 20 日届满,但参照最高人民法院《关于超过诉讼时效期间借款人在催款通知单上签字或者盖章的法律效力问题的批复》的规定，电化公司、李明标于1999年1月11日在工行南海支行的《催收贷款通知书》上盖章、签字的行为，应视为电化公司对原债务进行了重新确认。电化公司对此亦予以了确认，故案涉债权的诉讼时效期间应从1999年1月11日起重新计算。

2000年5月21日、2001年3月12日，工行南海支行陆续对案涉债权进行催收，电化公司均在相关通知书上盖章确认，根据《中华人民共和国民法通则》第140条的规定，案涉债权的诉讼时效期间持续发生中断。电化公司主张工行南海支行自2001年3月12日之后没有再向其主张过权利，案涉债权的诉讼时效期间至2003年3月12日已届满，但某公司在工行南海支行2005年4月15日向电化公司发出的《催收贷款通知书》中的借款人栏和担保人栏中加盖了公章，李明标亦在上述两栏中盖上私章确认。由于李明标系电化公司的法定代表人，根据《中华人民共和国民法通则》第43条"企业法人对它的法定代表人和其他工作人员的经营活动，承担民事责任"的规定，李明标在上述通知书上签章的行为应视为该通知书已送达电化公司，且电化公司的营业执照在2002年9月1日被工商行政管理部门吊销，工行南海支行向其法定代表人进行催收并无不当。因此，本案债权的诉讼时效期间于2005年4月15日再次发生中断。随后，中国工商银行广东省分行、信达深圳办事处（信达深圳分公司）、某公司分别于2006年5月19日、2007年7月26日、2009年7月15日、2011年7月6日、2013年4月25日在《南方日报》刊登了相关债权转让、催收公告。因此，案涉债权的诉讼时效期间从2013年4月25日重新开始计算，至某公司2013年7月9日向原审法院提起本案诉讼，并未超过法律规定的二年的诉讼时效期间。

电化公司不服上述判决，提起上诉。

经审理，二审法院对原审查明的事实予以确认。二审法院认为，本案是借款合同纠纷。关于李明标在2005年4月15日《催收贷款通知书》借款人栏上盖章的行为是否构成对案涉债权的确认问题。李明标同为电化公司和某公司的法定代表人，其不仅在2005年4月15日《催收贷款通知书》的担保人栏上盖章，也在借款人栏上盖章，根据《民法通则》第43条"企业法人对它的法定代表人和其他工作人员的经营活动，承担民事责任"的规定，李明标在借款人栏上盖章的行为应视为上述催收通知已送达电化公司，电化公司对案涉债务重新予以确认。至于电化公司辩称催收通知上所盖李明标私章是由某公司使用的专用章、并非电化公司使用的专用章，因李明标印章的使用属电化公司与某公司的企业内部管理事项，上述事由不能产生对抗企业外部善意第三人的效力，故对电化公司称李明标在2005年4月15日《催收贷款通知书》上借款人栏盖章的行为不构成对案涉债权的确认的主张，本院不予采纳。

3. 案例评析

根据《民法通则》，诉讼时效是指权利人在法定期间内不向人民法院请求就丧失了请求人民法院按照诉讼程序强制义务人履行义务和权利的法律制度。虽然《民法通则》第135条的表述为“向人民法院请求保护民事权利的诉讼时效期间为二年”，但根据司法解释及多数人对该条的理解，认为诉讼时效期间届满后，权利人丧失了胜诉权。依据《民法通则》第138条的规定，超过诉讼时效期间，当事人自愿履行的，不受诉讼时效限制。也就是说，诉讼时效期间届满后，义务人自愿履行的，权利人仍有权受领。债务人履行义务后，不得以不知诉讼时效届满为理由要求返还。这是因为只要义务人不依法履行义务，权利人的民事实体权利不因时效届满而消灭。

法释〔1999〕7号批复认为，“根据《中华人民共和国民法通则》第四条、第九十条规定的精神，对于超过诉讼时效期间，信用社向借款人发出催收到期贷款通知单，债务人在该通知单上签字或者盖章的，应当视为对原债务的重新确认，该债权债务关系应受法律保护”。本批复实际上确认了诉讼时效期间届满后债务人在债权人催款通知单签章的法律效力，即认为债务人的签章行为是对原债务的重新确认。也就是说，债务人的签章行为具有法律效力，构成新的还款协议，主要理由如下：第一，诚实信用原则是民事活动的“帝王原则”，是参与民事活动的所有当事人都应遵循的原则。《民法通则》第4条规定，民事活动应当遵循自愿、公平、等价有偿、诚实信用原则。据此，借款人应当按照约定归还本息，没有履行即违背了诚实原则；虽然诉讼时效期间届满，但债务人在贷款人的催款通知书中签章，表明了债务人对原债务的重新确认，如果不承担这种确认所带来的法律后果也是违背诚信原则的行为。第二，《民法通则》第90条规定，合法的借贷关系受法律保护,借款人履行还款义务是法定义务。第三,根据意思自治原则,借款人在催收贷款通知单上的签章行为是真实的意思表示,即债务人签章后,债权人与债务人对还款协议是一项自愿达成的协议,法院应当允许。第四,法释〔1999〕7 号批复坚持了最高人民法院一贯原则立场。1997 年 4 月 16 日最高人民法院制定的《关于超过诉讼时效期间当事人达成的还款协议是否应当受法律保护问题的批复》(法复〔1997〕4 号)指出:“超过诉讼时效期间,当事人双方就原债务达成的还款协议,属于新的债权、债务关系。根据《中华人民共和国民法通则》第九十条规定的精神,该还款协议应受法律保护。”

综上,诉讼时效届满,债权人向债务人发出催收到期借款通知单,债务人在上面签字或盖章的,应当视为对原债务的重新确认,该债权债务应受法律保护。

本案中,认定李明标在 2005 年 4 月 15 日《催收贷款通知书》借款人栏上盖章的行为是否构成对案涉债权的确认是案件争议的焦点。李明标同时担任电化公司和某公司的法定代表人,不仅在 2005 年 4 月 15 日《催收贷款通知书》的担保人栏上盖章,也在借款人栏上盖章,应当视为电化公司对案涉债务重新予以确认。

有关法律规定

《中华人民共和国民法通则》(2009 年修正)

第四条　民事活动应当遵循自愿、公平、等价有偿、诚实信用的原则。

第九十条　合法的借贷关系受法律保护。

《最高人民法院关于超过诉讼时效期间借款人在催款通知单上签名或者盖章的法律效力问题的批复》(1999 年)

根据《中华人民共和国民法通则》第四条、第九十条规定的精神,对于超过诉讼时效期间,信用社向借款人发出催收到期贷款通知单,债务人在该通知单上签字或者盖章的,应当视为对原债务的重新确认,该债权债务关系受法律保护。

四、诉讼时效届满后债务人重新出具借条、签订还款协议能否重新起算诉讼时效

基本理论

1. 重新签订还款协议

诉讼时效期限届满，借贷双方重新签订还款协议，借款人履行还款义务的，谓之“时效届满后之给付”。借款人在时效届满后给付，主观上对时效期限是否届满可能明知，也可能未知，无论主观状态如何，均不应影响行为的后果。我国《民法通则》也明确，在时效届满之后，债务人自愿履行的，不得再主张时效抗辩权。但是，对于时效届满后，借贷双方重新达成的还款协议，在实际履行前是否有法律拘束力问题，立法及理论界存在两种不同态度。

第一种，以《苏俄民法典》为代表的多数社会主义国家。比如前《苏俄民法典》第 89 条规定：“如果债务人在诉讼时效过期后履行了义务，则他无权请求返还，尽管在履行义务时他不知道时效已经过期。”这种法例实际属于“实践法律行为”，只规定时效届满后的给付和履行，借款人不得返还，而对于借款人作出的承认债务意思表示在实际履行前是否有法律拘束力的问题，并不肯定。

第二种，以德国为代表的大陆法系国家。比如《德国民法典》第 222 条第 2 款规定，为履行已经时效消灭的请求权而为的给付，虽不知时效消灭而为给付者，也不得请求返还。义务人以契约承认或提供担保者，亦同。第 812 条第 2 款规定“以契约所为债务关系之存在或不存在之承认，视为给付”。根据上述两款规定，契约承认视为给付的一种，即使不知道时效是否届满而做出的契约承认，也应当产生不可逆转的法律效果。我国台湾地区“民法”（第 144 条第 2 款）中规定，与此相同。[①]

从我国立法沿革，结合了上述两种立法例精神：《民法通则》第 138 条规定：“超过诉讼时效期间，当事人自愿履行的，不受诉讼时效限制。”最高人民法院《关于贯彻执行〈中华人民共和国民法通则〉若干问题的意见（试行）》第

---

① 参见史尚宽：《民法总论》，台湾正大印书馆 1980 年印刷，第 639 页。

171 条规定:“过了诉讼时效期间,义务人履行义务后,又以超过诉讼时效为由翻悔的,不予支持。”上述规定与第一种立法例属于同一类。根据《最高人民法院关于超过诉讼时效期间当事人达成的还款协议是否应当受法律保护问题的批复》(法复〔1997〕4 号)规定:“根据《中华人民共和国民法通则》第九十条规定的精神,对超过诉讼时效期间,当事人双方就原债务达成还款协议的,应当依法予以保护。”也就是说,诉讼时效届满后,借贷双方就原债务重新达成的还款协议,应当具有国家强制力保护的效力。该批复与第二种立法例属于同一类。司法解释是根据法律法规在司法实践中的适用而作出的具体性解释,针对的是类型化问题,无论从司法解释本身属性,还是我国立法例演变进程来讲,都应当认可重新达成的还款协议具有国家强制力保护的效力。

根据我国法律相关规定,借贷纠纷的诉讼时效为 2 年。借贷合同约定还款期限的,从最后还款期限届满时起算;借贷合同没有约定还款期限的不在此限。出借人和借款人因借款事实签订借款合同,之后借款人并未依约履行还款义务,出借人也没有在借款合同约定的还款期限届满后,及时主张债权,导致诉讼时效届满,出借人丧失胜诉权。而之后,借贷双方基于自由合意,重新订立还款协议对原借款合同确定的债务予以确认,一般通说认为,即产生借贷双方重新建立债权债务关系的法律效果。诉讼时效也应当以新还款协议约定的最后还款期限届满重新起算,如果出借人在重新计算的诉讼时效期间内,请求借款人偿还借款,向借款人主张债权的,应当认定出借人享有案件胜诉权,法院应予支持。

(1)还款协议产生新的债权债务关系,该法律关系适用民法通则关于诉讼时效期间的规定,诉讼时效的起算点为新的还款协议确定的还款日,而非协议签定日。比如,未约定还款日期的借款合同诉讼时效,应当自债权人知道或者应当知道权利被侵害之日起算 2 年,如果没有这样的时间点,则要考虑适用 20 年的诉讼时效,不应认定为协议签订之日起算 2 年,或者认为必须从支付贷款之日起算 2 年。

(2)还款协议作为新的法律关系,当事人在原债权债务关系中的约定对新的法律关系不再适用。

(3)存在主从债务的场合,主债务与从债务的诉讼时效并非当然关联,主债务双方达成的新的法律关系,并不当然对从债务人产生约束力。此时的从债务人仍然有权按照原来的协议,对诉讼时效期间的届满行使抗辩权。如果债务人自愿参加到新的法律关系中,或者明确予以认可并愿意按照新的协议承担从债务时,新的协议才对从债务人产生当然的约束力。

2. 重新出具借条

民间借贷关系中,诉讼时效指债权人请求法院保护合法权益而提起诉讼的法定有效期间,债权人未在法定期限内行使权力则导致债务人获得时效抗辩权,阻却债权人继续行使权力。诉讼时效因提起诉讼、当事人一方提出要求或债务人承认而中断,自中断时起,诉讼时效期间重新计算。我国法律规定,对民事权利保护的普通诉讼时效为 2 年。在民间借贷中,如果借贷合同双方约定了具体还款期限,若还款期限届满债务人仍未履行还款义务的,从还款期限届满之时次日开始计算债权的诉讼时效。债权人若希望债权获得法院保护,则应当在还款期限届满后 2 年内向法院起诉。

根据《最高人民法院关于适用〈中华人民共和国民事诉讼法〉的解释》第 219 条规定"当事人超过诉讼时效期间起诉的,人民法院应予受理。受理后对方当事人提出诉讼时效抗辩,人民法院经审理认为抗辩事由成立的,判决驳回原告的诉讼请求"。也就是说,诉讼时效届满后,债权人因怠于在法定期限内行使权利,使债务人获得时效抗辩权,从而导致债权人丧失法律的强制力保护。需要明确的是,诉讼时效届满后,债权人只是丧失了法律的强制力保护,其实体权利仍然既存,如若债务人就上述债务向债权人重新出具借条,表明债务人仍然同意履行债务,此时,债权的诉讼时效重新计算。

司法实践中,原借贷合同诉讼时效届满后,债务人获得时效抗辩权,而借贷合同双方在原借款事实基础上将原借条作废,重新出具借条的法律效果,则是对原借款关系重新确认,再次建立了一个新的民间借贷法律关系,债务人愿意重新签订借款合同或者出具借条,表明借款人自愿履行法律意义上的自然债务(原债务)。虽然原债务因为超过诉讼时效失去了国家强制力的保护,但是在借贷双方重新建立民间借贷法律关系后,该借贷关系的产生虽不依据实际借款事实作为前提,但债务人放弃自己时效抗辩权,权利一经放弃,双方再次确认的民间借贷法律关系是受到法律保护的。总之,诉讼时效届满之后,债务人重新出具借条产生了一个新的借贷关系,诉讼时效开始重新计算。债务人重新出具借条的情况下，需要注意的是重新出具的借款利息额度应当受“两线三区”标准的限制。

典型案例

诉讼时效届满，债务人重新出具借条，诉讼时效开始重新计算
——毛某诉金某民间借贷纠纷案①

1. 基本案情

上诉人（原审被告）：金某。

被上诉人（原审原告）：毛某。

1990 年 11 月间，被告金某因家庭建设缺钱向原告毛某借款 4000 元，双方约定每月支付 100 元利息，并由被告出具借条，时间为 1990 年 12 月 4 日。之后，被告未支付利息至今，期间原告一直催讨利息、本金无果。2010 年上半年，因金某未能归还毛某借款，由毛某重新书写借一张，金某在借条上借款人一栏处签名。该借条载明“今借到毛某人民币肆仟元整，每月利息壹佰元整，借款人：金某，1990 年 12 月 4 日”。嗣后，金某仍未归还毛某借款本息。

2. 法院裁判及观点

一审法院认为，毛某与金某之间的借贷关系事实清楚，权利义务明确，金某应偿还借款。现毛某要求金某归还借款本金、利息共计人民币 2.8 万元的诉讼请求，于法有据，应予支持。金某辩称“1990 年 12 月 4 日，由其丈夫出具借条，拿来时场就扣取了 960 元利息，实际拿到手 3040 元，后来利息还过一部分”，但未能提供相关证据予以证实，对该辩称不予支持。金某辩称“现在原告的借条已超过二十年的诉讼效”。本案中，金某于 2010 年上半年又在毛某重新书写的借条上签名，且金某也承认之前毛某向其讲起过借款一事，故本案借款没有超过诉讼时效期间，对该辩称也不予支持。

一宣判后，上诉人金某不服原审判决，提起上诉。

---

① 浙江省舟山市中级人民法院民事判决书（2011）浙舟商终字第 56 号。

二审法院认为，根据双方当事人二审的诉辩主张，本案争议的焦点是原审原告等毛某起诉时是否超过诉讼时效期间。诉讼时效是指权利人在法定期间内不行使权利即丧失请人民法院依法保护其民事权利的法律制度。法律规定诉讼时效的目的是督促权利人时行使权利，维护法律的秩序，而非否定权利的合法存在和行使。原审法院审理中，金某承认："（毛某）平时是在讨我的，讨了二次。一次在我老公死亡后（我老公死十三年了），一次是在重新出借条时（也就是去年）。"说明毛某一直在积极地行使自己的权利，并未放弃对借款的催讨。根据《最高人民法院关于审理民事案件适用诉讼对效制度若干问题的规定》第 10 条规定，当事人一方直接向对方当事人送交主张权利文书，对方当事人在文书上签字、盖章的，应当认定为"当事人一方提出要求"，产生诉讼时效中断的效力。因此，毛某于 2010 年上半年要求金某在重新书写的倚借条上签名，虽借条上落款时间仍为 1990 年 12 月 4 日，应认为毛某向金某提出了归还借款请求，构成诉讼时效中断，毛某起诉时并未超过诉讼时效。金某关于本案已过诉讼时效的理由不能成立，本院依法不予支持。

3. 案例评析

超过诉讼时效的债务，也就是自然债务，如果债务人拒绝履行，债权人虽然可以起诉到法院，但是不能获得法院强制力的保护，即丧失的胜诉的权利。但是如果诉讼时效届满后，债务人做出自愿履行的意思表示或者自愿履行，法律也是认可的。借贷双方在原借款基础上作废原借条，重新出具借条是对原借款关系的重新确认，又建立了一个新的民间借贷关系，债务人愿意重新出具借条，说明借款人自愿履行已经变成自然债务的原债务，放弃了时效抗辩的权利。原债务因诉讼时效届满失去了国家公权利的保护，债务人放弃时效抗辩权，重新出具借条，时效抗辩权一经放弃，无法恢复，债权债务双方重新建立借贷关系，诉讼时效开始重新计算，这一新的债权债务关系应当受到法律保护。

本案中，被告金某承认原告毛某多次催讨，证实毛某一直在积极地行使自己的权利，并未放弃对借款的催讨。根据《最高人民法院关于审理民事案件适用诉讼对效制度若干问题的规定》第 10 条的规定，当事人一方直接向对方当事人送交主张权利文书，对方当事人在文书上签字、盖章的，应当认定为

"当事人一方提出要求",产生诉讼时效中断的效力。毛某于2010年上半年要求金某在重新书写的借条上签名,应当视为双方重新建立借贷关系,诉讼时效重新计算。概括来讲,即出借人要求借款人就前期借款重新出具借条的,应认定为出借人向借款人主张了权利,借款人在新借条上签字确认的,产生诉讼时效中断的效力。

诉讼时效届满,借贷双方重新签订还款协议,诉讼时效重新开始计算

——刘某与彭某民间借贷纠纷案二审民事判决[①]

1. 基本案情

上诉人(原审被告):刘某。

被上诉人(原审原告):彭某。

1997年8月27日,被告刘某向原告彭某借款26,000元,借期5个月至1998年1月27日归还借款,并注明如到期不归还,彭某有权动用刘某的产业及龙山县八面山的种羊抵还借款。被告刘某在借据上签名并盖章。借款到期后,原告找过被告刘某要求其还款,但刘某没有偿还借款。2015年1月22日,原告彭某找到被告刘某,要求其重新写一份借条,被告刘某重新给原告彭某写了一份借条,其内容为"刘某于1997年8月27日借彭某现金26,000元至今没有归还,现在他想办法,得钱以后归还本息,利息按原银行贷款利率计算"。

2. 法院裁判及观点

一审法院认为,原告彭某与被告刘某1997年8月27日签订的借款合同合法有效,民间借贷关系成立。被告刘某应按约定履行还款义务。逾期利息从1998年1月28日起按中国人民银行同期贷款基准利率予以计算至本金还清时止。庭审中,被告刘某提出自己18年之久没有偿还借款,原告彭某的诉讼请求已超过了诉讼时效。一审法院认为2015年1月22日,义务人刘某重新向权利人彭某出具借条的行为系自愿确认行为,被告刘某愿意履行原借款合同。诉讼时效应重新计算。被告刘某以超过了诉讼时效要求确认无效

---

① 湖南省湘西土家族苗族自治州中级人民法院(2015)州民三终字第81号。

的抗辩理由，本院不予采纳。故根据《中华人民共和国合同法》第206条、第207条之规定，判决如下：由被告刘某偿还原告彭某借款本金26,000元，利息从1998年1月28日起按中国人民银行同期贷款基准利率予以计算至本金还清时止。

一审宣判后，刘某不服原审判决，提出上诉。

二审查明的事实与一审查明事实基本无异，予以确认。

二审法院认为，关于本案借款是否超过诉讼时效的问题。虽然本案借款发生在1997年，至今已诉讼时效届满。但上诉人刘某于2015年1月22日向被上诉人彭某出具了《借条》，该《借条》虽名为借条，实则为还款确认书性质。该《借条》不仅确认了1997年8月27日发生的借款，而且同意偿还该笔借款的本息。根据《最高人民法院关于审理民事案件适用诉讼时效制度若干问题的规定》第22条之规定，上诉人刘某既然作出了同意履行该义务的意思表示，又以诉讼时效进行抗辩的，本院不予支持。

3. 案例评析

本案中，借款合同签订于1997年8月27日，借款时间3个月，1998年1月27日为还款期限，即1999年1月27日该借款合同诉讼时效届满。自合同签订之后，出借人18年并未主张过债权，2015年早已超过诉讼时效，出借人丧失法律强制力保护。但是，法律同时规定了诉讼时效中断的制度，即在诉讼时效进行中，由于某种法定的事由，可以使以前经过的时效统归无效，待这种法定事由消除后，诉讼时效重新计算。这种引起诉讼时效中断的法定事由有三种：一是向法院提起诉讼；二是债权人向债务人提出还款请求；三是债务人同意履行债务。虽然债权人在18年内都没有主张权利，但2015年1月22日债务人出具了还款协议性质的《借条》，对已超过诉讼时效的债务承认，根据最高人民法院《关于超过诉讼时效期限达成的还款协议是否应当受法律保护的批复》"对超过诉讼时效期间，当事人就原债务达成还款协议的，应当依法予以保护"，在超过诉讼时效之后与对方所达成的还款协议是受法律保护的，而且这份还款协议的诉讼时效为2年。

诉讼时效届满，借贷双方重新订立还款协议的，产生借贷双方重新建立债权债务关系的法律效果。诉讼时效也应当以新还款协议约定的最后还款期限届满重新起算，如果出借人在重新计算的诉讼时效期间内，请求借款人偿还借款,向借款人主张债权的,应当认定出借人享有案件胜诉权,法院应予支持。

有关法律规定

《中华人民共和国合同法》(1999年)

第二百零六条　借款人应当按照约定的期限返还借款。对借款期限没有约定或者约定不明确,依照本法第六十一条的规定仍不能确定的,借款人可以随时返还;贷款人可以催告借款人在合理期限内返还。

《最高人民法院关于超过诉讼时效期间当事人达成的还款协议是否应当受法律保护问题的批复》(法复〔1997〕4号)

根据《中华人民共和国民法通则》第九十条规定的精神,对超过诉讼时效期间,当事人双方就原债务达成还款协议的,应当依法予以保护。

第十一章

民间借贷虚假诉讼

第一节 虚假诉讼的认定与后果

我国《民事诉讼法》第112条规定："当事人之间恶意串通，企图通过诉讼、调解等方式侵害他人合法权益的，人民法院应当驳回其请求，并根据情节轻重予以罚款、拘留；构成犯罪的，依法追究刑事责任。"由此可见虚假诉讼是妨碍人民法院正当行使审判权的毒瘤，是人民法院依法应当打击的对象。目前，对于虚假诉讼的概念理论界与实务界没有明确、统一的界定。比如在实务界中，浙江省高级人民法院《关于在民事审判中防范和查处虚假诉讼案件的若干意见》第1条规定："本意见所指的虚假诉讼，是指民事诉讼各方当事人恶意串通，采取虚构法律关系、捏造案件事实方式提起民事诉讼，或者利用虚假仲裁裁决、公证文书申请执行，使法院作出错误裁判或执行，以获取非法利益的行为。"该条规定根据当事人的意思表示、行为手段、追求目的等内容对虚假诉讼进行了界定。在理论研究中,学者们通常将虚假诉讼与恶意诉讼、滥用诉讼权利等概念联系在一起。本书认为,虚假诉讼是指民事诉讼的双方当事人恶意串通,合谋编造虚假的案件事实和证据,为达到非法目的,向法院提起诉讼,利用法院的审判权和执行权损害和侵占国家、集体、他人的财产或正当权益的诉讼行为。发生在民间借贷诉讼领域的虚假诉讼是指在民间借贷诉讼案件中当事人恶意串通,采取虚构法律事实、捏造涉案证据等方式向人民法院提起诉讼,侵害他人合法权益、获取非法利益的诉讼行为。

从司法实践中出现的民间借贷虚假诉讼案例分析,民间借贷虚假诉讼主要呈现以下特点:第一,从当事人之间的关系来看,基于虚假诉讼的隐蔽性和不法性,为节约诉讼成本和方便进行意思联络,当事人之间往往存在朋友、亲属等较为密切的关系。第二,从案件审理情况来看,因为虚假诉讼本身是为了达到损害真正权利人或其他案外人利益的目的,虚假诉讼的当事人或采取不出庭应诉,由委托代理人参加诉讼,或采取"自认"以防止"言多必失"的情况,造成法院审判对案件事实查实的困难。第三,从当事人的经济状况来看,在很多民间借贷虚假诉讼中,在涉案金额较大时,原告的经济状况与其起诉的被告欠款金额之间出现较大差距,也就是说原告并无经济实力出借案件的所涉金额。第四,从结案方式上看,虚假诉讼案件多以调解方式结案。调解结案往往容易达到案结事了的诉讼结果,其法律效力与判决一样,但较判决少了当事人不服提起上诉等诉讼程序,且若当事人能够达成调解意愿,法院不用再在案件事实查明上耗费更多时间,结案周期相应缩短,法官从审判效率和法律效果等方面综合考虑,也更倾向于以调解方式结案。

目前,与虚假诉讼的概念一样,对于民间借贷虚假诉讼行为应当如何认定,理论界与实务界也没有统一的界定,但有共识认为:民间借贷虚假诉讼从本质上讲是虚假的,诉讼只是双方当事人为实现逃避债务、损害他人利益等非法目的而采用的手段。除上文已经谈到的民间借贷虚假诉讼的特点以外,随着经济社会发展,在审判实践中民间借贷虚假诉讼案件还出现了新的类型:(1)从债权债务关系来看,民间借贷虚假诉讼由传统的直接债权债务关系转向间接债权债务关系,虚假诉讼的一方从传统的债权人身份向连带债务人身份过渡,使虚假诉讼更具隐蔽性;(2)从获取裁判结果的方式上看,为避免引起法院的关注,顺利实现诉讼的非法目的,当事人通过两个或两个以上的法院分别取得债权的法律文书和申请执行的法律文书，由于跨地域文书审核的现实牵制，增加了法院审核诉讼真伪的难度。①

一、借款人未实际获得借款但在诉讼中自认的是否认定为虚假诉讼

基本理论

1. 贷款人提供借款、借款人实际获得借款的法律意义

《合同法》第 196 条规定，“借款合同是借款人向贷款人借款，到期返还借款并支付利息的合同”，即当事人约定一方将一定种类和数额的货币所有权转移给他方，他方于一定期限内返还同种类同数额货币。其中，提供货币的一方称贷款人，领受货币的一方称借款人。因此，贷款人提供借款、借款人实际获得借款是借款合同的应有之义。但是，在自然人之间的借款合同与非自然人之间的借款合同中，它具有不同的法律意义。自然人之间的借款合同是指自然人之间基于借贷关系产生的合同。根据《合同法》的规定，自然人之间的借款合同有以下特点：

(1) 自然人之间的借款合同是实践合同，借款合同采用书面或口头的形式可由当事人自行约定。《合同法》第 197 条第 1 款规定：“借款合同采用书面形式，但自然人之间借款另有约定的除外。”

(2) 自然人间的借款未约定利息的，视为无偿借款。《合同法》第 211 条第 1 款规定，自然人之间的借款合同对支付利息没有约定或者约定不明确的，视为不支付利息。

(3) 自贷款人提供借款时生效。在自然人之间的借款合同中，《合同法》第 210 条规定，“自然人之间的借款合同，自贷款人提供借款时生效”。因此，在自然人之间的借款合同中，贷款人提供借款、借款人实际获得借款是借款合同的生效要件，作为借款人的自然人未实际获得借款，则借款合同未生效。而在非自然人之间的借款合同中，根据《合同法》第 44 条及《最高人民法院关于审理民间借贷案件适用法律若干问题的规定》第 10 条的规定，民间借贷合同自合同成立时生效，但当事人另有约定或者法律、行政法规另有规定的除

① 薛玮：“当前民间借贷虚假诉讼案件的认定与防范”，载《法制与社会》2010 年 5 月(下)。

外，因此，贷款人提供借款、借款人实际获得借款是合同的履行内容。合同生效意味着对签署合同双方发生法律效力，同时产生相应的权利和义务。对贷款人而言，其权利主要是有权请求返还本金和利息；其义务主要是不得利用优势地位预先在本金中扣除利息。利息预先在本金中扣除的，按实际借款数额返还借款并计算利息。对借款人而言，其权利主要是获得借款用于支配。其义务主要是按期归还借款本金和利息。

2. 自认及其适用条件

自认是指当事人一方承认对方当事人所主张的不利于自己的事实为真实、明确表明其真实性的陈述。根据法律和司法解释的规定，构成自认的条件有以下几个：

（1）自认的主体一般是当事人及经授权的委托代理人。当事人本人是当然的自认主体，但在审判实践中，当事人由于某些客观原因无法参与诉讼，或在诉讼中主要由委托代理人陈述或答辩，此时法律规定“当事人委托代理人参加诉讼的，代理人的承认视为当事人的承认。但未经特别授权的代理人对事实的承认直接导致承认对方诉讼请求的除外；当事人在场但对其代理人的承认不作否认表示的，视为当事人的承认”。

（2）自认的对象是对方当事人所主张的不利于己方的事实。这是自认与认诺的显著区别。认诺是对诉讼请求的承认，通常能够直接决定案件的胜或败。自认承认的仅仅是不利于己方的事实主张，不必然决定审判结果的胜败。

（3）自认的作出时间应当在诉讼过程中。无论是在一审、二审还是在再审程序中，当事人及委托代理人都可以就案件事实作出自认。但诉讼外的自认，比如在诉前对案件事实的承认、在另案中对与本案有关事实的承认等，在本案中都仅能作为证据使用。

（4）自认适用范围是与国家利益、社会公共利益或案外人合法权益无关的民事案件，主要适用于涉及财产问题的案件。

3. 不适用自认的情形

法院在对特定事实进行认定的时候，存在以下不适用自认的例外情形：

（1）涉及身份关系的事项。最高人民法院《关于民事诉讼证据的若干规定》第8条第1款规定：“诉讼过程中，一方当事人对另一方当事人陈述的案件事实明确表示承认的，另一方当事人无需举证。但涉及身份关系的案件除外。”在司法实践中涉及身份关系的事项主要包括亲子关系认定、婚姻关系认定、当事人是否具有行为能力认定等。

(2)涉及国家利益、社会公共利益或者他人合法权益的事项。比如,在虚假诉讼案件中,债务人为逃避债务,采用自认的形式骗取法院的生效裁判,必然影响他人的合法权益,对此情形也不应当适用自认,而是由法院依职权查清案件事实,辨别案件真伪,作出公正的裁决。

(3)调解或和解过程中当事人所作出的妥协和让步。在调解或和解的过程中,当事人为尽快解决纠纷,相互协商而作出妥协和让步,其本质是当事人对自己合法权益的处置,而非对不利己方事实的承认,不应当适用自认。最高人民法院《关于民事诉讼证据的若干规定》第 67 条规定:“在诉讼中,当事人为达成调解协议或者和解的目的作出妥协所涉及的对案件事实的认可不得在其后的诉讼中作为对其不利的证据。”

典型案例

借款人未实际获得借款,为达到套取住房公积金的目的自认与贷款人存在借贷关系的,应当按虚假诉讼处理

——何某某与翟某某、朱某等民间借贷纠纷再审案①

1. 案情简介

原审原告:何某某。

原审被告:翟某某。

原审被告:朱某。

原审被告:宋某某。

原审被告:张某。

2013 年 1 月 6 日,原审原告何某某诉称:其于 2012 年 3 月 10 日借给四被告人民币 25 万元,约定于同年 4 月 9 日还款。借款到期后被告未能还款,在原告的追要下四被告仅于同年 8 月还款 10 万元,尚余 15 万元未还。

① 参见(2015)港民再初字第 00002 号民事判决书。

现要求四被告偿还借款 15 万元并支付利息 6000 元。四名原审被告辩称：借款属实，同意在 2013 年 1 月 15 日前一次性偿还借款并支付利息。据此一审法院于 2013 年 1 月 7 日作出民事调解书，已经发生法律效力。

经原一审法院审判委员会讨论决定，于 2015 年 6 月 2 日作出民事裁定，再审本案。再审查明：2012 年下半年，何某某经其朋友徐某霞介绍租用起凤街二号楼底楼的一间从事中介服务，该中介未起字号也未办理工商注册登记。2013 年 1 月初左右，徐某霞从别的中介处接到三笔提取住房公积金的业务，何某某从事的中介也从别的中介处接到一笔住房公积金提取业务，经徐某霞策划，以何某某与翟某某、朱某之间存在民间借贷债权债务，宋某某、张某为该笔借款的担保人为由，准备通过法院诉讼途径提取该四人的住房公积金，何某某对此表示同意。徐某霞将翟某某等四人叫到何某某所开办的中介办公室，让翟某某根据其口述的借条内容书写了一张并无事实基础的借款金额为 250,000 元的假借条，内容为："今借何某某人民币贰拾伍万元整，借期一个月，到期还本付息。今借人翟某某、朱某，担保人张某、宋某某"，落款日期提前为"2012.3.10"。徐某霞取得借条后，自行起草了民事诉状，诉状中虚构了并不存在的翟某某等四人向何某某借款 250,000 元，经催要已还 100,000 元，尚欠 150,000 元未还的事实，并附上伪造的借条作为证据，于 2013 年 1 月 6 日和何某某一起到法院提起诉讼。法院于次日立案并召集双方调解，由于事前徐某霞向何某某、翟某某等五人交待了如何向法院虚构借款事实，并吩咐他们要统一口径，在调解中翟某某等四人与何某某相互配合向法庭作出虚假陈述，承认借款是事实，并承诺于 2013 年 1 月 15 日前归还欠款。在法院主持下双方当事人顺利达成了调解协议，协议约定："翟某某、朱某于 2013 年 1 月 15 日前一次性归还何某某人民币 156,000 元；宋某某、张某对上述款项承担连带清偿责任。"之后，徐某霞书写了申请执行书，以何某某的名义向法院申请强制执行，同时提供了四人住房公积金账户等线索。经一审法院强制执行，将翟某某、朱某、宋某某、张某四人的住房公积金账户上的款项共计 133,600 元扣划至法院账户，并于同年 2 月 25 日将上述强制执行款交由何某某领取，何某某至银行取现后将此 133,600 元交给徐某霞，徐某霞交给何某某 2000 元，余款由徐某霞与翟某某等四人按事先约定的比例进行结算费用等。

2. 法院裁判及观点

一审法院再审认为,《住房公积金管理条例》第 5 条规定:“住房公积金应当用于职工购买、建造、翻建、大修自住住房,任何单位和个人不得挪作他用。”本案原审中,何某某与翟某某、朱某、宋某某、张某等人为达到违规套取住房公积金之目的,恶意串通,伪造证据,虚构借款 25 万元及尚欠 15 万元借款的事实,致使人民法院作出了错误的调解书并执行完毕,其行为已构成虚假诉讼。该行为不仅破坏了住房公积金管理秩序,损害了社会公共利益,还严重妨碍人民法院民事诉讼活动的正常秩序,损害了司法权威,浪费了司法资源。因此,原审民事调解书应予撤销,何某某的诉讼请求应予驳回。本案经审判委员会讨论决定,依照《中华人民共和国民法通则》第 90 条,《中华人民共和国民事诉讼法》第 111 条第 1 款第 1 项、第 112 条,最高人民法院关于适用《中华人民共和国民事诉讼法》的解释第 190 条第 1 款之规定,判决:一、撤销原一审民事调解书。二、驳回何某某的诉讼请求。原审案件受理费 1710 元,由何某某负担。

3. 案例评析

本案是一起为套取住房公积金引发的虚假诉讼。本案中,四名被告人与原告并无债权债务关系,被告人并未在原告处获得借款。双方采用虚构借贷事实,伪造借条的方式,向法院提起诉讼,其目的是为了套取住房公积金。在诉讼过程中,为防止法院在审查时发现虚假借贷事实的真相,被告并未就借贷关系是否存在进行抗辩,而是采取自认的方式承认了虚构的借贷事实,并与原告达成调解,导致法院依据虚假的案件事实作出错误的裁判并执行完毕,其行为构成了虚假诉讼。

虚构授权委托书代当事人承认未实际获得的借款的,应当认定为虚假诉讼

——梁某甲诉梁某乙民间借贷纠纷再审案[①]

1. 案情简介

抗诉机关:人民检察院。

申诉人(原审被告):梁某甲。

① 参见(2014)台民再初字第 3 号民事判决书。

委托代理人：马某军，律师。

被申诉人（原审原告）：梁某乙。

委托代理人：李某友，律师。

1999年年初，梁某甲女儿结婚，梁某甲外出未回，梁某乙、梁某丙、梁某丁、梁某戊、褚某某等人为其女儿操办婚事，当时提到梁某甲未回，众人猜测是欠债的缘故，为防止因债务致其房产难保，就商量由梁某己以梁某甲的名义给梁某乙打下借款条，借款条日期1997年5月4日。借款条内容：今借梁某乙购煤款六万元整，定于1998年5月6日前一次性还清，月息二分五。借款人梁某甲。借款条加盖了梁某甲的印章。梁某乙1999年3月29日诉讼至法院，在诉讼中梁某乙诉称，1997年5月4日，被告借我现金6万元，约定利息2.5分，并答应于1998年5月底一次还清，但被告言而无信，经多次催要，被告以无款为由拒不偿还，请求法院依法判令被告偿还借款6万元及其利息34,500元，诉讼费由被告承担。法院传票传唤双方当事人于1999年4月6日开庭。其子梁某己提供了加盖了梁某甲印章的授权委托书出庭应诉，梁某己当庭承认欠款事实。经法院主持调解，双方自愿达成如下协议：一、被告欠原告借款本金6万元，借款利息34500元。原告放弃借款利息24500元。被告于1999年5月6日前偿付原告借款本息7万元。二、案件受理费3345元，财产保全费800元，由被告负担，并制作民事调解书，予以送达。

人民检察院抗诉认为，调解书系当事人之间恶意串通，企图通过调解方式侵害他人合法权益，违反法律的强制性规定，损害了国家利益。请求法院依法再审，予以纠正。理由：（一）有证据证明本案系虚假诉讼。申请人梁某甲、被告委托代理人梁某己与证人梁某丙的陈述以及司法鉴定中心鉴定意见书等新证据能相互佐证，足以证实原审法院认定事实所依据的主要证据是伪造的，调解书认定的借贷关系根本不存在，该案系虚假诉讼。（二）梁某乙与梁某己恶意串通，通过虚假诉讼方式取得原审法院调解书，严重妨害司法秩序，损害了国家利益。本案中梁某乙与梁某己等人伪造证据启动原审诉讼程序的真正原因是在梁某甲因故长期外出不在家的情况下，梁某乙等人商量由梁某己以其父梁某甲的名义向梁某乙出具虚假借条、并伪造授权委托书，由梁某乙提起诉讼，其真实意图是为了能通过本案诉讼以保全梁某甲的房产，以此避免被他人通过诉讼途径取得。其意图显然是恶意的。并且，此后梁某乙与梁某已通过虚假诉讼的方式，取得了原审法院的调解书，梁某乙与梁某己的上述行为属于恶意滥用诉讼权利，既浪费了宝贵的司法资源，又扰乱了正常的司法秩序，严重影响了司法的公信力，属于涉嫌妨害司法秩序的违法犯罪行为，显然损害了国家利益。请求法院依法再审。

2. 法院裁判及观点

原一审人民法院再审认为，梁某己、梁某乙双方故意虚构事实，互相串通，为保全梁某甲的房屋，伪造借款条，发动诉讼，骗取人民法院民事调解书，应依法撤销本院原一审民事调解书。本案经审判委员会讨论决定，依照《中华人民共和国民事诉讼法》第207条、第112条之规定，判决：一、撤销原一审民事调解书。二、驳回原审原告梁某乙的诉讼请求。

3. 案例评析

本案系为了保全当事人的房产，以此避免被他人通过诉讼途径取得引发的诉讼。本案中当事人梁某甲并未参加诉讼，而是由其子梁某己以梁某甲的名义向梁某乙出具虚假借条，并伪造授权委托书参加诉讼。按照最高人民法院《关于民事诉讼证据的若干规定》第8条的规定，自认的主体包当事人和委托代理人。梁某己伪造了授权委托书，作为梁某甲的委托代理人参加诉讼，其当庭承认欠款事实视为当事人的自认。但因借款事实系虚构的，诉讼目的是为了逃避债务，行为损害了实际债权人的合法债权，本案构成了虚假诉讼。

有关法律规定

《中华人民共和国民法通则》(2009年修正)

第九十条　合法的借贷关系受法律保护。

《中华人民共和国民事诉讼法》(2012年修正)

第一百一十一条　诉讼参与人或者其他人有下列行为之一的，人民法院可以根据情节轻重予以罚款、拘留；构成犯罪的，依法追究刑事责任：

(一)伪造、毁灭重要证据，妨碍人民法院审理案件的；

(二)以暴力、威胁、贿买方法阻止证人作证或者指使、贿买、胁迫他人作伪证的；

(三)隐藏、转移、变卖、毁损已被查封、扣押的财产，或者已被清点并责令其保管的财产，转移已被冻结的财产的；

（四）对司法工作人员、诉讼参加人、证人、翻译人员、鉴定人、勘验人、协助执行的人，进行侮辱、诽谤、诬陷、殴打或者打击报复的；

（五）以暴力、威胁或者其他方法阻碍司法工作人员执行职务的；

（六）拒不履行人民法院已经发生法律效力的判决、裁定的。

人民法院对有前款规定的行为之一的单位，可以对其主要负责人或者直接责任人员予以罚款、拘留；构成犯罪的，依法追究刑事责任。

第一百一十二条　当事人之间恶意串通，企图通过诉讼、调解等方式侵害他人合法权益的，人民法院应当驳回其请求，并根据情节轻重予以罚款、拘留；构成犯罪的，依法追究刑事责任。

最高人民法院《关于适用〈中华人民共和国民事诉讼法〉的解释》（法释〔2015〕5号）

第一百九十条　民事诉讼法第一百一十二条规定的他人合法权益，包括案外人的合法权益、国家利益、社会公共利益。

第三人根据民事诉讼法第五十六条第三款规定提起撤销之诉，经审查，原案当事人之间恶意串通进行虚假诉讼的，适用民事诉讼法第一百一十二条规定处理。

《最高人民法院关于民事诉讼证据的若干规定》（法释〔2001〕33号）

第八条　诉讼过程中，一方当事人对另一方当事人陈述的案件事实明确表示承认的，另一方当事人无需举证。但涉及身份关系的案件除外。

对一方当事人陈述的事实，另一方当事人既未表示承认也未否认，经审判人员充分说明并询问后，其仍不明确表示肯定或者否定的，视为对该项事实的承认。

当事人委托代理人参加诉讼的，代理人的承认视为当事人的承认。但未经特别授权的代理人对事实的承认直接导致承认对方诉讼请求的除外；当事人在场但对其代理人的承认不作否认表示的，视为当事人的承认。

当事人在法庭辩论终结前撤回承认并经对方当事人同意，或者有充分证据证明其承认行为是在受胁迫或者重大误解情况下作出且与事实不符的，不能免除对方当事人的举证责任。

二、为逃避债务伪造借据并指使他人提起民事诉讼的，应如何认定

基本理论

1. 借据

借据是表明债权债务关系的书面凭证，一般由债务人书写并签章，表明

债务人已经欠下债权人借据注明金额的债务，也叫“借条”。在民间借贷中，借款人一般都要向出借人出具借条，以证明借贷事实，并就还款时间、还款形式、利息等借款的有关事项进行约定。在诉讼中，借据是证明借贷关系存在的重要凭证，一般情况下，出借人只要向法院出具了借据，就基本完成了举证责任。

2. 伪造借据的情形

在审判实践中，部分借款人对借据的真实性提出异议，认为出借人向法院提交的借据是伪造的，以此否定部分或全部借贷关系的存在。在审判实践中，确实存在伪造借据的情形，总的来讲主要有以下几种：

（1）借条成因违反当事人真实意愿。例如，当事人在人身或财产安全受到威胁或胁迫的条件下，违心写下的借条。当事人在醉酒、吸毒等失去意识的情况下出具的借条等。

（2）借条成因违反法律规定。例如，当事人因赌博等其他违法行为产生的非法债务，无力偿还写下的借条。

（3）借条本身系伪造。例如，伪造借款人签名、签章或身份证件，虚构借贷事实，凭空制作的借条。

（4）借条并未实际履行。例如，借款人向出借人出具借条后，出借人并未实际履行借款义务，未转移相应款物给借款人。

（5）借条内容有重大修改。例如，对借款数额、还款日期、还款方式、利息约定等内容进行过重大修改。

典型案例

为逃避债务虚构事实指使他人提起虚假诉讼的，按妨害作证罪处理

——人民检察院诉万某某妨害作证案①

1. 案情简介

公诉机关：人民检察院。

---

① 参见《最高人民法院公报》2012年第12期（总第194期）。

被告人:万某某。因本案于2011年10月13日被逮捕。

人民检察院指控被告人万某某犯妨害作证罪,向原上海市某区法院提起公诉。后因上海市区划撤并,本案由一审法院审理。

2009年10月,被告人万某某明知他人向其催讨欠款并已向法院提起民事诉讼,为逃避因败诉所应承担的还款义务,于同年11月虚构其向韩某(另案处理)借款人民币300万元的事实,指使韩某以原告身份向法院提起民事诉讼追讨欠款,并提请财产保全。后经法院调解,韩某与万某某达成所谓的调解协议,并由法院制作民事调解书确立双方的债权债务关系。法院查实韩某诉被告万某某民间借贷一案系虚假诉讼案件后,遂于2011年7月启动再审程序。在再审诉讼中,韩某提交撤诉申请,且万某某亦无异议。据此,法院依法作出民事裁定,撤销原民事调解书并准许韩某撤诉。公安机关经立案侦查,于2011年5月10日将万某某抓获归案。被告人万某某对起诉书指控的事实供认不讳,且当庭表示其已筹措现金人民币100万元,听候法院指令交付执行。被告人万某某的辩护人对起诉书指控的事实无异议,但辩称万某某妨害作证涉及的是民事案件,并未造成严重后果,且现行法律、司法解释对此罪情节严重的认定尚无明确规定,故对起诉书指控万某某的行为属于《刑法》第307条第1款规定的"情节严重"提出异议。同时认为,韩某在虚假诉讼中的主体身份是原告,而不是证人,故万某某指使韩某提起虚假诉讼的行为似更符合帮助伪造证据罪的构成要件。鉴于万某某归案后能够如实供述犯罪事实,犯罪情节轻微,建议法院对其免予刑事处罚。

2. 法院裁判及观点

一审法院认为,被告人万某某伙同韩某实施虚假诉讼行为的动机,是为了逃避自己拖欠他人的巨额债务。具体行为方式是与韩某串通,虚构自己向韩某借款的事实并伪造相应凭证,然后指使韩某向法院提起诉讼。而其最终追求的结果,是经过法院调解结案,确认其与韩某之间的债务关系,将300万元"欠款"如数转移给韩某,藉此制造自己没有偿债能力的假象,对其拖欠他人的巨额债务加以抵赖和逃避。万某某明知自己的行为会侵害债权人的合法利益,破坏正常的司法工作秩序和司法公信力,仍积极追求这一结果的发生,其行为明显具有社会危害性和刑事当罚性,亦符合《刑法》分则第六章"妨害司法罪"的犯罪构成。根据《刑法》第307条第1款的规定,妨害作证罪是指以暴力、威胁、贿买等方法阻止证人作证或者指使他人作伪证的行为。所谓“指使他人作伪证”,不能片面理解为指使证人作伪证,而是指使包括证人、当事人、鉴定人、公证人、翻译人员等在内的、一切在诉讼过程中可以提出证据或提供证据线索的人。所谓“伪证”,也不能片面理解为虚假的证人证言,而是包括言辞证据、书证、物证、鉴定结论等在内的一切证据材料。根据本案事实,被告人万某某指使韩某向法院提起虚假的民事诉讼并提供虚假证据、作出虚假陈述,可以认定万某某的上述行为属于“指使他人作伪证”,完全符合妨害作证罪的犯罪构成。辩护人关于万某某的行为不构成妨害作证罪,而构成帮助伪造证据罪的辩护意见,不能成立。辩护人认为被告人万某某妨害作证涉及的是民事案件,并未造成严重后果,且现行法律、司法解释对此罪情节严重的认定尚无明确规定,故对起诉书指控万某某的行为属于《刑法》第307 条第 1 款规定的“情节严重”提出异议。对此法院认为,根据本案事实,万某某指使他人作伪证,进行虚假诉讼,不仅具有恶意逃避巨额债务的主观恶意,而且严重侵害了司法机关工作秩序,对司法公信力造成了极大损害,其行为属于《刑法》第307 条第1 款规定的“情节严重”。综上,被告人万某某的行为构成妨害作证罪,犯罪情节严重。鉴于万某某归案后能如实供述自己的罪行,认罪态度较好,可依法从轻处罚。一审法院依照《中华人民共和国刑法》第 307 条第 1 款、第 67 条第 3 款之规定,判决:被告人万某某犯妨害作证罪,判处有期徒刑 3 年。

一审宣判后,被告人万某某在法定期限内未提起上诉,一审判决已经发生法律效力。

3. 案例评析

本案裁判在《刑法修正案(九)》出台之前,彼时还没有虚假诉讼这一罪名。本案经《最高人民法院公报》作为案例发布后引发了诸多争论,存在的争议焦点主要是:被告人万某某实施的虚假诉讼行为是否构成犯罪? 如果构成犯罪能否定妨害作证罪? (1)关于被告人万某某实施的虚假诉讼行为是否构成犯罪。有观点认为,我国刑法中没有虚假诉讼这个罪名,根据“法无明文规定不为罪”的基本原则,不能对万某某定罪。本书认为,虽然在当时我国刑法中没有虚假诉讼这项罪名,但万某某采用与韩某串通,虚构借款事实并伪造相应证据,指使韩某以其为被告向法院提起诉讼,最终骗取法院生效裁判,转移财产,损害诉讼活动的正常秩序和真正债权人合法债权的行为已然触犯了刑法。根据刑法“举轻以明重”的解释原理,如果仅片面理解“法无明文规定不为罪”认为在当时没有虚假诉讼这项罪名就不追究刑事责任的话,从本质上便损害了司法的权威性和公信力。(2)关于被告人万某某是否构成妨害作证罪。《刑法修正案(九)》增设了“虚假诉讼罪”,该条规定:“以捏造的事实提起民事诉讼,妨害司法秩序或者严重侵害他人合法权益的,处三年以下有期徒刑、拘役或者管制,并处或者单处罚金;情节严重的,处三年以上七年以下有期徒刑,并处罚金。”在本案中,万某某的行为完全符合虚假诉讼罪的构成要件,但在本案审理时,《刑法修正案(九)》尚未出台,从当时的法律规定来看,被告人万某某指使韩某向法院提起诉讼并作虚假陈述,符合妨害作证罪中“指使他人作伪证”的情形。据此,法院依照《刑法》第 307 条第 1 款“以暴力、威胁、贿买等方法阻止证人作证或者指使他人作伪证的,处三年以下有期徒刑或者拘役;情节严重的,处三年以上七年以下有期徒刑”的规定,认定万某某的行为构成妨害作证罪是符合当时法律规定的。

有关法律规定

《中华人民共和国刑法》(1997 年修订)

第三百零七条　以暴力、威胁、贿买等方法阻止证人作证或者指使他人作伪证的,处三年以下有期徒刑或者拘役;情节严重的,处三年以上七年以下有期徒刑。

帮助当事人毁灭、伪造证据,情节严重的,处三年以下有期徒刑或者拘役。

司法工作人员犯前两款罪的,从重处罚。

三、以民间借贷为名进行虚假诉讼应有什么法律责任

基本理论

1. 法律责任及其种类

法律责任是指因违反了法定义务或契约义务,或不当行使法律权利、权力所产生的,由行为人承担的不利后果。法律责任的种类包括民事责任、行

政责任、刑事责任等。民事责任主要是指由于违反民事法律、违约或者由于民法规定所应承担的一种法律后果;行政责任主要是指因违反行政法规定或因行政法规定而应承担的法律后果;刑事责任主要是指行为人因其犯罪行为所必须承受的,由司法机关代表国家所确定的否定性法律后果。

2. 虚假诉讼的法律责任

以民间借贷为名进行的虚假诉讼,主要涉及民事责任与刑事责任。

一是民事责任。根据《民事诉讼法》第 110 条、第 112 条和第 113 条及《最高人民法院关于审理民间借贷案件适用法律若干问题的规定》第 20 条的规定,经查明属于虚假民间借贷诉讼,原告申请撤诉的,人民法院不予准许,并应当判决驳回其请求。诉讼参与人或者其他人、单位恶意制造、参与虚假诉讼,人民法院应当依法予以罚款、拘留;构成犯罪的,应当移送有管辖权的司法机关追究刑事责任。

二是刑事责任。关于刑事责任,在《刑法修正案(九)》出台之前,对虚假诉讼案件应该如何定性,学者们观点不一。有学者认为,不能以犯罪论处;有学者认为已构成犯罪,应当追究刑事责任。在认为构成犯罪的学者中,有观点认为属于"妨害司法罪",①其理由是:虚假诉讼不限于财产类纠纷,婚姻、收养、监护、继承等确认之诉、变更之诉等非财产类纠纷中也存在提供虚假证据骗取法院判决、裁定的情形。从本质上看,虚假诉讼主要是通过对诉讼程序的恶意利用,从而达到侵犯财产等非法目的,不仅严重浪费了司法资源,也影响了司法公正和司法效率。有观点认为,属于"诈骗罪",②其理由是:虚假诉讼行为人主观上具有非法占有他人财产的故意,客观上实施了虚构事实、隐瞒真相、骗取他人财产的行为,虚假诉讼侵害的主要客体是财产权。一般诈骗行为侵害的是单一客体即财产权。虚假诉讼侵害的客体是复杂客体即财产权和正常的司法秩序等,但其目的是为了非法占有被害人的财产,利用司法权只是行骗的手段而已,所以不能由此否定虚假诉讼的诈骗本质。该类行为通过提供形式上合法的虚假证据来骗取法官信任,隐蔽性、欺骗性强,说明其主观恶性更大。行为人采取的诉讼手段不仅损害了司法公信力,蔑视了

---

① 河北省大名县人民检察院王高宪、陈文瑞:《检察日报》2014 年 11 月 5 日第 3 版。

② 山东省博兴县人民检察院许娟娟、李诗梅:《检察日报》2014 年 11 月 5 日第 3 版。

司法权威，还耗费了大量的司法资源。有观点认为属于“敲诈勒索罪”，[①]其理由是：虚假诉讼行为符合敲诈勒索行为“通过心理强制而取得财产”的本质特征。首先，法院在虚假诉讼中扮演“施压者”的角色。虚假诉讼会影响法院对诉讼当事人之间财产法律关系的判断，以致作出的裁判在本质上给予了虚假诉讼行为不应有的“法律权威”，并形成了对被害人的“心理压力”。其次，虚假诉讼行为模式中包含了心理强制的内容。虚假诉讼行为包括虚构事实、伪造证据等诉讼准备、提起诉讼、申请强制执行等要素，而这些要素中势必让被害人产生心理压力，因为虚假诉讼行为人均是通过使被害人摄于诉讼或者相应诉讼强制措施而实现非法侵占被害人财产的目的。在虚假诉讼中被害人的财产转移不是在其意志自由支配下完成的，而是在独立于被害人之外的力量支配下完成的，不属于交付。有鉴于此，为更好地规制虚假诉讼行为，《刑法修正案（九）》增设了“虚假诉讼罪”。《刑法修正案（九）》第35条第1款规定：“在刑法第三百零七条后增加一条，作为第三百零七条之一：‘以捏造的事实提起民事诉讼，妨害司法秩序或者严重侵害他人合法权益的，处三年以下有期徒刑、拘役或者管制，并处或者单处罚金；情节严重的，处三年以上七年以下有期徒刑，并处罚金。’”

典型案例

当事人捏造事实、虚构借贷关系提起虚假诉讼的应当依法对当事人和直接责任人给予罚款、拘留等处罚；构成犯罪的，应当追究刑事责任

——上海某宝公司与辽宁某公司虚假诉讼案[②]

1.案情简介

上海某宝公司诉称，2007年7月24日起分9次陆续借款给辽宁某公

① 中南大学法学院教授，湖南省怀化市人民检察院 王飞跃、熊文辉：《检察日报》2014年11月5日第3版。

② 《人民法院报》2015年11月16日第1版。

司共8650万元,用于开发辽宁省东港市某国际花园房地产项目,借期届满后经多次催要,辽宁某公司以商品房滞销为由拒不偿还。请求法院判令辽宁某公司返还借款本金8650万元及利息,并承担本案诉讼费用。辽宁某公司辩称,对上海某宝公司起诉的事实予以认可,但借款全部投入到某国际花园房地产项目,现因房屋销售情况不好而无力偿还,将努力筹款尽早还清借款本息。

一审法院认为,上海某宝公司要求偿还欠款的请求有理,应当得到支持,遂作出判决。

前述判决发生法律效力后,因辽宁某公司的另案债权人谢某提出申诉,原一审法院裁定再审。再审过程中,上海某宝公司与辽宁某公司的诉辩意见同原一审诉辩意见。申诉人谢某称,辽宁某公司与上海某宝公司恶意串通,通过虚构债务的方式,恶意侵害某国际花园房地产项目投资人谢某的合法权益,请求法院查明事实。

再审中查明了大量、复杂的事实:上海某宝公司先后向辽宁某公司汇款10笔计8650万元,而后者在收到汇款的当日或几日后即将其中的6笔计7050万余元转出,其中5笔计6400万余元转往双方的关联公司上海某皇实业发展有限公司;此外,上海某宝公司在一审诉讼要求辽宁某公司还款期间,仍向后者转款3笔计360万元;上海某宝公司股东为8人,其中曲某出资885万元,持股比例为73.75%,宗某为法定代表人;辽宁某公司原法定代表人王某,由某皇公司出资1800万元,出资比例为90%,2010年8月16日,法定代表人变更为上海某宝公司的股东姜某,变更登记时,领取执照人系刘某,而刘某又是本案原一审诉讼期间上海某宝公司的委托代理人,系上海某宝公司的员工;某皇公司设立时由王某出资200万元,曲某出资100万元,法定代表人为王某;王某与曲某系夫妻关系……再审结合上海某宝公司与辽宁某公司之间的借款过程及诉讼中发生的情形,王某夫妻完全控制辽宁某公司、上海某宝公司、某皇公司,以及辽宁某公司借款进账后将大部分款项转出的情形,认为不足以认定双方之间存在真实的借款法律关系,判决撤销原一审判决,驳回上海某宝公司的诉讼请求,但对是否构成虚假诉讼未作出认定。

上海某宝公司不服再审判决,提起上诉。二审法院受理该案后,调取了上海某宝公司、辽宁某公司以及两公司的共同关联公司某皇公司、沈阳某化妆品连锁有限责任公司、沈阳沙某化妆品有限责任公司的银行账户交易明细和工商档案等证据,又查明了大量新的事实,包括关于上海某宝公司和辽宁某公司之间关系及资金往来等情况。

2. 法院裁判及观点

二审法院认为该案涉及争议的焦点问题有二:上海某宝公司与辽宁某公司之间是否存在关联关系;其争议的 8650 万元是否存在真实的借款关系。该案中,曲某为上海某宝公司的控股股东,王某是辽宁某公司的原法定代表人、实际控制人,王某与曲某系夫妻关系,说明上海某宝公司与辽宁某公司由夫妻二人控制。同时,上海某宝公司股东兼法定代表人宗某等人,与辽宁某公司的实际控制人王某、法定代表人姜某等共同投资设立了上海某公司,说明上海某宝公司与辽宁某公司之间、前述两公司与案涉相关公司之间均存在关联关系。

上海某宝公司与辽宁某公司及其他关联公司之间还存在人员混同的问题。在案证据表明,上海某宝公司、辽宁某公司以及其他关联公司的人员之间未严格区分,均服从王某一人的指挥,根据不同的工作任务,随时转换为不同关联公司的工作人员。

上海某宝公司提起诉讼,要求辽宁某公司偿还借款,其自述及提交的证据和其他在案证据之间存在无法消除的矛盾,当事人在诉讼前后的诸多行为违背常理,主要表现为以下七个方面:从借款合意形成过程来看,借款合同存在虚假的可能;从借款的时间上看,当事人提交的证据前后矛盾;从借款的数额上看,当事人的主张前后矛盾;从资金往来情况看,上海某宝公司存在单向统计账户流出资金而不统计流入资金的问题;从所有关联公司之间的转款情况看,存在双方或者多方账户循环转款问题;从借款的用途看,与合同约定相悖;从上海某宝公司和辽宁某公司及其关联公司在诉讼和执行中的行为来看,与日常经验相悖。对上述矛盾和违反常理之处,上海某宝公司与辽宁某公司均未作出合理解释。由此可见,上海某宝公司没有提供足够的证据证明其就案涉争议款项与辽宁某公司之间存在真实的借贷关系。

从上海某宝公司与辽宁某公司及其他关联公司账户之间随意转款、款项用途随意填写的事实，结合在案其他证据，二审法院确信，该案债权系上海某宝公司截取两公司之间的往来款项虚构而成。同时，结合上海某宝公司和辽宁某公司对谢某及其他债权人与辽宁某公司的债权债务关系明知，以及上海某宝公司与辽宁某公司人员混同、银行账户同为王某控制的事实，上海某宝公司与辽宁某公司构成恶意串通意图通过虚假诉讼损害他人合法权益的行为。据此，判决：驳回上海某宝公司的上诉，维持原判，并对该公司和辽宁某公司各罚款50万元。同时还宣布，对两公司的法定代表人宗某、姜某和实际控制人王某，将视情节和态度另行处理。

3. 案例评析

本案系《最高人民法院关于审理民间借贷案件适用法律若干问题的规定》实施后，人民法院在审判中认定为虚假诉讼的“第一案”，判决引发了社会各界对虚假诉讼现象的高度关注。从本案一波三折的审理过程分析，在一审时由于双方当事人串通，被告某公司对原告的诉讼请求予以认可，也就是采用了自认的形式来模糊法院的审判“视线”，一审法院对原告的诉讼请求予以了支持。直至第三人谢某认为该生效判决损害了自己的合法债权提起申诉，案件进入再审，再审法院审查发现认定某宝公司与某公司之间存在真实债权债务关系的证据不足，但碍于彼时法律规定对虚假诉讼的认定和处罚较为原则，再审法院仅撤销了一审判决，驳回了某宝公司的诉讼请求，而没有对是否构成虚假诉讼进行认定，也没有对该双方当事人进行实质性的处罚。某宝公司不服，提起上诉，二审法院在审理时抽丝剥茧，发现案涉公司之间均存在关联关系，且存在人员混同的问题，合议庭通过否认两当事人法人人格的途径证明了双方系恶意串通，在判决书中，从借款合意形成、借款时间、借款数额、资金往来情况、关联公司之间的转款情况、借款用途及涉案公司在诉讼和执行中的行为七个方面对该问题进行了说明，明确认定本案系虚假诉讼，对两公司进行了罚款，同时宣布对两公司的法定代表人和实际控制人，将视情节和态度另行处理。本案的裁判表明了法院打击虚假诉讼行为，维护社会诚信的坚定立场和态度，并结合已经实施的《刑法修正案（九）》中明确将虚假诉讼行为规定为犯罪行为，必将有效震慑意图提起虚假诉讼的不法分子。

在《刑法修正案(九)》实施以前,以民间借贷为名提起虚假诉讼的以“妨害作证罪”追究法律责任

——颜某犯妨害作证罪、高利转贷罪案①

1. 案情简介

公诉机关人民检察院。

被告人颜某。因涉嫌犯妨害作证罪,于2014年4月23日被公安局刑事拘留,因涉嫌犯高利转贷罪,于同年5月29日被依法逮捕。

2014年1月,浙江某江工贸有限公司因陈某甲的巨额借款无法收回而发生严重的资金问题,时任该公司的法人代表颜某与财务主管的陈某丙(已判刑),要求担保人某代电器有限公司、洋某工贸有限公司为某江工贸有限公司偿还银行的贷款,先后与上述两家公司进行谈判。经过多次协商,某江工贸公司与某电器公司达成了协议,但与洋某工贸公司协商未果。被告人颜某为了尽快解决银行的债务问题与陈某丙、潘某勋(已判刑)商量,如果让债权人提起诉讼,造成某江工贸公司债务危机,引起洋某工贸公司等企业的关注,可以在协商解决债务问题时占据主动,有利于某江工贸公司。同年1月17日,陈某丙让潘某勋找一个信得过的人,要用其的银行卡进行转账。潘某勋便找到陈某胜(已判刑),向其借用中国工商银行卡转账。当天,陈某丙将700万元经潘某勋名下的浙商银行账户汇入陈某胜的工商银行账户内,后陈某胜与潘某勋到工商银行又将700万元汇入浙江某江工贸有限公司的账户内,潘某勋将汇款凭证交给陈某丙。同年2月的一天,陈某丙制作了一张浙江某江工贸有限公司向陈某胜借款700万元的假借条,与700万元的汇款凭证一起交给潘某勋,让潘某勋提起诉讼,潘某勋即将上述借条、汇款凭证交给陈某胜,让陈某胜向法院提起民事诉讼。

2014年2月24日,陈某胜明知其与某江工贸公司之间没有借款的情况下,仍制作民事起诉状向法院提起民事诉讼并申请对浙江某鸿机械有限公司和陈某丙的部分财产进行保全,法院下达了查封该财产的民事裁定书。同年3月21日,潘某勋让陈某胜到法院撤回该起诉讼,法院认为该案涉嫌虚假诉

① 参见(2015)金武刑初字第69号刑事判决书。

讼,不允许其撤诉,当承办法官向陈某胜调查取证时,其作了700万元来源的虚假证词,并与潘某勋进行串通。2014年4月14日法院裁定驳回原告陈某胜的起诉。

2. 法院裁判及观点

一审法院认为,被告人颜某伙同他人共同恶意串通,虚构事实,伪造证据,向人民法院提起虚假诉讼,系共同犯罪,其行为已构成妨害作证罪,公诉机关指控成立。依照《刑法》第307条第1款、第175条第2款、第25条第1款、第69条第1款、第67条第3款、第64条之规定,判决:一、被告人颜某犯妨害作证罪,判处有期徒刑十个月……;二、被告人颜某退出的非法所得人民币61万元,予以没收,上缴国库。其余非法所得人民币300万元,继续向浙江某江工贸有限公司及其股东追缴,上缴国库。

3. 案例评析

本案中,存在两个借贷关系:一个是浙江某江工贸有限公司与陈某甲之间的借贷关系;一个是浙江某江工贸有限公司与银行之间的借贷关系。在前一借贷关系中,浙江某江工贸有限公司的债权无法实现,且与担保人协商未果,为偿还第二个借贷关系中的银行贷款,在与担保人协商时占据主动,浙江某江工贸有限公司的法定代理人颜某采用了指使他人虚构借贷关系,以民间借贷为名提起虚假民事诉讼,从当时的法律规定来看,其行为符合妨害作证罪的构成要件。但本案在审理阶段,法院便发现涉嫌虚假诉讼,经审理裁定驳回了当事人的起诉。由于颜某的虚假诉讼行为最终并未造成严重的后果,不属于《刑法》第307条规定的“情节严重”的情形,法院在第一量刑幅度“三年以下有期徒刑或者拘役”中量刑,判处有期徒刑10个月。

有关法律规定

《中华人民共和国刑法》(1997年修订)

第三百零七条　以暴力、威胁、贿买等方法阻止证人作证或者指使他人作伪证的,处三年以下有期徒刑或者拘役;情节严重的,处三年以上七年以下有期徒刑。

帮助当事人毁灭、伪造证据,情节严重的,处三年以下有期徒刑或者拘役。

司法工作人员犯前两款罪的,从重处罚。

第二十五条　共同犯罪是指二人以上共同故意犯罪。

二人以上共同过失犯罪，不以共同犯罪论处；应当负刑事责任的，按照他们所犯的罪分别处罚。

《刑法修正案（九）》（2015年）

三十五、在刑法第三百零七条后增加一条，作为第三百零七条之一："以捏造的事实提起民事诉讼，妨害司法秩序或者严重侵害他人合法权益的，处三年以下有期徒刑、拘役或者管制，并处或者单处罚金；情节严重的，处三年以上七年以下有期徒刑，并处罚金。

"单位犯前款罪的，对单位判处罚金，并对其直接负责的主管人员和其他直接责任人员，依照前款的规定处罚。

"有第一款行为，非法占有他人财产或者逃避合法债务，又构成其他犯罪的，依照处罚较重的规定定罪从重处罚。

"司法工作人员利用职权，与他人共同实施前三款行为的，从重处罚；同时构成其他犯罪的，依照处罚较重的规定定罪从重处罚。"

第二节
遭遇他人虚假诉讼的权利救济

法谚曰“没有救济的权利不是真正的权利”，如果某一项权利在受到侵犯以后，被侵权者无法获得有效的司法救济，那么这项权利就失去了其存在意义。在司法实践中，随着经济社会的高速发展，人与人之间的财产关系日趋复杂，当事人利用虚假诉讼等手段侵害案外第三人合法权益的现象屡见不鲜。从我国现行法律规定来看，被侵权者可以选择的救济途径主要有案外人申请再审、第三人撤销之诉、执行异议和执行异议之诉。以上三种救济途径均赋予了案外人事后救济的权利，最大可能地避免其权益受到不法侵害，但也有诸多不同，本书将在后文中予以分析。

一、他人为逃避债务进行虚假的诉讼，法院已经作出生效裁判的，能申请再审吗

基本理论

1. 案外人申请再审

最高人民法院《关于适用〈中华人民共和国民事诉讼法〉审判监督程序若干问题的解释》第5条规定：“案外人对原判决、裁定、调解书确定的执行标的物主张权利，且无法提起新的诉讼解决争议的，可以在判决、裁定、调解书发生法律效力后二年内，或者自知道或应当知道利益被损害之日起三个月内，向作出原判决、裁定、调解书的人民法院的上一级人民法院申请再审。在执行过程中，案外人对执行标的提出书面异议的，按照民事诉讼法第二百零四条的规定处理。”申请再审是我国民事诉讼法规定的再审程序启动方式之一，是当事人或案外人对已经生效的法院判决、裁定、调解协议认为有错误的，向人民法院申请重新审理的行为。从案外人申请再审的理由来看，根据法律规定，案外人申请再审的标的必须是原判决、裁定、调解书确定的执行标的物，也就是说其他的标的不能成为申请再审的理由。从案外人申请再审的客观条件来看，如果生效裁判被法院执行，那么案外人的合法权益将受到损害，而其不能通过另行起诉来阻却该损害的发生，那么就可以通过申请再审的方式启动再审程序，从而达到维护自己权益的目的。从申请再审的期间来看，该条规定了两个期间：一是固定期间，规定为原裁判生效2年内；二是可变期间，即案外人自知道或应当知道利益被损害之日起3个月内。

2. 案外人申请再审与第三人撤销之诉

虽然两者都具有救济的功能，但也有诸多不同。

(1)两者在性质上不相同。第三人撤销之诉较原诉而言是一个相对独立的诉，属于起诉权的范畴。案外人申请再审是对原审已作出的生效裁判提出异议，启动再审程序，属于申诉权的范畴。

(2)两者在程序上不同。按照最高人民法院《关于适用〈中华人民共和国民事诉讼法〉的解释》的规定，提起第三人撤销之诉，对法院裁判结果不服的，当事人可以提起上诉。也就是说对该诉实行的是二审终审制。案外人申请再审，经法院审查进入再审，如果是按第一审程序再审的，当事人可针对该裁判结果提起上诉；如果是按第二审程序再审的，该裁判结果为终审结果。

(3)两者在效果上不同。第三人撤销之诉的启动并不立即产生中止原生效裁判文书执行的法律后果，只有在该诉讼请求得到法院支持，裁判撤销原生效判决的时候，才能阻却原生效裁判的执行。从效果上看，可以从根本上达到阻却原生效裁判执行的目的，但从时间上看，诉讼需要一个较为漫长的过程，其时间成本相对较高，适用于一些不需要立即中止执行就可以实现诉讼请求的情形。案外人申请再审，经法院审查符合再审条件的，一般在作出提审或指令再审裁判同时裁定中止原生效裁判的执行。从效果上看，该中止执行仅有“治标不治本”的效果，最后是否终止执行，依靠的是法院再审的裁判结果。但从时间上看，因为进入再审即可达到中止执行的效果，为案外人争取了有效的时间，适用于一些如不立即中止执行就会造成损害的情形。

3. 案外人申请再审与执行异议之诉

两者之间的不同主要在于以下几点:(1)两者主张权利的对象不同。案外人申请再审的标的必须是原判决、裁定、调解书确定的“执行标的物”,而执行异议和执行异议之诉的标的是“执行标的”。虽然只有一字之差,但在内涵却截然不同,也就是说案外人申请再审必须是具有给付内容的判决,如果没有给付内容,就没有执行的必要,案外人也就不能依此申请再审。(2)两者提起再审程序的前提条件不同。提起执行异议之诉的前提是案外人对原审法院的裁定有异议,而案外人申请再审则必须以案外人无法提起新的诉讼解决争议为前提。执行异议之诉是发生在执行过程中,案外人申请再审则是发生在执行程序开始之前或执行程序结束之后,要求案外人无法通过另行起诉的方式维护自己的合法权益。

典型案例

法院的生效裁判涉嫌虚假诉讼的,案外人可以申请再审

——陈某某与潘某某民间借贷纠纷再审案[①]

1. 案情简介

抗诉机关:人民检察院。

原审原告:陈某某。

原审被告:潘某某。

原审原告陈某某与原审被告潘某某民间借贷纠纷一案,一审法院于 2014 年 8 月 12 日作出民事调解书,发生法律效力后,人民检察院于 2015 年 6 月 10 日作出民事抗诉书,以该案涉嫌虚假诉讼,调解书损害国家利益、社会公共利益为由向二审法院提出抗诉。二审法院于 2015 年 7 月 6 日作出民事裁定,指令原一审法院再审。

经查:案外人谢某某就一审法院民事调解书,于 2015 年 5 月 29 日对陈某某、潘某某向一审法院提起第三人撤销之诉。一审法院受理后,经审理于

① 参见(2015)温瓯民再字第 1 号民事裁定书。

2015年7月8日作出民事判决,认定潘某某与陈某某恶意串通,虚构借款事实,进行虚假诉讼,损害其他债权人利益,依法撤销民事调解书。该判决现已发生法律效力。

2. 法院裁判及观点

原一审法院再审认为,根据最高人民法院《关于适用〈中华人民共和国民事诉讼法〉的解释》第301条的规定,再审程序和第三人撤销之诉程序并行时,有证据证明原审当事人之间恶意串通损害第三人合法权益的,人民法院应当先行审理第三人撤销之诉。现第三人撤销之诉已审理终结,据以再审的民事调解书已被撤销,故应终结本案再审程序。依照《中国人民共和国民事诉讼法》第154条第1款第6项的规定,裁定:本案终结诉讼。

3. 案例评析

本案同时存在了谢某某提起的第三人撤销之诉和经检察院抗诉进入再审两种诉讼程序。在本案中检察院抗诉进入再审时,抗诉对象民事调解书已经第三人撤销之诉撤销,法院裁定再审程序终结。那么如果抗诉再审时,第三人撤销之诉正在审理过程中,两种程序并行应该如何处理呢?最高人民法院《关于适用〈中华人民共和国民事诉讼法〉的解释》第301条规定,第三人撤销之诉案件审理期间,人民法院对生效判决、裁定、调解书裁定再审的,受理第三人撤销之诉的人民法院应当裁定将第三人的诉讼请求并入再审程序。但有证据证明原审当事人之间恶意串通损害第三人合法权益的,人民法院应当先行审理第三人撤销之诉案件,裁定中止再审诉讼。

有关法律规定

《中华人民共和国民事诉讼法》(2012年修正)

第二百二十七条　执行过程中,案外人对执行标的提出书面异议的,人民法院应当自收到书面异议之日起十五日内审查,理由成立的,裁定中止对该标的的执行;理由不成立的,裁定驳回。案外人、当事人对裁定不服,认为原判决、裁定错误的,依照审判监督程序办理;与原判决、裁定无关的,可以自裁定送达之日起十五日内向人民法院提起诉讼。

《最高人民法院关于适用〈中华人民共和国民事诉讼法〉的解释》（法释〔2015〕5号）

第三百零三条　第三人提起撤销之诉后，未中止生效判决、裁定、调解书执行的，执行法院对第三人依照民事诉讼法第二百二十七条规定提出的执行异议，应予审查。第三人不服驳回执行异议裁定，申请对原判决、裁定、调解书再审的，人民法院不予受理。

案外人对人民法院驳回其执行异议裁定不服，认为原判决、裁定、调解书内容错误损害其合法权益的，应当根据民事诉讼法第二百二十七条规定申请再审，提起第三人撤销之诉的，人民法院不予受理。

最高人民法院《关于适用〈中华人民共和国民事诉讼法〉审判监督程序若干问题的解释》（法释〔2008〕14号）

第五条　案外人对原判决、裁定、调解书确定的执行标的物主张权利，且无法提起新的诉讼解决争议的，可以在判决、裁定、调解书发生法律效力后二年内，或者自知道或应当知道利益被损害之日起三个月内，向作出原判决、裁定、调解书的人民法院的上一级人民法院申请再审。

在执行过程中，案外人对执行标的提出书面异议的，按照民事诉讼法第二百零四条的规定处理。

二、他人为逃避债务进行虚假的诉讼，能提起第三人撤销之诉吗

基本理论

1. 民事诉讼中的第三人

民事诉讼中的第三人是指对他人之间的诉讼标的有独立的请求权，或者虽然没有独立请求权，但与案件的处理结果有法律上的利害关系，因而参加到他人之间已经开始的诉讼中去的人。[①] 民事诉讼第三人具有以下特点：

（1）从第三人参加诉讼的理由来看，第三人对他人之间的诉讼标的有独立的请求权，或者虽然无独立请求权，但是与案件的处理结果有法律上的利害关系。

（2）从第三人参加诉讼的目的来看，第三人参加诉讼是为了维护自己的合法权益。

① 章武生主编：《民事诉讼法新论》，法律出版社2002年版，第183页。

(3)从第三人参加诉讼的时间来看，第三人参加诉讼时需要本诉正在诉讼进程中，如果本诉尚未开始或已经结束，都不存在第三人参加诉讼的情形。

2. 有独立请求权的第三人和无独立请求权的第三人

根据《民事诉讼法》的规定，我国民事诉讼第三人分为两类：一是有独立请求权的第三人；二是无独立请求权的第三人。

有独立请求权的第三人是指对他人之间的诉讼标的主张全部或部分的独立请求，而参加已经系属诉讼的第三人。[①] 有独立请求权的第三人具有以下特征：

(1)对原被告之间争议的诉讼标的，认为有全部或部分的独立请求权。

(2)参加的诉讼必须是已经开始而尚未终结的诉讼。对于这一时间范围的界定，学者们一般认为应当是在原被告确定之后，案件审理终结之前。[②]

(3)是以自己的名义参加诉讼，向法院提出不同于原被告的诉讼请求，独立行使诉讼权利及承担诉讼义务。

无独立请求权的第三人是对于已经进行的诉讼，就其当事人之间的诉讼标的，虽然没有独立的请求权利，但是案件处理的结果与其有法律上的利害关系，为维护自己的利益参加到当事一方进行诉讼的人。无独立请求权第三人具有以下特征：

(1)对原被告之间争议的诉讼标的没有独立的请求权。但案件处理结果与其可能有法律上的利害关系，涉及他的合法权益。

(2)不能向法院提出独立的诉讼请求，仅参加到当事人一方中进行诉讼，并就支持方的诉讼请求提供证据，进行抗辩。

(3)有独立的诉讼地位，但不是完整意义上的当事人。仅在法院判决承担民事责任时，不服生效裁判，有权提起上诉。

3. 第三人撤销之诉及其适用

根据法律规定，第三人撤销之诉是指第三人因不能归责于本人的事由没能参加诉讼，但有证据证明发生法律效力的判决、裁定、调解书的部分或者全部内容错误，对其民事权益造成了损害，可在一定期限内，向作出损害其民事

---

① 常怡主编：《民事诉讼法学》，中国政法大学出版社 1999 年版，第 152 页。

② 张卫平著：《民事诉讼法》，法律出版社 2004 年版，第 162 页。

权益裁判人民法院提起撤销该裁判的诉讼。从诉的类型来看，目前民事诉讼理论界一般将诉分为：给付之诉、确认之诉和形成之诉三种类型。给付之诉是指原告向法院请求判令被告履行一定的作为或者不作为义务的诉；确认之诉是通过对法律关系的确认来解决当事人之间的纠纷，是一种以观念性判决解决纠纷的诉；形成之诉是指原告请求法院判令产生、改变或者消灭其与双方当事人之间的法律关系的诉。[①] 第三人撤销之诉是为了变更法院已经确定的法律关系而提起的诉讼，属于形成之诉。从诉讼本身的性质看，提起第三人撤销之诉是在原判决生效以后，也就是说是一种事后的救济制度。因其本身有独立的诉讼请求，较原审的诉讼而言是独立存在的一个诉讼，具有独立性。从主体身份看，提起第三人撤销之诉的主体是特定的，只能是参加诉讼的当事人以外的因生效判决导致其利益受损的案外人，而不能是已经参加到诉讼中的当事人。

第三人撤销之诉的适用需同时满足以下的条件：

(1)适用主体。提起第三人撤销之诉的主体为有独立请求权的第三人和无独立请求权的第三人，还包括被遗漏的必要共同诉讼人。

(2)管辖法院。民事诉讼法对于第三人撤销之诉的管辖作了特别规定，由作出生效判决、裁定、调解书的人民法院专属管辖，不适用地域管辖、级别管辖的规定。

(3)提起时限。民事诉讼法规定，第三人应当自知道或者应当知道其民事权益受到损害之日起6个月内提起诉讼，逾期人民法院不予受理，已经受理的应予驳回。

(4)提起事由。根据民事诉讼法规定，提起第三人提起撤销之诉需因不能归责于本人的事由而未参加诉讼，且有证据证明发生法律效力的生效裁判部分或全部内容错误，导致其合法权益受到侵害。

(5)适用客体。第三人撤销之诉的诉讼客体是法院发生法律效力的判决、裁定、调解书。

---

① 崔玲玲：《诉的类型研究》，2012年西南政法大学博士学位论文，第48页。

典型案例

法院的生效裁判涉嫌虚假诉讼的，案外人可以提起第三人撤销之诉

——原告姜某与被告曾某某、被告信阳某小额贷款有限公司、被告河南某集团有限公司第三人撤销之诉案①

1. 案情简介

原告：姜某。

委托代理人：许某春。（特别授权）

被告：曾某某。

被告：信阳某小额贷款有限公司。

法定代表人：曾某某，董事长。

以上二被告委托代理人：李某富。（特别授权）

被告：河南某集团有限公司。

法定代表人：周某某，董事长。

委托代理人：周某。（特别授权）

原告姜某诉被告河南某集团有限公司、周某某、第三人信阳市某信典当有限责任公司、第三人李某某民间借贷纠纷一案，法院于2014年5月4日立案。2014年5月19日，法院作出民事裁定书，对河南某集团有限公司、周某某价值1580万元的财产进行保全。同年5月22日，该裁定书及协助执行通知书送达信阳市工商局、同年5月23日送达信阳某小额贷款有限公司，曾某某签收。同日送达河南某虹淘气集团有限公司和周某某，周某签收。2014年11月12日中院对上述财产续冻，冻结期限续展为2014年11月23日至2015年11月23日，并于同日将协助执行通知送达信阳市工商局和信阳某小额贷款有限公司，工商局于同日签收，曾某某拒绝签收。2014年9月28日，法院作出民事判决书，判决：一、河南某集团有限公司于本判决生效后十日内偿还原告姜某借款本金1580万元。并从2014年5月1日起至本金付清之日止，按中国人民银

① 参见（2015）信浉民初字第1541号民事判决书。

行同期同类贷款利率四倍计算支付利息。二、周某某以个人资产对上述债务承担连带责任。三、驳回姜某的其他诉讼请求。宣判后，河南某集团有限公司、周某某不服，提出上诉，后由于未缴纳上诉费，2015 年 1 月 26 日法院作出民事裁定书，按河南某集团有限公司、周某某自动撤回上诉处理。

2014 年 11 月 10 日，曾某某作为原告诉被告信阳某小额贷款有限公司、第三人河南某集团有限公司股权转让纠纷一案要求确认第三人河南某集团有限公司在被告 35% 的股权归原告所有。一审法院于 2014 年 11 月 21 对该案立案，2015 年 2 月 10 日开庭审理，该案审理过程中，原被告双方均没有提及所诉股权已被其他法院冻结的相关事宜。2015 年 5 月 13 日，曾某某与被告信阳某小额贷款有限公司、第三人河南某集团有限公司达成调解协议，一、信阳某小额贷款有限公司确认第三人河南某集团有限公司出资额 1750 万元系原告曾某某出资，其占股比例 35% 归原告曾某某所有。二、信阳某小额贷款有限公司于本调解书生效后五日内注销第三人河南某集团有限公司出资证明书，向原告曾某某签发出资证明书，并相应修改公司章程和股东名册中有关股东曾某某及其出资额的记载。三、本案诉讼费 100 元，原告曾某某承担。同日，一审法院依据上述协议，作出民事调解书。后姜某得知此事后，认为河南某集团有限公司为逃避法院执行，提起虚假诉讼，隐瞒股权已被中院冻结的事实，欺骗法院作出了民事调解书，故向一审法院起诉，要求撤销民事调解书并承担本案诉讼费。

2. 法院裁判及观点

一审法院认为，河南某集团有限公司在信阳某小额贷款有限公司 35% 的股权已被其他法院于 2014 年 5 月 22 日冻结，并续冻到 2015 年 11 月 23 日。曾某某和河南某集团有限公司及信阳某小额贷款有限公司在股权转让纠纷一案中，均没有提及该 35% 的股权已被信阳中院冻结的事实，导致法院在不知情的情况下作出了民事调解书。确认股权应当以股权登记为依据，法院在股权登记没有变更登记的情况下，认定股权归曾某某所有缺乏事实依据，应予撤销。综上，依照《合同法》第 52 条第 1 款第 3 项、《民事诉讼法》第 56 条第 3 款、《最高人民法院关于适用〈中华人民共和国民事诉讼法〉的解释》第 292 条、第 295 条的规定，判决：撤销民事调解书。

3. 案例评析

本案中，曾某某在明知河南某集团有限公司在信阳某小额贷款有限公司35%的股权已被法院冻结并续冻的情况下，向法院提起诉讼要求确认股权归自己所有，并在诉讼过程中对该涉案标的已被法院冻结的事实未提及，其行为具有虚假诉讼的嫌疑。如果该调解书得以执行，必然会导致姜某的债权无法实现，此时，作为案外人的姜某为保障自己的权益，可以向人民法院提起第三人撤销之诉。

为达到逃避财产被执行的目的，恶意串通，虚构借款事实，进行虚假诉讼，损害案外人合法权益的，可以提起第三人撤销之诉

——原告谢某某与被告陈某某、潘某某第三人撤销之诉一案①

1. 案情简介

原告：谢某某。

被告：陈某某。

被告：潘某某。

原告谢某某起诉称：民事判决书判令被告潘某某于判决生效后十日内偿付原告谢某某借款本金305,000元及利息，民事调解书确定被告潘某某于2012年7月20日前偿还原告谢某某借款10万元。被告潘某某没有在判决书和调解书确定的期限内履行还款义务，原告向法院申请强制执行。执行过程中原告得知被告陈某某与被告潘某某民间借贷纠纷一案经法院调解达成协议，法院于2014年8月12日作出民事调解书。该协议的主要内容为："被告潘某某于2014年8月20日前偿还原告陈某某借款190万元及利息（自2012年3月21日起至实际清偿之日止，以本金190万元为基数，按月利率1.5%计算）。"该调解书生效后，陈某某申请执行参与分配。原告等债权人认为该案190万元系现金交付，有虚假诉讼嫌疑，向检察机关举报。检察机关查证后于2015年5月告知原告该案确系虚假诉讼，债务并不存在。原告认为两被告的虚假诉讼行为已损害原告的利益，诉请判令撤销民事调解书。

被告陈某某答辩称：调解协议内容确实虚假。潘某某因负有较多债务不

① 参见（2015）温瓯民初字第774号。

能偿还，其房产将被法院拍卖分配。故潘某某要求本人帮助其虚构债务向法院起诉，再凭生效文书参与分配。

被告潘某某答辩意见与陈某某一致。

2. 法院裁判及观点

一审法院认为，被告潘某某为达到逃避财产被执行的目的，与被告陈某某串通，虚构借款事实，进行虚假诉讼，取得法院生效文书后参与被告潘某某被执行财产的分配，已经损害原告谢某某和其他债权人的利益。原告提起第三人撤销之诉符合法律规定，本院作出的民事调解书内容错误，应依法撤销。据此，依照《民事诉讼法》第56条第3款和《最高人民法院关于适用〈中华人民共和国民事诉讼法〉的解释》第190条之规定，判决：撤销本院于2014年8月12日作出的民事调解书。

3. 案例评析

本案中潘某某因负有较多债务不能偿还，采用与陈某某串通，虚构债务的形式骗取法院的调解文书，以达到逃避债务的目的，系典型的民间借贷虚假诉讼。案外人谢某某在潘某某没有履行还款义务，申请法院强制执行阶段获悉该虚假债务的存在，此时该虚假诉讼获取的调解文书已经生效，谢某某为防止自己的合法债权受到侵害，根据法律规定向人民法院提起第三人撤销之诉。经法院审查，确认潘某某与陈某某之间的债权债务关系系虚构，依法对该调解文书予以撤销。

有关法律规定

《中华人民共和国民事诉讼法》(2012年修正)

第五十六条　对当事人双方的诉讼标的，第三人认为有独立请求权的，有权提起诉讼。

对当事人双方的诉讼标的，第三人虽然没有独立请求权，但案件处理结果同他有法律上的利害关系的，可以申请参加诉讼，或者由人民法院通知他参加诉讼。人民法院判决承担民事责任的第三人，有当事人的诉讼权利义务。

前两款规定的第三人，因不能归责于本人的事由未参加诉讼，但有证据证明发生法律效力的判决、裁定、调解书的部分或者全部内容错误，损害其民事权益的，可以自知道或者应当知道其民事权益受到损害之日起六个月内，向作出该判决、裁定、调解书的人民法院提起诉讼。人民法院经审理，诉讼请求成立的，应当改变或者撤销原判决、裁定、调解书；诉讼请求不成立的，驳回诉讼请求。

最高人民法院《关于适用〈中华人民共和国民事诉讼法〉的解释》（法释〔2015〕5号）

第一百九十条　民事诉讼法第一百一十二条规定的他人合法权益，包括案外人的合法权益、国家利益、社会公共利益。

第三人根据民事诉讼法第五十六条第三款规定提起撤销之诉，经审查，原案当事人之间恶意串通进行虚假诉讼的，适用民事诉讼法第一百一十二条规定处理。

三、第三人撤销诉讼，法院作出判决后能上诉吗

基本理论

1. 提起第三人撤销之诉的法律效果

第三人撤销之诉的提起会发生程序上和实体上两个方面的效果。从程序上看，经由受诉法院对其进行形式要件和实质要件的合法性审查，若认为不符合法律规定的要求则驳回第三人申请撤销判决之诉；若认为符合法律规定的要求，即予以受理并引发第三人撤销判决程序的启动，以原审两造为被告，案件进入实质审理阶段。从实体上看，一般认为第三人提起的撤销判决之诉并不具有中止执行的效力，但若当事人申请中止原判决的执行，并提出相关的证据和相应的执行担保费用，则法院可以裁定中止执行。换言之，是否中止执行法院具有自由裁量权。

2. 第三人的撤销之诉被驳回或败诉的情况下的法律效果

如果第三人提起的撤销之诉被法院依法驳回或被判处败诉的情况下，由此得到确认的原判决即产生既判力。若法院认为第三人提起的撤销之诉有违诚实信用原则，实属滥诉行为或为谋取不正当的诉讼利益，则法院还可以对其判处罚款和由延迟执行所造成的损失的赔偿。第三人提起的撤销之诉是依据新事实提起的新诉，对新诉的裁判，当事人和原诉的当事人可以提起上诉。

3. 第三人的撤销之诉胜诉的法律效果

如果法院支持第三人的诉讼请求即第三人胜诉的情况下，若第三人提出的诉讼请求只涉及原判决之不利己部分予以申请撤销，而没有涉及判决全部，则就对判决涉及第三人不利益部分予以撤销或改判，以恢复第三人未受判决影响之前的权利状态，判决其他部分仍对原审诉讼当事人具有拘束力，不涉及第三人利益部分如若需要申请强制执行，仍然依法予以允许。若第三人提出的诉讼请求涉及判决全部予以撤销，则对原判决予以撤销，恢复原判决为确定之前的民事实体法律关系的状态；或改判，依据第三人撤销判决程序言词辩论终结后的案件事实的审理结果，重新确定诉讼当事人之间的民事实体法律关系。

典型案例

法院对第三人撤销之诉裁定不予受理的，第三人可以提起上诉

——唐某某诉兴化市某啤酒有限公司、顾某某民间借贷纠纷案①

上诉人（原审申请人）：唐某某。

委托代理人：孙某东（特别授权），律师。

被上诉人（原审被申请人）：兴化市某啤酒有限公司。

负责人：王某佳，经理。

被上诉人（原审被申请人）：顾某某。

1. 案情简介

2014 年 4 月 30 日，唐某某向原审法院提出申请撤销之诉称：兴化市某啤酒有限公司的实际控制人王某佳与顾某某写下得胜湖公司向顾某某借款 280 万元的假借条，并通过虚假诉讼的方式形成民事调解书，从而将 280 万元的虚假债务变成得胜湖公司的合法债务。顾某某以此调解书为依据，参与兴化市某啤酒有限公司的拆迁补偿分配，严重侵害了兴化市某啤酒有限公司其他真正债权人的合法权益，因此，请求依法撤销民事调解书。

原审法院认为，唐某某与王某佳、兴化市某啤酒有限公司之间的民间借

① 参见（2015）泰中民撤终字第 00004 号。

贷纠纷一案,已经另案审理终结。而另案审理的纠纷是债权人顾某某与债务人兴化市某啤酒有限公司之间的借款合同纠纷,两案涉及的法律关系属于相互独立的债权债务关系,唐某某对民事调解书中所涉及的标的物并不具有独立的请求权,故其并非应当参加该案诉讼的第三人,该案的处理结果与唐某某的民事权益之间不具有法律上的利害关系。因此,唐某某的起诉不符合《民事诉讼法》第 56 条规定的第三人撤销之诉的起诉条件。综上,依照《民事诉讼法》第 56 条、第 154 条第 1 款第 3 项之规定,裁定驳回申请人唐某某的起诉。

上诉人唐某某不服上述民事裁定,向二审法院提起上诉称:兴化市某啤酒有限公司的全部资产转让后,不够清偿公司债务,而顾某某通过与兴化市某啤酒有限公司的虚假诉讼获得利益,上诉人作为兴化市某啤酒有限公司的债权人的利益必然受到损害。因此,顾某某与兴化市某啤酒有限公司之间达成的调解协议,与上诉人具有法律上的利害关系,上诉人具备申请撤销调解书的主体资格。原审裁定驳回起诉错误,请求二审依法支持上诉人的上诉请求。

被上诉人兴化市某啤酒有限公司未答辩。

被上诉人顾某某辩称:原审认定事实清楚,适用法律正确,所作裁定是正确的,请求驳回上诉,维持原裁定。

2. 法院裁判及观点

二审法院认为,我国《民事诉讼法》第 56 条第 2 款、第 3 款规定“对当事人双方的诉讼标的第三人虽然没有独立请求权,但案件处理结果同他有法律上的利害关系的,可以申请参加诉讼,或者由人民法院通知他参加诉讼。人民法院判决承担民事责任的第三人,有当事人的诉讼权利义务”、“前两款规定的第三人,因不能归责于本人的事由未参加诉讼,但有证据证明发生法律效力的判决、裁定、调解书的部分或者全部内容错误,损害其民事权益的,可以自知道或者应当知道其民事权益受到损害之日起六个月内,向作出该判决、裁定、调解书的人民法院提起诉讼。人民法院经审理,诉讼请求成立的,应当改变或者撤销原判决、裁定、调解书;诉讼请求不成立的,驳回诉讼请求”。本案中,唐某某作为兴化市某啤酒有限公司的债权人,如果顾某某与兴化市某啤酒有限公司之间的借款合同纠纷一案系虚假诉讼,则该案的调解结果显然侵害了其合法权益,因此,唐某某与该案的处理结果具有法律上的利害关系，其以顾某某与兴化市某啤酒有限公司之间的债权债务关系不真实为由，申请撤销该调解书，符合上述规定，原裁定认定唐某某不具有第三人撤销之诉的申请人主体资格不当，本院予以纠正。经审判委员会讨论决定，依照最高人民法院《关于适用〈中华人民共和国民事诉讼法〉的解释》第332条之规定，裁定：一、撤销一审法院民事裁定；二、指令原一审法院对本案进行审理。

3. 案例评析

第三人撤销之诉是一个新诉，有独立的诉讼请求与诉讼进程，与其他的诉讼一样适用二审终审制。本案中唐某某认为顾某某与兴化市某啤酒有限公司的民间借贷纠纷案系虚假诉讼，自己作为兴化市某啤酒有限公司的债权人的利益受到了损害向一审法院提起第三人撤销之诉，一审法院认为唐某某与该案没有利害关系，裁定驳回了其诉讼请求。唐某某不服，向二审法院提起上诉，通过二审程序维护自己的权利。

有关法律规定

《最高人民法院法院关于适用〈中华人民共和国民事诉讼法〉的解释》（法释〔2015〕5号）

第三百条　对第三人撤销或者部分撤销发生法律效力的判决、裁定、调解书内容的请求，人民法院经审理，按下列情形分别处理：

（一）请求成立且确认其民事权利的主张全部或部分成立的，改变原判决、裁定、调解书内容的错误部分；

（二）请求成立，但确认其全部或部分民事诉讼权利的主张不成立，或者未提出确认其民事权利请求的，撤销原判决、裁定、调解书内容的错误部分；

（三）请求不成立的，驳回诉讼请求。

对前款规定裁判不服的，当事人可以上诉。

原判决、裁定、调解书的内容未改变或者未撤销的部分继续有效。

第十二章

第二审程序与审判监督程序

第一节 第二审程序

在我国,民事诉讼实行两审终审制度,第二审程序即上诉审程序,是当事人不服一审法院裁判而提起的上诉程序。具体而言,民事诉讼第二审程序是指当事人不服一审法院已经作出的裁判,依法向上一级法院提出上诉请求,上一级法院据此对案件进行审理所适用的程序。

民事诉讼第二审程序的设立宗旨具有私益和公益两方面的因素。从私益方面看,利用第二审程序变更或撤销下级法院未确定的裁判,从而保护当事人合法私权,实际上就是为当事人提供再次救济的机会。从公益方面看,利用第二审程序纠正下级法院的瑕疵裁判,可以增进民众对司法的普遍信任,有利于维护法制统一并发展法律。①

民事诉讼第二审程序主要包括以下几种基本功能:一是纠正错误的功能。纠纷的解决受到多种复杂因素的影响,不能完全排除初审裁判中存在错误的可能性。通过上诉法官的再次审理,可以发现并纠正初审裁判的错误。②二是安抚当事人的功能。任何一项判决都不可能出现当事双方都胜诉而无败诉方,再一次审理对于当事双方尤其是败诉方有一定的安抚作用。第二审程序为当事双方提供了一个释放不满的渠道,可以在一定程度上吸收当事人的不满,从而增强当事人对审判的信任,提高当事人自觉履行裁判的可能性以及司法裁判的正当性。三是程序制约的功能。“上诉程序之所以能够纠正错误,不仅因为它给当事人多提供一次机会,更因为它的存在本身构成对一审程序的监督,从而减少了一审判决出现错误的几率。”③它不仅可以有效控制一审法官在审理案件中的恣意和偏私,督促他们认真对待手中的权力,提高一审裁判的公正性,还可以促使当事人在一审程序中全面、客观地提供事实与证据。

一、不服一审判决,提起上诉应当注意哪些问题

1. 上诉

上诉是当事人不服第一审法院作出的未生效裁判,在法定期限内,要求上一级人民法院对上诉请求的有关事实和法律适用,进行审理的诉讼行为。④上诉主要有以下特点:(1)上诉是法律赋予当事人的诉讼权利。无论是胜诉方还是败诉方都有权利提起上诉。是否上诉,是否启动二审程序由当事人自己决定,法院没有权力依职权启动二审程序。(2)上诉后二审审理的范围也由当事人自己决定。当事人可以针对判决内容全部进行上诉,也可以针对部分判决内容进行上诉,二审法院根据当事人上诉所提出的诉讼请求进行审理,不能超出当事人诉讼请求的范围。

---

① 邵明:《民事诉讼法理研究》,中国人民大学出版社 2004 年版,第 325 页。

② 陈桂明:《诉讼公正与程序保障——民事诉讼程序之优化》,中国法制出版社 1996 年版,第 85 页。

③ 齐树洁:《民事上诉制度研究》,法律出版社 2006 年版,第 30 页。

④ 常怡主编:《民事诉讼法学》,中国政法大学出版社 1999 年版,第 322 页。

2. 上诉应当注意的问题

当事人行使上诉权，依照法律规定必须具备以下条件：

（1）提起上诉必须是享有上诉权或可依法行使上诉权的人。根据《民事诉讼法》规定，第一审案件中的当事人，包括原告、被告、共同诉讼人、有独立请求权的第三人，有权提起上诉；无独立请求权的第三人，人民法院判决其承担民事责任的，也享有上诉权。上诉权既可以由当事人自己行使，也可以委托他人代为行使。

（2）提起上诉的对象必须是依法允许上诉的判决或裁定。当事人不服并依法行使上诉权，请求上一级人民法院予以纠正的判决、裁定称为上诉对象。能够成为上诉对象的，只能是地方各级人民法院第一审未发生法律效力的判决或裁定。调解协议不能成为上诉对象。最高人民法院的判决或裁定，地方各级人民法院依照特别程序审理的案件作出的判决或裁定，都不准上诉。法律规定的裁定，除不予受理、对管辖权异议、驳回起诉三种裁定外，其他裁定，也不准上诉。

（3）必须在法定期限内提起上诉并缴纳上诉费用。民事诉讼法规定，对判决提起上诉的期限为 15 日，对裁定提起上诉的期限为 10 日，从判决书、裁定书送达当事人之日起算。裁判文书不能同时送达双方当事人的，上诉期从各自收到判决书、裁定书之日起计算。

（4）上诉必须递交上诉状。上诉状是当事人提起上诉的根据，没有上诉状就难以判明当事人是否行使上诉权和上诉请求的范围，第二审人民法院也无从进行审理和裁判。在宣告判决、裁定时，当事人上诉的口头表示，不能代替上诉状，但当事人已口头表示上诉的，应当告知其在法定上诉期限内书写上诉状。

3. 上诉的撤回及处理

在第二审人民法院受理上诉人的上诉至第二审人民法院判决、裁定宣告前，上诉人认为自己的上诉理由不充分，或者接受了第一审人民法院的判决、裁定，可以向第二审人民法院申请撤回上诉。这是当事人对诉讼权利的处分，但是否准许，由第二审人民法院裁定。因此，撤回上诉是两个诉讼行为的结合：一是上诉人在法律规定的范围内处分自己的诉讼权利，向人民法院提出撤回上诉的申请；二是人民法院依法审查上诉人撤回上诉的请求，有没有违反法律、逃避法律等不应准予撤诉的情况，并据此作出是否准予撤回上诉的裁定。只有这两个诉讼行为结合起来，撤回上诉才能成立。

撤回上诉的申请必须在第二审人民法院受理上诉至宣判前提出。人民法院审查上诉人撤回上诉的申请，认为撤诉申请符合法律规定的，应当裁定准许撤回上诉，第一审人民法院的判决或裁定即发生法律效力。认为一审判决确有错误，或者双方当事人串通损害国家、集体利益、社会公共利益及他人合法权益的，应当裁定驳回申请，不准撤回上诉。

典型案例

上诉人申请撤回上诉，是否准许，由第二审人民法院裁定

——周某某与符某某民间借贷纠纷案[①]

1. 案情简介

上诉人（原审被告）：周某某。

被上诉人（原审原告）：符某某。

委托代理人：陈某某。

上诉人周某某因民间借贷纠纷一案，不服一审法院民事判决，向二审法院提起上诉。法院在审理本案过程中，上诉人周某某于2015年9月18日申请撤回上诉。

2. 法院裁判及观点

二审法院审查认为，上诉人周某某自愿撤回上诉，符合法律规定。依照《民事诉讼法》第173条、第175条的规定，裁定：准许上诉人周某某撤回上诉，双方均按原审判决执行。二审案件受理费18,300元，减半收取9150元，由上诉人周某某负担。

3. 案例评析

本案中原审被告在法定期限内向上一级法院提起上诉，法院受理后，在

① 参见（2015）银民终字第1006号。

案件审理过程中上诉人申请撤回上诉，按照相关规定，二审法院对上诉人的撤回上诉申请进行了审查，认定该撤诉申请系当事人自愿做出的意思表示，且符合相关法律法规的规定，不损害国家、集体、社会公共利益及他人的合法权益，据此二审法院裁定准许撤回上诉。该裁定作出后一审裁判发生法律效力，双方按照原判决执行。

上诉人可以对准许或不准许撤回上诉的裁定提出再审申请，但一般情况下法院不予受理

——余某某与广西某管理集团有限责任公司、广西某管理集团有限责任公司桂林两江国际机场等民间借贷纠纷案①

1. 案情简介

再审申请人（一审原告、二审上诉人）：余某某。

委托代理人：石某某。

再审被申请人（一审被告、二审被上诉人）：广西某管理集团有限责任公司。

再审被申请人（一审被告、二审被上诉人）：广西某管理集团有限责任公司桂林两江国际机场。

委托代理人：冯某某。

一审被告：钱某某。

余某某申请再审称：一审法院的主办人与被申请人广西某管理集团有限责任公司桂林两江国际机场关系密切，没有回避，致使一审判决不公；本案的借款人是机场安检站，钱某某以单位名义向申请人借款并在借条上加盖公章，应当由两江国际机场承担法律责任。请求再审本案。

广西某管理集团有限责任公司提交意见称：根据其调查，未发现一审法院主办人的家属是两江国际机场内某部门负责人的情况；而钱某某本人承认本案的借款是他与余某某两人之间的高利贷借款，与被申请人无关。余某某将借款打入钱某某的个人账户，在借款期限届满后长达6年时间里只向钱某某个人追偿，不向他人追偿，这足以证明本案借款只是钱某某的个人借款；桂

① 参见（2013）桂市民申字第209号。

林两江国际机场安检站只是桂林两江国际机场下属的一个业务部门，本身没有对外签订合同的主体资格，其印章也只供内部安全检查业务使用，没有对外的法律效力。借条上盖有安检站的印章是非法无效的。一审判决是正确的，请求驳回申请人的再审申请。

广西某管理集团有限责任公司桂林两江国际机场提交意见同广西某管理集团有限责任公司。

钱某某未提交书面意见。

2. 法院裁判及观点

再审法院认为，申请人在二审上诉后，以自行解决为由申请撤回上诉并得到本院准许，其向本院申请再审二审准许撤回上诉的裁定是其对诉权处分的不诚信的表现，其申请再审准许撤回上诉的裁定不应受理。而申请人认为一审法院主办人没有回避而导致判决不公，在一审审理期间以及再审审查期间均没有提供相应的证据证实一审法院主办人存在上述应当回避而没有回避的事实，因此，申请人认为一审法院违反法定程序的理由不成立，本院不予支持。根据钱某某书写给余某某的借条反映，涉及本案借款的借条不只一张，在长达六年的时间内除了最初的一张借条上有两江机场安检站的公章外，其余借条只有钱某某个人的签字，款项也只是打入了钱某某的个人账户，钱某某本人也认可是其个人借款，个人使用，没有用到与单位有关的业务上，根据公平合理的原则，本案应当认定为钱某某个人的借款，应当由钱某某个人偿还。申请人请求由单位偿还借款的理由和依据均不足，本院不予支持。综上，余某某的再审申请不符合《民事诉讼法》第 200 条规定的情形。依照《民事诉讼法》第 204 条第 1 款的规定，裁定：驳回余某某的再审申请。

3. 案例评析

当事人在二审期间撤回上诉或是认为自己的上诉理由不充分，或是表示对一审裁判的接受和认可等。因撤诉或撤回上诉是当事人自由意志的表达，根据《民事诉讼法》第 154 条的规定，准许或不准许撤诉的裁定不能够上诉。在本案中当事人撤回上诉的理由是自行解决，在二审法院审查认为系当事人自愿且不违法法律、法规的规定，作出准予撤回上诉的裁定，该裁定一经作出，即产生两个法律后果：一是第一审人民法院的判决或裁定即发生法律效力；二是当事人丧失了对本案的上诉权。本书认为，申请再审是当事人的诉讼权利，当事人可以针对准许或不准许撤回上诉的裁定申请再审，但因撤回上诉是当事人自愿对自身的诉讼权利作出处理，实践中对此普遍不予受理，除非证明撤回上诉不是其真实意思表示或存在审判组织的组成不合法或者依法应当回避的审判人员没有回避等情形。所以法院对其申请再审准许撤回上诉的裁定不应受理是符合法律规定的。

有关法律规定

《中华人民共和国民事诉讼法》(2012 年修正)

第一百七十三条　第二审人民法院判决宣告前，上诉人申请撤回上诉的，是否准许，由第二审人民法院裁定。

第一百七十五条　第二审人民法院的判决、裁定，是终审的判决、裁定。

二、第二审程序审理限于上诉状的范围吗

基本理论

1. 第二审程序审理的范围

有的学者认为，对二审法院审理的范围具体可设定为：原则 + 例外。也就是说，当事人就一审法院对事实的认定和法律的适用提出上诉请求时，二审法院应严格局限于当事人申请的范围进行审查，当事人未主张的部分不得过问。例外是指如果当事人对一审法院的审判活动是否违反法律程序存在异议提起上诉时，二审法院在审理中不受上诉请求范围的拘束，可依职权进行必要的干预。也就是说，这种例外只能是对原审法院依照确定的事实所作出的法律评价问题——对判决是否符合法定程序进行审查。① 有的学者认为，上诉审查范围应具体界定为：当事人对有关一审判决所认定的事实及法

① 朱春河："论民事上诉案件的审理范围与判决"，载《河南大学学报》(社会科学版) 2002 年第 6 期，第 96 页。

律适用未主张的部分，上诉法院不应干预。如果当事人对一审判决遵守法律程序的正误提出异议而上诉的，上诉法院不受当事人上诉范围的限制，应对有关程序适用问题全面审查。① 这些观点都具有一定的合理性，但也存在不足。本书认为，根据法律和司法解释的规定，民事诉讼二审审理范围一般限于当事人提出上诉请求的范围，但原审判决确有错误的，即使当事人在上诉请求中没有提出，二审也应当依职权对一审处理中的错误进行纠正。这种错误主要是指违背了法律的禁止性规定，损害了国家利益、社会公共利益、他人合法权益的情形。

2. 二审上诉状与当庭陈述不一致的处理

二审确定审理范围原则上应以对方收到的上诉状中所列为依据，允许上诉人放弃全部或部分上诉请求。在审判实践中，庭审时当事人只陈述上诉状中的部分上诉请求，对另外一部分避而不谈，对于该情况法院为探知当事人的真实意思表示，通常会行使释明权，通过向当事人询问并陈明法律上的利害关系，促使其对该事项作出明确表态，以确定当事人是准备放弃上诉状中的部分诉讼请求还是疏忽大意遗漏了陈述。如果法官在行使释明权后，当事人仍不明确表态，则视为其自动放弃此部分的上诉请求，仅就其陈述的部分进行审理。

3. 第二审程序的审理原则

在民事第二审程序中，为充分保障上诉人的权益，应当遵循“禁止不利益变更原则”。② 该原则与刑事二审程序中的“上诉不加刑原则”相类似，是指在只有一方当事人上诉的情况下，上诉法院不能作出比一审判决更不利于上诉人的判决，即上诉审法院对上诉案件的审理，不论上诉人的上诉请求全部或部分地被支持，其判决既不能加重上诉人的民事责任，也不能减损上诉人应得的民事利益，其负担不得因上诉而超过原审判决。③

---

① 许少波：“论我国民事上诉审的审理范围”，载《当代法学》2001 年第 8 期，第 68 页。

② 参见刘毅：“禁止不利益变更原则在民事上诉中的适用”，载《人民司法·案例》2010 年第 20 期。

③ 叶知年、黄韵京：“民事上诉‘禁止不利益变更原则’研究”，载《云南大学学报》(法学版)2005 年第 6 期。

典型案例

二审审理范围一般限于当事人提出上诉请求的范围，但一审判决违反法律禁止性规定，或者损害国家利益、社会公共利益、他人合法权益的除外

——袁某林诉张某立民间借贷纠纷案①

上诉人（原审被告）：袁某林。

被上诉人（原审原告）：张某立。

原审被告：李某。

原审被告：杨某星。

1. 案情简介

2012年6月27日李某与张某立签订协议，约定李某借张某立现金300,000元，并由杨某星、袁某林作为保证人，双方口头约定月利率6%，借款期限为2012年6月27日至2012年8月26日，如不能按时还款，按10%交纳违约金。李某并将个人名下的皇冠轿车一辆质押给张某立。实际借款时，张某立预先扣除两个月的利息36,000元，实际给付李某借款264,000元。协议第四条还约定：袁某林、杨某星主动提供担保，如李某不能按时还款，自愿每人承担150,000元人民币的清偿义务，同时已经质押的车辆李某也是自愿无偿转给张某立，张某立有自动处置权，李某不得干涉。一审审理期间李某、杨某星经合法送达各种诉讼材料后未答辩、未到庭。一审法院认定，质押在张某立处的皇冠轿车，经查询该车于2011年4月6日已经抵押给丰田汽车金融（中国）有限公司，判决：一、李某偿付张某立借款本金264,000元及利息；二、杨某星、袁某林各按50%的责任份额对上述债务承担责任。袁某林不服提起上诉称：一审法院认定PB9102号皇冠牌轿车抵押给丰田汽车金融（中国）有限公司，没有任何根据，应先就该轿车实现债权后，不足部分再由担保人承担责任。要求二审法院撤销原判，依法改判或发回重审。

① 参见（2014）聊民一终字第998号民事判决书。

2. 法院裁判及观点

二审法院认为,李某将涉案车辆抵押给丰田汽车金融(中国)有限公司后又质押给张某立,并进行交付,不违反法律、行政法规禁止转让的动产,质押成立。因李某就涉案车辆抵押在先,在未实现抵押债权的情况下,又质押给张某立,本案应就丰田汽车金融(中国)有限公司对涉案车辆行使抵押权后,张某立行使对涉案车辆的质押权,对本案剩余债权袁某林、杨某星应当各按50%的责任份额承担担保责任。杨某星虽然未就本案提起上诉,但是根据最高人民法院《关于适用〈中华人民共和国民事诉讼法〉的解释》第323条的规定,一审法院判决损害杨某星的合法权益,二审予以改判同袁某林一同承担担保责任。判决:李某名下的皇冠轿车折价或者拍卖,变卖的价款扣除抵押权部分款项后,张某立对剩余数款优先受偿。对优先受偿后尚欠部分欠款,杨某星、袁某林各按50%的份额承担责任。

3. 案例评析

本案中,二审法院围绕袁某林的上诉请求对皇冠牌轿车的抵押情况进行了审查,并支持了其先就该轿车实现债权后,不足部分再由担保人承担责任的诉讼请求,符合最高人民法院《关于适用〈中华人民共和国民事诉讼法〉的解释》第323条第1款"第二审人民法院应当围绕当事人的上诉请求进行审理"的规定。虽然杨某星没有上诉,但二审法院在审理时发现一审判决损害了杨某星的合法权益,依照该条第2款"一审判决违反法律禁止性规定,或者损害国家利益、社会公共利益、他人合法权益的除外"的规定,并不局限在上诉状的范围内,而是依职权进行了改判。

有关法律规定

《中华人民共和国民事诉讼法》(2012年修正)

第一百六十八条　第二审人民法院应当对上诉请求的有关事实和适用法律进行审查。

第一百七十条　第二审人民法院对上诉案件,经过审理,按照下列情形,分别处理:

(一)原判决、裁定认定事实清楚,适用法律正确的,以判决、裁定方式驳回上诉,维持原判决、裁定;

（二）原判决、裁定认定事实错误或者适用法律错误的，以判决、裁定方式依法改判、撤销或者变更；

（三）原判决认定基本事实不清的，裁定撤销原判决，发回原审人民法院重审，或者查清事实后改判；

（四）原判决遗漏当事人或者违法缺席判决等严重违反法定程序的，裁定撤销原判决，发回原审人民法院重审。

原审人民法院对发回重审的案件作出判决后，当事人提起上诉的，第二审人民法院不得再次发回重审。

最高人民法院《关于适用〈中华人民共和国民事诉讼法〉的解释》（法释〔2015〕5号）

第三百二十三条　第二审人民法院应当围绕当事人的上诉请求进行审理。

当事人没有提出请求的，不予审理，但一审判决违反法律禁止性规定，或者损害国家利益、社会公共利益、他人合法权益的除外。

三、第二审程序中提出的新证据应当如何认定

基本理论

1. 关于“新的证据”的范围界定

《最高人民法院关于民事诉讼证据的若干规定》（以下简称《证据规定》）第41条规定，《民事诉讼法》第125条第1款规定的“新的证据”是指以下情形：

（1）一审程序中的新的证据包括：当事人在一审举证期限届满后新发现的证据；当事人确因客观原因无法在举证期限内提供，经人民法院准许，在延长的期限内仍无法提供的证据。

（2）二审程序中的新的证据包括：庭审结束后新发现的证据；当事人在一审举证期限届满前申请人民法院调查取证未获准许，二审法院经审查认为应当准许并依当事人申请调取的证据。

《证据规定》第43条第2款又规定：“当事人经人民法院准许延期举证，但因客观原因未能在准许的期限内提供，且不审理该证据可能导致裁判明显不公的，其提供的证据可视为新的证据。”对于当事人申请再审时“新的证据”的界定，《证据规定》第44条解释为：“《民事诉讼法》第一百七十九条第

一款第一项规定的‘新的证据’，是指原审庭审结束后新发现的证据。”

2. 提供“新的证据”的时间

根据《证据规定》第42条和第44条第2款的规定，当事人在一审程序中提供新的证据的，应当在一审开庭前或者开庭审理时提出。当事人在二审程序中提供新的证据的，应当在二审开庭前或者开庭审理时提出；二审不需要开庭审理的，应当在人民法院指定的期限内提出。当事人在再审程序中提供新的证据的，应当在申请再审时提出。

3. 提供的证据不属于“新的证据”的法律后果

《证据规定》第43条第1款规定：“当事人在举证期限届满后提供的证据不是新的证据的，人民法院不予采纳。”这一规定与《证据规定》第34条关于举证时限的效力和第41条关于“新的证据”的界定在内容上彼此联系，起着相互补充的作用。

4. 提出“新的证据”所引发的法律后果

提出“新的证据”除对案件本身产生相应影响外，根据《证据规定》第46条，还会产生以下两个方面的后果：

（1）由于当事人的原因未能在指定期限内举证，致使案件在二审或者再审期间因提出新的证据被人民法院发回重审或者改判的，原审裁判不属于错误裁判案件；

（2）一方当事人请求另一方当事人负担由此增加的差旅、误工、证人出庭作证、诉讼等合理费用以及由此扩大的直接损失，人民法院应予支持。

典型案例

当事人在二审中提出的新证据符合法律规定的，法院可以予以采信

——闫某生诉李某春、李某娇民间借贷纠纷案[①]

1. 案情简介

上诉人（原审原告）：闫某生。

① 参见（2011）二中民终字第16027号民事判决书。

被上诉人(原审被告):李某春。

被上诉人(原审被告):李某娇。

李某春、李某娇系姐妹,闫某生的前妻付某贞是李某春、李某娇的三姨。2000年,李某春、李某娇之父李秀向闫某生借款人民币1000元。2007年李秀来京住院急需用钱,李某春向闫某生借款5000元。李某春、李某娇的三姨于2008年1月29日病故。同年1月31日,李某春、李某娇向闫某生出具借条,载明:"因父母有病于2000年和2007年借三姨家款先后共计6000元,定于2008年年内还我三姨夫。借款人长女:李某春、次女:李某娇。"闫某生前妻之子刘某志在借条下方写明:"刘某志同意。"因双方系亲戚关系,闫某生一直和李某春、李某娇有来往,并于2010年向李某春、李某娇催还欠款,但李某春、李某娇一直未归还欠款。至此闫某生诉请人民法院判决李某春、李某娇返还借款6000元,并支付利息。李某春、李某娇以出借人不是闫某生,而是付某贞、欠款数额为5000元及闫某生起诉已经超过诉讼时效期间进行抗辩。一审法院审查认为,对于闫某生的起诉是否超过诉讼时效的问题,根据借条载明的内容,诉讼时效应当从2009年1月1日起开始计算,诉讼中,闫某生提出其在诉讼时效期间内多次催还借款,但均未提供相应的证据,闫某生的起诉已经超过法律规定的诉讼时效期间。据此判决驳回了闫某生的诉讼请求。闫某生不服提起上诉。

在二审中,闫某生向法院提交了其分别与李某春之夫白金、李某娇之夫史宝全的谈话录音,在录音中闫某生称其曾于2010年向李某春、李某娇催款,李某春之夫白某、李某娇之夫史某全对此未予以否认。

2. 法院裁判及观点

二审法院认为,在二审诉讼中,闫某生向法院提交的录音资料足以证明闫某生曾于2010年要求李某春、李某娇归还欠款。因此,闫某生起诉未超过诉讼时效期间。依据李某春、李某娇签字确认的借条内容,李某春、李某娇应向闫某生返还借款6000元。判决:一、撤销一审法院民事判决;二、李某春、李某娇于本判决生效后十日内向闫某生返还借款人民币六千元并支付利息。

3. 案例评析

本案中闫某生二审提交的新证据为录音资料。根据法律规定录音资料被法院采信作为判决的依据,需要符合两个条件:一是录音资料内容必须是真实的。通过剪接手段或伪造的录音资料不能作为证据。二是录音资料的取得是合法的。从本案情况看，录音双方当事人的谈话在当时没有受到其他客观原因的限制，可以认定是其真实的意思表示。在录音资料中，闫某生称其曾于2010年向李某春、李某娇催款，该二人的丈夫并没有表示不知情或对该事实予以否认，以此法院认定闫某生的诉讼请求没有超过诉讼时效。

有关法律规定

《中华人民共和国民事诉讼法》(2012年修正)

第六十五条　当事人对自己提出的主张应当及时提供证据。

人民法院根据当事人的主张和案件审理情况，确定当事人应当提供的证据及其期限。当事人在该期限内提供证据确有困难的，可以向人民法院申请延长期限，人民法院根据当事人的申请适当延长。当事人逾期提供证据的，人民法院应当责令其说明理由；拒不说明理由或者理由不成立的，人民法院根据不同情形可以不予采纳该证据，或者采纳该证据但予以训诫、罚款。

最高人民法院《关于适用〈中华人民共和国民事诉讼法〉的解释》(法释〔2015〕5号)

第九十九条　人民法院应当在审理前的准备阶段确定当事人的举证期限。举证期限可以由当事人协商，并经人民法院准许。

人民法院确定举证期限，第一审普通程序案件不得少于十五日，当事人提供新的证据的第二审案件不得少于十日。

举证期限届满后，当事人对已经提供的证据，申请提供反驳证据或者对证据来源、形式等方面的瑕疵进行补正的，人民法院可以酌情再次确定举证期限，该期限不受前款规定的限制。

四、第二审程序中，能提出新的诉讼请求吗

基本理论

1. 诉讼请求

诉讼请求是民事诉讼当事人对自己实体权益行使处分权的重要依托和

方向。对于诉讼请求的含义，理论界有多种阐释，有人认为诉讼请求是“原告以起诉的方式，通过受诉法院向被告提出的实体权利主张”，有人认为诉讼请求是“当事人在诉讼过程中，根据诉讼标的向法院提出的具体的权益请求”，有人认为诉讼请求是“原告以实体权利为依据，向法院提出并要求法院予以判决的请求”。虽然有各种不同的阐释，但总的来说，学者们普遍认为诉讼请求与实体权利密切相连，是以实体法作为依托的。[①]

2. 二审提出新的诉讼请求的处理

最高人民法院《关于适用〈中华人民共和国民事诉讼法〉的解释》第328条规定：“在第二审程序中，原审原告增加独立的诉讼请求或者原审被告提出反诉的，第二审人民法院可以根据当事人自愿的原则就新增加的诉讼请求或者反诉进行调解；调解不成的，告知当事人另行起诉。双方当事人同意由第二审人民法院一并审理的，第二审人民法院可以一并裁判。”由此可见，在第二审程序中，当事人可以提出新的诉讼请求，在当事人提出新的诉讼请求的情况下，根据另一方当事人的意愿，法院可做出两种选择：一是如对方当事人同意在二审时对新的诉讼请求进行审理的话，二审法院可一并审理并作出裁判；二是法院可根据自愿的原则进行调解，若调解不成，法院不可径行裁判，只能告知当事人另行起诉。

典型案例

当事人二审提出新的诉讼请求，未经双方当事人同意法院没有审理和迳行裁判的权利，只能进行调解，调解不成的，告知当事人另行起诉

——陈某琴与张某飞民间借贷纠纷二审案[②]

1. 案情简介

上诉人（原审原告）：陈某琴。

委托代理人：王某弟。

---

① 韩香：“论民事诉讼之诉讼请求——以民事诉讼处分原则与诉讼请求的关系为视角”，载《兰州学刊》2011年第7期。

② 参见（2015）浙金商终字第1171号民事判决书。

上诉人(原审被告):张某飞。

2014年11月10日,张某飞向陈某琴借款20,000元,2014年11月15日,张某飞再次向陈某琴借款20,000元,并分别出具借条。借款出借后,张某飞分别于2014年11月25日、12月2日、12月7日、12月13日、12月18日、12月25日归还借款本金3000元、2000元、4000元、3000元、2400元、2400元,合计16,800元,对其余借款本金23,200元至今未还。

陈某琴于2015年2月27日向原审法院起诉,请求判令:张某飞立即归还陈某琴借款本金40,000元。张某飞在原审中答辩称:其只向陈某琴借款合计40,000元且有陈某琴提供的借条作为凭证,借款之后已经通过现金及银行转账方式合计归还陈某琴借款本金24,300元,尚有15,700元借款本金未还。一审法院审理后判决:一、张某飞于判决生效后十日内归还陈某琴借款本金23,200元。二、驳回陈某琴的其他诉讼请求。

陈某琴不服一审法院判决,向二审法院提起上诉称:本案借款为40,000元,并非55,000元,另外的15,000元借款已结清,与本案借款无关。2014年11月18日,张某飞向陈某琴借款15,000元,是现金交付,未曾出具借条,后款已结清,张某飞提供的六张存单是归还15,000元借款本息。如果这六张存单16,800元是用于归还本案40,000元借款,张某飞不会不要求陈某琴更换借据,最起码会要求陈某琴在借据上写明16,800元还款的字据。综上,张某飞向陈某琴借款40,000元,并未还过16,800元。一审判决错误,请求二审法院撤销原判,依法改判支持张某飞的一审诉讼请求,并补追张某飞支付40,000借款从2014年11月13日起按照中国人民银行同期贷款利率的四倍计算至实际还款之日止的利息。

2. 法院裁判及观点

二审法院认为,本案的争议焦点在于张某飞于2014年11月25日、12月2日、12月7日、12月13日、12月18日、12月25日分别归还给陈某琴的3000元、2000元、4000元、3000元、2400元、2400元,合计16,800元,是否系归还本案借款的款项。经审查,上述六笔还款合计16,800元,均发生在本案借款之后,且陈某琴未能提供证据证明该16,800元系用于其他用途,故一审认定该16,800元系归还本案借款的款项,并无不当。陈某琴主张2014年11月18日张某飞另向其借款15,000元,上述六笔还款共计16,800元系用于归还15,000元借款的本息,对此,因张某飞不予认可,且陈某琴也未能提供有效证据予以证明,故本院不予采信。陈某琴二审增加诉讼请求要求张某飞支付利息,不属于二审审理范围。综上,陈某琴的上诉理由不足,对其上诉请求本院不予支持。据此,依照《中华人民共和国民事诉讼法》第170条第1款第1项之规定,判决:驳回上诉,维持原判。

3. 案例评析

本案中,陈某琴在一审起诉时的诉讼请求仅为要求张某飞返还其借款本金40,000元,但在二审期间提出新的诉讼请求,要求张某飞支付40,000借款从2014年11月13日起按照中国人民银行同期贷款利率的四倍计算至实际还款之日止的利息。根据法律规定,对当事人二审增加的诉讼请求,法院没有审理和迳行裁判的权利,只能进行调解,调解不成的,告知当事人另行起诉。该规定主要是考虑到在二审终审的制度下,二审法院作出的裁判具有终局性,该生效裁判不能再提起上诉,如果二审对新的诉讼请求进行了审理,并与其他诉讼请求一并作出裁判,那么针对该项诉讼请求,当事人就丧失了上诉权。为充分保障当事人的诉讼权利,在本案中对陈某琴增加的诉讼请求,法院未进行审理。

有关法律规定

《最高人民法院关于适用〈中华人民共和国民事诉讼法〉的解释》(法释〔2015〕5号)

第三百二十八条　在第二审程序中,原审原告增加独立的诉讼请求或者原审被告提出反诉的,第二审人民法院可以根据当事人自愿的原则就新增加的诉讼请求或者反诉进行调解;调解不成的,告知当事人另行起诉。

双方当事人同意由第二审人民法院一并审理的,第二审人民法院可以一并裁判。

五、第二审程序中达成调解的法律后果是什么

基本理论

1. 调解

调解是指双方或多方当事人就争议的实体权利、义务,在人民法院、人

民调解委员会及有关组织主持下，自愿进行协商，通过教育疏导，促成各方达成协议、解决纠纷的办法。法院调解又称诉讼调解，包括调解活动、调解的原则、调解的程序、调解书和调解协议的效力等，是当事人用于协商解决纠纷、结束诉讼、维护自己的合法权益，审结民事案件、经济纠纷案件的制度。诉讼调解是人民法院和当事人进行的诉讼行为，其调解协议经法院确认，即具有法律上的效力。《民事诉讼法》规定，人民法院审理民事案件，应遵循查明事实、分清是非、自愿与合法的调解原则，调解不成，应及时判决。法院调解可以依当事人的申请开始，也可以由人民法院依职权主动开始。

2.第二审程序调解的范围及达成调解协议的法律后果

二审案件调解的范围不受上诉请求范围和第一审诉讼请求范围的限制，也不受第一审裁判是否正确的影响，二审法院根据自愿的原则进行调解。二审中达成调解可以产生以下几个方面的法律后果：

(1)结束诉讼程序。法院调解是人民法院的结案方式之一。调解协议生效，表明人民法院最终解决了双方当事人的纠纷，民事诉讼程序也因此而终结，人民法院不得对该案继续进行审理。

(2)确认当事人之间的权利义务关系。调解协议生效后，当事人之间的权利义务关系在调解协议中得到确认，民事争议已得到解决，当事人不得对此法律关系再发生争议。

(3)不得以同一诉讼标的、同一的事实和理由再行起诉。调解协议生效后，民事纠纷已依法解决，当事人不得以同一诉讼标的、同一事实和理由，向人民法院再次提起民事诉讼。

(4)有给付内容的调解协议书具有强制执行力。调解协议是双方当事人在人民法院主持下自愿达成的，一般情况下当事人都能自觉履行。如果具有给付内容的调解协议生效后，负有义务的一方当事人不履行义务时，对方当事人可以向人民法院申请强制执行。①

---

① “调解协议的法律效力”，载华律网，http://www.66law.cn/topics/tjxydflxl/。

典型案例

当事人在二审中达成调解协议的，一审判决视为自动撤销

——上诉人刘某兴与被上诉人樊某荣、刘某、刘某隆民间借贷纠纷二审案①

1. 案情简介

上诉人(一审被告)：刘某兴。

委托代理人：蓝某茂。

被上诉人(一审原告)：樊某荣。

委托代理人：巫某。

被上诉人(一审被告)：刘某。

被上诉人(一审被告)：刘某隆。

刘某于2006年11月30日向忻城县有缘信息服务中心樊某荣借42,000元。樊某英、刘某隆为刘某作借款担保，樊某英自愿用座落于忻城县城关镇某街的房屋作借款担保。到期后刘某未如期还款，樊某荣多次催款，刘某以生意经营不佳，尚需资金周转为由，于2007年5月14日再次向樊某荣借款33,000元。樊某英、刘某隆、刘某兴为刘某作借款担保人。樊某英继续用土地使用证及房屋作借款担保。此笔款到期后也未如期给付。樊某荣多次催款未果，为此，向法院起诉。一审法院作出民事判决，一审被告刘某兴不服，提起上诉。本案在二审审理过程中，经二审法院主持调解，双方自愿达成调解协议。

2. 法院裁判及观点

二审法院认为，调解协议符合有关法律规定，予以确认。调解书的内容已经双方当事人签字确认，已经具有法律效力。一审法院民事判决自动撤销。义务人应按本调解书规定的时间履行义务，逾期则依法加倍支付迟延履行期间的债务利息。权利人可在本调解书规定的履行期限最后一日起2年内向忻城县人民法院申请执行。

---

① 参见(2012)来民二终字第50号民事调解书。

3. 案例评析

本案中，双方当事人在二审期间达成调解协议。调解协议的达成在实质上变动了一审判决确定的实体内容，是当事人对自己实体权利义务的处分，取代了一审判决的内容。因此一审判决不再具有实质意义，自动撤销。同时，因为调解书具有强制执行力，在当事人不履行调解协议中权利义务的时候，可依据调解书申请强制执行。

有关法律规定

《中华人民共和国民事诉讼法》(2012 年修正)

第九条　人民法院审理民事案件，应当根据自愿和合法的原则进行调解；调解不成的，应当及时判决。

第九十六条　调解达成协议，必须双方自愿，不得强迫。调解协议的内容不得违反法律规定。

第一百七十二条　第二审人民法院审理上诉案件，可以进行调解。调解达成协议，应当制作调解书，由审判人员、书记员署名，加盖人民法院印章。调解书送达后，原审人民法院的判决即视为撤销。

第二百三十六条　发生法律效力的民事判决、裁定，当事人必须履行。一方拒绝履行的，对方当事人可以向人民法院申请执行，也可以由审判员移送执行员执行。

调解书和其他应当由人民法院执行的法律文书，当事人必须履行。一方拒绝履行的，对方当事人可以向人民法院申请执行。

第二节
审判监督程序

审判监督程序是指人民法院认为已经发生法律效力的裁判确有不当，对案件重新审理的程序。审判监督程序作为一种事后纠错的功能性程序，并非所有案件都要经历。审判监督程序从实质上来讲，其设计的目的就是为了行使法定机关对司法审判活动的监督权，与此同时保障当事人合法的诉讼权利。审判监督程序可以分为广义上的审判监督和狭义上的审判监督。广义上的审判监督是指已经发生法律效力的裁判，由人民法院、人民检察院以及当事人提起再审或者申请再审以纠正其错误的程序。狭义上的审判监督是指司法机关为了确保人民法院裁判的正确性，使已经发生法律效力但是认为确实存在错误的裁判得以纠正、为防止诉讼程序与适用法律中的偏差而设置的一种特殊的监督补救制度。①

《民事诉讼法》第 198 条规定："各级人民法院院长对本院已经发生法律效力的判决、裁定、调解书，发现确有错误，认为需要再审的，应当提交审判委员会讨论决定。最高人民法院对地方各级人民法院已经发生法律效力的判决、裁定、调解书，上级人民法院对下级人民法院已经发生法律效力的判决、裁定、调解书，发现确有错误的，有权提审或者指令下级人民法院再审。"第 199 条规定："当事人对已经发生法律效力的判决、裁定，认为有错误的，可以向上一级人民法院申请再审；当事人一方人数众多或者当事人双方为公民的案件，也可以向原审人民法院申请再审。当事人申请再审的，不停止判决、裁定的执行。"

---

① 黄清秀："我国民事审判监督制度的现状及其完善"，载《福建法学》2012 年第 1 期。

一、民间借贷案件终审生效后，申请再审的条件是什么

基本理论

1. 申请再审的主体条件

按照《民事诉讼法》规定，针对已经生效的裁判，能够提出再审申请的，可以是原审中的原告和被告，也可以是第三人。这个第三人既包括有独立请求权的第三人和判决其承担义务的无独立请求权的第三人，也包括案外第三人。

2. 申请再审的对象和范围

再审的对象必须是已经发生法律效力的判决、裁定和调解书。根据民事诉讼法的有关规定，可以申请再审的裁判，包括地方各级人民法院作为一审法院作出的依法可以上诉，但当事人在法定期间内未提起上诉的裁判，第二审人民法院作出的终审裁判以及最高人民法院作出的一审裁判。可以申请再审的调解书包括一审法院和二审法院在当事人达成调解协议的基础上制作的调解书。根据《民事诉讼法》第201条的规定，当事人对已经发生法律效力的调解书，提出证据证明调解违反自愿原则或者调解协议的内容违反法律的，可以申请再审。经人民法院审查属实的，应当再审。但是，以下案件当事人不得申请再审：按照督促程序、公示催告程序，企业法人破产还债程序审理的案件以及依照审判监督程序审理后维持原判的案件，对已经发生法律效力的解除婚姻关系的判决，不得申请再审。

3. 申请再审的事实和理由条件

当事人申请再审必须具备以下的法定事实和理由：

(1)有新的证据，足以推翻原判决、裁定的；

(2)原判决、裁定认定的基本事实缺乏证据证明的；

(3)原判决、裁定认定事实的主要证据是伪造的；

(4)原判决、裁定认定事实的主要证据未经质证的；

(5)对审理案件需要的主要证据，当事人因客观原因不能自行收集，书面申请人民法院调查收集，人民法院未调查收集的；

(6)原判决、裁定适用法律确有错误的;

(7)审判组织的组成不合法或者依法应当回避的审判人员没有回避的;

(8)无诉讼行为能力人未经法定代理人代为诉讼或者应当参加诉讼的当事人,因不能归责于本人或者其诉讼代理人的事由,未参加诉讼的;

(9)违反法律规定,剥夺当事人辩论权利的;

(10)未经传票传唤,缺席判决的;

(11)原判决、裁定遗漏或者超出诉讼请求的;

(12)据以作出原判决、裁定的法律文书被撤销或者变更的;

(13)审判人员审理该案件时有贪污受贿,徇私舞弊,枉法裁判行为的。

具有以上任何一个实质性条件的,当事人都可以申请再审。

4. 申请再审的时间条件

当事人申请再审,应当在判决、裁定和调解发生法律效力后6个月内提出。超过了2年期限的,当事人即丧失了申请再审的权利,即使申请再审的理由再充分,也不能引起再审程序。

典型案例

当事人向法院申请再审但无相关证据证明其主张的,法院不予支持

——王某平与吕某芬民间借贷纠纷再审复查案①

1. 案情简介

再审申请人(一审被告、二审上诉人):王某平。

委托代理人:冠某振。

被申请人(一审原告、二审被上诉人):吕某芬。

委托代理人:孙某江。

再审申请人王某平因与被申请人吕某芬民间借贷纠纷一案,不服法院民事判决,向再审法院申请再审。王某平申请再审称:二审判决认定事实的主要证据是虚假和伪造的,适用法律错误,故依据《民事诉讼法》第200条第1

① 参见(2015)大民申字第457号。

项、第3项、第6项申请再审。吕某芬提交意见称:不同意王某平的再审请求。

2. 法院裁判及观点

再审法院审查认为,王某平对于借款事实并无异议,但其认为该借款已过诉讼时效。吕某芬提供证人证言,证明其在诉讼时效届满前积极主张自己的权利,且王某平不能提供相反的证据加以反驳,故案涉借款诉讼时效因吕某芬主张权利而中断。一、二审判决认定案涉借款未超诉讼时效,从而判令王某平偿还借款并无不当。王某平以一、二审认定事实主要证据是虚假的为由申请再审,因其未提供证据加以证明,故该申请再审理由本院不予支持。二审判决事实清楚,证据充分,适用法律无误。综上,王某平的再审请求不符合《民事诉讼法》第200条第1项、第3项、第6项规定的情形。依照《民事诉讼法》第204条第1款之规定,裁定:驳回王某平的再审申请。

3. 案例评析

《民事诉讼法》第200条规定了法院应当再审的13种情形,也就是说,再审申请符合该条规定的情形,应当进入再审。本案中再审申请人王某平依据的是第1、3、6项规定申请再审。该规定的情形为有新的证据,足以推翻原判决、裁定的;原判决、裁定认定事实的主要证据是伪造的;原判决、裁定适用法律确有错误的。其申请应当提供相应的证据加以证明,但本案再审申请人并没有提供出足以推翻院判决的证据,故其再审申请没有得到法院的支持。

有关法律规定

《中华人民共和国民事诉讼法》(2012年修正)

第二百条　当事人的申请符合下列情形之一的,人民法院应当再审:

(一)有新的证据,足以推翻原判决、裁定的;

(二)原判决、裁定认定的基本事实缺乏证据证明的;

(三)原判决、裁定认定事实的主要证据是伪造的;

(四)原判决、裁定认定事实的主要证据未经质证的;

(五)对审理案件需要的主要证据,当事人因客观原因不能自行收集,书面申请人

民法院调查收集,人民法院未调查收集的;

(六)原判决、裁定适用法律确有错误的;

(七)审判组织的组成不合法或者依法应当回避的审判人员没有回避的;

(八)无诉讼行为能力人未经法定代理人代为诉讼或者应当参加诉讼的当事人,因不能归责于本人或者其诉讼代理人的事由,未参加诉讼的;

(九)违反法律规定,剥夺当事人辩论权利的;

(十)未经传票传唤,缺席判决的;

(十一)原判决、裁定遗漏或者超出诉讼请求的;

(十二)据以作出原判决、裁定的法律文书被撤销或者变更的;

(十三)审判人员审理该案件时有贪污受贿,徇私舞弊,枉法裁判行为的。

二、民间借贷案件调解生效后,当事人还能否申请再审

基本理论

1. 调解生效后可以申请再审的情形

《民事诉讼法》第 201 条规定:"当事人对已经发生法律效力的调解书,提出证据证明调解违反自愿原则或者调解协议的内容违反法律的,可以申请再审。经人民法院审查属实的,应当再审。"从本条规定可以看出,当事人对已经发生法律效力的调解书申请再审的条件如下:(1)违反了自愿的原则。该调解协议并不是当事人的真实意思表示,是在受欺诈或胁迫的条件下达成的。(2)调解协议的内容违反法律规定。换个角度来讲,只有在违反自愿原则或违反法律规定的情况下达成调解协议而生效的调解书才是可以申请再审的对象。在调解过程中,当事人为尽快解决纠纷,放弃一部分诉讼请求,达成调解协议后又反悔的也不在可以申请再审之列。《民事诉讼法》第 202 条规定:"当事人对已经发生法律效力的解除婚姻关系的判决、调解书,不得申请再审。"由此可见,调解生效后不能申请再审的情形仅包括解除婚姻关系的调解书,对于民间借贷案件调解生效后当事人是可以申请再审的。同时,最高人民法院《关于适用〈中华人民共和国民事诉讼法〉的解释》第 384 条对当事人针对生效调解书申请再审的期间进行了规定"当事

人对已经发生法律效力的调解书申请再审，应当在调解书发生法律效力后六个月内提出”。

2. 调解生效后启动再审程序的主体

首先，当事人可以申请再审。调解书确定的内容对当事人的权益有直接的利害关系，其当然是可以申请再审的主体。其次，人民法院可依职权提起再审。《民事诉讼法》第198条规定人民法院对已经发生法律效力的判决、裁定、调解书，发现确有错误的，可以依职权提起再审。最后，人民检察院抗诉启动再审。《民事诉讼法》第208条将对调解书的监督纳入了人民检察院抗诉的范围，人民检察院法律监督的主要任务是对损害国家利益、社会利益的生效民事调解书提出抗诉，至于对其他的生效调解书提起抗诉并无法律依据。因为在调解过程中，当事人之间难免互相作出妥协和让步，在合法的前提下，这是当事人对自己私权的处分，用公权力去进行干预显得不妥。

典型案例

调解生效的民间借贷案件，当事人有证据证明调解协议不是在自愿的情况下达成的，可以申请再审

——张某南、张某玲与陈某民间借贷纠纷申请再审案①

1. 案情简介

申请再审人(原审被告，二审被上诉人)：张某南。

被申请人(原审原告，二审上诉人)：陈某。

被申请人(原审被告，二审上诉人)：张某玲。

申请再审人张某南、张某玲与被申请人陈某民间借贷纠纷一案，前经一审法院作出民事判决，张某玲不服，向二审法院提出上诉，经二审法院调解双方达成协议：一、由张某玲、张某南偿还陈某110万元，于2014年5月13日之前付10万元，剩余100万元于2014年6月15日前一次性付清，如不能按期付清，由张某玲、张某南向陈某归还借款本金及利息合计1,332,000元。

① 参见(2014)阿中民申字第93号民事裁定书。

二、双方当事人再无其他争议。二审法院依据调解协议制作民事调解书，该调解书已发生法律效力，现申请再审人张某南不认可该调解书，向原二审法院提起申请再审。

张某南申请再审的理由为：其在二审中的诉讼代理人是一般授权，未经本人同意，无权代理本人与被申请人陈某达成调解协议；本人有被申请人发的短信证明被申请人向申请人发放的贷款利息实际为3.5%，并非一、二审认定的2.7%，二审审理程序违法，法院认定事实有误，请求依法撤销民事调解书。

被申请人陈某答辩理由为：有向自治区高院的申诉状可以证明申请再审人已经向自治区高院申请再审，按法律规定不应再向原二审法院申请再审；二审调解书生效已半年，超过申请再审申诉期限。双方自愿调解，对方代理权限是二审开庭时经法院严格审查；申请再审人自愿履行了110万元整，此案一、二审经过多次审理，对方承认的借款100万加上4倍利息再算20个月。

2.法院裁判及观点

原二审法院再审认为，本案二审卷中第25页至第27页申请再审人与新疆民祥律师事务所律师侯某某的《委托合同》中，其2014年2月13日“授权委托书”中记载“委托人张某南、张某玲；代理人侯某某；代理权限为特别代理（包括：代为应诉、调取证据、和解、签收法律文书）”。另外，一审卷第19~21页中《民事委托代理合同》，系用二审《委托合同》中同样笔迹的“张某玲、张某南”签名委托了新疆百丰天圆律师事务所律师代理张某玲、张某南与陈某此案的民间借贷纠纷诉讼，该案一审诉讼已结案，申请再审人方与被申请人均向二审中院上诉；申请再审人至今未对一审诉讼代理提出无代理权限的抗辩异议，另，张某南、张某玲是夫妻并同为阿克苏宏远房地产公司的董事长、经理，对共同向陈某借款100万元的事实认可并对本案应诉，从本案事实和法律关系上张某南、张某玲都是紧密的共同利益方。同时，法院一、二审立案前及审理过程中均对委托代理人代理资格及代理手续进行了严格依法审查，因此，根据《中华人民共和国民事诉讼诉法》第59条第2款关于诉讼代理人代理权限的规定，对申请再审人主张侯某某律师无权代理调解的理由，法院不予支持。

申请再审人以“一、二审认定的贷款利率因被申请人陈某在给其手机短信中确定的实际是3.5%，而一、二审认定的是2.7%与事实不符”为由，认为原审法院认定事实有误的主张，法院认为，法院审查是以政府统一的中国人民银行对国家利率规定的计算利率方法进行计算利率，是用遵守国法，维护社会整体利益公平的方法解决纠纷，应予支持和认可。同时，复查期间申请再审人提交的证据光盘，经本院核对证实该光盘中短信内容不存在申请再审人与被申请人之间借款利息为 3.5% 的事实。据此，申请再审人的此项理由因证据不足，也不予支持。

综上，申请人的再审理由不符合《中华人民共和国民事诉讼法》第 200 条第 4 项、第 8 项的规定的再审条件，依据《民事诉讼法》第 204 条的规定裁定：驳回申请再审人张某南的再审申请。

3. 案例评析

针对本案当事人的再审申请，应当从两个方面进行分析：一是本案的代理人是否有代为调解的权限。申请再审人张某南认为其二审委托代理人系一般代理，无权代理调解。经法院审查，在委托授权书中该委托代理人为特别授权代理，具有代为调解的权限，张某南的该项主张不能成立。二是调解协议的内容是否违反法律规定。在调解协议中，双方约定“由张某玲、张某南偿还陈某 110 万元，于 2014 年 5 月 13 日之前付 10 万元，剩余 100 万元于 2014 年 6 月 15 日前一次性付清，如不能按期付清，由张某玲、张某南向陈某归还借款本金及利息合计 1,332,000 元”，调解协议确定的金额和支付方式并不违反法律的强制性规定，也没有危害社会公共利益，是申请再审人对自己实体权利的合法处分。因此，法院驳回了申请再审人的再审申请。

有关法律规定

《中华人民共和国民事诉讼法》(2012 年修正)

第一百九十八条　各级人民法院院长对本院已经发生法律效力的判决、裁定、调解书，发现确有错误，认为需要再审的，应当提交审判委员会讨论决定。

最高人民法院对地方各级人民法院已经发生法律效力的判决、裁定、调解书，上级人民法院对下级人民法院已经发生法律效力的判决、裁定、调解书，发现确有错误的，有权提审或者指令下级人民法院再审。

第二百零一条　当事人对已经发生法律效力的调解书，提出证据证明调解违反自愿原则或者调解协议的内容违反法律的，可以申请再审。经人民法院审查属实的，应当再审。

第二百零二条　当事人对已经发生法律效力的解除婚姻关系的判决、调解书，不得申请再审。

第二百零八条　最高人民检察院对各级人民法院已经发生法律效力的判决、裁定，上级人民检察院对下级人民法院已经发生法律效力的判决、裁定，发现有本法第二百条规定情形之一的，或者发现调解书损害国家利益、社会公共利益的，应当提出抗诉。

地方各级人民检察院对同级人民法院已经发生法律效力的判决、裁定，发现有本法第二百条规定情形之一的，或者发现调解书损害国家利益、社会公共利益的，可以向同级人民法院提出检察建议，并报上级人民检察院备案；也可以提请上级人民检察院向同级人民法院提出抗诉。

三、再审申请被驳回后，还有其他救济渠道吗

基本理论

1. 再审的裁判结果类型

根据《民事诉讼法》第204条规定，当事人申请再审后，人民法院对再审申请是否符合法律规定进行审查后，可以作出两种裁定——进入再审和驳回再审申请。进入再审可以提审也可以指令再审，但不管是哪一种方式，进入再审对于当事人来说已达到了案件得以再次审理的目的。那么对于驳回再审申请的当事人来说，驳回裁定就意味着法院没有支持其再审申请，当事人是否可以再次申请再审呢？对于此问题《最高人民法院关于受理审查民事申请再审案件的若干意见》第31条规定再审申请被驳回后，不能向人民法院再次申请再审。因为再审申请被驳回后，申请再审人以相同理由再次申请再审，明显属于“一事两诉”，不应作为申请再审案件受理。但如果当事人以不同的事由再次申请，也就不属于“一事两诉”的范畴，法院应当受理。

2. 再审申请被驳回的救济

在上文中已经提到，再审申请被驳回，当事人不能以相同理由再次申请再审，在此情形下，应当如何救济？最高人民法院《关于适用〈中华人民共和

国民事诉讼法〉的解释》第383条规定除因人民检察院提出再审检察建议或者抗诉而再审作出的判决、裁定外,申请人的再审申请被人民法院驳回后,可以向人民检察院申请检察建议或抗诉。因为法院驳回当事人的再审申请主要审查的是当事人的申请是否符合法律规定申请再审的条件,处理是程序性的,并不涉及当事人的实体权利义务,对原生效判决所确定的权利义务关系,人民检察院仍然依法享有监督权。该条规定赋予了当事人救济的权利,但人民检察院是否提起检察建议或抗诉由人民检察院审查决定,且其提起检察建议或抗诉的事由也并不局限于申请人申请的范围。如果检察院支持申请人的申诉请求提起抗诉,需要注意的是,《最高人民法院关于人民法院裁定驳回当事人再审申请后,检察机关就原生效判决又提起抗诉的,人民法院应否受理问题的请示的答复》指出,当事人就生效裁判申请再审被裁定驳回后,检察机关对上级法院"驳回申请再审的裁定"本身提起抗诉是不具有法律依据的,因为检察机关的抗诉是建立在对实体权利审判的基础上,是基于对实体权利审判产生的裁判文书的抗诉,而驳回再审申请并不涉及对当事人的实体权利的审判,对"驳回申请再审的裁定"进行抗诉没有法律依据。①

典型案例

当事人向法院申请再审被驳回后,可以向检察院提出申诉

——人民检察院、董某某诉杨某某、关某民间借贷纠纷案②

1. 案情简介

抗诉机关:人民检察院。

申诉人(一审原告):董某某。

被申诉人(一审被告):杨某某。

被申诉人(一审被告):关某。

申诉人董某某因与被申诉人杨某某、关某民间借贷纠纷一案,一审法院

① 江必新主编:《审判监督指导》(总第30辑),人民法院出版社2010年版。

② 参见河南省驻马店市中级人民法院(2015)驻抗监民字第10号民事裁定书。

于2014年4月9日作出民事判决,已发生法律效力。董某某不服,向原一审法院申请再审,原一审法院于2015年1月21日作出民事裁定,驳回其再审申请。董某某向县人民检察院提出申诉,县人民检察院提请市人民检察院抗诉。市人民检察院以民事抗诉书,向再审法院提出抗诉。

2. 法院裁判及观点

再审法院依照《民事诉讼法》第211条、第200条第2项、第6项及第206条的规定,裁定:一、本案指令原一审法院另行组成合议庭进行再审。二、再审期间,中止原判决的执行。

3. 案例评析

本案中,董某某对一审法院生效判决不服申请再审,被法院驳回其再审申请。根据一事不再理的原则,董某某如果再以相同事由向法院申请再审,法院将按照相关规定不予受理,也就是说,董某某不能再次以相同事由向法院申请再审。此时,董某某向检察机关提起申诉,检察机关审查后依照法律赋予的司法监督权向法院提起抗诉,启动审判监督程序。

有关法律规定

《中华人民共和国民事诉讼法》(2012年修正)

第二百条　当事人的申请符合下列情形之一的,人民法院应当再审:

(一)有新的证据,足以推翻原判决、裁定的;

(二)原判决、裁定认定的基本事实缺乏证据证明的;

(三)原判决、裁定认定事实的主要证据是伪造的;

(四)原判决、裁定认定事实的主要证据未经质证的;

(五)对审理案件需要的主要证据,当事人因客观原因不能自行收集,书面申请人民法院调查收集,人民法院未调查收集的;

(六)原判决、裁定适用法律确有错误的;

(七)审判组织的组成不合法或者依法应当回避的审判人员没有回避的;

(八)无诉讼行为能力人未经法定代理人代为诉讼或者应当参加诉讼的当事人,因不能归责于本人或者其诉讼代理人的事由,未参加诉讼的;

(九)违反法律规定,剥夺当事人辩论权利的;

(十)未经传票传唤,缺席判决的;

(十一)原判决、裁定遗漏或者超出诉讼请求的;

(十二)据以作出原判决、裁定的法律文书被撤销或者变更的;

(十三)审判人员审理该案件时有贪污受贿,徇私舞弊,枉法裁判行为的。

第二百零四条　人民法院应当自收到再审申请书之日起三个月内审查,符合本法规定的,裁定再审;不符合本法规定的,裁定驳回申请。有特殊情况需要延长的,由本院院长批准。

因当事人申请裁定再审的案件由中级人民法院以上的人民法院审理,但当事人依照本法第一百九十九条的规定选择向基层人民法院申请再审的除外。最高人民法院、高级人民法院裁定再审的案件,由本院再审或者交其他人民法院再审,也可以交原审人民法院再审。

第二百零九条　有下列情形之一的,当事人可以向人民检察院申请检察建议或者抗诉:

(一)人民法院驳回再审申请的;

(二)人民法院逾期未对再审申请作出裁定的;

(三)再审判决、裁定有明显错误的。

人民检察院对当事人的申请应当在三个月内进行审查,作出提出或者不予提出检察建议或者抗诉的决定。当事人不得再次向人民检察院申请检察建议或者抗诉。

《最高人民法院关于受理审查民事申请再审案件的若干意见》(法发〔2009〕26号)

第三十一条　再审申请被裁定驳回后,申请再审人以相同理由再次申请再审的,不作为申请再审案件审查处理。

申请再审人不服驳回其再审申请的裁定,向作出驳回裁定法院的上一级法院申请再审的,不作为申请再审案件审查处理。

最高人民法院《关于适用〈中华人民共和国民事诉讼法〉的解释》(法释〔2015〕5号)

第三百八十三条　当事人申请再审,有下列情形之一的,人民法院不予受理:

(一)再审申请被驳回后再次提出申请的;

(二)对再审判决、裁定提出申请的;

(三)在人民检察院对当事人的申请作出不予提出再审检察建议或者抗诉决定后又提出申请的。

前款第一项、第二项规定情形,人民法院应当告知当事人可以向人民检察院申请再审检察建议或者抗诉,但因人民检察院提出再审检察建议或者抗诉而再审作出的判决、裁定除外。

四、再审改判后，已经强制执行的财产能否回转

基本理论

1. 执行回转的概念

民事执行回转制度，也称执行回转，是指民事执行过程中或执行结束后，由于据以执行的判决书、裁定书、调解书或其他法律文书被依法撤销或者变更，民事执行机关根据原债务人的申请或者依职权采取执行措施，强制原债权人将执行所得财产及其孳息的一部分或全部退还给原债务人，使双方当事人的财产关系或者权利关系恢复到执行程序开始前的状态的一种法律制度。①

2. 执行回转的原因

随着经济社会发展，社会矛盾呈多样化发展趋势，诉讼案件逐年增多且法律关系复杂，在司法实践中具有纠错与维权功能的执行回转案件并不鲜见，那么执行回转是如何被引发的呢？根据现行法律和司法解释的规定，引起执行回转的原因主要有以下几种：(1)经当事人申请，法院启动审判监督程序进入再审后，撤销或变更了原生效裁判的内容，引起执行回转。此类原因引发的执行回转在司法实践中占了很大比重。(2)人民法院在执行过程中，发现作为执行依据的生效裁判内容确有错误，依职权主动启用审判监督程序进入再审后，撤销或变更了原生效裁判的内容，引起执行回转。在此情形下，法院是主动发现错误和纠正错误，体现了司法的主动性和严肃性。(3)据以执行的法律文书，在执行完毕后，又因程序违法或违背法律有关规定，被有关机关撤销或变更，引起执行回转。此类原因主要是针对其他机关交由人民法院执行的法律文书，如仲裁机关作出的仲裁裁决书、公证机关作出的有强制执行效力的债权文书。这些法律文书如果被变更或撤销，也需要启动执行回转，目的在于纠正因执行依据错误而导致的执行工作的失误，使当事人之间的义务关系恢复到正常状态，以维护当事人的合法权益。(4)人民法院制作

---

① 谭秋桂：《民事执行法学》(第2版)，北京大学出版社2010年版，第286页。

的先予执行的裁定，在执行完毕后，被本院的生效判决或者二审法院的终审判决所撤销，也可引起执行回转，因先予执行而取得财物的一方当事人应将先予执行所取得的利益返还给对方当事人。

3. 执行回转的条件

启动执行回转需要具备的条件主要有以下几种：

（1）执行程序已经全部或部分执行完毕。这是产生执行回转的形式要件，执行回转的对象仅是已被执行的财产。如果是在执行过程中发现执行依据有错误，可以按照法律规定中止执行，并不产生执行回转的问题。

（2）执行依据被依法变更或撤销。这是产生执行回转的实质要件。执行程序是运用强制执行力实现生效文书中所确定的当事人之间权利义务关系的程序，其发生以有执行依据为前提。正确地执行依据在执行完毕后，是不会产生执行回转的，而一旦执行依据有错误，依法被变更或撤销，执行依据中所确定的权利义务即失去了其合法性，那么自然就产生了执行回转的问题。

（3）根据新的生效法律文书执行。执行回转不仅仅是回转原标的物，根据错误执行依据取得财产的一方应依法返还原财产，并且赔偿对方因此遭受的财产损失。有时候执行回转的权利人常常提出既要返还财产和赔偿直接损失，又要赔偿因此造成的间接损失的请求。执行回转的目的在于保护原被执行人的权益，本质上仍然是特殊情况下的执行。有所不同的是，当事人的地位发生了变化，原被执行人在执行回转中成为执行权利人，原执行权利人则成为被执行人。

典型案例

作为执行依据的生效裁判文书被法院经审判监督程序予以撤销后，当事人可申请执行回转

——贺某某诉向某某民事执行案[①]

1. 案情简介

申请执行人：贺某某。

---

① 参见（2010）南民执字第00549号执行裁定书。

被执行人:向某某。

贺某某向本院申请执行向某某民间借贷纠纷执行回转一案。本案在执行中查明:2006 年 3 月 1 日向某某以二审民事判决书为依据申请本院对贺某某负连带责任的蒋某某借款执行,2007 年 2 月 13 日向某某领到执行款 4800 元。2009 年 9 月 8 日该案经再审法院再审判决:撤销原二审民事判决书,2009 年 11 月 25 日向某某向省高级人民法院申请再审,2010 年 3 月 10 日省高级人民法院驳回向某某再审申请。2010 年 3 月 24 日贺某某申请本院对已支付的 4800.00 元执行回转。

2. 法院裁判及观点

本案在执行中于 2010 年 5 月 11 日主持双方就借款、执行回转达成执行和解协议并当即予以履行。据此,执行案件全部执行终结。法院裁定:终结案件的执行。

3. 案例评析

法院强制执行的依据是已经生效的具有强制执行力的裁判文书,执行人员依照生效裁判已经确定的权利义务关系进行利益分配。但当该裁判文书被依法撤销后,原执行依据就不再具有法律效力,而原权利人通过执行程序所取得的利益就不再具有合法性,理应返还。如果是在执行过程中发现错误,法院应当中止执行。如果已经执行完毕,则可以通过执行回转来维护被侵权者的合法权益。本案中,法院作出撤销该判决的时间是在执行完毕以后,向某某已经领到了执行款,在此情形下,贺某某只能按照法律规定通过申请执行回转来维护自己的权益。

有关法律规定

《中华人民共和国民事诉讼法》(2012 年修正)

第二百三十三条　执行完毕后,据以执行的判决、裁定和其他法律文书确有错误,被人民法院撤销的,对已被执行的财产,人民法院应当作出裁定,责令取得财产的人返还;拒不返还的,强制执行。

第二百五十七条　有下列情形之一的,人民法院裁定终结执行:

(一)申请人撤销申请的;

（二）据以执行的法律文书被撤销的；

（三）作为被执行人的公民死亡，无遗产可供执行，又无义务承担人的；

（四）追索赡养费、扶养费、抚育费案件的权利人死亡的；

（五）作为被执行人的公民因生活困难无力偿还借款，无收入来源，又丧失劳动能力的；

（六）人民法院认为应当终结执行的其他情形。

《最高人民法院关于人民法院执行工作若干问题的规定（试行）》（法释〔1998〕15号）

第一百零九条　在执行中或执行完毕后，据以执行的法律文书被人民法院或其他有关机关撤销或变更的，原执行机构应当依照民事诉讼法第二百三十三条的规定，依当事人申请或依职权，按照新的生效法律文书，作出执行回转的裁定，责令原申请执行人返还已取得的财产及其孳息。拒不返还的，强制执行。

执行回转应重新立案，适用执行程序的有关规定。

第一百一十条　执行回转时，已执行的标的物系特定物的，应当退还原物。不能退还原物的，可以折价抵偿。

第十三章

诉讼保全与强制执行

第一节 诉讼保全

一、什么是诉讼保全

基本理论

所谓诉讼保全，是指人民法院在案件受理后作出判决前的诉讼过程中，为保证当事人民事诉讼目的得以实现，根据当事人的申请或者依职权采取的一种临时性保护措施。债权人提起民事诉讼后，因债务人有可能对有关财产进行转移、隐匿、毁损、变卖或继续实施某种侵权行为，为避免债权人胜诉后诉讼目的落空，民事诉讼法设立一种保全程序来预先保护债权人的权益。

诉讼保全根据申请保全的时间不同，分为诉讼前保全和诉讼中保全。所谓诉讼前保全，又称诉前保全，是指在起诉或仲裁前，对于因情况紧急不立即申请保全，将会使利害关系人的合法权益受到难以弥补的损害，依据利害关系人的申请而采取的保全措施。所谓诉讼中保全，又称诉中保全，是指法院审理案件过程中，为防止当事人可能进行转移、隐匿、毁损、变卖财产，依当事人的申请或依职权对财产或行为作出保全措施，以保证将来判决生效后能得到顺利的执行。

在诉前保全中，因案件尚未进入诉讼程序，人民法院无法了解基本案情，提出诉前保全的诉讼主体只能是利害关系人，而不是案件的当事人。正因为案件尚未进入诉讼程序，人民法院不了解基本案情，对申请人的经济状况、胜诉可能性、证据充分与否等情形都无法掌握，出现风险的可能性比诉讼中的保全要高，担保要求就要高一些。因财产保全的对象是标的物或者财物，为确保被申请人因保全所遭受的损失得到赔偿，对于申请诉前财产保全的，申请人应当提供相当于请求保全数额的担保。但在特殊情况下，人民法院可以根据案件的具体情况酌情处理，可以不是全额担保。也就是说，对于诉前财产保全的担保，要求申请人提供全额担保是原则，不提供全额担保是例外。

在诉中保全中，案件已经进入诉讼程序，人民法院已经掌握案件的基本情况，就申请人提供的担保金额而言，应当以被申请人可能遭受的损失为基础，综合考虑申请人的经济状况、胜诉可能性、证据充分与否等情形进行确定。也就是说，对于诉讼过程中，需要采取保全措施的情形，由人民法院根据案件的实际情况灵活掌握，既可以决定当事人提供担保，也可以决定当事人不提供担保，既可以决定当事人提供担保的数额与请求担保的数额相当，也可以决定当事人提供担保的数额少于请求担保的数额。[①]

典型案例

诉讼保全是在民间借贷诉讼中是一种有效的临时性保护措施，有利于实现诉讼目的

——苏某某与国某某、姚某某民间借贷纠纷案[②]

1. 案情简介

申请人：苏某某。

① 参见张家麟主编：《民间借贷纠纷》，法律出版社 2014 年版，第 45 页。

② 福建省厦门市思明区人民法院（2014）思民保字第 250 号裁定。

被申请人:国某某。

被申请人:姚某某。

一审法院在审理申请人苏某某与被申请人国某某、姚某某民间借贷纠纷一案中,申请人于2014年3月19日向一审法院提出财产保全申请,要求查封、冻结被申请人国某某、姚某某价值1,963,300元的存款或等值财产,申请人并已提供案外人的房产作为保全担保。

2. 法院裁判及观点

一审法院认为,申请人苏某某的申请符合法律规定,应予准许。同时,为保证财产保全担保的有效性,应对申请人提供的担保予以冻结。据此,依照《民事诉讼法》第100条第1款、第102条及第103条之规定,裁定如下:一、查封、冻结被申请人国某某、姚某某价值1,963,300元的存款或等值财产;二、冻结申请人苏某某提供的担保物即案外人的房产。

3. 案例评析

在本案中,申请人苏某某为保证诉讼目的得以实现,在提供案外人房产作为担保的基础上,申请一审法院查封、冻结被申请人国某某、姚某某价值1,963,300元的存款或等值财产。一审法院经审查,认为申请人苏某某的申请符合法律规定,应予准许。同时,为保证财产保全担保的有效性,应对申请人提供的担保予以冻结。在本案中,申请人苏某某通过诉讼保全这种临时性保护措施,对被申请人国某某、姚某某价值1,963,300元的存款或等值财产进行了查封、冻结,确保判决后能够实现申请人苏某某的诉讼目的。同时,为了保证被申请人国某某、姚某某的权益,防止申请人苏某某滥用诉讼保全给被申请人国某某、姚某某造成损失,对申请人苏某某提供的担保物即案外人的房产也进行了冻结。

综上所述,诉讼保全在民间借贷诉讼中是一种有效的临时性的保护措施,充分利用诉讼保全制度可以有效地实现诉讼目的,保护双方当事人的合法权益,实现司法公正。

有关法律规定

《中华人民共和国民事诉讼法》(2012年)

第一百条　人民法院对于可能因当事人一方的行为或者其他原因,使判决难以执行或者造成当事人其他损害的案件，根据对方当事人的申请，可以裁定对其财产进行保全、责令其作出一定行为或者禁止其作出一定行为；当事人没有提出申请的，人民法院在必要时也可以裁定采取保全措施。

人民法院采取保全措施，可以责令申请人提供担保，申请人不提供担保的，裁定驳回申请。

人民法院接受申请后，对情况紧急的，必须在四十八小时内作出裁定；裁定采取保全措施的，应当立即开始执行。

第一百零二条　保全限于请求的范围，或者与本案有关的财物。

第一百零三条　财产保全采取查封、扣押、冻结或者法律规定的其他方法，人民法院冻结财产后，应当立即通知被冻结财产的人。

财产已被查封、冻结的，不得重复查封、冻结。

最高人民法院《关于适用〈中华人民共和国民事诉讼法〉的解释》（法释〔2015〕5号）

第一百五十二条　人民法院依照民事诉讼法第一百条、第一百零一条规定，在采取诉前保全、诉讼保全措施时，责令利害关系人或者当事人提供担保的，应当书面通知。

利害关系人申请诉前保全的，应当提供担保。申请诉前财产保全的，应当提供相当于请求保全数额的担保；情况特殊的，人民法院可以酌情处理。申请诉前行为保全的，担保的数额由人民法院根据案件的具体情况决定。

在诉讼中，人民法院依申请或者依职权采取保全措施的，应当根据案件的具体情况，决定当事人是否应当提供担保以及担保的数额。

二、申请诉讼保全必须具备哪些条件

基本理论

为了保障未来判决的实现，维护当事人的合法权益，根据民事诉讼法及相关司法解释的规定，在民间借贷诉讼中，当事人一方可以向人民法院申请诉讼保全。在必要的时候，人民法院也可以依职权进行诉讼保全。在民间借贷诉讼保全中，以当事人或者利害关系人申请保全为原则，法院依职权保全为例外。在民间借贷诉讼中，诉讼保全必须具备的条件如下：

1. 诉讼保全的适用时间必须在案件受理后，尚未作出生效判决前。在一审或二审程序中，如果案件尚未审结，都可以申请保全。如果法院的判决已经生效，当事人只能申请强制执行，不能申请诉讼保全。

2. 诉讼保全的适用前提是，可能因当事人一方的行为或者其他原因，使判决难以执行或者造成当事人损害，即存在实施保全措施的客观需要。

3. 诉讼保全的发生，既可能是当事人的申请，也可以是人民法院依职权主动进行。人民法院只有在必要时才能成为诉讼保全制度的发动者，一般应当由当事人提交符合法定条件的申请。

4. 诉讼保全可以责令申请人提供相应的担保，也可以不要求申请人提供担保。是否责令申请人提供担保，由人民法院视情况决定，因为在诉讼中人民法院对当事人的诉讼请求、事实和理由，经过审查，已有一定的了解。

5. 人民法院责令申请人提供相应担保的，可以要求按照保全财产的价值或者可能造成的损失提供相应的担保，也可以要求提供适当比例的担保。申请人不提供担保的，应当裁定驳回申请。

6. 对情况紧急的诉讼保全申请，人民法院应当在 48 小时内作出是否采取诉讼保全的裁定，决定保全的应当立即执行。

典型案例

申请诉前保全目的是为了裁判结果得到实现，如不起诉，解除财产保全

——吴某某与林某某申请诉前财产保全案①

1. 案情简介

申请人：吴某某。

被申请人：林某某。

申请人吴某某因民间借贷纠纷一事，为防止被申请人林某某转移财产，于 2015 年 9 月 24 日向一审法院提出诉前财产保全申请，请求一审法院依法对被申请人林某某所有的粤 VU××××小型轿车一辆予以查封、

① 参见广东省揭阳市揭东区人民法院（2015）揭东法立保字第 9 号裁定书。

扣押。申请人吴某某提供黄某某所有的粤 VG××××小型轿车一辆作为担保。

2. 法院裁判及观点

经审查，一审法院认为，申请人的财产保全申请符合法律规定，依照《民事诉讼法》第 101 条、第 102 条、第 103 条第 1 款以及《最高人民法院关于适用〈中华人民共和国民事诉讼法〉的解释》第 152 条第 1、2 款、第 164 条、第 487 条的规定，裁定如下：一、被申请人林某某所有的粤 VU××××小型轿车一辆予以查封、扣押。（查封、扣押期间为二年，自 2015 年 9 月 24 日至 2017 年 9 月 23 日止）。二、对担保人黄某某所有的粤 VG××××小型轿车一辆予以查封。（查封期间为二年，自 2015 年 9 月 24 日至 2017 年 9 月 23 日止）。

申请人应当在采取保全措施后三十日内向本院起诉，逾期不起诉的，本院将解除财产保全。

本裁定送达后立即执行。

如不服本裁定，可以申请复议一次，复议期间不停止裁定的执行。

3. 案例评析

在本案中，申请人吴某某因民间借贷纠纷一事，为防止被申请人林某某转移财产，于 2015 年 9 月 24 日向一审法院提出诉前财产保全申请，请求一审法院依法对被申请人林某某所有的粤 VU××××小型轿车一辆予以查封、扣押。同时，申请人吴某某提供黄某某所有的粤 VG××××小型轿车一辆作为担保。从本案来看，吴某某的申请完全符合前述申请诉讼财产保全必须具备的条件，因此获得了一审法院的许可，对被申请人林某某所有的粤 VU××××小型轿车一辆予以查封、扣押。

有关法律规定

《中华人民共和国民事诉讼法》（2012 年）

第一百条　人民法院对于可能因当事人一方的行为或者其他原因，使判决难以执行或者造成当事人其他损害的案件，根据对方当事人的申请，可以裁定对其财产进行保全、责令其作出一定行为或者禁止其作出一定行为；当事人没有提出申请的，人民法院在必要时也可以裁定采取保全措施。

人民法院采取保全措施,可以责令申请人提供担保,申请人不提供担保的,裁定驳回申请。

人民法院接受申请后,对情况紧急的,必须在四十八小时内作出裁定;裁定采取保全措施的,应当立即开始执行。

三、申请诉讼保全需要提供的担保有哪些形式

基本理论

1. 诉讼保全提供担保的种类

在民事诉讼中申请诉讼保全需要提供担保的形式主要有财产保全和行为保全两种。财产保全,是指人民法院为了保证将来生效的判决能够切实执行,或者为了及时有效避免当事人或利害关系人的合法权益受到难以弥补的损害,在诉讼过程中,或者在诉讼开始前,根据当事人或利害关系人的申请,或者必要时依职权对当事人争议的财产或与该案有关的财产采取的强制性保护措施。行为保全,是指人民法院为了保护当事人一方的合法权益,保证今后判决或裁定得以顺利执行,避免造成损失或损失扩大,在诉讼前或诉讼过程中,责令另一方当事人作出一定行为或禁止其作出一定行为的强制性保护措施。在民间借贷诉讼中,由于单纯涉及财产纠纷,绝大部分采用财产保全的方式进行保全,极少数情况下会运用行为保全。①

2. 财产保全的实务操作②

以四川法院出台的指导意见为例,财产保全的实务操作如下:

(1)考量因素。人民法院采取诉讼保全措施,责令申请人提供担保的具体数额,应当坚持风险控制与降低申请人保全成本并重,综合考量以下因素:

①被申请人因申请人申请保全不当所可能遭受的损失;

②申请人胜诉的可能性;

---

① 参见江必新主编:《执行规范理解与适用》,中国法治出版社 2015 年版,第 5 页。

② 参见四川省高级人民法院《关于做好企业财产保全工作服务经济发展新常态的意见(试行)》(川高法〔2015〕391 号)。

③拟保全标的物的具体情况；

④其他可能存在保全风险的具体情形。

(2)具体担保数额的确定。人民法院审查决定申请人提供财产保全担保的具体数额,应当根据案件的具体情况,结合申请人申请保全财产的不同类型进行审查：

①申请查封、冻结不动产、需要登记的特殊动产以及股权、矿业权、知识产权等财产性权利的,担保数额一般可确定在申请保全数额的30%以内；

②申请冻结资金的,担保数额一般可确定在申请保全数额的50%以内；

③申请扣押动产和查封、扣押季节性商品、鲜活、易腐烂变质以及其他不宜长期保存的物品的,担保数额应当与申请保全数额相当。

当然,具有特殊情形的,不受前面情形担保数额的限制。

(3)担保的具体方式。申请人可以采取以下一种或多种担保方式提供保全担保：

①申请人提供现金担保、物的担保、财产性权利担保；

②第三人提供现金担保、物的担保、财产性权利担保和信用担保。

(4)不得用于担保的财产及财产性权利：

①季节性商品、鲜活、易腐烂变质以及其他不宜长期保存的物品一般不得作为担保财产；

②产权属不明或者存在争议的物、财产性权利不得作为担保财产。

3. 财产保全的新发展——信用担保

随着社会经济的发展,财产保全在传统基础上,出现了新的方式——信用担保。就目前而言,为法院所接受的信用担保主要有以下四种：

(1)第三人提供信用担保。第三人提供信用担保的,人民法院应当严格审查担保人的资质、信用,并向人民法院出具担保函,并明确为申请人诉讼保全提供连带责任保证。

(2)融资性担保公司提供信用担保。依法设立、经营范围包括诉讼保全内容的融资性担保公司开展诉讼保全担保业务,应当向人民法院缴存保证金,且其担保余额不得超过向受诉人民法院缴存的保证金的30倍,且单笔担保金额不得超过缴存保证金的10倍。

(3)保险公司提供信用担保。保险公司基于其与申请人之间的财产保全责任保险合同关系，为申请人财产保全提供信用担保并出具连带责任保证担保函的，人民法院可予以准许。

(4)金融机构以及国有、省级资产管理公司提供信用担保。商业银行、政策性银行、保险公司、证券公司、信托投资公司、城市信用社、农村信用社等金融机构，国有四大资产管理公司及省级地方资产管理公司基于其与申请人的合作关系为申请人提供非营利性信用担保并出具连带责任保证担保函的，经审查符合法律、法规和其经营范围规定的，人民法院可予以准许。

典型案例

查封、扣押、冻结当事人财产作为实现裁判的保证

——马某某诉郭某某、梁山某某木业有限公司民间借贷纠纷案①

1. 案情简介

原告：马某某。

被告：郭某某。

被告：梁山某某木业有限公司。

法定代表人：李某某。

一审法院在审理原告马某某诉被告郭某某、梁山某某木业有限公司民间借贷纠纷一案中，原告马某某于2015年9月24日向一审法院提出财产保全申请，请求对被告郭某某、梁山某某木业有限公司价值65,000元的财产进行诉讼保全，并以高某某所有的鲁H×××××号小型轿车一辆提供担保。

2. 法院裁判及观点

一审法院认为，原告马某某的申请符合法律规定。依照《民事诉讼法》第100条、第102条、第103条，《最高人民法院关于适用〈中华人民共和国民事诉讼法〉的解释》第164条之规定，裁定如下：一、冻结被告郭某某、梁山某某木业有限公司的银行存款65,000元或者查封其相应价值的财产。二、查封原告马某某提供担保的鲁H×××××号小型轿车一辆。

① 参见山东省梁山县人民法院(2015)梁民初字第3753－1号裁定书。

本裁定书送达后立即执行。

如不服本裁定,可以于本裁定送达之日起五日内申请复议一次。复议期间不停止裁定的执行。

3. 案例评析

在本案中,为了保证原告马某某合法权益在诉后的顺利实现,一审法院根据其申请,冻结了被告郭某某、梁山某某木业有限公司的银行存款65,000元或者查封其相应价值的财产。同时,查封原告马某某提供担保的鲁H××××××号小型轿车一辆。原告马某某为了申请诉讼保全提供鲁H×××××号小型轿车一辆作为担保,这是典型财产担保。

有关法律规定

《中华人民共和国民事诉讼法》(2012年)

第一百条　人民法院对于可能因当事人一方的行为或者其他原因,使判决难以执行或者造成当事人其他损害的案件,根据对方当事人的申请,可以裁定对其财产进行保全、责令其作出一定行为或者禁止其作出一定行为;当事人没有提出申请的,人民法院在必要时也可以裁定采取保全措施。

人民法院采取保全措施,可以责令申请人提供担保,申请人不提供担保的,裁定驳回申请。

人民法院接受申请后,对情况紧急的,必须在四十八小时内作出裁定;裁定采取保全措施的,应当立即开始执行。

四、哪些财产可以申请采取保全措施

基本理论

根据民诉法的规定,诉讼保全限于请求的范围,或者与本案有关的财物。所谓“限于请求的范围”,是指保全的财产应当在价值或者对象上与申请人诉讼请求的内容相等或相符。实践中,请求保全的范围可以与诉讼请求的范围重合,也可以小于诉讼请求的范围;如果请求保全的范围超出诉讼请求的范围，则人民法院对超出的部分不予支持。所谓“与本案有关的财物”，是指保全的财物是本案的诉讼标的物，或者是与本案牵连的其他财物。如当事人双方对一房屋的所有权发生争议诉诸法院，申请人就可以对该房屋申请保全，请求予以查封。

保全的目的，在于确保在法院判决后，申请人的权益能够得到及时的实现。因此，申请保全的范围，必须限制在请求的范围内或者是与本案有关的财物，以避免因采取保全措施不当给被申请人或者第三人造成经济上的损失。在民间借贷诉讼中，对下列财产可以申请采取保全措施：

1. 债务人的到期应得收益

所谓到期应得收益，是指当事人依据法律规定或合同约定对其存在于相对人处的具有资本性质的投资所应收得的利益，为当事人到期的但尚未被其实际占有支配的金钱利益。人民法院对债务人到期应得的收益，可以采取财产保全措施。首先，需要明确的是，采取保全的对象是债务人对其具有资本性质的投资所应获得的利益，而且期限已至。其次，对到期应得收益采取的保全措施是裁定限制债务人支取。最后，以通知书形式通知到期应得收益的相对人或有关单位予以协助。

2. 债务人的到期债权

所谓对到期债权的诉讼保全，是指人民法院在诉讼中根据债权人申请，就债务人对他人享有的已到期的债权采取强制性措施，裁定该他人不得对本案债务人予以清偿。人民法院对债务人的到期债权采取诉讼保全的实际意义是非常明确的，即通过法院的保全，可以使他人停止向债务人支付款项，从而使债权人实现权利多了一种可能性。根据民事诉讼法司法解释的规定，人民法院对到期债权进行保全时必须具备以下条件：第一，保全必须由当事人申请；第二，所保全的债权必须为债务人依据合同应得的债权利益，且已到期，对未到期的债权原则上不能进行保全。对债务人的到期债权进行保全还应该从以下几个方面来把握：第一，采取保全的措施为裁定他人不得对债务人清偿；第二，对到期债权的他人则采取裁定书的形式通知；第三，享有到期债权的他人要求偿付的，不得支付或交付给债务人，只能向人民法院提存财物或款项。

3. 债务人所有的其他人享有的抵押权、质押权或留置权的财产

人民法院对财产采取保全措施后，发现该财产设立质押权、质权、留置权时，应当及时通知抵押权人、质押权人、留置权人。抵押物、质押物或留置物被拍卖、变卖等处理时，所得的价款优先支付给抵押权人、质押权人、留置权人。在抵押权人、质押权人、留置权人优先受偿后，其余部分才可用于清偿普通债权。抵押权人、质押权人、留置权人必须取得执行根据才能主动行使其优先受偿权，这个执行根据可以是人民法院的生效法律文书，也可以是仲裁裁决或者公证债权文书。如果抵押权人、质押权人、留置权人没有取得执行根据，抵押权人、质押权人、留置权人不能主动行使其优先受偿权，但法院在处置抵押物、质押物、留置物时，必须依法留足抵押权人、质押权人、留置权人对抵押物、质押物、留置物的优先受偿权所对应的价款。①

典型案例

应收工程款属于债务人的到期债权，可以申请采取财产保全措施

——张某甲与刘某某、第三人重庆某某建设工程有限公司民间借贷纠纷案②

1. 案情简介

原告：张某甲。

被告：刘某某。

第三人：重庆某某建设工程有限公司。

法定代表人：王某某。

一审法院在审理原告张某甲被告刘某某、第三人重庆某某建设工程有限公司民间借贷纠纷一案中，原告张某甲于2013年11月13日向一审法院提出财产保全的申请，要求对第三人重庆某某建设工程有限公司在建设方为中国燃气涡轮研究院、中国航空规划建设发展有限公司的某项目中的应得工程

① 参见江必新主编：《执行规范理解与适用》，中国法治出版社2015年版，第35页。

② 四川省绵阳市涪城区人民法院(2013)涪民保字第439号裁定。

款105万元予以冻结,并由担保人苏州提供了其名下位于绵阳市涪城区花园路某号别墅作为担保。

2. 法院裁判及观点

一审法院认为,原告张某甲的财产保全申请符合有关法律规定,应当予以准许。依照《民事诉讼法》第100条、第154条1款4项之规定,裁定如下:一、对第三人重庆某某建设工程有限公司在建设方中国燃气涡轮研究院、中国航空规划建设发展有限公司的某项目中的应收工程款105万元予以冻结;二、对担保人苏州提供的其名下位于绵阳市涪城区花园路某号别墅予以查封。

3. 案例评析

在本案中,一审法院采取了对债务人的到期债权——第三人重庆某某建设工程有限公司在建设方为中国燃气涡轮研究院、中国航空规划建设发展有限公司的某项目中的应得工程款105万元进行冻结。同时,为防止债权人滥用保全的诉讼权利,对债务人的合法权益造成损害,一审法院对担保人苏州提供的其名下位于绵阳市涪城区花园路某号别墅予以查封。从本案中,一审法院对债务人的到期应得收益和担保人的不动产采取了诉讼保全措施,有效地维护了各方当事人的合法权益,保证了诉讼的顺利进行。

有关法律规定

《中华人民共和国民事诉讼法》(2012年)

第一百零二条　保全限于请求的范围,或者与本案有关的财物。

《最高人民法院关于适用〈中华人民共和国民事诉讼法〉的解释》(法释〔2015〕5号)

第一百五十七条　人民法院对抵押物、质押物、留置物可以采取财产保全措施,但不影响抵押权人、质权人、留置权人的优先受偿权。

第一百五十八条　人民法院对债务人到期应得的收益,可以采取财产保全措施,限制其支取,通知有关单位协助执行。

第一百五十九条　债务人的财产不能满足保全请求,但对他人有到期债权的,人民法院可以依债权人的申请裁定该他人不得对本案债务人清偿。该他人要求偿付的,由人民法院提存财物或者价款。

五、财产保全的措施有哪些

基本理论

1. 财产保全的措施

财产保全的措施是指在诉讼过程中，人民法院对相关财产采取保全时，遵循的程序和采取的方式方法。根据我国《民事诉讼法》及相关司法解释的规定，人民法院裁定对财产保全后，可以采取查封、扣押、冻结和法律规定的其他办法。同时，人民法院在采取财产保全措施时，依据执行程序相关规定办理，针对不同的财产采取适当的具体保全方法，避免因保全措施不当导致财产损失，确保当事人的合法利益得到维护。在民间借贷诉讼过程中，人民法院裁定财产保全后，可以采取以下保全措施：

（1）查封，是指人民法院将需要查封的财物清点后，加贴人民法院的封条，就地封存，不便加贴封条的，应当张贴公告，不准任何单位和个人进行移动和处分。

（2）扣押，一般是把需要保全的财物运到其他便于保存的场所加以扣留，使得被申请人不能继续占有、使用和处分。人民法院对扣押的财产可以自行保管，也可以委托其他单位或个人保管。

（3）冻结，是对被申请人的存款、资产、债权、股权等收益采取的保全措施。具体实施时，由人民法院发出协助执行通知书，请银行、信用社和有关单位办理冻结被申请人存款、资产、债权、股权的相关手续，不准提取和转移。

（4）法律规定的其他办法，是指上述三种方法之外的其他保全方法，如变卖财物、保存价款等。

2. 在民间借贷诉讼中，对特定财产的具体保全方法

对以下特定财产的具体保全方法：

（1）对不动产和特定的动产（如车辆、船舶等）进行财产保全，可以采取用扣押有关财产权证并通知有关产权登记部门不予办理该项财产的转移手续的财产保全措施；必要时，也查封或扣押该项财产。

（2）对季节性商品、鲜活、易腐烂变质以及其他不易长期保存的物品采取保全措施时，可以责令当事人及时处理，由人民法院保存价款；必要时，人民法院可以予以变卖，保存价款。

（3）人民法院对债务人到期应得的收益，可以采取财产保全措施，限制其支取，通知有关单位协助执行。债务人的财产不能满足保全请求，但对他人有到期债权的，人民法院可以依据债权人的申请裁定他人不得对本案债务人清偿。该他人要求偿付时，由人民法院提出财物或者价款。

（4）人民法院在财产保全的中采取查封、扣押、冻结财产措施时，应当妥善保管被查封、扣押、冻结的财产。不宜由人民法院保管的，人民法院可以指定被保全人负责保管；不宜由被保全人保管的，可以委托他人或者申请保全人保管。由人民法院指定被保全人保管的财产，如果继续使用对该财产的价值无重大影响，可以允许被保全人继续使用；由人民法院保管或者委托他人、申请保全人保管的财产，人民法院和其他保管人不得使用。

（5）当事人向采取诉前保全措施以外的其他有管辖权的人民法院起诉的，采取诉前保全措施的人民法院应当将保全手续移送受理案件的人民法院。诉前保全的裁定视为受移送人民法院作出的裁定。

（6）对当事人不服一审判决提出上诉的案件，在第二审人民法院阶段报送的案件之前，当事人有转移、隐匿、出卖或者毁损财产等行为，必须采取保全措施的，由第一审人民法院依据当事人的申请或者依据职权采取。第一审人民法院的保全裁定，应当及时报送第二审人民法院。

（7）第二审人民法院裁定对第一审人民法院从采取的保全措施予以续保或者采取新的保全措施的，可以自行实施，也可以委托第一审人民法院实施。再审人民法院对原保全措施予以续保或者采取新的保全措施的，可以自行实施，也可以委托原审人民法院或者执行法院实施。对申请保全人或他人提供的担保财产，人民法院应当依法办理查封、扣押、冻结等手续。①

① 参见江必新主编：《执行规范理解与适用》，中国法制出版社 2015 年版，第 43 页。

查封、扣押、冻结是法院采取财产保全的主要方式
——张某甲与阜阳市某某机车有限公司、刘某、苗某某、孟某某民间借贷纠纷一审案①

1. 案情简介

原告:张某甲。

担保人:张某乙。

被告:阜阳市某某机车有限公司。

法定代表人:刘某。

被告:刘某。

被告:苗某某。

被告:孟某某。

一审法院在审理原告张某甲诉被告阜阳市某某机车有限公司、刘某、苗某某、孟某某民间借贷纠纷一案中,原告张某甲以避免四被告在诉讼期间转移财产为由,于2015年8月24日向一审法院申请财产保全,要求依法查封、扣押被告名下价值200万元的财产或冻结其名下银行账户存款200万元。原告为此提供担保人张某乙名下的房产一套作为担保。

2. 法院裁判及观点

一审法院认为,原告张某甲的诉讼保全申请,符合有关法律规定,应依法予以准许。为有利于案件的执行,并确保担保财产在担保期间内不得转移,依照《民事诉讼法》第100条、第154条第1款第4项之规定,裁定如下:一、查封、扣押被告阜阳市某某机车有限公司、刘某、苗某某、孟某某名下的价值2,000,000元的财产或冻结其名下银行账户存款2,000,000元;二、查封担保人张某乙所有的位于阜阳市颍州区颍上南路东侧二环路北侧财富名都某楼某室(房地产权证号:房地权证阜字第200900××××号)

① 参见安徽省阜阳市颍州区人民法院(2015)州民一初字第02906号。

的房产一套。

本裁定书送达后,立即执行。

如不服本裁定,可以申请复议一次,复议期间不停止本裁定的执行。

3. 案例评析

在本案中,一审法院根据原告张某甲的诉讼保全申请,对被告阜阳市某某机车有限公司、刘某、苗某某、孟某某名下的价值2,000,000元的财产或其名下银行账户存款2,000,000元,同时裁定采取查封、扣押、冻结三种办法,依据执行程序相关规定,针对不同的财产采取适当的具体保全方法,避免因保全措施不当导致财产损失,确保当事人的合法利益得到维护。

有关法律规定

《中华人民共和国民事诉讼法》(2012年)

第一百零三条 财产保全采取查封、扣押、冻结或者法律规定的其他方法。人民法院保全财产后,应当立即通知被保全财产的人。

财产已被查封、冻结的,不得重复查封、冻结。

最高人民法院《关于适用〈中华人民共和国民事诉讼法〉的解释》(法释〔2015〕5号)

第一百五十四条 人民法院在财产保全中采取查封、扣押、冻结财产措施时,应当妥善保管被查封、扣押、冻结的财产。不宜由人民法院保管的,人民法院可以指定被保全人负责保管;不宜由被保全人保管的,可以委托他人或者申请保全人保管。

查封、扣押、冻结担保物权人占有的担保财产,一般由担保物权人保管;由人民法院保管的,质权、留置权不因采取保全措施而消灭。

第一百五十五条 由人民法院指定被保全人保管的财产,如果继续使用对该财产的价值无重大影响,可以允许被保全人继续使用;由人民法院保管或者委托他人、申请保全人保管的财产,人民法院和其他保管人不得使用。

第一百五十六条 人民法院采取财产保全的方法和措施,依照执行程序相关规定办理。

六、人民法院对抵押物、质押物、留置物可否采取财产保全措施

基本理论

抵押物是指债务人为担保某项义务的履行而设定抵押权的担保物（动产与不动产）。留置物是留置权的标的物，是指债务已到期，债务人不履行债务时，债权人依法律规定扣留的并为自己占有的债务人的财产。质押物是指债务人与债权人发生质押关系的动产物品（包括与财产权利有关的有价证券、票据等）。在民间借贷中，债务人往往在欠下大量债务的同时，其名下财产部分或全部抵押、质押、留置给部分或全部债务人，通过抵押、质押、留置方式在特定物上设定担保物权，以保障债权人债权的实现。因此，当发生债务人不能清偿到期债务时，就涉及人民法院对抵押物、质押物、留置物可否采取财产保全措施的问题。在民间借贷诉讼中，人民法院可以对抵押物、质押物、留置物采取财产保全措施。

最高人民法院《关于适用〈中华人民共和国民事诉讼法〉若干问题的意见》（已废止）第 102 条专门针对留置物和抵押物的财产保全问题作出了规定，“人民法院对抵押物、留置物可以采取财产保全措施，但抵押权人、留置权人有优先受偿权”，未涉及质押物的财产保全问题。至此，人民法院可以对抵押物和留置物采取财产保全措施，对质押物是否可以采取财产保全呢？

首次明确对质押物可以采取财产保全的，是最高人民法院 1998 年颁布的《关于人民法院执行工作若干问题的规定（试行）》。其第 40 条规定：“人民法院对被执行人所有的其他人享有抵押权、质押权或留置权的财产，可以采取查封、扣押措施。财产拍卖、变卖后所得价款，应当在抵押权人、质押权人或留置权人优先受偿后，其余额部分用于清偿申请执行人的债权。”此条规定了由首先查封、扣押或冻结的法院主持进行分配的规则，多个债权均为普通债权时，有利于保护首先采取查封等措施的债权人权益。但如所查封的资产已设定抵押权等担保物权的，首先查封、扣押或冻结的法院要与对抵押权人申请处置抵押物有管辖权的法院进行协调，妥善保护好抵押权人的优先受偿权。2004 年最高人民法院又发布了《关于人民法院民事执行中查封、扣

押、冻结财产的规定》，其第13条规定："查封、扣押、冻结担保物权人占有的担保财产，一般应当指定该担保物权人作为保管人；该财产由人民法院保管的，质权、留置权不因转移占有而消灭。"这再次明确了人民法院可以对质押物采取财产保全措施。2007年实施的《物权法》，则以法律的形式明确了对质押物采取财产保全的措施。[①] 在最新的最高人民法院《关于适用〈中华人民共和国民事诉讼法〉的解释》中，第157条关于保全担保物权优先权的规定，增加了质押的情况，所以在民间借贷诉讼中，人民法院可以对抵押物、质押物、留置物采取财产保全措施。

典型案例

人民法院可以对抵押物、质押物、留置物采取财产保全措施

——中国农业发展银行庆阳市某某区支行诉庆阳市某某某农贸有限公司、宁县某某牧业有限责任公司民间借贷纠纷案[②]

1. 案情简介

申请人：中国农业发展银行庆阳市某某区支行。

负责人：刘某某。

被申请人：庆阳市某某某农贸有限公司。

法定代表人：穆某某。

被申请人：宁县某某牧业有限责任公司。

法定代表人：穆某某。

申请人中国农业发展银行庆阳市某某区支行因被申请人庆阳市某某某农贸有限公司向其借款1500万元，并以被申请人庆阳市某某某农贸有限公司所有的位于庆阳市某某区肖金镇南街房权证庆房管字第0007032号、西国用(2005)第2684号、宁县盘克镇观音村宁国用(2008)第053号、宁房权证宁

① 参见奚晓明、杜万华主编：《最高人民法院民事诉讼法司法解释适用解答》，人民法院出版社2015年版，第225页。

② 参见甘肃省庆阳市中级人民法院(2015)庆中民保字第9-2号裁定书。

字05371－1、05371－2号、宁县中村乡中村街道宁国用(2008)第054号、宁县房权证宁字第04959－1、04959－2、04959－3号;宁县太昌乡东风村宁国用(2008)第055号、宁县房权证宁字第05377－1、05377－2、05377－3、05377－4号;宁县瓦斜乡瓦斜街道宁国用(2008)第056号、宁县房权证宁字第04981－1、04981－2号;镇原县中原乡镇国用(2008)字第0081、0082号,镇房权证私字第0117－01号;镇原县上肖乡镇国用(2008)字第0083号、镇房权证私字第0117－02号及宁县某某牧业有限责任公司所有的位于宁县早胜镇南街宁国用(2007)第118、119号的土地、房屋作抵押。现因被申请人庆阳市某某某农贸有限公司及法定代表人穆某某个人涉及民间借贷数额较大,公司处于停产状态,其未按合同要求使用贷款资金,恶意挤占挪用贷款,资金安全受到严重威胁,为保护国有资产不受损失,防止被申请人转移财产为由,于2015年4月27日向一审法院提出申请,要求对被申请人庆阳市某某某农贸有限公司、宁县某某牧业有限责任公司上述抵押财产及位于庆阳市某某区肖金镇南街主厂区存货580吨小麦、菜籽等粮食采取诉讼保全措施。申请人中国农业发展银行庆阳市某某区支行已向一审法院提供担保。

2. 法院裁判及观点

一审法院认为,申请人中国农业发展银行庆阳市某某区支行要求对被申请人庆阳市某某某农贸有限公司、宁县某某牧业有限责任公司的抵押物采取财产保全措施,符合法律规定。由于该申请请求保全的财产价值超标,故对其要求查封580吨粮食的请求不予支持。为了维护国有资产不受损失,依照《中华人民共和国民事诉讼法》第101条、第102条之规定,裁定如下:一、将被申请人庆阳市某某某农贸有限公司所有的下列房屋、土地予以查封;1. 镇原县中原乡镇国用(2008)第0081、0082号、镇原县中原乡镇房权证私字第0117－01号;2. 镇原县上肖乡镇国用(2008)字第0083号、镇房权证私字第0117－02号。

上述事项查封期限均为一年,即2015年5月6日至2016年5月5日。

申请人中国农业发展银行庆阳市某某区支行应当在裁定书送达之日起30日内向本院起诉,逾期不起诉的,法院将解除财产保全。

本裁定送达后立即执行。

如不服本裁定,可以申请复议一次。复议期间不停止裁定的执行。

3. 案例评析

在本案中，申请人中国农业发展银行庆阳市某某区支行为保证债权的实现，在借款的同时要求庆阳市某某某农贸有限公司、宁县某某牧业有限责任公司提供了相应的抵押物。申请人中国农业发展银行庆阳市某某区支行在起诉前，向一审法院申请诉讼保全，要求对庆阳市某某某农贸有限公司、宁县某某牧业有限责任公司提供的抵押物采取保全措施。一审法院经审查，认为符合《民事诉讼法》关于诉讼保全的规定，对庆阳市某某某农贸有限公司、宁县某某牧业有限责任公司提供的抵押物进行了查封，保证申请人中国农业发展银行庆阳市某某区支行胜诉后合法权益的实现。

有关法律规定

《最高人民法院关于适用〈中华人民共和国民事诉讼法〉的解释》(法释〔2015〕5号)

第一百五十七条　人民法院对抵押物、质押物、留置物可以采取财产保全措施，但不影响抵押权人、质权人、留置权人的优先受偿权。

七、财产保全在哪些情况下可以解除

基本理论

1. 解除财产保全的条件

在民间借贷诉讼中，保全是为了使今后的判决有实现的基础。如果被申请人向人民法院能提供合适的担保，担保的数额又与案件争议的数额相当，将在很多程度上消除将来生效判决不能执行或者难以执行的风险，同样达到了当初人民法院根据申请人的申请采取保全措施的目的。因此，在这种情况下，只要被申请人提供了合适的担保，人民法院原来的保全措施就失去了继续存在的价值，可以解除。被申请人提供担保要引起解除保全的法律后果，必须同时具备以下条件：

(1) 仅限于财产纠纷案件。只有财产纠纷案件，被申请人提供担保的，才能解除保全，而且只要担保符合要求，人民法院就应当解除保全。对于民间借贷这类单纯的财产纠纷，只要被申请人提供担保就能引起解除保全的法律后果，人民法院就应当解除保全。

(2)担保必须符合要求。被申请人提供担保的形式有多种，包括保证人担保、现金、有价证券或实物担保。采取保证人担保的，保证人应向人民法院出具证明担保金额的保证书，以及具备担保能力的相关材料，并得到审查认可；提供现金、有价证券或实物担保的，其金额或价值不应低于被保全财产的价值或金额。

2. 在民间借贷诉讼中，应当解除保全裁定的情形

在民间借贷诉讼中，应当解除保全裁定的情形主要有以下几种：

(1)保全错误的。对于保全，法律已经明确规定了申请的方式、保全的内容等事项，因此，人民法院在实施保全措施时，只能依据法律规定的查封、扣押、冻结或法律准许的其他方法。如果违反法律规定所采取的保全就属于保全错误，通常是指人民法院根本不应当作出保全，或作出保全后继续保全的条件已不存在。对于保全错误，有观点认为，造成保全错误的主要原因是当事人申请保全错误所致，包括诉请错误、申请对象错误和申请金额错误。我们认为，就保全错误可从两个方面来把握：一是从申请人的角度。申请人根据法律或司法解释的规定，向人民法院提交保全申请、提供保全担保、提供财产线索等，法院对申请人提交上述内容进行审查。如果程序存在问题或申请人的申请不符合法律规定，人民法院不应作出保全的裁定，也就无所谓保全错误。既然法院已作出保全的裁定，即使保全错误也不应是申请人在申请程序上的错误，只能是法院决定的错误或者非保全程序上的错误。二是从法院的角度，由于法院裁定保全具有非对审性特点，法院只需从形式上审查当事人申请保全是否符合程序法规定的条件，不可能对申请人是否能胜诉予以审查，并以之确定应否准许采取保全措施。因此，只要按照相关法律规定履行了程序上的义务，就不会出现程序上的裁定错误。在这种情况下，如果出现裁定保全错误，从程序上讲只能是申请人的申请错误。如申请人申请保全与本诉无关的案外人的财产，从而侵犯了案外人的合法权利，该保全错误是基于申请人的错误申请而作出的。同时，根据民事诉讼法的相关规定，一般情况下，人民法院裁定保全应当依据申请人的申请。只有当诉讼争议的财产有毁损、灭失的风险或有证据表明被告可能有隐匿、转移、出卖其财产的，人民

法院方可依职权裁定采取保全措施。如果法院的裁定违反了法律强制性规定,就是保全错误。

法院的原因造成保全错误的情形主要有以下几个方面:

①保全了与诉讼无关的,根本不可能承担实体责任的案外人财产,从而侵犯了受害人的合法权利。例如根据申请应保全甲的财产,却错误保全了乙的财产。

②保全财产数额或范围超出了申请保全方诉讼请求的数额或范围;

③重复保全等。应当注意的是,法院裁定保全后,在执行的过程中,如果所采取的方式、保全的对象等方面超出法律规定的范围,构成保全实施行为不当而不是保全错误。当出现保全错误时,人民法院应当依法解除保全。

(2)申请人撤回保全申请的。由于申请保全属于申请人的诉讼行为,以产生、变更诉讼法律关系为目的,通常情况下,该诉讼行为符合法律规定,只产生诉讼法律关系,不产生实体法律关系。申请人自愿申请解除保全措施或申请人撤回保全申请的,则采取保全措施的目的和意义已不复存,人民法院亦应及时解除保全措施。

(3)申请人的起诉或者诉讼请求被生效裁判驳回的。当事人之间的权利义务在依照审判程序作出判决之前都处于未定状态,需要通过判决才能确定。为了保证日后生效判决的执行,或者避免当事人遭受不可弥补的损失,当事人一方申请保全,其申请保全的前提和基础是该当事人诉讼请求有合法性和合理性,而该当事人诉讼请求的合法性和合理性需要通过审判,并以最终生效的判决来确认。若当事人(申请人)的诉讼请求获得生效判决的支持,则当事人(申请人)申请保全的目的就不存在问题,也就不存在保全错误。若当事人(申请人)的起诉或者诉讼请求因无事实或法律依据而没有得到法院生效判决的支持,即被生效裁判驳回。无论是全部被驳回还是部分被驳回,说明申请人申请保全合法性和合理性不充分,要么是违法保全了不应承担实体责任人的财产,要么就超额保全了被申请人的财产。因此,法院应当根据实际情况予以解除。如果当事人的起诉或诉讼请求被生效裁判全部驳回的,则应当对全部保全予以解除。如果当事人的诉讼请求被生效裁判部分驳回的,则应当对超额保全的部分予以解除。

(4)人民法院认为应当解除保全的其他情形。该项规定是兜底条款,也是人民法院依职权解除保全的弹性条款,是指《最高人民法院关于适用〈中华人民共和国民事诉讼法〉的解释》第166条对解除保全措施具体的规定第1至3项以外的情形下适用的款项。实践中认为,应当解除保全的其他情形主要包括以下几种:第一,申请人没有在法定期限内向法院起诉或申请仲裁。由于采取保全措施限制了财产的流转,若利害关系人申请保全后不在一定期限内起诉或申请仲裁,双方的法律关系仍处于不稳定状态,无法通法院或仲裁机构的裁决明确其权利义务,从而无法达到保全的目的,因此,利害关系人申请保全后未在法定期限内提起诉讼或者仲裁,而继续采取保全措施的,应当解除保全。第二,申请人在诉讼过程中已申请撤诉并经人民法院裁定准许。由于当事人之间的诉讼基于裁定准许撤诉已不存在,继续采取保全措施的目的已不存在。第三,对案外人善意取得的与案件有关的财产,一般也不得采取保全措施,采取了保全措施的,应当解除。因为,保全应当限于与本案有关的财物,即当事人争议的财产或被告的应承担实体责任的财产。为维护交易的稳定和安全,保护善意第三人的利益,第三人善意取得了与案件有关的财产后,即成为该财产的合法所有权人,如果不解除,则保全了案外人(第三人)的财产,将损害案外人(第三人)的利益。第四,双方当事人同意和解的。在诉讼的过程中,当事人有权在法律规定的范围内处分自己的民事权利和诉讼权利,双方当事人同意和解的,人民法院应当及时作出裁定解除保全措施。第五,人民法院确认被申请人申请复议意见成立,而作出新裁定,撤销原保全裁定的。

3. 在民间借贷诉讼中,解除以登记方式实施的保全措施

根据最高人民法院《关于适用〈中华人民共和国民事诉讼法〉的解释》第166条第2款的规定,在民间借贷诉讼中解除以登记方实施的保全措施的,应当向登记机关发出协助执行通知书。由于对于需要登记方式实施的保全措施,在人民法院采取保全措施时,均会向协助机关发出协助执行通知书。因为房产、土地等财产权证照管理部门都是属于有义务协助调查、执行的单位,该协助单位根据人民法院的协助执行通知书实施行政行为,履行法定协助义务。因此,有协助义务的单位接到协助执行通知书后必须办理,否则,法院可以依法对其主要责任人或直接责任人员予以罚款拘留。

在实际执行中，对需要办理房产、土地等财产权证照保全登记手续的，房产、土地等部门都会要求法院必须提供裁定书及协助执行通知书，房产、土地等管理部门依据法院的裁定书和协助执行通知书办理财产权证照保全登记手续，起到公示作用。故在办理房产、土地等财产权证照保全登记手续必须向协单位发出协助执行通知书。同理，对于保全中已办理财产权照登记手续的，要解除保全时，协助解除单位在没有人民法院的解除保全裁定和协助通知书的情况下，同样是不能解除登记的。因此，人民法院在民间借贷诉讼中解除保全时，对于已办理产权证照登记手续的，还必须向有关单位发出协助执行通知书。[①]

典型案例

当事人申请撤回起诉的，人民法院应当解除财产保全措施

——张某某与杨某民间借贷纠纷案[②]

1. 案情简介

原告：张某某。

被告：杨某。

一审法院在审理原告张某某诉被告杨某民间借贷纠纷一案中，原告张某某以双方自行协商解决纠纷为由，于2015年9月15日向本院提出撤回起诉的申请。

2. 法院裁判及观点

一审法院认为，原告张某某以双方自行协商解决纠纷为由撤回起诉，是在法律允许的范围内对自己的民事权利所作的处分。原告的撤诉申请，符合法律规定的撤诉条件，本院予以准许。同时，对本案的诉讼保全，亦应予以解除。据此，依照《民事诉讼法》第145条第1款、《最高人民法院关于适用〈中华人民共和国民事诉讼法〉的解释》第166条第1款第4项的规定，裁定如

---

① 参见江必新主编：《执行规范理解与适用》，中国法制出版社2015年版，第57页。

② 福建省永安市人民法院（2015）永民初字第3699号裁定书。

下：一、准许原告张某某撤回起诉。二、解除对原告提交的担保人郭建立所有的坐落在永安市黄山一路11号的房产（房产证号为永房证字第××号）的保全。三、解除对被告杨某所有的车牌号为闽G××××车辆的保全。

案件受理费3100元，减半收取1550元，保全费1245元，合计2795元，由原告承担。

3.案例评析

在本案中，原告张某某以双方自行协商解决纠纷为由申请撤诉，一审法院认为，原告张某某以双方自行协商解决纠纷为由撤回起诉，是在法律允许的范围内对自己的民事权利所作的处分。原告张某某的撤诉申请，符合法律规定的撤诉条件，予以准许。一审法院在裁定准予张某某撤回起诉的同时，裁定解除对被告杨某所有的车牌号为闽G××××车辆的保全。本案体现出解除诉讼保全的一种情形，就是原告撤回起诉，在此情形下再进行诉讼保全就失去了意义，人民法院应当裁定解除保全。

有关法律规定

《中华人民共和国民事诉讼法》（2012年）

第一百零四条　财产纠纷案件，被申请人提供担保的，人民法院应当裁定解除保全。

最高人民法院《关于适用〈中华人民共和国民事诉讼法〉的解释》（法释〔2015〕5号）

第一百六十六条　裁定采取保全措施后，有下列情形之一的，人民法院应当作出解除保全裁定：

（一）保全错误的；

（二）请人撤回保全申请的；

（三）申请人的起诉或者诉讼请求被生效裁判驳回的；

（四）人民法院认为应当解除保全的其他情形。

解除以登记方式实施的保全措施的，应当向登记机关发出协助执行通知书。

八、财产保全申请人申请错误，给被申请人造成损失，是否需要承担赔偿责任

基本理论

1. 财产保全申请错误的认定

申请人向人民法院申请保全，属于当事人行使诉讼权利的行为。民事诉讼法赋予申请人该项权利的同时，同样注重对被申请人合法权益的保护。申请人应在法律规定的框架内向人民法院申请保全，如其超越权利的合理边界，滥用此项权利给被申请人造成损害的，也应承担相应的法律责任。司法实践中，因申请人保全申请有错误，给被申请人造成损失的案件时有发生，被申请人同样需要法律救济。

（1）责任主体。通常情况下，申请人是错误申请保全法律责任的主要承担者。但民事诉讼法作此规定，并不表示将被申请人完全排除在责任主体之外。如果被申请人对其损失的造成或扩大存在可归责的原因，如被申请人对保全财产未尽妥善保管义务，导致财产损失或损失扩大，被申请人对损失也应承担相应责任，从而减轻申请人的赔偿责任。在上述情形下，人民法院应区分申请人申请错误和被申请人责任，对损失的承担问题妥善处理。如果被申请人遭受损失除了因申请人错误申请保全以外，还由于第三人的行为导致损失，第三人也应当承担相应的赔偿责任。

（2）责任性质。申请人承担责任的方式是赔偿损失，对此通常从民事责任的角度界定申请人责任的性质。申请人的赔偿责任应通过民事诉讼程序予以确定。申请保全属于申请人的诉讼行为，以产生、变更诉讼法律关系为目的，该诉讼行为符合法律规定，未给被申请人造成损失的情况下，双方只产生诉讼法律关系，但申请保全存在错误并使被申请人遭受损失时，双方则产生了实体上的赔偿责任。申请人据此应承担的赔偿责任，与法院因保全行为违法而承担的责任截然不同，仍属于平等主体之间的民事权利义务关系。

（3）申请保全确有错误。对"申请有错误"的理解，司法实践中有不同的意见。一种意见认为，申请有错误可以理解为，申请人在申请保全的过程中

存在过错,包括主观故意和过失。例如,申请人在可以保全其他相应价值财产的情况下,申请保全价值明显超过诉讼标的额的财产。另一种意见认为,申请有错误不仅包括申请人存在过错的情形,也包括除此以外的其他情形,只要申请人的保全申请不当给被申请人造成损失,申请人应承担赔偿责任。例如申请人败诉或申请人虽未败诉,但判决确定的权利小于请求范围,以致保全范围过大给被申请人造成损失。第一种意见将申请人的主观因素作为其是否应承担赔偿责任的一项构要件。第二种意见更侧重从申请人申请保全的行为对被申请人造成损失的角度,判断申请人是否承担赔偿责任。两种意见在实践中均不同程度存在,对于申请有错误应如何适用法律,还需要司法解释进一步明确。

(4)被申请人存在遭受损失的事实。申请人申请保全有错误,不一定会给被申请人带来损失,有些情况下,申请人申请保全错误损害的是案外人的利益,被申请人可能并未因此遭受损失。《民事诉讼法》第105条规定了申请人和被申请人之间因申请有错误而产生的权利义务关系,暂不涉及其他主体。被申请人没有遭受损失的,申请人不向被申请人承担赔偿责任。如果给其他主体造成损失,申请人仍可能对其他主体承担民事赔偿责任。损失具有多种形式,除了财产损失以外,被申请人还可能存在其他类型的损失。申请人错误申请保全给被申请人造成的损失应如何界定,在实践中也是有争议的问题。一种意见认为,从申请人赔偿损失的表述看,可以对损失作限制解释,将其限定为财产损失,也便于实务操作。另一种意见认为,通常情况下,被申请人的损失表现为财产损失,但也不能对错误保全对被申请人造成的其他损失视而不见,申请人的赔偿责任可以由法官根据损失的种类和程度等具体情况进行衡量。《民事诉讼法》第105条的立法本意在于保护被申请人的合法权益,通过规定申请人的赔偿责任,对其错误申请保全的行为进行制裁,对于被申请人因此遭受的损害给予救济。基于上述考虑,如果申请人的申请确有错误,其行为对被申请人造成的损失能够用赔偿的方式得以救济,被申请人可以依据本条规定向申请人主张赔偿。

(5)被申请人的损失与保全申请错误存在因果关系。被申请人的损失需因申请人错误申请保全造成。这里的因果关系可参照侵权责任法中的因果关系理论进行解释。实践中,部分案件被申请人的财产损失并非因申请人向人民法院申请保全造成,而是由于被申请人自身对相关财产保管不善,或者故意虚构事实、隐瞒真相,制造财产损失的假象,以及其他与保全申请无关的原因造成损失,等等。人民法院对上述情形下被申请人提出的损害赔偿请求,应不予支持。

2. 在民间借贷司法实务中,应该注意的几个问题

(1)案外人的权利保护问题。对于申请人申请保全错误造成案外人损失的问题,根据《最高人民法院关于当事人申请财产保全错误造成案外人损失应否承担赔偿责任问题的解释》,申请人也应依法承担赔偿责任。有一种意见认为,申请人申请保全,对于给案外人造成的损失理应由申请人赔偿,与被申请人无关,在案外人与申请人的诉讼中不能将被申请人列为被告。通常情况下,申请人是主要的责任主体,但实践中的情形也并非尽是如此,在被申请人对损失的造成和扩大也有责任的情形下,不宜将被申请人完全排除在责任主体之外。

(2)申请人错误申请的赔偿责任与法院违法保全的赔偿责任。实践中发生的保全错误,通常包括两种情形:一是申请人申请保全错误;二是法院保全行为违反法律规定。第一种情形的错误,由申请人对被申请人的损失承担赔偿责任。第二种情形的错误,应由人民法院根据《国家赔偿法》第 36 条、第 38 条等相关规定,承担国家赔偿责任。例如,人民法院依职权主动采取保全措施,如果出现保全违法的情形,给被保全人造成损失的,应依法承担国家赔偿责任。申请人申请错误和法院保全行为违法属于两个层面的问题。

申请人向人民法院提出保全申请后,人民法院应对保全申请进行审查后才能作出裁定并实施保全。如果在保全程序中出现被申请人权利受损的事实,人民法院有必要区分被申请人遭受损失的原因是申请人申请有误,还是法院对保全申请的审查和实施存在错误。如果问题是申请人的保全申请本身存在损害被申请人利益的瑕疵,而法院的保全裁定和实施行为符合法律规定,则应根据《民事诉讼法》第 105 条的规定由申请人承担赔偿责任,不属于国家赔偿的范围。但如果因为法院在审查保全申请或者实施保全措施的过程中违反法律规定,给被申请人造成损失的,则属于法院承担国家赔偿责任的范畴。例如,申请人向法院申请财产保全,法院可以单独查封被申请人仓库的货物即与申请保全的数额相当,但法院查封了整个企业的生产厂房,连

生产设备也一并查封，造成企业无法正常生产经营。再如，被申请人明确告知有保质期的产品，法院在保全过程中没有及时销售提存货款，造成超期保全，产品超过保质期无法销售，给被申请人造成的损失。上述情形均属于法院实施保全措施不当给被申请人造成的损失，应当依据国家赔偿法的规定，承担国家赔偿责任。[①]

典型案例

财产保全申请有误给相对当事人造成损失，申请人应当承担赔偿责任

——兰某诉陈某某、董某某民间借贷纠纷案[②]

1. 案情简介

原告：兰某。

被告：陈某某。

被告：董某某。

原告兰某与被告陈某某、董某某民间借贷纠纷一案，原告兰某于2014年3月5日向一审法院提出保全申请，请求对被告陈某某、董某某名下的位于梓潼县文昌镇潼江路北段669号阳光新城13栋×单元×层×号的房屋进行查封。担保人魏某自愿以其所有的川BY××××江淮牌小轿车作为担保。

2. 法院裁判及观点

一审法院审查后认为，原告兰某的申请符合法律规定，予以准许。依照《民事诉讼法》第100条、第103条、第108条之规定，裁定如下：一、对被告陈某某、董某某名下的位于梓潼县文昌镇潼江路北段669号阳光新城13栋×单元×层×号的房屋进行查封，以9.5万元为限；二、如申请有误，由原告兰某及担保人魏某赔偿被告因财产保全所遭受的损失；三、诉讼保全费970元，由原告兰某预交，案件审结后由败诉方承担。

本裁定送达后立即执行。

---

① 参见江必新主编：《执行规范理解与适用》，中国法制出版社2015年版，第63页。

② 参见四川省梓潼县人民法院(2014)梓民保字第62号裁定书。

如不服本裁定，可以申请复议一次。复议期间不停止本裁定的执行。

3. 案例评析

在本案中，原告兰某为了保证判决的执行，向一审法院提出诉讼保全申请，一审法院在裁定对被告陈某某、董某某名下的位于梓潼县文昌镇潼江路北段669号阳光新城13栋×单元××层×号的房屋进行查封的同时，裁定如申请有误，由原告兰某及担保人魏某赔偿被告因财产保全所遭受的损失。因此，我们可以看出申请财产保全，如果申请错误，申请人应当承担相应的赔偿责任。

有关法律规定

《中华人民共和国民事诉讼法》(2012年)

第一百零五条　申请有错误的，申请人应当赔偿被申请人因保全所遭受的损失。

第二节
强制执行

一、哪些法律文书可以作为执行依据

基本理论

执行依据是记载着执行内容,当事人据以申请执行与执行机构据以启动执行程序的生效法律文书。我国确认民事权利的程序与实现民事权利的程序相对独立,[①]执行依据就是连接确权程序与执行程序的桥梁。

一般认为,执行依据除了应符合法律规定的形式要件外,还应该具备如下实质要件:一是要具有给付内容。确认判决的目的在于以法律的形式确认一种既定事实,没有执行的必要。形成判决的作出即改变了原有的法律关系,也不需要执行。只有给付判决需要强制执行予以实现。二是给付内容确定。一般情况下,确定给付内容应根据执行依据的主文;在主文不确定时,可以参照理由部分确定。三是给付内容适于强制执行。这主要是学理上的主张,一个极端的例子是夫妻同居的义务不适合强制执行。但是实践中这种情况很少。具有参考价值的是,要根据执行内容与性质采取不同的执行方式。如在探视权执行案件中,不能针对人身予以直接强制执行,但是可以通过间接强制的办法促使被执行人履行法定义务。在民间借贷诉讼中,主要的执行依据类型如下:

1. 人民法院制作的生效法律文书。

(1)民事判决书。

---

① 主要指“审执分立”,但确认权利的程序不限于审判,也有仲裁等。

（2）民事裁定书，主要包括财产保全裁定。需要注意的是，根据《物权法》第195条第2款“抵押权人与抵押人未就抵押权实现方式达成协议的，抵押权人可以请求人民法院拍卖、变卖抵押财产”的规定，法院就抵押权人的申请所作的许可强制执行裁定也是一种执行依据。

（3）调解书。

（4）支付令与民事制裁决定书。

2. 仲裁机构作出的仲裁裁决和调解书及人民法院依据仲裁法有关规定作出的财产保全和证据保全裁定。

3. 公证机关依法赋予强制执行效力的债权文书。根据《公证法》及最高人民法院、司法部《关于公证机关赋予强制执行效力的债权文书执行有关问题的联合通知》的规定，公证机关关于追偿债款、物品的文书，认为无疑义的，可以在该文书上证明有强制执行的效力。债务人不履行该文书的，债权人可以向人民法院申请执行。[①]

典型案例

公证机关超出法定职权制作的债权文书不具有强制执行力

——蔡某某诉岳某某、黄某某民间借贷案[②]

1. 案情简介

原告（申请执行人）：蔡某某。

被告（被执行人）：岳某某、黄某某。

2012年1月5日，蔡某某与岳某某、黄某某签订《借款合同》，约定岳某某因资金周转需要，向蔡某某借款人民币50万元；借款期限自蔡某某提供借款之日起六个月；利息按照月利率2.03%计算，若违约发生逾期还款，逾期期间仍要支付利息，并且应按全部欠款本金总额的每日万分之五计收违约金；

---

① 参见江必新主编：《执行规范理解与适用》，中国法制出版社2015年版，第96页。

② 参见国家法官学院案例开发研究中心编：《中国法院2014年度案例》，中国法制出版社2014年版，第215页。

黄某某自愿为岳某某的上述借款所形成的全部债务提供连带责任保证;合同经公证后具有强制执行效力等。2012 年 1 月 6 日蔡某某向借款人岳某某发放借款人民币 20 万元,2012 年 1 月 8 日蔡某某向借款人岳某某发放借款人民币 30 万元. 综上,合同签订后,蔡某某依照合同约定累计向借款人发放借款人民币 50 万元。岳某某、黄某某签署相关《借款借据》给申请执行人。上述借款合同经厦门市鹭江公证处公证并于 2012 年 1 月 9 日作出(2012)厦鹭证金字第 00059 号债权文书,2012 年 7 月 9 日,蔡某某以岳某某、黄某某未按借款合同约定偿还借款本金 50 万元及部分利息为由,向厦门鹭江公证处申请出具《执行证书》,并表示自愿放弃违约金,自愿放弃超过按同期贷款基准利率的四倍计算的利息。在厦门鹭江公证处审查期间,岳某某和黄某某未到庭也未提交答辩意见。厦门鹭江公证处审查后认为,蔡某某自愿放弃超过按同期贷款基准利率的四倍计算的利息是其真实意思表示,属于蔡某某对其权利的处分行为,不违背相关法律的规定,且该处分行为减轻了借款人、保证人所需承担的债务,未加重借款人、保证人的负担,对蔡某某的上述申请予以支持。2012 年 9 月 4 日,厦门鹭江公证处出具(2012)厦鹭证执字第 00049 号《执行证书》,执行标的为:借款本金 50 万元及利息(利息按同期中国人民银行公布的贷款基准利率的四倍计算至实际还款日)、律师费、公证费及实现债权的其他费用。2012 年 10 月 26 日,蔡某某向一审人民法院申请强制执行.要求被执行人支付借款本金人民币 50 万元及利息等。

2. 案例评析

根据相关法律及司法解释的规定,在民间借贷诉讼中人民法院强制执行的依据主要有:人民法院制作的生效法律文书、仲裁机构作出的仲裁裁决和调解书及人民法院依据仲裁法有关规定作出的财产保全和证据保全裁定、公证机关依法赋予强制执行效力的债权文书。本案的关键问题是,公证机关对公证债权文书的内容作出调整并出具执行证书,人民法院应否根据申请人的强制执行申请予以强制执行。根据《民事诉讼法》第 238 条第 2 款的规定,公证债权文书确有错误的,人民法院裁定不予执行。

公证机关赋予强制执行效力的债权文书,应当具备三个条件:

(1)债权文书具有给付金钱、物品、有价证券的内容;

(2)债权人和债务人对债权文书有关给付内容无疑义;

（3）债权文书中载明债务人同意接受强制执行的明确承诺。

关于债权文书的给付内容，由于可直接不经仲裁或审判而直接发生强制执行效力，理应不得违背法律的禁止性规定，即给付内容应具有合法性。公证债权文书中的给付内容，如果不具有合法性，则人民法院可认定其“确有错误”而不予执行。

在本案中，债务人岳某某和保证人黄某某在公证的债权文书中明确承诺同意接受强制执行，债权人债务人之间的给付内容也没有疑义，且给付内容也属于给付金钱的范围。但是，当事人之间关于利息、违约金的约定，其性质属于民间借贷利息的约定，该约定已违背了法律的禁止性规定，即这两项累计已超过年利率24%，违反了《最高人民法院关于审理民间借贷案件适用法律若干问题的规定》第26条的规定。倘若公证机关据此作出赋予强制执行效力的执行文书，因其给付内容不合法，人民法院应裁定不予执行，这应当是没有疑义的。但问题是，债权人蔡某某在申请执行证书时自动放弃了部分权利，公证机关据此也对债权文书的给付内容作了调整，其关于利息的执行内容是没有超过年利率24%，应该说，调整后的给付内容实质上并不违背法律规定。但这是否意味着人民法院可强制执行经公证机关调整后的给付内容？公证是依照法定程序对民事法律行为、有法律意义的事实和文书的真实性、合法性予以证明的活动。在权力配置上，公证的职权是证明，有别于裁断争议的仲裁裁决和司法裁判。换言之，法律并未赋予公证机关裁断争议的权力。公证债权文书是基于公证机关对当事人债权债务关系的证明、经法定程序而制作形成的。公证机关在制作公证债权文书中的行为本质上应属于证明而非裁断争议。本案中，公证机关根据债权人的申请对债权债务内容进行的调整，实质上是对效力存有争议的原给付内容的裁断，已经超出了其法定职权，其相关的公证行为是无效的，人民法院不应予以强制执行。同时，基于审执分离的原理，执行部门无权对效力未定的当事人之间的债权债务内容进行认定，更不能直接予以强制执行。

有关法律规定

《中华人民共和国民事诉讼法》（2012年修正）

第二百二十四条　发生法律效力的民事判决、裁定，以及刑事判决、裁定中的财产部分，由第一审人民法院或者与第一审人民法院同级的被执行的财产所在地人民法院执行。

法律规定由人民法院执行的其他法律文书，由被执行人住所地或者被执行的财产所在地人民法院执行。

第二百三十八条　对公证机关依法赋予强制执行效力的债权文书，一方当事人不履行的，对方当事人可以向有管辖权的人民法院申请执行，受申请的人民法院应当执行。

公证债权文书确有错误的，人民法院裁定不予执行，并将裁定书送达双方当事人和公证机关。

最高人民法院《关于适用〈中华人民共和国民事诉讼法〉的解释》（法释〔2015〕5号）

第四百六十二条　发生法律效力的实现担保物权裁定、确认调解协议裁定、支付令，由作出裁定、支付令的人民法院或者与其同级的被执行财产所在地的人民法院执行。

认定财产无主的判决，由作出判决的人民法院将无主财产收归国家或者集体所有。

第四百六十三条　当事人申请人民法院执行的生效法律文书应具备下列条件：

（一）权利义务主体明确；

（二）给付内容明确。

法律文书确定继续履行合同的，应当明确继续履行的具体内容。

《最高人民法院关于审理民间借贷案件适用法律若干问题的规定》（法释〔2015〕18号）

第二十六条　借贷双方约定的利率未超过年利率24%，出借人请求借款人按照约定的利率支付利息的，人民法院应予支持。

借贷双方约定的利率超过年利率36%，超过部分的利息约定无效。借款人请求出借人返还已支付的超过年利率36%部分的利息的，人民法院应予支持。

二、如何确定强制执行的管辖法院

基本理论

1. 强制执行的管辖法院

管辖是解决人民法院系统内部分工问题的制度，具体包括地域管辖、级别管辖、选择管辖、指定管辖、管辖争议的处理等内容。根据《民事诉讼法》第224条的规定，在一审法院之外，增加了“被执行的财产所在地人民法院”的管辖连接点，扩大了法院裁判文书确定的权利人的选择权，权利人既可以向第一审法院申请执行，也可以向被执行的财产所在地人民法院申请执行。对于法律规定由人民法院执行的其他法律文书，仍然由被执行人住所地或者被执行的财产所在地人民法院执行。特殊规定包括以下内容：

(1)根据《最高人民法院关于人民法院执行工作若干问题的规定(试行)》的规定，两个以上人民法院都有管辖权的，当事人可以向其中一个人民法院申请执行；当事人向两个以上人民法院申请执行的，由最先立案的人民法院管辖。基层人民法院和中级人民法院管辖的执行案件，因特殊情况需要由上级人民法院执行的，可以报请上级人民法院执行。人民法院之间因执行管辖权发生争议的，由双方协商解决；协商不成的，报请双方共同的上级人民法院指定管辖。

(2)根据《最高人民法院关于高级人民法院统一管理执行工作若干问题的规定》的规定，高级人民法院对本院及下级人民法院的执行案件，认为需要指定执行的，可以裁定指定执行；对于最高人民法院函示指定执行的案件，应当裁定指定执行。对于符合条件的下列案件，高级人民法院可以裁定提级执行：①高级人民法院指令下级人民法院限期执结，逾期未执结要提级执行的；②下级人民法院报请高级人民法院提级执行，高级人民法院认为应当提级执行的；③疑难、重大和复杂的案件，高级人民法院认为应当提级执行的。该条同时规定，高级人民法院对最高人民法院函示提级执行的案件，应当裁定提级执行。

2. 在民间借贷司法实务中必须注意的问题

(1)当事人对执行管辖的选择权及其限制。《民事诉讼法》赋予了申请执行人在执行管辖上的选择权，对此，人民法院应当充分予以尊重，既不能争抢管辖，也不能相互推诿，禁止在管辖问题上给当事人设置任何障碍。《最高人民法院关于适用〈中华人民共和国民事诉讼法〉执行程序若干问题的解释》对于重复立案问题作了规定：一是有管辖权的人民法院在立案前发现其他有管辖权的人民法院已经先立案的，不得再重复立案。二是如果该法院已经立案，在立案后才发现其他有管辖权的人民法院已经先立案的，应当撤销案件,并应当将控制的财产移交给先立案的执行法院处理。此外,申请执行人向第一审人民法院以外的被执行的财产所在地人民法院申请执行时,应当提供该人民法院辖区有可供执行财产的证明材料。

(2)管辖权异议及管辖争议问题的解决。因确定管辖的连接点增多,法院之间因管辖权发生争议的现象也将相应增加,特别是被执行财产分布在多个法院辖区的情况下,由于法院之间对被执行人在某地是否有可供执行的财产的不同认识,客观上将导致在管辖权问题上的分歧。因此,根据《最高人民法院关于适用〈中华人民共和国民事诉讼法〉执行程序若干问题的解释》第3条规定,一是管辖权异议应当自收到执行通知之日起10日内提出;二是经人民法院审查处理,管辖权异议成立的,应当撤销执行案件,并告知当事人向有管辖权的人民法院申请执行;异议不成立的,裁定驳回;三是赋予当事人对管辖权异议裁定向上一级法院申请复议的权利。对于人民法院之间的管辖权争议,应严格依照《最高人民法院关于人民法院执行工作若干问题的规定(试行)》第166条的规定办理。[①]

典型案例

强制执行终结后发现新的财产线索,申请人可以向原审法院或者其他有管辖权的法院申请强制执行

——胡某与陈某、陈某某民间借贷纠纷案[②]

1. 案情简介

申请执行人:胡某。

被执行人:陈某。

被执行人:陈某某。

申请执行人胡某与被执行人陈某、陈某某民间借贷纠纷一案,一审于2015年1月28日作出的(2015)株县法民一初字第51号民事判决书已经发

① 参见江必新主编:《执行规范理解与适用》,中国法制出版社2015年版,第98页。

② 参见湖南省株洲县人民法院(2015)株县法执字第328号裁定书。

生法律效力。申请执行人于2015年4月21日向法院申请强制执行。

2. 法院裁判及观点

本案在执行过程中，一审法院于2015年4月22日向被执行人发出执行通知书，责令其5日内履行生效判决书确定的义务，但其仍未按期履行。经一审法院向金融机构查询银行存款，向房地产管理部门查询房地产登记，向法人登记机关查询股权，向车管部门查询车辆，向被执行人所在基层组织调查了解被执行人的财产状况或财产线索，包括被执行人的经济收入来源、被执行人到期债权等，发现被执行人确无财产可供执行。依照《中华人民共和国民事诉讼法》第154条第1款第11项、最高人民法院《关于适用〈中华人民共和国民事诉讼法〉的解释》第519条第1款之规定，裁定如下：

终结本院（2015）株县法执字第328号案的本次执行程序。

对申请执行人尚未实现的上述债权，应由被执行人继续清偿，并支付迟延履行期间的债务利息。日后，被执行人有履行能力或者其他条件成就的，申请执行人可持原生效判决书（调解书）及本裁定，向该院或其他有管辖权的人民法院重新申请执行。

裁定送达后即发生法律效力。

3. 案例评析

在本案中，申请执行人胡某向一审法院申请强制执行，经向金融机构查询银行存款，向房地产管理部门查询房地产登记，向法人登记机关查询股权，向车管部门查询车辆，向被执行人所在基层组织调查了解被执行人的财产状况或财产线索，包括被执行人的经济收入来源、被执行人到期债权等，发现被执行人确无财产可供执行，裁定终结执行的同时，裁定被执行人有履行能力或者其他条件成就的，申请执行人可持原生效判决书（调解书）及裁定，向一审法院或其他有管辖权的人民法院重新申请执行，即权利人既可以向原审法院申请执行，也可以向被执行的财产所在地人民法院申请执行。

有关法律规定

《中华人民共和国民事诉讼法》（2012年修正）

第二百二十四条　发生法律效力的民事判决、裁定，以及刑事判决、裁定中的财产部分，由第一审人民法院或者与第一审人民法院同级的被执行的财产所在地人民法院执行。

法律规定由人民法院执行的其他法律文书，由被执行人住所地或者被执行的财产所在地人民法院执行。

三、如何对违法的执行行为提出异议

基本理论

执行过程中，执行机构采取的执行措施或程序等难免会出现违反法律规定侵害当事人、利害关系人合法权益的问题，这就有必要在法律上规定相应的执行救济方法和程序。

1. 违法执行行为的认定及影响

(1) 对违法执行行为提出异议的主体。在执行行为违法的情况下可以提出异议的主体非常广泛，既包括当事人，也包括有关的利害关系人。这里的"当事人"既包括申请执行人和被执行人，也包括在执行过程中，被人民法院依法变更、追加为当事人的公民、法人或其他组织。《民事诉讼法》第 225 条中所说的"利害关系人"，是指执行当事人以外，因强制执行而侵害到其法律上权益的公民、法人或其他组织。

(2) 违反法律规定的执行行为。违反法律规定的执行行为，是指法律、司法解释有明确规定，执行人员违反该规定而实施的执行行为。这里的"法律"，主要是指民事诉讼法和有关司法解释，但也不限于此。此外，一般认为，对于没有法律的明确规定，但是违反了强制执行法律的目的和原则，构成了程序上不当的执行行为，相关主体也能提出异议。[①] 根据《民事诉讼法》第 225 条、最高人民法院《关于适用〈中华人民共和国民事诉讼法〉执行程序若干问题的解释》的相关规定，提起执行异议必须在执行程序中，以书面形式向执行法院提出。但例外的情况是，对于终结执行的执行行为，一般认为应允许当事人通过执行异议程序予以救济。另外，可以申请复议的主体不限于提

① 丁亮华:《最新民事执行程序解读与运用》，中国法制出版社 2007 年版，第 22 页。

出异议的当事人、利害关系人,未提出异议的当事人和利害关系人,如果其合法权益因法院作出的裁定受到侵害的,也可以申请复议。

(3)对违法执行行为提出异议对执行程序的影响。执行程序依据生效法律文书进行,其原则是快捷地实现被生效法律文书确定的权利。当事人异议制度的目的在于及时纠正违法和不当的执行行为,维护当事人、利害关系人的合法权益。综合平衡这两种利益,就异议与复议程序对于执行程序的影响,最高人民法院《关于适用〈中华人民共和国民事诉讼法〉执行程序若干问题的解释》规定,执行异议审查和复议期间,不停止执行。被执行人、利害关系人提供充分、有效的担保请求停止相应处分措施的,人民法院可以准许;申请执行人提供充分、有效的担保请求继续执行的,应当继续执行。

2. 在民间借贷司法实务中必须注意的问题

(1)区分程序上的救济与实体上的救济。一般认为,当事人、利害关系人的合法权益因强制执行受到侵害的情形大致有以下两种:一是因执行方法、措施、具体执行程序等违反法律规侵害其程序上的利益;二是因强制执行侵害到被执行人或案外人实体法上的权利。上述两种情形所侵害的权益不同,救济的方法也不一样。第一种情形的救济是一种程序上的救济,即赋予当事人、利害关系人提出异议的权利,请求法院执行机构对违法的执行行为予以更正或撤销。第二种情形的救济是一种实体上的救济,即赋予被执行人或案外人提起诉讼的权利,请求人民法院的审判机构对有关实体争议进行审理,并作出裁判排除强制执行。这里所说的针对违法执行行为所规定的救济方法,属于一种程序上的执行救济。

(2)把握"执行行为"的范围。执行行为纷繁复杂,范围广泛,实践中具体如何把握,直接影响到当事人的合法权益和执行程序的正常进行,应当慎重对待。具体而言,执行行为不仅包括执行法院所采取的执行措施,如查封、扣押、冻结,也包括执行法院在强制执行时应当遵守的程序与作出的某些法律文书,如拍卖中的先期公告程序、强制迁出房屋或者强制退出土地中院长签发公告责令限期被执行人履行的程序、协助执行通知书、执行通知等,还包括其他侵害当事人、利害关系人合法权益的执行行为,如执行法院没有执行依据而实施执行,超过执行依据所确定的债权范围进行执行,违法追加、变更执行当事人,对法律禁止执行的财产予以执行,违法进行搜查,对迟延履行期间的债务利息或迟延履行金计算错误，执行机构直接裁定分割被执行人与外人共有的财产。在上述类似情形下，当事人和利害关系人均可提出异议，以资救济。

有关法律规定

《中华人民共和国民事诉讼法》(2012 年修正)

第二百二十五条　当事人、利害关系人认为执行行为违反法律规定的，可以向负责执行的人民法院提出书面异议。当事人、利害关系人提出书面异议的，人民法院应当自收到书面异议之日起十五日内审查，理由成立的，裁定撤销或者改正；理由不成立的，裁定驳回。当事人、利害关系人对裁定不服的，可以自裁定送达之日起十日内向上一级人民法院申请复议。

四、在执行过程中，申请执行人可以申请变更执行法院吗

基本理论

地方和部门保护主义仍然是造成执行难的重要因素。实践中，许多法院尝试通过提级执行、指定执行、交叉执行等方式排除地方和部门保护主义的干扰，取得了非常好的效果。但是，目前执行实践中的提级执行、指定执行和交叉执行等做法，主要是由上级法院依职权决定，而且由于缺乏明确的法律规定以及各种现实因素的影响，提级、指定或交叉执行的随意性也比较大。实际上，申请执行人对自己的权利最为关心，赋予其申请变更执行法院的权利，并规定相应的条件和处理程序，能够更有效地遏制各种因素对执行的影响，防止和减少消极执行，及时保护当事人的合法权益。

1. 民间借贷执行申请的提起

根据《民事诉讼法》第 226 条的规定，可以申请变更执行法院的主体只能是申请执行人，包括在执行过程中被依法变更、追加为申请执行人的公民、法人或其他组织。对那些有条件执行而执行法院无正当理由拖延执行的案件，通过上级法院督促执行或更换执行法院的方式，排除地方和部门保护主义或

人情、关系等因素的干扰,使案件尽快得到执行。如果案件客观上根本就无法执行,比如被执行人根本就没有可供执行的财产,适用该规定不仅没有实际意义,而且徒增当事人和法院的负担。最高人民法院《关于适用〈中华人民共和国民事诉讼法〉执行程序若干问题的解释》第 11 条对向上一级法院申请执行的事由细化为以下四种:第一,债权人在申请执行时已经向执行法院提供了可供执行的财产,执行法院自收到申请执行书之日起超过 6 个月对该财产未执行完结的。这种情形实际上是对那些在执行程序开始时即有财产可供执行的案件,要求执行法院在 6 个月期限内必须将可供执行的财产执行完结。第二,执行过程中发现了被执行人可供执行财产的,要求执行法院自发现财产之日起 6 个月内对该财产执行结,否则申请执行人即可向上一级人民法院申请执行。第三,行为义务执行比较特殊,一般情况下不需要以可供执行的财产为前提,因此,《民事诉讼法》第 226 条第 3 项的规定,执行法院自收到申请执行书之日起超过 6 个月未依法采取相应执行措施的。此外,执行中的公告期间、鉴定评估期间、管辖争议处理期间、执行争议协调期间、暂缓执行以及中止执行等期间,均与无正当理由的拖延执行无关。因此,相关司法解释明确将上述期间从 6 个月期间中扣除。

2. 民间借贷执行申请的审查处理

更换执行法院属于程序性事项,不涉及实体争议。申请执行人依法向执行法院的上一级人民法院申请执行后,由上一级法院的执行机构具体负责处理。执行机构对申请执行人的申请,经审查,针对不同情况可以作出三种不同的处理:一是责令原人民法院在一定期限内执行;二是决定由本院执行;三是指令本辖区执行法院以外的其他人民法院执行。上述三种处理方式,究竟哪种更为合适,由上一级人民法院根据案件的具体情况确定。为防止上级法院对申请执行人申请的处理过于随意,避免各地法院在该问题上做法不统一,最高人民法院《关于适用〈中华人民共和国民事诉讼法〉执行程序若干问题的解释》对此予以规定。提级执行和指定执行涉及比较重大的程序事项,加之各地法院在实践中也多使用裁定,因此规定上级法院在决定提级执行和指定执行时应当作出裁定。督促执行的目的在于通过指定一个合理的期限,督促执行法院限期执结,不宜使用裁定。考虑到使用通知又过于随意,规定督促执行时应当向执行法院发出督促执行令,以提高督促执行的实效。在上一级人民法院责令执行法院限期执行的情况下，如果执行法院在指定期间内无正当理由仍未执行完结的，足以说明由原法院执行该案有相当大的困难。因此，上述司法解释对督促执行的适用作了一定的限制，即在上一级人民法院责令执行法院限期执行，执行法院在指定期间内无正当理由仍未执行完结的情形下，上一级人民法院应当裁定提级执行或者指定执行，而不能再由原执行法院继续执行。①

有关法律规定

《中华人民共和国民事诉讼法》

第二百二十六条 人民法院自收到申请执行书之日起超过六个月未执行的，申请执行人可以向上一级人民法院申请执行。上一级人民法院经审查，可以责令原人民法院在一定期限内执行，也可以决定由本院执行或者指令其他人民法院执行。

五、在执行过程中，案外人如何对执行标的提出执行异议

基本理论

执行程序强调效率，执行机构在实施执行时遵循所谓形式化原则，在对标的物进行查封、扣押、冻结时，仅根据其外观判断权属，这就难免会出现将案外人的财产作为被执行人财产查封、扣押、冻结以及其他侵害案外人实体权益的情况。2007 年《民事诉讼法》修改时，参照大陆法系国家和地区的立法例，规定了案外人异议之诉制度。对于我国的案外人异议制度具体应如何设计，也存在较大分歧。有的主张案外人对执行标的有异议的，应直接提起诉讼，执行机构不作任何审查；有的主张案外人异议涉及的问题繁简不一，而审判程序又较为复杂，一律通过诉讼解决将会严重影响执行效率，因此，有必要通过执行机构的审查解决一部分问题；还有的主张应在区分不同异议请求的基础上规定不同的处理途径等。考虑到当事人、利害关系人权利救济与执

① 参见江必新主编：《执行规范理解与适用》，中国法制出版社 2015 年版，第 116 页。

行程序本身的效率和效益的平衡,《民事诉讼法》第227条大致采纳了上述第二种观点的思路,即案外人对执行标的提出异议的,先由执行法院进行初步审查并作出相应的处理;案外人、当事人对执行法院初步审查作出的裁定不服的,可以再区分不同情况通过审判监督程序或提起诉讼寻求救济。

1. 民间借贷案外人异议的提出及初步审查

(1)提出案外人异议的主体须为案外人

这里的"案外人",是指执行当事人以外,对执行标的主张权利,认为法院对某一项或几项财产的执行侵害其实体法上权利的公民、法人和其他组织。执行过程中,如果原来的案外人被依法变更或追加为执行当事人的,即不得再作为案外人提出异议。

(2)案外人异议的事由

根据最高人民法院《关于适用〈中华人民共和国民事诉讼法〉执行程序若干问题的解释》第15条的规定,案外人异议的事由是对执行标的主张所有权或者其他足以阻止执行标的转让、交付的实体权利。对此,应注意案外人异议与《民事诉讼法》第225条执行异议的区别,前者是一种基于对执行标的主张实体权利提出的异议,后者主要是对执行行为本身违反程序性规定提出的异议。此外,案外人所主张的实体权利必须是依法足以阻止该标的转让与交付的实体权利,而非所有的实体权利。此种实体权利一般以所有权为典型,但是也包括用益物权、特定的债权,如租赁权。承租人(案外人)基于对执行标的的租赁权不能提出案外人异议,但如果法院在拍卖后强制承租人将标的物交付买受人,从而影响承租人对执行标的物依法占有、使用的,承租人可针对强制交付提出案外人异议,以排除法院的交付行为。

(3)案外人异议提出的时间

根据《民事诉讼法》第227条的规定,案外人异议应当在执行过程中提出。一般情况下,"执行过程中"应当是指执行开始后至执行完毕的时间范围。但是有人认为,在交付特定财产的执行中,应当允许案外人于法律文书生效后执行程序开始前预先提出异议,以及时阻止法律文书指定交付的特定财产的执行。还有人提出,根据《最高人民法院关于人民法院民事执行中查封、扣押、冻结财产的规定》第3条的规定,作为执行依据的法律文书生效后至申请执行前,债权人可以向有执行管辖权的人民法院申请保全债务人的财产。如果法院据此在执行程序开始前即对债务人的财产采取了查封、扣押、冻结措施,也应当允许对该标的物享有实体权利的人提出案外人异议,以及时获得救济。因案外人异议的目的在于阻止特定财产的执行,因此,这里的执行完毕应理解为对特定标的物执行的具体程序完结。但实践中对此存在争议,为了统一适用标准,2015 年最高人民法院《关于适用〈中华人民共和国民事诉讼法〉的解释》增加第 464 条,规定:"根据民事诉讼法第二百二十七条规定,案外人对执行标的提出异议的,应当在该执行标的执行程序终结前提出。"

(4)对案外人异议的处理

《民事诉讼法》第 227 条及相关司法解释要求案外人异议必须采取书面形式,向执行法院提出。执行法院应当自收到书面异议之日起 15 日内审查,并应当区分不同情况作出相应处理:一是异议理由成立的,裁定中止对该标的的执行。首先,处理执行异议的法律文书适用裁定的形式。其次,由于案外人异议涉及实体权利的判断,从性质上讲最终应通过诉讼程序解决。如上所述,执行程序中审查只是初步的,目的在于分流一部分比较简单的异议事由,以避免执行的过度拖延,同时减轻审判的压力。所以其处理的结果为中止执行。最后,案外人异议针对的是特定的标的物,所以中止的只是对于该标的物的执行,而不是整个的执行程序。二是异议理由不成立的,裁定驳回。

2. 民间借贷案外人异议之诉

执行法院对案外人异议初步处理的目的在于通过相对简易的程序先行解决一部分异议事项,相关权利人对于处理结果不服可以通过诉讼途径救济。当执行法院裁定驳回案外人异议时,案外人的主要救济途径为案外人异议之诉。如果案外人主张的权利与作为执行依据的生效判决确定的事实相冲突,就涉及了执行依据本身是否存在错误的问题,此时,案外人并不能提起一个新的诉讼,而是应该按照审判监督程序办理。这在实践中主要是指执行标的为生效裁判所指定交付的特定物的情形。

案外人异议之诉的程序问题,需要注意如下几点:第一,案外人对裁定不服,与原判决、裁定无关的,可以自裁定送达之日起 15 日内向人民法院提起诉讼。这里规定的 15 日起诉期限属于法定的不变期间,不能任意改变。但根据民事诉讼法的相关规定,因不可抗拒的事由或者其他正当理由耽误期限的,在障碍消除后的10日内,可以申请顺延期限,是否准许,由人民法院决定。第二,案外人异议之诉的目的在于排除对异议标的的执行,而执行的目的是实现申请执行人的债权,因此,案外人异议之诉应当以申请执行人为被告;如果被执行人也反对案外人的请求,否认其有排除强制执行的权利的,应当以被执行人为共同被告,以通过该诉讼一揽子解决纠纷。第三,基于便利与效率原则,参考大陆法系立法例,司法解释规定了由执行法院管辖案外人异议之诉的案件。同时为了保证当事人完整地通过诉讼解决实体纠纷的权利,规定了依照通常诉讼程序审理,并作出相应的裁判。

3. 民间借贷许可执行之诉

与案外人提起诉讼的目的相反,申请执行人提起诉讼旨在恢复对异议标的的执行,因此可将该诉讼称为"许可执行之诉"。许可执行之诉也是执行程序中派生出来的一种特殊类型的诉讼。该诉讼主要是解决申请执行人与案外人之间关于执行标的能否执行的争议,所以相关司法解释规定,许可执行之诉以案外人为被告。如果被执行人也否认申请执行人请求的,应当以被执行人为共同被告,以使相关争议一并解决。关于许可执行之诉的管辖法院及审理和判决,可以参照案外人异议的规定进行。[①]

典型案例

法院的中止裁定直接影响到债权人的利益,债权人有权提起许可执行之诉,请求许可对被执行标的物的执行

——邱某某申请执行郭某某、蔡某某民间借贷案[②]

1. 案情简介

上诉人(一审原告):邱某某。

被上诉人(一审被告):郭某某。

被上诉人(一审被告):蔡某某。

① 参见江必新主编:《执行规范理解与适用》,中国法制出版社2015年版,第121页。

② 参见最高人民法院立案一、二庭主编:《立案工作指导》2011年第1辑(总第28辑)。

邱某某因与蔡某某民间借贷纠纷一案，经一审法院（2010）海民初字第187号民事判决，判令蔡某某应于判决生效之日起10日内偿还邱某某借款22万元。判决生效后，一审法院依邱某某的申请，于2010年4月3日作出（2010）海执行字第294号民事裁定：依法查封了被执行人蔡某某名下坐落于龙海市角美镇天翔世家×号楼×室的房产。

强制执行过程中，案外人郭某某向一审法院提出书面异议，主张其于2009年1月5日与被执行人蔡某某签订房屋买卖协议书，购买了该处房产，请求一审法院依法停止对该房产的强制执行，并解除对该房产的查封。一审法院受理后，经过听证程序等，认为案外异议人郭某某与被执行人蔡某某的房屋买卖协议签订在前，而邱某某与蔡某某民间借贷案件的执行案所依据的法律文书生效日期在后，且房屋买卖协议签订后案外异议人积极履行付款义务并实际控制该房产，目前无证据表明可能存在被执行人与案外人恶意串通逃避债务的情形。至于案外异议人郭某某与被执行人蔡某某的签订房屋买卖协议书是否违反法律的禁止性规定，买卖协议是否有效，不属本案审查范围，应由利害关系人在之后的诉讼中加以解决。考虑到在房屋所有权归属存在争议的情况下，如果继续对案涉房产强制执行，可能造成无法回转的损失，为保护当事人的合法权益并综合考虑案件的实际情况，裁定中止对该案涉房产的强制执行较为妥当。各方当事人如有异议，可在裁定送达之日起十五日内向一审法院另行提起诉讼，逾期未提起诉讼，法院将依法解除对该案涉房产的查封。一审法院依照《民事诉讼法》第140条第1款第11项、第204条的规定，作出（2010）海执外异3号裁定：“中止对（2010）海执行第294号执行案中本院裁定查封的案涉标的物（即被执行人蔡某某名下坐落于龙海市角美镇天翔世家×号楼×室房产）的强制执行。”该裁定于2010年8月3日送达申请执行人邱某某。

邱某某不服上述裁定，于2010年8月17日向执行法院一审法院提起诉讼。原告邱某某诉称：（1）郭某某在明知讼争房屋未取得产权证的情况下，故意与蔡某某签订《房产买卖协议书》，违反了法律的强制性规定，属于无效合同，郭某某对此存在明显过错。（2）郭某某与蔡某某签订《房产买卖协议书》交易不符合常理。2007年蔡某某购房时的价款为507,053元，蔡某某支付了首付款157,053元，余款35万元向银行按揭贷款。而2009

年，蔡某某与郭某某签订《房产买卖协议书》时，蔡某某仅收取郭某某 4 万元首付款，剩余的银行按揭贷款由郭某某清偿。蔡某某以超低价方式将讼争房屋转让给郭某某，严重损害了第三人合法权益。(3)郭某某尚未支付全部购房款。原告邱某某请求法院：许可对位于龙海市角美镇天翔世家×幢×室房产的执行。

被告郭某某、蔡某某未提出答辩意见。

一审法院经审理认为，《民事诉讼法》第 108 条规定："起诉必须符合下列条件：(一)原告是与本案有直接利害关系的公民、法人和其他组织；(二)有明确的被告；(三)有具体的诉讼请求和事实、理由；(四)属于人民法院受理民事诉讼的范围和受诉人民法院管辖。"邱某某因不服一审法院作出的(2010)海执外异 3 号执行裁定书，诉请许可对位于龙海市角美镇天翔世家×号楼×室房产的执行，不属于人民法院受理民事诉讼的范围。依照《民事诉讼法》第 108 条第 4 项之规定，裁决：驳回原告邱某某的起诉。

一审宣判后，原告邱某某不服提起上诉称：(1)法律明确规定本案的情形属于人民法院民事诉讼的受理范围。《民事诉讼法》第 204 条规定"执行过程中，案外人对执行标的提出书面异议的，人民法院应当自收到书面异议之日起十五日内审查，理由成立的，裁定中止对该标的的执行；理由不成立的，裁定驳回。案外人、当事人对裁定不服，认为原判决、裁定错误的，依照审判监督程序办理；与原判决、裁定无关的，可以自裁定送达之日起十五日内向人民法院提起诉讼。"可见，邱某某对该执行裁定书不服，依法享有诉权，人民法院应当依法受理本案。(2)邱某某依法列明了被告，提出了诉讼请求，且本案属于原审法院管辖，原审法院应当依法审理。根据最高人民法院《关于适用〈中华人民共和国民事诉讼法〉执行程序若干问题的解释》(法释〔2008〕13 号)第 21 条的规定："申请执行人依照民事诉讼法第二百零四条规定提起诉讼，请求对执行标的许可执行的，应当以案外人为被告；被执行人反对申请执行人请求的，应当以案外人和被执行人为共同被告。"第 22 条的规定："申请执行人依照民事诉讼法第二百零四条规定提起诉讼的，由执行法院管辖。"可见，邱某某依法行使法律赋予的起诉权利，原审法院应依法受理并进行审理，请求二审法院撤销原审裁定，指令原审法院对本案进行审理。

被上诉人郭某某答辩称:邱某某的上诉理由是对相关法律的理解错误,上诉理由不能成立,依法应予驳回。根据《民事诉讼法》第204条的规定,案外人、当事人对执行异议裁定不服的可起诉范围,应是与原判决、裁定本身无关的事项。但在本案中原审法院(2010)海执外异3号执行裁定书裁定:“中止对(2010)海执行第294号执行案中本院查封的案涉标的物(即被执行人蔡某某名下座落于龙海市角美镇天翔世家×号楼×室房产)的强制执行。本裁定送达后立即生效。”本案邱某某在原审起诉的请求事项是“请求许可对位于龙海市角美镇天翔世家×幢×室房产的执行”。邱某某的起诉请求实际上是要求撤销已生效的(2010)海执外异3号执行裁定书,其不服裁定应属认为裁定本身错误,依据《民事诉讼法》第204条规定,应属按照审判监督程序处理的情形,其诉求不属于“与原判决、裁定无关的”可起诉事项。请求驳回上诉,维持原裁定。

被上诉人蔡某某未提出答辩意见。

2. 法院裁判及观点

一审法院经审理认为,《民事诉讼法》第204条规定:“……与原判决、裁定无关的,可以自裁定送达之日起十五日内向人民法院提起诉讼”,该条文之所以赋予当事人提起诉讼的权利,主要目的在于为当事人提供相应的救济途径,使其可以在法院裁定对执行标的物中止执行的情形下,通过诉讼的方式请求法院从实体上作出判决,许可对该标的物的强制执行。因此,本案应由审判庭依照通常诉讼程序进行审理,并作出相应的裁判。一审法院以邱某某的诉求不属于人民法院受理民事诉讼的范围为由,裁定驳回起诉,是错误的,裁定撤销一审裁定,指令一审法院进行审理。

3. 案例评析

在本案中,一审法院依法查封了被执行人蔡某某名下坐落于龙海市角美镇天翔世家×号楼×室的房产。强制执行过程中,案外人郭某某向一审法院提出书面异议,主张其与被执行人蔡某某签订房屋买卖协议书,购买了该处房产,请求法院依法停止对该房产的强制执行,并解除对该房产的查封。一审法院对案外人郭某某的书面异议进行了审查后,认为异议成立,裁定中止执行。申请执行人邱某某为了解决对执行标的的实体争议,向一审法院提起了许可执行之诉,请求恢复执行。民间借贷纠纷中,法院根据债权人的申请执行了债务人的财产，但因第三人提出异议，法院中止了执行。因执行中止直接导致债权人的利益无法弥补，故其有权另行提起许可执行之诉，而不按审判监督程序申请再审。

债权人因与债务人发生民间借贷纠纷而诉至法院，法院经审查后判令债务人承担还款责任，并查封了债务人名下的房产。第三人对执行被查封房产提出异议，主张其已经在法院查封该房产前买受了该房产，请求停止执行并解除查封。经审查后，法院裁定中止对被查封房产的执行。因法院的中止裁定将直接影响到债权人的利益，故债权人在具备提起许可执行之诉的前提要件、时间要件、请求要件、管辖要件等情况下，享有诉权，有权依法提起许可执行之诉，请求许可对被执行房产的执行。

有关法律规定

《中华人民共和国民事诉讼法》(2012年修正)

第二百二十七条　执行过程中，案外人对执行标的提出书面异议的，人民法院应当自收到书面异议之日起十五日内审查，理由成立的，裁定中止对该标的的执行；理由不成立的，裁定驳回。案外人、当事人对裁定不服的，认为原判决、裁定错误的，依照审判监督程序办理；与原判决、裁定无关的，可以自裁定送达之日起十五日向人民法院提起诉讼。

最高人民法院《关于适用〈中华人民共和国民事诉讼法〉的解释》(法释〔2015〕5号)

第三百零四条　根据民事诉讼法第二百二十七条规定，案外人、当事人对执行异议裁定不服，自裁定送达之日起十五日内向人民法院提起执行异议之诉的，由执行法院管辖。

第三百零五条　案外人提起执行异议之诉，除符合民事诉讼法第一百一十九条规定外，还应当具备下列条件：

(一)案外人的执行异议申请已经被人民法院裁定驳回；

(二)有明确的排除对执行标的执行的诉讼请求，且诉讼请求与原判决、裁定无关；

(三)自执行异议裁定送达之日起十五日内提起。

人民法院应当在收到起诉状之日起十五日内决定是否立案。

第三百零六条　申请执行人提起执行异议之诉，除符合民事诉讼法第一百一十九条规定外，还应当具备下列条件：

（一）依案外人执行异议申请，人民法院裁定中止执行；

（二）有明确地对执行标的继续执行的诉讼请求，且诉讼请求与原判决、裁定无关；

（三）自执行异议裁定送达之日起十五日内提起。

人民法院应当在收到起诉状之日起十五日内决定是否立案。

第三百零七条　案外人提起执行异议之诉的，以申请执行人为被告。被执行人反对案外人异议的，被执行人为共同被告；被执行人不反对案外人异议的，可以列被执行人为第三人。

第三百零八条　申请执行人提起执行异议之诉的，以案外人为被告。被执行人反对申请执行人主张的，以案外人和被执行人为共同被告；被执行人不反对申请执行人主张的，可以列被执行人为第三人。

第三百零九条　申请执行人对中止执行裁定未提起执行异议之诉，被执行人提起执行异议之诉的，人民法院告知其另行起诉。

第三百一十条　人民法院审理执行异议之诉案件，适用普通程序。

第三百一十一条　案外人或者申请执行人提起执行异议之诉的，案外人应当就其对执行标的享有足以排除强制执行的民事权益承担举证证明责任。

第三百一十二条　对案外人提起的执行异议之诉，人民法院经审理，按照下列情形分别处理：

（一）案外人就执行标的享有足以排除强制执行的民事权益的，判决不得执行该执行标的；

（二）案外人就执行标的不享有足以排除强制执行的民事权益的，判决驳回诉讼请求。

案外人同时提出确认其权利的诉讼请求的，人民法院可以在判决中一并作出裁判。

第三百一十三条　对申请执行人提起的执行异议之诉，人民法院经审理，按照下列情形分别处理：

（一）案外人就执行标的不享有足以排除强制执行的民事权益的，判决准许执行该执行标的；

（二）案外人就执行标的享有足以排除强制执行的民事权益的，判决驳回诉讼请求。

第三百一十四条　对案外人执行异议之诉，人民法院判决不得对执行标的执行的，执行异议裁定失效。

对申请执行人执行异议之诉，人民法院判决准许对该执行标的执行的，执行异议裁定失效，执行法院可以根据申请执行人的申请或者依职权恢复执行。

第三百一十五条　案外人执行异议之诉审理期间，人民法院不得对执行标的进行处分。申请执行人请求人民法院继续执行并提供相应担保的，人民法院可以准许。

被执行人与案外人恶意串通，通过执行异议、执行异议之诉妨害执行的，人民法院应当依照民事诉讼法第一百一十三条规定处理。申请执行人因此受到损害的，可以提起诉讼要求被执行人、案外人赔偿。

第三百一十六条　人民法院对执行标的裁定中止执行后，申请执行人在法律规定的期间内未提起执行异议之诉的，人民法院应当自起诉期限届满之日起七日内解除对该执行标的采取的执行措施。

第四百二十三条　根据民事诉讼法第二百二十七条规定，案外人对驳回其执行异议的裁定不服，认为原判决、裁定、调解书内容错误损害其民事权益的，可以自执行异议裁定送达之日起六个月内，向作出原判决、裁定、调解书的人民法院申请再审。

第四百二十四条　根据民事诉讼法第二百二十七条规定，人民法院裁定再审后，案外人属于必要的共同诉讼当事人的，依照本解释第四百二十二条第二款规定处理。

案外人不是必要的共同诉讼当事人的，人民法院仅审理原判决、裁定、调解书对其民事权益造成损害的内容。经审理，再审请求成立的，撤销或者改变原判决、裁定、调解书；再审请求不成立的，维持原判决、裁定、调解书。

第四百六十四条　根据民事诉讼法第二百二十七条规定，案外人对执行标的提出异议的，应当在该执行标的执行程序终结前提出。

第四百六十五条　案外人对执行标的提出的异议，经审查，按照下列情形分别处理：

（一）案外人对执行标的不享有足以排除强制执行的权益的，裁定驳回其异议；

（二）案外人对执行标的享有足以排除强制执行的权益的，裁定中止执行。

驳回案外人执行异议裁定送达案外人之日起十五日内,人民法院不得对执行标的进行处分。

六、被执行人名下只有一套房产,没有其他财产的,就无法强制执行吗

基本理论

《最高人民法院关于人民法院民事执行中查封、扣押、冻结财产的规定》第6条规定:“对被执行人及其所扶养家属生活所必需的居住房屋,人民法院可以查封,但不得拍卖、变卖或者抵债。”该规定是从当前我国的住房障体系尚不健全,无法为唯一房屋被执行后的债务人及其所扶养的家属提供基本居住条件的现状出发,为保障债务人的基本居住问题,促进社会和谐稳定而制定。但由于未对何为“必需的居住房屋”作出明确规定,致使实践中执行法官具有的自由裁量权,除了一些别墅、豪宅容易界定外,对其他普通房屋,执行时随性较大,而被执行人也常以唯一住房,法院不能拍卖变卖为由来抗拒法院的执行,债权人对此反应强烈,这造成申请人、被执行人和法院三方之间的关系紧张的局面。

如果执行标的是被执行人本人及其所扶养家属维持生活必需的居住房屋,可以豁免执行,但是并非被执行人名下只要仅有一套房屋,就一律停止执行。按照《最高人民法院关于人民法院民事执行中查封、扣押、冻结财产的规定》第7条规定:“对于超过被执行人及其所扶养家属生活所必需的房屋和生活用品,人民法院根据申请执行人的申请,在保障被执行人及其所扶养家属最低生活标准所必需的居住房屋和普通生活必需品后,可予以执行。”

2015年5月5日,《最高人民法院关于人民法院办理执行异议和复议案件若干问题的规定》第20条在总结司法实务经验的基础上,明确规定具有三种情形之一,即使被执行人名下只要仅有一套房屋,也可以强制执行,保障申请执行人的合法权益。具有下列情形之一,被执行人名下只有一套房产,没有其他财产的,也可以强制执行:

1. 对执行人有扶养义务的人名下有其他能够维持生活必需的居住房

屋的；

2. 执行依据生效后，被执行人为逃避债务转让其名下其他房屋的；

3. 申请执行人按照当地廉租住房保障面积标准为被执行人及所扶养家属提供居住房屋，或者同意参照当地房屋租赁市场平均租金标准从该房屋的变价款中扣除五到八年租金的。

典型案例

被执行人没有其他可供执行的财产，且其名下只有一套房产，如果不满足“必需房屋”的条件，也是可以强制执行以清偿债务

——吴某某诉兰某某、吴某某民间借贷案①

1. 案情简介

原告（申请执行人）：吴某某。

被告（被执行人）：兰某某、吴某某。

申请执行人吴某某与被执行人兰某某、吴某某民间借贷纠纷一案，一审法院（以下简称柘荣法院）于 2012 年 10 月 8 日作出（2012）柘民初字第号民事判决书，确定兰某某、吴某某应在判决生效之日起三十日内偿还原告吴某某借款本金 300，000 元及利息（从 2012 年 3 月 10 日起至本判决确定的履行之日止，按月 2% 计算）。

一审法院在审理中查封了兰某某、吴某某在宁德市万安东路 2 号（金港名都 B 区）15 号楼某室的房产。因兰某某、吴某某未按判决指定的期间向吴某某履行给付金钱义务，吴某某于 2012 年 12 月 10 日向柘荣法院申请强制执行，柘荣法院于 2012 年 12 月 10 日立案执行，执行标的为 300，000 元本金及利息。2012 年 12 月 10 日，一审法院向被执行人兰某某、吴某某邮寄送达执行通知书及财产报告令等相关文书，同日向柘荣县国土局、房管局、交警大队和银行等部门查询被执行人兰某某、吴某某的财产情况，经查询被执行人除其自身居住的宁德市万安东路 2 号（金港名都 B 区）15 号楼某室的房产外

① 福建省宁德市柘荣县人民法院（2012）柘执行字第 90 －1 号执行裁定书。

并无其他财产可供执行。

2. 法院裁判及观点

2012年12月12日，一审法院经调查查明两被执行人在宁德的房产面积为95平方米，两被执行人系夫妻，一家四口实际居住于该房屋内。2012年12月14日，一审法院依法组成合议庭对两被执行人在宁德的房产是否采取拍卖变卖措施进行评议。合议庭评议认为该房屋是被执行人及其所扶养家属生活所必需的居住房屋，法院可以查封，但不得拍卖、变卖或者抵债。

2012年12月14日，一审法院在申请执行人书面同意终结本次执行程序的情况下，以两被执行人虽有房产但不适宜强制执行且确无其他财产可供执行为由裁定终结本次执行程序并依法予以结案。

3. 案例评析

在本案执行过程中，对于两被执行人在宁德的唯一住房是否可以拍卖出现了两种不同意见：第一种意见认为，根据《最高人民法院关于人民法院民事执行中查封、扣押、冻结财产的规定》第6条的规定，对被执行人及其所扶养家属生活所必需的居住房屋，人民法院可以查封，但不得拍卖、变卖或者抵债。本案中，经法院调查两被执行人除其在宁德自身居住的房产外未发现其他房产，该房产系其唯一住房，因此对于该房产目前暂不适宜拍卖。第二种意见认为，本案中，经法院调查两被执行人除宁德的房产外暂无发现其他财产，该房产确系其唯一住房，但《最高人民法院关于人民法院民事执行中查封、扣押、冻结财产的规定》第6条规定的是被执行人生活所"必需"的房屋只能查封，不能拍卖变卖，并未规定被执行人的唯一住房不能拍卖变卖，唯一住房是否可以拍卖变卖的关键应该是看是否是生活所必需的房屋，如果不是生活所必需，则即使是唯一住房也可以拍卖、变卖。因此，本案中两被执行人的房产是否可以拍卖变卖应该视情况而定，而不能一味地认为唯一住房就不能拍卖变卖。①

综上所述，一审法院在申请执行人书面同意终结本次执行程序的情况

① 参见国家法官学院案例开发研究中心编：《中国法院2014年度案例》，中国法制出版社2014年版，第219页。

下，以两被执行人虽有房产但不适宜强制执行且确无其他财产可供执行为由裁定终结本次执行程序并依法予以结案，这个结论从法理上讲没有错，但是，根据最新司法解释，即《最高人民法院关于人民法院办理执行异议和复议案件若干问题的规定》第20条第1款第3项的规定，申请执行人的合法权益可以得到更有效的维护，即申请执行人按照当地廉租住房保障面积标准为被执行人及所扶养家属提供居住房屋，或者同意参照当地房屋租赁市场平均租金标准从该房屋的变价款中扣除五到八年租金，进而拍卖唯一房屋，以损失小部分利益的方式，最终实现绝大部分的利益。

有关法律规定

《最高人民法院关于人民法院民事执行中查封、扣押、冻结财产的规定》（法释〔2004〕15号）

第六条　对被执行人及其所扶养家属生活所必需的居住房屋，人民法院可以查封，但不得拍卖、变卖或者抵债。

第七条　对于超过被执行人及其所扶养家属生活所必需的房屋和生活用品，人民法院根据申请执行人的申请，在保障被执行人及其所扶养家属最低生活标准所必需的居住房屋和普通生活必需品后，可予以执行。

《最高人民法院关于人民法院办理执行异议和复议案件若干问题的规定》（法释〔2015〕10号）

第二十条　金钱债权执行中，符合下列情形之一，被执行人以执行标的系本人及所扶养家属维持生活必需的居住房屋为由提出异议的，人民法院不予支持：

（一）对执行人有扶养义务的人名下有其他能够维持生活必需的居住房屋的；

（二）执行依据生效后，被执行人为逃避债务转让其名下其他房屋的；

（三）申请执行人按照当地廉租住房保障面积标准为被执行人及所扶养家属提供居住房屋，或者同意参照当地房屋租赁市场平均租金标准从该房屋的变价款中扣除五到八年租金的。

执行依据确定被执行人交付居住的房屋，自执行通知送达之日起，已经给予三个月的宽限期，被执行人以该房屋系本人及所扶养家属维持生活的必需品为由提出异议的，人民法院不予支持。

《最高人民法院关于人民法院执行设定抵押的房屋的规定》(法释〔2005〕14号)

第四条　申请执行人提供的临时住房,其房屋品质、地段可以不同于被执行人原住房,面积参照建设部、财政部、民政部、国土资源部和国家税务总局联合发布的《城镇最低收入家属廉租住房管理办法》所规定的人均廉租住房面积标准确定。

七、被执行人拒不自动履行生效法律文书的,法院是否有权向其送达限制高消费令

基本理论

限制高消费令是指在执行过程中,借款人未按执行通知书指定的期间履行生效法律文书确定的给付义务的,人民法院对送达限制高消费令,限制其乘坐飞机、入住高档酒店等非必需的高消费行为,促使借款人自愿履行还款义务,维护贷款人合法权益的一种辅助执行手段,在司法实践中实现了良好的社会效果。依据《最高人民法院关于限制被执行人高消费的若干规定》的规定,被执行人未按执行通知书指定的期间履行生效法律文书确定的给付义务的,人民法院可以限制其高消费。限制的高消费活动包括乘坐交通工具时,选择飞机、列车软卧、轮船二等以上舱位;在星级以上宾馆、酒店、夜总会、高尔夫球场等场所进行高消费等其他非生活和工作必需的高消费行为。

根据《最高人民法院关于限制被执行人高消费的若干规定》的规定,限制高消费令的条件主要有以下几个:

1. 一般由申请执行人提出书面申请,经人民法院审查决定;必要时人民法院可以依职权决定。

2. 人民法院已经下发执行通知书,指定了履行期间。

3. 执行标的必须是给付义务。

4. 被执行人没有在指定履行期间履行给付义务。

5. 被执行人有履行能力而拒绝履行。

典型案例

被执行人有履行能力而拒绝履行给付义务，符合限制高消费条件，人民法院可以限制其高消费

——魏某某申请执行张某甲、张某乙、李某某民间借贷纠纷案①

1. 基本简介

申请执行人：魏某某。

被申请执行人：张某甲。

被申请执行人：张某乙。

被申请执行人：李某某。

魏某某与张某甲为邻居。2011 年张某甲因生意筹集资金向魏某某借款人民币 4100 万元整，期限为一年。李某某作为张某甲的朋友自愿对债务承担连带保证责任，张某甲的儿子张某乙自愿以其名下的房产为借款提供抵押担保。同年 12 月 8 日，魏某某与张某甲、张某乙、李某某签订了《借款合同》，并在北京市中信公证处对该合同办理了具有强制执行效力的债权文书公证。还款期限届满后，张某甲未能偿还借款本金。魏某某于 2013 年 9 月 18 日向北京市中信公证处申请了《执行证书》，该证书确认张某甲应偿还魏某某借款本金 4100 万元及相应的借款利息、违约金，李某某对该借款承担连带保证责任，张某乙对该借款承担抵押担保责任。

2013 年 9 月 27 日，魏某某向一审法院申请强制执行。执行法官收案后，即联系被执行人督促其主动履行还款义务，但被执行人拒不履行义务。随后，执行法官依法查封了三名被执行人名下的四套房产与三辆汽车。2013 年 12 月 30 日，执行法官再次电话联系张某甲督促其履行时，其不但无任何主动履行意愿，且态度蛮横，并对执行法官言语威胁。

2014 年 1 月 9 日，执行法官等 6 名执行干警与多家媒体一起赶到被执行人张某甲之子张某乙位于北京市朝阳区 900 多平方米的房屋进行强制执行。

① 参见《人民法院报》2014 年 5 月 1 日第 3 版之“五起典型案例”。

执行现场共有被执行人所雇用保姆、司机、厨师及房客四人，在执行法官出示证件后，上述人员仍有阻碍执行公务的行为。执行法官在控制住现场秩序后，依法在房屋门口张贴拍卖公告，并向被执行人张某甲送达传票和限制高消费令，对其乘坐飞机、入住高档酒店等高消费行为依法予以限制。执行过程中，执行法官还当场扣押被执行人所有的宾利车钥匙一把。

次日，张某甲便主动向执行法官打电话，承认错误并表示积极履行还款义务。2014 年 1 月 22 日，魏某某到法院递交了执行和解协议，本案顺利执结。

2. 案例评析

本案属于典型的被执行人有能力履行而拒不履行法律义务的案件。本案三名被执行人生活富足，名下有数套房产，住着价值近 6000 万元的豪宅，拥有宾利、宝马等多辆名车，却欠债不还。在法院立案执行后，被执行人张某甲仍然态度强硬，拒绝履行，甚至对执行法官言语威胁，抗拒执行。

本案借款人向贷款人借款，保证人自愿对该笔借款承担连带保证责任，抵押人亦自愿以其名下的房产为上述借款提供抵押担保，各方在签订合同后在公证处办理了具有强制执行效力的债权文书公证。在上述借款到期后，借款人、保证人、抵押人均有还款义务。在债权人主张债权后，上述人员均拒绝履行偿还欠款义务，债权人即向公证处申请了执行证书，贷款人、保证人、抵押人有能力履行执行证书的还款义务，却拒不履行。此时，人民法院向被执行人发出限制高消费令，禁止被执行人乘坐飞机、列车软卧，限制其贷款或办理信用卡，不得担任企业法定代表人、董事、监事、高级管理人员等，在社会征信系统内对其进行信用惩戒，形成了一处失信处处受制、最大限度地压缩其生存空间的执行威慑效应。正是在遭受信用惩戒之后，被执行人才主动与申请执行人取得联系并达成执行和解协议。

有关法律规定

《最高人民法院关于限制被执行人高消费的若干规定》（法释〔2010〕8 号）

第一条　被执行人未按执行通知书指定的期间履行生效法律文书确定的给付义务的，人民法院可以限制其高消费。

第二条　人民法院决定采取限制高消费措施时,应当考虑被执行人是否有消极履行、规避执行或者抗拒执行的行为以及被执行人的履行能力等因素。

第三条　被执行人为自然人的,被限制高消费后,不得有以下以其财产支付费用的行为:

(一)乘坐交通工具时,选择飞机、列车软卧、轮船二等以上舱位;

(二)在星级以上宾馆、酒店、夜总会、高尔夫球场等场所进行高消费;

(三)购买不动产或者新建、扩建、高档装修房屋;

(四)租赁高档写字楼、宾馆、公寓等场所办公;

(五)购买非经营必需车辆;

(六)旅游、度假;

(七)子女就读高收费私立学校;

(八)支付高额保费购买保险理财产品;

(九)其他非生活和工作必需的高消费行为。

被执行人为单位的,被限制高消费后,禁止被执行人及其法定代表人、主要负责人、影响债务履行的直接责任人员以单位财产实施本条第一款规定的行为。

八、被执行人能履行而拒不履行生效判决的,可否将其纳入失信名单

基本理论

因生效判决确定的义务人有能力履行生效判决确定的给付义务而拒不履行,执行法院依申请向被申请执行人送达执行通知书和财产报告令,但被申请执行人仍拒绝履行且拒绝申报财产。此时,执行法院应将被申请执行人的信息纳人失信被执行人员名单,并将其失信信息向相关单位通报,使被申请执行人在申请贷款等方面受到限制,迫使被申请执行人因受到信用惩戒的威慑,主动提出履行生效判决确定的给付义务,与申请执行人达成和解协议,使申请执行人的合法利益得到保障。根据《最高人民法院关于公布失信被执行人名单信息的若干规定》的规定,被执行人具有履行能力而不履行生效法律文书确定的义务,违反财产报告制度或存在其他有履行能力而拒不履行生效法律文书确定义务情形的,人民法院应当将其纳入失信被执行人名单,依法对其进行信用惩戒。据此,被法院判决支付钱款的义务人,有能力履行而拒不履行给付义务,权利人

向法院申请强制执行的，法院应将其纳入失信被执行人名单。在被执行人被纳入失信被执行人名单后，有关其失信的信息将被整合至被执行人的信用档案中，再以信用报告的形式提供给各金融机构等单位。此后，若失信被执行人在金融机构等单位办理贷款等相关业务时，金融机构等单位将在审查时结合该失信被执行人的失信情况予以衡量考虑，限制该被执行人的贷款申请。因此，将不履行生效法律文书确定义务的被执行人纳入失信被执行人名单，对其实施信用惩戒，将会产生迫使其履行生效判决确定的义务的法律后果。① 被执行人具有履行能力而不履行生效法律文书确定的义务，并具有下列情形之一，人民法院应当将其纳入失信被执行人名单，依法对其进行信用惩戒：

1. 以伪造证据、暴力、威胁等方法妨碍、抗拒执行的；
2. 以虚假诉讼、虚假仲裁或者以隐匿、转移财产等方法规避执行的；
3. 违反财产报告制度的；
4. 违反限制高消费令的；
5. 被执行人无正当理由拒不履行执行和解协议的；
6. 其他有履行能力而拒不履行生效法律文书确定义务的。

典型案例

被执行人有履行能力而拒不履行生效法律文书确定义务的，人民法院可以将其纳入失信被执行人名单，依法对其进行信用惩戒

——侯某与郑某、安阳市某医院民间借贷纠纷案②

1. 基本简介

申请执行人：侯某。

被申请执行人：安阳市某医院。

被申请执行人：郑某。

侯某与郑某、安阳市某医院民间借贷纠纷一案，一审法院判决安阳市某

① 参见王福友主编：《民间借贷纠纷裁判规则与适用标准》，法律出版社 2015 年版，第 352 页。

② http://www.fae.cn/kx945.html，2015 年 9 月 10 日访问。

医院于判决生效后10日内偿还侯某借款360万元及违约金,郑某对判决承担连带清偿责任。

判决生效后,安阳市某医院及郑某没有按照判决内容履行法律义务,侯某向一审法院申请强制执行。执行法院向二被执行人送达了执行通知书和财产报告令,限其3日内自动履行义务,但郑某和安阳市某医院均未按执行通知书履行义务,也未向执行法院申报财产。经执行法院调查,被执行人无可供执行的财产。执行法官只能做被执行人的思想工作,要求其主动履行,并多次到工商局等部门查询被执行人的财产情况,一旦有可供执行的财产就进行强制执行。

2013年6月,执行法院依法决定将郑某纳入失信被执行人名单,并告知被执行人依法应承担的法律后果。《最高人民法院关于公布失信被执行人名单信息的若干规定》施行后,执行法院向相关部门通报了郑某的相关失信信息,后郑某申请贷款受到了限制。被执行人安阳市某医院考虑到若自己被纳入失信执行人名单将会严重影响医院的正常运行,最终安阳市某医院的投资人主动向法院提出承担还款义务,并与侯某达成和解协议,现正按照和解协议的内容履行还款义务。

2. 案例评析

在本案中,人民法院对债权人与债务人之间的民间借贷纠纷,已经作出生效民事判决,判决债务人偿还债权人借款及利息。债务人有义务按照生效判决给付钱款,但其未在法院规定的期限内履行还款义务。此后,债权人即向法院提出强制申请,执行法院向借款人送达执行通知书和财产报告令后,仍拒绝履行义务,且未申报财产。此时,执行法院有权将债务人纳入失信被执行人名单,并向相关部门通报其失信信息,使债务人在申请贷款等方面受到限制,迫使债务人因受到信用惩戒的威慑主动提出履行生效判决确定的给付义务,与债权人达成和解协议,使债权人的合法利益得到保障。人民法院通过对外公布失信被执行人名单,并向相关联动执行单位及时通报失信信息,使被执行人在贷款融资方面受到限制。同时,相关信用惩戒措施的实施,产生了极大的威慑力和社会影响力,在案件执行上发挥了积极的作用。

有关法律规定

《最高人民法院关于公布失信被执行人名单信息的若干规定》(法释〔2013〕17号)

第一条　被执行人具有履行能力而不履行生效法律文书确定的义务,并具有下列情形之一的,人民法院应当将其纳入失信被执行人名单,依法对其进行信用惩戒:

(一)以伪造证据、暴力、威胁等方法妨碍、抗拒执行的;

(二)以虚假诉讼、虚假仲裁或者以隐匿、转移财产等方法规避执行的;

(三)违反财产报告制度的;

(四)违反限制高消费令的;

(五)被执行人无正当理由拒不履行执行和解协议的;

(六)其他有履行能力而拒不履行生效法律文书确定义务的。

第五条　各级人民法院应当将失信被执行人名单信息录入最高人民法院失信被执行人名单库,并通过该名单库统一向社会公布。

各级人民法院可以根据各地实际情况,将失信被执行人名单通过报纸、广播、电视、网络、法院公告栏等其他方式予以公布,并可以采取新闻发布会或者其他方式对本院及辖区法院实施失信被执行人名单制度的情况定期向社会公布。

第十四章

破产程序

第一节
什么是破产程序

破产实际上是一种法律程序，亦称之为破产程序。破产程序是一种特殊的偿债程序，是指当债务人无力偿还债务时，为了保护全体债权人的合法权益，按比例清偿的原则以及法定清偿顺序，将债务人的全部财产，在全体债权人间进行公平分配的法定程序，[①]主要包括破产案件的管辖、破产申请、破产受理、债权申报、重整、和解、破产宣告和破产终结等。

一、破产案件由哪个法院管辖

基本理论

破产需向有管辖权的法院申请。破产案件的管辖，是指各

① 参见陈正云、孙福正：《企业破产与破产操作》，法律出版社1998年版，第141页。

级人民法院间受理破产案件的范围和具体分工，一般分为地域管辖、级别管辖、移送管辖等。

1. 地域管辖

《中华人民共和国企业破产法》（以下简称《企业破产法》）第3条规定“破产案件由债务人住所地人民法院管辖”及最高人民法院《关于审理企业破产案件若干问题的规定》第1条规定“企业破产案件由债务人住所地人民法院管辖。债务人住所地指债务人的主要办事机构所在地。债务人无办事机构的，由其注册地人民法院管辖”，破产案件的地域管辖应是指根据债务人住所地确定人民法院对破产案件进行的管辖，债务人住所地应为债务人的主要办事机构所在地。实践中，常常出现债务人有多个办事机构，则应以债务人主要办事机构所在地为住所地。当出现注册地与主要办事机构所在地不一致时，根据以上法律规定，仍应以主要办事机构所在地为债务人住所地，对于债务人无办事机构的，需由其注册地人民法院管辖。

2. 级别管辖

虽我国《企业破产法》仅对地域管辖进行了规定，未对级别管辖进行明确规定，但根据《最高人民法院关于审理企业破产案件若干问题的规定》第2条“基层人民法院一般管辖县、县级市或者区的工商行政管理机关核准登记企业的破产案件；中级人民法院一般管辖地区、地级市（含本级）以上的工商行政管理机关核准登记企业的破产案件；纳入国家计划调整的企业破产案件，由中级人民法院管辖”的规定，破产案件的级别管辖应是指上下级人民法院间根据企业在不同行政级别的工商行政管理机关的核准登记情况确定破产案件的管辖权限和分工，即以债务人在工商登记的工商行政管理机关的级别确定上下级人民法院的管辖权限。

3. 移送管辖

同样，我国企业破产法对级别管辖亦未进行明确的规定，但根据《最高人民法院关于审理企业破产案件若干问题的规定》第3条“上级人民法院审理下级人民法院管辖的企业破产案件，或者将本院管辖的企业破产案件移交下级人民法院审理，以及下级人民法院需要将自己管辖的企业破产案件交由上级人民法院审理的，依照民事诉讼法第三十八条的规定办理；省、自治区、直辖市范围内因特殊情况需对个别企业破产案件的地域管辖作调整的，须经共同上级人民法院批准”的规定，破产案件的移送管辖应是各级人民法院在受理破产案件后，依照法律法规的规定将破产案件移送给有管辖权的法院审理。

4. 管辖异议

管辖异议是指当事人认为受诉人民法院无管辖权，而提出的不服管辖的主张。我国企业破产法对破产管辖异议未作明确规定，根据《企业破产法》第4条“破产案件审理程序，本法没有规定的，适用民事诉讼法的有关规定”的规定，虽破产案件为一种特殊的偿债案件，但仍属于民事案件范畴，同时，《民事诉讼法》第127条第1款规定“人民法院受理案件后，当事人对管辖有异议的，应当在提交答辩状期间提出……”民事诉讼法对管辖异议的规定应适用于破产案件，破产案件中债务人和债权人有权对管辖提出异议。当然，需对债务人或债权人提出的破产管辖异议提出期限可参考《企业破产法》第10条对债务人提出异议期限的规定进行合理限制，以确保破产案件的管辖保持恒定。

典型案例

债务人提出破产申请后，应允许借贷关系中的债权人提出管辖异议

——某商场有限责任公司申请破产案①

1. 案情简介

申请人：某商场有限责任公司。

某商场有限责任公司是在市（地级市）工商行政管理局登记注册的商业企业。该商场是一家批零兼营的大型综合商场。近几年，由于公司管理层的决策失误，经营管理不善，该商场公司产生了巨大的亏损。经审理查明，某商场公司资产总额为9400万元，负债总额为35,000万元，资不抵债总额为25,600万元，已经难以清偿到期债务，某商场有限公司于2002年8月27日向一审法院申请破产还债。同年10月10日，一审法院认为某商场有限公司因经营不善造成严重亏损，不能清偿到期债务，依照相关法律应该

① 参见《中华人民共和国企业破产法案例解读本》，法律出版社版2010年版，第3页。

宣告破产,裁定受理该案。10 月 16 日,某商场的债权人某区工商银行及借贷关系的债权人张某等提出一审法院受理并审理该案,违反级别管辖,特提出管辖异议。一审法院审查债权人提出的管辖异议后将该案卷宗移送二审法院审查。

2. 法院裁判及观点

二审法院经审理后认为,一审法院对该案不具有管辖权,受理该案程序违法,于 2003 年 2 月 25 日通知一审法院予以纠正。一审法院接到通知后,于 2003 年 3 月 3 日作出民事裁定:撤销该院宣告某商场公司破产的民事裁定,驳回某商场有限公司的破产申请。

3. 案例评析

本案需要分析的问题是某商场公司的破产申请应该由哪个人民法院管辖以及借贷关系的债权人是否有权提出管辖权异议。

(1)关于某商场公司的破产申请应该由哪个人民法院管辖的问题。因提出破产申请,首先需确定有管辖权的人民法院,根据《企业破产法》第 3 条“破产案件由债务人住所地人民法院管辖”及《最高人民法院关于审理企业破产案件若干问题的规定》第 1 条“企业破产案件由债务人住所地人民法院管辖。债务人住所地指债务人的主要办事机构所在地。债务人无办事机构的,由其注册地人民法院管辖”的规定,人民法院对破产案件的管辖,应根据债务人住所地或主要办事机构来确定破产案件的地域管辖法院,同时,根据《关于审理企业破产案件若干问题的规定》第 2 条“基层人民法院一般管辖县、县级市或者区的工商行政管理机关核准登记企业的破产案件;中级人民法院一般管辖地区、地级市(含本级)以上的工商行政管理机关核准登记企业的破产案件;纳入国家计划调整的企业破产案件,由中级人民法院管辖”的规定,确定破产案件的级别管辖法院。本案中,某商场有限责任公司是在某市(地级市)工商行政管理局登记注册的商业企业,故本案应当由某市中级人民法院管辖,也即债务人某商场公司应当向某市中级人民法院提出破产申请,显然该商场公司向市某区人民法院提出破产申请确属不当,人民法院予以驳回其破产申请正确。

(2)借贷关系中的债权人是否有权提出管辖异议的问题。根据我国《企业破产法》第 4 条规定“破产案件审理程序,本法没有规定的,适用民事诉讼法的有关规定”及《民事诉讼法》第127条第1款“人民法院受理案件后，当事人对管辖有异议的，应当在提交答辩状期间提出……”的规定，故在破产还债案件中，涉及的破产企业的债务人及债权人等利害关系主体，有权提出破产案件管辖异议。在本案中，借贷关系中的债权人某区工商银行及借贷关系的债权人张某等有权提出破产申请，经受理破产管辖异议的二审法院对管辖异议予以了确认，并撤销了某区人民法院的破产宣告裁定，符合法律规定。

有关法律规定

《中华人民共和国民事诉讼法》(2012年)

第三十八条　上级人民法院有权审理下级人民法院管辖的第一审民事案件；确有必要将本院管辖的第一审民事案件交下级人民法院审理的，应当报请其上级人民法院批准。

下级人民法院对它所管辖的第一审民事案件，认为需要由上级人民法院审理的，可以报请人民法院审理。

《中华人民共和国企业破产法》(2006年)

第三条　破产案件由债务人住所地人民法院管辖。

第四条　破产案件审理程序，本法没有规定的，适用民事诉讼法的有关规定。

第十条　债权人提出破产申请的，人民法院应当自收到申请之日起五日内通知债务人。债务人对申请有异议的，应当自收到人民法院的通知之日起七日内向人民法院提出。人民法院应当自异议期满之日起十日内裁定是否受理。

除前款规定的情形外，人民法院应当自收到破产申请之日起十五日内裁定是否受理。

有特殊情况需要延长前两款规定的裁定受理期限的。经上一级人民法院批准。可以延长十五日。

《最高人民法院关于审理企业破产案件若干问题的规定》(法释〔2002〕23号)

第一条　企业破产案件由债务人住所地人民法院管辖。债务人住所地指债务人的主要办事机构所在地。债务人无办事机构的，由其注册地人民法院管辖。

第二条　基层人民法院一般管辖县、县级市或者区的工商行政管理机关核准登记企业的破产案件；中级人民法院一般管辖地区、地级市(含本级)以上的工商行政管理机关核准登记企业的破产案件；纳入国家计划调整的企业破产案件，由中级人民法院管辖。

第三条　上级人民法院审理下级人民法院管辖的企业破产案件，或者将本院管辖的企业破产案件移交下级人民法院审理，以及下级人民法院需要将自己管辖的企业破产案件交由上级人民法院审理的，依照民事诉讼法第三十八条的规定办理；省、自治区、直辖市范围内因特殊情况需对个别企业破产案件的地域管辖作调整的，须经共同上级人民法院批准。

二、什么情况下债务人会被申请破产

基本理论

破产申请，是指破产申请人依法向有管辖权的人民法院请求裁定宣告债务人破产的诉讼行为，属破产申请人的一种意思表示。破产申请人通常包括债务人、债权人以及依法负有清算责任的人，在破产程序中，当事人或利害关系人没有提出破产申请的，人民法院不能主动启动破产程序。《企业破产法》第7条第2款规定“债务人不能清偿到期债务，债权人可以向人民法院提出对债务人进行重整或者破产清算的申请”。根据该条规定债权人在债务人不能清偿到期债务时可以提出破产申请，实为法律赋予债权人在债务人不履行债务时请求人民法院保护的权利。根据《企业破产法》第2条“企业法人不能清偿到期债务，并且资产不足以清偿全部债务或者明显缺乏清偿能力，依照本法规定清理债务。企业法人有前款规定情形，或者有明显丧失清偿能力的，可以依照本法规定进行重整”的规定，当债务人不能清偿到期债务，债权人即可向有管辖权的人民法院提出破产申请。同时，根据最高人民法院《关于适用〈中华人民共和国企业破产法〉若干问题的规定（一）》（以下简称《破产法司法解释（一）》）第5条“企业法人已经解散但未在合理期限内清算完毕，债权人申请债务人破产清算的，除债务人在法定异议期限内举证证明其未出现破产原因外，人民法院应当受理”的规定，即使在债务人已解散，但因未清算或者未在合理期限内清算完毕的，债权人亦可以提出破产清算申请。另外，对债务人而言，当债权人提出破产申请后，债务人可以根据《企业破产法》第10条的规定提出异议，如果债务人能举证证明其未出现《企业破产法》

第2条规定的情形，即不存在不能清偿到期债务并且资产不足以清偿全部债务，或者不能清偿到期债务并且明显缺乏清偿能力的原因的，人民法院应当至异议期满之日10内对债权人的破产清算申请裁定不予受理，并告知债权人通过启动强制清算程序获得清偿。① 需要注意的是，债权人请求债务人偿还的债务必须是可通过货币形式进行对价转化的，否则，将导致其债权无法通过破产程序实现，亦即使得人民法院宣告债务人破产没有现实意义。

1. 债务人具有破产原因

债务人被申请破产应当具备破产原因。引起破产程序发生的原因即为破产原因，是认定债务人丧失清偿能力，当事人得以提出破产申请，法院据以启动破产程序的法律事实。② 在日本一般将破产宣告而显示的财产状况恶化的事由作为破产原因，而在英美法系中将破产原因称为破产行为，在我国破产原因称为破产条件或破产界限。根据《企业破产法》第2条第1款"企业法人不能清偿到期债务，并且资产不足以清偿全部债务或者明显缺乏清偿能力的，依照本法规定清理债务"及《破产法司法解释(一)》第1条"债务人不能清偿到期债务并且具有下列情形之一的，人民法院应当认定其具备破产原因：(一)资产不足以清偿全部债务；(二)明显缺乏清偿能力"的规定，破产原因在判断标准上可以分为两种：(1)债务人不能清偿到期债务，并且资产不足以清偿全部债务；(2)债务人不能清偿到期债务，并且明显缺乏清偿能力。同时，根据企业破产法的规定，一旦债务人存在破产原因，人民法院就应当受理债权人提出的破产申请，在债务人不能举证证明破产原因不存在时，人民法院即应受理破产案件。

2. 债务人被申请破产时破产条件的认定

根据《企业破产法》第2条第1款"企业法人不能清偿到期债务，并且资产不足以清偿全部债务或者明显缺乏清偿能力的，依照本法规定清理债务"及第7条第2款"债务人不能清偿到期债务，债权人可以向人民法院提出对债务人提出重整或者破产清算的申请"的规定，债务人被申请破产，即债权人

---

① 宋晓明、张勇建、刘敏："《关于适用企业破产法若干问题的规定(一)》的理解与适用"，载《人民司法》2011年第21期。

② 奚晓明主编：《最高人民法院〈关于企业破产法司法解释〉理解与适用》，人民法院出版社2007年版，第37页。

提出破产申请，应当在债务人存在不能清偿到期债务，并且明显缺乏清偿能力时，债权人可以提出破产申请。当债权人提出破产申请时，人民法院应当对债务人不能清偿到期债务、债务人明显缺乏清偿能力等进行审查。

（1）债务人不能清偿到期债务的认定

不能清偿到期债务是指债权人请求债务人偿还到期债务后，因债务人丧失清偿能力致其无法偿还，也称之为支付不能。不能清偿在法律上的着眼点是债务关系能否正常维系。[①] 但因债权人提出破产申请时，其很难举证证明债务人不能清偿到期债务，司法实践中，通常采用债务人在合理期限内向债权人停止对到期债务进行支付的情形推定债务人不能清偿到期债务，即丧失清偿能力。债务人的清偿能力可以从债务人的动产或不动产、有形资产或无形资产等方面进行考量。只有当一个企业竭尽其资产、信用、技术力量、知识产权等综合因素仍不能清偿到期债务时，才构成丧失清偿能力。[②] 根据《破产法司法解释（一）》第2条的规定，认定不能偿还到期债务需同时具备：债权债务关系依法成立、债务人不能清偿的是已到期限的债务、债权债务关系明确且无争议、债务人未清偿债务的状态客观存在。在债务到期前债务人可能出现不能偿还或债务被延期的，属于债务未到期，不能认定为债务人不能偿还到期债务。实践中，对已到还款期限因债权人未提出还款请求致不能确定债务人未清偿债务的状态是否客观存在的，也不能认定债务人不能清偿到期债务。同时，需要注意的是，债务人不能偿还到期债务，应是在较长时间内持续不能清偿，否则，不能认定为不能清偿到期债务。当债权人提出债务人存在停止支付的客观事实后，根据《企业破产法》第10条的规定，若债务人在异议期满前不能证明其未缺乏清偿能力或未支付不能的，人民法院将认定债务人不能清偿到期债务，并受理债权人提出的破产申请。

（2）债务人明显缺乏清偿能力的认定

根据《企业破产法》第2条第1款"企业法人不能清偿到期债务，并且资产不足以清偿全部债务或明显缺乏清偿能力"及第7条第2款规定"债务人不能清偿到期债务，债权人可以向人民法院提出对债务人进行重整或者破产

---

① 王欣新：《破产法》，中国人民大学出版社2007年版，第47页。

② 汤维建：《新企业破产法解读和适用》，中国法制出版社2006年版，第14页。

清算的申请”的规定，可以看出，因债务人是否资不抵债，债权人并不清楚，若让债权人举证证明债务人资不抵债将超出债权人的举证能力，故债务人被申请破产时，债权人提交债务人不能清偿到期债务的事实即可，同时，债务人是否明显缺乏清偿能力是法院审查债权人提出破产申请理由时而推定的债务人发生的破产原因，即债权人提出破产申请时，仍需证明债务人需存在明显缺乏清偿能力的情形。《企业破产法司法解释（一）》第4条“债务人账面资产虽然大于负债，但存在下列情形之一的，人民法院应当认定其明显缺乏清偿能力：（一）因资金严重不足或者财产不能变现等原因，无法清偿债务；（二）法定代表人下落不明且无其他人员负责管理财产，无法清偿债务；（三）经人民法院强制执行，无法清偿债务；（四）长期亏损且经营扭亏困难，无法清偿债务；（五）导致债务人丧失清偿能力的其他情形”的规定，在对债务人是否明显缺乏清偿能力进行认定时，债务人账面资产虽然大于负债，但是只要债务人存在该条规定情形之一的，人民法院则应当认定债务人明显缺乏清偿能力的事实存在。

典型案例

经法院强制执行，无法清偿债务时，则无需再推定债务人发生破产原因

——申请人陈某某与被申请人浙江某棉纺织品有限公司破产案①

1. 案情简介

申请人：陈某某。

被申请人：浙江某棉纺织品有限公司。

法定代表人：冯某某。

2012年3月15日，被申请人浙江某棉纺织品公司向申请人陈某某借款200万元，后偿还120万元，余欠借款80万元；同年10月，被申请人又两次向申请人借款共计250万元。后经催讨，被申请人未予偿还。申请人向一审法院提起诉讼，该院于2014年12月18日作出民事判决，判决浙江某棉纺织品

① 参见（2015）温苍破字第6－1号裁定。

公司偿还陈某某借款330万元及利息。判决发生法律效力后，浙江某棉纺织品公司未履行偿还义务，陈某某申请本院强制执行。该院在对工商银行苍南支行申请的实现担保物权案的执行过程中，依法对浙江某棉纺织品公司名下的坐落于苍南县芦浦镇鉴后洋村的土地和厂房(房权证号00××17、国有土地使用权证号2008年第11-02号)进行司法网拍，并以574万元最高价拍卖成交；对浙江某棉纺织品公司名下的另一土地和厂房(房权证号00××25、国有土地使用权证号2013年第02-4678)予以评估拍卖。另据了解，根据债权人申请或其他法院委托，该院共受理浙江某棉纺织品公司强制执行案件15起，涉案执行标的达3800余万元，绝大部分案件已终结执行程序。

2015年8月17日，申请人陈某某向一审法院提出申请称：申请人与被申请人浙江某棉纺织品有限公司(以下简称浙江某棉纺织品公司)民间借贷一案，已经(2015)温苍龙执民字第382号案件强制执行，因被申请人浙江某棉纺织品公司涉案较多，欠款数量大，已经资不抵债，故申请对浙江某棉纺织品公司进行破产清算。该院于2015年8月28日通知了被申请人浙江某棉纺织品公司，其在法定期限内未提出异议。

2. 法院裁判及观点

一审法院认为，被申请人浙江某棉纺织品公司是依法设立的有限公司，具备破产清算被申请人的主体资格，即具备破产清算的主体资格。经查，被申请人欠申请人借款事实清楚，虽经本院强制执行，并对部分厂房进行司法拍卖，但是不足以清偿最高额抵押借款，申请人的债权尚未得以清偿，现已终结执行程序，故被申请人明显缺乏清偿能力，具备破产原因，申请人申请被申请人破产清算，符合法律规定。浙江某棉纺织品公司注册登记地为浙江省苍南县，该院依法具有管辖权。依照《企业破产法》第2条第1款、第3条、第7条第2款、第10条第1款、《最高人民法院关于适用〈中华人民共和国企业破产法〉若干问题的规定(一)》第1条第1款、第2条之规定，裁定如下：

受理陈某某对浙江某棉纺织品公司破产清算申请。

3. 案例评析

本案的焦点是：(1)债权人提出破产申请是否合法；(2)经法院强制执行后，不能清偿债务时是否认定债务人明显缺乏清偿能力。

(1)债权人提出破产申请是否合法。从本案反映出，债权人通常会先通过诉讼方式确认债权，再通过申请强制执行来实现自己的债权。无论债权人申请破产，还是债务人申请破产，都必须证明债务人不能清偿到期债务。本案中，陈某某的债权已经通过法院诉讼程序进行确认，说明双方间的借款事实清楚，债权债务关系依法成立，在法院确定的履行期限后，浙江某棉纺织品公司未履行生效法律文书确定的给付义务，存在破产原因，根据《企业破产法》第7条第2款对债权人提出破产申请的规定，在债务人不能清偿到期债务的情况下，债权人可提出破产申请，本案中双方当事人之间的债权债务关系已到履行期限，经法院强制执行后，债务人不能清偿，且债务人在法定期限内未提出异议，应认定债权人的破产申请合法。同时，本案中任何一个债权人经法院强制执行都未能清偿债务，则每一个债权人都有权提出破产申请。

(2)经法院强制执行后，不能清偿债务时是否认定债务人明显缺乏清偿能力。根据《破产法司法解释(一)》第4条第3项明确规定，经人民法院强制执行，无法清偿债务，即使债务人账面资产大于负债，也应当认定其缺乏清偿能力。本案中，法院在对工商银行苍南支行申请的实现担保物权案的执行过程中，依法对浙江某棉纺织品公司名下的坐落于苍南县芦浦镇鉴后洋村的土地和厂房(房权证号00××17、国有土地使用权证号2008年第11-02号)进行司法网拍，并以574万元最高价拍卖成交；对浙江某棉纺织品公司名下的另一土地和厂房(房权证号00××25、国有土地使用权证号2013年第02-4678)予以评估拍卖。另据了解，根据债权人申请或其他法院委托，该院共受理浙江某棉纺织品公司强制执行案件15起，涉案执行标的达3800余万元，绝大部分案件已终结执行程序。虽然经法院强制执行，并对部分厂房进行司法拍卖，但不足以清偿最高额抵押借款，申请的债权尚未得以清偿，现已终结执行，债务人在法院采取强制执行措施后仍不能清偿到期债务时，应当认定其已经丧失清偿能力，并且是通过法院的执行程序确认债务人不能偿还债务，则可以不需再以推定的方式认定债务人发生了破产原因。根据以上分析，应当认定债务人明显缺乏清偿能力，法院应当受理破产申请。

《中华人民共和国企业破产法》(2006年)

第二条　企业法人不能清偿到期债务。并且资产不足以清偿全部债务或者明显缺乏清偿能力的,依照本法规定清理债务。

企业法人有前款规定情形。或者有明显丧失清偿能力可能的,可以依照本法规定进行重整。

第七条　债务人有本法第二条规定的情形,可以向人民法院提出重整、和解或者破产清算申请。

债务人不能清偿到期债务,债权人可以向人民法院提出对债务人进行重整或者破产清算的申请。

企业法人已解散但未清算或者未清算完毕,资产不足以清偿债务的。依法负有清算责任的人应当向人民法院申请破产清算。

第十条　债权人提出破产申请的,人民法院应当自收到申请之日起五日内通知债务人。债务人对申请有异议的,应当自收到人民法院的通知之日起七日内向人民法院提出。人民法院应当自异议期满之日起十日内裁定是否受理。

除前款规定的情形外,人民法院应当自收到破产申请之日起十五日内裁定是否受理。

有特殊情况需要延长前两款规定的裁定受理期限的。经上一级人民法院批准。可以延长十五日。

最高人民法院《关于适用〈中华人民共和国企业破产法〉若干问题的规定(一)》(法释〔2011〕22号)

第一条　债务人不能清偿到期债务并且具有下列情形之一的,人民法院应当认定其具备破产原因:

(一)资产不足以清偿全部债务;

(二)明显缺乏清偿能力。

相关当事人以对债务人的债务负有连带责任的人未丧失清偿能力为由,主张债务人不具备破产原因的,人民法院应不予支持。

第二条　下列情形同时存在的,人民法院应当认定债务人不能清偿到期债务:

(一)债权债务关系依法成立;

(二)债务履行期限已经届满;

（三）债务人未完全清偿债务。

第四条 债务人账面资产虽然大于负债，但存在下列情形之一的，人民法院应当认定其明显缺乏清偿能力：

（一）因资金严重不足或者财产不能变现等原因，无法清偿债务；

（二）法定代表人下落不明且无其他人员负责管理财产，无法清偿债务；

（三）经人民法院强制执行，无法清偿债务；

（四）长期亏损且经营扭亏困难，无法清偿债务；

（五）导致债务人丧失清偿能力的其他情形。

三、民间借贷案件正在审理或者执行中，法院受理破产申请后，会有什么后果

基本理论

破产程序是一种法定的特殊还债程序，因此破产程序与普通民事诉讼程序必然存在某些冲突。在破产程序中，以对所有债权人进行公平清偿为原则，在法院受理了破产申请后，若对尚未审结的民间借贷或执行案件的个案处理将与破产程序中的公平清偿债权原则相冲突，因而法律赋予破产程序相对于普通民事诉讼程序的一种优先性，即在人民法院受理破产案件后，所有尚未审结的民间借贷或执行案件均应中止，但司法实践中需要注意的是，民间借贷及相应的执行程序，属于基于债权而非物权普通的民事诉讼程序，对于因所有权而发生的争议，可在破产程序通过取回权等直接追回或通过单独诉讼确定是否取回等。因此，破产程序相对于普通民事诉讼程序具有优先性，但并不意味着相对于所有与破产相关的诉讼都有优先性。

1. 民间借贷案件诉讼中，破产案件受理后的处理

破产程序开始的一个重要法律效果就是阻却债权人对债务人的追偿，即禁止个别债权人获得与破产程序公平受偿原则相违背的清偿。[①]《企业破产法》第20条规定："人民法院受理破产申请后，已经开始而尚未终结的有关债

① 参见奚晓明主编：《最高人民法院〈关于企业破产法司法〉解释理解与适用》，人民法院出版社2007年版，第279页。

务人的民事诉讼或者仲裁应当中止；在管理接管债务人的财产后，该诉讼或仲裁继续进行。”该条对破产程序与普通程序的并行和启动关系进行了明确，考虑了债务人与个别债权人之间、个别债权人与全体债权人之间利益平衡，确立了破产程序的优先效力，同时体现了我国企业破产法对破产程序和民事诉讼程序或仲裁程序，采取两者平行审理的处理方式，即破产程序主要解决债务人的破产清算，民事诉讼程序或仲裁程序则解决相对债权债务关系，符合通常的立法体例和司法惯例。在破产程序启动后，不得进行个案清偿，说明除破产程序外的其他法律救济途径均应让与破产程序的进行，即破产程序具有优先性。债务人被申请破产或债务人提出破产申请并不必然导致债务人会宣告破产，因此，受理民间借贷纠纷案件的人民法院在债务人进入破产程序时应先中止相关诉讼，并根据受理破产案件的人民法院作出的不同裁定对普通民事诉讼程序作出不同的处理，从而保证所有债权人的合法利益。当然，在因破产程序而中止审理的民间借贷债权人在申报债权后可以向受诉法院申请撤诉。

(1)中止民间借贷诉讼后，应根据申报债权的情况确定是否恢复审理

根据《企业破产法》第20条“人民法院受理破产申请后，已经开始而尚未终结的有关债务人的民事诉讼或者仲裁应当中止；在管理人接管债务人的财产后，该诉讼或者仲裁继续进行”的规定，因在人民法院受理破产申请后，由于剥夺了债务人管理和处分财产的权利，债务人不能继续参与有关的民事诉讼，故在人民法院受理破产申请后，针对个别债权人提起的个案诉讼程序应当中止。根据《企业破产法》第44条“人民法院受理破产申请时，对债务人享有债权的债权人，依照本法的规定的程序行使权利”的规定，债权人可以向受理破产案件的人民法院申报债权，原民事诉讼应当中止，对于中止的诉讼是否恢复审理，还应根据债权人申报债权的情况，确定是否恢复审理。如果债权人的债权申报，被管理人确认的，则不必恢复诉讼，反之，债权人可以向人民法院申请继续诉讼，由管理人代替债务人参加诉讼，并由受诉人民法院就债权债务关系作出裁判。同时，根据最高人民法院《关于适用〈中华人民共和国担保法〉若干问题的解释》第44条“债权人申报债权后在破产程序中未受清偿的部分，保证人仍应当承担保证责任。债权人要求保证人承担保证责任的，应当在破产程序终结后六个月内提出”的规定，债权人在破产程序中未清

偿的部分，可在破产程序终结后的6个月内向保证人提出。

(2)中止民间借贷诉讼后，裁定驳回破产申请或终结破产程序的，受理民间借贷纠纷的法院应恢复审理

根据《企业破产法》第12条第2款"人民法院受理破产申请后至破产宣告前，经审查发现债务人不符合本法第二条规定情形的，可以裁定驳回申请。申请人对裁定不服的，可以自裁定送达之日起十日内向上一级人民法院提起上诉"的规定，因债务人不具有破产原因，经受理破产申请案件的人民法院裁定驳回破产申请后，破产程序的优先性消失，因破产程序的结束，债务人退出破产程序，原中止审理的民间借贷案件应当恢复审理。同时，根据《企业破产法》第108条"破产宣告前，有下列情形之一的，人民法院应当裁定终结破产程序，并予以公告：(一)第三人为债务人提供足额担保或者为债务人清偿全部到期债务的；(二)债务人已清偿全部到期债务的"及最高人民法院《关于适用〈中华人民共和国企业破产法〉若干问题的规定(二)》(以下简称《企业破产法司法解释(二)》)第21条第3款"债务人破产宣告前，人民法院依据企业破产法第十二条或者第一百零八条的规定裁定驳回破产申请或者终结破产程序的，上述中止审理的案件应当依法恢复审理"的规定，在民间借贷纠纷案件中，若债权人行使代位诉讼或要求债务人的股东承担与债务人人格混同而产生的连带责任时，在破产宣告前，人民法院裁定驳回破产申请或者终结破产程序的，中止审理的事由消失，审理民间借贷案件的人民法院应当依法恢复对案件的审理。当然，如果在人民法院受理破产申请后、宣告破产前，债务人进入破产重整程序或者和解程序的，审理民间借贷案件的人民法院可以继续审理。

2. 案件执行中，破产案件受理后的处理

(1)受理破产程序申请后，应中止执行

因在同一财产之上不能并存两种性质冲突的执行程序，故破产程序启动后，有关债务人的其他执行程序应当中止；"立法规定中止个别执行程序的目的，是保证对全体债权的公平清偿"。[①] 执行程序是实现对个别债权的清偿，与《企业破产法》第16条确立的破产公平清偿原则相悖。同时，根据《企业破

① 欣新：《破产法》(第3版)，中国人民法大学出版社2011年版，第58～59页。

产法》第19条"人民法院受理破产申请后,有关债务人的财产的保全措施应当解除,执行程序应当中止"的规定,债权人依据人民法院作出的生效判决书或调解书而启动执行程序的,在人民法院受理破产申请后,对债务人的个案执行程序应当中止,即使人民法院已经受理了当事人的执行申请,也不应当将生效的判决、调解书、裁定、支付令等交付执行;同样,根据该条的规定,人民法院正在实施的强制执行措施,如冻结、划拨存款、扣押、变卖财产,也应当中止。需要注意的是,根据《企业破产法》的规定,中止的执行程序应是对已提起的以执行财产为标的但尚未执行完毕的执行程序,对执行某种行为如赔礼道歉、排除妨碍等非财产性质的执行程序不应中止,同时,对有物权担保的债权人即别除权人就担保物提起的执行程序不应中止,但当事人申请重整程序的除外。

(2)因代位权诉讼等提起诉讼并进入执行程序的,应中止执行

《企业破产法司法解释(二)》第22条明确规定:破产申请受理前,债权人就债务人财产向人民法院提起本规定第21条第1款所列诉讼,人民法院已经作出生效民事判决书或者调解书但尚未执行完毕的,破产申请受理后,相关执行行为应当依据企业破产法第十九条的规定中止,债权人应当依法向管理人申报相关债权。该条进一步对进入破产程序后包括代位权诉讼的执行程序均应中止进行了明确,以确保债务人财产的完整性及破产程序的顺利进行。若经人民法院审查发现债务人不具有破产原因,在人民法院作出驳回申请或终结破产程序后,债权人可要求执行法院恢复执行程序。

(3)受理破产申请后未中止执行的,应依法执行回转

司法实践中,因受理执行、破产案件的人民法院不同,常常存在执行案件所在法院对破产案件的受理情况不清楚,往往出现破产案件受理后没及时中止执行案件,而对个别案件进行执行并清偿的情形。根据《企业破产法司法解释(二)》第5条"破产申请受理后,有关债务人财产的执行程序未依照企业破产法第十九条的规定中止的,采取执行措施的相关单位应当依法予以纠正。依法执行回转的财产,人民法院应当认定为债务人财产"的规定,对破产申请受理后,对有关债务人财产的执行程序未依法中止的需予以纠正,此时,因个案执行行为进行纠正而依法执行回转的财产属于债务人的财产。

典型案例

债务人已进入破产重整程序后，原中止的民间借贷纠纷案件可继续审理

——叶某与章某、某甲电器公司、某纸业公司、某乙电器公司、王某民间借贷纠纷二审案①

1. 案情简介

上诉人（原审被告）：叶某。

被上诉人（原审原告）：章某。

原审被告：某甲电器公司。

法定代表人：陈某。

原审被告：某纸业公司。

法定代表人：叶某。

原审被告：某乙电器公司。

原审被告：王某。

2009年11月25日，章某与孙某某（原某甲电器有限公司法定代表人）签订《借款合同》，后章某按照孙某某要求分批提供借款797万元。2010年11月25日，某甲电器公司向章某出具《借款担保书》1份，承诺为孙某某的上述借款本息提供连带责任担保。因孙某某、某甲电器公司未能归还借款本息，章某起诉至一审法院。诉讼中，为上述借款的归还事宜，章某与某甲电器公司、某纸业公司、叶某、某乙电器公司于2012年11月12日签订《还款协议书》1份，约定：某甲电器公司尚欠章某745万元（含35万元诉讼费等费用），并对具体付款期限、进度、逾期利息、解决纠纷的方式等进行了约定；章某在本协议签署后3日内向一审法院提出撤诉申请。协议签订后，某甲电器公司于2012年11月28日至2012年12月31日，支付章某177万元。2013年4月28日，王某向章某出具《保证函》1份，同意对前述《还款协议书》所约定归还的745万元债权提供连带责任保证。2013年8月12日，章某诉至原审法

① 参见（2014）浙杭商终字第1608号判决书。

院，并在审理中，自认于 2010 年 10 月 25 日收到孙某某支付的利息 10 万元，2010 年 12 月 28 日收到孙某某归还的借款本金 90 万元、利息 90 万元。

在审理中，2013 年 8 月 26 日，一审法院作出裁定，受理申请人浙江某投资有限公司对被申请人某甲电器公司的破产重整申请；指定浙江某律师事务所为破产重整管理人。2013 年 10 月 9 日，章某向管理人申报债权总额 8,344,000 元，其中本金 568 万元，利息 96 万元，违约金 1,704,000 元。管理人于 2014 年 3 月 26 日出具债权确认通知书，确认章某申报的债权金额为 568 万元。对该笔债权，目前未有人向金利普公司某甲电器公司管理人提出异议。

一审法院审理认为，章某与孙某某、某甲电器公司签订借款合同，章某已经实际交付借款 797 万元，故借款合同有效。因孙某某、某甲电器公司未能还清借款本息，某甲电器公司、某纸业公司、叶某、某乙电器公司与章某就上述所欠借款及债权实现费用与章某签订《还款协议书》，该份还款协议系各方真实意思表示，该份协议有效。现某甲电器公司处于破产重整阶段，章某主张要求其归还的债权金额已经管理人审核，予以确认。据此，章某要求金利普公司支付 568 万元的请求，予以支持。某纸业公司、叶某、某乙电器公司、王某自愿为某甲电器公司的上述债务承担连带责任保证。某纸业公司经一审法院合法传唤无正当理由拒不到庭，不影响本案的判决。遂判决：一、确认某甲电器公司应支付章某借款本金 5,680,000 元；二、某乙电器公司、叶某、某纸业公司、王某对金利普公司的上述第一项债务承担连带清偿责任；三、某乙电器公司、叶某、某纸业公司、王某承担担保责任后，有权向某甲电器公司追偿。

叶某不服一审法院判决，在向二审法院提起上诉的理由中称：1. 一审法院在破产受理法院尚未裁定确认债权表的情况下，仅凭破产管理人的确认书即确认债权金额，明显缺乏依据，亦存在程序处理上的不当，一审法院应当在拱墅区法院受理破产重整后即中止本案的审理，直至该法院作出民事裁定对某甲电器公司所涉债权债务金额予以确定的情况下，才应恢复审理。2. 一审法院径行判决叶某及其他担保人对全部债务承担担保责任，违反法律规定，可能造成债权人双重受偿等重大问题。根据最高人民法院《关于适用〈中华人民共和国担保法〉若干问题的解释》第 44 条规定："债权人申报债权后在破产程序中未受清偿的部分,保证人仍应当承担保证责任。债权人要求保证人承担保证责任的,应当在破产程序终结后六个月内提出。”现章某已全额申报债权,但在破产程序终结前,其债权受偿比例尚无法确定,由此导致其有权向叶某主张的担保之债数额亦无法确定。且保证人承担保证责任的范围仅限于债权人在破产程序中未受清偿的部分,即主债务减去在破产程序中受清偿部分的余额。

2. 法院裁判及观点

二审法院认为,一、关于章某提起本案诉讼条件是否成就的问题。根据二审当事人确认的事实,某甲电器公司已按照《还款协议书》约定,在 2012 年 12 月 31 日之前归还了 177 万元。2013 年 8 月 12 日,章某向一审法院起诉称,某甲电器公司就《还款协议书》第一期仅归还了 137 万元,尚欠 40 万元,其诉称与事实不符。考虑到本案诉讼过程中,第二期还款期限已过,且某甲电器公司已进入破产重整,一审法院对本案继续审理并无不妥。二、关于担保人的责任问题。因章某已就本案向某甲电器公司申报债权,且管理人确认其债权金额为 568 万元,章某未有异议。根据《中华人民共和国企业破产法》第 51 条第 2 款,本案保证人不能就本案向某甲电器公司申报债权,保证人应就章某在某甲电器公司破产程序中未受清偿部分承担连带保证责任。一审判决对此处理不当之处,本院予以纠正。综上,叶某的上诉理由合理部分,本院予以支持。遂判决如下:一、维持一审民事判决第一项内容;二、变更一审民事判决第二项内容为某纸业公司、叶某、某乙电器公司、王某对某甲电器公司的上述第一项债务,在某甲电器公司破产程序中不能清偿章某部分承担连带清偿责任;三、撤销民事判决第三项内容。

3. 案例评析

本案需要分析的问题是某甲电器公司已进入破产重整程序后,人民法院是否可以本案继续审理,以及保证人在债权人申报债权后的责任范围。

(1)关于某甲电器公司已进入破产重整程序后,人民法院是否可以本案继续审理的问题。根据《企业破产法》第 20 条“人民法院受理破产申请后,已经开始而尚未终结的有关债务人的民事诉讼或者仲裁应当中止;在管理人接管债务人的财产后,该诉讼或者仲裁继续进行”的规定,某甲电器公司进入破产程序后,已经开始尚未终结的有关债务人的民事诉讼应当中止,但某甲电器公司在人民法院受理破产申请后、宣告债务人破产前,申请人某投资公司对被申请人某甲电器公司申请破产重整,并经一审法院作出民事裁定书,裁定受理申请人某投资公司对被申请人某甲电器公司的破产重整申请;指定浙江某律师事务所为破产重整管理人。故在进入重整程序后,一审法院继续审理叶某与章某、某甲电器公司、某纸业公司、某乙电器公司、王某民间借贷纠纷一案,并无不妥。

(2)保证人在债权人申报债权后的责任范围。根据最高人民法院《关于适用〈中华人民共和国担保法〉若干问题的解释》第44条“债权人申报债权后在破产程序中未受清偿的部分,保证人仍应当承担保证责任。债权人要求保证人承担保证责任的,应当在破产程序终结后六个月内提出”的规定,本案中,章某已就本案向某甲电器公司申报债权,且管理人确认其债权金额为568万元,章某未有异议,而保证人承担保证责任的范围仅限于债权人在破产程序中未受清偿的部分,即主债务减去在破产程序中受清偿部分的余额。根据《企业破产法》第51条第2款“债务人的保证人或连带债务人尚未代替债务人清偿债务的,以其对债务人的将来求偿权申报债权。但是,债权人已经向管理人申报全部债权的除外”,本案章某以向管理人申报全部债权,债权人的保证人不能就本案向某甲电器公司申报债权,保证人应就章某在某甲电器公司破产程序中未受清偿部分承担连带保证责任,故二审变更某纸业公司、叶某、某乙电器公司、王某对某甲电器公司的该债务,在某甲电器公司破产程序中不能清偿章某部分承担连带清偿责任符合法律规定。

受理破产申请后,尚未执行完毕的应当中止执行,保全措施应当解除,对于查封扣押、冻结的存款属债务人财产

——某房地产开发经营有限公司破产案[①]

1. 案情简介

申请人:A银行及B银行。

2006年7月6日,A银行向某中院申请对某进出口股份有限公司、某集

---

① 见沈志先主编:《破产案件审理实务》,法律出版社2013年版,第68页。

团有限公司强制执行，在该案强制执行过程中，某房地产开发经营有限公司自愿向 A 银行提供担保，并对某进出口股份有限公司、某集团有限公司所欠债务承担连带保证责任，同时对二被执行人及担保人的财产和银行存款进行了查封冻结。B 银行在某中院在申请对某进出口股份有限公司、某集团有限公司的中心过程中，也同样获得了某房地产开发经营有限公司的担保，即某房地产开发经营有限公司为某进出口股份有限公司、某集团有限公司连带保证人，但一直未履行清偿责任，B 银行同样申请法院采取了强制执行措施。债权人 A 银行与 B 银行认为，某房地产开发经营有限公司已无力偿还上述债务，故于 2010 年 6 月申请某房地产公司破产，某区法院经审查受理了破产申请。该法院受理某房地产开发经营有限公司破产清算一案后，并将相关情况告知了某中院。

2. 法院裁判及观点

某中院认为，本案债权人 A 银行与 B 银行申请债务人某房地产开发经营有限公司已被某区法院受理，且该系列案件尚未执行完毕，依照《企业破产法》第 19 条“人民法院受理破产申请后，有关债务人财产的保全措施应当解除，执行程序应当中止”的规定，裁定对该房地产相关的系列执行案件均中止执行。

3. 案例评析

本案的焦点是：(1)执行完毕的认定问题；(2)执行程序中采取强制措施的财产如何处置。

(1)执行完毕的认定问题。《企业破产法》第 19 条明确规定，人民法院受理破产申请后，有关债务人财产的保全措施应当解除，执行程序应当中止。同时，《最高人民法院关于审理企业破产案件若干问题的规定》第 20 条第 2 款第 1 项的规定，对于已经审理完毕但未执行完毕的，应当中止执行，由债权人凭生效的法律文书向企业破产管理人申报债权。本案中，某中院虽然根据债权人 A 银行和 B 银行的申请对被执行人及连带保证人某房地产开发经营有限公司的财产进行了查封冻结等，但尚未将相应的财产进行评估拍卖或将冻结的存款划拨给债权人 A 银行和 B 银行，即尚未将债务人财产的所有权正式转移到 A 银行和 B 银行名下，属尚未执行完毕的情形，当然，未执行完毕应当中止执行。故某中院裁定对该房地产相关的系列执行案件均中止执行符合法律规定。

(2)执行程序中采取强制措施的财产如何处置。本案中因执行案件的人民法院是某中院,而受理破产案件的法院是某区人民法院,使得执行案件和破产案件分属不同法院管辖,根据《企业破产法》第19条对人民法院受理破产申请后,有关债务人财产的保全措施应当解除的规定,本案中,对于查封的财产应当解除,冻结的存款应当解冻,并作为债务人某房地产开发经营有限公司的债务人财产,与债务人的其他财产一并进行清算。本案中,债权人A银行和B银行因不享有别除权,其债权应按照一般债权依破产程序申报后按破产程序受偿,对某中院已经掌控的财产,应当移交破产案件受理法院某区人民法院。故某中院在作出中止裁定的同时,并将所有执行过程中查封冻结的财产移交给了某区人民法院,符合法律规定。

有关法律规定

《中华人民共和国企业破产法》(2006年)

第十六条　人民法院受理破产申请后,债务人对个别债权人的债务清偿无效。

第十九条　人民法院受理破产申请后,有关债务人财产的保全措施应当解除,执行程序应当中止。

第二十条　人民法院受理破产申请后,已经开始而尚未终结的有关债务人的民事诉讼或者仲裁应当中止;在管理人接管债务人的财产后,该诉讼或者仲裁继续进行。

第四十四条　人民法院受理破产申请时,对债务人享有债权的债权人,依照本法的规定的程序行使权利。

第一百零八条　破产宣告前,有下列情形之一的,人民法院应当裁定终结破产程序,并予以公告:

(一)第三人为债务人提供足额担保或者为债务人清偿全部到期债务的;

(二)债务人已清偿全部到期债务的。

《最高人民法院关于审理企业破产案件若干问题的规定》(法释〔2002〕23号)

第二十条　人民法院受理企业破产案件后,对债务人财产的其他民事执行程序应当中止。

以债务人为被告的其他债务纠纷案件,根据下列不同情况分别处理:

（一）已经审结但未执行完毕的，应当中止执行，由债权人凭生效的法律文书向受理破产案件的人民法院申报债权。

（二）尚未审结且无其他被告和无独立请求权的第三人的，应当中止诉讼，由债权人向受理破产案件的人民法院申报债权。在企业被宣告破产后，终结诉讼。

（三）尚未审结并有其他被告或者无独立请求权的第三人的，应当中止诉讼，由债权人向受理破产案件的人民法院申报债权。待破产程序终结后，恢复审理。

（四）债务人系从债务人的债务纠纷案件继续审理。

最高人民法院《关于适用〈中华人民法破产企业法〉若干问题的规定（二）》（法释〔2013〕22号）

第五条　破产申请受理后，有关债务人财产的执行程序未依照企业破产法第十九条的规定中止的，采取执行措施的相关单位应当依法予以纠正。依法执行回转的财产，人民法院应当认定为债务人财产。

第二十一条　破产申请受理前，债权人就债务人财产提起下列诉讼，破产申请受理时案件尚未审结的，人民法院应当中止审理：

（一）主张次债务人代替债务人直接向其偿还债务的；

（二）主张债务人的出资人、发起人和负有监督股东履行出资义务的董事、高级管理人员，或者协助抽逃出资的其他股东、董事、高级管理人员、实际控制人等直接向其承担出资不实或者抽逃出资责任的；

（三）以债务人的股东与债务人法人人格严重混同为由，主张债务人的股东直接向其偿还债务人对其所负债务的；

（四）其他就债务人财产提起的个别清偿诉讼。

债务人破产宣告后，人民法院应当依照企业破产法第四十四条的规定判决驳回债权人的诉讼请求。但是，债权人一审中变更其诉讼请求为追收的相关财产归入债务人财产的除外。

债务人破产宣告前，人民法院依据企业破产法第十二条或者第一百零八条的规定裁定驳回破产申请或者终结破产程序的，上述中止审理的案件应当依法恢复审理。

第二十二条　破产申请受理前，债权人就债务人财产向人民法院提起本规定第二十一条第一款所列诉讼，人民法院已经作出生效民事判决书或者调解书但尚未执行完毕的，破产申请受理后，相关执行行为应当依据企业破产法第十九条的规定中止，债权人应当依法向管理人申报相关债权。

最高人民法院《关于适用〈中华人民共和国担保法〉若干问题的解释》(法释〔2000〕44号)

第四十四条　债权人申报债权后在破产程序中未受清偿的部分,保证人仍应当承担保证责任。债权人要求保证人承担保证责任的,应当在破产程序终结后六个月内提出。

第二节
破产财产

破产财产是债务人对其全体债权人承担债务的责任财产，是破产程序中债权人得以公平、有序受偿的重要物质保障。《企业破产法》第107条规定，债务人财产在破产宣告后被称为“破产财产”，可见，债务人财产和破产财产只是我国企业破产法中根据破产宣告前后对法人财产的不同称谓，二者范围一致。依据《企业破产法》第30条的规定，破产申请受理时属于债务人的全部财产，以及破产申请受理后至破产程序终结前债务人取得的财产，为债务人财产，亦即债务人财产既包括债务人破产时占有的静态财产和债务人破产时没有占有但基于相关权利依法应当追回的属于债务人的动态财产，也包括债务人继续营业时新取得的财产，其在破产程序中具有非常重要的意义。[①]正确确定债务人的财产范围在破产程序中是至关重要的，将直接关系到破产程序的顺利进行与否，以及债权人的合法权益能否达到最大化的权利保障和受偿。在破产过程中，为使债权人利益得到有效的保护，在债务人申请或债权人提出破产经人民法院受理后，债务人管理和处分财产的权利已被依法剥夺，由专门机构（破产管理人）对债务人的财产进行管理，实现对债务人财产的有效管理，目的是避免债务人对财产进行恶意处分。根据《企业破产法》第22条第1款的规定，管理人需由人民法院指定，并在整个破产过程中起着核心作用，通过管理人对其职责的履行实现对债务人财产的管理。

---

① 参见最高人民法院民二庭负责人就《最高人民法院关于适用〈中华人民共和国企业破产法〉若干问题的规定（二）》答记者问。

一、破产财产范围如何确定

基本理论

如前所述，债务人财产在破产程序中起着非常重要的作用，且债务人的财产范围与数额直接关系到破产程序的进行及各个债权人能够获得清偿的程度。依据《企业破产法》第30条的规定，破产申请受理时属于债务人的全部财产，以及破产申请受理后至破产程序终结前债务人取得的财产，为债务人财产，可见，破产财产由两部分组成，即破产申请受理时属于债务人的全部财产，以及破产申请受理后至破产程序终结前债务人新取得的财产。

1. 破产申请受理时属于债务人的全部财产

破产申请受理时，债务人财产在形态上应涵盖所有的财产种类。

(1)既包括有形财产，也包括无形财产。我国《企业破产法》第30条只对破产财产的范围作了规定，但并未明确破产财产的表现形态。《破产法司法解释(二)》第1条规定："除债务人所有的货币、实物外，债务人依法享有的可以用货币估价并可以依法转让的债权、股权、知识产权、用益物权等财产和财产权益，人民法院均应认定为债务人财产。"该条明确了债务人财产的财产表现形式，并强调债务人财产的无形财产形态的认定。同时，根据《最高人民法院关于审理企业破产案件若干问题的规定》第65条至第70条的规定，债务人财产还包括：

①债务人与他人共有的物、债权、知识产权等财产或者财产权，应当在破产清算中予以分割，债务人分割所得属于破产财产；不能分割的，应当就其应得部分转让，转让所得属于破产财产。②债务人的开办人注册资金投入不足的，应当由该开办人予以补足，补足部分属于破产财产。③企业破产前受让他人财产并依法取得所有权或者土地使用权的，即便未支付或者未完全支付对价，该财产仍属于破产财产。④债务人的财产被采取民事诉讼执行措施的，在受理破产案件后尚未执行的或者未执行完毕的剩余部分，在该企业被宣告破产后列入破产财产。因错误执行应当执行回转的财产，在执行回转后列入破产财产。⑤债务人依照法律规定取得代位求偿权的，依该代位求偿权

享有的债权属于破产财产。⑥债务人在被宣告破产时未到期的债权视为已到期，属于破产财产，但应当减去未到期的利息。

（2）既包括未设定担保的财产，也包括设定担保的财产。根据《企业破产法司法解释（二）》第3条第1款“债务人已依法设定担保物权的特定财产，人民法院应当认定为债务人财产”的规定，破产申请受理时属于债务人的全部财产，包括已依法设定了担保权益的财产，并应统一纳入债务人财产的范围。这样规定有利于债务人财产的妥善保管以及破产程序的顺利进行，有利于防止有财产担保的债权人滥用担保权利。当然，根据《企业破产法司法解释（二）》第3条第2款“对债务人的特定财产在担保物权消灭或者实现担保权后的剩余部分，在破产程序中可用以清偿破产费用、共益债务和其他破产债权”的规定，可以看出，设定担保的财产只是应属于破产财产范围内，但在破产程序进行清偿破产债权时，该条进一步明确了担保权人对担保物应享有的优先受偿权。

（3）既包括境内的财产，也包括境外的财产。依据《企业破产法》第5条第1款“依照本法开始的破产程序，对债务人在中华人民共和国域外的财产发生效力”及《最高人民法院关于审理企业破产案件若干问题的规定》第73条第4款“破产企业在境外的财产，由清算组予以收回”的规定，破产财产的范围不限于国内的财产，破产程序开始后，效力显然及于债务人在国外的财产，即债务人的财产不论在我国境内还是境外，均属于债务人的财产，人民法院受理破产案件后，管理人有权对债务人境内及境外的财产进行管理。

2. 破产申请受理后至破产程序终结前债务人取得的财产

从我国《企业破产法》第30条可以看出，债务人的财产不仅包括破产宣告时所有财产，而且包括破产程序终结前新取得的财产，债务人财产的范围在破产宣告后仍然处于变化中。将宣告破产后新取得的财产纳入债务人财产，将增加债权人清偿数额，防止出现债务人有财产而不清偿债务的情形，有效阻止破产欺诈，确保公平清偿。根据《企业破产法》及《企业破产法司法解释（二）》的规定，破产受理后至破产终结前债务人新取得的财产具体包括：

（1）依法执行回转的财产；

（2）管理人行使撤销权追回的财产；

（3）管理人撤销明显不合理价格交易时返还的财产或价款；

(4)债权人行使撤销权追回的财产;

(5)管理人依据《企业破产法》第33条的规定主张债务人的行为无效追回的财产;

(6)管理人依法追收未出资和抽逃出资的财产;

(7)管理人主张债务人有《企业破产法》第2条第1款规定的情形时,债务人的董事、监事、高级管理人员利用职权获取的非正常收入;

(8)管理人在对债务人财产进行管理后获得的其他财产。

需要注意的是,在明确债务人财产范围的同时,因司法实践中,人民法院受理破产申请后,因对有些非债务人财产的界定存在困难,影响破产程序的进行,应根据《企业破产法司法解释(二)》第2条"下列财产不应认定为债务人财产:(一)债务人基于仓储、保管、承揽、代销、借用、寄存、租赁等合同或者其他法律关系占有、使用的他人财产;(二)债务人在所有权保留买卖中尚未取得所有权的财产;(三)所有权专属于国家且不得转让的财产;(四)其他依照法律、行政法规不属于债务人的财产"的规定进行判断。该条对债务人财产与非债务人财产进行了界定,既有利于对债权人、债务人及非债务人财产的权利人的权益进行保护,也有利于确保破产程序的顺利进行。

典型案例

受理破产申请前六个月内,被执行人与申请执行人达成和解协议,并在人民法院受理破产申请前执行完毕的财产不属于债务人财产

——原告浙江某建设有限公司与被告徐某执行分配方案异议之诉案①

1. 案情简介

原告:浙江某建设有限公司。

法定代表人:夏某某。

① 参见(2015)金婺执分初字第4号(注:其中涉及原告徐某与被告应某某、鲁某某、浙江武义某房地产开发有限公司民间借贷纠纷案,案号为:(2014)金婺商初字第1052号)。

被告:徐某。

本案被告徐某因与应某某、鲁某某、浙江武义某房地产开发有限公司民间借贷纠纷,经某区人民法院主持调解,双方于2014年7月31日达成调解协议:债权数额为借款本金1700万元、实现本案债权费用68,130元,以及1700万元借款本金自2014年4月1日起按中国人民银行公布的同期同档次贷款基准利率的四倍计算的逾期还款利息,该院遂作出民事调解书对双方达成的调解协议进行了确认。本案原告浙江某建设有限公司因与应某某、浙江武义某房地产开发有限公司建设工程纠纷经某县人民法院审理后于2014年9月1日作出民事判决书,债权数额为工程款300万元、保修金343,773元,以及300万元工程款自2014年5月1日起至判决确定履行之日止按中国人民银行同期同档次贷款基准利率的4倍计算的逾期付款利息损失。

原告浙江某建设有限公司和被告徐某均为浙江武义某房地产开发有限公司的债权人,双方均已经凭生效法律文书申请人民法院对浙江武义某房地产开发有限公司进行强制执行,其中原告向某县人民法院申请执行,被告向某区人民法院申请执行。原告的执行依据为某义县人民法院2014年9月1日作出的民事判决书。被告徐某的执行依据为某区人民法院于2014年7月31日作出的民事调解书。

某区人民法院在执行民事调解书过程中,于2015年3月18日冻结了浙江武义某房地产开发有限公司以公司账务人员程某某的名义存在中国工商银行武义支行的银行存款845万元。2015年4月24日,应某某与徐某达成执行和解协议,内容如下:(1)被执行人应某某同意归还申请人800万元,剩余款项于2016年4月24日前全部还清;(2)上述800万元款项,法院已冻结在程某某工行武义支行账户中,法院扣划后将该款用于支付申请人无异议;(3)若被执行人应某某到期后未归还剩余款项,申请人有权恢复申请执行;(4)诉讼费、执行费由被执行人应刚建、浙江武义某房地产开发有限公司承担(可一并到冻结账户扣划)。2015年4月30日,该院从工商银行武义支行扣划了浙江武义某房地产开发有限公司的存款845万元。同日,浙江某建设有限公司、浙江永康农村商业银行股份有限公司等分别向某县人民法院提交了参与分配申请书,要求参与分配浙江武义某房地产开发有限公司的执行款。某县人民法院向某区人民法院邮寄了《参与分配函》,要求该院根据最高人民法院《关于人民法院执行工作若干问题的规定(试行)》(以下简称《执行规定》)第88条至第96条中有关参与分配的规定,在处置浙江武义某房地产开发有限公司的执行款时通知上述要求参与分配的单位和个人参与分配。2015年5月4日,该院作出《关于浙江武义某房地产开发有限公司系列案件执行款分配方案(预)》。该方案确定的分配顺序如下:(1)各案诉讼费优先退还,案件执行费先予扣除;(2)申请执行人徐某与被执行人应某某、浙江武义某房地产开发有限公司达成执行和解协议,按协议约定支付申请人徐某800万元;(3)其他案件及税款,暂不予分配和从法院扣划款中分配和提取。要求本院重新制作分配方案,徐某某则对上述异议人的异议提出了反对意见。

另查明,某区人民法院执行过程中,浙江武义某房地产开发有限公司向某县人民法院申请重整,该法院于2015年6月4日受理了该公司的重整申请。

2. 法院裁判及观点

某区人民法院认为,(1)2015年4月30日扣划浙江武义某房地产开发有限公司的845万元存款后,该款还是否属于债务人浙江武义某房地产开发有限公司的财产,如果属于债务人财产,应交由破产管理人管理。如果不属于债务人财产,则应由本院在执行程序中处置。该院认为,根据《最高人民法院关于如何理解〈最高人民法院关于破产法司法解释〉第六十八条的请示的答复》的规定,本案虽在某县人民法院受理浙江武义某房地产开发有限公司申请破产案件前,针对债务人的财产,已经启动了执行程序,但在该院扣划浙江武义某房地产开发有限公司的845万元存款时,某县人民法院尚未受理扣划浙江武义某房地产开发有限公司的845万元存款的重整申请,存款被扣划后已经脱离债务人扣划浙江武义某房地产开发有限公司的845万元存款的控制,不应列入破产财产。(2)关于多个债权人对一个债务人申请执行和参与分配问题。根据《执行规定》第90条、第96条和最高人民法院《关于适用〈中华人民共和国民事诉讼法〉的解释》第508条的规定,参与分配的前提是被执行人为公民或其他组织,或者未经清理或清算而撤销、注销或歇业,其财产不足清偿全部债务的企业法人。当被执行人为企业法人,该企业法人不能清偿到期债务,并且资产不足以清偿全部债务或者明显缺乏清偿能力时,除非符合《执行规定》第96条规定的情形,否则应根据《执行规定》第89条和最高人民法院《关于适用〈中华人民共和国民事诉讼法〉的解释》第513条的规定,通过破产程序清理债务。本案中,被执行人为企业法人,又不符合《执行规定》第96条规定的情形,原告无权要求参与分配本院扣划的银行存款。综上所述,原告的诉讼请求没有事实及法律依据,本院不予支持。据此,依照《中华人民共和国民事诉讼法》第64条、《最高人民法院关于人民法院执行工作若干问题的规定(试行)》第90条和《最高人民法院关于适用〈中华人民共和国民事诉讼法〉的解释》第508条之规定,判决如下:驳回原告浙江某建设有限公司的诉讼请求。

3. 案例评析

本案需要分析的问题是民间借贷债权人在申请执行后,人民法院受理债务人破产申请前6个月内,与债务人达成执行和解协议并执行完毕的财产是否属于债务人财产。本案中,徐某因与应某某、鲁某某、浙江武义某房地产开发有限公司民间借贷纠纷经调解后,向浙江省金华市某区人民法院申请执行,该院扣划了债务人的银行存款845万元。2015年4月24日,应某某与徐某达成执行和解协议,2015年4月30日,该院从工商银行武义支行扣划了浙江武义某房地产开发有限公司的存款845万元,执行过程中,浙江武义某房地产开发有限公司向某县人民法院申请重整,某县人民法院于2015年6月4日受理了该公司的重整申请。债务人应某某、浙江武义某房地产开发有限公司与徐某达成执行和解协议时,不存在无偿转让、非正常交易或偏袒性清除债务的情形,《企业破产法》第32条"企业法人不能清偿到期债务,并且在资产不足以清偿全部债务或者明显缺乏清偿能力,仍在人民法院受理破产申请前六个月内对个别债权人进行清偿的,管理人有权请求人民法院予以撤销"的规定不影响徐某与应某某、浙江武义某房地产开发有限公司达成的执行和解协议,对该执行和解协议的效力应予以确认,同时,根据《最高人民法院关于审理企业破产案件若干问题的规定》第68条"债务人的财产被采取民事诉讼执行措施的,在受理破产案件后尚未执行的或者未执行完毕的剩余部分,在该企业被宣告破产后列入破产财产。因错误执行应当执行回转的财产,在执行回转后列入破产财产"及最高人民法院《关于如何理解〈最高人民法院关于破产法司法解释〉第六十八条的请示的答复》"人民法院受理破产案件前,针对债务人的财产,已经启动了执行程序,但该执行程序在人民法院受理破产案件后仅作出了执行裁定，尚未将财产交付给申请人的，不属于司法解释指的执行完毕的情形，该财产在债务人被宣告破产后应列入破产财产”。但应注意以下情况：一是正在进行的执行程序不仅作出了生效的执行裁定，而且就被执行财产的处理履行了必要的评估拍卖程序，相关人已支付了对价，此时虽未办理变更登记手续，且非该相关人的过错，应视为执行财产已向申请人交付，该执行已完毕，该财产不应列入破产财产；二是人民法院针对被执行财产采取了相应执行措施，该财产已脱离债务人实际控制，视为已向权利人交付，该执行已完毕，该财产不应列入破产财产。该案在扣划浙江武义某房地产开发有限公司银行存款时，武义县人民法院尚未受理浙江武义某房地产开发有限公司的重整申请，存款被扣划后已经脱离债务人浙江武义某房地产开发有限公司的控制。综上，2015 年 4 月 30 日扣划浙江武义某房地产开发有限公司的 845 万元存款不属于债务人财产，不应列入破产财产。

有关法律规定

《中华人民共和国企业破产法》(2006 年)

第五条　依照本法开始的破产程序，对债务人在中华人民共和国领域外的财产发生效力。

对外国法院作出的发生法律效力的破产案件的判决、裁定。涉及债务人在中华人民共和国领域内的财产。申请或者请求人民法院承认和执行的，人民法院依照中华人民共和国缔结或者参加的国际条约。或者按照互惠原则进行审查，认为不违反中华人民共和国法律的基本原则。不损害国家主权、安全和社会公共利益。不损害中华人民共和国领域内债权人的合法权益的，裁定承认和执行。

第三十条　破产申请受理时属于债务人的全部财产，以及破产申请受理后至破产程序终结前债务人取得的财产。为债务人财产。

第三十二条　人民法院受理破产申请前六个月内，债务人有本法第二条第一款规定的情形，仍对个别债权人进行清偿的，管理人有权请求人民法院予以撤销。但是，个别清偿使债务人财产受益的除外。

第一百零七条　人民法院依照本法规定宣告债务人破产的。应当自裁定作出之日起五日内送达债务人和管理人，自裁定作出之日起十日内通知已知债权人，并予以公告。

债务人被宣告破产后，债务人称为破产人，债务人财产称为破产财产，人民法院受理破产申请时对债务人享有的债权称为破产债权。

《最高人民法院关于审理企业破产案件若干问题的规定》（法释〔2002〕23号）

第六十五条　债务人与他人共有的物、债权、知识产权等财产或者财产权，应当在破产清算中予以分割，债务人分割所得属于破产财产；不能分割的，应当就其应得部分转让，转让所得属于破产财产。

第六十六条　债务人的开办人注册资金投入不足的，应当由该开办人予以补足，补足部分属于破产财产。

第六十七条　企业破产前受让他人财产并依法取得所有权或者土地使用权的，即便未支付或者未完全支付对价，该财产仍属于破产财产。

第六十八条　债务人的财产被采取民事诉讼执行措施的，在受理破产案件后尚未执行的或者未执行完毕的剩余部分，在该企业被宣告破产后列入破产财产。因错误执行应当执行回转的财产，在执行回转后列入破产财产。

第六十九条　债务人依照法律规定取得代位求偿权的，依该代位求偿权享有的债权属于破产财产。

第七十条　债务人在被宣告破产时未到期的债权视为已到期，属于破产财产，但应当减去未到期的利息。

第七十三条第四款　破产企业在境外的财产，由清算组予以收回。

最高人民法院《关于适用〈中华人民共和国企业破产法〉若干问题的规定（二）》（法释〔2013〕22号）

第一条　除债务人所有的货币、实物外，债务人依法享有的可以用货币估价并可以依法转让的债权、股权、知识产权、用益物权等财产和财产权益，人民法院均应认定为债务人财产。

第二条　下列财产不应认定为债务人财产：

（一）债务人基于仓储、保管、承揽、代销、借用、寄存、租赁等合同或者其他法律关系占有、使用的他人财产；

（二）债务人在所有权保留买卖中尚未取得所有权的财产；

（三）所有权专属于国家且不得转让的财产；

（四）其他依照法律、行政法规不属于债务人的财产。

第三条　债务人已依法设定担保物权的特定财产，人民法院应当认定为债务人财产。

对债务人的特定财产在担保物权消灭或者实现担保物权后的剩余部分,在破产程序中可用以清偿破产费用、共益债务和其他破产债权。

二、破产程序中,债务人的财产如何管理

基本理论

债务人的财产是破产程序进行的物质基础,是债权人债权得以公平、有序受偿的重要保障。[①] 显然对债务人财产的管理尤为重要。根据《企业破产法》第22条第1款的规定,在破产程序开始后,需由法院指定管理人对债务人的财产进行管理。同时,《企业破产法》第27条的规定,管理人对债务人财产的管理应当勤勉尽责,忠实执行职务,尽到善良管人的管理义务,采取有效措施防止债务人财产的减损。若管理人的过错而致财产受损的,应负赔偿责任。《企业破产法》第30条规定:"破产申请受理时属于债务人的全部财产,以及破产申请受理后至破产程序终结前债务人取得的财产,为债务人财产。"管理人接管债务人财产后,需对破产受理时属于债务人的全部财产及破产申请受理后至破产程序终结前债务人取得的财产进行全面清理、盘点资产,既包括对有形的财产又包括无形资产的清理;既包括对国内的财产又包括对国外财产的清理;既包括对无担保物权的财产又包括对有担保物权的财产的清理等。破产程序中,需尽到谨慎管理义务。通过对破产受理时债务人财产的确定及破产过程中针对债务人财产动态变化的特性开展管理工作,最大限度地维持债为人的财产,确保破产程序顺利进行。

1. 在法院受理破产申请时,对债务人财产的管理

管理人接管债务人的财产后,应当及时对债务人静态资产及动态资产进行清理,及时接管债务人移交的货币资金,对债务人的账号进行接收管理,在开设账号后,应当对债务人原来的账号申请注销,以确保债务人资金的安全性。同时,管理人对债务人的实物财产需尽到善良管理人的义务,避免使债

---

① 参见奚晓明主编:《最高人民法院〈关于企业破产法〉司法解释理解与适用》,人民法院出版社2007年版,第112页。

务人的财产造成贬损，对无形资产应尽到忠实勤勉义务，确保财产的保值或增值。

2. 在破产申请受理后，对债务人财产的管理

(1)追缴出资

出资人的出资是构成法人财产的重要部分。根据《企业破产法》第35条“人民法院受理破产申请后，债务人的出资人尚未完全履行出资义务的，管理人应当要求该出资人缴纳所认缴的出资，而不受出资期限的限制”及《企业破产法司法解释(二)》第20条“管理人代表债务人提起诉讼，主张出资人向债务人依法缴付未履行的出资或者返还抽逃的出资本息，出资人以认缴出资尚未届至公司章程规定的缴纳期限或者违反出资义务已经超过诉讼时效为由抗辩的，人民法院不予支持”的规定，管理人接管债务人的财产后，应当对出资的出资情况进行清理，对尚未完全履行出资义务的，管理人应当要求该出资人缴纳所认缴的出资，而不受出资期限及诉讼时效的限制，且管理人追回的未缴出资和抽逃出资本息属于债务人的财产。

(2)对债务财产进行保全

破产保全是在破产程序开始后，管理人申请受理破产的人民法院对债务人的财产采取的保全措施，目的在于确保债务人财产的完整性，并有利于债权人债权的清偿。[①] 根据《破产企业法司法解释(二)》第6条“破产申请受理后，对于可能因有关利益相关人的行为或者其他原因，影响破产程序依法进行的，受理破产申请的人民法院可以根据管理人的申请或者依职权，对债务人的全部或者部分财产采取保全措施”的规定，管理人在人民法院对债务人破产审理过程中，对于可能因有关利益相关人的行为或者其他原因，影响破产程序依法进行时，应当向人民法院提出书面保全申请人民法院对债务人的财产采取查封、扣押、冻结措施或者法律规定的其他方式，以避免对债务人的财产造成紧急损害。

(3)行使追回权对债务人的财产进行管理

管理人一般通过行使以下权利对债务人的财产进行管理：

①行使撤销权。根据《企业破产法》第31条“人民法院受理破产申请前

① 付翠英：“破产保全制度比较：以美国破产自动停止为中心”，载《比较法研究》2008年第3期。

一年。涉及债务人财产的下列行为,管理人有权请求人民法院予以撤销:(一)无偿转让财产的;(二)以明显不合理的价格进行交易的;(三)对没有财产担保的债务提供财产担保的;(四)对未到期的到期的债务提前清偿的;(五)放弃债权的"、第32条"人民法院受理破产申请前六个月内,债务人有本法第二条第一款规定的情形,仍对个别债权人进行清偿的,管理人有权请求人民法院予以撤销。但是,个别清偿使债务人财产受益的除外"及《破产法司法解释(二)》第9条第1款"管理人依据企业破产法第三十一条和第三十二条的规定提起诉讼,请求撤销涉及债务人财产的相关行为并由相对人返还债务人财产的,人民法院应予支持"的规定,可以看出,管理人可对破产申请受理1年内可撤销行为及在破产申请前6个月内个别清偿行为行使撤销权。撤销权行使的法律后果是使债务人在破产申请受理前法定期间内实施的损害债权人利益的行为因被撤销而丧失效力,追回的财产纳入债务人财产范围。

需要注意的是,根据《破产企业法司法解释(二)》第13条第1款"破产申请受理后,管理人未依据企业破产法第三十一条的规定请求撤销债务人无偿转让财产、以明显不合理价格交易、放弃债权行为的,债权人依据合同法第七十四条等规定提起诉讼,请求撤销债务人上述行为并将因此追回的财产归入债务人财产的,人民法院应予受理"的规定,债权人也可行使撤销权对债务人财产进行管理,并将追回的财产作为债务人的财产。

②对债务人的董事、监事和高级管理人员的非正常收入行使追回权。根据《企业破产法》第36条"债务人的董事、监事和高级管理人员利用职权从企业获取的非正常收入和侵占的企业财产,管理人应当追回"及《企业破产法司法解释(二)》第24条的规定,因债务人的董事、经理和高级管理人员利用职权从企业获取的非正常收入和侵占的企业财产,不应当属于其个人所有而仍然应当属于债务人的财产,在债务人的财产被债务人的董事、经理或者高管人员占有后,管理人在人民法院受理破产申请后有权并且也有义务去追回并将其纳入债务人财产的范围。

③对质物和留置物进行取回或变价。根据《企业破产法司法解释(二)》第25条"管理人拟通过清偿债务或者提供担保取回质物、留置物,或者与质权人、留置权人协议以质物、留置物折价清偿债务等方式,进行对债权人利益

有重大影响的财产处分行为的，应当及时报告债权人委员会。未设立债权人委员会的，管理人应当及时报告人民法院”的规定，管理人享有取回质物、留置物进行取回或变价的权利。

典型案例

民间借贷关系成立时已存在担保的，不应予撤销

——宁波某置业有限公司等诉毛某等民间借贷纠纷二审案①

1. 案件基本情况

上诉人（原审被告）：宁波某置业有限公司。

被上诉人（原审原告）：毛某。

原审被告：宁波某化工有限公司。

原审被告：许某甲。

原审被告：许某乙。

原审被告：许某丙。

原审被告：周某。

2013年11月19日，甲方（债权人）为毛某，乙方（债务人1）为许某甲，乙方（债务人2）为宁波某化工有限公司（以下简称“某化工公司”），乙方（债务人3）为许某乙，乙方（债务人4）为许丙，丙方（担保人）为宁波某置业有限公司（以下简称“某置业公司”），丁方（担保人）为周某某签订一份《借款及连带担保协议》，协议主要约定：“乙方自愿将本人（本单位）拥有所有权的位于骆驼街道民和路南侧箭港路北侧作为向甲方借款的抵押担保。”经各方共同协商一致，对借款金额、借款期限、违约责任及担保责任等进行了约定，合同签订当日，毛某将6,500,000元汇入许某甲的账号。2013年11月27日，宁波市某公司开具发票，载明卖方单位为某化工公司，买方为毛某，车价为伍拾万元整。2013年12月9日，宁波某公司开具发票，载明卖方为毛某，买方为张某，车价为叁拾陆万柒仟元整。至今，借款人许某甲、某化工公司、许某乙、许

① 参见（2014）浙甬商终字第799号。

某丙均未将该6,500,000元本金及利息、逾期利息等返还、支付给毛某,某置业公司、周某某亦未尽担保之责。

另查明,某化工公司的股东主要为许某甲、许某乙、马某某,某置业公司的股东为某化工公司、宁波某国际贸易有限公司。

又查明,一审法院于2013年12月19日作出两份民事裁定书,裁定:受理某化工公司的重整申请,受理某置业公司的重整申请。同时指定管理人。

毛某请求法院判令:1.许某甲、某化工公司、许某乙、许某丙立即偿还毛某借款本金6,500,000元,并支付利息(从2013年11月26日起至实际清偿日止,利率按基准利率的四倍计算);2.某置业公司、周某某对以上借款承担连带还款责任。在第一次庭审中,毛某将第一项诉讼请求中借款本金变更为6,003,500元,将利息计算开始时间变更为2013年11月28日,计算基数变更为6,003,500元,其余不变;在第二次庭审中,由于某化工公司、某置业公司已进入破产程序,毛某相应变更部分诉讼请求,请求确认某化工公司欠毛某借款本金6,003,500元、应支付利息88,051元,某置业公司欠毛某担保债务借款本金6,003,500元、应支付利息88,051元。

2.法院终审裁判

一审法院审理认为,关于争议焦点一,即主债务人是谁、某化工公司有没有实际使用借款与确定主债务人是否有关联、是否影响其承担还款责任的问题,该院认为,在本案中,因许某甲、某化工公司、许某乙、许某丙、某置业公司、周某某分别签字或者盖章出具《借款及连带担保协议》给毛某持有,双方之间借款和担保关系成立,故涉案借款和担保法律关系合法有效。法律允许多数人之债,某化工公司有没有实际使用借款与案件没有关联,某化工公司为债务人地位即应承担还款责任。

关于争议焦点二,即利息开始的时间应为何时、利息的金额是否过高、是否可以调整的问题,该院认为,由于双方约定的计算标准已超过国家限制的标准,超出部分依法不予保护,该院将利率统一降低为中国人民银行公布的同期贷款基准利率的四倍。

关于争议焦点三,即破产程序与本案的民事诉讼程序是否冲突、如何衔接的问题,该院认为,本案中,管理人已经接管破产债务人的财产,本案民事诉讼应当继续进行,毛某在破产程序已申报债权,并不妨碍再走民事诉讼救济途径。

关于争议焦点四,即车辆抵债的行为在撤销结果不明情况下如何处理的问题,该院认为,虽然《企业破产法》第 32 条规定“人民法院受理破产申请前六个月内,债务人有本法第二条第一款规定的情形,仍对个别债权人进行清偿的,管理人有权请求人民法院予以撤销。但是,个别清偿使债务人财产受益的除外”,但破产程序何时终结,管理人态度如何都不明确,对车辆抵债的行为的法律效力由受理破产案件的一审法院评判,在本案判决时车辆的相应价值应予抵扣,该院保留管理人的权利,如果以后撤销车辆抵债行为,毛某可以就该部分债务金额再向债务人主张。

关于争议焦点五,即对外担保在本案担保人已进入破产程序的情况下如何处理的问题,该院认为,本案债务形成之时就有担保,不符合《中华人民共和国企业破产法》第 31 条规定的情形,不适用该法条。

综上,依照《合同法》第 44 条、第 107 条、第 206 条,《中华人民共和国企业破产法》第 20 条、第 31 条及《担保法》等法律规定,判决:一、确认毛某对某化工公司、某置业公司分别享有债权借款本金 6,003,500 元,逾期利息 88,051 元;二、许某甲、许某乙、许某丙返还毛某借款本金 6,003,500 元,并支付逾期利息(从 2013 年 11 月 28 日起至判决确定的履行日止,利率按中国人民银行公布的银行同期贷款基准利率的四倍,以借款本金 6,003,500 元中未履行部分金额为基数进行计算),限于判决生效后十日内履行完毕(毛某在某化工公司、某置业公司破产程序中获得的清偿部分应当抵扣本案的债权);三、周某某对以上第二项许某甲、许某乙、许某丙的还款付息义务承担连带清偿责任。担保人承担担保责任后,有权向债务人追偿。

某置业公司不服原审法院上述民事判决,向二审法院提起上诉称:涉案借款未经某置业公司股东会决议,违反了公司法有关规定,因此《借款及连带担保协议》无法律效力。某置业公司已于 2013 年 12 月 19 日被法院裁定受理破产申请,针对某置业公司债权的利息应于 2013 年 12 月 19 日停止计算,原审判决毛某享有某置业公司 88,051 元利息债权系适用法律错误。请求撤销原判,驳回毛某对某置业公司的诉讼请求。

二审法院认为,某置业公司对涉案借款提供连带责任保证系其真实意思表示,某置业公司以其提供担保未经公司股东会决议为由,主张担保无效,无法律依据,不予支持。因双方对借款利息的约定超过银行同期贷款基准利率的四倍,原审判决某置业公司按银行同期贷款基准利率四倍计算至法院受理某置业公司破产申请之日止的利息共计88,051元,并无不当。原审对本案事实认定清楚,审判程序合法,判决得当。依照《中华人民共和国民事诉讼法》第170条第1款第1项之规定,判决如下:驳回上诉,维持原判。

3. 案例评析

本案需要分析的问题即车辆抵债的行为在撤销结果不明情况下如何处理,债权人如何救济,以及民间借贷关系成立时已存在担保是否属于撤销的范围。

(1)车辆抵债的行为在撤销结果不明情况下如何处理,以及债权人如何救济。本案中,债务人某化工公司于2013年11月27日将车辆作价500,000元买卖给张某,2013年12月19日法院受理某化工公司的重整申请,受理某置业公司的重整申请,同时指定管理人。根据《企业破产法》第32条"人民法院受理破产申请前六个月内,债务人有本法第二条第一款规定的情形,仍对个别债权人进行清偿的,管理人有权请求人民法院予以撤销。但是,个别清偿使债务人财产受益的除外"的规定,债务人在破产受理前6个月内对车辆进行抵债的行为,管理人可以行使撤销权,而向受理破产案件的一审法院提起诉讼,对债务让与人的财产进行管理,在管理人怠于行使或不行使撤销权时,债权人可以依据《合同法》第74条等规定提起债权人撤销之诉,请求撤销债务人对车辆的抵债行为,并将追回的财产归入债务人财产。本案中,因破产程序何时终结,管理人是否行使撤销权尚不明确,债权人毛某是否可以提起撤销之诉亦不能明确,如果以后撤销车辆抵债行为,毛某可以就该部分债务金额再向债务人主张。

(2)关于民间借贷关系成立时已存在担保是否属于撤销范围的问题。因撤销权是为防止债务人在丧失清偿能力的情况下,通过无偿转让、非正常交易或者偏袒性清偿债务等方式损害全体或者多数人债权人的利益,破坏公平清偿原则,根据《企业破产法》第31条"人民法院受理破产申请前一年。涉及债务人财产的下列行为,管理人有权请求人民法院予以撤销:(一)无偿转让财产的;(二)以明显不合理的价格进行交易的;(三)对没有财产担保的债务提供财产担保的；（四）对未到期的到期的债务提前清偿的；（五）放弃债权的"的规定，本案毛某与某化工公司之间的民间借贷关系合法有效，宁波某置业有限公司在民间借贷关系成立时已提供担保，现虽然宁波某置业有限公司进入破产程序，但不存在通过无偿转让、非正常交易或者偏袒性清偿债务等方式损害全体或者多数人债权人的利益的情形，故宁波某置业有限公司提供的担保不应予撤销。

有关法律规定

《中华人民共和国企业破产法》(2006年)

第二十二条　管理人由人民法院指定。

债权人会议认为管理人不能依法、公正执行职务或者有其他不能胜任职务情形的，可以申请人民法院予以更换。

指定管理人和确定管理人报酬的办法，由最高人民法院规定。

第二十七条　管理人应当勤勉尽责，忠实执行职务。

第三十一条　人民法院受理破产申请前一年。涉及债务人财产的下列行为，管理人有权请求人民法院予以撤销：（一）无偿转让财产的；（二）以明显不合理的价格进行交易的；（三）对没有财产担保的债务提供财产担保的；（四）对未到期的到期的债务提前清偿的；（五）放弃债权的。

第三十二条　人民法院受理破产申请前六个月内，债务人有本法第二条第一款规定的情形，仍对个别债权人进行清偿的，管理人有权请求人民法院予以撤销。但是，个别清偿使债务人财产受益的除外。

第三十五条　人民法院受理破产申请后，债务人的出资人尚未完全履行出资义务的，管理人应当要求该出资人缴纳所认缴的出资，而不受出资期限的限制。

第三十六条　债务人的董事、监事和高级管理人员利用职权从企业获取的非正常收入和侵占的企业财产，管理人应当追回。

最高人民法院《关于适用〈中华人民共和国企业破产法〉若干问题的规定（二）》（法释〔2013〕22号）

第六条　破产申请受理后，对于可能因有关利益相关人的行为或者其他原因，影响破产程序依法进行的，受理破产申请的人民法院可以根据管理人的申请或者依职权，对债务人的全部或者部分财产采取保全措施。

第九条　管理人依据企业破产法第三十一条和第三十二条的规定提起诉讼，请求撤销涉及债务人财产的相关行为并由相对人返还债务人财产的，人民法院应予支持。

管理人因过错未依法行使撤销权导致债务人财产不当减损，债权人提起诉讼主张管理人对其损失承担相应赔偿责任的，人民法院应予支持。

第十三条　破产申请受理后，管理人未依据企业破产法第三十一条的规定请求撤销债务人无偿转让财产、以明显不合理价格交易、放弃债权行为的，债权人依据合同法第七十四条等规定提起诉讼，请求撤销债务人上述行为并将因此追回的财产归入债务人财产的，人民法院应予受理。

相对人以债权人行使撤销权的范围超出债权人的债权抗辩的，人民法院不予支持。

第二十条　管理人代表债务人提起诉讼，主张出资人向债务人依法缴付未履行的出资或者返还抽逃的出资本息，出资人以认缴出资尚未届至公司章程规定的缴纳期限或者违反出资义务已经超过诉讼时效为由抗辩的，人民法院不予支持。

管理人依据公司法的相关规定代表债务人提起诉讼，主张公司的发起人和负有监督股东履行出资义务的董事、高级管理人员，或者协助抽逃出资的其他股东、董事、高级管理人员、实际控制人等，对股东违反出资义务或者抽逃出资承担相应责任，并将财产归入债务人财产的，人民法院应予支持。

第二十四条　债务人有企业破产法第二条第一款规定的情形时，债务人的董事、监事和高级管理人员利用职权获取的以下收入，人民法院应当认定为企业破产法第三十六条规定的非正常收入：

（一）绩效奖金；

（二）普遍拖欠职工工资情况下获取的工资性收入；

（三）其他非正常收入。

债务人的董事、监事和高级管理人员拒不向管理人返还上述债务人财产，管理人主张上述人员予以返还的，人民法院应予支持。

债务人的董事、监事和高级管理人员因返还第一款第（一）项、第（三）项非正常收入形成的债权，可以作为普通破产债权清偿。因返还第一款第（二）项非正常收入形成的债权，依据企业破产法第一百一十三条第三款的规定，按照该企业职工平均工资计算的部分作为拖欠职工工资清偿；高出该企业职工平均工资计算的部分，可以作为普通破产债权清偿。

第二十五条　管理人拟通过清偿债务或者提供担保取回质物、留置物，或者与质权人、留置权人协议以质物、留置物折价清偿债务等方式，进行对债权人利益有重大影响的财产处分行为的，应当及时报告债权人委员会。未设立债权人委员会的，管理人应当及时报告人民法院。

第三节
破产债权

对债务人享有债权的债权人依据《企业破产法》第 44 条的规定,在人民法院确定的期限内对债权进行申报确认,以确保能够获得清偿。根据《企业破产法》第 107 条第 2 款"人民法院受理破产申请时对债务人享有的债权称为破产债权"的规定,破产债权是指人民法院受理破产申请时对债务人享有的并在人民法院确定的期限内进行申报确认的债权。破产债权的申报确认,属民法上的请求权,需通过法定的破产程序获得清偿。破产债权是否获得清偿,取决于债权人的破产债权所处的分配顺序及是否享有优先受偿权等,同时,在破产程序中,相对于普通破产债权,债权人享有别除权或抵销权时将有更多的机会获得清偿。

一、破产程序中,如何申报债权

基本理论

债权申报是指债权人或其代理人在人民法院确定的债权申报期限内向管理人申报债权,由管理人审查、债权人会议核查,最后由人民法院对符合条件的破产债权进行确认的程序。根据《企业破产法》第 14 条"人民法院应当自裁定受理破产申请之日起二十五日内通知已知债权人,并予以公告。通知和公告应当载明下列事项:(一)申请人、被申请人的名称或者姓名;(二)人民法院受理破产申请的时间;(三)申报债权的期限、地点和注意事项;(四)管理人的名称或者姓名及其处理事务的地址;(五)债务人的债务人或者财产持有人应当向管理人清偿债务或者交付财产的要求;(六)第一次债权人会议召开的时间和地点;(七)人民法院认为应当通知和公告的其他事项"

的规定，人民法院在裁定受理破产申请之日起 25 日内，对债权申报的期限、地点、注意事项等应予以公告，以及逾期不申报债权的后果，以确保对债务人享有债权的所有债权人都能参加到破产程序中。根据《企业破产法》第 44 条“人民法院受理破产申请时对债务人享有债权的债权人，依照本法规定的程序行使权利”的规定，债权人要依据破产法的规定行使权利，必须先按破产法的规定在人民法院确定的申报债权的期限内其对债务人所享有的债权进行申报，只有依法进行了债权申报，才能享有破产债权，否则，其债权不能纳入破产债权，将会失去通过破产程序获得清偿债权的最后机会。可见，债权申报是债权人行使权利前提和基础。那么如何申报债权?

1. 由对债务人享有债权的债权人提出债权申报

《企业破产法》第 44 条规定，债权申报人应为人民法院受理破产申请时对债务人享有债权的债权人。需要注意的是，根据《企业破产法》第 46 条第 1 款“未到期的债权，在破产申请受理时视为到期”及第 47 条“附条件、附期限的债权和诉讼、仲裁未决的债权，债权人可以申报”的规定，因破产程序是所有债权人获得最后清偿机会的程序，破产程序终结后，与债权人之间的债权债务关系将消灭，需将未到期的债权视为已到期，债权人可以申报债权，同样，附条件、附期限的债权和诉讼、仲裁未决的债权亦可以申报债权，以实现破产程序概括式集体清偿的目标。同样，根据《企业破产法》第 51 条第 2 款的规定，债务人的保证人或者其他连带债务人尚未代替债务人清偿债务的，以其对债务人的将来求偿权可以申报债权，但债权人已经向管理人申报全部债权的除外。

2. 申报债权的期限

为防止个别债权人不及时行使其权利，影响破产程序的顺利进行，根据《企业破产法》第 45 条“人民法院受理破产申请后，应当确定债权人申报债权的期限。债权申报期限自人民法院发布受理破产申请公告之日起计算，最短不得少于三十日，最长不得超过三个月”的规定，债权人应当自人民法院发布受理破产申请公告之日起计算，最短不得少于 30 日，最长不得超过 3 个月申报债权。司法实践中，时有出现个别债权人因正当理由未在在法律规定的期限内申报债权的情形。《企业破产法》第 56 条规定：“在人民法院确定的债权申报期限内，债权人未申报债权的，可以在破产财产最后分配前补充申报；但是，此前已进行的分配，不再对其补充分配。为审查和确认补充申报债权的费用，由补充申报人承担。债权人未依照本法规定申报债权的，不得依照本法规定的程序行使权利。”法律给该部分人给予了相应的救济途径，即进行补充申报，但补充申报债权的其权利的行使将受到很大的限制，如其不再享有补充申报债权前已进行的程序权利，不再参与破产程序中已经进行的分配，为审查和确认补充申报债权的费用，应由补充申报的债权人承担。

3. 应提供的债权申报材料

债权人获知债务人进入破产程序后，应及时向管理人书面提出债权申报申请，同时提交以下相关的申报资料：

(1)债权人基本信息情况。根据《关于审理企业破产案件若干问题的规定》第 21 条第 1 款“债权人申报债权应当提交债权证明和合法有效的身份证明；代理申报人应当提交委托人的有效身份证明、授权委托书和债权证明”的规定，通常情况下，债权人是个人的需提交身份证明、联系方式等，债权人为法人的应当提供企业营业执照复印件、法定代表人身份证明及身份证复印件、组织机构代码证复印件、授权委托书以及代理人身份证复印件、联系方式等资料以向管理人证明自身的主体资格。授权他人代理债权申报的，还需提供授权委托书和受托人有效的身份证明。

(2)债权申报书。根据《企业破产法》第 49 条“债权人申报债权时，应当书面说明债权的数额和有无财产担保，并提交有关证据。申报的债权是连带债权的，应当说明”的规定，司法实践中，应当书面说明的有：①写明债权发生的时间、原因、金额(有利息的，计算至破产企业被人民法院受理破产申请之日)、有无财产担保、是否申请抵销、是否为连带债权等。[①] ②对破产企业拥有多笔债权的，应逐笔申报。

(3)债权证据材料。根据《企业破产法》第 49 条关于申报债权需提交有关证据的规定，债权人申报债权时通常应当提交下列证据：①债权产生或存在的证据材料，如合同、判决书、调解书等；②债权受偿情况的证据材料，如进账单、抵偿协议、记账原始凭证复印件、转账凭证、对账单等；③债权没有超过

① 《企业破产法》第 50 条规定，“连带债权人可以由其中一人代表全体连带债权人申报债权，也可以共同申报债权”，故连带债权人申报债权时需要对是否为连带债权进行说明。

诉讼时效或申请执行期限的证据材料。

根据《企业破产法》第57条的规定,债权申报后,管理人收到申报材料应当登记造册,对申报的债权进行审查,并编制债权表。依法申报的债权人需参加第一次债权人会议,并可就其申报的债权的情况向管理人进行询问管。在债权人会议核查债权后,如申报人对债权表内的记载事项有异议,可根据《企业破产法》第58条的规定,向受理破产申请的人民法院提起诉讼,以使自己的债权能够得到充分的保护和确认。

典型案例

债权申报后,未经第一次债权人会议核实确认为破产债权,债权人有异议的,可向受理破产申请的人民法院提取诉讼进行破产债权确认

——刘某某诉被告河南省某饮品股份有限公司普通破产债权确认纠纷一案①

1. 案情简介

原告:刘某某。

被告:河南省某饮品股份有限公司。

2010年9月12日、2012年4月6日、2012年5月3日,刘某某与河南省某饮品股份有限公司(以下简称"某饮品公司")分别签订了三份借款协议,2011年6月29日,双方签订了一份合作协议,四份协议约定某饮品公司共计向刘某某借款120万元。后刘某某将120万元打入了某饮品公司法定代表人王某某的账户。2014年12月31日,某饮品公司宣告破产重整,刘某某向某饮品公司破产重整管理人申报120万元债权,但某饮品公司破产重整管理人的债权表中并未对刘某某的债权进行确认。原告遂诉至法院请求判令:1. 确认原告对被告享有120万元的债权;2. 诉讼费用由被告承担。以上事实有原、被告的当庭陈诉,证人刘某甲、唐某某、刘某乙、

① 参见(2015)站民二初字第00143号判决书。

朱某某等的证言，借款协议四份，合作协议一份，银行转账凭证、对账单予以证明。

2. 法院裁判及观点

一审法院认为，原、被告之间签订的三份借款协议、一份合作协议系双方当事人的真实意思表示，不违反法律和行政法规的强制性规定，依法应认定有效。合作协议约定原告不参与被告的经营，不管被告经营如何，原告不承担任何责任，原告的投资月回报率不低于30%，原告需要资金，被告应在半月内结算完毕，从协议约定的内容来看该协议名为合作实为借贷，原告主张该笔40万为借款，本院予以支持；因三份借款协议、一份合作协议均有被告某饮品公司的财务章和法定代表人王某某的签字，原告有理由相信借款方是某饮品公司，且已将120万元打入了王某某的账户，已完成出借人的义务，现原告要求确认120万元债权，本院予以支持；被告辩称原告的债权已过诉讼时效，理由不足，本院不予采纳。根据《合同法》第60条、《企业破产法》第58条第3款之规定，判决如下：原告刘某某对被告河南省某饮品股份有限公司享有120万元债权。

3. 案例评析

本案需要分析的问题是原告刘某某与被告被告河南省某饮品股份有限公司之间的借贷关系是否合法有效，即刘某某是否享有破产债权。本案中，原、被告之间签订的三份借款协议、一份合作协议系双方当事人的真实意思表示，不违反法律和行政法规的强制性规定，依法应认定有效。因三份借款协议、一份合作协议均有被告某饮品公司的财务章和法定代表人王某某的签字，原告有理由相信借款方是某饮品公司，且已将120万元打入了王某某的账户，已完成出借人的义务，原、被告双方形成借贷关系，且原告在接到申报债权的通知后，在申报期限内对其享有的债权进行了申报，符合《企业破产法》第44条“人民法院受理破产申请时对债务人享有债权的债权人，依照本法规定的程序行使权利”的规定，现原告享有的债权合法，且申报破产债权的程序合法一审法院确认原告刘某某对被告河南省某饮品股份有限公司享有120万元债权符合法律规定。

《中华人民共和国企业破产法》(2006年)

第十四条 人民法院应当自裁定受理破产申请之日起二十五日内通知已知债权人。并予以公告。

通知和公告应当载明下列事项:

(一)申请人、被申请人的名称或者姓名;

(二)人民法院受理破产申请的时间;

(三)申报债权的期限、地点和注意事项;

(四)管理人的名称或者姓名及其处理事务的地址;

(五)债务人的债务人或者财产持有人应当向管理人清偿债务或者交付财产的要求;

(六)第一次债权人会议召开的时间和地点;

(七)人民法院认为应当通知和公告的其他事项。

第四十四条 人民法院受理破产申请时对债务人享有债权的债权人,依照本法规定的程序行使权利。

第四十五条 人民法院受理破产申请后,应当确定债权人申报债权的期限。债权申报期限自人民法院发布受理破产申请公告之日起计算,最短不得少于三十日,最长不得超过三个月。

第四十六条 未到期的债权,在破产申请受理是视为到期。

附利息的债权自破产申请受理时起停止计息。

第四十七条 附条件、附期限的债权和诉讼、仲裁未决的债权,债权人可以申报。

第四十八条 债权人应当在人民法院确定的债权申报期限内向管理人申报债权。

债务人所欠职工的工资和医疗、伤残补助、抚恤费用,所欠的应当划入职工个人账户的基本养老保险、基本医疗保险费用。以及法律、行政法规规定应当支付给职工的补偿金。不必申报,由管理人调查后列出清单并予以公示。职工对清单记载有异议的,可以要求管理人更正;管理人不予更正的。职工可以向人民法院提起诉讼。

第四十九条 债权人申报债权时,应当书面说明债权的数额和有无财产担保,并提交有关证据。申报的债权是连带债权的,应当说明。

第五十一条第二款　债务人的保证人或者其他连带债务人尚未代替债务人清偿债务的，以其对债务人将来求偿权申报债权。但是债权人已经向管理人申报全部债权的除外。

第五十六条　在人民法院确定的债权申报期限内，债权人未申报债权的，可以在破产财产最后分配前补充申报；但是，此前已进行的分配，不再对其补充分配。为审查和确认补充申报债权的费用，由补充申报人承担。债权人未依照本法规定申报债权的，不得依照本法规定的程序行使权利。

《最高人民法院关于审理企业破产案件若干问题的规定》(法释〔2002〕23号)

第二十一条　债权人申报债权应当提交债权证明和合法有效的身份证明；代理申报人应当提交委托人的有效身份证明、授权委托书和债权证明。

申报的债权有财产担保的，应当提交证明财产担保的证据。

二、我的债权是有抵押物作为担保的，能否在破产程序中优先受偿

基本理论

担保权人优先受偿的权利，在破产法中一般称为别除权，是指在破产程序中，对于破产人的特定财产享有担保物权的权利人，可以不依照破产程序而对该特定财产优先受偿，当抵押物或者其他担保物的价款不足以偿付其所担保的债权数额时，其差额部分应列入破产债权，依照破产清偿顺序受偿。同时，别除权的行使应当以该特定财产为限，当该特定财产毁灭或者灭失的，该别除权也随之消失。[①] 别除权是大陆法系国家破产法上的概念，“它是由破产人特定财产上已存在的担保物权或法定优先权之排他性优先效力沿袭而来的，并非破产法所创设。别除权的名称是针对这种权利人在破产程序中行使的特点命名的”。[②]《企业破产法》第109条规定，对破产人的特定财产享有担保权的权利人，对该特定财产享有优先受偿的权利。在破产程序中保证担保物权人优先受偿的权利，是各国破产法普遍接受的一项原则。一般认为，只要将特定财产之价值予以变现，别除权之债权即可先于清偿，而无须等

① 参见“中国审判法律应用支持系统”中对《企业破产法》第109条的理解与适用。

② 王欣新：《破产法》，中国大学出版社2004年版，第285页。

待统一的破产分配程序。[①]

1. 别除权行使条件

(1)行使别除权的主体

别除权的行使建立在担保物权的基础之上。按照《担保法》的规定,对债务人的特定财产享有担保物权的人有抵押、质押及留置权的人,故在破产程序中对债务人的特定财产享有优先受偿的权利人应为抵押权人、质权人、留置权人。

(2)别除权在破产宣告之前形成

因别除权产生于破产申请受理前的破产人设定的担保物权,故在破产程序中对债务人的特定财产主张享有优先受偿的债权应在破产宣告之前,债权债务关系就已合法形成并按担保法的规定已对特定财产设置抵押权、担保权或已被留置,否则,根据《企业破产法》第31条的规定,在人民法院受理破产申请前一年,债务人与债权人对没有财产担保的债务提供财产担保的,管理人有权请求人民法院予以撤销。

(3)别除权的标的物是债务人的特定财产

如前所述,别除权的行使以担保物权为基础。根据我国担保法的规定,无论是抵押权还是质权、留置权,其标的物均系特定物,故在破产程序中别除权的标的物需是债务人的特定财产,并以该特定物为限对担保债权人进行清偿,非特定物不能成为别除权的标的物。根据《物权法》第174条的规定,别除权人对别除权的担保物毁损、灭失的替代物享有优先权。

2. 别除权行使程序

别除权属特殊债权,但根据《企业破产法》第45条"人民法院受理破产申请后,应当确定债权人申报债权的期限。债权申报期限自人民法院发布受理破产申请公告之日起计算,最短不得少于三十日,最长不得超过三个月"、第48条第1款"债权人应当在人民法院确定的债权申报期限内向管理人申报债权"、第49条"债权人申报债权时,应当书面说明债权的数额和有无财产担保,并提交有关证据。申报的债权是连带债权的,应当说明"以及第56条第1款"在人民法院确定的债权申报期限内,债权人未申报债权的,可以在破产财

① 王欣新:《破产法理论和实务疑难问题研究》,中国法制出版社2011年版,第462页。

产最后分配前补充申报；但是，此前已进行的分配，不再对其补充分配。为审查和确认补充申报债权的费用，由补充申报人承担”的规定，因在债务人被宣告破产以后，债务人的所有财产都成为破产财产，由管理人占有和管理，并由管理人按照债权人会议通过的破产财产分配方案，将其分配给破产债权人。别除权人享有的债权属破产债权，虽别除权人享有优先受偿的权利，但也应向管理人进行债权申报，未进行申报或补充申报将不能享有破产债权人的资格。同样，经申报后，别除权人对第一次债权人会议核查情况有异议的，可以根据《企业破产法》第58条第3款“债务人、债权人对债权表记载的债权有异议的，可以向受理破产申请的人民法院提起诉讼”的规定，向受理破产申请的人民法院提起诉讼对别除权进行确认。经确认后的别除权，可直接向破产管理人请求就该特定财产形式优先受偿权。

3. 别除权行使限制

别除权的债权优先受偿性，不仅优先于普通债权，单独、及时受偿，也优先于破产费用和共益债务，其优先性可不受破产财产清偿顺序而优先获得受偿，但其优先性表现在破产程序之中，应受破产程序的限制。根据《企业破产法》第75条第1款“在重整期间，对债务人的特定财产享有的担保权暂停行使。但是，担保财物有损坏或者价值明显减少的可能，足以危害担保权人权利的，担保权人可以向人民法院请求恢复行使担保权”的规定，因破产重整程序开始后，所有的民事诉讼、执行程序都需中止，别除权也将中止行使，并被自动冻结，但当担保财物有损坏或者价值明显减少的可能，足以危害担保权人权利的，担保权人可以向人民法院请求恢复行使担保权。同时，根据《企业破产法司法解释（二）》第45条“企业破产法第四十条所列不得抵销情形的债权人，主张以其对债务人特定财产享有优先受偿权的债权，与债务人对其不享有优先受偿权的债权抵销，债务人管理人以抵销存在企业破产法第四十条规定的情形提出异议的，人民法院不予支持。但是，用以抵销的债权大于债权人享有优先受偿权财产价值的除外”的规定，别除权之债权在进行破产抵销时可不受《企业破产法》第40条禁止抵销规定的限制，但是，当别除权人未完全获得清偿或放弃优先受偿后，根据《企业破产法》第110条“享有本法的第一百零九条规定权利的债权人行使优先受偿权利未完全受偿的，其未受偿的债权作为普通债权；放弃优先受偿权利的，其债权作为普通债权”的规定,未受偿或放弃优先受偿的债权均未普通债权,则将受到破产法规定的禁止破产抵销的限制。

典型案例

民间借贷债权人指定将质押物交付第三方保管的,债权人依法享有质押权,在破产清算中,债权人享有别除权

——曲某某与山东某汽车配件有限公司别除权纠纷二审案①

1. 案情简介

上诉人(原审原告):曲某某。

被上诉人(原审被告):山东某汽车配件有限公司。

山东某汽车配件有限公司(以下简称"某汽配公司")向原告曲某某借款400万元,双方还签订了《质押合同》,合同约定本合同所担保的债权为曲某某向某汽配公司发放的400万元借款,是某汽配公司自愿以所拥有的代表价值肆佰肆拾肆万元整的库存产成品和半成品作为对该贷款提供质押方式的担保。第四条约定,甲方应在本合同生效后将符合双方约定价值总额的产成品和半成品交付给乙方指定的于某某代为保管。后因原告曲某某与某汽配公司民间借贷纠纷案,经某区人民法院于2012年6月14日作出民事调解书,调解书确认债权本金400万元、利息、实现债权费用、诉讼费等以及债权质押物,该调解书第二条约定,作为《借款合同》附属合同的《质押合同》以及编号为2010年个借抵字第2010001-1和2010年个借抵字第2010001-2《抵押合同》中约定的抵押、质押、担保的条件不变,对某汽配公司占有使用的抵押物,某汽配公司应负责妥善保管和正常使用,不得故意损毁或以不适于使用的方法使用;质押的货物没有甲方(某汽配公司)的书面同意,不得转赠、变卖或使用。嗣后,某汽配公司向章丘市法院申请破产清算,某市法院指定某汽配公司清算组为管理人。曲某某向管理人申报债权时要求管理人确认曲某某对质押物享有优先受偿权。后管理人未对曲某某享有质押权进行确

① 参见(2014)济商终字第663号。

认,曲某某以对质押物享有优先受偿的权利,管理人不确认优先受偿权损害了其的合法权益为由。请求人民法院确认其债权(本金400万元以及利息)对某区人民法院民事调解书认定的质押物享有优先受偿权。诉讼中,曲某某提供了质押物交付于某某保管的库存明细表4页,该4页表列明了某汽配公司的库存产品的图号、名称和数量,于某某在4页表上均注明“表内保管产品已清点收到。章丘市某诚捷仓储服务部于某某”,并加盖了章丘市某诚捷仓储服务部的印章。章丘市某诚捷仓储服务部是由于某某申请注册的个体工商户。在第二次开庭时,于某某出庭作证称,自己是受某汽配公司原法定代表人李朝某的委托,在库存明细表上签名,自己不认识曲某某,也没有见到库存明细表上的物资。

某市人民法院认为,曲某某与某汽配公司双方签订的《质押合同》约定了质押动产交付给指定的于某某代为保管,于某某否认收到曲某某提供的库存明细表4页中所载明的货物,根据《中华人民共和国担保法》第63条的规定,动产质押是债务人或第三人将其动产移交债权人占有,将该动产作为债权担保。第64条第2款规定,质押合同自质物移交于质权人占有时生效。本案中,曲某某提供的库存明细表4页,没有某汽配公司的盖章,不能证明该证据中列明的产品是某汽配公司的,也不能说明某汽配公司有库存明细表4页所列明的这些产品。其次,库存明细表中列明的产品,也没有交付曲某某或者曲某某指定的于某某占有。因此,双方签订的《质押合同》未生效。曲某某的诉讼请求,不予支持。经该院审判委员会决定,依照《民事诉讼法》第64条第1款“当事人对自己提出的主张,有责任提供证据”和最高人民法院《关于民事诉讼证据的若干规定》第2条“当事人对自己提出的诉讼请求所依据的事实或者反驳对方诉讼请求所依据的事实有责任提供证据加以证明。没有证据或者证据不足以证明当事人的事实主张的,由负有举证责任的当事人承担不利后果”之规定,原审法院判决:驳回曲某某的诉讼请求。

曲某某不服上诉请求二审法院撤销原判,依法确认其对质押物享有优先受偿权。

2. 法院裁判及观点

二审法院二审查明的事实与原审查明的事实基本一致。还查明,作为质押物清单的库存明细表 4 页，某汽配公司均加盖了骑缝章。该院认为，依据曲某某与某汽配公司签订的质押合同第四条的约定，质押物系交付于某某保管。某汽配公司在质押物清单之库存明细表上加盖的骑缝章，于某某在库存明细表上签署的“表内保管产品已清点收到”以及加盖的其为业主的章丘市某诚捷仓储服务部的印章，可以证实某汽配公司已向保管人于某某交付质物。故依照《物权法》第 208 条、第 212 条之规定，质权已经设立，债权人曲某某依法享有质权，并有权就质押物优先受偿。于某某在原审庭审时关于自己不认识曲某某，也没有见到库存明细表上的物资的陈述，未提交证据证实，仅凭其陈述，不能推翻其在先的签署意见。综上，原审判决认定事实及适用法律均有误，应予纠正，上诉人曲某某的上诉请求应予支持。依照《民事诉讼法》第 170 条第 2 项之规定，判决如下：一、撤销某市人民法院（2013）章商初字第 1159 号民事判决；二、上诉人曲某某对民事调解书认定的质押合同项下的库存明细表所载明的质押物享有优先受偿权。

3. 案例评析

本案需要分析的是关于原告曲某某主张的对某区人民法院民事调解书认定的质押物是否享有优先受偿权的问题，也即质押物是否交付，质押合同是否生效。本案中，某汽配公司与曲某借款的同时签订《质押合同》，约定本合同所担保的债权为曲某某向某汽配公司发放的 400 万元借款，是某汽配公司自愿以所拥有的代表价值肆佰肆拾肆万元整的库存产成品和半成品作为对该贷款提供质押方式的担保，并约定某汽配公司应在本合同生效后将符合双方约定价值总额的产成品和半成品交付给曲某某指定的于某某代为保管，后质押物交付于某某保管。某汽配公司在质押物清单之库存明细表上加盖的骑缝章，于某某在库存明细表上签署的“表内保管产品已清点收到”以及加盖的其为业主的章丘市某诚捷仓储服务部的印章，可以证实某汽配公司已向保管人于某某交付质物，根据《物权法》第 208 条“为担保债务的履行，债务人或者第三人将其动产出质给债权人占有的，债务人不履行到期债务或者发生当事人约定的实现质权的情形，债权人有权就该动产优先受偿”及第 212 条“质权自出质人交付质押财产时设立”的规定，质权已经设立，债权人曲某某依法享有质权，并有权就质押物优先受偿。同时，原、被告双方在借款时即对所借款项提供了质押担保，并不存在《企业破产法》

第31条规定的“在人民法院受理破产申请前一年，债务人与债权人对没有财产担保的债务提供财产担保的，管理人有权请求人民法院予以撤销”的情形，故曲某某在某汽配公司破产过程中申报对质物享有优先受偿权的权利应予以确认。

有关法律规定

《中华人民法共和国企业破产法》(2006年)

第三十一条　人民法院受理破产申请前一年内，涉及债务人财产的下列行为，管理人有权请求人民法院予以撤销：

(一)无偿转让财产的；

(二)以明显不合理的价格进行交易的；

(三)对没有财产担保的债务提供财产担保的；

(四)对未到期的债务提前清偿的；

(五)放弃债权的。

第三十七条第一款　人民法院受理破产申请后，管理人可以通过清偿债务或者提供为债权人接受的担保，取回质物、留置物。

第四十五条　人民法院受理破产申请后，应当确定债权人申报债权的期限。债权申报期限自人民法院发布受理破产申请公告之日起计算，最短不得少于三十日，最长不得超过三个月。

第四十八条第一款　债权人应当在人民法院确定的债权申报期限内向管理人申报债权。

第四十九条　债权人申报债权时，应当书面说明债权的数额和有无财产担保。并提交有关证据。申报的债权是连带债权的，应当说明。

第五十六条　在人民法院确定的债权申报期限内，债权人未申报债权的，可以在破产财产最后分配前补充申报；但是，此前已进行的分配，不再对其补充分配。为审查和确认补充申报债权的费用，由补充申报人承担。

债权人未依照本法规定申报债权的，不得依照本法规定的程序行使权利。

第五十八条　依照本法第五十七条规定编制的债权表。应当提交第一次债权人会议核查。

债务人、债权人对债权表记载的债权无异议的，由人民法院裁定确认。

债务人、债权人对债权表记载的债权有异议的，可以向受理破产申请的人民法院提起诉讼。

第七十五条　在重整期间，对债务人的特定财产享有的担保权暂停行使。但是，担保物有损坏或者价值明显减少的可能。足以危害担保权人权利的，担保权人可以向人民法院请求恢复行使担保权。

在重整期间，债务人或者管理人为继续营业而借款的，可以为该借款设定担保。

第一百零九条　对破产人的特定财产享有担保权的权利人，对该特定财产享有优先受偿的权利。

第一百一十条　享有本法第一百零九条规定权利的债权人行使优先受偿权利未能完全受偿的，其未受偿的债权作为普通债权；放弃优先受偿权利的。其债权作为普通债权。

最高人民法院《关于适用〈中华人民共和国企业破产法〉若干问题的规定（二）》（法释〔2013〕22号）

第四十五条　企业破产法第四十条所列不得抵销情形的债权人，主张以其对债务人特定财产享有优先受偿权的债权，与债务人对其不享有优先受偿权的债权抵销，债务人管理人以抵销存在企业破产法第四十条规定的情形提出异议的，人民法院不予支持。但是，用以抵销的债权大于债权人享有优先受偿权财产价值的除外。

《中华人民共和国物权法》（2007年）

第二百零八条　为担保债务的履行，债务人或者第三人将其动产出质给债权人占有的，债务人不履行到期债务或者发生当事人约定的实现质权的情形，债权人有权就该动产优先受偿。

前款规定的债务人或者第三人为出质人，债权人为质权人，交付的动产为质押财产。

第二百一十二条　质权自出质人交付质押财产时设立。

三、我对债务人负有债务的，能否与我的破产债权进行抵销

基本理论

破产抵销权是指债权人在破产申请受理前对债务人即破产人负有债务的，无论是否到期、标的是否相同，均可在破产财产最终分配确定前向管理人

主张相互抵销的权利。[①] 破产抵销制度是民法上的抵销权在破产程序中的扩张适用，使得债权人的破产债权在抵销范围内得以从破产财产中得到全额、优先清偿，突破了破产程序中按债权清偿比例进行受偿的限制，具有担保功能，使得对债务人负有债务的债权人相对于其他债权人可优先受偿，故破产抵销权在关系到抵销双方利益的同时，必将影响其他破产债权人的利益。但如果不允许对债务人负有债务的债权人行使抵销权，造成的后果是，对债务人负有债务的债权人对债务人履行了全部债务，但债务人对其所付的债务却只能按比例清偿或得不到清偿，显然违背民法上的公平原则，所以在破产程序中，破产抵销权并未违背《企业破产法》确定公平的清偿原则。

1. 破产抵销权的行使方式及主体

民法上，只要符合抵销的条件，债权人与债务人均可行使抵销权。在破产程序中，根据《企业破产法司法解释（二）》第 41 条“债权人依据企业破产法第四十条的规定行使抵销权的，应当向管理人提出抵销主张。管理人不得主动抵销债务人与债权人的互负债务，但抵销使债务人财产受益的除外”的规定，破产法中抵销权的行使只能由破产债权人提出，并以明示的方式向管理人提出，破产管理人通常不能主动行使破产抵销权，除非行使抵消权使得债务人获得利益。同时，根据《企业破产法》第 48 条第 1 款“债权人应当在人民法院确定的债权申报期限内向管理人申报债权”的规定，债权人行使破产抵销权时也需依法向管理人申报。如果抵销权没有依法进行申报，债权人则不能主张破产抵销权。根据《企业破产法司法解释（二）》第 43 条“债权人主张抵销，管理人以下列理由提出异议的，人民法院不予支持：（一）破产申请受理时，债务人对债权人负有的债务尚未到期；（二）破产申请受理时，债权人对债务人负有的债务尚未到期；（三）双方互负债务标的物种类、品质不同”及《企业破产法》第 46 条第 1 款“未到期的债权，在破产申请受理时视为到期”及第 47 条“附条件、附期限的债权和诉讼、仲裁未决的债权，债权人可以申报”的规定，债权人可以就不同种类、未到期的债务行使抵销权，体现了破产程序开始后，各类债权均等质化的特性。

---

① 参见王欣新：《破产法理论与实务疑难问题研究》，中国法制出版社 2011 年版，第 228 页。

2. 抵销权的生效

破产抵销权作为法定抵销权，系形成权，行使抵销权只要抵销权人向管理人作出抵销的意思表示，即产生相互抵销债务的效果。根据《企业破产法司法解释（二）》第 42 条第 1 款“管理人收到债权人提出的主张债务抵销的通知后，经审查无异议的，抵销自管理人收到通知之日起生效”的规定，抵销的意思表示到达管理人后，管理人应当全面审查破产债权人提出的破产抵销权，经管理人审查无异议后，抵销权自管理人收到抵销通知之日产生效力。经审查管理人有异议的，可根据《企业破产法司法解释（二）》第 42 条第 2 款“管理人对抵销主张有异议的，应当在约定的异议期限内或者自收到主张债务抵销的通知之日起三个月内向人民法院提起诉讼。无正当理由逾期提起的，人民法院不予支持”的规定，最迟应当在约定的异议期限内或者自收到主张债务抵销的通知之日起 3 个月内向人民法院提起诉讼。

3. 破产抵销权行使的限制

在破产程序中，破产抵销权的行使使得债权人的破产债权在抵销范围内得以从破产财产中得到全额、优先清偿。为防止在破产程序中，债权人通过各种手段恶意行使抵销权，或债务人与债务人串通，通过抵销的行使而损害其他债权人的利益，必须对破产抵销权的行使作出一定的限制。《企业破产法》第 40 条规定：“债权人在破产申请受理前对债务人负有债务的，可以向管理人主张抵销。但是，有下列情形之一的，不得抵销：（一）债务人的债务人在破产申请受理后取得他人对债务人的债权的；（二）债权人已知债务人有不能清偿到期债务或者破产申请的事实，对债务人负担债务的；但是，债权人因为法律规定或者有破产申请一年前所发生的原因而负担债务的除外；（三）债务人的债务人已知债务人有不能清偿到期债务或者破产申请的事实，对债务人取得债权的；但是，债务人的债务人因为法律规定或者有破产申请一年前所发生的原因而取得债权的除外。”该条对破产抵销权行使的限制进行了明确规定，即一是债务人的债务人在破产案件受理后取得他人对债务人的债权的，不得抵销。此种情形不论基于什么原因都不能抵销。二是债权人恶意对债务人负担债务的，不得抵销，但债权人因为法律规定或者有破产申请前一年前所发生的原因而负担债务的除外。三是债务人的债务人恶意取得对债务人的债权的，不得抵销，但如果债务人因为法律规定或者有破产申请时一年所发生的原因而取得债权的除外。

典型案例

债权人在破产受理前对债务人负有债务的，则享有抵销权，所负债务在破产申请后确定的，不能进行破产抵销

——张某某诉北京市某建筑公司破产抵销权二审案[①]

1. 案情简介

上诉人(原审原告)：张某某。

被上诉人(原审被告)：北京市某建筑公司。

2009年12月30日，经北京某建筑公司申请，一审法院分别作出两份裁定书，裁定立案受理北京某建筑公司破产申请并宣告北京某建筑公司破产。2013年12月12日，北京某建筑公司破产管理人向张某某发出《债权确认通知书》，确认张某某享有对北京某建筑公司破产债权465,182.74元。因2009年5月12日，北京某建筑公司代替张某某清偿执行款，被法院扣划4,857,807.48元，2012年2月21日，一审法院立案受理了北京某建筑公司起诉张某某追偿权纠纷一案并于2012年12月20日作出民事判决书，判决张某某偿付北京某建筑公司垫付款4,857,807.48元以及相应利息(自2009年5月13日起至款项付清之日止，以上述欠款金额为基数，按照中国人民银行公布的同期同类贷款基准利率标准计算)并承担案件受理费22,831元。张某某不服上诉，二审法院于2013年8月14日作出民事判决书，判决维持原判，并由张某某承担二审案件受理费45,662元。后因张某某对北京某建筑公司就其负有的上述判决书所确认的债务要求抵销其对北京某建筑公司享有的465,182.74元破产债权，与北京某建筑公司破产管理人协商未果，故张某某诉至一审法院。

一审法院判决认定，根据法律规定，债权人在破产申请受理前对债务人负有债务的，可以向管理人主张抵销。因此，债权人主张抵销的前提条件是

---

① 参见(2014)二中民(商)终字的11004号。

对债务人所负债务应当在破产申请受理之前已经成立,否则不得抵销。本案中,张某某对北京某建筑公司所负债务系经二审法院于2013年8月14日作出的民事判决书确认成立,而北京某建筑公司已于2009年12月30日经法院立案受理其破产申请并宣告破产,故张某某主张抵销债务的请求,缺乏法律依据,法院不予支持。据此,一审法院依照《中华人民共和国企业破产法》第40条之规定判决:驳回张某某的诉讼请求。

张某某不服上诉至二审法院,要求撤销一审判决,确认其享有破产抵销权。

2. 法院裁判及观点

根据《企业破产法》第40条规定,债权人在破产申请受理前对债务人负有债务的,可以向管理人主张抵销。张某某上诉称北京某建筑公司于2009年5月12日被法院扣划了执行案款,该款系北京某建筑公司代张某某清偿,因此张某某对北京某建筑公司的债务形成时间为2009年5月12日,远早于北京某建筑公司的破产受理时间2009年12月30日,张某某对北京某建筑公司的债务属于破产受理前的债务,应予以抵销其对北京某建筑公司的债权。从本案现有证据来看,北京某建筑公司于2009年5月12日被法院扣划了执行案款,但当时张某某并不认可此笔执行案款应由其负担,否认北京某建筑公司享有追偿权,双方为此产生纠纷诉至法院,法院最终于2013年8月14日形成终审判决,认定北京某建筑公司享有追偿权,确认双方债权债务关系。张某某现主张应将该笔债务形成时间追溯至2009年5月12日,缺乏法律依据,本院不予以支持,张某某所称该笔债务应予以抵销其对北京某建筑公司的债权,不符合破产抵销权的法律要件,本院亦不予以支持。遂依照《民事诉讼法》第170条第1款第1项之规定,判决:驳回上诉,维持原判。

3. 案例评析

本案需要分析的是张某某对北京某建筑公司所负债务是在北京某建筑公司破产申请前还是破产申请后及张某某是否享有破产抵销权。因破产抵销权中债权人主张抵销的债务必须是在破产申请受理前对债务人负有债务,本案中,北京某建筑公司于2009年5月12日被法院扣划了执行案款,但当时张某某并不认可此笔执行案款应由其负担,否认北京某建筑公司享有追偿权,后经法院最终于2013年8月14日形成终审判决,认定北京某建筑公司享有追偿权,确认双方债权债务关系,张某某主张该笔债务的形成时间为2009年5月12日不能成立,则该债务不能认定在破产申请前债权人张某某对债务人北京某建筑公司所负有。根据《企业破产法》第40条的规定,该债务不符合破产抵销权的法律要件,张某某不享有破产抵销权。

有关法律规定

《中华人民共和国企业破产法》(2006年)

第四十条　债权人在破产申请受理前对债务人负有债务的,可以向管理人主张抵销。但是,有下列情形之一的,不得抵销:

(一)债务人的债务人在破产申请受理后取得他人对债务人的债权的;

(二)债权人已知债务人有不能清偿到期债务或者破产申请的事实,对债务人负担债务的;但是,债权人因为法律规定或者有破产申请一年前所发生的原因而负担债务的除外;

(三)债务人的债务人已知债务人有不能清偿到期债务或者破产申请的事实,对债务人取得债权的;但是,债务人的债务人因为法律规定或者有破产申请一年前所发生的原因而取得债权的除外。

第四十六条第一款　未到期的债权,在破产申请受理时视为到期。

第四十七条　附条件、附期限的债权和诉讼、仲裁未决的债权,债权人可以申报。

第四十八条第一款　债权人应当在人民法院确定的债权申报期限内向管理人申报债权。

最高人民法院《关于适用〈中华人民共和国企业破产法〉若干问题的规定(二)》(法释〔2013〕22号)

第四十一条　债权人依据企业破产法第四十条的规定行使抵销权的,应当向管理人提出抵销主张。

管理人不得主动抵销债务人与债权人的互负债务,但抵销使债务人财产受益的除外。

第四十二条　管理人收到债权人提出的主张债务抵销的通知后,经审查无异议的,抵销自管理人收到通知之日起生效。

管理人对抵销主张有异议的,应当在约定的异议期限内或者自收到主张债务抵销的通知之日起三个月内向人民法院提起诉讼。无正当理由逾期提起的，人民法院不予支持。

第四十三条　债权人主张抵销，管理人以下列理由提出异议的，人民法院不予支持：

（一）破产申请受理时，债务人对债权人负有的债务尚未到期；

（二）破产申请受理时，债权人对债务人负有的债务尚未到期；

（三）双方互负债务标的物种类、品质不同。

第十五章

民间借贷相关刑事犯罪

第一节
非法吸收公众存款罪

一、什么是非法吸收公众存款罪

根据《刑法》第176条规定，非法吸收公众存款罪是指非法吸收公众存款或者变相吸收公众存款，扰乱金融秩序的行为。其中，非法吸收公众存款，是指未经中国人民银行批准，向社会不特定对象吸收资金，出具凭证，承诺在一定期限内还本付息的活动；变相吸收公众存款，是指未经中国人民银行批准，不以吸收公众存款的名义，向社会不特定对象吸收资金，但承诺履行的义务与吸收公众存款性质相同的活动。①

---

① 参见国务院1998年7月13日发布的《非法金融机构和非法金融业务活动取缔办法》第4条。

二、非法吸收公众存款罪有什么法律后果

非法吸收或者变相吸收公众存款，具有下列情形之一的，应当依法追究刑事责任，处 3 年以下有期徒刑或者拘役，并处或者单处 2 万元以上 20 万元以下罚金：

（1）个人非法吸收或者变相吸收公众存款，数额在 20 万元以上的，单位非法吸收或者变相吸收公众存款，数额在 100 万元以上的；

（2）个人非法吸收或者变相吸收公众存款对象 30 人以上的，单位非法吸收或者变相吸收公众存款对象 150 人以上的；

（3）个人非法吸收或者变相吸收公众存款，给存款人造成直接经济损失数额在 10 万元以上的，单位非法吸收或者变相吸收公众存款，给存款人造成直接经济损失数额在 50 万元以上的；

（4）造成恶劣社会影响或者其他严重后果的。

数额巨大或者有其他严重情节的，处 3 年以上 10 年以下有期徒刑，并处 5 万元以上 50 万元以下罚金。具有下列情形之一的，属于《刑法》第 176 条规定的“数额巨大或者有其他严重情节”：

（1）个人非法吸收或者变相吸收公众存款，数额在 100 万元以上的，单位非法吸收或者变相吸收公众存款，数额在 500 万元以上的；

（2）个人非法吸收或者变相吸收公众存款对象 100 人以上的，单位非法吸收或者变相吸收公众存款对象 500 人以上的；

（3）个人非法吸收或者变相吸收公众存款，给存款人造成直接经济损失数额在 50 万元以上的，单位非法吸收或者变相吸收公众存款，给存款人造成直接经济损失数额在 250 万元以上的；

（4）造成特别恶劣社会影响或者其他特别严重后果的。

非法吸收或者变相吸收公众存款的数额，以行为人所吸收的资金全额计算。案发前后已归还的数额，可以作为量刑情节酌情考虑。

有关法律规定

《中华人民共和国刑法》（1997 年修订）

第一百七十六条　非法吸收公众存款或者变相吸收公众存款，扰乱金融秩序的，

处三年以下有期徒刑或者拘役,并处或者单处二万元以上二十万元以下罚金;数额巨大或者有其他严重情节的,处三年以上十年以下有期徒刑,并处五万元以上五十万元以下罚金。

单位犯前款罪的,对单位判处罚金,并对其直接负责的主管人员和其他直接责任人员,依照前款的规定处罚。

《最高人民法院关于审理非法集资刑事案件具体应用法律若干问题的解释》(法释〔2010〕18号)

第三条　非法吸收或者变相吸收公众存款,具有下列情形之一的,应当依法追究刑事责任:

(一)个人非法吸收或者变相吸收公众存款,数额在20万元以上的,单位非法吸收或者变相吸收公众存款,数额在100万元以上的;

(二)个人非法吸收或者变相吸收公众存款对象30人以上的,单位非法吸收或者变相吸收公众存款对象150人以上的;

(三)个人非法吸收或者变相吸收公众存款,给存款人造成直接经济损失数额在10万元以上的,单位非法吸收或者变相吸收公众存款,给存款人造成直接经济损失数额在50万元以上的;

(四)造成恶劣社会影响或者其他严重后果的。

具有下列情形之一的,属于刑法第一百七十六条规定的"数额巨大或者有其他严重情节":

(一)个人非法吸收或者变相吸收公众存款,数额在100万元以上的,单位非法吸收或者变相吸收公众存款,数额在500万元以上的;

(二)个人非法吸收或者变相吸收公众存款对象100人以上的,单位非法吸收或者变相吸收公众存款对象500人以上的;

(三)个人非法吸收或者变相吸收公众存款,给存款人造成直接经济损失数额在50万元以上的,单位非法吸收或者变相吸收公众存款,给存款人造成直接经济损失数额在250万元以上的;

(四)造成特别恶劣社会影响或者其他特别严重后果的。

非法吸收或者变相吸收公众存款的数额,以行为人所吸收的资金全额计算。案发前后已归还的数额,可以作为量刑情节酌情考虑。

非法吸收或者变相吸收公众存款,主要用于正常的生产经营活动,能够及时清退所吸收资金,可以免予刑事处罚;情节显著轻微的,不作为犯罪处理。

三、怎样识别非法吸收公众存款行为

基本理论

1. 犯罪构成要件理论

犯罪构成要件，是指刑法规定的，行为成立犯罪所必须具备的主客观条件，具有区分罪与非罪、此罪与彼罪的功能。当前，犯罪构成要件理论主要存在三种模式：一是以德日为代表的“三要件说”，即一个行为构成犯罪，必须具有“构成要件该当性、违法性、有责性”三个递进式要件。二是以英美为代表“二要件说”，即实体意义上的犯罪要件与诉讼意义上的犯罪要件，前者“又被称为犯罪本体要件，包括犯罪行为和犯罪意图”，后者“又被称为责任充足要件，是指合法抗辩事由，包括可得宽恕的事由和正当化事由两类。”[①]三是源于前苏联，被我国刑法所采用的“四要件说”，即犯罪构成要件包括犯罪客体、客观方面、主体、主观方面。对于目前的“四要件说”，学界一直有存废之争。但鉴于“四要件说”的广泛影响及司法实践现状，本书采用目前的通说“四要件说”阐述非法吸收公众存款罪的司法认定问题。

2. 非法吸收公众存款罪的构成要件

(1)犯罪主体

犯罪主体，指达到刑事责任年龄，具有刑事责任能力，实施危害社会行为的自然人和单位。根据现行规定，本罪的主体是一般主体，无论是自然人或者单位皆可构成本罪。但有争议的是，具有吸收公众存款资格的金融机构是否可以构成此罪。否定论者认为具有吸收公众存款资格的金融机构不构成本罪，理由在于非法吸收公众存款罪是法定犯，认定此种犯罪必须以行政法的规定为依据。1998 年 6 月 30 日国务院制定的《非法金融机构和非法金融业务活动取缔办法》第 4 条规定关于“非法吸收公众存款”和“变相吸收公众存款”的定义可以看出，并未将银行、信用社等有资格吸收公众存款的金融机

---

① 周光权：《犯罪论体系的改造》，中国政法大学出版社 2009 年版，第 27、28 页。

构涵盖在本罪的主体范围之内。[1] 但主流观点认为具有吸收公众存款资格的金融机构可以构成本罪，主要包括两种情形：一是具有吸收公众存款资格的金融机构如果违反规定提高或者降低利率以及采用其他不正当手段吸收存款的，因为严重扰乱了金融秩序，应以本罪论处；二是未经批准以存款外的名义向社会公众吸收资金可能构成“变相吸收公众存款”，应以本罪论处。[2]

（2）犯罪客体

犯罪客体，指我国刑法所保护而为犯罪行为所侵害的社会关系。本罪的客体表现为侵害金融管理秩序。

（3）犯罪的主观方面

犯罪的主观方面，是指犯罪主体对其实施的危害行为及危害结果所抱持的心理态度，包括犯罪目的和主观罪过等要素。本罪的主观方面表现为故意，即行为人明知自己的行为将产生侵害金融管理秩序的结果，并且希望或者放任这种结果发生。

（4）犯罪客观方面

犯罪客观方面，是指犯罪活动在客观上的外在表现，包括危害行为、危害结果、因果关系等要素。本罪的客观方面主要包括“非法吸收存款”与“变相吸收公众存款”两种行为。

最高人民法院2011年1月4日起施行的《关于审理非法集资刑事案件具体应用法律若干问题的解释》（以下简称《非法集资刑事案件解释》）第1条规定：“违反国家金融管理法律规定，向社会公众（包括单位和个人）吸收资金的行为，同时具备下列四个条件的，除刑法另有规定的以外，应当认定为刑法第一百七十六条规定的‘非法吸收公众存款或者变相吸收公众存款’：（一）未经有关部门依法批准或者借用合法经营的形式吸收资金；（二）通过媒体、推介会、传单、手机短信等途径向社会公开宣传；（三）承诺在一定期限内以货币、实物、股权等方式还本付息或者给付回报；（四）向社会公众即社会不特定对象吸收资金。未向社会公开宣传，在亲友或者单位内部针对特定对

---

① 参见郎胜主编、全国人大常委会法工委刑法室编写：《〈关于惩治破坏金融秩序犯罪的决定〉释义》，中国计划出版社1995年版；另参见王作富主编：《刑法分则实务研究》（上），中国方正出版社2010年第4版，第456页。

② 参见张明楷：《刑法学》，法律出版社2015年版，第687页。

象吸收资金的，不属于非法吸收或者变相吸收公众存款。”

3. 非法吸收公众存款罪的具体认定

《非法集资刑事案件解释》第2条规定：“实施下列行为之一，符合本解释第一条第一款规定的条件的，应当依照刑法第一百七十六条的规定，以非法吸收公众存款罪定罪处罚：（一）不具有房产销售的真实内容或者不以房产销售为主要目的，以返本销售、售后包租、约定回购、销售房产份额等方式非法吸收资金的；（二）以转让林权并代为管护等方式非法吸收资金的；（三）以代种植（养殖）、租种植（养殖）、联合种植（养殖）等方式非法吸收资金的；（四）不具有销售商品、提供服务的真实内容或者不以销售商品、提供服务为主要目的，以商品回购、寄存代售等方式非法吸收资金的；（五）不具有发行股票、债券的真实内容，以虚假转让股权、发售虚构债券等方式非法吸收资金的；（六）不具有募集基金的真实内容，以假借境外基金、发售虚构基金等方式非法吸收资金的；（七）不具有销售保险的真实内容，以假冒保险公司、伪造保险单据等方式非法吸收资金的；（八）以投资入股的方式非法吸收资金的；（九）以委托理财的方式非法吸收资金的；（十）利用民间‘会’、‘社’等组织非法吸收资金的；（十一）其他非法吸收资金的行为。”

从上述规定可以看出，准确认定非法吸收公众存款罪，关键在于深入理解《非法集资刑事案件解释》第1条第1款规定的构成“非法吸收公众存款或者变相吸收公众存款”的四项具体条件。

（1）关于“非法”的认定问题

《非法集资刑事案件解释》第1条第1款规定的第一个条件表述为“未经有关部门依法批准或者借用合法经营的形式吸收资金”。因此，未经有关部门依法批准是“非法”的一种表现形式，属于程序上的非法性。对于实体上的非法性，如骗取有关部门的批准进而实施吸收公众存款的行为，或者依法成立的金融机构违反规定擅自提高利率吸收存款等，同样可能构成非法吸收公众存款罪。因此，“‘非法’一般表现为主体不合法（主体不具有吸收存款的资格）或者行为方式、内容不合法（如擅自提高利率吸收存款）”。[①]

① 张明楷：《刑法学》，法律出版社2015年版，第685页。

(2)关于"向社会公开宣传"的认定问题

《非法集资刑事案件解释》第1条第1款规定的第二个条件"向社会公开宣传",那么如何理解"公开性"? 这里的"公开性"并不意味着以某一区域或行业的全体人员或多数人员知晓,或除了出资者之外的其他人知晓为前提。事实上,中国人民银行和国家工商管理局《关于进一步打击非法集资等活动的通知》(银发〔1999〕289号)所指出的"非法集资"的行为就包括了利用民间会社形式或者利用传销或秘密串联的形式非法集资。《非法集资刑事案件解释》第2条也规定"利用民间'会'、'社'等组织非法吸收资金的"应认定为非法吸收公众存款罪。因此,非法吸收公众存款行为的公开性只是意味着其行为对象的公众性。① 最高人民法院、最高人民检察院、公安部2014年3月25日《关于办理非法集资刑事案件适用法律若干问题的意见》规定,《非法集资刑事案件解释》第1条第1款第2项中的"向社会公开宣传",包括以各种途径向社会公众传播吸收资金的信息,以及明知吸收资金的信息向社会公众扩散而予以放任等情形。

(3)关于"存款"的认定问题

《非法集资刑事案件解释》第1条第1款规定的第三个条件是对"存款"的定义,即承诺在一定期限内以货币、实物、股权等方式还本付息或者给付回报。问题是,吸收存款后的款项用途是否影响定罪? 对此存在肯定说与否定说,其中肯定说认为,只有当行为人将非法吸收的公众存款用于货币、资本的经营时(如放贷)才能认定为扰乱金融秩序,才应以本罪论处。②《非法集资刑事案件解释》则采取折中态度,其第3条第4款规定"非法吸收或者变相吸收公众存款,主要用于正常的生产经营活动,能够及时清退所吸收资金,可以免予刑事处罚;情节显著轻微的,不作为犯罪处理"。

(4)关于"社会公众"的认定问题

《非法集资刑事案件解释》第1条第1款规定的第四个条件是对非法吸

---

① 参见张明楷:《刑法学》,法律出版社2015年版,第686页。

② 参见张明楷:《刑法学》,法律出版社2015年版,第687页;有观点认为"存款"作为金融业务的一种,是具有特殊含义的资金,即只有从事货币资本经营的资金才能称之为"存款",因而如果仅以满足自身生产的需要而吸收公众资金的行为,不能成立非法吸收公众存款罪;肖中华、徐藩:"非法吸收公众存款罪的三个问题",载《中国检察官》2012年第3期。

收公众存款行为对象的规定，即“社会公众”。该规定将“社会公众”解释为“社会不特定对象”。结合《非法集资刑事案件解释》第3条第1、2款的规定，可以看出，“公众”是指多数人(30人以上)或者不特定对象(包括单位)。问题是，如何理解“不特定对象”？首先，出资者是与吸存者之间没有特殊关系的人或单位，因而一般情况下出资者是亲朋好友或单位内部人员的不成立本罪。但是，除亲友或单位内部人员外还包括其他没有关系的人或单位，则不影响本罪的成立。《关于办理非法集资刑事案件适用法律若干问题的意见》规定，下列情形不属于《非法集资刑事案件解释》第1条第2款规定的“针对特定对象吸收资金”的行为，应当认定为向社会公众吸收资金：一是在向亲友或者单位内部人员吸收资金的过程中，明知亲友或者单位内部人员向不特定对象吸收资金而予以放任的；二是以吸收资金为目的，将社会人员吸收为单位内部人员，并向其吸收资金的。其次，出资者可能随时增加。“本罪的成立并不以行为人实际上已经吸收了多数人的存款为条件。只要行为人主观上具有向多数人吸收存款的故意，客观上所采取的手段可能从多数人处吸收存款，即使事实上只从少数人或个别人处吸收了数额较大的资金，也可能成立本罪的既遂。”①

典型案例

“不特定对象”表明吸收资金的对象具有不确定性与扩散性

——韩某某犯非法吸收公众存款罪一审案件②

1. 案情简介

公诉机关：人民检察院。

被告人：韩某某。

辩护人：沈某，浙江某律师事务所律师。

2012年2月至2013年7月，被告人韩某某以承诺支付高额利息的方法，

① 张明楷：《刑法学》，法律出版社2015年版，第686~687页。

② 参见(2015)绍柯刑初字第316号刑事判决。

多次向封某吸收资金共计 86,636,500 元,已归还 72,440,067 元,尚欠 14,196,433 元。同时,被告人韩某某还以相同的方法向倪某某等人多次吸收资金,其中 2013 年 5 月至 7 月,向倪某某、李某、朱某某、李某某分别吸收资金 640 万元、439 万元、750 万元、40 万元,共计 1869 万元,已分别归还倪某某、李某、朱某某、李某某 530 万元、295 万元、400 万元、40 万元,共计 1265 万元。

另查明,2013 年 8 月 31 日,被告人韩某某主动赶至公安机关,并交代了其向封某、朱某某等人高息借款的基本事实,但称其不知道封某、朱某某的资金来源,且已归还了封某全部借款。案发后,韩某某已妥善解决了与倪某某、李某、朱某某之间的借款问题。

2. 法院裁判及观点

法院认为,被告人韩某某以承诺支付高额利息的方法,向社会不特定对象非法吸收存款,数额巨大,扰乱金融秩序,其行为已构成非法吸收公众存款罪。公诉机关指控的罪名成立,予以支持。

对被告人韩某某关于其向封某借款的行为不构成犯罪及辩护人沈利关于韩某某的行为不构成非法吸收公众存款罪的意见。经查,韩某某与封某关系密切,对封某的家人及家庭经济状况非常熟悉。封某的家庭经济状况一般,其本人又是个农村妇女,却能出借给韩某某数千万元的钱款,远远超出其自身经济能力,韩某某应当知道封某在向他人吸收资金,但其未予制止,其主观上对此持放任态度。被告人韩某某虽称其与倪某某、李某、朱某某、李某某都是朋友,但在其向她们四人发生经济往来前,其与李某不认识,与倪某某、朱某某、李某某虽然认识但也不相往来,并非真正意义上的朋友。被告人韩某某的供述也证实,其对借款对象并无限制,都是她们有钱要借给其,其又正好缺钱就向她们借。被告人韩某某对集资行为的辐射面不作控制,且在蔓延至社会后听之任之,不设法加以阻止,应当认定为向社会不特定对象吸收资金,且数额巨大,应以非法吸收公众存款罪定罪处罚。不采纳被告人韩某某及辩护人沈某的相关意见。

对辩护人关于被告人韩某某有自首情节的意见。经查,被告人韩某某虽是主动赶至公安机关反映其向他人高息借款的情况,但其声称只是向封某个人借款,不知道封某的资金来源,且双方账目已结清,未如实供述自己的主要犯罪事实,不符合自首的条件,不能认定为自首。不采纳辩护人沈某的该意见。

被告人韩某某能自愿认罪，且归还了大部分赃款，酌情予以从轻处罚。采纳被告人韩某某要求从轻处罚及辩护人沈利建议对被告人韩某某从轻处罚的意见。结合被告人韩某某的犯罪数额、退赔金额等情节，不宜对其宣告缓刑。不采纳辩护人沈某建议对被告人韩某某适用缓刑的意见。违法所得，依法应予追缴。综上，依照《刑法》第176条第1款、第64条之规定，判决如下：一、被告人韩某某犯非法吸收公众存款罪，判处有期徒刑4年10个月，并处罚金人民币10万元(刑期从判决执行之日起计算。判决执行以前先行羁押的，羁押一日折抵刑期一日，即自2015年9月7日起至2020年7月6日止。罚金限在判决生效后十日内缴纳)；二、追缴被告人韩某某的违法所得人民币14196433元，追缴后发还给封某某；三、查封的绍兴市柯桥区柯桥街道恒美大厦705室房产，经变价后先偿还银行贷款，剩余款项抵充上述应追缴款项。

3. 案例评析

本案涉及非法吸收公众存款罪的"社会公众"认定问题。非法吸收公众存款罪中的"社会公众"，主要是指多数人或者不特定对象(包括单位)。其中"不特定对象"表明吸收资金的对象具有不确定性与扩散性，即行为人主观上对吸存对象没有具体限定或要求，有一种来者不拒的意思，客观上则表现为吸存对象向任何愿意提供资金的人开放。在本案中，被告人非法集资的对象仅5人，尚不构成"多数人"，但其供述证实其对借款对象并无限制，都是她们有钱要借给其，其又正好缺钱就向她们借。因而被告人对集资行为的辐射面不作控制，且在蔓延至社会后听之任之，不设法加以阻止，因而表明其吸收资金的对象具有"不特定性"，应当认定为向社会不特定对象吸收资金，构成非法吸收公众存款罪。

在吸收资金的过程中，明知亲友或单位内部人员向不特定对象吸收资金而予以放任的，应当认定为向社会公众吸收资金

——史某某犯非法吸收公众存款罪二审案件[①]

1. 案情简介

原公诉机关：人民检察院。

---

① 参见(2015)镇刑二终字第00028号刑事判决。

上诉人：史某某，镇江某担保有限公司法定代表人。

辩护人：李某，江苏某律师事务所律师。

2010年至2014年2月间，被告人史某某未经有关部门依法批准，以个人或镇江市某担保有限公司（以下简称“某担保公司”）的名义，以每月1.7%～5%不等的利息，向吴某、曹某、王某、贡某等24人吸收存款或变相吸收存款3070余万元，用于高利放贷还欠款、付利息等活动。

案发后，韩某、周某、徐某、周某某借款已得到部分清偿。

2014年3月17日，被告人史某某因无法还本付息，遂将手机停机，从镇江逃匿至河南省洛阳市躲藏，2014年6月26日在河南省洛阳市一酒店中被公安机关抓获。

二审对一审判决认定的事实予以确认。

2. 法院裁判及观点

一审判决认为，被告人史某某非法吸收公众存款或者变相吸收公众存款，扰乱金融秩序，数额巨大，其行为已构成非法吸收公众存款罪。被告人史某某归案后能如实供述自己的罪行，依法可从轻处罚。被告人史某某案发前后已归还部分借款，可酌情从轻处罚。依据《刑法》第176条第1款、第52条、第53条、第64条、第67条第3款、《最高人民法院关于审理非法集资刑事案件具体应用法律若问题的解释》第3条第2、3款、最高人民法院、最高人民检察院、公安部《关于办理非法集资刑事案件适用法律若干问题的意见》第2、3项之规定，以非法吸收公众存款罪判处被告人史某某有期徒刑5年，并处罚金人民币20万元；因本案造成的损失由被告人史某某继续予以退赔。

二审法院认为，关于辩护人提出的史某某未向社会公开宣传且借款没有针对不特定对象的辩护意见，经查，史某某未经有关部门依法批准，以个人或某担保公司的名义，通过口口相传途径对外宣传，符合《关于办理非法集资刑事案件适用法律若干问题的意见》中对“向社会公开宣传”的认定标准；另外史某某关于放贷资金来源的供述及杨某甲、梁某等人的证言均证明，史某某明知杨某甲、梁某等人向社会公众吸收资金给其用于发放高利贷款而予以放任。根据《关于办理非法集资刑事案件适用法律若干问题的意见》的规定，“明知亲友或者单位内部人员向不特定对象吸收资金而予以放任的”即是向不特定对象吸收资金。故上述辩护意见不能成立，二审法院不予采纳。

关于辩护人提出的以某担保公司名义吸收的存款以及已经归还的借款不应计入犯罪数额的辩护意见，经查，某担保公司成立就是为了违法吸收资金、发放贷款，史某某应就以某担保公司名义吸收存款的罪行承担刑事责任。非法吸收公众存款数额，以行为人所吸收资金全额计算，故史某某案发前后已归还的数额，不应从指控的犯罪数额中扣除，但可作为量刑情节酌情考虑。故上述辩护意见不能成立，二审法院不予采纳。

关于上诉人史某某及其辩护人提出的史某某具有自首情节的上诉理由及辩护意见，经查，史某某被他人举报诈骗，后被公安机关抓获归案，到案后，史某某如实供述了向社会公众非法吸收存款的事实，但该事实与公安机关已掌握的事实存在密切关联，依照《最高人民法院关于处理自首和立功若干具体问题的意见》的规定，不符合自首的构成要件。故相关上诉理由及辩护意见不能成立，二审法院不予采纳。

二审法院认为，上诉人史某某非法吸收公众存款，扰乱金融秩序，数额巨大，其行为已构成非法吸收公众存款罪。上诉人史某某归案后能如实供述自己的罪行，依法可从轻处罚。上诉人史某某案发前后已归还部分借款，可酌情从轻处罚。原判已充分考量史某某的从轻情节，量刑适当，故对原判量刑过重的上诉理由，本院不予采纳。原审判决认定事实清楚，证据确实充分，适用法律正确，审判程序合法。依照《刑事诉讼法》第225条第1款第1项之规定，裁定如下：驳回上诉，维持原判。

3. 案例评析

本案涉及向亲友或单位内部人员吸收资金构成“向社会公众吸收资金”的问题。非法吸收公众存款罪在主观方面表现为故意，而故意分为直接故意与间接故意。就非法吸收公众存款而言，直接故意是指明知自己吸收资金的行为将导致扰乱金融管理秩序的结果，希望并积极追求这种结果。间接故意是指明知自己吸收资金的行为将导致扰乱金融管理秩序的结果，放任这种结果发生。因此，在向亲友或单位内部人员吸收资金的过程中，明知自己吸收资金的行为导致亲友或单位内部人员向不特定对象吸收资金而予以放任的，在主观上构成间接故意，客观上表现为向不特定对象吸收资金，应当认定为向社会公众吸收资金,构成非法吸收公众存款罪。在本案中,史某某关于放贷资金来源的供述及杨某甲、梁某等人的证言均证明,史某某明知杨某甲、梁某等人向社会公众吸收资金给其用于发放高利贷款而予以放任。根据《关于办理非法集资刑事案件适用法律若干问题的意见》的规定,“明知亲友或者单位内部人员向不特定对象吸收资金而予以放任的”即是向不特定对象吸收资金。因此,法院判决史某某构成非法吸收公众存款罪。

有关法律规定

《最高人民法院关于审理非法集资刑事案件具体应用法律若干问题的解释》(法释〔2010〕18号)

第一条　违反国家金融管理法律规定,向社会公众(包括单位和个人)吸收资金的行为,同时具备下列四个条件的,除刑法另有规定的以外,应当认定为刑法第一百七十六条规定的“非法吸收公众存款或者变相吸收公众存款”:

(一)未经有关部门依法批准或者借用合法经营的形式吸收资金;

(二)通过媒体、推介会、传单、手机短信等途径向社会公开宣传;

(三)承诺在一定期限内以货币、实物、股权等方式还本付息或者给付回报;

(四)向社会公众即社会不特定对象吸收资金。

未向社会公开宣传,在亲友或者单位内部针对特定对象吸收资金的,不属于非法吸收或者变相吸收公众存款。

第二条　实施下列行为之一,符合本解释第一条第一款规定的条件的,应当依照刑法第一百七十六条的规定,以非法吸收公众存款罪定罪处罚:

(一)不具有房产销售的真实内容或者不以房产销售为主要目的,以返本销售、售后包租、约定回购、销售房产份额等方式非法吸收资金的;

(二)以转让林权并代为管护等方式非法吸收资金的;

(三)以代种植(养殖)、租种植(养殖)、联合种植(养殖)等方式非法吸收资金的;

(四)不具有销售商品、提供服务的真实内容或者不以销售商品、提供服务为主要目的,以商品回购、寄存代售等方式非法吸收资金的;

(五)不具有发行股票、债券的真实内容,以虚假转让股权、发售虚构债券等方式非法吸收资金的;

(六)不具有募集基金的真实内容,以假借境外基金、发售虚构基金等方式非法吸收资金的；

（七）不具有销售保险的真实内容，以假冒保险公司、伪造保险单据等方式非法吸收资金的；

（八）以投资入股的方式非法吸收资金的；

（九）以委托理财的方式非法吸收资金的；

（十）利用民间“会”、“社”等组织非法吸收资金的；

（十一）其他非法吸收资金的行为。

第三条　非法吸收或者变相吸收公众存款，具有下列情形之一的，应当依法追究刑事责任：

（一）个人非法吸收或者变相吸收公众存款，数额在20万元以上的，单位非法吸收或者变相吸收公众存款，数额在100万元以上的；

（二）个人非法吸收或者变相吸收公众存款对象30人以上的，单位非法吸收或者变相吸收公众存款对象150人以上的；

（三）个人非法吸收或者变相吸收公众存款，给存款人造成直接经济损失数额在10万元以上的，单位非法吸收或者变相吸收公众存款，给存款人造成直接经济损失数额在50万元以上的；

（四）造成恶劣社会影响或者其他严重后果的。

具有下列情形之一的，属于刑法第一百七十六条规定的“数额巨大或者有其他严重情节”：

（一）个人非法吸收或者变相吸收公众存款，数额在100万元以上的，单位非法吸收或者变相吸收公众存款，数额在500万元以上的；

（二）个人非法吸收或者变相吸收公众存款对象100人以上的，单位非法吸收或者变相吸收公众存款对象500人以上的；

（三）个人非法吸收或者变相吸收公众存款，给存款人造成直接经济损失数额在50万元以上的，单位非法吸收或者变相吸收公众存款，给存款人造成直接经济损失数额在250万元以上的；

（四）造成特别恶劣社会影响或者其他特别严重后果的。

非法吸收或者变相吸收公众存款的数额，以行为人所吸收的资金全额计算。案发前后已归还的数额，可以作为量刑情节酌情考虑。

非法吸收或者变相吸收公众存款，主要用于正常的生产经营活动，能够及时清退所吸收资金，可以免予刑事处罚；情节显著轻微的，不作为犯罪处理。

最高人民法院、最高人民检察院、公安部《关于办理非法集资刑事案件适用法律若干问题的意见》(公通字〔2014〕16号)

二、关于"向社会公开宣传"的认定问题

最高人民法院《关于审理非法集资刑事案件具体应用法律若干问题的解释》第一条第一款第二项中的"向社会公开宣传",包括以各种途径向社会公众传播吸收资金的信息,以及明知吸收资金的信息向社会公众扩散而予以放任等情形。

三、关于"社会公众"的认定问题

下列情形不属于最高人民法院《关于审理非法集资刑事案件具体应用法律若干问题的解释》第一条第二款规定的"针对特定对象吸收资金"的行为,应当认定为向社会公众吸收资金:

(一)在向亲友或者单位内部人员吸收资金的过程中,明知亲友或者单位内部人员向不特定对象吸收资金而予以放任的;

(二)以吸收资金为目的,将社会人员吸收为单位内部人员,并向其吸收资金的。

第二节

集资诈骗罪

一、什么是集资诈骗罪

根据《刑法》第 192 条规定，集资诈骗罪是指以非法占有为目的，使用诈骗方法非法集资，数额较大的行为。其中，“诈骗方法”是指行为人采取虚构集资用途，以虚假的证明文件和高回报率为诱饵，骗取集资款的手段。“非法集资”是指法人、其他组织或者个人，未经有权机关批准，向社会公众募集资金的行为。[①] 其具有如下特点：

(1)未经有关部门依法批准，包括没有批准权限的部门批准的集资以及有审批权限的问题超越权限批准的集资。

(2)承诺在一定期限内给出资人还本付息。还本付息的形式除以货币形式为主外，还包括以实物形式或其他形式；[②]在集资诈骗罪中，这种承诺具有虚假性或欺骗性。

(3)向社会不特定对象即社会公众筹集资金。

(4)以合法形式掩盖其非法集资的性质。[③]

二、集资诈骗罪有什么法律后果

犯集资诈骗罪的，处 5 年以下有期徒刑或者拘役，并处 2 万元以上 20 万

① 最高人民法院 1996 年 12 月 18 日颁布的《关于审理诈骗案件具体应用法律的若干问题的解释》第 3 条。

② 有观点认为，集资仅限于向社会公众募集资金，不包括募集资金以外的财物。参见张明楷：《刑法学》，法律出版社 2015 年版，第 704 页。

③ 《中国人民银行关于取缔非法金融机构和非法金融业务活动中有关问题的通知》(银发〔1999〕4 号)第 1 条。

元以下罚金;数额巨大或者有其他严重情节的,处 5 年以上 10 年以下有期徒刑,并处 5 万元以上 50 万元以下罚金;数额特别巨大或者有其他特别严重情节的,处 10 年以上有期徒刑或者无期徒刑,并处 5 万元以上 50 万元以下罚金或者没收财产。数额特别巨大并且给国家和人民利益造成特别重大损失的,处无期徒刑或者死刑,并处没收财产。单位犯本罪的,对单位判处罚金,并对其直接负责的主管人员和其他直接责任人员,处 5 年以下有期徒刑或者拘役,可以并处罚金;数额巨大或者有其他严重情节的,处 5 年以上 10 年以下有期徒刑,并处罚金;数额特别巨大或者有其他特别严重情节的,处 10 年以上有期徒刑或者无期徒刑,并处罚金。

关于本罪定罪量刑的数额,个人进行集资诈骗,数额在 10 万元以上的,应当认定为“数额较大”;数额在 30 万元以上的,应当认定为“数额巨大”;数额在 100 万元以上的,应当认定为“数额特别巨大”。单位进行集资诈骗,数额在 50 万元以上的,应当认定为“数额较大”;数额在 150 万元以上的,应当认定为“数额巨大”;数额在 500 万元以上的,应当认定为“数额特别巨大”。集资诈骗的数额以行为人实际骗取的数额计算,案发前已归还的数额应予扣除。行为人为实施集资诈骗活动而支付的广告费、中介费、手续费、回扣,或者用于行贿、赠与等费用,不予扣除。行为人为实施集资诈骗活动而支付的利息,除本金未归还可予折抵本金以外,应当计入诈骗数额。

有关法律规定

《中华人民共和国刑法》(1997 年修订)

第一百九十二条　以非法占有为目的,使用诈骗方法非法集资,数额较大的,处五年以下有期徒刑或者拘役,并处二万元以上二十万元以下罚金;数额巨大或者有其他严重情节的,处五年以上十年以下有期徒刑,并处五万元以上五十万元以下罚金;数额特别巨大或者有其他特别严重情节的,处十年以上有期徒刑或者无期徒刑,并处五万元以上五十万元以下罚金或者没收财产。

第一百九十九条　犯本节第一百九十二条规定之罪,数额特别巨大并且给国家和人民利益造成特别重大损失的,处无期徒刑或者死刑,并处没收财产。

第二百条　单位犯本节第一百九十二条、第一百九十四条、第一百九十五条规定之罪的，对单位判处罚金，并对其直接负责的主管人员和其他直接责任人员，处五年以下有期徒刑或者拘役，可以并处罚金；数额巨大或者有其他严重情节的，处五年以上十年以下有期徒刑，并处罚金；数额特别巨大或者有其他特别严重情节的，处十年以上有期徒刑或者无期徒刑，并处罚金。

《最高人民法院关于审理非法集资刑事案件具体应用法律若干问题的解释》(法释〔2010〕18号)

第五条　个人进行集资诈骗，数额在10万元以上的，应当认定为“数额较大”；数额在30万元以上的，应当认定为“数额巨大”；数额在100万元以上的，应当认定为“数额特别巨大”。

单位进行集资诈骗，数额在50万元以上的，应当认定为“数额较大”；数额在150万元以上的，应当认定为“数额巨大”；数额在500万元以上的，应当认定为“数额特别巨大”。

集资诈骗的数额以行为人实际骗取的数额计算，案发前已归还的数额应予扣除。行为人为实施集资诈骗活动而支付的广告费、中介费、手续费、回扣，或者用于行贿、赠与等费用，不予扣除。行为人为实施集资诈骗活动而支付的利息，除本金未归还可予折抵本金以外，应当计入诈骗数额。

三、怎样区分非法吸收公众存款和集资诈骗行为

基本理论

根据《最高人民法院关于审理非法集资刑事案件具体应用法律若干问题的解释》第4条第1款规定，以非法占有为目的，使用诈骗方法实施非法吸收或变相吸收存款的，以集资诈骗罪定罪处罚。因此，非法吸收公众存款罪与集资诈骗罪的主要区别在于以下两方面：

1. 欺骗行为

集资诈骗罪属于普通诈骗罪的特别规定，其具有与诈骗罪相同构造，即行为人实施欺骗行为——使对方陷入认识错误——对方基于认识错误处分财产——行为人或第三者取得财产——被害人遭受财产损失。因此，“诈骗方法”就是指“欺骗行为”，表现为向受骗者表示虚假的事项，或者说向受骗

人传递不真实的资讯，使受骗者陷入或继续维持（或强化）认识错误的行为。“就集资诈骗而言，只要某种行为足以使对方陷入‘行为人属合法募集资金’、‘行为人属正当募集资金’、‘行为人的集资获得了有权机关的批准’、‘出资后会有回报’等认识错误，足以使对方‘出资’，那么，这种行为就属于集资诈骗罪中的诈骗方法。”①

这种欺骗行为，应当是虚构了主要的事实情节。实践中如何认定是否虚构了主要的事实情节，可以从以下两方面把握：一是要考量所虚构事实的程度，即要考察被告人虚构的是否属主要和关键的事实，是否足以直接影响被害人的判断。二是要注意证据的指向，即要有充分的证据证明被告人没有利用被害人所投资金进行盈利的实际行动或者根本没有具体的立项。②

2. 以非法占有为目的

相较于非法吸收公众存款罪，集资诈骗罪在主观方面除了要求故意外，还要求具有非法占有目的。根据《最高人民法院关于审理非法集资刑事案件具体应用法律若干问题的解释》第4条规定，使用诈骗方法非法集资，具有下列情形之一的，可以认定为“以非法占有为目的”：

（1）集资后不用于生产经营活动或者用于生产经营活动与筹集资金规模明显不成比例，致使集资款不能返还的；

（2）肆意挥霍集资款，致使集资款不能返还的；

（3）携带集资款逃匿的；

（4）将集资款用于违法犯罪活动的；

（5）抽逃、转移资金、隐匿财产，逃避返还资金的；

（6）隐匿、销毁账目，或者搞假破产、假倒闭，逃避返还资金的；

（7）拒不交代资金去向，逃避返还资金的；

（8）其他可以认定非法占有目的的情形。

集资诈骗罪中的非法占有目的，应当区分情形进行具体认定。行为人部

---

① 张明楷：《刑法学》，法律出版社2015年版，第703～704页。

② 参见刘慧卓、王一民：“非法吸收公众存款罪与集资诈骗罪的区别”，载《人民司法·案例》2010年第12期。

分非法集资行为具有非法占有目的的,对该部分非法集资行为所涉集资款以集资诈骗罪定罪处罚;非法集资共同犯罪中部分行为人具有非法占有目的,其他行为人没有非法占有集资款的共同故意和行为的,对具有非法占有目的的行为人以集资诈骗罪定罪处罚。

典型案例

诈骗行为与非法占有目的是区分非法吸收公众存款罪与集资诈骗罪的关键

——孙某某犯集资诈骗罪二审案件①

1. 案情简介

原公诉机关:人民检察院。

上诉人(原审被告人):孙某某,原系江苏某公司财务经理。

辩护人:刘某,江苏某律师事务所律师。

辩护人:吴某某,江苏某律师事务所律师。

因某公司经营不善及某公司法定代表人李某乙(另案处理)炒期货亏损等原因,至2013年6月,某公司及李某乙均欠下巨额债务,上诉人孙某某为其中的部分债务提供了担保。至2013年8月下旬,某公司已无资金用于生产经营,停止生产。

2013年8月2日,上诉人孙某某经与李某乙等商议,在南京市某地设立某公司南京分公司进行非法集资。上诉人孙某某与李某乙、唐某某、陈某某(另案处理)等人隐瞒某公司欠下巨额债务真相,虚构某公司要扩大生产经营,急需资金购买原材料等事实,以高额利息为诱饵,通过散发小广告、电话联系等方式,以某公司南京分公司名义骗取马某某、平某某等225名被害人集资款共计人民币1270余万元。所得集资款未用于某公司或某公司南京分公司的生产经营,集资款项主要被李某乙用于归还欠款,其中包括归还欠孙某某及其亲属的款项。上诉人孙某某等人的集资诈骗犯罪最终造成被害人

① 参见(2015)苏刑二终字第00021号刑事判决。

实际损失共计人民币1180余万元。

2014年1月底，上诉人孙某某利用春节放假之机藏匿。2014年4月25日，公安机关在徐州市将上诉人孙某某抓获归案。

2. 法院裁判及观点

一审人民法院认为，被告人孙某某以非法占有为目的，使用诈骗方法非法集资，数额特别巨大，其行为已构成集资诈骗罪。被告人孙某某归案后如实供述犯罪事实，系坦白，依法从轻处罚。依照《刑法》第192条、第52条、第53条、第64条、第67条第3款之规定，作出如下判决：被告人孙某某犯集资诈骗罪，判处有期徒刑13年6个月，并处罚金人民币30万元；责令被告人孙某某退赔各被害人经济损失；查封、扣押、冻结在案的财产由查封、扣押、冻结机关依法处置后按比例返还各被害人。

一审被告孙某某提起上诉，其上诉理由及其辩护人的辩护意见之一就是认为原判决定性错误，孙某某主观上没有非法占有集资款的故意，客观上也未具体实施集资诈骗的行为，不构成集资诈骗罪，构成非法吸收公众存款罪。

二审法院认为，关于上诉人孙某某及其辩护人提出的"孙某某行为构成非法吸收公众存款罪而非集资诈骗罪"的上诉理由、当庭辩解及相关辩护意见，经查，上诉人孙某某、同案犯李某乙供述、被害人陈述、书证投资合同借款合同书、某公司的民事诉讼材料等证据，证实上诉人孙某某作为某公司的财务经理，明知某公司及李某乙欠下巨额债务，且其系其中部分债务的担保人，2013年8月下旬起某公司已无实际生产经营活动，上诉人孙某某却与同案犯李某乙等虚构某公司要扩大生产经营，急需资金购买原材料等事实，以高额利息为诱饵，向社会公众非法集资，所得集资款并未用于某公司的生产经营，而主要被李某乙用于归还欠款，其中包括归还欠孙某某及其亲属的款项。综上，可认定上诉人孙某某主观上具有非法占有集资款的目的，其行为构成集资诈骗罪。上诉人孙某某及其辩护人的该点上诉理由、当庭辩解及相关辩护意见不能成立，本院不予采纳。上诉人孙某某以非法占有为目的，使用诈骗方法非法集资，数额特别巨大，其行为已构成集资诈骗罪。上诉人孙某某归案后如实供述犯罪事实，系坦白，依法从轻处罚。原审人民法院判决认定事实清楚，证据确实、充分，定罪准确，量刑适当，审判程序合法。出庭检察员当庭发表的出庭意见与事实和法律相符，本院予以采纳。据此，依照《刑事诉讼法》第225条第1款第1项之规定，裁定如下：驳回上诉，维持原判。

3. 案例评析

本案涉及非法吸收公众存款罪与集资诈骗罪的认定问题。非法吸收公众存款罪与集资诈骗罪在客体方面均表现为破坏国家金融秩序，在客观方面有相似的行为表现方式，即非法吸收公众存款或变相吸收公众存款的行为，主要区别在于是否以非法占有为目的、是否使用诈骗方法。在本案中，上诉人提出其主观上不具有非法占有目的，客观上无诈骗行为，但是，从查明的案件事实看，2013年8月下旬起某公司已无实际生产经营活动，上诉人却与同案犯等虚构某公司要扩大生产经营，急需资金购买原材料等事实，所得集资款并未用于某公司的生产经营，而主要被李某乙用于归还欠款，其中包括归还欠孙某某及其亲属的款项。综上，二审法院认定上诉人孙某某主观上具有非法占有集资款的目的，其行为构成集资诈骗罪。

有关法律规定

《最高人民法院关于审理非法集资刑事案件具体应用法律若干问题的解释》（法释〔2010〕18号）

第四条　以非法占有为目的，使用诈骗方法实施本解释第二条规定所列行为的，应当依照刑法第一百九十二条的规定，以集资诈骗罪定罪处罚。

使用诈骗方法非法集资，具有下列情形之一的，可以认定为“以非法占有为目的”：

（一）集资后不用于生产经营活动或者用于生产经营活动与筹集资金规模明显不成比例，致使集资款不能返还的；

（二）肆意挥霍集资款，致使集资款不能返还的；

（三）携带集资款逃匿的；

（四）将集资款用于违法犯罪活动的；

（五）抽逃、转移资金、隐匿财产，逃避返还资金的；

（六）隐匿、销毁账目，或者搞假破产、假倒闭，逃避返还资金的；

（七）拒不交代资金去向，逃避返还资金的；

（八）其他可以认定非法占有目的的情形。

集资诈骗罪中的非法占有目的，应当区分情形进行具体认定。行为人部分非法集资行为具有非法占有目的的，对该部分非法集资行为所涉集资款以集资诈骗罪定罪处罚；非法集资共同犯罪中部分行为人具有非法占有目的，其他行为人没有非法占有集资款的共同故意和行为的，对具有非法占有目的的行为人以集资诈骗罪定罪处罚。

第三节
非法经营罪

非法经营罪是指违反国家规定,从事非法经营活动,扰乱市场秩序,情节严重的行为,其本质在于经营了需要国家有关部门特许经营的活动,犯罪对象为国家专营、专卖物品或限制买卖的物品。《刑法》第 225 条第 4 项"其他严重扰乱市场秩序的非法经营行为"兜底条款的规定对预防犯罪,避免大量具有严重危害性的经济行为逃脱制裁起到了刑法的威慑作用,但在适用兜底条款时,应当根据罪刑法定原则及最高人民法院《关于准确理解和适用〈刑法〉中"国家规定"的有关问题的通知》(法发〔2011〕155 号)(以下简称《关于"国家规定"的通知》)的要求,对适用《刑法》第 225 条第 4 项"其他严重扰乱市场秩序的非法经营行为"是否认定为非法经营罪,应当按照现行司法解释的规定进行严格解释,并按《关于"国家规定"的通知》第 3 条的规定呈报最高人民法院请示认定。同时,在适用"其他严重扰乱市场秩序的非法经营行为"时,应从非法经营罪的四个构成要件进行认定,慎用刑罚权,坚持刑法谦抑性原则和体系解释原则的基础上,认定是否构成非法经营罪。

一、从事民间借贷可能构成非法经营罪吗

基本理论

非法经营行为若构成非法经营罪,则首先是行政违法行为,但关键是其社会危害性严重,并且按照国家对特定领域的行政管理政策,有必要纳入刑事打击范围的,才纳入非法经营罪处理。对于某类非法经营行政违法行为是否采用刑事手段打击,既要考虑其本身是否违法,更要密切结合当前国家政策精神,不宜将违反市场管理法规的一切非法经营行为都纳入刑事打击,否

则将导致该罪外延过大。正因为如此,《关于“国家规定”通知》第 3 条明确要求各级法院从严把握非法经营罪的入罪标准,原则上只以最高人民法院司法解释有明确规定的为限。因民间借贷不仅是一种经济和社会现象,也是一种民事法律行为。根据《最高人民法院关于审理民间借贷案件适用法律若干问题的规定》(以下简称《民间借贷规定》)第 1 条第 1 款“本规定所称的民间借贷,是指自然人、法人、其他组织之间及其相互间进行资金融通的行为”的规定,民间借贷表现为各类非金融机构法人和组织及其分支机构、自然人相互之间通过书面或口头协议,各自承担相应的借款还本息的权利义务关系,形成特定的债权债务关系。同时,《民间借贷规定》规定借贷双方约定的利率未超过年利率 24%,出借人有权请求借款人按约定的利率支付利息,但如果借贷双方约定的利率超过年利率的 36%,超过年利率 36% 的部分无效,借款人有权请求出借人返还已支付的超过年利率 36% 的利息。从《民间借贷规定》对利率的规定,反映出我国在依法保护民间借贷的同时,也要抑制民间借贷中的高利息倾向,防范高利贷的潜在风险。非法经营罪具有行政和刑事违法性,民间借贷是否按非法经营罪处理法律无明确规定,应仔细研究,区别对待,若要纳入“兜底条款”进行定罪,须同时具备以下要件:

1. 违反国家规定

“违反国家规定”是构成非法经营罪的前提条件,限制对兜底条款适用范围的无限扩大,必须明晰“国家规定”的确切范围。《刑法》第 96 条规定:“本法所称违反国家规定,是指违反全国人民代表大会及其常务委员会制定的法律和规定,国务院制定的行政法规、规定的行政措施、发布的决定和命令。”根据体系解释的原则,构成非法经营罪的行为所违反的“国家规定”,应只包括最高立法机关及其常设机关、最高行政机关制定和发布的规范性文件。除此之外的其他任何国家机关,包括国务院各部委、各专门委员会、地方各级人民代表大会制定和发布的规范性文件均不属于“国家规定”的范畴。《关于准确理解和适用〈刑法〉中“国家规定”的有关问题的通知》第 3 条规定:“各级人民法院审理非法经营案件,要依法严格把握刑法第二百二十五条第(四)项规定的‘其他严重扰乱市场秩序的非法经营行为’,有关司法解释未作明确规定的,应当作为法律适用问题,逐级向最高人民法院请示。”由此可见,民间高利贷是否纳入非法经营罪的“兜底条款”定罪,首先应违反国家规定。

2. 严重扰乱市场秩序

“严重扰乱市场秩序”是非法经营罪的核心，兜底条款中“其他严重扰乱市场秩序的非法经营行为”是针对现实中非法经营犯罪活动的复杂性和多样性所作的概括性规定。“其他严重扰乱市场秩序的非法经营行为”，应为《刑法》第225条第1项至第3项规定的行为以外的非法经营行为，应当具备以下条件：第一，这种行为发生在经营活动中，主要是生产、流通领域。第二，这种行为违反法律、法规的规定。第三，具有社会危害性，严重扰乱市场经济秩序。也就是说，民间高利贷款行为要符合“严重扰乱市场秩序”的行为，需是违反国家规定，侵犯国家经营许可制度，破坏市场交易正常秩序的行为。

3. 情节严重

情节严重是非法经营罪的重点，兜底条款中的“情节严重”，是区别“其他严重扰乱市场秩序的非法经营行为”的罪与非罪的标准。由于我国刑法在犯罪构成上，对本罪规定的是既定性又定量的模式，所以，行为的危害程度对行为是否构成犯罪具有决定意义。非法经营罪兜底条款中的“情节严重”，可以依据体系解释的原则，从非法经营的数额、非法经营的时间、次数、规模、违法所得、造成损失大小等方面综合分析认定。

典型案例

明知出借款是为偿还涉嫌非法经营团伙进行非法活动的借款，却假借合法借贷形式掩盖非法行为的借贷不受法律保护

——李某某诉杨某、薛某某民间借贷纠纷案①

1. 案情简介

上诉人（原审原告）：李某某。

被上诉人（原审被告）：杨某。

被上诉人（原审被告）：薛某某。

2010年8月，杨某经人介绍向案外人罗某安借2万元高利贷。到期不能

① 参见（2015）鄂荆州中民再上终字第00001号刑事判决。

偿还，经高利贷者覃某某（罗某安的妻子）、彭某某、周某某、刘某、罗某某（罗某安之子）等人“穿钱”（高利贷者行话，即借高利贷的人如果没有及时还钱，如果实在暂时拿不出钱来还，放高利贷者引导借高利贷的人找其他放高利贷的人借钱来还现在欠的高利贷）还款。原审原告李某某与原审被告杨某素不相识。2011 年 8 月下旬，杨某受罗某安等人胁迫，罗某安指使周某某引导原审杨某向李某某“穿钱”还款，杨某持覃某某帮助做的假房产证与李某某签订《房地产抵押合同书》（未办理房产抵押登记），于 2011 年 8 月 23 日给李某某立下欠条：“今借到李某某人民币捌万元（￥80,000 元）整，用杨某房产证作抵押，产权（证）号（20062449）。为期两个月返还，如违约，每天按 10% 迟滞金交付。”实际得到 70,000 元由罗某安等人收取作为偿还前期高利贷，但仍未能全部清偿。2011 年 10 月 12 日杨某受逼再次向李某某立借条：“今借到李某某人民币肆万元（￥40,000 元）整，用杨某房产证作抵押，产权号（20062449）。为期一个月返还。如违约，每天按 10% 迟滞金交付。”实际得到 37,000 元仍由罗某安等人收取作为偿还前期高利贷。逾期，李某某多次寻找杨某追讨还贷，2011 年 11 月 22 日，杨某立据：“因欠李某某人民币壹拾贰万元整，必须在 26 日前还清，如未守约，任由李某某处理房屋并交钥匙。”2011 年 11 月 23 日，经罗某安提示，李某某对杨某抵押的房产证产生怀疑，遂与罗某某一道到房产局鉴别，发现杨某借款提交的登记名为杨某的房产证为假证。当日，杨某被迫将登记名为被告薛某某的房产证交给李某某，并重新立下借条：“本人于 2011 年 8 月 23 日前借李调（柄）人民币捌万元整。于 2011 年 10 月 12 日借李调（柄）人民币肆万元整。合计：壹拾贰万元整。以房产证作抵押，建房注册号：42018，房权证斗字第 ×× 号。”同时署上薛某某的名字。李某某在该借条上签名：“注：以前李调（柄）名下杨某的条据作废。以此据为准。”此后不久，薛某某得知此事，便带杨某找到李某某质问讨要房产证引发纠纷，李某某电话邀集罗某安、罗某某赶到现场威胁，薛某某电话报警。2013 年 1 月 23 日，李某某持杨某立的借条复印件及抵押合同等向本院提起民间借贷纠纷诉讼。该院另查明：2012 年 7 月 3 日薛某某与杨某协议登记离婚。

一审法院认为，公民、法人违反合同或者不履行其他义务的，应当承担民事责任。被告杨某在借款到期后又重新立了借款 12 万元，并对新的借据没有异议,理应偿还,被告薛宏伟应承担连带责任。原告要求被告如不能偿还其借款则以其抵押的房产变卖后优先偿还之请求,应予以支持。该院据此判决:一、被告杨某于判决生效之日起10日内偿还原告李某某人民币12万元;二、被告薛某某对上述款项承担连带责任;三、被告杨某如不能偿还其借款则以其抵押的房产变卖后优先偿还原告李某某借款。

原一审法院再审认为,当事人基于平等自愿且意识表达一致而真实的合法的借贷关系受法律保护。原审被告杨某在向罗某安高息借款后,受胁迫多次被逼给罗某安等人还款和换据,借款本金及利息已经混同,本息已无法厘清;原审原告李某某与涉嫌非法经营的罗某安有资金业务往来,原审被告杨某在受到胁迫的情况下,由罗某安指使人引导原审被告杨某向原审原告李某某"穿钱"还贷,原审原告李某某明知出借的是原审被告杨某为偿还涉嫌非法经营团伙进行非法活动的借款,却假借合法借贷形式,让原审被告杨某立据,而其款由涉嫌非法经营罗某安团伙收取,对原审原、被告借贷关系本院不予保护,原审原告李某某的诉讼请求本院不予支持。综上,原审认定事实错误,适用法律不当,再审依法予以纠正。经审判委员会讨论决定,判决:一、撤销本院民事判决书;二、驳回原审原告李某某的诉讼请求。判决后原告李某某不服向湖北省荆州市中级人民法院提起上诉。

二审另查明:公安县公安局对罗某安等人以涉嫌非法经营罪立案侦查,公安县检察院于2012年2月17日作出《不予批捕情况说明》,认为罗某安等人涉嫌非法经营罪适用法律依据不足,决定不予批准逮捕。公安县公安局于2013年9月2日作出《撤销案件决定书》,决定:罗某安等人非法经营案因没有犯罪事实,撤销此案。

2. 法院裁判及观点

虽然公安县公安局撤销了罗某安等人涉嫌非法经营罪一案,即罗某安等人不构成非法经营罪,但该案系列笔录可以证明罗某安等人采取引诱、恐吓、胁迫及暴力手段大量发放、收取高利贷的违法事实以及李某某与罗某安等人高利贷团伙存在资金往来,并参与罗孝安等人高利贷团伙"穿钱"的事实。一审法院再审判决据此认为李某某明知杨某借款是为了偿还非法经营团伙的非法借款,对杨某与李某某之间借贷关系不予保护,对李某某的诉讼请求不予支持,并无不当,李某某之上诉理由不能成立。经二审法院审判委员会讨论决定,依据《民事诉讼法》第170条第1款第1项之规定,判决如下:驳回上诉,维持再审民事判决。

3. 案例评析

本案为涉嫌非法经营的高利放贷案件,因刑法对高利放贷行为构成非法经营罪没有明确规定,涉嫌非法经营的高利放贷行为是否构成非法经营罪,应适用《刑法》第225条第4项"其他严重扰乱市场秩序的非法经营行为"兜底条款的规定。同时,因非法经营罪应为违反国家规定,侵犯国家经营许可制度,破坏市场交易的正常秩序,情节严重的非法经营行为,根据国务院于1998年7月13日颁布实施的《非法金融机构和非法金融业务活动取缔办法》第4条第1款"本办法所称非法金融业务活动,是指未经中国人民银行批准,擅自从事的下列活动:(一)非法吸收公众存款或者变相吸收公众存款;(二)未经依法批准,以任何名义向社会不特定对象进行的非法集资;(三)非法发放贷款、办理结算、票据贴现、资金拆借、信托投资、金融租赁、融资担保、外汇买卖;(四)中国人民银行认定的其他非法金融业务活动"的规定,李某某等人的行为并非《非法金融机构和非法金融业务活动取缔办法》所打击的从事非法金融业务活动,未违反国家规定,也没有证据证明李某某等人涉嫌非法经营高利放贷的行为严重扰乱了市场正常秩序及情节严重,故湖北省公安县公安局对罗某安等人以涉嫌非法经营罪立案侦查,检察院于2012年2月17日作出《不予批捕情况说明》,认为罗某安等人涉嫌非法经营罪适用法律依据不足,决定不予批准逮捕后,公安县公安局于2013年9月2日作出《撤销案件决定书》,决定:罗某安等人非法经营案因没有犯罪事实,撤销此案,符合法律规定。同时,法律保护合法的借贷关系,本案中,李某某明知出借的是被告杨某为偿还涉嫌非法经营团伙进行非法活动的借款,却假借合法借贷形式,让被告杨某立据,而其款由涉嫌非法经营的罗某安团伙收取,故对李某某的非法借款行为不予保护。

有关法律规定

《中华人民共和国刑法》(2011年)

第九十六条　本法所称违反国家规定,是指违反全国人民代表大会及其常务委员会制定的法律和规定,国务院制定的行政法规、规定的行政措施、发布的决定和命令。

第二百二十五条　违反国家规定,有下列非法经营行为之一,扰乱市场秩序,情节严重的,处五年以下有期徒刑或者拘役,并处或者单处违法所得一倍以上五倍以下罚金;情节特别严重的,处五年以上有期徒刑,并处违法所得一倍以上五倍以下罚金或者没收财产:

(一)未经许可经营法律、行政法规规定的专营、专卖物品或者其他限制买卖的物品的;

(二)买卖进出口许可证、进出口原产地证明以及其他法律、行政法规规定的经营许可证或者批准文件的;

(三)未经国家有关主管部门批准,非法经营证券、期货或者保险业务的;

(四)其他严重扰乱市场秩序的非法经营行为。

《最高人民法院关于审理民间借贷案件适用法律若干问题的规定》(法释〔2015〕18号)

第一条　本规定所称的民间借贷,是指自然人、法人、其他组织之间及其相互之间进行资金融通的行为。

经金融监管部门批准设立的从事贷款义务的金融机构及其分支机构因发放贷款等相关金融业务引发的纠纷,不适用本规定。

第二十六条　借贷双方约定的利率未超过年利率24%,出借人请求借款人按照约定的利率支付利息的,人民法院应予支持。

借贷双方约定的利率超过年利率36%,超过部分的利息约定无效。借款人请求出借人返还已支付的超过年利率36%部分的利息的,人民法院应予支持。

《最高人民法院关于准确理解和适用〈刑法〉中"国家规定"的有关问题的通知》(法发〔2011〕155号)

第三条　各级人民法院审理非法经营案件,要依法严格把握刑法第二百二十五条第(四)项规定的"其他严重扰乱市场秩序的非法经营行为",有关司法解释未作明确规定的,应当作为法律适用问题,逐级向最高人民法院请示。

《非法金融机构和非法金融业务活动取缔办法》(国务院于1998年7月13日颁布实施,国务院令第247号)

第四条　本办法所称非法金融业务活动,是指未经中国人民银行批准,擅自从事的下列活动:

（一）非法吸收公众存款或者变相吸收公众存款；

（二）未经依法批准，以任何名义向社会不特定对象进行的非法集资；

（三）非法发放贷款、办理结算、票据贴现、资金拆借、信托投资、金融租赁、融资担保、外汇买卖；

（四）中国人民银行认定的其他非法金融业务活动。

前款所称非法吸收公众存款，是指未经中国人民银行批准，向社会不特定对象吸收资金，出具凭证，承诺在一定期限内还本付息的活动；所称变相吸收公众存款，是指未经中国人民银行批准，不以吸收公众存款的名义，向社会不特定对象吸收资金，但承诺履行的义务与吸收公众存款性质相同的活动。

二、非法经营罪应当承担什么法律责任

基本理论

对非法经营罪的定罪量刑，《刑法》第225条规定，犯本罪扰乱市场秩序，情节严重的，处5年以下有期徒刑或者拘役，并处或者单处违法所得一倍以上五倍以下罚金；情节特别严重的，处5年以上有期徒刑，并处违法所得一倍以上五倍以下罚金或者没收财产。现行司法解释对情节严重、情节特别严重采用了以下标准：（1）数额标准，即经营数额、违法所得数额的多少等；（2）数量标准，即非法经营特定物品的数量；（3）恶劣影响及严重后果标准。可见，本条处刑的规定为两档，人民法院在审理这类案件时，可根据案件的情节和本条的规定适用量刑。现有司法解释对非法经营罪中情节严重、情节特别严重的规定有：

1. 非法通过信息网络有偿提供删除信息服务、发布信息等服务

"两高"《关于办理利用信息网络实施诽谤等刑事案件适用法律若干问题的解释》规定，情节特别严重的，处5年以下有期徒刑或拘役的标准是：个人非法经营数额在5万元以上，或者违法所得数额在2万元以上的；单位非法经营数额在15万元以上，或者违法所得数额在5万元以上的。情节特别严重的，处5年以上有期徒刑的标准是：数额达到前款规定的数额5倍以上的。

2. 非法经营电信业务

《最高人民法院关于审理扰乱电信市场管理秩序案件具体应用法律若干问题的解释》规定，情节严重的，处5年以下有期徒刑或拘役的标准是：经营去话业务数额100万元以上；经营来话业务造成电信资费损失数额100万元以上。情节特别严重的，处5年以上有期徒刑的标准是：经营去话业务数额500万元以上；经营来话业务造成电信资费损失数额500万元以上。

经营数额或者造成电信资费损失数额接近非法经营行为情节严重、情节特别严重的数额起点标准，并具有下列情形之一的，可以认定为非法经营行为情节严重、情节特别严重：两年内因非法经营国际电信业务或者涉港澳台电信业务受过行政处罚两次以上的；因非法经营国际电信业务或者港澳台电信业务行为造成其他严重后果的。

3. 非法经营出版物

《最高人民法院关于审理非法出版物刑事案件具体应用法律若干问题的解释》规定，情节严重的，处5年以下有期徒刑或拘役的标准是：经营数额5万元至10万元以上；违法所得数额2万元至3万元以上；经营报纸5000份或者期刊5000本或者图书2000册或者音像制品、电子出版物500张（盒）以上。情节特别严重的，处5年以上有期徒刑的标准是：经营数额15万元至30万元以上；违法所得数额5万元至10万元以上；经营报纸15,000份或者期刊15,000本或者图书5000册或者音像制品、电子出版物1500张（盒）以上。

经营数额、违法所得数额或者经营数量接近非法经营行为情节严重、情节特别严重的数额、数量起点标准，并具有下列情形之一的，可以认定为非法经营行为情节严重、情节特别严重：两年内因出版、印刷、复制、发行非法出版物受过行政处罚两次以上的；因出版、印刷、复制、发行非法出版物造成恶劣社会影响或者其他严重后果的。

4. 非法买卖外汇

最高人民法院《关于审理骗购外汇、非法买卖外汇刑事案件具体应用法律若干问题的解释》规定，情节特别严重的，处5年以下有期徒刑或拘役的标准是：非法买卖外汇20万美元以上；违法所得5万元人民币以上。

5. 非法经营烟草专卖制品

“两高”《关于办理非法生产、销售烟草专卖品等刑事案件具体应用法律若干问题的解释》规定，情节严重的，处5年以下有期徒刑或拘役的标准是：非法经营数额5万元以上，或者违法所得数额2万元以上；非法经营卷烟20万支以上；曾因非法经营烟草专卖品3年内受过2次以上行政处罚，又非法经营烟草专卖品且数额3万元以上。情节特别严重的，处5年以上有期徒刑的标准是：非法经营数额25万元以上，或者违法所得数额10万元以上；非法经营卷烟100万支以上的。

6. 非法向信用卡持卡人支付现金

"两高"《关于办理妨害信用卡管理刑事案件具体应用法律若干问题的解释》规定，情节严重的，处5年以下有期徒刑或拘役的标准是：数额在100万元以上，或者造成金融机构资金20万元以上逾期未还，或者造成金融机构经济损失10万元以上的。情节特别严重的，处5年以上有期徒刑的标准是：数额在500万元以上，或者造成金融机构资金100万元以上逾期未还，或者造成金融机构经济损失50万元以上。

典型案例

在未取得烟草专卖部门的批准文件期间，生产、销售雪茄烟，情节严重的，构成非法经营罪

——江某某、周某某等十二人犯非法经营罪、生产销售伪劣产品罪案①

1. 案情简介

原公诉机关：人民检察院。

上诉人（原审被告人）：江某某。

上诉人（原审被告人）：周某某。

上诉人（原审被告人）：胡某甲。

上诉人（原审被告人）：龙某某。

上诉人（原审被告人）：李某某。

上诉人（原审被告人）：石某某。

---

① 参见（2013）川刑终字第959号刑事判决。

上诉人(原审被告人):葛某。

上诉人(原审被告人):胡某乙。

原审被告人:牟某某。

原审被告人:郭某某。

原审被告人:廖。

原审被告人:张某某。

经审理查明,云南省绥江县烟叶复烤厂为集体所有制的企业法人,前身为绥江县农机厂,1984 年经绥江县人民政府同意转产,为绥江县卷烟厂生产雪茄烟提供烟叶原料。1995 年 2 月,绥江县人民政府研究决定由该厂为绥江卷烟厂的雪茄烟车间。该厂从建厂到投产,未报经国家烟草专卖局批准,云南省烟草专卖局和昭通市烟草专卖局也未将其纳入管理。2000 年 8 月,绥江县卷烟厂被国家政策性关闭。被告人周某某自 1995 年 9 月起至 2012 年 7 月,担任绥江县烟叶复烤厂厂长。被告人胡某甲于 2003 年担任该厂副厂长,2009 年起担任该厂党支部书记。被告人龙某某于 2010 年底起担任该厂分管生产的副厂长。被告人李某某于 2000 年起先后担任该厂副厂长、党支部书记,2009 年底又担任该厂副厂长。被告人郭某某系该厂制丝车间主任,被告人廖系卷烟车间主任。被告人牟某某系该厂出纳。

绥江县卷烟厂被政策性关闭后,绥江县烟叶复烤厂未取得国家烟草行政管理机关的烟草生产经营许可,自 2000 年 8 月至 2012 年 7 月,被告人周某某先后与被告人李某某、胡某甲、龙某某等人利用政策关闭前厂内遗留设备,长期组织工人非法复烤烟叶、切丝及生产雪茄烟等活动。2012 年 8 月 15 日,公安机关对绥江县烟叶复烤厂进行现场勘验检查,依法扣押该厂尚未销售的雪茄烟。经鉴定:绥江县烟叶复烤厂销售金额为 198. 477618 万元。另有价值 859. 183 万元雪茄烟尚未销售。两项共计 1, 057. 660618 万元。

自 2010 年下半年至 2012 年 8 月案发,周某某、胡某甲、李某某等还为厂外人员江某某生产假冒伪劣囍牌卷烟,由江某某提供原材料并安排销售,绥江烟叶厂收取加工费。经鉴定:绥江烟叶厂为江某某生产假冒伪劣囍牌卷烟共计 18, 244 件,价值 1550. 74 万元。

一审判决后,江某某、周某某等七人不服,提出上诉。

2. 法院裁判及观点

一审法院认为，江某某、周某某等 12 人犯生产销售伪劣产品罪、非法经营罪案。依法判处江某某无期徒刑，剥夺政治权利终身，并处没收个人全部财产；周某某因生产伪劣产品罪与非法经营罪数罪并罚，决定执行有期徒刑 17 年，并处罚金人民币 820 万元；其他被告均被判处相应刑罚。

二审法院认为，云南省绥江县烟叶复烤厂在未取得烟草制品生产许可证的情况下，非法从事雪茄烟生产销售经额达 1000 万余元，其行为已构成非法经营罪；为获取加工费而为江某某等人非法加工生产假冒伪劣囍牌卷烟，金额达 1500 余万元，其行为还构成生产伪劣产品罪。作为该厂厂长的周某某、党支部书记胡某甲、副厂李某某、龙某某、车间主任郭某某、廖、出纳牟某某均系单位主管人员或直接责任人员，依法均应按非法经营罪、生产伪劣产品罪定罪处罚。原审被告人江某某为牟取非法利益，提供卷烟生产材料生产假冒伪劣囍牌卷烟并销售，金额达 1500 余万元，其中 860 件价值 73 万元未销售，其行为已构成生产、销售伪劣产品罪。原审被告人石某某、葛某、胡某乙、张某某明知江某某等人从事非法生产假卷，而为其生产、销售提供帮助，其行为均已构成生产、销售伪劣产品罪。其中，胡某乙运输假烟 1000 余件，数额已达 50 万元不满 200 万元；张某某运输假烟 200 件，数额已达 5 万元以上不满 20 万元。在绥江县烟叶复烤厂的周某某等人非法经营罪、生产伪劣产品罪的共同犯罪中，周某某起决策作用，是主犯，依法应按其组织指挥的全部犯罪处罚；李某某、胡某甲、龙某某、郭某某、廖、牟某某起次要、辅助作用，是从犯，依法应从轻或减轻处罚。在江某某等人的生产、销售伪劣产品罪的共同犯罪中，江某某起主要作用，是主犯，应按其参与的全部犯罪处罚；石某某、葛某、胡某乙、张某某起次要作用，是从犯，依法应从轻或减轻处罚。李某某、胡某甲、郭某某、廖、牟某某到公安机关主动投案，并如实供述自己的犯罪事实，是自首，依法可以从轻或减轻处罚。葛某、张某某到案后，如实供述自己的犯罪事实，依法可从轻处罚。各上诉人有关原判认定生产、销售伪劣产品数量的事实不清、主从犯认定错误、不构成非法经营罪或生产、销售伪劣产品罪、不明知运输的是假冒卷烟等上诉理由及辩护意见与本院审理查明的事实不符，均不能成立，要求从轻或者减轻处罚的辩护意见，本院不予采纳。原判认定事实和适用法律正确，量刑适当。审判程序合法。依照《中华人民共和国刑事诉讼法》第225条第1款第1项之规定,裁定如下:驳回上诉,维持原判。

3. 案例评析

本案中,绥江县烟叶复烤厂从建厂到投产,未报经国家烟草专卖局批准,云南省烟草专卖局和昭通市烟草专卖局也未将其纳入管理。该厂在未取得烟草专卖部门的批准文件期间,非法从事雪茄烟生产、销售,生产、销售金额达10,576,606.18元,属情节特别严重。根据《刑法》第225条第1项"未经许可经营法律、行政法规规定的专营、专卖物品或者其他限制买卖的物品的"的规定,该厂行为已构成非法经营罪,作为该厂厂长的被告人周某某、党支部书记胡某甲、副厂长李某某、龙某某、车间主任郭某某、廖、出纳牟某某均为单位主管人员和直接责任人员,均应当以非法经营罪追究刑事责任。

有关法律规定

《中华人民共和国刑法》(1997年)

第二百二十五条 违反国家规定,有下列非法经营行为之一,扰乱市场秩序,情节严重的,处五年以下有期徒刑或者拘役,并处或者单处违法所得一倍以上五倍以下罚金;情节特别严重的,处五年以上有期徒刑,并处违法所得一倍以上五倍以下罚金或者没收财产:

(一)未经许可经营法律、行政法规规定的专营、专卖物品或者其他限制买卖的物品的;

(二)买卖进出口许可证、进出口原产地证明以及其他法律、行政法规规定的经营许可证或者批准文件的;

(三)未经国家有关主管部门批准,非法经营证券、期货或者保险业务的;

(四)其他严重扰乱市场秩序的非法经营行为。

最高人民法院、最高人民检察院《关于办理利用信息网络实施诽谤等刑事案件适用法律若干问题的解释》(法释〔2013〕21号)

第七条 违反国家规定,以营利为目的,通过信息网络有偿提供删除信息服务,或者明知是虚假信息,通过信息网络有偿提供发布信息等服务,扰乱市场秩序,具有下列情形之一的,属于非法经营行为"情节严重",依照刑法第二百二十五条第(四)项的规定,以非法经营罪定罪处罚:

（一）个人非法经营数额在五万元以上，或者违法所得数额在二万元以上的；

（二）单位非法经营数额在十五万元以上，或者违法所得数额在五万元以上的。

实施前款规定的行为，数额达到前款规定的数额五倍以上的，应当认定为刑法第二百二十五条规定的"情节特别严重"。

《最高人民法院关于审理扰乱电信市场管理秩序案件具体应用法律若干问题的解释》（法释〔2000〕12号）

第一条 违反国家规定，采取租用国际专线、私设转接设备或者其他方法，擅自经营国际电信业务或者涉港澳台电信业务进行营利活动，扰乱电信市场管理秩序，情节严重的，依照刑法第二百二十五条第（四）项的规定，以非法经营罪定罪处罚。

第二条 实施本解释第一条规定的行为，具有下列情形之一的，属于非法经营行为"情节严重"：

（一）经营去话业务数额在一百万元以上的；

（二）经营来话业务造成电信资费损失数额在一百万元以上的。

具有下列情形之一的，属于非法经营行为"情节特别严重"：

（一）经营去话业务数额在五百万元以上的；

（二）经营来话业务造成电信资费损失数额在五百万元以上的。

第三条 实施本解释第一条规定的行为，经营数额或者造成电信资费损失数额接近非法经营行为"情节严重"、"情节特别严重"的数额起点标准，并具有下列情形之一的，可以分别认定为非法经营行为"情节严重"、"情节特别严重"：

（一）两年内因非法经营国际电信业务或者涉港澳台电信业务行为受过行政处罚两次以上的；

（二）因非法经营国际电信业务或者涉港澳台电信业务行为造成其他严重后果的。

《最高人民法院关于审理非法出版物刑事案件具体应用法律若干问题的解释》（法释〔1998〕30号）

第十一条 违反国家规定，出版、印刷、复制、发行本解释第一条至第十条规定以外的其他严重危害社会秩序和扰乱市场秩序的非法出版物，情节严重的，依照刑法第二百二十五条第（三）项的规定，以非法经营罪定罪处罚。

第十二条 个人实施本解释第十一条规定的行为，具有下列情形之一的，属于非法经营行为"情节严重"：

（一）经营数额在五万元至十万元以上的；

（二）违法所得数额在二万元至三万元以上的；

(三)经营报纸五千份或者期刊五千本或者图书二千册或者音像制品、电子出版物五百张(盒)以上的。

具有下列情形之一的,属于非法经营行为"情节特别严重":

(一)经营数额在十五万元至三十万元以上的;

(二)违法所得数额在五万元至十万元以上的;

(三)经营报纸一万五千份或者期刊一万五千本或者图书五千册或者音像制品、电子出版物一千五百张(盒)以上的。

第十三条 单位实施本解释第十一条规定的行为,具有下列情形之一的,属于非法经营行为"情节严重":

(一)经营数额在十五万元至三十万元以上的;

(二)违法所得数额在五万元至十万元以上的;

(三)经营报纸一万五千份或者期刊一万五千本或者图书五千册或者音像制品、电子出版物一千五百张(盒)以上的。

具有下列情形之一的,属于非法经营行为"情节特别严重":

(一)经营数额在五十万元至一百万元以上的;

(二)违法所得数额在十五万元至三十万元以上的;

(三)经营报纸五万份或者期刊五万本或者图书一万五千册或者音像制品、电子出版物五千张(盒)以上的。

第十四条 实施本解释第十一条规定的行为,经营数额、违法所得数额或者经营数量接近非法经营行为"情节严重"、"情节特别严重"的数额、数量起点标准,并具有下列情形之一的,可以认定为非法经营行为"情节严重"、"情节特别严重":

(一)两年内因出版、印刷、复制、发行非法出版物受过行政处罚两次以上的;

(二)因出版、印刷、复制、发行非法出版物造成恶劣社会影响或者其他严重后果的。

第十五条 非法从事出版物的出版、印刷、复制、发行业务,严重扰乱市场秩序,情节特别严重,构成犯罪的,可以依照刑法第二百二十五条第(三)项的规定,以非法经营罪定罪处罚。

《最高人民法院关于审理骗购外汇、非法买卖外汇刑事案件具体应用法律若干问题的解释》(法释〔1998〕20号)

第三条 在外汇指定银行和中国外汇交易中心及其分中心以外买卖外汇,扰乱金融市场秩序,具有下列情形之一的,按照刑法第二百二十五条第(三)项的规定定罪处罚：

（一）非法买卖外汇二十万美元以上的；

（二）违法所得五万元人民币以上的。

第四条　公司、企业或者其他单位，违反有关外贸代理业务的规定，采用非法手段，或者明知是伪造、变造的凭证、商业单据，为他人向外汇指定银行骗购外汇，数额在五百万美元以上或者违法所得五十万元人民币以上的，按照刑法第二百二十五条第（三）项的规定定罪处罚。

居间介绍骗购外汇一百万美元以上或者违法所得十万元人民币以上的，按照刑法第二百二十五条第（三）项的规定定罪处罚。

最高人民法院、最高人民检察院《关于办理非法生产、销售烟草专卖品等刑事案件具体应用法律若干问题的解释》（法释〔2010〕7号）

第三条　非法经营烟草专卖品，具有下列情形之一的，应当认定为刑法第二百二十五条规定的"情节严重"：

（一）非法经营数额在五万元以上的，或者违法所得数额在二万元以上的；

（二）非法经营卷烟二十万支以上的；

（三）曾因非法经营烟草专卖品三年内受过二次以上行政处罚，又非法经营烟草专卖品且数额在三万元以上的。

具有下列情形之一的，应当认定为刑法第二百二十五条规定的"情节特别严重"：

（一）非法经营数额在二十五万元以上，或者违法所得数额在十万元以上的；

（二）非法经营卷烟一百万支以上的。

最高人民法院、最高人民检察院《关于办理妨害信用卡管理刑事案件具体应用法律若干问题的解释》（法释〔2009〕19号）

第七条　违反国家规定，使用销售点终端机具（POS机）等方法，以虚构交易、虚开价格、现金退货等方式向信用卡持卡人直接支付现金，情节严重的，应当依据刑法第二百二十五条的规定，以非法经营罪定罪处罚。

实施前款行为，数额在100万元以上的，或者造成金融机构资金20万元以上逾期未还的，或者造成金融机构经济损失10万元以上的，应当认定为刑法第二百二十五条规定的"情节严重"；数额在500万元以上的，或者造成金融机构资金100万元以上逾期未还的，或者造成金融机构经济损失50万元以上的，应当认定为刑法第二百二十五条规定的"情节特别严重"。

三、怎样避免民间借贷活动触及非法经营罪

基本理论

非官方性、非正规性是民间借贷的本质属性。随着我国社会主义市场经济的不断发展，个体、民营等不同经济形式蓬勃兴起，资金需求量比较大，以银行为主题的金融机构，很难满足市场对贷款的巨大需求，许多企业尤其是中小微企业在经营过程中存在着周转资金短缺、融资渠道不畅的发展“瓶颈”，民间借贷资金成为融资的重要渠道，借款人在短时间内能够筹集到所需资金，即使利息高于银行贷款利息，仍愿意借贷。不少企业为了维持企业正常运转或者生存，甚至愿意借高利贷。随着民间借贷市场的不断壮大，且游离在正规金融体系之外，这种活动容易伴生违法犯罪活动。非法经营罪是违反国家规定，侵犯国家经营许可制度，破坏市场交易正常秩序，情节严重的非法经营行为。在民间借贷中为避免触及非法经营罪，应注意以下方面：

1. 民间借贷行为应当符合法律规定

《民法通则》第 90 条规定：“合法的借贷关系受法律保护”。公平、自愿、合法是民法与合同法的基本原则。任何民事活动都要遵守法律、行政法规，尊重社会公德，不得扰乱社会经济秩序，损害社会公共利益。民间借贷活动必须严格遵守国家法律、行政法规的有关规定，遵循自愿互助、诚实信用原则。合法的民间借贷的利息不得超过国家规定的上限，超过部分无效。

2. 不允许未取得许可发放贷款

《银行业监督管理法》第 19 条规定：“未经国务院银行业监督管理机构批准，任何单位或者个人不得设立银行业金融机构或者从事银行业金融机构的业务活动。”第 44 条规定：“擅自设立银行业金融机构或者非法从事银行业金融机构的业务活动的，由国务院银行业监督管理机构予以取缔；构成犯罪的，依法追究刑事责任……”《非法金融机构和非法金融业务活动取缔办法》第 5 条第 1 款规定：“未经中国人民银行依法批准，任何单位和个人不得擅自设立金融机构或者擅自从事金融业务活动。”因此，从事金融活动应当取得许可，任何单位和个人不得设立银行业金融机构或者从事银行业金融机构的业务活动。故在

民间借贷中，任何单位和个人在未取得发放贷款许可及其他形式发放贷款的性质许可的情况下，从事银行业金融机构的业务活动，或者以合法形式掩盖非法金融业务活动，可能构成非法经营罪要件中的违反国家许可规定。

3. 不得向不特定多数人发放贷款，从事非法金融业务活动

民间借贷划分为四种模式：一是"一对一"借贷交易模式，即一个民间贷款机构向一个经济实体模式提供信贷服务；二是"多对一"交易模式，即一个经济实体向内部职工或社会个体集资的行为；三是"互助"模式，及各种带合作、互助性质的基金会；四是"本外币互换"模式，即专门买卖外汇或者协助转移外汇出境的地下钱庄。民间借贷之所以受法律保护，在于民间借贷为特定对象之间的资金借贷，向涉及不特定的社会公众，而面向不特定的社会公众高息放贷，将放贷作为其常业则必然扰乱正常的金融管理市场秩序和经济秩序，与民间借贷有着本质的区别。向他人非法发放贷款的行为，属于从事非法金融活动，是刑法规定的违反国家规定的违法行为。

4. 不应以盘剥他人牟利为目的

《民间借贷规定》规定借贷双方约定的利率未超过年利率24%，出借人有权请求借款人按约定的利率支付利息，但如果借贷双方约定的利率超过年利率的36%，超过年利率36%的部分无效，借款人有权请求出借人返还已支付的超过年利率36%的利息。《民间借贷规定》对利率规定的目的是防范高利贷的潜在风险。在民间借贷中，通过经营资金，向不特定社会公众以营利为目的，谋取高额利润，将对社会产生较大的社会危害性，属扰乱正常的经济秩序的行为。

典型案例

以牟利为目的，在未取得金融许可时，长期从事向不特定多数人高利率发放贷款，扰乱正常的经济秩序的，应构成非法经营罪

——何某某等人非法经营罪再审案[①]

1. 案情简介

原公诉机关：人民检察院。

① 参见(2012)川刑提字第8号刑事判决。

原审上诉人(原审被告人):何某某。

原审上诉人(原审被告人):高某。

原审上诉人(原审被告人):戴某。

原审上诉人(原审被告人):李某某。

2005 年 7 月至 2010 年 1 月期间,原审上诉人(原审被告人)何某某在未依法取得金融许可证以及以其他形式发放贷款的行政许可情况下,采取由借款人提供房屋抵押、保证人担保、从本金中预扣 1 ~6 个月利息、不让借款人在借条上写明借款实际利率、在借条中将利息计入借款本金等手段,以 2% ~ 20% 不等的月利率即中国人民银行同期贷款基准月利率(简称贷款基准利率)的 3.33 ~33.33 倍,先后向钟某某、宋某、陈某某、罗某、曾某、罗某某、戴某某、合江县某竹业有限公司、屈某某、贺某某、王某、张某某和施某夫妇等十余名不特定对象发放贷款 669 万余元,其中,向钟某某发放贷款 195 万元,利滚利为 592 万元,向曾某利滚利后发放贷款 100 万元。案发时,何某某已收回本金 412.5 万元,违法所得 369.55 万元。2008 年 3 月的一天,何某某因住宅被盗,指使被告人高某、戴某、李某某将王水生、李勇持续拘禁近 24 小时,以殴打、冲冷水澡等方式逼迫二人承认实施了盗窃何某某住宅的行为,并以赔偿何某某损失的名义分别交出 0.2 万元、1 万元。

2. 法院裁判及观点

一审法院认为,何某某违反国家规定,在未取得发放贷款许可的情况下,从事非法金融业务活动,向社会不特定多数人高利率发放贷款,严重扰乱市场秩序,情节特别严重的行为,已构成非法经营罪。何某某、高某、戴某、李某某非法拘禁他人,剥夺他人人身自由的行为,已构成非法拘禁罪。现有证据只能证实何某某两次高息借款给罗某某,公诉机关指控何某某高利放贷 10 万元并获取 0.5 万元高额利息的证据不足,对其指控何某某三次高利放贷给罗某某 65 万元的金额应予变更。何某某犯非法经营罪、非法拘禁罪,应数罪并罚。其在实施非法拘禁共同犯罪中,起组织、指挥、策划作用,系主犯,应当按照其所参与的全部犯罪处罚。高某在刑满释放后五年以内再犯应当判处有期徒刑以上刑罚之罪,系累犯,应依法从重处罚;鉴于其在共同犯罪中起次要作用,系从犯,且自愿认罪,依法从轻处罚。戴某、李某某在共同犯罪中起次要作用,系从犯,其二人作用相对小于高某,并自愿认罪,对其二人依法从轻处罚。依照《刑法》第225条第4项、第238条第1款、第25条第1款、第26条第1款、第4款、第27条第1款、第2款、第64条、第65条第1款、第69条第1款的规定,判决:被告人何某某犯非法经营罪,判处有期徒刑7年6个月,并处没收财产500万元,犯非法拘禁罪,判处有期徒刑1年6个月,数罪并罚,决定执行有期徒刑8年,并处没收财产500万元;被告人高某犯非法拘禁罪,判处有期徒刑1年;被告人戴某犯非法拘禁罪,判处拘役5个月;被告人李某某犯非法拘禁罪,判处拘役3个月;对被告人何某某的违法所得369.55万元予以追缴。

二审法院认为,上诉人(原审被告人)何某某违反国家规定,在未取得发放贷款行政许可的情况下,从事非法金融业务活动,向社会不特定多数人高利率发放贷款,严重扰乱市场秩序,情节特别严重的行为,已构成非法经营罪。上诉人(原审被告人)何某某、高某、戴某、李某某非法拘禁他人,剥夺他人人身自由的行为,已构成非法拘禁罪。何某某违反国务院《非法金融机构和非法金融业务活动取缔办法》的规定,非法办理金融业务,向10余名社会不特定多数人高利率发放贷款达669万余元,其行为严重扰乱市场秩序,依法应当在五年以上有期徒刑幅度内量刑,一审判决判处其有期徒刑七年六个月并无不当。鉴于戴某、李某某认罪、悔罪态度较好,适用缓刑不致再危害社会,决定对戴某、李某某适用缓刑。依照《刑法》第225条第4项、第238条第1款、第25条第1款、第26条第1款、第4款、第27条第1款、第2款、第64条、第65条第1款、第69条第1款、第72条、第73条,和《中华人民共和国刑事诉讼法》第189条第2项的规定,判决:维持一审判决第一、二、五项;撤销一审判决第三、四项;上诉人(原审被告人)戴某犯非法拘禁罪,判处拘役5个月,缓刑6个月;上诉人(原审被告人)李某某犯非法拘禁罪,判处拘役3个月,缓刑6个月。判决后,何某某不服,提起申诉,后高级人民法院提审本案。

提审法院认为,原审上诉人(原审被告人)何某某以牟取暴利为目的,在未取得金融许可证及以其他形式发放贷款的行政许可情况下,违反国家规定,长期从事向不特定多数人高利率发放贷款的非法金融业务活动,其行为已构成非法经营罪。何某某非法经营数额669万余元,获取利息即违法所得369.55万元,其行为严重扰乱了金融市场秩序,犯罪情节特别严重,应依法处罚。

何某某及其辩护人辩称,其出借资金主要基于帮助借款人解决急需资金的困难,具有互助性质,属普通民间借贷行为。经查,何某某以2% ~20%不等的高额月利率放贷,并采用从本金中预扣1 ~6 个月利息、不让借款人在借条中写明借款实际利率、在借条中将利息计入借款本金等手段,当借款人经济困难逾期无法归还借款时,还采用利滚利方式加大对借款人的盘剥。上述事实表明何某某放贷的目的是通过经营资金谋取高额利润。何某某及其辩护人提出其放贷主要目的是为了帮助他人解决资金困难,具有互助性质,属普通民间借贷行为的再审理由和辩护意见不能成立。何某某及其辩护人辩称,其与各位借款人均相识或有联系,借贷范围较小,非向不特定多数人发放贷款的再审理由和辩护意见与借款人钟某某、宋某、陈某某、罗某、戴毓兴、屈某某、贺某某等人的陈述以及证人程建平、张华等人的证言不符,不能成立。何某某及其辩护人辩称,其出借资金行为未违反国务院《非法金融机构和非法金融业务活动取缔办法》第4 条的规定,不属于非法金融业务活动。根据国务院《批转中国农业银行关于农村借贷问题的报告的通知》、国务院《非法金融机构和非法金融业务活动取缔办法》的规定以及中国人民银行办公厅《关于以高利贷形式向社会不特定对象出借资金行为法律性质问题的批复》、中国银行业监督管理委员会泸州监管分局关于何某某、王成英及成仁公司放贷资金行为的复函,何某某多年以高利借贷为业,多次向不特定多数人发放累计金额大的贷款的行为违反行政法规,属于非法金融业务活动,是刑法规定的违反国家规定的违法行为,构成犯罪的应当追究刑事责任。何某某及其辩护人所提其出借资金行为不属于非法金融业务活动的再审理由和辩护意见不能成立。何某某及其辩护人辩称,二审判决认定其发放贷款本金及违法所得的金额错误。经查,原判认定何某某非法发放贷款本金为669 万余元,违法所得为369.55 万元的事实有借条、记账凭证、借款人陈述、证人证言、何某某供述等证据予以证实,并无不当。根据《最高人民法院关于刑法部分条款数额执行标准和情节认定标准的意见》第31 条"个人非法经营数额在30 万元以上或者违法所得数额在10 万元以上……可视为刑法第二百二十五条规定的'情节特别严重'的情形之一"的规定,何某某高利放贷669 万余元,违法所得369.55 万元的行为,属非法经营情节特别严重的情形。何某某及其辩护人所提何某某的出借资金行为未严重扰乱金融市场秩序的再审理由和辩护意见亦不能成立。

综上所述，何某某的高利放贷行为符合非法经营罪的构成要件，原生效判决认定事实和适用法律正确，量刑适当，审判程序合法。依照《中华人民共和国刑事诉讼法》第206条、第189条第1项的规定，裁定如下：维持二审刑事判决。

3. 案例评析

本案焦点为被告人何某某放贷行为是否构成非法经营罪。本案中何某某以牟取暴利为目的，在未取得金融许可证及以其他形式发放贷款的行政许可情况下，以2%～20%不等的高额月利率放贷，并采用从本金中预扣1～6个月利息、不让借款人在借条中写明借款实际利率、在借条中将利息计入借款本金等手段，在借款人经济困难逾期无法归还借款时，还采用利滚利方式加大对借款人的盘剥，且何某某多年以高利借贷为业，多次向不特定多数人发放累计金额大的贷款的行为违反行政法规，属于非法金融业务活动，是刑法规定的违反国家规定的违法行为，构成犯罪的应当追究刑事责任。同时，何某某非法发放贷款本金为669万余元，违法所得为达369.55万元，已严重扰乱金融市场秩序，根据《最高人民法院关于刑法部分条款数额执行标准和情节认定标准的意见》第31条“个人非法经营数额在30万元以上或者违法所得数额在10万元以上……可视为刑法第二百二十五条规定的‘情节特别严重’的情形之一”的规定，何某某高利放贷的行为，属非法经营情节特别严重的情形，符合非法经营罪的构成要件，对其追究非法经营罪的刑事责任，符合法律规定。

有关法律规定

《中华人民共和国刑法》(1997年修订)

第二百二十五条　违反国家规定，有下列非法经营行为之一，扰乱市场秩序，情节严重的，处五年以下有期徒刑或者拘役，并处或者单处违法所得一倍以上五倍以下罚金；情节特别严重的，处五年以上有期徒刑，并处违法所得一倍以上五倍以下罚金或者没收财产：

(一)未经许可经营法律、行政法规规定的专营、专卖物品或者其他限制买卖的物品的;

(二)买卖进出口许可证、进出口原产地证明以及其他法律、行政法规规定的经营许可证或者批准文件的;

(三)未经国家有关主管部门批准,非法经营证券、期货或者保险业务的;

(四)其他严重扰乱市场秩序的非法经营行为。

《中华人民共和国民法通则》(2009年)

第九十条　合法的借贷关系受法律保护。

《中华人民共和国银行业监督管理法》(2006年)

第十九条　未经国务院银行业监督管理机构批准,任何单位或者个人不得设立银行业金融机构或者从事银行业金融机构的业务活动。

第四十四条　擅自设立银行业金融机构或者非法从事银行业金融机构的业务活动的,由国务院银行业监督管理机构予以取缔;构成犯罪的,依法追究刑事责任。

《非法金融机构和非法金融业务活动取缔办法》(国务院于1998年7月13日颁布实施,国务院令第247号)

第五条第一款　未经中国人民银行依法批准,任何单位和个人不得擅自设立金融机构或者擅自从事金融业务活动。

《最高人民法院关于审理民间借贷案件适用法律若干问题的规定》(法释〔2015〕18号)

第二十六条　借贷双方约定的利率未超过年利率24%,出借人请求借款人按照约定的利率支付利息的,人民法院应予支持。

借贷双方约定的利率超过年利率36%,超过部分的利息约定无效。借款人请求出借人返还已支付的超过年利率36%部分的利息的,人民法院应予支持。

第四节
民间借贷刑民交叉问题的处理

在实践中，单个民间借贷事实的累积叠加，集资人可能涉嫌非法集资犯罪，因而产生刑民交叉问题。本节主要探讨民间借贷案件中的刑民交叉问题。

一、债务人涉嫌非法集资犯罪或者其他犯罪被立案侦查的，法院能够受理吗

基本理论

1. “先刑后民”原则

刑民交叉案件，又称刑民交织、刑民互涉案件，是指案件性质既涉及刑事法律关系，又涉及民事法律关系，相互间存在交叉、牵连、影响的案件，或根据同一法律事实所涉及的法律关系，一时难以确定是刑事法律关系还是民事法律关系的案件。[①] 关于刑民交叉问题的处理，法律未作明确规定，但在司法实践中却有“先刑后民”的处理原则。有学者指出，“先刑后民”原则在内容上包括“位阶上的刑事优先”与“位序上的刑事优先”两方面的要求：前者是指刑事判决的效力在位阶上应当高于民事判决，刑事判决的内容要对民事判决发生拘束力，即便民事判决已经先行作出并已生效，但刑事判决仍然可以将其推翻；后者是指在程序上刑事法律关系的确定应当优先于民事法律关系，应当优先适用刑事程序以确定被告人的刑事责任或者在不妨碍刑事责任实

① 何帆著：《刑民交叉案件审理的基本思路》，中国法制出版社2007年版，第25～26页。

现的前提下在刑事诉讼程序中附带处理民事责任问题。[①] 但司法实践“先刑后民”原则主要表现为“位序上的刑事优先”。该原则首见于最高人民法院1998年4月29日起施行的《关于在审理经济纠纷案件中涉及经济犯罪嫌疑若干问题的规定》。其第11条规定:“人民法院作为经济纠纷受理的案件,经审理认为不属经济纠纷案件而有经济犯罪嫌疑的,应当裁定驳回起诉,将有关材料移送公安机关或检察机关。”随后的有关司法解释及司法实践继承了该原则。

2.“先刑后民”原则在民间借贷案件中的适用

“先刑后民”原则适用的前提条件是刑事案件与民事案件之间具有一定的关系,即关联性与同一性。关联性可以从以下两方面理解:一是主体关联,即民事案件中的当事人,同时又是刑事案件中的犯罪嫌疑人或被害人。二是标的物关联,即刑事案件所涉及的具体财物同时也是另一个民事案件所争议的标的物。同一性则是指事实的同一性,即民事案件、刑事案件的产生基于同一法律事实,或者民事案件事实是刑事案件事实的一部分,或者刑事案件事实对民事案件处理具有实质影响。

(1)民间借贷事实涉嫌非法集资犯罪被立案侦查的,法院能够受理吗

根据《关于审理民间借贷案件适用法律若干问题的规定》及关于办理非法集资刑事案件适用法律若干问题的意见》的有关规定,民间借贷中的“先刑后民”原则包括以下方面:

一是刑事诉讼过程中,针对与涉嫌非法集资刑事案件有关联且同一事实的民间借贷提起民事诉讼或者申请执行涉案财物的,人民法院应当不予受理,并将有关材料移送公安机关或者检察机关。已经受理的,人民法院应当裁定驳回起诉。

二是民间借贷纠纷立案后,人民法院发现民间借贷行为本身涉嫌非法集资犯罪的,应当裁定驳回起诉,并将涉嫌非法集资犯罪的线索、材料移送公安或者检察机关。

---

① 万毅:“‘先刑后民’原则的实践困境及其理论破解”,载《上海交通大学学报》(哲学社会科学版)2007年第2期。

三是对民事诉讼过程中移送的犯罪线索,公安或者检察机关不予立案,或者立案侦查后撤销案件,或者检察机关作出不起诉决定,或者经人民法院生效判决认定不构成非法集资犯罪,当事人又以同一事实向人民法院提起诉讼的,人民法院应予受理。

四是人民法院立案后,发现与民间借贷纠纷案件虽有关联但不是同一事实的涉嫌非法集资等犯罪的线索、材料的,人民法院应当继续审理民间借贷纠纷案件,并将涉嫌非法集资等犯罪的线索、材料移送公安或者检察机关。

(2)民间借贷债务人涉嫌其他犯罪被立案侦查的,法院能够受理吗

民间借贷债务人涉嫌其他犯罪,如故意杀人,与民间借贷纠纷不具有关联性与同一性,或者具有关联性但不具有事实同一性,如债务人用借款贩卖毒品,则法院应当予以受理。立案受理后,若民间借贷案件必须以另一刑事案件审理结果魏依据,而另一案尚未审结的,则中止诉讼。

典型案例

与已进入刑事诉讼的刑事案件有关联且同一事实的民间借贷纠纷立案后,人民法院应当裁判驳回起诉

——左某某与马某某、李远明民间借贷纠纷一审案件①

1.案情简介

原告:左某某。

被告:马某某。

被告:李某某。

原告左某某诉被告马某某、李某某民间借贷纠纷一案,原告左某某诉称,二被告系夫妻关系,自2012年起被告分五次借原告现金3.2万元。原告向被告索要,被告以手头紧没钱,暂无偿还能力为由拒不偿还,故诉请法院请求依法判令二被告偿还借款。

---

① 参见(2015)昌民初字第885号民事判决。

2. 法院裁判及观点

法院认为，经查，二被告马某某、李某某因涉嫌非法吸收公众存款罪已经由公安局立案侦查，由人民检察院提起公诉，现人民法院正在进行审理，原告左某某在本案中所诉五笔借款在侦查、提起公诉和审理范围之内，故依据最高人民法院《关于审理民间借贷案件适用法律若干问题的规定》第五条的规定，裁定如下：驳回原告左某某的起诉。案件受理费600元，予以退还。

3. 案例评析

本案涉及民间借贷中的刑民交叉问题。根据现行司法解释与司法实践，与涉嫌犯罪的案件事实有关联且同一事实的民间借贷案件，不论是刑事诉讼过程中正在进行的民事诉讼，还是民事诉讼过程中发现可能涉嫌犯罪，人民法院均应当驳回起诉。本案中，原告起诉的民间借贷事实与人民法院正在审理的被告犯非法吸收公众存款罪一案具有关联性、同一性，因此，一审法院驳回了原告的起诉。

有关法律规定

《中华人民共和国民事诉讼法》(2012年)

第一百五十条　有下列情形之一的，中止诉讼：

……

(五)本案必须以另一案的审理结果为依据，而另一案尚未审结的；

……

《最高人民法院关于审理民间借贷案件适用法律若干问题的规定》(法释〔2015〕18号)

第五条　人民法院立案后，发现民间借贷行为本身涉嫌非法集资犯罪的，应当裁定驳回起诉，并将涉嫌非法集资犯罪的线索、材料移送公安或者检察机关。

公安或者检察机关不予立案，或者立案侦查后撤销案件，或者检察机关作出不起诉决定，或者经人民法院生效判决认定不构成非法集资犯罪，当事人又以同一事实向人民法院提起诉讼的，人民法院应予受理。

第六条　人民法院立案后，发现与民间借贷纠纷案件虽有关联但不是同一事实的涉嫌非法集资等犯罪的线索、材料的，人民法院应当继续审理民间借贷纠纷案件，并将涉嫌非法集资等犯罪的线索、材料移送公安或者检察机关。

《最高人民法院、最高人民检察院、公安部关于办理非法集资刑事案件适用法律若干问题的意见》(公通字〔2014〕16号)

七、关于涉及民事案件的处理问题

对于公安机关、人民检察院、人民法院正在侦查、起诉、审理的非法集资刑事案件,有关单位或者个人就同一事实向人民法院提起民事诉讼或者申请执行涉案财物的,人民法院应当不予受理,并将有关材料移送公安机关或者检察机关。

人民法院在审理民事案件或者执行过程中,发现有非法集资犯罪嫌疑的,应当裁定驳回起诉或者中止执行,并及时将有关材料移送公安机关或者检察机关。

公安机关、人民检察院、人民法院在侦查、起诉、审理非法集资刑事案件中,发现与人民法院正在审理的民事案件属同一事实,或者被申请执行的财物属于涉案财物的,应当及时通报相关人民法院。人民法院经审查认为确属涉嫌犯罪的,依照前款规定处理。

《最高人民法院关于在审理经济纠纷案件中涉及经济犯罪嫌疑若干问题的规定》(法释〔1998〕7号)

第一条　同一公民、法人或其他经济组织因不同的法律事实,分别涉及经济纠纷和经济犯罪嫌疑的,经济纠纷案件和经济犯罪嫌疑案件应当分开审理。

第十条　人民法院在审理经济纠纷案件中,发现与本案有牵连,但与本案不是同一法律关系的经济犯罪嫌疑线索、材料,应将犯罪嫌疑线索、材料移送有关公安机关或检察机关查处,经济纠纷案件继续审理。

第十一条　人民法院作为经济纠纷受理的案件,经审理认为不属经济纠纷案件而有经济犯罪嫌疑的,应当裁定驳回起诉,将有关材料移送公安机关或检察机关。

二、借款后发现借款人涉嫌非法集资犯罪被立案的,如何维护自身权益

基本理论

按照前述的"先刑后民"原则,一旦民间借贷行为涉嫌非法集资犯罪,出借人提起民事诉讼将不予受理,已经受理的将驳回起诉。在此情形下,出借人如何维护自身权益呢?

1. 作为被害人协助侦查

借款后一旦发现借款人审限非法集资犯罪的，出借人应当向公安机关报案、控告、举报。已经立案侦查的，出借人应当作为被害人接受侦查机关的询问。理由在于：对于犯罪分子违法所得的一切财物，当赃款赃物尚在时应当予以追缴，当赃款赃物不存在时则责令退赔。其中涉及的被害人合法财产，应当及时返还。具体而言，在非法集资刑事案件中，司法机关查封、扣押、冻结的涉案财物，一般应在诉讼终结后，返还集资参与人。涉案财物不足全部返还的，按照集资参与人的集资额比例返还。正是因为出借人的权利可以通过刑事诉讼中的追缴与责令退赔予以实现，所以对出借人对同一、关联的借贷事实提起民事诉讼不予受理或驳回起诉。

2. 针对不能弥补的损失另行提起民事诉讼

经过追缴或者退赔仍不能弥补损失，被害人向人民法院民事审判庭另行提起民事诉讼的，人民法院可以受理。

典型案例

对于因非法集资犯罪而遭受的财物损失不能提起附带民事诉讼

——张有清非法吸收公众存款一审刑事案件①

1. 案情简介

原公诉机关：人民检察院。

上诉人（原审被告人）：张某某。

辩护人：胡某某，河南某律师事务所律师。

2010 年 1 月至 2012 年 11 月，被告人张某某以其经营房地产需要资金为由，在没有经过中国银行业监督管理委员会批准的情况下，经其本人或者通过其公司会计黄某甲向赵某甲、卢某某等 30 余人非法吸收公众存款 951 万元，并承诺按月息 1 分 2 厘至 1 分 5 厘支付利息。其中赵某甲 125 万元（后返还本金 12 万元，支付利息 12, 410 元），卢某某、黄甲夫妇 35 万元（支付利

① 参见(2014)信刑终字第 237 号刑事判决。

息77,650元),黄某乙15万元(支付利息48,450元),吴某甲17万元(支付利息39,750元),黄某甲、林某、李某甲53万元(支付利息133,950元),黄某丙、黄乙、张某、黄丙32万元(支付利息90,900元),黄某丁14万元(支付利息13,400元),夏某某52万元(支付利息153,775元),曾某甲40万元(支付利息76,800元),黄丁20万元(支付利息37,200元),陈某甲13万元(支付利息41,000元),曾某乙5万元(支付利息18,600元),郑某某12万元(支付利息39,900元),黄某戊6万元(支付利息27,750元),周某某5万元(支付利息8250元),曾某丙8万元(支付利息9900元),金某5万元(支付利息12,600元),余某某、李某乙16万元(支付利息15,600元),胡某某10万元,赵某乙2万元(支付利息1800元),曹某丁24万元(支付利息28,800元),乐某某、刘某甲80万元(支付利息33.3万元),汪某某等人92万元,汪某等人50万元,刘某乙50万元,吴某70万元,陈某乙等人100万元(含已退款20万元)。期间,被告人张某某向赵某甲还款12万元,向陈某乙还款20万元,向乐某某支付利息33.3万元,通过黄某甲向出借人赵某甲、卢某某等人支付利息88.8485万元,合计支付154.1485万元。以上款项,被告人张某某用于受让张某甲在潢川县印刷厂的土地使用权支付800万元,在驻马店吴建军工地投资120万元。上述集资款至今未退还被害人。

张某某上诉称:其主观上没有非法吸收公众存款的故意,客观上没有实施向社会公开宣传及向社会不特定对象吸收资金的行为,其行为不构成非法吸收公众存款罪,请求二审宣告无罪。

二审查明的事实、采信的证据与一审基本一致,且经一审法院当庭举证、质证查明属实,本院予以确认。

张某某当庭对原审判决认定其吸收资金的行为没有异议,但辩称其行为属于民间借贷,不构成非法吸收公众存款罪。其辩护人认为上诉人张某某借款的对象不是针对不特定的社会公众,也没有用媒体、推介会、传单、手机短信或等同于上述行为的途径向社会公开宣传,没有扰乱国家金融管理秩序,其行为不构成非法吸收公众存款罪。

2. 法院裁判及其观点

一审法院认为,人民检察院指控被告人张某某犯非法吸收公众存款罪的事实清楚,证据确实、充分,所指控罪名成立。被告人张某某违反国家金融管理法律法规，在未经有关部门依法批准的情况下，采用通过他人宣传、介绍，并承诺在一定期限内还本付息的方式向社会公众吸收资金，出具凭证，扰乱了金融秩序，且数额巨大，其行为已经构成非法吸收公众存款罪。对于被告人张某某及其辩护人辩解，被告人张某某主观上没有非法吸收公众存款的故意，客观上没有实施向社会公开宣传及向社会不特定对象吸收资金，属民间借贷行为，不应该认定为犯罪的辩护意见，经查，证人黄某某证言、被害人赵某某、卢某某、乐某某等人陈述能够证实张某某为吸收资金，其本人和通过其公司会计黄某某，向社会不特定对象吸收资金，出具凭证，并承诺支付高于银行同期贷款利率和在一定期限内还本付息的事实，其行为符合非法吸收公众存款的犯罪特征，故对被告人及其辩护人的辩护意见，本院不予采纳。被告人张某某非法吸收的存款，应当退赔。如被害人的损失不能得到退赔，可另行提起民事诉讼。被害人赵某某、卢某某、汪某甲、汪某乙、刘某甲、吴某、陈某某向本院提起的附带民事诉讼，没有法律依据，应予驳回。综合考虑被告人张某某的犯罪情节、犯罪手段和危害后果，依照《刑法》第 176 条第 1 款、第 64 条、最高人民法院《关于刑事附带民事范围问题的规定》第 5 条之规定，经本院审判委员会讨论决定，判决如下：一、被告人张某某犯非法吸收公众存款罪，判处有期徒刑 4 年，并处罚金 10 万元（罚金限于本判决生效后 10 日内缴纳；刑期从判决执行之日起计算，判决执行以前先行羁押的，羁押一日折抵刑期一日，即自 2013 年 5 月 30 日起至 2017 年 5 月 29 日止）。二、责令被告人张某某在本判决生效之日起十日内退赔各被害人经济损失（退赔数额以非法吸收存款金额扣除已支付利息或已退还本金后的数额为限）。

二审法院认为，上诉人张某某违反国家金融管理法律法规，在未经有关部门依法批准的情况下，采用通过他人宣传、介绍，并承诺在一定期限内还本付息的方式向社会公众吸收资金，出具凭证，扰乱了金融秩序，且数额巨大，其行为已构成非法吸收公众存款罪，应依法惩处。上诉人张某某及其辩护人的上诉、辩护意见，经查，不能成立，本院不予采纳。原判认定事实清楚，证据确实、充分，定罪准确，量刑适当，审判程序合法。根据《刑事诉讼法》第 225 条第 1 款第 1 项之规定，裁定驳回上诉，维持原判。

3. 案例评析

本案一审涉及针对非法集资犯罪可否提起刑事附带民事诉讼问题。《刑法》第99条规定："被害人由于被告人的犯罪行为而遭受物质损失的，在刑事诉讼过程中，有权提起附带民事诉讼。被害人死亡或者丧失行为能力的，被害人的法定代理人、近亲属有权提起附带民事诉讼。"问题是，在非法集资犯罪案件中，被害人是否可以提起附带民事诉讼呢？根据《最高人民法院关于刑事附带民事诉讼范围问题的规定》（法释〔2000〕47号）第1条规定："因人身权利受到犯罪侵犯而遭受物质损失或者财物被犯罪分子毁坏而遭受物质损失的，可以提起附带民事诉讼。"因此，非法集资犯罪导致被害人的财产损失不能提起附带民事诉讼。究其原因，主要在于非法集资犯罪中的被害人的财产损失可以通过司法机关对犯罪分子违法所得的一切财物予以追缴或责令退赔而得到弥补。如果追缴或退赔不能弥补的损失，被害人可以另行提起民事诉讼。因此，本案中被害人提起的附带民事诉讼被法院予以驳回。

有关法律规定

《中华人民共和国刑法》（1997年修订）

第六十四条　犯罪分子违法所得的一切财物，应当予以追缴或者责令退赔；对被害人的合法财产，应当及时返还；违禁品和供犯罪所用的本人财物，应当予以没收。没收的财物和罚金，一律上缴国库，不得挪用和自行处理。

《中华人民共和国刑事诉讼法》（2012年）

第九十九条第一款　被害人由于被告人的犯罪行为而遭受物质损失的，在刑事诉讼过程中，有权提起附带民事诉讼。被害人死亡或者丧失行为能力的，被害人的法定代理人、近亲属有权提起附带民事诉讼。

最高人民法院、最高人民检察院、公安部《关于办理非法集资刑事案件适用法律若干问题的意见》（公通字〔2014〕16号）

五、关于涉案财物的追缴和处置问题

向社会公众非法吸收的资金属于违法所得。以吸收的资金向集资参与人支付的利息、分红等回报，以及向帮助吸收资金人员支付的代理费、好处费、返点费、佣金、提成等费用，应当依法追缴。集资参与人本金尚未归还的，所支付的回报可予折抵本金。

将非法吸收的资金及其转换财物用于清偿债务或者转让给他人，有下列情形之一的，应当依法追缴：

（一）他人明知是上述资金及财物而收取的；

（二）他人无偿取得上述资金及财物的；

（三）他人以明显低于市场的价格取得上述资金及财物的；

（四）他人取得上述资金及财物系源于非法债务或者违法犯罪活动的；

（五）其他依法应当追缴的情形。

查封、扣押、冻结的易贬值及保管、养护成本较高的涉案财物，可以在诉讼终结前依照有关规定变卖、拍卖。所得价款由查封、扣押、冻结机关予以保管，待诉讼终结后一并处置。

查封、扣押、冻结的涉案财物，一般应在诉讼终结后，返还集资参与人。涉案财物不足全部返还的，按照集资参与人的集资额比例返还。

《最高人民法院关于刑事附带民事诉讼范围问题的规定》（法释〔2000〕47号）

第一条　因人身权利受到犯罪侵犯而遭受物质损失或者财物被犯罪分子毁坏而遭受物质损失的，可以提起附带民事诉讼。

对于被害人因犯罪行为遭受精神损失而提起附带民事诉讼的，人民法院不予受理。

第五条　犯罪分子非法占有、处置被害人财产而使其遭受物质损失的，人民法院应当依法予以追缴或者责令退赔。被追缴、退赔的情况，人民法院可以作为量刑情节予以考虑。

经过追缴或者退赔仍不能弥补损失，被害人向人民法院民事审判庭另行提起民事诉讼的，人民法院可以受理。

三、民间借贷行为被认定为非法集资犯罪的，借贷合同和担保合同一定无效吗

基本理论

1. 合同效力原理

一般情况下，合同自成立时生效。一份有效的合同，应当包括三个要件：一是行为人具有相应的民事行为能力；二是意思表示真实；三是没有违反法律或者社会公共利益。《合同法》第52条规定，有下列情形之一的，合同无效：（1）一方以欺诈、胁迫的手段订立合同，损害国家利益；（2）恶意串通，损害国家、集体或者第三人利益；（3）以合法形式掩盖非法目的；（4）损害社会公共利益；（5）违反法律、行政法规的强制性规定。其中，“强制性规定”是指

效力性强制性规定。

2. 民间借贷行为涉嫌非法集资罪时,借贷合同和担保合同的效力问题

《最高人民法院关于审理民间借贷案件适用法律若干问题的规定》第13条规定,借款人或者出借人的借贷行为涉嫌犯罪,或者已经生效的判决认定构成犯罪,当事人提起民事诉讼的,民间借贷合同并不当然无效。人民法院应当根据《合同法》第52条、本规定第14条之规定,认定民间借贷合同的效力。担保人以借款人或者出借人的借贷行为涉嫌犯罪或者已经生效的判决认定构成犯罪为由,主张不承担民事责任的,人民法院应当依据民间借贷合同与担保合同的效力、当事人的过错程度,依法确定担保人的民事责任。

具有下列情形之一,人民法院应当认定民间借贷合同无效:(1)套取金融机构信贷资金又高利转贷给借款人,且借款人事先知道或者应当知道的;(2)以向其他企业借贷或者向本单位职工集资取得的资金又转贷给借款人牟利,且借款人事先知道或者应当知道的;(3)出借人事先知道或者应当知道借款人借款用于违法犯罪活动仍然提供借款的;(4)违背社会公序良俗的;(5)其他违反法律、行政法规效力性强制性规定的。

典型案例

民间借贷涉嫌或构成非法吸收公众存款罪,合同一方当事人可能被追究刑事责任的,并不当然影响民间借贷合同以及相对应的担保合同的效力。如果民间借贷纠纷案件的审理并不必须以刑事案件的审理结果为依据,则民间借贷纠纷案件无须中止审理

——吴某某诉陈某某、王某某及德清县某房地产开发有限公司民间借贷、担保合同纠纷案①

1. 案情简介

原告:吴某某。

① 参见《最高人民法院公报》2011年第11期。

被告:陈某某。

被告:王某某。

被告:德清县某房地产开发有限公司。

法定代表人:王某某,该公司董事长。

2008 年 11 月 4 日,原、被告签订一借款协议,被告陈某某共向原告吴某某借款人民币 200 万元,借款期限为 2008 年 11 月 4 日至 2009 年 2 月 3 日,并由被告王某某和被告某公司提供连带责任担保,当日原告履行了出借的义务,陈某某于当日收到原告 200 万元的借款,因陈某某拖欠其他债权人款项无法及时偿还,数额较大,并已严重丧失信誉,现陈某某无力归还借款,依照协议,遂要求陈某某提前归还,王某某、某公司承担连带责任。2008 年 12 月 14 日陈某某因故下落不明,原告认为陈某某拖欠其他债权人款项数额巨大,已无能力偿还,2008 年 12 月 22 日陈某某因涉嫌合同诈骗和非法吸收公众存款罪被公安机关立案侦查,依照协议,遂要求陈某某提前归还,王某某、某公司承担连带责任,直至开庭时,三被告均未履行还款义务。

王某某、某公司不服一审判决,提起上诉。二审法院确认了一审查明的事实。又查明,2010 年 1 月 13 日一审法院以原审被告陈某某犯非法吸收公众存款罪,判处有期徒刑 5 年 2 个月,并处罚金人民币 25 万元。该判决已生效。

2. 法院裁判及观点

本案一审的争议焦点之一就是涉案民间借贷合同和担保合同的效力认定。

对此,一审法院认为,本案原、被告之间的借贷关系成立且合法有效,应受法律保护。本案中,单个的借款行为仅仅是引起民间借贷这一民事法律关系的民事法律事实,并不构成非法吸收公众存款的刑事法律事实,因为非法吸收公众存款的刑事法律事实是数个“向不特定人借款”行为的总和,从而从量变到质变。《合同法》第 52 条规定了合同无效的情形,其中符合“违反法律、法规的强制性规定”、“以合法形式掩盖非法目的”两种情形的合同无效。当事人在订立民间借贷合同时,主观上可能确实基于借贷的真实意思表示,不存在违反法律、法规的强制性规定或以合法形式掩盖非法目的。非法吸收公众存款的犯罪行为与单个民间借贷行为并不等价,民间借贷合同并不必然损害国家利益和社会公共利益，两者之间的行为极有可能呈现为一种正当的民间借贷关系，即贷款人出借自己合法所有的货币资产，借款人自愿借入货币，双方自主决定交易对象与内容，既没有主观上要去损害其他合法利益的故意和过错，客观上也没有对其他合法利益造成侵害的现实性和可能性。根据《合同法》第12章规定，建立在真实意思基础上的民间借款合同受法律保护。因此，被告陈某某向原告吴某某借款后，理应按约定及时归还借款。陈某某未按其承诺归还所欠原告借款，是引起本案纠纷的原因，陈某某应承担本案的全部民事责任。

被告王某某和被告某公司未按借款协议承担担保义务，对于王某某、某公司提出被告陈某某可能涉及非法吸收公众存款，其不应再承担责任的辩称，根据担保法有关规定，如债权人与债务人恶意串通或债权人知道或应当知道主合同债务人采取欺诈手段，使保证人违背真实意思提供保证的，则保证人应免除保证责任。现王某某和某公司未能提供相关证据佐证原告吴某某与陈某某之间具有恶意串通的事实，亦未能提供相关证据吴某某知道或应当知道陈某某采取欺诈手段骗取王某某和某公司提供担保。主合同（借款合同）有效，从合同（担保合同）本身无瑕疵的情况下，民间借贷中的担保合同也属有效。从维护诚信原则和公平原则的法理上分析，将与非法吸收公众存款罪交叉的民间借贷合同认定为无效会造成实质意义上的不公，造成担保人以无效为由抗辩其担保责任，即把自己的担保错误作为自己不承担责任的抗辩理由，这更不利于保护不知情的债权人，维护诚信、公平也无从体现。涉嫌非法吸收公众存款的犯罪嫌疑人（或被告人、罪犯）进行民间借贷时，往往由第三者提供担保，且多为连带保证担保。债权人要求债务人提供担保人，这是降低贷款风险的一种办法。保证人同意提供担保，应当推定为充分了解行为的后果。若因债务人涉嫌非法吸收公众存款而认定借贷合同无效，根据《担保法》，主合同无效前提下的担保合同也应当无效，保证人可以免除担保责任。债权人旨在降低贷款风险的努力没有产生任何效果，造成事实上的不公。因此，对于王某某和某公司的抗辩理由，法院不予支持。

最终，一审法院根据《中华人民共和国民事诉讼法》第130条，《中华人民共和国合同法》第206条、《最高人民法院关于人民法院审理借贷案件的若干意见》第6条、《中华人民共和国担保法》第12条、第18条、第21条、第31条之规定，于2009年4月8日判决：一、被告陈某某限在判决生效后十日内归还原告吴某某200万元的借款；二、被告王某某、某公司对上述债务承担连带清偿责任。

二审法院认为，合同效力的认定应尊重当事人的意思自治原则，只要订立合同时各方意思表示真实，又没有违反法律、行政法规的强制性规定，就应当确认合同有效。最高人民法院《关于正确适用〈中华人民共和国合同法〉若干问题的解释（二）》第14条对《中华人民共和国合同法》第52条第5项规定"强制性规定"解释为是指效力性强制性规定，本案原审被告陈某某触犯刑律的犯罪行为，并不必然导致借款合同无效。因为借款合同的订立没有违反法律、行政法规效力性的强制性规定。效力上采取从宽认定，是该司法解释的本意，也可在最大程度上尊重当事人的意思自治。因此，原审判决陈某某对本案借款予以归还，王某某、某公司承担连带清偿责任，并无不当。王某某、某公司的上诉理由不能成立。

据此，二审法院依据《民事诉讼法》第153条第1款第1项之规定，于2010年8月2日判决：驳回上诉，维持原判。

3. 案例评析

本案涉及非法吸收公众存款罪涉案民间借贷合同是否有效的问题。非法吸收公众存款罪与民间借贷合同属于两个不同的法律关系。合同的效力问题属于民法调整范围，应当根据《合同法》第52条及《最高人民法院关于审理民间借贷案件适用法律若干问题的规定》（法释〔2015〕18号）第14条规定认定民间借贷合同的效力。"民商事行为与刑事犯罪行为相交叉时，民商事合同的效力要根据所涉嫌犯罪的性质和种类以及该犯罪行为与合同行为的关系来确定，即犯罪行为与合同行为是否是同一法律行为。"①本案中，单个民间借贷行为并不能构成非法吸收公众存款罪，因为此罪的刑事法律事实是向不特定人吸收资金的数个借款行为的总和。因此，只要涉案民间借贷合同不存在无效情形，人民法院应当支持其诉讼请求。不惟如此，一旦贷款人无法通过刑事诉讼中的追缴或退赔弥补损失，若一概因

---

① 沈芳君："构成非法吸收公众存款罪的民间借贷及其担保合同效力"，载《人民司法·案例》2010年第22期。

犯罪而否定民间借贷合同效力，则被害人的损失难以通过民事诉讼予以弥补。

有关法律规定

《中华人民共和国合同法》(1999 年)

第五十二条　有下列情形之一的，合同无效：

(一)一方以欺诈、胁迫的手段订立合同，损害国家利益；

(二)恶意串通，损害国家、集体或者第三人利益；

(三)以合法形式掩盖非法目的；

(四)损害社会公共利益；

(五)违反法律、行政法规的强制性规定。

《最高人民法院关于审理民间借贷案件适用法律若干问题的规定》(法释〔2015〕18 号)

第十三条　借款人或者出借人的借贷行为涉嫌犯罪，或者已经生效的判决认定构成犯罪，当事人提起民事诉讼的，民间借贷合同并不当然无效。人民法院应当根据合同法第五十二条、本规定第十四条之规定，认定民间借贷合同的效力。

担保人以借款人或者出借人的借贷行为涉嫌犯罪或者已经生效的判决认定构成犯罪为由，主张不承担民事责任的，人民法院应当依据民间借贷合同与担保合同的效力、当事人的过错程度，依法确定担保人的民事责任。

第十四条　具有下列情形之一，人民法院应当认定民间借贷合同无效：

(一)套取金融机构信贷资金又高利转贷给借款人，且借款人事先知道或者应当知道的；

(二)以向其他企业借贷或者向本单位职工集资取得的资金又转贷给借款人牟利，且借款人事先知道或者应当知道的；

(三)出借人事先知道或者应当知道借款人借款用于违法犯罪活动仍然提供借款的；

(四)违背社会公序良俗的；

(五)其他违反法律、行政法规效力性强制性规定的。

四、借款人被错误判刑、羁押的，羁押期间的借款利息如何承担

基本理论

违约责任的归责原则

违约责任的归责原则，是指基于一定的归责事由确定违约责任承担的法律原则。① 对于违约责任的归责原则，国际上主要有两种模式：一是大陆法系的过错责任原则，即当事人因过错不履行合同或不适当履行合同时才承担违约责任。二是英美法系的严格责任原则，即不论当事人是否具有过错，不履行合同或不适当履行合同均应当承担责任。对于《合同法》究竟采取了哪种原则，学界有不同的认识，主要有两种观点：一是认为违约责任适用严格责任原则。② 理由主要是该法第107条规定："当事人一方不履行合同义务或者履行合同义务不符合约定的，应当承担继续履行、采取补救措施或者赔偿损失等违约责任。"第121条规定："当事人一方因第三人的原因造成违约的，应当向对方承担违约责任。当事人一方和第三人之间的纠纷，依照法律规定或者按照约定解决。"二是主张二元论，其中可细分为两种观点，即严格责任原则与过错责任原则并行的二元论③与以过错责任原则为主、以严格责任原则为辅的二元论④。本书赞同二元论，主要理由在于我国合同法包含很多适用过

---

① 参见王利明主编：《民法》，中国人民大学出版社2000年版，第541页。

② 参见梁慧星："从过错责任到严格责任"，载梁慧星主编：《民商法论丛》(第8卷)，法律出版社1997年版，第5页；龚赛红、李婉丽主编：《合同法》(第2版)，中山大学出版社2007年版，第293页；陈小君主编：《合同法学》(修订第二版)，中国政法大学出版社2007年版，第173页；马骏驹、余延满：《民法原论》(第三版)，法律出版社2007年版，第618页。

③ 参见朱广新："违约责任的归责原则探究"，载《政法论坛》2008年第4期，认为《合同法》第107条"旨在简明扼要地宣示违约的法律后果，而不是为了——也根本不可能——确立各种违约责任形式的适用条件"，"违反方式性义务者，应承担过错责任；违反结果性义务者，应承担严格责任，即无过错责任"。

④ 参见崔建远："严格责任？过错责任？——中国合同法归责原则的立法论"，载梁慧星主编：《民商法论丛》(第11卷)，法律出版社1999年版，第197页。崔建远和王利明教授虽然认为，我国法奉行过错责任和无过错责任(严格责任)相结合的双轨制违约归责原则体系，但由他们关于无过错责任(严格责任)之适用范围的论述看，过错责任原则实质上为一种处于绝对支配地位的归责原则；参见崔建远：《合同责任研究》，吉林大学出版社1992年版，第73～74、56页；王利明：《违约责任论》，中国政法大学出版社1996年版，第57、84～88页。

错责任原则的条文规定,[①]至于“谁主谁辅”则无关宏旨。

法定免责事由——不可抗力

《合同法》第117条规定,“因不可抗力不能履行合同的,根据不可抗力的影响,部分或者全部免除责任,但法律另有规定的除外。当事人迟延履行后发生不可抗力的,不能免除责任”。“本法所称不可抗力,是指不能预见、不能避免并不能克服的客观情况。”其中,“不能预见”指在缔约时的客观情境中,不能合理期待当事人应该预见该客观情况的发生。“不能避免”指该客观情况的发生具有必然性,不以当事人的意志为转移,当事人已尽了最大努力,仍不能避免事件的发生。“不能克服”指债务人在履行其债务时,因该客观情况的发生致使其无法正常地履行其债务。[②]

被错误判刑、羁押是否构成不可抗力?

对于不可抗力的范围,无争议的类型包括以下两类:一是自然原因引起的,如火灾、旱灾、地震、雪灾、山崩、某些传染病;二是社会原因引起的,如战争、动乱、封锁禁运。上述类型也不是绝对的,在司法实践中,要根据具体情形具体判断,如我国沿海地区的台风雨,因在气象部门提前发布警报、政府部门启动应急响应等情况下不符合“不可预见”条件,不构成不可抗力。[③] 存在争议的是国家行为是否构成不可抗力。广义上的国家行为,包括立法、行政、司法。《海商法》第51条第5项规定因“政府或者主管部门的行为、检疫限制或者司法扣押”导致责任期间的货物发生灭失或者损坏的,承运人不负赔偿责任。因海商法属于特别法,在合同法欠缺明确规定的情况下,此项规定是

---

① 比如我国《合同法》总则中第113条“合理预见规则”,第119条“减轻损失规则”,第120条“过失相抵规则”;分则中第189条、第191条、第195条、第231条、第256条、第257条、第265条、第302条、第303条、第311条、第320条、第370条、第374条、第375条、第406条都是过错责任原则在我国合同法的体现。

② 韩世远:《合同法总论》,法律出版社2004年版,第429页。

③ 具体案例可参见黎晓燕:“以不可抗力为由进行免责抗辩不能成立”,载《中国审判》2013年第12期。

否可以扩充适用于合同领域尚存异议。学界有观点认为,当事人订立合同以后,政府当局颁布新的政策、法律和行政措施而导致合同不能履行的,该政府行为就应构成不可抗力。[①] 也有观点认为不应将政府行为列入不可抗力的范围。[②] 司法实践对国家行为是否构成合同领域的不可抗力持谨慎态度,主要理由在于大部分国家行为如行政行为、司法行为不具备“不能克服”的要件,原因在于行政行为可以通过行政复议、行政诉讼等方式予以救济,司法行为可以通过上诉、申诉申请再审、抗诉等方式予以纠正。

典型案例

借款人被错误判刑、羁押的,服刑期间遭受的借款利息扩大损失仍应予以偿还,但应作适当调整,按法定利息计算

——朱某余诉朱某寿民间借贷纠纷[③]

1. 案情简介

申请再审人(原审被告、申诉人、二审上诉人):朱某寿。

被申请再审人(原审原告、被申诉人、二审被上诉人):朱某余。

1991 年 1 月 16 日,朱某寿向朱某余借款计 20, 361 元,并出具了借条,借条载明:“今借到朱某余人民币 20, 361 元,该借款从 1991 年 1 月 1 日开始计息,月息为 2 分。”同日,朱某寿又向朱某余借款 6350 元,并出具了“集资款”凭证一张给朱某余,该凭证载明:借到朱某余人民币 6350 元,月息按 1. 5 分计息。1991 年 2 月 6 日,朱某寿因涉嫌经济犯罪被逮捕,后被判刑入狱,1996 年 8 月 19 日出狱。其间,中国农业银行扬中市支行永胜办事处借给朱某寿贷款本息合计 2084. 03 元到期,遂于 1991 年 2 月 28 日,从朱某余账户上扣存款 2084. 03 元来偿还朱某寿贷款。朱某寿出狱后,朱某余多次向其索要上述三笔借款及利息,截至起诉前朱某寿先后 14 次累计偿还给朱某余款计

---

① 王利明:《民商法研究》,法律出版社 2001 年第 3 辑,第 618 页。

② 刘凯湘:《权利的期盼——论不可抗力》,法律出版社 2004 年版,第 56 页。

③ 参见最高人民法院审判监督庭编:《审判监督指导》2006 年第 2 辑(总第 20 辑)。

25, 640 元，尚欠借款本金 3000 余元及利息未能还清。朱某余遂于 2000 年 12 月 16 日诉至法院。

另查明：朱某寿原系扬中县（现改为扬中市）某厂厂长，因涉嫌贪污、诈骗，于 1991 年 2 月 6 日被扬中市人民检察院刑事拘留，扬中市人民法院于 1991 年 12 月 26 日作出[1991]刑一字第 72 号刑事判决：以贪污罪判处其有期徒刑七年，剥夺政治权利两年，以诈骗罪判处其有期徒刑 6 年，剥夺政治权利一年，决定执行有期徒刑 12 年，剥夺政治权利两年。对朱某寿坐落在扬中县永胜乡合兴村二组的住宅楼房第二层予以没收，上缴国库。朱某寿不服，提出上诉。二审裁定驳回上诉，维持原判。朱某寿不服，提出申诉。1996 年 7 月 24 日作出再审判决：撤销原一审刑事判决及二审刑事裁定；改判朱某寿犯贪污罪，免予刑事处分。

另查明，证人戴锦寿的证词证实：朱某余、朱某寿双方借款情况属实，1999 年 10 月左右，朱某余曾向朱某寿索要借款本金，朱某寿不同意，双方发生过争执，后朱某余多次向朱某寿索要过借款本息，其认为借款属实应还本息。证人周群龙的证词证实：1998 年七八月份，朱某余曾向朱某寿索要借款利息被朱某寿拒绝，但此后朱某余有没有再次索要，其不清楚，但认为借款属实理应还清本息。

2000 年 12 月 16 日朱某余向一审法院起诉称：朱某寿于 1991 年向其借款计 29, 065. 03 元，并约定了利息。原告多次向被告索要，其至今分文未付，请求判令被告偿还借款本息并承担诉讼费用。

朱某寿辩称：我与朱某余系亲兄弟，借款情况属实，但已还款 25, 640 元，现只欠其本金 3000 余元，借款后被告被错判入狱服刑，属不可抗力不予偿还。且原告请求已过法定诉讼时效，更不应保护。

2. 法院裁判及其观点

一审法院认为，朱某寿于 1991 年 1 月 16 日两次向朱某余借款计 26, 711 元，并向朱某余出具了借条，分别约定了利息，朱某余为朱某寿偿还农业银行扬中市支行永胜办事处贷款 2084. 03 元及朱某寿先后 14 次还款给朱某余计 25, 640 元的事实，双方均无异议，应予认定。朱某寿理应按约及时偿还朱某余借款及利息，其提出因法院刑事案件错判属不可抗力不承担借款利息及朱某余超过时效的抗辩理由，不能成立，不予支持。据此判决：朱某寿偿还欠朱某余的借款3155.03元,并承担借款利息46,295.62元。

一审判决发生法律效力后,朱某寿不服,提出申诉。2002年12月20日作出裁定,指令扬中市人民法院对该案进行再审。此间,被告朱某寿曾向检察机关提出申诉,人民检察院于2001年7月12日向同级人民法院发出检察意见书,认为被告朱某寿对于被司法机关错误羁押致使借款利息扩大造成的损失不应承担责任,且原告的诉讼请求时效已过,法院适用法律错误,要求重新审理此案。

再审法院认为,对于本案借款及偿还部分款项的事实经当庭质证,双方予以认可,依法应予认定,原审被告朱某寿理应按约及时偿还借款本息,其借故不还显属无理,其提出法院刑事错判不符合民法通则规定的“不可抗力”的构成要件,不属于“不可抗力”。并且原审被告朱某寿约定的借款利息不违反法律的规定,故其不承担借款利息的理由不能成立,不应予以采纳;另原审被告辩称原审原告的起诉已超过诉讼时效,经查与事实不符,故不应予以支持。原审判决认定的事实清楚,适用法律正确,应予以维持。据此判决:维持原一审判决。

再审一审宣判后,朱某寿不服,以原审判决认定事实错误,适用法律不当为由上诉至中级人民法院。中级人民法院二审认为,不可抗力是不能预见、不能避免、不可克服的客观情况。朱某寿被错判入狱不符合法律规定的不可抗力的情况,故目前将其作为不可抗力对待缺乏法律依据。因朱某寿确欠他人债务,即使发生了不可抗力,也不影响朱某寿应履行偿还借款的义务,不可抗力对本案的债权债务关系并无实质影响。朱某寿提出由于被错判入狱扩大了利息损失,该损失应由司法机关承担,属另一法律关系;朱某寿认为本案超过诉讼时效,其主要依据为证人证言,而证人戴锦寿、周群龙的证词并不能说明朱某余起诉已超过法定诉讼时效;朱某寿还认为借款本金中包含了以前借款利息,不应重复计息,但朱某寿自己也说不清楚借款本金中包含多少以前的借款利息,故朱某寿的上诉理由缺乏事实和法律依据,不予支持。据此判决:驳回上诉,维持原判。

再审二审判决后,朱某寿仍不服,向高级人民法院申请再审称:被错判入狱属于不可抗力,应免除偿还服刑期内借款利息;该损失是由于被错判入狱造成的,应由司法机关承担;朱某余向法院起诉时,已超过了诉讼时效。请求撤销原判,依法公正判决。朱某余答辩称:朱某寿错判入狱与我无关,在本案中自己没有过错,为了保护债权人的利益,朱某寿理应分别按出具的两张借条约定的不同计息方式,偿还借款本息。

高级人民法院裁定对该案进行提审,经审理后认为,朱某寿两次向朱某余借款 26,711 元,并出具了借条,约定了利息,朱某余替朱某寿偿还银行贷款 2084.03 元以及朱某寿先后 14 次偿还朱某余借款 25,640 元的事实清楚,应予确认。由于朱某寿于 1991 年 1 月 16 日借款后,于同年 2 月 6 日即因涉嫌经济犯罪被逮捕,后被错判入狱,其财产也被没收和扣押,致使朱某寿无法按期还款。前述客观事实是朱某寿无法预见和防止的,朱某余对此虽无过错,但在此情况下,仍要求朱某寿按约定偿还其在服刑期间的利息,违反了《中华人民共和国民法通则》规定的公平和诚实信用原则。因此,应当部分变更朱某寿与朱某余约定的借款利息,对朱某寿被错判服刑期间的该笔借款利息按法定利息计息,其他时间段按照双方当事人的约定利息计息。朱某寿要求全部免除其服刑期内的借款利息的主张,无法律依据,本院不予支持。朱某寿提出其被错判入狱而扩大了利息损失,应由司法机关承担的主张与本案分属两个法律关系,本院不予理涉。朱某寿认为本案超过诉讼时效,其主要依据是证人戴锦寿、周群龙的证词,但前述证据不能证明朱某余起诉已超过法定诉讼时效;朱某寿还认为借款本金中包含了以前借款利息,但并未提供证据佐证,本院对该主张亦不予支持。原判认定事实清楚,但判决朱某寿承担借款利息 46,295.62 元不当,应予纠正。据此判决:撤销再审一、二审判决及原审一审民事判决;朱某寿偿还余欠朱某余的借款 3155.03 元及借款利息 30,417.61 元。

3. 案例评析

本案涉及被错判入狱是否构成不可抗力,从而可以免除偿还服刑期内借款利息。不可抗力是指不能预见、不能避免、不能克服的客观情况。国家行为如司法行为是否可以构成不可抗力,学界与实务界一直存在争议。在本案中,朱某寿于借款后不久,即因涉嫌经济犯罪被逮捕,后被判刑入狱,其财产被没收。服刑期间的借款利息如何计算?问题是,刑事错判是否构成民法上的“不可抗力”。如果被错判入狱构成不可抗力,则服刑期间的借款利息可以全部或部分免除。对此问题,再审一、二审法院均认为刑事错判不构成民法中的“不可抗力”，但未详细说明理由，提审法院则明显回避了此问题，采取迂回方式，从公平和诚实信用原则变更了利息计算方式，即对朱某寿被错判服刑期间的该笔借款利息按法定利息计息，其他时间段按照双方当事人的约定利息计息。对此案例，有观点解读认为，“在借贷纠纷中，借款人虽被司法机关错误羁押，该情形亦满足不可预见性和不可避免性，但对借款人来讲，其仍可通过委托家属代还等方式偿还借款，故该情形不具有不能克服性，不构成不可抗力”。[①] 本书认为，此观点将可通过委托家属代换等方式偿还借款作为不具有不能克服性的理由，尚显牵强。在合同领域，绝大多数情况下，合同履行都不具有不可替代性，即并不强调必须由合同当事人履行。因此，以存在替代履行方式认定不具有不能克服性，明显大大限缩了不可抗力的适用范围。

提审法院在裁判理由认为朱某寿“因涉嫌经济犯罪被逮捕，后被错判入狱，其财产也被没收和扣押，致使朱某寿无法按期还款。前述客观事实是朱某寿无法预见和防止的，朱某余对此虽无过错，但在此情况下，仍要求朱某寿按约定偿还其在服刑期间的利息，违反了《民法通则》规定的公平和诚实信用原则”。从此观点，可以看出提审法院是以过错原则来裁判违约责任如何承担的问题，即在双方均无过错的情况下，按照公平和诚实信用原则承担相应责任。

有关法律规定

《中华人民共和国合同法》(1999 年)

第一百一十七条　因不可抗力不能履行合同的，根据不可抗力的影响，部分或者全部免除责任，但法律另有规定的除外。当事人迟延履行后发生不可抗力的，不能免除责任。

本法所称不可抗力，是指不能预见、不能避免并不能克服的客观情况。

---

① 王福友主编：《民间借贷纠纷裁判规则与适用标准》，法律出版社 2015 年版，第 374 页。

图书在版编目(CIP)数据

民间借贷案件审判要点/王海萍主编. —北京:法律出版社,2016.6
ISBN 978-7-5118-9289-8

Ⅰ.①民… Ⅱ.①王… Ⅲ.①民间借贷—经济纠纷—审判—案例—中国 Ⅳ.①D925.118.5

中国版本图书馆CIP数据核字(2016)第060749号

民间借贷案件审判要点

王海萍 主编

责任编辑 郑 导
装帧设计 汪奇峰

开本 710毫米×1000毫米 1/16
印张 56.75 **字数** 985千
版本 2016年7月第1版
印次 2016年7月第1次印刷
出版 法律出版社
编辑统筹 独立项目策划部
总发行 中国法律图书有限公司
经销 新华书店
印刷 固安华明印业有限公司
责任印制 张建伟

法律出版社/北京市丰台区莲花池西里7号(100073)
电子邮件/info@lawpress.com.cn
销售热线/010-63939792/9779
网址/www.lawpress.com.cn
咨询电话/010-63939796

中国法律图书有限公司/北京市丰台区莲花池西里7号(100073)
全国各地中法图分、子公司电话:
第一法律书店/010-63939781/9782 西安分公司/029-85388843 重庆公司/023-65382816/2908
上海公司/021-62071010/1636 北京分公司/010-62534456 深圳公司/0755-83072995

书号:ISBN 978-7-5118-9289-8 **定价**:168.00元
(如有缺页或倒装,中国法律图书有限公司负责退换)